(사)한국유통관리사협회 추천 교재
The Korea Distribution Managers Association

22년, 23년 최신개정판

이출길 유통관리사 1급

- 최신 이론적용, 현장이론반영
- 최신 출제경향 · 실전난이도
- 최근 기출문제 완벽 분석

유통관리사 1·2·3급 전문양성교육
사단법인 한국유통관리사협회
www.kdma.kr | 02 353 6696

본서의 특징

01 유통관리사를 출제한 저자의 경험과 그동안 온라인과 오프라인을 통하여 오랜기간 수없이 많은 수험생들에게 강의한 내용 및 상담실에서 상담한 경험을 바탕으로 현재 유통관리사를 합격하기에 어떤 책이 가장 적합하고, 타당한지를 수험생입장에서 저술한 교재이기에 수험생이 보기에 부담 없고, 편한 이론을 전개하였다.

02 유통관리사 시험은 시중의 전문서적을 바탕으로 출제교수들이 문제화를 하기에 본서는 시중의 100여권이 넘는 전 기본교재 뿐만이 아니라 미국의 마케팅이론 책과 일본의 판매전문가자격증 책을 바탕으로 출제가능 부분만을 이론화하고 문제화 하였기에 적중도나 적합도 측면에서 다른 교재와는 비교할 수 없는 기본서가 될 것이다.

03 유통관리사를 공부하는 상당수의 수험생들이 아직도 독학으로 공부를 한다고 생각을 하여 가급적이면 전문수험용어를 듣기에 편하고, 보기에 쉬운 수험용어로 배열을 하여 공부를 하는데 부담감을 없애는데 많은 노력을 하였으며, 영어단어의 내용도 가급적 시험을 벗어난 이론은 배제를 하여 자신감을 향상시키고자 노력을 하였다.

2판발행 2022년 1월 20일 | 2판인쇄 2022년 1월 15일 | 저자 이춘길
펴낸이 이경숙 | 펴낸곳 명품출판사 | 등록번호 311-2012-000032
주소 서울시 은평구 통일로 1010 포레스트게이트 2521호 | 전화 02-385-2002 | 팩스 02-384-2030
Email : luxurybooks@naver.com | Homepage : www.luxurybook.co.kr

ISBN 979-11-86999-11-0-13320

값 49,000원

목 차

제4과목 유통 마케팅

목 차

제5과목 유통 정보

제1장 유통정보의 이해 · 1012

제2장 지식 경영 · 1070

제3장 유통 · 물류정보시스템 · 1090

제4장 유통 · 물류정보의 활용 · 1194

제5장 전자 상거래 · 1221

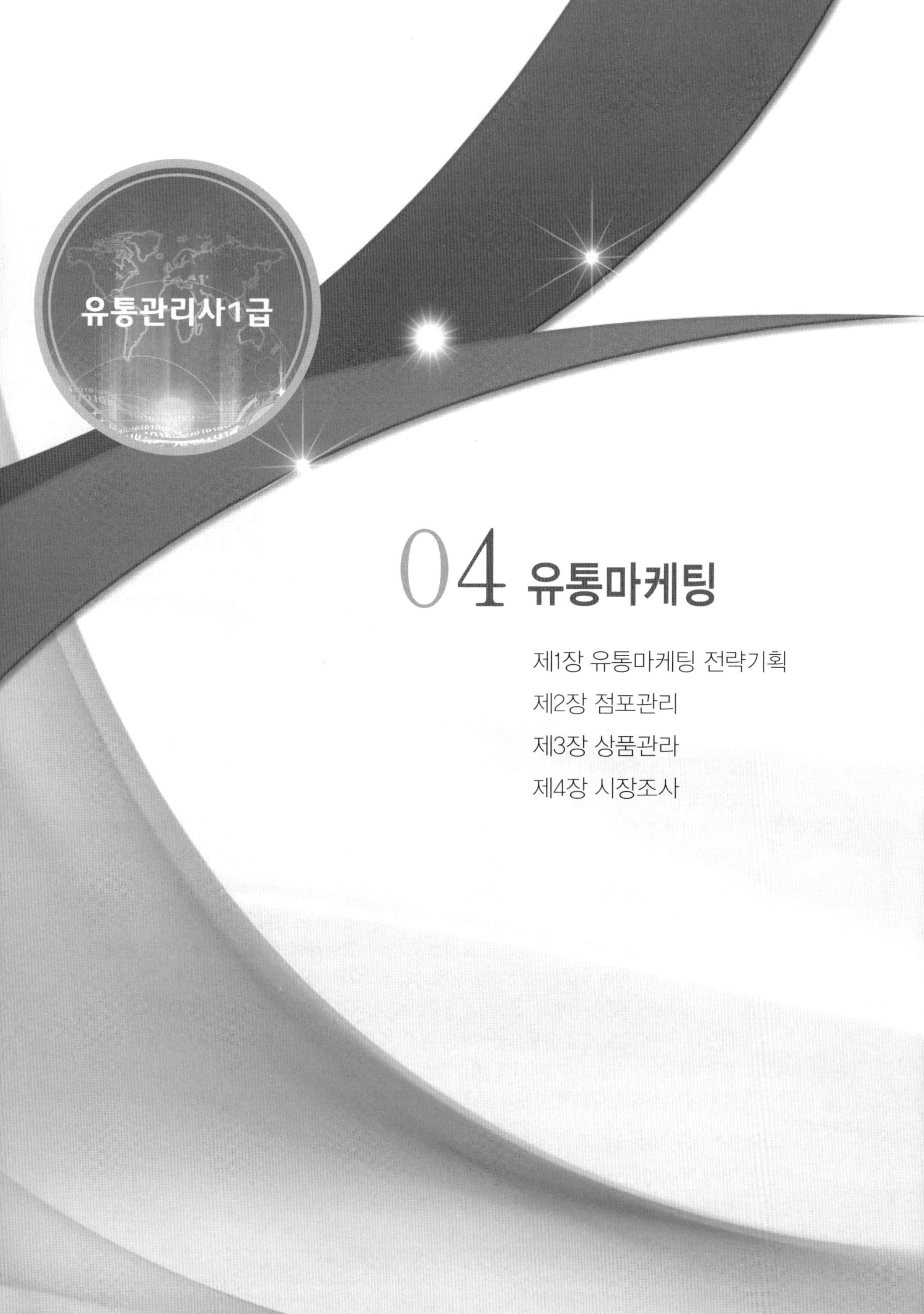

04 유통마케팅

제1장 유통마케팅 전략기획

제2장 점포관리

제3장 상품관라

제4장 시장조사

Chapter 1 유통마케팅 전략기획

01 유통 마케팅 전략기획

1. 유통마케팅의 개념

(1) 유통 마케팅(Distribution Marketing)의 정의

① 유통마케팅은 기업의 비즈니스 목표인 시장점유율(Market Share)의 확대와 이에 따른 이익의 증대를 통한 기업 유지 및 성장에 있다.

② 유통마케팅이란 사회적인 지지는 물론 소비자의 욕구(Needs)를 지속적으로 만족시켜 나가는 것이다. 결과적으로 마케팅이란 경영전략을 지원하기 위한 여러 활동을 뜻한다.

③ 유통마케팅이란 현재 또는 잠재적인 최종 소비자의 필요와 욕구를 충족시킬 수 있는 재화와 서비스를 제공하기 위하여 제품, 가격, 경로, 판매촉진, 물류유통 등의 경영활동을 수행하는 시스템을 말한다.

④ 유통마케팅은 고객에 변화에 따라서 우리도 변화하고 고객보다 앞서나가 고객이 필요로하는것이 무엇인지(욕구: Needs) 고객이 원하고 있는것이 무엇인지(필요: Want)알고, 충족시키는 과정으로 정의할 수 있다.

(2) 유통 마케팅(Distribution Marketing)의 과정

① 전통적인 마케팅은 재화나 용역이 생산자로부터 소비자 · 사용자에게로의 흐름을 지시하는 기업 활동을 수행하는 것으로 고압적 마케팅이었다. 기업은 마케팅보다는 생산 활동과 제품을 강조하여 기업이 생산 가능한 제품을 생산하여 시장에 출시하는 체제였다.

② 마케팅의 기본원칙들중 마케팅 전략을 수립할 때 고객중심으로 생각하고 경쟁업체와 유통업체들을 고려해야 한다. 시장을 세분화 한 후 기업의 역량과 목표의 관점에서 가장 유망한 시장을 선택하고 표적으로 삼아 집중해야 한다. 각 표적시장마다 고객들의 니즈, 인식, 선호도 그리고 구매과정을 조사한다.

③ 유통전문지에 몇몇 선별된 소매유통업분야에 있어서 매출액에 대한 상호비교가 공표되었다. 여기에는 개별 유통산업분야별 평균 매출액변화비교뿐만 아니라 종업원 1인당 매출액비교 그리고 1평방미터당 매출액비교 등이 공개되었다. 이와 같이 공표된 통계수치에서는 서로 다르게 제공되는 상품영역별 성과(매출액 및 수익성)비교를 나타낸다.

(3) 유통마케팅 기능

① 유통 마케팅은 제조 마케팅과는 달리 대소비자 마케팅 환경의 역할과 변화에 따라 소비자가 원하는 방향의 마케팅 전략 수립이 필수적이다.

② 유통마케팅의 기능으로 소유권 이전 기능은 구매(buying) 및 판매(selling)를 통해 소유권을 이전시키는 기능으로서, 마케팅의 가장 본질적 기능이다.

③ 물적 유통기능은 운송(transportation) 및 저장(storing)을 통해 물적 유통 기능을 수행한다. 유통 조성기능은 마케팅의 교환 기능이나 상적 · 물적 유통 기능이 합리적으로 수행되도록 보조하는 기능을 말한다.

진정한 마케팅의 의미 = Market + ing = Marketing

"시장을 만들어 감" "시장 만들기"(시장구축)

(4) 유통마케팅 경로 구성

① 가치전달 네트워크(value delivery network)는 전체 거래시스템의 성과를 향상시키기 위해 '파트너관계'를 형성한 제조업체, 공급업자, 유통업자, 최종고객 등으로 구성된다.

② 경로구성원 간에 목표, 역할, 보상에 대한 의결불일치는 경로갈등을 초래하는데 특히, 경로상 같은 수준에 있는 기업 사이에서 발생하는 갈등을 수평적 갈등이라 한다.

③ 갈등관리측면에서 보면 적정수준의 갈등은 적절한 해결메커니즘의 활용을 통해 전체 유통시스템에 긍정적인 영향을 미치기도 한다. 갈등이 지닌 순기능적 효과는 자신의 과거 행동을 비판적으로 돌아볼 수 있게 해주고, 유통시스템내의 자원을 보다 공평하게 배분해 주며, 발생 가능한 갈등을 해결할 수 있는 표준화된 방법을 개발해 준다.

(5) 유통마케팅 특성과 구조

① 역사적으로 마케팅 활동은 제조업 중심으로 오랫동안 전개되어 왔으며, 유통업은 지금까지 마케팅의 주체가 아닌 객체(客體)의 입장에 머물고 있다.

② 최근 시장 지배 파워가 생산자→유통업자→소비자로 옮겨 가면서, 유통업 마케팅 활동의 중요성 부각과 함께 유통업 마케팅이 활발히 전개되고 있다.

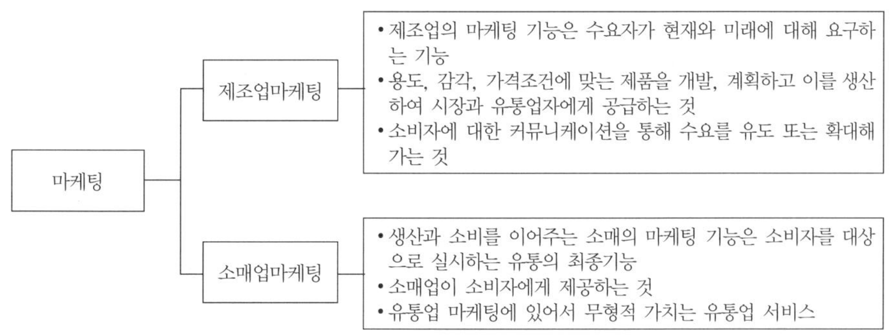

【소매마케팅 특성과 구조】

2. 유통 마케팅(Distribution Marketing)의 내용

(1) 유통마케팅은 욕구(Want)나 니즈(Needs)를 만족

① 유통마케팅은 개별소비자나 기업 · 조직 소비자의 당면해 있는 문제해결 능력 등을 가지고 있어야 한다.

② 유통마케팅은 기업－소비자뿐만 아니라, 기업－기업 단위의 고객과의 관계에서 파생되는 여러 가지 마케팅 문제를 다룬다.

(2) 유통마케팅은 가치의 교환 활동(An exchange of value)

① 현재의 마케팅의 가장 중심적인 핵을 이루고 있는 부분은 기업과 고객 간의 가치의 교환이다. 예를 들면 기업은 고객에게 고객이 필요로 하는 제품이나 서비스를 제공하고 그 대가로 고객은 일정금액을 지불하게 된다.

② 고객과 기업이 서로 다른 가치교환을 통해 장기적으로 건설적인 관계를 유지 발전시켜야 한다는 것이 현대적인 마케팅 사고의 핵심을 이룬다.

(3) 유통마케팅 대상은 포괄적(Anything Can be marketed)

① 유통마케팅은 고객의 욕구를 만족시키는 가치교환의 활동이라 정의했다. 그러면 가치란 무엇을 통해 실지로 고객에게 전달되는 지를 살펴야 한다.

② 유통마케팅 대상은 화장품이나 정보서비스 등과 같은 유 · 무형의 산업재, 창업 · 제품 · 광고 아이디어 등과 같은 아이디어, 박찬호나 박세리 같은 스타마케팅에 주력하는 등 실로 매우 다양하게 나타난다.

(4) 유통마케팅은 수단(Marketing Tools)

① 목적달성을 위해 사용가능한 의사결정 변수를 마케팅믹스(Marketing Mix)라 하고, 제품(product), 가격(price), 판매촉진(promotion), 유통(place) 등이 있고, 마케팅 믹스는 모두 P로 시작하고 있어 맥카시(Mccarthy)는 이를 4P라고 명명하였다.

② 4P는 구매자의 사고보다 판매자의 사고를 대변한다. 고객관점에서 본 4P는 고객의 가치(customer value), 고객의 편의성, 고객과의 커뮤니케이션 등으로 볼 수 있다.

(5) 유통마케팅은 과정(Process)

① 마케팅활동이 일회성의 목적이 아니라, 지속적인 노력을 요구하는 것을 강조하는 의미이다. 따라서 현대마케팅에서 중요시하는 개념이 관계마케팅(Relationship Marketing)이며 고객과의 가치교환을 통해 장기적인 우호증대가 기업성장의 지름길이 된다는 사고방식이다.

② 유통마케팅은 시장을 정의하는 활동으로 적극적 의미의 마케팅을 뜻하며, 주로 기업이 어떤 제품시장에서 어떤 고객을 중심으로 어떻게 경쟁사와 차별화할 것인가를 의미하는 활동이다. 마케팅에서는 이를 마케팅 전략, 혹은 STP(Segmentation－targeting－positioning)전략이라고 한다.

③ 유통마케팅은 정의된 시장을 바탕으로 효율적으로 대응해 가는 활동으로서 이는 주로 마케팅믹스 활동의미 이고, 마케팅에서 믹스는 의사결정자의 의사결정 변수를 의미하는 것으로 동원 가능한 수단을 말하고, 따라서 일반적인 마케팅믹스에는 제품 · 가격 · 촉진 · 유통 등을 통해 정의된 시장을 바탕으로 마케팅 활동을 지속시켜 나가게 된다.

(6) 유통마케팅정책수단의 구전(Word Of mouth)

① 구전은 고객들이 보다 개인적 관계를 느낄 수 있는 중소기업에 특히 효과적이며, 정규적으로 최신화 된 온라인 일지, 블로그는 구전을 위한 중요한 출구가 되고 있다.

② 성공적인 바이러스성 캠페인은 "웹사이트, 블로그, 휴대폰, 메시지 보드, 그리고 실세계의 애드버테인먼트(advertainment ; advertisement+entertainment)를 통해 살고 있는 습관적이며 자신에 의해 전파되는 광고"로 특징화된다.

3. 유통 마케팅의 형태

(1) 수직적 마케팅 시스템(VMS ; vertical marketing system)

① 수직적 마케팅 시스템의 개념

㉠ 경로구성원들은 거래처의 선택, 거래관계의 유지에 있어서 거래처보다는 자신의 이익을 추구하는 방향으로 행동하므로 경로구성원 상호 간의 연계성을 중요하게 인식한 전문적인 경로 선도자에 의해 형성된 유통경로시스템이다.

㉡ 전통형 유통경로시스템과 달리 경로구성원 상호 간의 연계성을 인식하고 있는 경로선도자에 의해 형성되고, 마케팅활동은 단기간에 규모의 경제를 달성할 수 있으며, 개별 경로기관보다는 경로시스템 전체의 효율성을 중시하는 시스템이다.

② 수직적 마케팅 시스템의 유형

㉠ 기업형VMS는 하나의 소유권 이래에서 통제의 정도가 가장 강한 형태이다.

㉡ 계약형VMS의 대표적인 형태로 도매상후원의 자발적인 연쇄점형태와 소매상협동조합, 프랜차이즈시스템을 들 수 있다.

㉢ 관리형 VMS은 경로구성원이 다른 구성원들에게 비공식적으로 영향을 미쳐 생산이나 유통활동을 조정하는 형태로 통제정도가 가장 낮다.

(2) 수평적 마케팅 시스템(HMS ; horizontal marketing system)

㉠ 수평적 마케팅 시스템은 공생적 마케팅 시스템이라고도 하며, 동일한 유통경로 단계상에 있는 2개 이상의 개별기관들이 독자성을 유지하고, 기업이 가지고 있는 자본 · 노하우 · 마케팅 · 자원을 수평적으로 결합하여 시너지 효과를 얻기 위해 통합하는 형태이다.

㉡ 수평적 마케팅 시스템은 각 기업이 단독으로 효과적인 마케팅 활동을 수행하는데 필요한 자본, 노하우, 마케팅 자원 등을 보유하고 있지 않을 때 수평적 통합을 통해 시너지 효과를 얻을 수 있게 한다.

(3) 체인 소매업의 종류

① 레귤러 체인(Regular Chain)

㉠ 단일자본에 의한 체인 스토어를 말한다. 어떤 기업이 전부자기자본으로 체인점을 설립하여 점포전개를 한 것이다.

㉡ 레귤러체인은 다른 용어로는 회사형 체인, 또는 직영점 체인이라고 일컫고 있다. 예를 들어 KFC,맥도널드가 있다.

② 볼런터리 체인(Voluntary Chain)

㉠ Voluntary Chain이란 각각의 소매점이 경영적으로는 독립되어 있으면서도 상품의 구매나 판촉 등을 공동으로 행하는 방식을 말한다.

㉡ '임의연쇄점'이라고 번역되고 있는 것처럼 독립자본의 다수 소매점이 모여서 자기가 가지는 기능의 일부를 가맹본부에 위탁하고 있는 것이다.

㉢ 가맹본부가 도매업자라도 조직의 주체는 어디까지나 소매업이며 체인경영의 의사결정에 참가하는 등 소매업간에 횡적 연락이 중시되며, 슈퍼연합체가 있다.

③ 프랜차이즈 체인(Franchise Chain)

㉠ 자본과 경영노하우를 가진 본부가 주체가 되어 가맹점을 모집하고 다 점포화를 꾀하는 것을 말한다. 주관사가 가맹점에 상품서비스자재를 공급하고 노하우를 공여하며 상품구성, 판매촉진, 광고, 종업원훈련, 경리 등에 관하여 지도 및 통제한다.

㉡ 조직의 형태는 볼런터리 체인에 흡사하여 가맹본부와 가맹점이 모두 독립 자본의 사업자이지만 운영의 주체는 가맹본부에 있으며 가맹점은 체인 경영의 의사결정에 적극적으로 참가하지 않는다. 또한 가맹점끼리의 횡적 연락보다도 가맹본부와 가맹점 간에 종적 관계가 중시된다.

4. 마케팅 통제(Marketing Contol)

(1) 마케팅 통제의 개념

① 기업이 마케팅 계획을 수행하는 과정에서 여러 가지 돌발적인 사태가 발생함으로 인하여 계획과 실제 결과 사이에는 차이가 발생하는 것이 보통이다. 이에 대한 시정조치를 내리는 일이 필요하며 그러한 과정을 마케팅 통제라 한다.

② 마케팅 통제의 목적은 기업이 표적시장에서 추구하고 있는 장, 단기의 목적을 달성하는데 있다. 마케팅 통제는 세 가지 유형으로 분류할 수 있다.

(2) 마케팅 통제의 종류

① 연간계획 통제

㉠ 당해 연도중 계획 대비 성과를 비교 검토하고, 필요하면 시정조치를 취하는 것을 말하며, 기업의 연간 판매, 이익 및 기타 제 목표를 달성할 수 있도록 하는데 그 목적이 있다.

㉡ 연간계획 통제는 당해 연도중 월별, 분기별 달성 목표를 결정, 실제성과와 진전 상황을 계속 점검하고, 실제성과와 목표와의 차이가 발생하였을 때 그 원인을 분석하며, 차이를 시정할 수 있는 조치나 구체적인 통제수단으로는 판매분석, 시장점유율 분석, 마케팅 비용대비 판매분석, 고객의 태도조사 등이 있다.

㉢ 연차계획에서 월별 또는 분기별 중간목표로 규정된 특정한 제품이나 시장의 매출액, 시장점유율, 마케팅비용, 마케팅 비용 대 매출액 분석, 판매 분석, 고객태도가 제대로 달성되고 있는지의 여부를 결정하고 필요에 따라 교정조치를 수행한다.

② 수익성 통제

㉠ 기업의 제품별, 판매지역별, 고객집단별, 유통경로별 주문규모별로 각각의 수익성을 판단하기 위하여 이들에 대해 정기적으로 조사를 행할 필요가 있다.

㉡ 수익성 분석을 하려면 먼저 판매를 행하는데 투입된 모든 비용을 집계하여 활동한 노력의 비율에 따라 배분하는 일이 필요하다. 그 다음 각 부문별 손익계산서를 작성하여 기업의 전반적인 이익에 어느 정도나 기여하고 있는 것인가를 분석하고 수익성이 없는 곳이 발견되면 시정조치를 내려야 한다.

㉢ 특정한 제품이나 시장에 대하여 어떠한 마케팅활동이 확대 · 축소 조정되어야 하는지를 결정하기 위하여 제품, 지역, 고객, 세분시장, 유통경로, 주문규모에 따른 수익성을 평가하는 일로서 대체로 마케팅 콘트롤러의 책임영역이다.

③ 효율성 통제

㉠ 마케팅 조직이 변화하는 환경 속에서 최선의 마케팅기회를 포착하고 그것을 효과적으로 활용하고 있는지의 여부를 검토하기 위한 것이다.

㉡ 판매원, 판매촉진, 광고 및 유통경로에 대한 효율성을 최고경영자 또는 마케팅 감사인에 의해 수행되는 통제이다.

(3) 전사적 마케팅(Total marketing)

① 마케팅은 마케팅부서만의 일이 아니다. 연구개발팀, 디자인팀, 생산이나 영업, 관리팀도 모두 마케팅마인드가 필요하다. 마케팅은 제품을 잘 파는 기술을 의미하는 것이 아니라 구조를 만드는 일이므로 기업의 다양한 기능부서별 활동이 마케팅 활동을 중심으로 통합됨을 뜻한다.

② 기업이 능률적 · 효율적으로 기업 목표를 달성하려면 고객 지향적 경영철학 및 사회지향적 관리 철학만으로 달성할 수 없다. 서로 다른 각 부문 기능 사이에 협조와 조화가 있어야 가능하다. 그러므로 유기체적 경영을 전사적 마케팅(total marketing)이라고도 말할 수 있다. 또한 기업의 내적 기능의 조화와 기업 외적 기능의 조화를 마케팅 시스템이라고 표현한다.

③ 기업도 그러하고 모든 조직체들은 서로가 유기적으로 관계를 맺고 있다. 그러므로 회사의 모든 부서들이 코드가 맞아야지 만약 서로 코드가 맞지 않는다면 그 회사는 비전을 향하여 달려갈 수 없을 것이다.

5. 유통 마케팅전략(Distribution Marketing Strategy)

(1) 유통마케팅 전략의 수립

① 고객지향적 마케팅 전략을 실행함에 있어 네 가지 중요한 단계인 시장 세분화, 표적시장의 선정, 차별화 및 포지셔닝의 단계로 나누어 보는 작업이 필요하다.

② 가장 좋은 세분시장을 표적으로 삼기 위해서 기업은 첫째 각 세분시장의 크기와 성장률, 구조적 매력도, 회사 목표 및 자원과의 적합성을 평가하며 그 다음으로 네 가지 유형의 표적시장 선정전략 혹은 시장 표적화 전략 중 하나를 선정한다.

③ 서로 다른 욕구, 특징 혹은 행동을 가진 상이한 고객집단으로 분류하는 것을 시장세분화라고 하며, 이때 각 고객집단은 서로 다른 제품 혹은 마케팅믹스를 요구할 때만 시장세분화의 의의가 있으며 세분화 된 시장 중 하나 또는 소수의 세분시장에 초점을 맞추는 것을 틈새마케팅 혹은 집중마케팅이라고 한다.

④ 마케팅의 기본원칙들중 마케팅 전략을 수립할 때 고객중심으로 생각하고 경쟁업체와 유통업체들을 고려해야 한다. 시장을 세분화 한 후 기업의 역량과 목표의 관점에서 가장 유망한 시장을 선택하고 표적으로 삼아 집중해야 한다. 각 표적시장마다 고객들의 니즈, 인식, 선호도 그리고 구매과정을 조사한다.

(2) 전략적 계획수립의 중심적 역할

① 마케팅 관리자는 적절한 활동을 선정하고 실행하는 것을 확실히 하기 위해 3가지 중요한 분야에 대해 전략적 계획수립을 최우선시 해야 한다.

② 얼마나 많은 자원을 각 사업부에 할당할 것이며 어느 사업단위를 제외할 것인가를 결정하고 사업부의 계획을 수립하며 각 사업단위 내 제품수준에서 그 목표를 성취하기 위한 마케팅 계획을 수립해야 한다.

③ 모든 기업본부가 수립해야할 4가지 계획은 기업사명을 정의, 전략적 사업단위(SBU) 수립 , SBU에 재원을 할당하고 부과, 성장기회 평가의 식으로 구분한다.

④ 기업이 공급할 능력이나 의도를 가지고 있는 수준을 넘어서는 초과수요 상황에서, 일시적 혹은 영구적으로 수요를 줄이거나 없애려는 것이다.

(3) 유통마케팅 조성(助成)기능

① 유통마케팅 조성 기능은 마케팅의 교환 기능이나 물적 유통 기능이 합리적으로 수행되도록 보조하는 기능이다.

② 조성기관은 유통상의 수송 업무와 금융 업무를 보조하지만 제품의 소유권을 가지지 않거나 구매 또는 판매를 위한 협상을 수행하지 않는 기관으로 수송회사, 창고회사, 보험회사, 은행 등을 말한다.

③ 유통마케팅에서 살펴본 유통마케팅 환경의 조성 기능은 금융(financing), 시장정보(information), 표준화(standardization)를 대표적인 예로 생각할 수 있다.

(4) 유통범위(Market Coverage)의 결정

① 유통경로 내에서 중간유통기관의 수를 얼마나 할 것인가를 결정하는 것이다.

② 주어진 상황의 영역 내에서 중간유통기관을 어느 정도 밀집시키느냐 하는 것이다.

③ 유통범의에는 집중적 유통경로, 선택적 유통경로, 전속적 유통경로 등의 세가지 전략적 선택이 있다.

④ 범위를 결정하는 기준으로는 제품의 특성, 유통환경, 구매자의 욕구 및 기대수준의 차이로 유통의 범위는 다양하다.

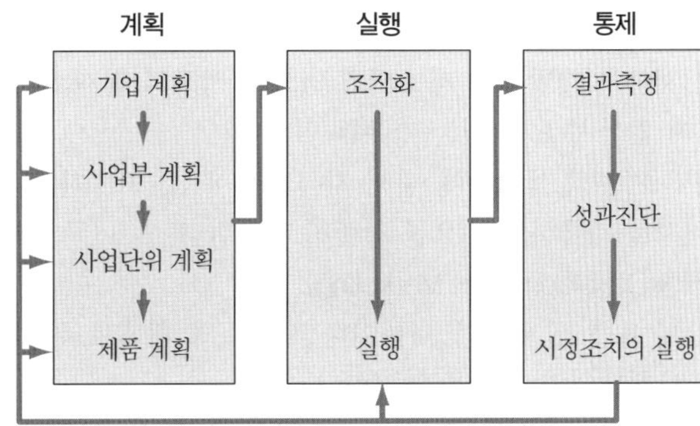

(5) 시장성장 예측방법

① 판단적 기법이랑 마케터나 관련 분야 전문가들이 판단에 의존하는 예측방법이다.

② 고객반응 조사기법이란 신상품을 개발하는 과정 중에 잠재구매자들의 반응을 조사하여 이를 기초로 매출액을 예측하는 방법이다.

④ 시계열 기법이란 과거의 매출액 데이터만을 이용하여 미래의 매출액을 예측하는 통계적인 방법이다.

⑤ 상관관계 기법이란 매출액과 높은 상관관계를 갖고 있는 변수들을 이용하여 미래의 매출액을 예측하는 방법이다.

(6) 소매점의 경쟁우위전략

① 소매점의 경쟁우위전략에서 소매점은 경쟁자와의 차별화 및 포지셔닝을 통해서 경쟁우위를 확보할 수 있다. 경쟁우위전략은 더 많은 혜택을 부여하는 혜택 차별화와 원가절감을 통해 더 낮은 가격을 부여하는 원가 리더십으로 나누어 볼 수 있다.

② 혜택차별화는 신제품을 개발을 선도하는 제품리더십과 고객요구에 정밀하게 맞추는 고객밀착화로 나누어 볼 수 있으며, 혜택차별화는 제품차별화, 서비스차별화, 유통차별화, 종업원차별화, 이미지차별화 등의 다양한 수단을 통해 달성할 수 있다.

(7) 수요상태에 따른 기업마케팅 과업의 변화

① 전환적마케팅(Conversional Marketing)

㉠ 소비자가 특정 제품이나 서비스의 구매를 싫어하는 상황이다. 부정적 수요를 긍정적 수요(positive demand)로 전환시키기 위한 과제를 지닌 마케팅을 말한다.

㉡ 소비자가 기업의 생산물에 대해 부정적인 수요를 가진경우에 필요하다. 부정적인 수요는 소비자가 특정제품이나 서비스를 회피하려는 상황을 말한다.

② 자극적마케팅(Stimulational Marketing)

㉠ 소비자가 특정 제품이나 서비스에 대하여 무관심한 수요 상황이다. 수요를 창조하는 마케팅 활동, 즉 소비자들의 무관심한 상태를 자극하는 마케팅 활동을 말한다.

㉡ 현재 신제품이 개발되어 제조되고 있으나 시장의 잠재소비자에게 그 존재가 전혀 알려지지 않아 수요가 없는 경우를 말한다.

㉢ 소비자가 기업의 생산물에 대해 지식이나 관심, 기호가 전혀 없는 무수요 상황에서 소비자를 자극하여 수요를 창출하고자 한다.

③ 개발적마케팅(Developmental Marketing)

㉠ 잠자는 수요를 실제적인 제품이나 서비스의 형태로 존재하게 함으로써 수요를 개발하는 형태의 마케팅을 의미한다.

㉡ 잠재적 수요는 명확히 소비자의 욕구는 있으나 이를 충족할만한 제품이 없는 경우를 말한다. 잠재적 수요의 확인은 신제품을 개발할 수 있는 기회를 제공한다.

㉢ 소비자를 충족시켜 줄 수 있는 적당한 제품이나 서비스가 없어서 휴면상태의 소비자들을 현재적 수요로 바꾸는 과정이다.

④ 재마케팅(Re-Marketing)

㉠ 소비자의 수요가 감퇴하고 있는 상황에서 필요한 마케팅 과업이다.

㉡ 특정 제품이나 서비스에 대한 수요가 하락하거나 침체되어 있는 경우에 소비자의 욕구나 관심을 다시 불러일으키는 과제를 지닌 마케팅으로서, 마케팅 계획을 다시 바꾼다.

㉢ 기업의 제품이나 서비스에 대한 수요가 종전에비해 줄어드는 상황을 반전시키려는 것으로 소비자의 욕구나 관심을 다시 불러일으켜, 감퇴하는 수요를 부할시키는 과업이 필요하다.

⑤ 동시화마케팅(Synchro Marketing):

㉠ 일시적으로 변동이 심하거나 계절성이 띠는 상품의 경우 적합하다.

㉡ 시기적으로 불규칙한 수요 시기를 기업의 공급패턴과 일치시키려는 마케팅이다.

⑥ 유지적마케팅(Maintenance Marketing)

㉠ 완전 수요 상황에서 기존의 판매 수준 또는 시장 점유율을 유지하려는 과제를 지닌 마케팅 활동을 말한다.

㉡ 완전 수요는 현재의 수요시기와 수준이 기업이 기대하는 시기 · 수준과 일치하는 상황을 말한다.

㉢ 현재의 수요수준과 시기가 기업이 원하는 수준 및 시기와 일치하는 완전수요 상황을 지속시키는 마케팅이다.

⑦ 디마케팅(De–Marketing)

㉠ 특정 제품이나 서비스의 초과 수요 상황에서 일시적 또는 영구적으로 수요를 줄이는 과제를 가진 마케팅을 말한다.

㉡ 디마케팅은 한정된 자원을 부가가치가 높은 분야에 집중시키기 위해 많이 이용된다. 초과 수요는 공급업자가 공급할 수 있다고 느끼거나 공급하려고 의도하는 수준을 초과하는 수요가 일어나고 있는 상태를 말한다.

㉢ 이와 같은 경우에는 고객의 수요를 자극하는 대신에 가격을 인상시킨다든지, 품질 · 서비스 · 판매촉진 활동 등을 감소 또는 저하시킨다든가 하여 일시적 또는 영구적으로 특정 고객이나 일반고객의 수요를 억제하는 역마케팅을 수행해야 한다.

㉣ 기업이 공급할 능력이나 의도를 가지고 있는 수준을 넘어서는 초과수요 상황에서, 일시적 혹은 영구적으로 수요를 줄이거나 없애려는 것이다.

⑧ 대항적마케팅(Countter Marketing)

㉠ 불건전한 수요를 줄이거나 없애는 과제를 지닌 마케팅을 말한다.

㉡ 예를 들어 학생의 유흥가 출입 억제, 미성년자의 흡연 등이 있다.

㉢ 디마케팅이 제품 그 자체에 대하여 비난하지 않으면서 그에 대한 수요를 감소시키려는 것인데 대하여, 대항적 마케팅은 제품 그 자체가 본질적으로 또는 사회적으로 불건전하다는 것을 지적하려는 것이다.

㉣ 사회공익이나 기업 이해에 반하는 불건전한 수요를 줄이거나 완전히 없애버리려는 마케팅이다.

▣ **마케팅의 상황**

수요 상황(demandstate)		마케팅 과업(marketing task)	명칭(formal name)
수요<공급	부정적 수요	수요를 전환시킨다.	전환적 마케팅
	무수요	수요를 창조한다.	자극적 마케팅
	잠재적 수요	수요를 개발한다.	개발적 마케팅
	감퇴적 수요	수요를 부활시킨다.	재 마케팅
	불규칙적 수요	수요와 공급시기를 일치시킨다.	동시화 마케팅
수요=공급	완전 수요	수요를 유지한다.	유지적 마케팅
수요>공급	초과 수요	수요를 감소시킨다.	디 마케팅
	불건전 수요	수요를 파괴시킨다.	대항적 마케팅

6. 시장 세분화

(1) STP 전략의 수립

① 시장세분화(market segmentation)는 전체 시장을 기업이 제공하는 마케팅믹스에 대하여 유사한 반응을 할 것으로 추정되는 동질적 고객집단으로 나누는 과정으로 지리적 변수, 인구통계적 변수, 행동적 변수, 심리묘사적 변수 등을 기준으로 시장을 구분할 수 있다.

② 표적 시장선택(selection of target market)은 여러 개의 세분시장들 중에서 경쟁제품보다 고객의 욕구를 더 잘 충족시킬 수 있는 세분시장을 선정하는 것이다.

③ 제품포지셔닝(product positioning)은 소비자의 마음속에 경쟁상표와 비교하여 경쟁우위를 제공하는 위치에 자사상표를 구축하려는 노력을 말한다.

(2) 시장 세분화의 기준

① 시장을 세분화하는데 어떤 정해진 규칙이 있는 것이 아니고 상당한 창의성이 요구되는 작업이기도 하다. 시장을 여러 각도로 세분 해 보는 과정에서 자사, 경쟁사, 소비자들에 대한 새로운 안목이 길러지기도 한다.

② 어떤 세분화 변수(segmentation variable)가 적합 하느냐 하는 것은 회사가 처한 상황에 달려 있지만, 흔히 사용되는 변수들만을 정리 할 수 있다.

③ 시장세분화를 마케팅 전략에 유용하게 사용하려면 세분시장은 측정가능성, 접근가능성, 규모적정성, 세분시장 내 동질성과 세분시장 간 이질성과 같은 요건을 갖추고 있어야 한다.

④ 시장세분화 기준변수를 크게 고객행동변수와 고객특성변수(인구통계적 변수 및 심리분석적 변수)로 구분하였을 때, 추구편익(혜택)은 고객행동변수로 분류된다.

⑤ 시장을 세분화하는 단 한 가지 방법은 존재하지 않으므로 마케터는 어떤 것이 시장 세분화 기회를 가장 잘 제공하는가를 파악하기 위해 다양한 변수를 검토해야 하며, 여러 개의 세분시장을 위해 서로 다른 시장 제공물을 개발하는 차별화 마케팅을 채택할 수 있다.

⑥ 시장의 적정 규모 및 성장가능성, 구조적 매력성, 자사 목표와의 적합성 및 자원은 세분시장 평가에 고려되는 기준이다.예컨데 독신남이 매력적인 시장으로 발견되었지만 그들의 거주지를 알기 어려우면 접근가능성 세분화 조건을 보고, 미혼여성과 기혼여성은 향수에 대하여 다르게 반응하는 것은 차별화가능성 세분화 조건으로 분석을 한다.

▣ 시장 세분화 기준

세분화 기준	변 수
지리적 변수	지역, 인구밀도, 도시의 크기, 기후
인구 통계적 변수	나이, 성별, 가족규모, 가족수명주기, 소득, 직업교육수준, 종교
심리 분석적 변수	사회계층, 생활양식, 개성
행태적 변수	추구라는 편익, 사용량, 제품에 대한 태도, 상표충성도, 상품구매단계, 가격에 대한 민감도

(3) 지리적 세분화(geographic segmentation)

① 지역, 인구밀도, 도시의 규모(인구 수), 기후 등이 흔히 사용되며, 산업에 따라서는 지리적 변수에 따라 고객의 욕구에 차이가 나타나는 분야가 있다. 예를 들면 스케이트는 얼음이 얼지 않은 열대지방에서는 거의 필요하지 않을 것이다.

② 냉·난방 용품도 역시 그 지역의 기후에 따라서는 수요의 차이가 크다고 볼 수 있다. 지리적 세분화의 큰 장점은 세분화 작업이 비교적 용이하고, 적은 비용으로 세분시장에 접근 할 수 있다는 점이다.

(4) 인구 통계적 세분화(demographic segmentation)

① 나이, 성별, 가족규모, 가족 수명주기, 소득, 직업, 교육수준, 종교 등 사회를 구성하는 사람들의 특성을 나타내는 변수가 사용된다.

② 인구 통계적 변수들이 소비자 집단을 구분하기 위해 사용하는 가장 보편적인 기준이 되는 이유로는 첫째가 소비자의 욕구, 선호도, 사용빈도 등이 인구 통계적 변수들과 매우 밀접하게 관계가 있는 경우가 대단히 많고, 둘째는 인구 통계적 변수들이 대부분 다른 변수들 보다 측정하기가 쉽기 때문이다.

(5) 심리 분석적 세분화(psycho graphic segmentation)

① 사회계층은 우리나라에서는 그다지 크게 구분되어 있지 않지만, 노동자 계층, 자영업 계층, 사무직 계층, 경영관리자 계층, 자본가 계층, 전문가 계층, 오렌지 족, MZ세대 등이 사회 계층의 역할을 한다고 볼 수 있다.

② 이들은 자동차, 의복, 가정용품, 여가활동, 독서습관, 소매상점에 대한 선호에 영향력을 행사하고 있다. 기업은 표적이 되는 특정사회계층의 구성원들이 호감을 가질 수 있는 제품특성을 개발함으로써 독특한 경쟁적 우위를 확보할 수 있는 것이다.

(6) 행동 분석적 세분화(behavioral segmentation)

① 행동적 세분화의 한 유형인 효익 세분화(benefit segmentation)는 구매자들을 그들이 제품으로부터 추구하는 혜택 혹은 편익에 따라 구분하는 것이다.

② 행동적 세분화의 한 유형인 사용상황 세분화는 구매들의 제품 정보 습득경로, 실제 구매여부 또는 구매한 물건을 사용하는 상황에 따라 시장을 나누는 것이다.

③ 특정 오렌지 주스 브랜드가 소비자들에게 '아침에 차갑고 건강에 좋은 오렌지 주스를 마시자'는 캠페인을 전개해 왔다면, 시장을 행동적으로 세분화하여 접근한 것이다.

④ 제품을 소비하는 양에 따라 또는 충성도의 수준에 따라 소비자들을 나누었다면 행동적 세분화라 할 수 있다.

7. 시장 포지셔닝

(1) 포지셔닝(Positioning)의 정의

① 소비자의 마음속에 경쟁업자와 차별되는 자기 점포의 이미지를 어떻게 창조할 것인가에 관한 것으로 목표고객에게 가격, 서비스, 품질, 편리성 등을 맞추는 전략이다.

② 기업이 선택한 포지셔닝 전략을 시장에 적용하기위해서는 경쟁사 대비 경쟁적 강점 파악, 적절한경쟁우위의 선택, 선택한 포지션의 전달 과정을거쳐야 한다.

③ 기업은 다양한 방법으로 상품을 포지셔닝 시킬 수있는데 상품의 속성, 상품 편익, 사용 상황, 사용자집단을 위한 상품으로 포지셔닝하는 방법이 있다.

④ 제품포지션은 소비자들의 인식 속에 자사의 제품이 경쟁제품에 대비하여 차지하고 있는 상대적 위치를 말한다.

⑤ 기업은 선택한 표적시장의 소비자들 마음속에서경쟁사에 대비하여 최대한의 경쟁적 우위를 누리기 위하여 포지셔닝 전략을 기획하고 마케팅믹스를 개발한다.

(2) 포지셔닝(Positioning)의 유형

① 효익 포지셔닝이란 가격과 품질(price-quality)에 의한 포지셔닝으로 제품 가운데는 서비스 · 특징 · 성능 등이 뛰어나다는 이유 하나만으로 경쟁품에 비해 월등히 높은 가격으로 판매되는 것을 말한다.

② 이미지 포지셔닝이란 고급성이나 독특성처럼 제품이나 점포가 지니고 있는 추상적인 편익으로 소구하는 방법을 말한다.

③ 사용상황 포지셔닝이란 제품이나 점포의 적절한 사용상황을 묘사하거나 제시함으로써 소비자에게 부각시키는 방식이다.

④ 경쟁제품 포지셔닝이란 소비자의 지각 속에 위치하고 있는 경쟁사와 명시적 혹은 묵시적으로 비교하게 하여 자사제품이나 점포를 부각시키는 방법이다.

⑤ 품질 및 가격 포지셔닝이란 제품 및 점포를 일정한 품질과 가격수준으로 포지셔닝하여 최저가격 홈쇼핑이나 고급전문점과 같이 차별적 위치를 확보하는 방식이다.

(3) 포지셔닝(Positioning) 전략

① 소매업의 포지셔닝 전략은 목표고객에게 가격, 서비스, 품질, 편리성 등을 맞추는 전략이다.

② 소비자의 마음속에 경쟁업자와 차별되는 자기 점포의 이미지를 어떻게 창조할 것인가에 관항 것이다.

③ 우호적인 이미지를 창조하는 것이 중요하므로 타켓 소비자의 옥구와 좋아하는 이미지를 파악해야 한다.

④ 경쟁업자에 맞춘 포지셔닝 전략은 소비자에 초점을 맞추기 보다는 특정의 경쟁업자를 모방하거나 회피하려는 전략이다.

(4) 포지셔닝(Positioning) 전략의 절차

① **소비자 분석**: 해당 제품군에서 소비자들이 얻고자 하는 것이 무엇인지, 그리고 기존 제품들에 대해서는 어떤 불만을 가지고 있는지 등 소비자 요구와 기존 제품에 대한 불만족 원인을 파악하는 과정이다.

② **경쟁자 확인**: 도입하고자 하는 제품의 경쟁 상대를 파악하는 과정으로서 이 때 주의할 것은 표적시장을 어떻게 설정하느냐에 따라 경쟁자가 달라질 수 있다.

③ **경쟁제품의 포지션 분석**: 경쟁 제품이 소비자들에게 어떻게 인식되고 평가받는지 파악하는 작업으로 포지셔닝 맵을 작성해보면 경쟁 제품의 속성과 소비자의 지각상태를 파악하는 데 매우 유용하다.

④ **자사 제품의 포지션 개발**: 경쟁 제품에 비하여 소비자의 욕구를 더 잘 충족시킬 수 있는 적합한 자사 제품의 포지션을 결정한다.

⑤ **포지셔닝의 확인 및 재포지셔닝**: 포지셔닝 전략이 실행된 후에는 자사 제품이 목표한 위치에 포지셔닝 되었는지 확인하고, 전문적인 조사를 통해 보다 구체적으로 소비자와 시장에 관한 분석을 해야한다.

(5) 마케팅 성과 평가

㉠ 마케팅 성과 평가의 궁극적인 목표는 마케팅 활동의 효과성과 효율성을 향상시켜 기업 전체 성과 향상에 기여하는 데 있다. 따라서 마케팅 성과 평가의 결과를 효과적으로 경영 활동에 연결시키기 위해서는 피드백 시스템이 필요하다.

㉡ 기업들이 자신들의 마케팅 성과를 평가하기 위하여 사용할 수 있는 도구의 하나로서 기업이 시장에서 실제로 두드러지게 표출되는 연출자가 되기 위해 지향해야할 바(최상의 실행 내용)를 표현해 주고 있다.

㉢ 마케팅 성과 평가 도구에 제시된 3가지 내용은 '저조－양호－탁월'한 사업과 마케팅 실행간의 차이를 나타내 줌으로써 마케팅의 탁월성을 검토할 수 있도록 도와준다.

▣ **마케팅 성과평가 도구**

저조(저)	양호(중)	탁월함(고)
기능 지향적	과정 지향적	결과 지향적
주주이해 추구적	이해 관계자 추구적	사회지향 추구적
판매상 탐색	판매상 지원	판매업자와 동반자
경쟁사에 대응하기	경쟁사를 앞지르기	경쟁사에 대한 벤치마킹
대중시장 지향	세분시장 지향	틈새시장 지향 및 고객 지향
최종 제품 지향적	핵심제품 지향적	핵심역량 지향적
가격 추구적	품질 추구적	가치 추구적
수직적 통합	수평적 조직	전략적 제휴

02 현대적 마케팅 활동

1. 소셜네트워크서비스(SNS) 마케팅

(1) 소셜네트워크서비스(SNS) 마케팅의 개념

① SNS(Social Network Service: 소셜 네트워크 서비스)는 온라인 인맥구축 서비스로 1인 미디어, 1인 커뮤니티, 정보공유 등을 포괄하는 개념이며, 참가자가 서로에게 친구를 소개하여, 인맥 관계를 넓힐 것을 목적으로 개설된 커뮤니티형 서비스이다.

② SNS는 뛰어난 마케팅 효과를 들 수 있는데 실시간 서비스, 정보의 파급력 등 SNS 서비스 특성 자체로 인해 기존의 온라인 마케팅이나 광고 보다 높은 효과를 보인다.

③ 서비스의 폭발적인 성장세를 들 수 있는데 전 세계적으로 SNS 서비스는 놀라운 성장세를 기록 중이다. 특히 스마트폰의 대중화가 성장의 견인차 역할을 함으로서 2024년, 미국 인터넷 이용자 2/3 가량인 72.8%(2억 3천500만 명)이 SNS를 이용할 것으로 예측되고 있다.

④ 시장규모 증가 및 다양한 채널 활용으로 인한 산업규모 확대기에서 마케팅 활동을 위한 고객과의 커뮤니케이션 채널 및 광고 채널로 각광 받고 있으며 현재 미국에서 마케터들에게 가장 많이 활용되고 있는 소셜 미디어는 페북 · Twitter로 나타나고 있다.

(2) 소셜네트워크서비스(SNS) 마케팅의 특징

① e-메일은 이메일을 보낸 사람과 받는 사람만이 볼 수 있지만 소셜네트워크를 이용하면 모든 사람이 공유할 수 있으므로 고객과의 소통을 보다 효율적으로 할 수 있다.

② 기존의 홈페이지는 가입 후에 사용이 가능하였으나 소셜네트워크서비스 사용자는 소셜네트워크 서비스의 가입으로 여러 업체의 접근이 효과적으로 용이한 장점이 있다.

③ 중소기업의 경우 웹페이지를 만들기 위해 도메인을 등록하지 않아도 소셜네트워크 서비스를 이용하여 홈페이지를 만드는 것이 가능하다. 트위터 마케팅, 스마트폰 마케팅, 카페 마케팅, 페이스북 마케팅 등도 SNS의 일종이다.

(3) 소셜네트워크서비스(SNS) 마케팅의 장 · 단점

① 기존 미디어와 달리 쌍방향커뮤니케이션 가능해 일방적인 메시지 전달을 위한 매체비 를 줄일 수 있으며 고객의 참여, 공유, 대화를 이끌어 낼 수 있다.

② 고객들이 이미 가지고 있는 소셜 미디어 네트워크를 통해 마케팅 경험 및 컨텐츠가 구전되는 바이럴 효과를 극대화 할 수 있다.

③ 신뢰성과 진실성을 기반으로 관계지향적 마케팅 활동을 한다면, 타 마케팅 툴보다 고객들의 브랜드에 대한 긍정적 반응과 브랜드 로열티를 확보 하는데 용이 하다.

2. 노이즈 마케팅(noise marketing)

(1) 노이즈 마케팅(noise marketing)의 정의

① 상품의 홍보를 위해 고의적으로 각종 이슈를 만들어 소비자의 호기심을 불러일으키는 마케팅기법으로 특히 단기간에 최대한 인지도를 높이기 위한 경우에 쓰인다.

② 주로 좋은 내용보다는 자극적이고 좋지 않은 내용의 구설수를 퍼뜨려 소비자의 입에 오르내리게 한다. 비록 부정적인 이미지로 굳혀질 수 있는 위험이 있지만, 반대로 매출은 올라간다는 결과가 있다.

③ 이미지와는 별개로 노이즈 마케팅으로 인해 머릿속에 인식되어 구매로 이어지는 경우가 많은 것이다. 최근에는 인터넷이 크게 발달함에 따라 노이즈 마케팅의 중요한 도구로 사용되고 있다.

(2) 노이즈 마케팅(noise marketing)의 사례

① 연예계

㉠ 연예인들이 제일 무서워하는 것은 무엇일까. 시청률, 광고주, PD, 파파라치, 세상에 무서울 것 없는 스타들을 벌벌 떨게 만드는 건 다름 아닌 대중의 무관심이다.

㉡ 연예계에서는 인기나 관심을 끌기 위해 욕먹기를 각오하고 일부러 문제거리를 만드는 경우로 노이즈 마케팅은 TV 오락프로그램, 영화 등에서 흔히 사용되고 있다.

㉢ 논쟁이 될 만한 내용을 의도적으로 방송해 시청률을 높이려는 수단으로 이용됐고, 영화에서는 민감한 이슈로 논쟁을 일으키고 나서 작품의 인지도를 높이고 관객들을 끌어 모으기 위한 방편으로 쓰였으며, 최근에는 연예인 개인의 인지도를 높이거나 '인기몰이'를 위한 수단으로 쓰이기도 한다.

② 선정성 부각

㉠ 선정성을 이용해 관심을 끄는 시도도 끊이지 않는다. 영화 포스터에서 볼 수 있던 여배우의 '전라노출', '노골적인 섹스신' 등의 카피는 이제 식상할 정도이며, 가요계에서도 성인 애로 여배우들을 뮤직비디오에 출연시켜 논란이 된 것처럼 선정성을 이용한 마케팅 사례는 낯설지 않다.

㉡ 최근에는 안방극장에 이 같은 마케팅이 확산하는 추세다. 이는 케이블 채널간의 과열경쟁으로 인한 시청률 확보 싸움에 원인이 있다. 자극적이고 선정적인 프로그램이 넘쳐나다 보니 좀 더 강도가 센 프로그램의 제작에 케이블 제작진이 열을 올리고 있다. 단순히 여배우나 여성 출연자들의 노출을 통한 선정성 부각 뿐만 아니라 교양 프로그램을 빙자한 토크 프로그램, 정보제공 프로그램, 리얼리티 프로그램에도 이러한 마케팅을 택하고 있다.

③ 사회적 이슈화

㉠ 최근의 민감한 사회상황과 연계시켜 영화의 인지도를 높인 경우가 수없이 많다 동성애 논란의 왕의 남자, 한국기독교총연합의 반발을 유도한 다빈치 코드, 신정아 사건 등이 이처럼 사회적 이슈몰이를 통한 노이즈 마케팅도 흔하게 볼 수 있다.

㉡ '그때 그 사람'. '실미도'. '다빈치 코드' 등처럼 개봉을 앞둔 영화가 '특정 개인이나 단체의 이익에 침해를 가했다'는 이유로 개봉 전부터 상영금지가처분 신청을 당하는 경우가 있는 데 이럴때 제작사나 홍보사 측에서는 "오히려 잘 된 일"이라고 반색하는 경우가 있는데, 바로 노이즈 마케팅으로 대중의 관심을 끌고, 이것이 흥행으로 이어질 수 있으리라는 기대 심리 때문이다.

(3) 버즈마케팅(Buzz Marketing)

① 소비자가 상품을 구입하는 과정에서 광고보다는 소문이 더 많은 영향을 미치는 것으로 나타났다. 기사식당은 친절한 서비스와 저렴한 가격으로 택시기사들을 맞는데 최선을 다한다. 택시기사들 간에는 소문이 빠르게 확산 된다는 점을 누구보다도 잘 알고 있는 기사식당이 혹시나 있을지도 모를 나쁜 소문을 차단하고 긍정적인 소문을 내도록 유도하기 위한 수단인 것이다.

② 대형마트의 식품코너에서는 광고를 하지 않고 세일을하는 경우가 있는데, 세일이 시작되면 어김없이 사람들이 몰리는 상황이 연출된다. 그것은 마트에서 식품의 신선도 등을 고려하여 마감이 임박한 시간이면 거의매일 제한세일판매를 한다는 소문을 소비자들이 미리 알고 있기 때문이다. 기업들이 소비자들로 하여금 자발적으로 상품에 대한 소문을 내도록하는 마케팅 기법을 버즈마케팅(Buzz Marketing)라고 한다.

③ 버즈(Buzz)는 벌이나 기계가 웅웅데는 소리로 마케팅에서는 고객들 사이에 특정제품의 인기가 전염병처럼 번지는 과정을 말하는데, 그동안에는 기업의 광고나 홍보를 통하여 일방적으로 전달되던 정보가 이제는 인터넷의 발달로 인하여 고객 상호간에 양방향으로 전파되고 있어 그 효과가 더욱 커지고 있다.

④ 대한민국 소비자들의 경우 87%가 상품을 구입할 때 주변사람들의 의견을 참고하는 것은 세계 4위를 차지할 만큼 유난히 소문에 약한 것으로 나타났다. 소문은 일반적인 광고나 홍보에 비해 비용이 적게 들고, 속도가 빠르다는 장점과 소비자들의 평가라는 객관성까지를 가지고 있다. 바로 이것이 오늘날 기업들로부터 버즈마케팅이 주목을 받고 이유이며, 소문을 관리 하지 못하는 기업은 성공할 수 없다는 이유인 것이다.

3. 바이럴 마케팅 (Viral Marketing)

(1) 바이럴 마케팅 (Viral Marketing)의 정의

① 고객으로 하여금 업체를 대신해 주변의 다른 사람에게 재화나 서비스를 광고하게 만드는 마케팅 방법으로 어떤 회사나 그 회사의 제품에 관한 홍보를 소비자들의 입을 빌어 전하는 방식이다.

② 입소문(구전, WOM: Word of Mouth), 버즈 마케팅(Buzz Marketing), 네트워크 마케팅(Network Marketing), 체험마케팅(Experience Marketing), 그리고 바이럴마케팅(Viral Marketing – viral은 virus의 형용사). 이 모든 마케팅전략은 사실 타겟유저들에게 기업의 메시지를 전달하는 방법상의 유사한 면을 가지고 있다.

③ Mass를 통하지 않고 Human Network상에서 자연스럽게 소문이나고 바이러스처럼 전파가 되어서 홍보가 되고, 구매동기를 불러 일으키게 하는 것이다 물론, 최종목표가 직접적인 구매행위일 경우도 있다. 구체적으로 각각의 마케팅전략은 차이가 있으나, 세부적인 각 구분은 어느 정도로 마무리하고 전체적인 연관성(그룹핑)을 이해하고, 오히려 그러한 전략의 케이스와 형태, 한계점과 장단점을 이해하여 실제 미션에 적용하는 것이 현명하다.

④ 바이럴은 이메일이나 온라인 전파에 관련된 분야로 한정 짓기도 하지만 포괄적인 입소문마케팅의 한 영역으로 다루고 있다. 이러한 '입에서 입으로' 전하는 광고 효과는 기존 오프라인 마케팅에서도 활용되고 있는 것으로 빠른 시일 내에 큰 효과를 볼 수 있는 마케팅 수단 중의 하나이다.

(2) 바이럴 마케팅 (Viral Marketing)의 사례

① 글로벌 경쟁사회에 노출되어 있는 기업의 환경적인 면에 따라 마케팅전략은 좀더 공격적이고 리스크 높은 전략을 시도할 수 밖에 없다. (High Risk, High Return) 어느 정도 불확실성이 존재한다 하더라도, 기존의 마케팅전략으로는 도저히 주어진 목표를 달성할 수 없는 환경하에서 WOM이나 바이럴마케팅은 이미 미국이나 유럽에서는 국내보다 빨리 현재 진화의 단계를 거쳐가고 있다.

② 구글에 1조6천억원에 인수된 Youtube.com, P&G의 Tremor(입소문전담조직)과 Vocalpoint의 다양한 성공사례, 나이키의 호나우지뉴 바이럴마케팅, 비어닷컴사의 버츄얼 바텐더, 버거킹의 subservient chicken, Lee의 One True fit 청바지 등 많지는 않지만 점점 성공적인 효과를 기록하고 있는 사례들이 속속 등장하고 있다.

③ 이러한 바이럴마케팅의 특이한 점은 일반적인 Brand Awareness의 측정지표(다운로드, View 노출수)달성에서 그치는 것이 아니라, 구체적인 행위(구매)까지 연결하도록 프로그램한다는 점이다. 따라서 대부분의 경우 온/오프라인 이벤트, 캠페인과 연결될 수 있도록 설계되며, 궁극적으로 이러한 프로그램은 바이럴 마케팅이 가지고 있는 한계점으로 기인한다고 할 수 있다.

4. 데이터베이스 마케팅(Database Marketing)

(1) Data Base 마케팅의 의의

① 데이터베이스 마케팅(Database Marketing)은 고객을 만족시키기 위한 경영의 한 형태로서, 각종 1차 자료와 정보를 수집 · 분석하고 개인에 대해 차별적 정보를 제공하여 고객의 만족을 극대화하는 마케팅 수단을 말한다.

② 고객과 관련된 다양한 정보들을 수집, 정리한 데이터를 바탕으로 하며, 정보통신기술을 활용하여 고객에 대한 과학적인 정보를 수집 · 정리 · 평가에 활용하고자 하는 마케팅으로서 특히 개별고객의 구매행태를 파악하는 것이 매우 중요하다.

③ 데이터베이스 마케팅은 기업이 고객에 대한 여러 가지 다양한 정보를 컴퓨터를 이용하여 Database화하고, 구축된 고객 데이터를 바탕으로 고객 개개인과의 지속적이고 장기적인 관계(Relationship)구축을 위한 마케팅 전략을 수립하고 집행하는 여러 가지 활동이다.

(2) Data Base 마케팅의 과정

① 기존 고객에 대한 정보자료를 활용하지만 기존 고객의 충성도 향상 뿐만 아니라 잠재고객을 개발하는 용도에도 활용되고, 기존 고객의 평생 혹은 생애가치에 대한 평가가 데이터베이스 마케팅의 중요한 부분을 차지하고 있다.

② 데이터 베이스 마케팅은 고객에 대한 접근법이나 마케팅전략 및 방법론 등에 대한 단순한 접근적인 차원으로 볼 수 없고, 잠재적인 고객에 대해 설명할 수 있는 풍부한 정보에 근거한 마케팅 활동이라고 정의할 수 있다.

③ 데이터베이스 마케팅은 컴퓨터의 활용가치가 높으며 고객과의 관리를 기초로 하고 있다. 따라서 정보기술을 바탕으로 한 과학적 마케팅기법, 고객정보와 거래정보의 교차활용, 일대일 커뮤니케이션 중시, 고객의 데이터 마이닝 중시, 기업의 장기이익 실현을 중시하는 마케팅 기법이다.

(3) Data Base 마케팅의 주의사항

① 최근 데이터베이스 마케팅이 확산됨에 따라 개인정보 침해 유출 사고가 자주 발생하고 있는데 개인정보는 생존하고 있는 개인에 관한 정보이다.

② 당해 정보만으로는 특정 개인을 알아볼 수 없는 경우에도 다른 정보와 용이하게 결합하여 알아볼 수 있다면 개인 정보에 포함된다.

③ 정보통신서비스 제공자들은 개인정보를 수집 · 이용하는 경우에는 원칙적으로 정보주체의 동의를 받아야 한다.

④ 정보통신서비스 제공자는 이용자의 개인정보를 수집하는 경우에는 정보통신서비스의 제공에 필요한 최소한의 정보를 수집하여야 하며, 필요한 최소한의 정보 외의 개인정보를 제공하지 아니한다는 이유로 그 서비스의 제공을 거부하여서는 아니 된다.

5. 다이렉트 마케팅(direct marketing)

(1) 다이렉트 마케팅의 의의

① 다이렉트 마케팅은 직접마케팅이라고도 하며 무점포소매업의 일종이다.

② 직접마케팅의 경로들에는 직접우편, 카탈로그, 텔레마케팅, 상호작용적 TV, 웹사이트 및 모바일 기기 등 상호작용적 경로를 들 수 있다.

(2) 다이렉트 마케팅의 특징

① 직접마케팅관리자는 거의 모든 세분시장에 알맞도록 메시지를 맞춤화하고 개인화하며, 관계를 구축할 수 있을 뿐만 아니라 적절한 시기에 대부분의 관심 있는 고객들에게 접근하며, 대안적 매체와 메시지들을 쉽게 검증할 수 있고 결과를 쉽게 측정할 수 있다.

② 직접마케팅에서는 직접 마케터들이 펼치는 캠페인의 반응측정치를 보다 정확하고 신속하게 파악 할 수 있으며, 캠페인의 효과성 및 수익성에 대한 신속한 평가와 이를 활용한 의사결정이 더욱 용이하다.

③ 직접마케팅은 중간유통상의 개입 없이 직접적인 경로를 통하여 고객에게 제품 및 서비스를 전달하는 활동을 의미하므로 판매인력을 통한 인적판매 및 현장 방문판매의 경우가 이에 해당한다.

03 마케팅 믹스(Marketing Mix)

1. 마케팅 믹스(Marketing Mix)

(1) 마케팅 Mix의 개념

① 마케팅 믹스(Marketing Mix)란 마케팅의 목표를 합리적으로 달성하기 위하여 마케팅 경영자가 일정한 환경적 조건을 전제로 하여 일정한 시점에서 전략적 의사결정으로 선정한 마케팅 수단들이 적절하게 결합 내지 조화되어 있는 상태를 가리킨다.

② 마케팅 믹스는 목표 시장에서의 기업의 목적을 달성하기 위한 통제 가능한 마케팅 변수를 적절하게 배합하는 것을 말한다. 따라서 이는 일정한 시점을 전제로 하여서 작성된 마케팅계획과 같은 뜻이 되는 것이다.

③ 마케팅 믹스의 운용은 마케팅목표를 달성하기 위해서는 마케팅믹스의 네 가지 요소인 제품(Product), 유통(Place), 촉진(Promotion), 가격(Price)를 어떻게 통합할 것인가 하는 것이 중요한 문제가 된다.

(2) 마케팅 Mix의 요소

① 마케팅 믹스의 구성요소는 마케팅 관리자가 통제할 수 있는 여러 수단이며, 특히 중요한 것은 제품계획 · 가격정책 · 판매경로정책 · 광고 · 인적 판매활동 · 판매촉진 등이라 하겠는데, 이는 학자에 따라 다르다.

② 미국의 제롬 매카시(Jerome McCarthy)의 4P는 공급자중심에서 살펴본 것이다. 공급자 중심의 4P를 소비자 중심으로 전환을 하면 4C가 성립되는데 Customer value, Cost to the customer, Convenience, Communication 등으로 구분을 할 수 있다.

(4) 마케팅 Mix전략의 수행을 위한 7요소

① Product(상품)

㉠ 마케팅 믹스 전략에서 가장 기본이 되는 요소로서 고객에게 팔려고 하는 상품을 말한다.

㉡ 이러한 상품에는 고객의 욕구를 충족시킬 수 있는 유형, 무형의 모든 것이 다 해당된다.

② Price(가격)

㉠ 가격은 자사의 제품이나 서비스가 가지는 효용에 대해 소비자가 부여하는 가치로 그 명칭이나 형태가 다양하고,가격은 상품과 서비스의 효용 및 가치를 의미한다.

㉡ 기업의 이익, 소비자의 구매행위, 정부의 경제정책 결정에 중요한 역할을 한다. 가격은 일종의 효용에 대한 부가가치임과 동시에 다양한 반대급부로 나타나게 된다.

③ Place(장소 또는 유통)

㉠ 상품이나 서비스가 생산자로부터 최종 소비자에게 전달되는 구조적인 과정을 의미하며 서비스 산업의 경우, 매장의 입지적인 측면으로 이해하면 된다.

㉡ 이러한 유통경로는 제품의 종류에 따라 또는 중간상의 존재 유무에 따라서 다르게 나타나는데 소비재나 산업재 및 서비스 유통경로도 다양하게 나타난다.

④ Promotion(촉진활동)

㉠ 현재의 고객과 잠재고객에게 다양한 커뮤니케이션 활동을 전개하여 상품을 알리고, 다른 상품과 비교 · 설득하여 소비자의 구매성향을 바꾸는 마케팅 활동이다.

㉡ 이러한 마케팅 활동에는 대인판매(personal selling), 광고(advertising), 홍보와 선전(public relation and publicity), 판매촉진(sales promotion) 등이 있다.

⑤ Personnel(Participant, People ; 참가자)

㉠ 합리적인 인사관리와 교육을 통한 서비스 질의 확보와 고객 만족을 추구하는 마케팅 믹스의 요소로, 서비스 산업은 궁극적으로 서비스 활동에 참여하는 판매원인 종업원이 중요하다는 반증이다.

㉡ 여기서는 종업원을 최초의 고객으로 보고 그들에게 서비스 마인드나 고객 지향적 사고를 심어주며, 더 좋은 성과를 낼 수 있도록 동기를 부여하는 활동을 전개하는 것이 핵심이다.

⑥ Physical Facility(시설, 환경)

㉠ 점포의 시설 이미지를 통해 고객 만족을 추구하는 마케팅 믹스의 요소로 physical evidence(서비스의 물리적 증거)라고 한다. 즉, 서비스의 물리적 증거는 서비스가 전달되고 서비스 기업과 고객의 상호작용이 이루어지는 환경을 말한다.

㉡ 외부환경은 신규 고객 확보에 가장 큰 변수로 작용하는 시설의 외형, 간판 등의 안내 표지판, 주차장, 주변환경 등이 속하며, 내부환경은 내부장식과 표지판, 벽 색상, 가구, 시설물, 공기의 질 · 온도, 향기 등이 해당된다.

㉢ 점포의 환경 디자인으로는 고객들에게 정보를 제공하는 표지와 그래픽을 적절히 사용하고, 백화점의 화장품 코너는 특수조명을 설치할 필요가 있다. 인간의 감각 중 기분에 영향을 주는 것 중의 하나가 냄새이기 때문에 향기 관리도 중요하다.

⑦ Process Management(작업진행관리)

㉠ 지속적인 고객 서비스의 원활한 흐름을 위한 시스템의 개발과 활용을 통해 고객에게 만족을 주는 마케팅 믹스의 요소이다. 즉, 이것은 서비스 프로세스를 관리하는 것으로 서비스가 전달되는 절차나 메커니즘 또는 활동들의 흐름을 의미한다. 대부분의 서비스는 일련의 과정(process)이며 흐름(flow)의 형태로 전달된다.

㉡ 여기서 유의해야 할 점은 서비스 프로세스의 단계와 서비스 제공자의 처리능력은 고객의 눈에 가시적으로 보여지므로 서비스 생산 프로세스를 설계할 때에는 프로세스에 대해서 고객이 느끼는 점들에 대해 특별하게 주의해야 하고, 반드시 고객의 관점이 반영되어야 한다는 것이다.

2. 제품(Product)

(1) Product의 개념

① 제품(상품: Product)은 기본적 욕구 또는 2차적 욕구를 충족시켜 주는 이점들의 복합체로서 물리적 대상물, 서비스, 사람, 장소, 조직, 아이디어 등의 실체들의 복합체이다.

② P. kotler는 제품의 개념을 3가지인 핵심제품(Core product), 형태상 · 실체적 제품(formal or tangible product), 확장제품(augmented product)으로 구분하였다.

(2) 핵심제품(Core product)

① 핵심제품은 핵심 편익(benefit)이나 서비스를 가리킨다. 구매자가 진정으로 구매하는 것은 무엇인가의 응답이다. 립스틱을 구매하는 숙녀는 그 제품의 화학적, 물리적 속성이 아니라 '아름다움'에 대한 희망을 구매할 것이며 바로 이러한 아름다움이 핵심제품의 예이다.

② 핵심제품은 근본적 차원으로서 구매자가 실제로 구입하는 것이 무엇인가에 관한 차원이다. 즉 소비자가 제품을 구입할 때, 그들이 획득하고자 하는 핵심적인 이점이나 문제를 해결해주는 서비스로 구성된다.

(3) 형태상 · 실체(유형) 제품(Formal or tangible product)

① 보통사람들이 일반적으로 상품이라고 하며 눈으로 보고, 손으로도 만져볼 수 있도록 구체적으로 드러난 물리적인 속성 차원의 상품이라고 말할 수 있다.

② 이러한 제품은 물리적인 형태를 가지고 있는 상품을 말한다. 품질과 특성, 상표, 디자인, 포장, 라벨 브랜드네임(brand name), 품질(Quality), 특징(features), 스타일링(styling)이 포함된다.

(4) 확장제품(Augmented product)

① 확장제품은 핵심제품과 유형 제품에 추가적인 고객 서비스와 이점을 결합한 것으로서 효용가치를 증가시키는 부가 서비스 차원의 상품을 확장제품이라고 말한다.

② 유형 상품에 보증, 반품, 배달, 설치, A/S, 사용법 교육, 신용, 상담 등의 서비스를 추가하여 상품의 효용 가치를 증대시키는 것을 말하며 컴퓨터를 실체적 제품이라 한다면 무료배달, 설치, 보장(warranty), 교육과 서비스유지 시스템이 포함되는 가장 넓은 의미의 제품개념이다.

3. 제품믹스(Product Mix)

(1) 제품믹스(Product Mix)에 관한 전략

① 제품라인의 개념

㉠ 제품라인은 유사기능을 수행하거나, 동일 고객집단에게 판매되거나, 동일 유통경로를 통해 판매되거나, 또는 비슷한 가격대에서 판매되는 등의 이유로 서로 밀접하게 관련된 제품들의 집합을 말한다.

㉡ 몇 개의 제품라인을 보유한 기업들은 제품믹스를 구성하는데 제품 포트폴리오란 특정 판매업자가 판매용으로 시장에 제공하는 제품라인과 품목들을 합한 것이다.

㉢ 라인충원전략(line filing)이란 기존의 제품라인 범위 내에서 더 많은 품목들을 추가하는 것이고, 라인확대전략(line stretching)이란 현재의 가격대 이상으로 제품라인의 길이를 늘리는 것이다.

② 제품라인 추가전략

㉠ 제품라인을 추가한다는 것은 새로운 사업부를 추가하는 것이며 두 가지 형태가 있다.

㉡ 제품개발전략은 기업이 현재 소구하고 있는 시장에 새로운 제품라인을 추가하는 것을 말한다.

㉢ 다각화 전략은 기업이 현재 생산하고 있는 제품과는 관련이 없는 제품라인을 추가하는 것을 말한다.

③ 제품라인 제거전략

㉠ 여러 개의 제품라인을 보유한 기업이나 사업부는 포트폴리오 분석을 통해 수익성이 낮거나 성장성이 없는 제품라인을 제거할 수 있다.

㉡ 제품라인이 자사의 목표에 부적합해졌거나 다른 제품라인들과 조화가 이루어지지 않는 경우 제품라인의 시장철수를 결정할 수 있다.

㉢ 현재 수익성이 낮기는 하지만 다른 제품라인과의 시너지효과가 있어 라인을 제거하게 되면 제품믹스 전체의 매출액이 감소하는 경우와 제품라인을 제거했을 때 기업 이미지에 심각한 영향을 줄 수 있는 경우에는 제품라인을 유지시켜야 한다.

④ 제품라인의 분할 및 통합전략

㉠ 단일 제품라인이 지나치게 커지거나 작아져 제품라인의 효율적인 관리가 불가능해지면기존의 제품라인들을 분할하거나 통합하게 된다.

㉡ 현재 생산되는 제품들은 변하지 않고 단지 제품라인의 수를 줄이거나 늘리는 것이다. 지나치게 커진 제품라인은 분할하고 작아진 제품라인들은 통합하게 된다.

⑤ 계획적 진부화(planned obsolescence)

㉠ 기존제품이 제품으로서의 기능을 충분히 수행하고 있는 것을 전제로 한다.

㉡ 고의적으로 내용연수를 단축시켜 대체수요를 유발하고자 하는 전략을 말한다.

(2) 제품믹스(Product Mix)의 구조

① 하나의 기업 혹은 하나의 사업단위(Business Unit)가 생산 및 판매하는 모든 제품들을 일컬어 제품믹스(Product Mix)라고 한다. 제품믹스는 각기 넓이와 길이 그리고 깊이를 가진다. 믹스와 계열은 같은 의미로 쓰여 진다.

② 제품믹스의 구조는 제품믹스의 폭(넓이 Width), 제품 계열의 길이(Length), 제품 계열의 깊이(Depth, Breadth)로 이루어져 있다.

③ 제품믹스의 넓이란 '기업이 가지고 있는 전체 제품라인 수'를 말하고, 제품믹스의 길이란 '제품믹스 내에 있는 전체 제품의 수'를 말하며, 제품믹스의 깊이란 '특정 제품라인 내에 있는 한 제품이 창출해내는 품목의 수'를 의미한다.

④ 제품믹스의 구조를 파악하는 것은 기업목표 및 마케팅 목표와 관련하여 기업이 제품전략을 수립 및 실행하는 데 중요한 의미를 갖는다.

⑤ 제품믹스의 일관성(consistency)은 다양한 제품계열들이 최종용도, 생산시설, 유통채널, 기타의 측면에서 얼마나 밀접하게 관계되어 있는가 하는 정도를 말한다.

⑥ 제품믹스 중에서 유사한 성능 및 용도를 가지거나 유사한 고객층 및 가격대를 가진 상품군들의 집합을 제품계열(product line)이라고 한다.

⑦ 제품믹스는 넓이, 길이, 깊이, 일관성 등 4가지 주요차원을 갖는데 이 중 일관성은 다양한 제품라인들이 최종용도, 생산요건, 유통경로 등에서 얼마나 밀접하게 관련성이 있는가를 의미한다.

(3) 제품믹스(계열)의 폭(넓이 ; Width)

① 제품믹스(Product Mix)의 폭은 해당기업의 생산 · 판매하는 제품 계열의 수를 의미한다.

② 현대자동차에서 승용차, 버스, 트럭, 승합차라면 이회사의 제품믹스의 폭(넓이)은 4가된다.

(4) 제품믹스(계열)의 길이(Length)

① 제품계열(product line)의 길이는 제품믹스(계열)의 폭(넓이)중 하나의 길이나 또는 전체중의 평균이라 할 수 있다.

② 승용차계열의 에쿠스, 제네시스, 그랜저, 소나타, 아반테가 있다면 그 회사의 제품계열은 5라고 할 수 있다.

(5) 제품믹스(계열)의 깊이(Depth, Breadth)

① 제품믹스의 깊이는 한 품목에 포함된 변형(Version)의 수, 즉 동일한 상표로 제공되고 있는 상이한 형태와 규격을 갖는 품목의 수를 말한다.

② 소나타의 종류는 다양하게 있다. 소나타1, 소나타2, 소나타3, EF소나타, NF소나타가 있을 시 깊이는 5가 된다.

04 가격(Price)

1. 가격(Price)의 의의

(1) 가격(Price)의 개념

① 가격은 재화의 가치를 화폐 단위로 표시한 것으로 가격의 개념은 교환을 주요 수단으로 한다. 일상생활에서 가격은 상품 1단위를 구입할 때 지불하는 화폐의 수량으로 표시하는 것이 보통이다

② 마케팅믹스를 구성하는 요소 중 다른 구성요소는 비용을 발생시키는 반면, 가격은 가장 유연성이 높을 뿐만 아니라 유일하게 수익을 낳는 요소이다.

③ 넓은 의미의 가격은 상품간의 교환비율을 뜻한다. 특히 구별하기 위해 화폐 단위로 표시되는 일상생활적인 뜻의 가격을 절대가격(絕對價格)이라고 하고, 상품간의 교환비율을 나타내는 넓은 뜻의 가격을 상대가격(相對價格)이라 한다.

(2) 가격(Price) 책정과정

① 지불조건, 즉 선불 대비 후불, 일시불 대비 분할 지불, 무이자 할부 등에 대한 의사결정을 해야 한다. 상품의 리스 혹은 임대 가능성에 대한 의사결정이나 할인율, 리베이트, 보너스 점수 제공 등에 대한 의사결정을 해야 한다.

② 가격책정 과정은 마케터가 가격책정 전략의 목표를 정의할 때 시작한다. 이 목표는 선택된 가격책정 전략을 위한 궁극적인 지침이며, 확인된 표적시장을 위하여 가치를 창조하기 위한 노력을 지원해야 하고, 그렇게 함으로써 전 마케팅 목표의 달성을 도와야 한다.

③ 가격책정 전략은 판매제품의 양과 조직으로 흘러 들어오는 돈의 양에 직접 영향을 미치기 때문에, 가격책정 목표를 설정하기 위한 노력은 그 조직에서 다른 기능과 조정되어야 한다.

④ 마케팅관리자들은 합리적인 소비자들의 경우 과거의 구매경험, 공식적 및 비공식적인 커뮤니케이션, 구매시점이나 온라인을 통한 지식으로 가격을 해석함으로써 가격정보를 능동적으로 처리한다고 인식한다.

⑤ 어떤 상품의 가격을 결정할 때 고려하는 주요 요인으로 고객(Customer), 자사의 원가와 목표(company), 경쟁사의 원가와 가격(competitor)의 세 가지가 있으며, 가격민감도 영향요인으로는 지불자 효과(shared cost effect), 가치 독특성 효과(unique value effect), 가격 대비 품질 효과(price-quality effect)등이 있다.

⑥ Polo Ralph Lauren의 폴로 티셔츠상품은 다른 티셔츠(품질수준은 비슷하지만 브랜드로고가 없는) 상품에 비해 몇 배 이상 높은 가격을 책정함에도 불구하고 판매가 원활하다. 이와 같은 가격정책방법을 수요중심 가격결정 방법이라 하고, 소비자의 가격탄력성에 영향을 미치는 편익/가격 효과(benefits/price effect) 효과를 이용한 것이다.

(3) 소매기관 가격관리

① 단기 수익률 극대화 가격결정은 모든 가격정책의 목적을 판매상품의 판매수익의 극대화 하는데 둔다.

② 촉진적 가격결정은 이익보다는 제품에 대한 구매를 조장하여 시장점유율을 증대시키기 위한 목적으로 추진한다.

③ 경쟁적 가격결정은 경쟁업체들의 가격결정 전략에 대응하고 그들과의 가격적인 차별화를 목적으로 하는 것이다.

④ 이익극대화 가격결정은 유통구조의 합리화 개선으로 인한 비용절감과 경쟁우위 확보 측면에서의 마케팅 전략 등을 활용하여 투자 이익률을 극대화시킬 수 있다.

(4) 소비자 심리와 가격결정

① 마케팅관리자들은 합리적인 소비자들의 경우 과거의 구매경험, 공식적 및 비공식적인 커뮤니케이션, 구매시점이나 온라인을 통한 지식으로 가격을 해석함으로써 가격정보를 능동적으로 처리한다고 인식한다.

② 소비자들은 제품구매를 검토하는 경우 준거가격을 이용하는데 준거가격이란 관찰된 가격과 비교할 소비자들이 기억하는 내적인 판단기준가격 또는 통보된 일상적인 소매가격과 같은 외적인 준거의 틀이 되는 가격을 의미한다.

③ 정가, 경쟁사가격, 지급된 마지막 가격, 기대되는 미래가격 및 통상적인 할인가격 등의 다양한 유형의 준거가격이 존재하며 판매업자는 일반적으로 준거가격을 나타내려고 시도한다. 예를 들어 판매업자는 자사 제품이 동일한 범주에 속해 있다는 것을 암시하기 위해 경쟁사의 높은 가격을 제시하거나, 제조업자가 제시한 높은 가격을 언급함으로써 그 제품이 원래 고가격이었다는 것을 지적하고자 한다.

(5) 하이로 가격설정(High-Low pricing)

① High-Low 가격결정의 개념

㉠ 하이로 가격설정전략은 EDLP전략보다 높은 가격을 제공하면서, 때로는 낮은 가격으로 할인하기도 하는 가격전략이다.

㉡ 촉진용 상품을 대량 구매하여 일부는 세일용으로 판매하여 저가격 이미지를 구축하고, 일부는 정상가격으로 판매하여 높은 이윤을 달성하고자 하는 가격전략이다.

㉢ 생활용품점이나 편의점품은 공급업체가 판매촉진을 할 때 또는 과잉 재고가 있을 때, 할인을 통해 일시적인 저가격 전략을 사용하기도 한다.

㉣ 백화점이나 슈퍼마켓 등이 주로 High-low 가격 전략을 사용하고 EDLP 전략보다는 광고비용이 더 드는 경향이 있다.

② High-Low 가격 전략의 특징

㉠ 동일한 상품으로 다양한 고객의 특성에 소구할 수 있는 장점이 있다. 가격에 탄력적인고객과 비탄력적인 고객을 동일한 상품으로 상대할 수 있는 효과가 있는 것이다. 즉, 고객의 가격민감도에 대한 반응차이를 고려한 가격차별화 정책의 실행을 통한 수익을 증대한다.

㉡ 세일은 고객을 흥분시키는 효과를 발생시킨다. 소매업체들은 세일가격과 함께 경품제공, 공연, 이벤트 등을 병행하면서 세일의 효과를 더욱 높일 수 있다.

㉢ 세일은 재고를 줄이는 효과가 있다. 부진 상품에 대한 재고를 줄이기 위해서는 세일이 효과적이다. 물론 이익은 줄어들 수 있지만 재고부담을 줄이는 효과가 있다.

㉣ 고객은 가격이 품질의 척도라고 생각하고, 품질의 신뢰성을 가질 수 있다. 초기의 고가전략은 고객들에게 높은 품질의 믿음을 제공하는 효과가 있을 수 있다. 그런 후 세일이진행되어도 고객들은 원래의 가격을 준거가격으로 사용하여 고품질을 기대하고 구매하는 효과가 있다.

2. 신(新)제품의 가격책정

(1) 시장 침투가격 정책(Penetration price policy)

① 신제품을 시장에 도입하는 초기에 저가격을 설정함으로써 별다른 판매저항 없이 신속하게 시장에 침투하여 시장을 확보하고자 하는 정책으로 대중적인 제품이나 수요의 가격탄력성이 높은 제품에 많이 사용된다.

② 침투가격을 추진하는 특정업체가 광범위한 영역의 보완재를 가지고 있어 침투가격을 사용하는 제품을 소위 "총알받이"로 사용할 수 있는 경우에는 경쟁사들이 특정기업의 침투가격을 허용한다.

③ 성장전략 중에서 '기존 시장에서 기존 제품으로 점유율을 높임으로서 성장을 추구하는 전략'은 시장침투이고, 시장 침투 가격결정(market penetration pricing)은 특히 도입기에 저 가격을 통하여 시장을 개척, 확보하려는 전략이다.

④ 서비스의 매출량이 가격에 매우 민감할 때 특히 도입 초기단계, 대규모 작업으로 인하여 단위당 비용면에서 규모의 경제 달성이 가능할 때, 신상품 및 서비스의 도입 직후 강한 잠재경쟁자의 위협에 직면하고 있을 때 적합하다.

(2) 초기 고가격 정책(Skimming price policy)

① 신제품을 시장에 도입하는 초기에 먼저 고가격을 설정함으로써 가격에 비교적 둔감한 고소득층을 흡수하고, 그 뒤 차차 가격을 인하시킴으로써 가격에 민감한 저소득층에게 침투하고자 하는 정책이다.

② 스키밍 전략을 수행하려면 조직은 조심스럽게 진행하여야 한다. 반도체 같은 산업에서 이러한 전략이 널리 수용되지만, 그렇지 않은 산업에서는 높은 가격은 이익을 해치면서, 잠재적인 고객을 불쾌하게 만들 것이다. 투자액을 조기에 회수할 목적이거나 수요의 가격 탄력도가 낮은 제품인 경우에 해당한다.

③ 스키밍 가격결정(market-skimming pricing)은 잠재 구매자들이 가격과 품질 간의 연상을 강하게 갖고 있는 경우나 대량생산으로 인한 원가절감 효과가 크지 않은 조건에서 유리하다.

④ 가격을 높게 책정해도 저 가격을 앞세운 경쟁자들이 진입할 가능성이 낮을 때 효과적이다. 가능하면 단기이익을 실현하는데 그 목적이 있으며 현재의 이익을 희생했을 경우 나중에 돌아오는 보상이 적거나 없을 때 적당하다.

3. 수요에 기초한 심리적 가격결정 기법

(1) 홀 · 짝수 가격 책정(odd-even pricing)

① 홀 · 짝수 가격책정은 소비자가 어떤 가격을 높은 가격 또는 낮은 가격으로 인지하느냐 하는 사실에 기초를 둔다. 1,000원이라는 가격보다 990원에 더 싸게 반응하는 경향이 있다.

② 구매빈도가 높은 상품들의 가격은 흔히 9, 5, 3 같은 홀수로 끝난다. 이 가정은 가격이 홀수 가격보다 낮추어져서 짝수 가격이 되어도 수요는 변함이 없게 된다.

(2) 명성가격 책정(prestige pricing)

① 전통적인 우하향(右下向) 수요곡선에서 소비자들의 수요는 가격이 상승하면 줄어들고, 하락하면 증가한다는 수요의 법칙에 기초하고 있다.

② 소비자들은 유명디자이너의 의류나 백(bag), 시계, 향수와 같은 제품에 대해서는 항상 수요의 법칙처럼 합리적 방식으로 가격에 반응하지 않는다.

③ 소비자들은 가격을 품질이나 지위의 상징으로 여기므로 명품상품의 경우에는 가격이 예상되는 범위 아래로 낮추어지면 수요가 증가를 하는 것이 아니라 오히려 수요가 감소할 수 있다는 이론에 바탕을 두고있다.

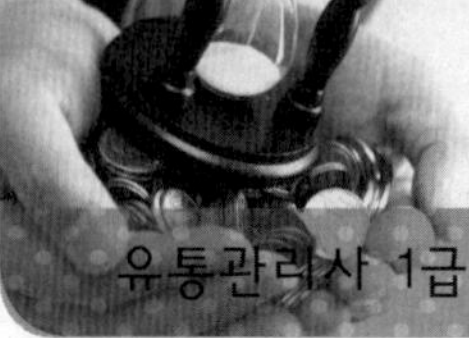

(3) 비선형가격설정(Nonlinear pricing)

① 비선형 가격결정(non-linear pricing)이란 제품이나 서비스의 단가가 소비자가 구입하는 양에 따라 달라지는 가격체계로(전화요금=기본요금+사용횟수×1회 사용료) 나타낼 수 있다.

② 뜨내기 고객을 단골고객으로 바꿀 수 있으며, 소비자 잉여의 상당부분을 회사의 이익으로 전환할 수 있으며, 고객의 마음속에는 가격은 그리 중요한 평가의 수단이 될 수 없다. 항공사가 시행하고 있는 단골고객프로그램(frequent flier program)은 기본적으로 비선형가격설정방법이라고 말할 수 있다.

(4) 손실 유도 가격 결정(Loss leader price policy)

① 특정 품목의 가격을 대폭 인하하여 가격을 결정하면 그 품목의 수익성은 악화된다.

② 다른 품목의 매출 증대에 의한 기업 전체의 수익성을 확보하기 위한 가격 설정이다.

4. 원가에 기초한 가격결정기법

(1) 원가가산 가격책정(Cost-plus pricing)

① 가장 단순한 형태로서 가격결정이 간단하고 사회적으로 보아 공정하다. 가격은 예상된 판매 단위 수에 총원가인 단위당 고정비와 변동비를 곱하여 계산된 총비용에다 예정된 이익을 더한 것을 총 단위 수로 나누어 결정된다.

$$\text{가격} = \frac{\text{총고정비} + \text{총변동비} + \text{이익}}{\text{총단위수}}$$

② 원가중심 가격결정(cost-oriented pricing)방법에는 원가가산법, 손익분기 가격결정법, 목표이익 가격결정법이 있고, 부가가치 가격결정법에는 생산량을 중심으로 가격을 결정한다.

(2) 가산치 가격책정(Mark up pricing)

① 마크업(mark up)가격책정은 도매상과 소매상이 흔히 사용하는 단순한 방법이다. 가격은 일단 단위당 구매비용에 의해서 계산하고, 다음에 판매비용을 회수하고 또한 기대하는 이익 수준을 낼 수 있는 가산치(mark up)를 결정하며, 제품원가와 판매가격의 차이를 판매가격으로 나눈 값을 일컫는다.

$$\text{Mark up} = \frac{(\text{판매가격} - \text{제품원가})}{\text{판매가격}}$$

② 가산치의 비율은 산업별, 기업별, 제품별로 다양하다. 예를 들어 소매상 가산치는 경쟁과 정상이윤폭 뿐만 아니라 소매비용, 생산자가 제안한 소매가격, 그리고 재고

회전율 같은 요소들도 중요하게 고려되어진다. 이러한 정책은 어떤 제품의 가격에서는 인적판매, 고객서비스, 다른 비용이 상대적으로 더 들거나 혹은 덜 드는 정도를 고려해야만 한다는 점을 전제로 두는 것이다.

(3) 목표수익률가격책정(Target－rate－of－return pricing)

① 목표수익률 가격책정은 투자수익률(ROI)의 개념에 바탕을 두고 있다. 가격은 기업이 팔기를 기대하는 표준생산물의 양에 대한 투자수익의 기대비율에 근거하여 결정되며, 이 가격책정은 초기의 투자가 비용의 큰 부분에 해당될 때 자주 사용된다.

$$ROI = \frac{이익}{투자} = \frac{이익}{판매량} \times \frac{판매량}{투자}$$

② 총비용에 비해 상대적으로 적은 자본투자를 한 기업에서는 ROI가 전체투자와 비용에 대해서 상대적으로 낮은 비율을 나타나게 될 것이다. 이는 결과적으로 평균 총비용과 경쟁자의 가격에 관련하여 제품의 가격이 낮게 책정되고 낮게 평가되며, 가산치 가격책정과는 달리 초과 재고를 줄이기 위한 가격할인은 ROI법에서는 고려되지 않는다.

(4) 원가기반 가격결정(cost–based pricing)

① 제품을 생산하고, 유통시키고, 판매하는데 드는 비용에 노력과 위험감수의 적정수준의 보상율을 더하여 가격을 책정하는 것이다. 가격결정은 제품의 원가에다 업계에서 사용하는 마진(markup)을 더한 가격으로 책정하는 것이다.

② 제품지향적인 측면이 강하여 제품의 가치에 기초하여 가격을 결정하는 것으로 원가기반가격결정의 내용으로는 원가가산, 손익분기, 목표이익 가격결정 기법이 있고, 「제품 → 원가 → 가격 → 가치 → 고객」 순이라 생각하면 된다.

(5) 고객가치기반 가격결정(customer value–based pricing)

① 고객의 가치에 기초하여 가격을 결정하는 것으로 구매자의 가치기반을 중심으로 고객중심에서 출발을 하는 것이다. 고객이 느끼는 가치를 원가보다 먼저 고려하여 고객이 느끼는 가치에 맞게 가격을 책정해야 한다.

② 판매자의 원가보다는 구매자의 가치 지각에 중점을 두어 가격을 책정하는 것이기에 가격은 제품과 마케팅 프로그램이 개발되기 전에 고객의 제품가치 지각에 영향을 줄 다른 마케팅 믹스 요소와 함께 고려해야 한다.

③ 경쟁사 제품에 대해 소비자가 인식하는 가치도 파악하여야 하며, 가격이 먼저 결정되고 이를 생산하기 위한 원가가 분석되므로 「고객 → 가치 → 가격 → 원가」 순이라 생각하면 된다.

④ 서비스 가격에서 지각된 가치기반 가격결정(Vale–based pricing)은 고객의 욕구와 가치지각을 분석하는 것에서 시작된다. 좋은 품질의 서비스 제공물을 잘 결합하여 적정가격에 제공하며, 부가적인 특성들과 서비스들의 추가를 통해 서비스 제공물을

차별화하는 부가가치 가격결정방식을 채택한다. 가치기반 가격결정방식을 사용하는 기업은 구매자들이 경쟁사들의 서비스 제공물에 부여하는 가치를 파악해야 한다.

5. 주요한 가격결정기법

(1) 재판매 가격 유지 정책(resale price maintenance policies)

① 제조업자가 도매상 및 소매상과의 계약에 의하여 자기회사 제품의 도 · 소매가격을 사전에 설정해 놓고 이 가격으로 자사제품을 재판매하게 하며, 상표를 할인받지 않은 우수한 소매점포를 통한 판매로 소비자에게 품질보증을 하기 위한 전략이다.

② 자사제품이 도 · 소매상의 손실유인상품(loss leader)이 되는것을 방지하고, 가격안정과 명성을 유지하기 위하여 유통업계와 계약을 통해 일정가격으로 거래되도록 하는 것이며, 상표를 진입시키기 위한 방안으로 경로 구성원들을 촉진시키기 위함도 있다.

(2) 오픈 가격 정책(open price policy)

① 가격은 제조회사가 생산시에 책정하나 제조회사가 자기회사 제품의 권장소매가격을 정하지 않고 유통회사에게 가격책정을 맡긴다.

② 동일한 상품일지라도 판매점포마다 서로 다른 가격으로 판매될 수 있고, 상품유통경로 상 유통업자가 실질적인 파워를 행사할 수 있을 때 실현가능하다.

(3) 이분가격 정책(two party price policy)

① 소비자가 재화나 서비스를 사용하는 데 있어서 지불하는 가격의 형태가 2중 구조를 가진다는 개념에서 시작을 하였다.

② 1차로 요금인 고정비(first tariff)를 부과하고 소비량이나 사용량에 따라 2차로 요금(second tariff)을 부과하는 형태를 말한다. 핸드폰이나 택시요금 등에 적용된다.

(4) 준거가격(reference pricing)

① 구매자가 가격이 비싼지 싼지를 판단하는 데 기준으로 삼는 가격을 말하며, 유보가격(Max)과 최저 수용가격(Min)의 사이에 존재한다.

② 소비자들은 제품구매를 검토하는 경우 준거가격을 이용하는데 준거가격이란 관찰된 가격과 비교할 소비자들이 기억하는 내적인 판단기준가격 또는 통보된 일상적인 소매가격과 같은 외적인 준거의 틀이 되는 가격을 의미한다.

(5) 노획가격(captive pricing)

① 일단 어떤 제품을 싸게 판 다음 그 상품에 필요한 소모품이나 부품을 비싸게 파는 정책을 말하며, 종속가격이라고도 한다.

② 즉석카메라, 프린트의 경우 본체에 대한 가격은 낮게 책정하고 정기적으로 교체가 필요한 본체에 부속된 소모품에 대해서는 상대적으로 높은 마진을 부과한다.

(6) 묶음가격(price bundling)

① 두 가지 이상의 제품이나 서비스를 하나의 패키지로 묶어 특별가격으로 판매하는 정책으로 패스트푸드점의 감자와 햄버거 콜라를 한 가격으로 판매를 하는 것을 말한다.

② 묶음가격은 다발가격 매김이라고도 하고, 대개 보완재의 경우에 많이 실시한다. 컴퓨터 본체, 소프트웨어, 주변단말기, 부속품 등을 하나의 시스템으로 판매하는 것이다.

③ 묶음가격은 개별적인 상품은 팔지 않고 묶음으로만 판매하는 순수묶음가격과 개별적인 상품도 파는 혼합묶음가격으로 나눌 수 있는데 후자가 더 많은 이익을 낸다.

(7) 관습가격(customary price)

① 관습가격 설정은 이미 오래전 부터 "껌 한 통에 700원" 등 오랫동안 소비자에게 정착되어 있는 가격을 말한다.

② 캔 음료나 껌 등은 오랫동안 대부분의 제조업자가 동일한 가격을 상당기간 유지하여 왔기 때문에 소비자가 그 가격을 당연하게 받아들이는 가격을 관습가격이라고 한다.

③ 관습가격이 형성되어 버린 상품은 그보다 낮은 가격을 설정하여도 매출이 그다지 늘어나지 않는다. 반대로 가격을 높게 설정하면 매출이 상당히 줄어들게 된다.

④ 관습가격은 정해진 상품의 경우에 원재료비가 상승하여 생산비용이 이전보다 올라가더라도, 내용물의 양을 줄이는 등의 노력을 통해서 가격을 일정하게 유지해야 한다.

(8) 유보가격(reservation price)

① '소비자가 마음속으로, 이 정도까지는 지불할 수 도 있다고 생각하는 가장 높은 수준의 가격'을 의미하는 것으로 정의할 수 있다.

② 임계가격이라고도 하며, 소비자가 어떤 제품에 대해 지불할 용의가 있는 가격으로 유보가격은 소비자의 소비량에 따라 다르다. 기존의 제품 보다 신상품, 또는 신 기능의 제품이 더 비쌀것이라고 짐작하는 가격효과를 말한다.

(9) 우수가치 상응 가격결정(good-value pricing)

① 좋은 품질과 서비스를 잘 결합하여 적정가격에 제공하는 것을 말한다. 많은 경우 이러한 가격결정은 시장기반이 확립된 유명브랜드 제품들이 상대적으로 저렴한 제품들을 시장에 새로이 도입할 때 사용된다.

② 다른 경우로는 기존 가격에서 더 나은 품질을 제공하거나 더 저렴한 가격으로 동일한 품질을 제공하도록 기존 브랜드를 재설계할 때이다.

6. 가격과 동반하는 용어

(1) 할인과 공제

① 현금할인(cash discount): 제품구매 후 일정기간 이내에 판매대금을 신속히 지급하여 주는 구매자에 대해 일정한 비율을 할인해 주는 방법이다.

② 수량할인(quantity discount): 일정량 이상을 구매하는 대량구매업자에 대한 가격할인 방법을 말한다. 수량할인은 모든 구매고객에게 적용되어야 하며 할인의 기준으로 비누적적 구매량사용과 누적적 구매량(기간별구매량)이 사용될 수도 있다.

③ 거래할인(trade discount): 판매, 보관, 장부정리 등과 같은 중간상 기능을 수행하는 판매업자에게 가격을 할인해 주는 방법으로 기능할인 또는 중간상할인이라고도 한다.

④ 계절할인(seasonal discount): 비수기에 제품을 구매하는 고객에게 가격을 할인해 주는 방법을 말한다.

⑤ 중고품교환공제(trade－in allowance): 신제품 판매 시 구제품을 회수하고, 신형모델을 구입할 때 구형모델을 반환하면 그에 해당하는 만큼 가격을 할인해 주는 방법을 말한다.

⑥ 기능할인 : 판매, 보관 또는 장부정리 등과 같은 중간상 기능을 수행하는 경로구성원에게 제조업자가 가격을 할인해 주는 것이며 제조업자는 동일한 경로 구성원에게는 동일한 기능할인을 적용해야 한다.

⑦ 사전매입: 제조업자가 판매촉진제품을 계획된 촉진기간안에 큰 폭으로 할인된 가격으로 판매를 계획하는 경우 필요한 제품과 수량을 미리 구매하여 보관하는 방식을 말한다.

(2) 가격차별(price differentiation)

① 가격차별의 의의

㉠ 차별가격이란 제품 또는 서비스의 가격을 원가 차이에 비례하여 결정하지 않고 고객의 수요 강도에 따라 각 고객에 대해 다르게 결정하여 판매하는 것을 의미한다.

㉡ 같은 상품에 대해서 개별 고객마다 또는 세분 시장마다 다른 가격을 받는 것이며, 가격차별이 중요한 이유는 모든 고객들에게 같은 가격을 받는 것보다 다르게 받는 것이 더 높은 이익을 창출할 수 있기 때문이다.

㉢ 상품에 높은 가치를 느끼는 집단, 가격 민감도가 낮은 집단은 높은 가격을 책정하고, 반대하는 집단에는 낮은 가격을 받을 수 있다.기업은 가격차별화정책을 통해 가격차별화정책을 사용하지 않는 경우보다 수익이 증대될 수 있는 장점이 있다.

㉣ 가격차별화를 적용하기 위해서는 시장세분화 작업이 가능해야 할 뿐만 아니라 또한 선행되어야 하며, 시장구조에 따라 효과가 동일하지 않으나 일반적으로 불완전경쟁시장에서 효과적이다.

② 가격차별이 성공하기 위한 조건

㉠ 가격차별이 현행법에 저촉되지 않아야 한다.

㉡ 고객들이 싼 값에 사서 비싼 값에 팔 수 없어야 한다.

㉢ 고객들이 가격차별에 대해 나쁜 감정을 갖지 말아야 한다.

㉣ 제 값을 낼 의향이 있는 고객에게는 할인하지 말아야 한다.

③ 직접적 가격차별
㉠ 똑같은 상품에 가격차별을 실시하는 것이다.
㉡ 학생할인, 항공요금, 수량확인, 이중요율(예 : 전화요금), 할인시간 가격, 할인쿠폰 등을 예로 들 수 있다.

④ 간접적 가격차별
㉠ 상품을 조금 다르게 한 다음 가격차별을 실시하는 것이다.
㉡ 소프트웨어(업그레이드버전과 풀버전의 차이), 상품라인 가격정책 등이 사례이다.

05 소비자 행동(consumer behavior)

1. 소비자 행동의 분석

(1) 소비자 행동의 기본모형

① 소비자 행동은 시장에서 재화와 서비스의 구매 및 소비와 관련된 소비자의 행동을 말한다. 소비자는 특정 욕구를 충족시킬 수 있는 여러 대안들 중 자신에게 가장 큰 만족을 줄 수 있다고 생각하는 특정 대안을 구매한다.

② 소비자 행동(consumer behavior)이란 소비자가 스스로의 생활 체계를 형성 · 유지하고 발전시키기 위하여 그가 필요로 하는 제품과 서비스를 선택하여 구매하게 될 때의 행동양식(行動樣式)을 말한다.

③ 소비자의 인지(awareness)는 그 사람이 처해있는 상황, 개인차에 따라 지각하는 인지 부분은 차이가 크다. 사람의 인지는 실제가 아니라 잠재된 부분이기 때문에 논리적이라기보다는 심리적인 부분이 많고, 개인이 환경에 대한 의미를 부여해가는 과정이며, 외부의 자극에 노출되어 주의를 기울이는 것을 말한다.

(2) 소비자 행동의 이해

① 소비자의 인지 부조화(cognitive dissonance)는 소비자들은 자신들이 이미 선택 구매한 브랜드에 유리하도록 자신들의 태도를 변화시킴으로써 그들이 내린 의사결정에 대한 정당성을 강화하려는 경향이 있다는 것을 말한다.

② 구매의사 결정과정(Purchase decision making process)은 개인에 따라, 제품에 따라, 환경에 따라 다르게 나타난다. 소비자가 어떤 대상(제품)에 대하여 관심을 가지는 정도를 관여도 혹은 몰입도(involvement level)라고 한다.

③ 특정대상에 대한 관여의 정도가 높아지면(고관여 ; high involvement level) 대체로 구매의사 결정시 긴과정을 거치고, 관여의 정도가 낮으면(저관여 ; low involvement level) 그 과정은 비교적 짧아진다.

④ 소비가 구매행동(Dissonance Reducing Behavior) 유형 중 부조화 감소 구매행동은 소비자의 관여도가 높은 제품을 구매할 때, 구매 후 결과에 대하여 위험부담이 높은 제품 및 주로 고가의 제품이나 전문품을 구매할 때, 각 상표 간 차이가 미미한 제품을 구매할 때 빈번하게 발생한다.

(3) 소비자 구매선택

① 배고픔, 목마름, 불편함 같은 생리적 욕구는 긴장상태의 유발로 발생된다. 또 다른 욕구로 인정, 존경, 소속욕구처럼 심리적 욕구가 있다.

② 욕구가 충분한 수준의 강도에 도달했을 때 그 욕구는 동기(동인)가 된다. 이는 만족을 적극적으로 추구하도록 강하게 압박하는 욕구를 의미한다.

③ 동기가 이루어진 사람들은 행동할 준비가 되어 있다. 사람이 어떻게 행동하는지는 그 사람의 상황을 대하는 주관적 지각에 영향을 받는다.

④ 모든 사람은 오감을 통해 정보를 학습하며 이 감각정보를 자신의 방식으로 받아들이고 조직화하고 해석한다.

⑤ 사람들이 세상에 관해서 의미 있는 그림을 형성할 수 있게 정보를 선택하고, 조직화하고, 해 석하는 과정을 지각이라고 한다.

2. 소비자 구매

(1) 소비자 구매행동

① 소비자의 구매력이 충분하지 않다면 소비자들은 특정브랜드에 대한 긍정적인 태도를 가지고 있을지라도 구매행동으로 연결되지 않을 수 있다.

② 브랜드 신념이 소비자의 가치와 연결되지 않는다면 선호하는 태도는 행동으로 연결될 가능성이 낮다.

③ 소비자의 구매행동에 영향을 미치는 요인들은 ,문화적 요인, 사회적 요인, 개인적 요인, 심리적 요인으로 분류한다.

④ 문화 같은 사회적 영향변수는 소비자행동의 근간이라고 말할 수 있는 행동규범을 제시해 준다.

⑤ 소비자의 특성변수로는 직업, 사회계층, 가족관계 등과 같은 인구통계변수와 소비자의 라이프스타일 개성 등과 같은 변수들이 해당된다.

⑥ 소비자의 심리변수로는 제품 및 서비스에 대한소비자 욕구, 태도, 구매의도, 제품이나 대체안의 평가기준 등이 있다.

⑦ 소비자의 심리변수는 정보처리과정보다 구매의사결정과정에 더 중점적인 역할을 하므로 소비자 의사결정변수라고 한다.

(2) 합리적인 구매행동

① 구매의사결정 과정은 구매자가 문제 혹은 욕구를 인식함으로써 시작된다.

② 합리적인 구매의사결정자의 점포선택과정으로는 '욕구인식→점포관련 정보탐색→점포평가→점포선택→점포방문' 등으로 나누어서 생각할 수 있다.

③ 구매자가 구매과정에서 최근에 인터넷을 통해 정보를 탐색하는 경향이 많아지고 있으며, 구매의사결정단계에서 소비자는 선택 집합 내의 상표들 중에서 선호하는 것을 선택하고, 가장 선호하는 상표를 구매할 의도를 갖는다.

④ 구매 후 행동단계에서는 구매자가 제품에 대한 기대와 그 제품에 대한 지각된 성과를 통해 만족 여부를 결정하게 된다.

(3) 복합적 구매행동

① 소비자들이 구매에 깊이 관여하고 브랜드 간에 상당한 차이가 있을 때 복합적 구매행동(compelx buying behavior)를 보인다. 소비자들은 제품이 비싸고, 리스크가 있고, 구매 주기가 길고, 자기 표현적 측면이 강할수록 구매에 높이 관여한다.

② 구매자는 우선 제품에 대한 신념과 태도를 형성한 후 사려 깊은 구매선택을 하는 학습과정을 거칠 것이다. 관여도가 높은 제품의 마케터는 고관여 소비자의 정보수집 행동과 평가행동을 이해해야 한다. 마케터는 구매자들이 제품군들의 속성과 각 속성의 상대적 중요성을 배울 수 있도록 도와주어야 한다.

(4) 부조화 감소 구매행동

① 부조화 감소 구매행동은 복합적 구매행동과 비슷하게, 비싸고, 리스크가 있고, 구매주기가 길기 때문에 소비자가 그 구매에 깊이 관여되어 있지만, 브랜드 간의 차이가 별로 없을 때 발생한다. 복합적 구매행동 보다는 좀 더 쉽게 구매 결정을 내릴 것이다.

② 구매 후 구매자는 구매 후 인지부조화(post purchase dissonance), 즉 심리적 불편을 겪을 수 있다. 이런 부조화에 대처하기 위해 마케터는 구매 후 마케팅커뮤니케이션에서 소비자가 자사 브랜드를 선택한 것에 좋은 감정을 가질 수 있도록 돕기 위해 제품 성능증거와 자사 브랜드를 선택한 것에 대한 긍정자료를 제공하면 좋다.

(5) 습관적 구매행동

① 습관적 구매행동은 소비자의 관여도가 낮고 브랜드간 차이가 별로 나지 않는 상황에서 일어난다. 가격이 싸고, 구매주기가 짧은 이러한 제품에 대해 구매자는 낮은 관여도를 보인다. 이 경우에는 일반적인 구매결정과정을 거치지 않는다. '신념 – 태도 – 행동' 이라는 순서를 따르기에는 너무 관여도가 낮다. 또한 스스로 브랜드에 대한 정보를 탐색하지 않고 TV나 잡지등을 보면서 수동적으로 정보를 받아들인다.

② 광고를 반복 노출하여 브랜드에 대한 확신(brand conviction)보다는 브랜드에 대한 친숙성(brand familiarity)을 창출한다. 친근하니까 선택한다. 구매후에 자신의 선택을 꼼꼼히 평가하지도 않는다.이러한 제품을 취급하는 마케터는 제품의

시험구매를 자극하기 위해 가격할인이나 판매촉진을 자주 사용한다. 저관여 제품을 광고 하는데 있어, 광고문구는 중요한 포인트 몇 개만 강조해야 한다. 시각적 심상(imagery)의 활용은 쉽게 기억될 수 있고 제품과 연상될 수 있다는 장점 때문에 중요하다.

③ 제품을 광고할 때는 짧은 광고 메시지를 반복 실행하는 것이어야 한다. TV는 수동적 학습에 적합한 저관여 매체이기 때문에 인쇄매체보다 저관여 제품에 더 효과적이다. 이러한 제품의 광고를 기획할 때는 고전적 조건형성(classical conditioning)이론에 근거하여 이루어져야 한다. 이 이론은 특정 제품을 심벌과 연계시켜 구매자들에게 반복노출하면 후에 그 심벌만 보면 광고된 제품을 연상하게 된다는 것이다.

(6) 다양성 추구 구매행동

① 다양성 추구 구매행동(variety seeking buying behavior)은 소비자 관여도가 낮지만 브랜드 간 차이가 상당히 큰 구매상황에서 소비자는 다양성 추구 구매행동을 한다. 이런 경우 소비자는 브랜드를 자주 바꾼다. 새로운 설탕이나 새로운 식초는 먹어보고 싶지 않을 수 있지만 새로운 요구르트가 나오면 먹어보고 싶어 할 수 있다.

② 시장리더는 소비자들의 다양성 추구성향을 낮추기 위한 노력을 해야 한다. 이를테면 브랜드 상기광고(reminder advertising)을 많이 하고 매장의 선반점유율을 높이는 등의 활동이 필요하다. 시장점유율이 낮은 업체는 그 반대의 전략을 취한다. 가격을 낮추거나, 특별 판촉, 쿠폰, 무료샘플 등으로 다양성 추구를 조장해야 한다.

③ 시장선도 상표는 넓은 지영면적을 점유하며, 재고부족을 없애고 빈번한 광고를 통하여 소비자로 하여금 습관적 구매를 유도하는 전략을 사용하는 것이 유리하다. 추종상표는 낮은 가격, 할일쿠폰, 무료샘플 등을 활용하여 시장 선도제품을 사용하고 있는 소비자들로 하여금 상표전환을 유도하는 전략을 사용하는 것이 유리하다.

3. 소비자 구매의사 결정과정

(1) 문제인식(Problem Recognition)의 단계

① 인간은 자신의 주어진 상황에서 현재의 상황이 부적절하다고 판단하게 되면 적절한 상황이 되도록 수단을 찾게 되는데 이것을 문제의 인식(problem recognition)이라고 한다. 그 문제를 해결하려는 욕구가 증가하였을 때 다음 단계인 동기(motive)로 이어져 행동을 하게 된다.

② 문제인식은 소비자 자신이 스스로 문제를 인식하는 것과 주변의 외부적인 자극에 의해서 인식하게 되는 경우가 있는데 전자를 내적요인 또는 내적환경(internal factor or internal environment)에 의한 문제인식이라 하고, 후자를 외적요인 또는 외적환경(external factor or external environment)에 의한 문제인식이라 한다.

③ 소비자가 욕구를 인식하는 단계로서 마케팅관리자의 임무는 '욕구의 종류를 분석'하고, '문제발생의 원인을 분석'하며, '욕구가 어떻게 소비자로 하여금 특정 제품에 관심을 갖도록' 하는지에 대해 분석하는 것이다.

(2) 정보탐색(Information Search)의 단계

① 소비자가 문제의 인식을 하였다면 그 문제를 해결하기 위하여 대안을 찾게 된다. 이때 문제 해결을 위한 정보가 이미 소비자에게 있는 경우에는 내적탐색(internal search)을 통하여 문제를 해결하지만, 소비자 자신에게 정보가 없는 경우에는 외부에서 정보를 찾게 되는 외적 탐색(external search)을 하게 된다.

② 기존의 구매경험이나 내적 탐색정보와 같이 소비자의 기억 속에 저장되어 있는 점포나 상표를 일컫는 용어인 환기상표군(evoked set)을 이용한다.

③ 욕구를 충족시켜줄 수 있는 제품에 대한 각종 정보를 탐색하는 것이다. 이 단계에서 마케팅관리자의 임무로는 '정보 원천의 종류와 각 정보원천의 특성을 분석'하며, '각 정보원천이 소비자에게 미치는 영향을 분석'한다.

(3) 대안평가(Alternative Evaluation)의 단계

① 탐색한 정보를 이용한 최종적인 상표선택에 이르는 과정이다. 소비자들의 대안평가 시의 주요 요소들은 제품의 특성, 중요성, 상표신념, 효용함수 등이 있다. 최적의 대안은 소비자에게 가장 큰 효용(utility)을 제공하는 것이다.

② 소비자가 이와 같이 자신에게 최대의 효용을 줄 수 있는 제품이나 브랜드를 선택하기까지는 보다 복잡한 과정을 거치게 된다. 이러한 과정을 소비자의 정보처리과정(Consumer information processing)이라고 한다.

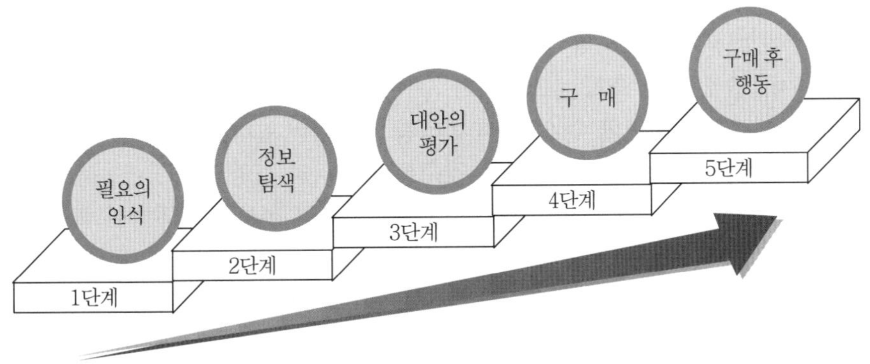

(4) 구매(Purchase)결정의 단계

① 소비자는 각 대안들의 비교평가과정을 거쳐 가장 호의적인 태도를 갖는 대안, 즉 가장 마음에 드는 대안을 구매한다.

② 구매는 의사결정 이후 곧바로 이루어지기도 하고 상당기간 후에 이루어지기도 한다. 의사결정 이후 오랜 기간이 지나 구매가 이루어지면 소비자의 태도는 구매로 이어지지 않을 수도 있다.

③ 소비자는 여러 대안을 평가한 후에 가장 선호하는 브랜드 또는 제품을 선택하게 되는데 최종구매의 단계에서도 상황적인 요인이나 주변사람들의 그들 브랜드나 제품에 대한 태도 때문에 최종선택을 미루거나 바꾸는 일이 발생한다.

④ 상황적 요인이란 구매시점에 판매사원이 불친절하거나 전문적인 지식이 없어 보이는 경우 등이며, 주변사람들의 제품에 대한 태도는 일반적으로 소비자들의 태도에 영향을 미치게되 는데, 그 이유는 사람들은 준거집단에서 정보를 얻거나, 비교를 하거나, 집단의 규범에동조 하기 때문이다.

(5) 구매 후 평가(Post-Purchase Evaluation) 단계

① 소비자의 인지부조화(cognitive dissonance)가 나타나며 소비자의 관여도가 높은 제품을 구매할 때 주로 발생하며, 주로 고가의 제품이나 전문품을 구매할 때 빈번하게 발생하고, 각 상표 간 차이가 미미한 제품을 구매할 때 빈번하게 발생한다.

② 구매 후 부조화(post-purchase dissonance)는 소비자가 구매 이후 느낄 수 있는 심리적 불편함을 말하며, 구매결정을 취소할 수 없을 때 발생할 가능성이 높다.

③ 소비자가 승용차나 고가의 가전제품 등과 같은 고관여 제품을 구매한 경우에 자신의 구매활동에 대한 결과를 평가하게 된다. 이러한 구매 후 부조화는 구매행위 이후의 제품에 대한 불만족으로 나타나기 쉽다.

④ 기대불일치모형에 의하면, 만족과 불만족은 소비자가 제품사용 후에 내린 평가가 기대 이상이냐 혹은 기대 미만이냐에 따라서 결정된다.

⑤ 제품처분은 소비자들의 처분과 관련된 의사결정이 향후의 제품구매의사결정에 영향을 주기 때문에 중요하며, 나아가 제품처분 관련 행동은 자원 재활용 측면에서도 중요하며, 구매 후 부조화는 소비자가 구매 이후 느낄 수 있는 심리적 불편함을 말하며, 구매결정을 취소할 수 없을 때 발생할 가능성이 높다.

⑥ 불만족한 소비자는 재 구매의도의 감소뿐만 아니라 다양한 불평행동을 보이며, 소비자들은 자신의 불평행동으로부터 기대되는 이익과 비용을 고려하여 불평행동유형을 결정한다. 기대불일치모형에 의하면, 만족과 불만족은 소비자가 제품사용 후에 내린 평가가 기대 이상이냐 혹은 기대 미만이냐에 따라서 결정된다.

⑦ 소비자의 합리적인 구매의사결정 과정은 구매자가 문제 혹은 욕구를 인식함으로써 시작된다. 구매자가 구매과정에서 최근에 인터넷을 통해 정보를 탐색하는 경향이 많아지고 있으며, 구매의사결정단계에서 소비자는 선택 집합 내의 상표들 중에서 선호하는 것을 선택하고, 가장 선호하는 상표를 구매할 의도를 갖는다. 구매 후 행동단계에서는 구매자가 제품에 대한 기대와 그 제품에 대한 지각된 성과를 통해 만족 여부를 결정하게 된다.

【소비자 의사결정과정】

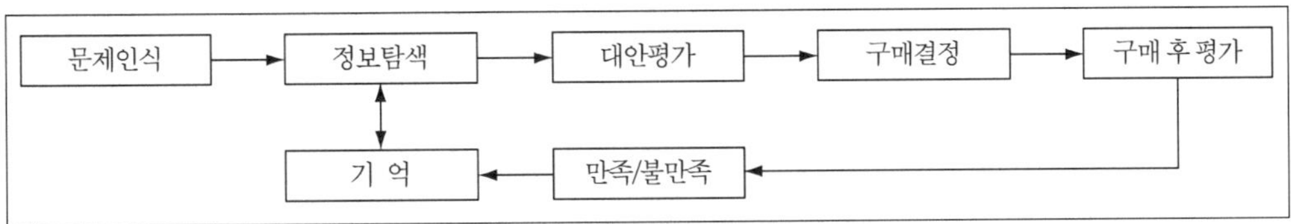

06 제품관여도와 브랜드

1. 관여도(Involvement)

(1) 관여도의 의의

① 관여도는 여러 의미를 내포하는 다소 복잡한 개념인데, 대체로 소비자가 어떤 대상을 중요시 여기는 정도나 대상에 대해 관심을 갖는 정도를 말한다.

② 소비자의 의사결정과정과 정보처리과정은 소비자의 제품관여도에 따라 달라지며, 소비자행동을 이해하기 위해서는 관여도 개념에 대한 이해가 필수적이다.

(2) 관여도에 따른 구매의사 결정 과정

① 소비자의 제품에 대한 관여도의 크기는 절대적인 것이 아니라 상대적인 개념으로서 개인마다 다르고, 제품마다 다르며, 상황에 따라서도 달라진다. 관여도는 자아표현의 중요성(심리적 위험)이나 다른 사람의 부정적 평가(사회적 위험)에도 영향을 받는다.

② 같은 제품이라도 본인이 사용하기 위한 경우, 남에게 선물하기 위한 경우에 따라 관여도는 다르고, 소비자의 소득수준을 제품가격과 함께 고려한 개념으로 같은 가격대의 제품이라도 소득수준에 따라 관여도가 달라지는 것을 재무적 위험이라고 한다.

③ 관여도의 크기에 따라서 고관여도와 저관여도로 나눌 수 있고, 관여도는 특정 제품군에 대하여 오랜 기간 지속적으로 관심을 갖는 지속적 관여도와 선물구매와 같은 어떤 대상에 대해 일시적으로 관심을 갖는 상황적 관여도로 나눌 수 있다.

④ 포괄적 문제해결(고관여)은 소비자가 생각한 시간과 노력을 투입하여 수집한 정보를 근거로 여러 대안들을 신중하게 평가하여 최종 선택하는 것이며, 일상적 문제해결(저관여)은 여러 대안들에 대한 구체적인 평가를 거치지 않고, 과거에 구매한 대안을 반복적으로 구매하는 것이다.

【관여도와 구매의사 결정 과정】

	문제인식	정보탐색	대안평가	구 매	구매 후 행동
포괄적 문제해결 (고관여)	○	내적탐색 외적탐색	다수의 대안 다양한 기준 복잡한 평가방법	○	구매 후 부조화 복잡한 평가
제한적 문제해결	○	내적탐색 제한적 외적탐색	소수의 대안 단순한 기준 간단한 평가방법	○	구매 후 부조화 없음. 단순한 평가
일상적/회상적 문제해결(저관여)	○	제한적 내적 탐색	×	○	구매 후 부조화 없음. 아주 단순한 평가

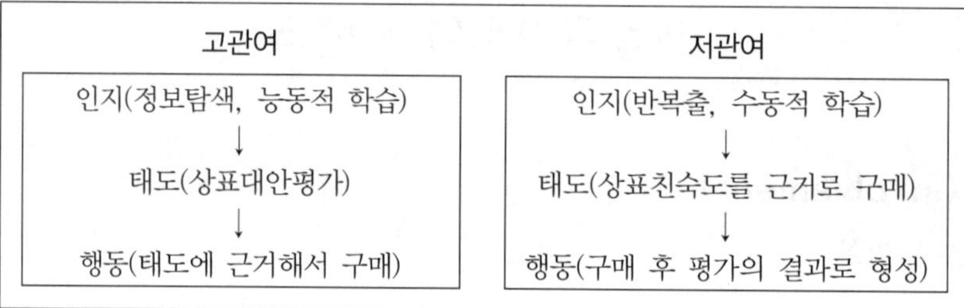

【관여도에 따른 소비자의 반응 순서】

(3) 브랜드충성도와 제품관여도

① 소비자가 개인적으로 브랜드에 관여되어 있는 정도가 높을수록 그 브랜드에 대한 충성도가 높다. 브랜드 충성도(brand loyalty)에 대한 인지적 정의는 몰입과 구매에 대한 관여도를 나타내는 것을 의미한다.

② 소비자들이 개인적으로 브랜드에 관여되어 있고, 그 구매를 위험한 것으로 인지했을 때 브랜드의 충성도가 가장 높지만, 습관적 구매는 저관여 수준 하에서 몰입 없이 한 브랜드를 반복적으로 구매하는 것을 의미한다.

③ 브랜드 충성도(brand loyalty)가 강한 고객은 특정 브랜드의 상품을 구매하고자 하는 소비자들이 1차적으로 방문한 유통매장의 진열대에서 원하는 특정 브랜드의 상품이 존재하지 않을 경우 소비자가 대체제품을 구매하지 않고 그 점포를 나가는 것으로 조사되었다.

(4) 제품관여도와 광고전략

① 고관여 제품의 광고는 폭넓은 정보 캠페인에 집중하는 것이 중요한데 반해, 저관여 제품의 경우는 몇가지 중요한 요점에 집중하는 것이 중요하다.

② 고관여 소비자는 구매 전에 상품 및 브랜드에 대한 평가를 하는 반면, 저관여 소비자의 경우 우선적으로 구매하며 구매 후에 브랜드에 대한 평가한다.

③ 저관여 제품들의 경우 고관여 제품들에 비해 실질적인 브랜드차이가 상대적으로 적은 제품들이므로 차별화의 중요 수단인 광고를 통하여 경쟁사의 제품과 차별성을 갖게 하는 것이 더욱 중요하다.

④ 반복되는 단문메시지를 사용하여 수동적인 학습효과를 향상시키고 브랜드 친숙도를 높여야 한다거나 점포 내 진열과 포장과 같은 시각적 및 비(非)메시지 구성요소를 강조하며, 인쇄 매체보다 TV를 주요 수단으로 활용하는 것은 저관여 제품만의 광고전략 이다.

2 브랜드(brand)

(1) 브랜드의 의의 및 종류

① 브랜드는 판매자가 자신의 상품들을 다른 판매자의 상품과 구별하기 위한 이름, 문자, 기호, 도형, 또는 이들의 결합으로 정부에 등록되어 법적인 보호를 받는 상표(trademark, servicemark)를 포함한다.

② "제품은 모방할 수 있지만 브랜드는 모방할 수 없다"는 말은 브랜드가 모방할 수 없는 무형의 자산이라는 것을 의미하며, 어떤 제품의 독특한 이름, 상징물, 로고(logo) 혹은 이들의 결합을 가리킨다.

③ 브랜드에 의하여 고객들은 그 제품의 생산자(유통업자)를 알 수 있으며, 고객들과 생산자들은 유사하게 보이는 경쟁제품들로부터 보호받을 수 있다. 생산자, 유통업자, 그리고 소비자들은 브랜드에 의하여 한 제품을 경쟁제품과 구분할 수 있다.

④ 기업은 자사의 브랜드에 대해 배타적 사용권을 확보하고 법률적인 보호를 받기 위해 브랜드를 특허청에 등록할 수 있는데 이를 등록상표라고 한다.

⑤ 브랜드는 개별 최소 분류 단위의 단위상품을 대상으로 하는 브랜드, 하나의 상품그룹을 대상으로 하는 브랜드, 서로 다른 몇몇의 상품군 그룹을 포함하는 브랜드, 기업 전체 브랜드로 분류할 수 있다.

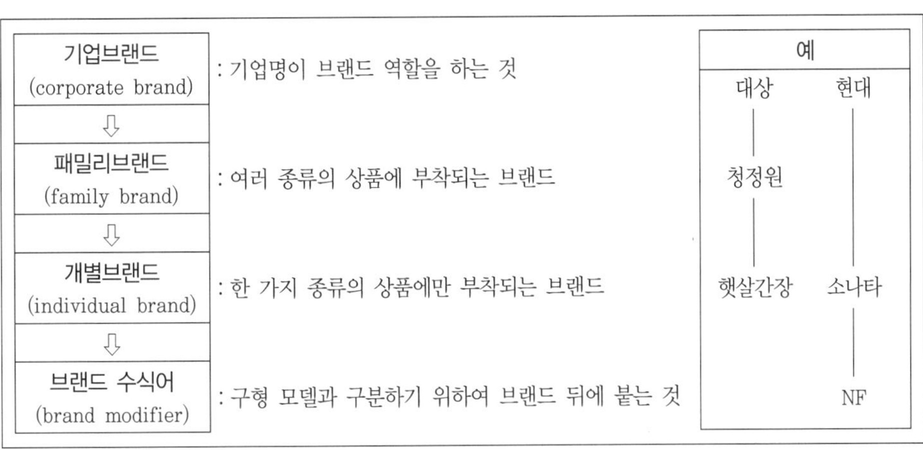

【브랜드의 계층구조】

유통 마케팅

(2) 브랜드개발전략

① 기업은 브랜드 개발과 관련하여 4가지 선택대안을 고려할 수 있는데, 이는 라인확장, 브랜드확장, 복수브랜드 및 신규브랜드를 의미하는 것이다.

② 기존의 제품범주내에서 새로운 형태, 컬러, 사이즈 및 원료 그리고 새로운 향 등을 가진 신제품에 기존 브랜드명을 함께 사용하는 경우를 라인확장이라고 한다.

③ 기존 브랜드명의 파워가 점차 약해진다고 판단될 경우 새로운 브랜드명을 도입, 개발하는 것을 신규브랜드 도입이라고 한다.

④ 복수상표(브랜드) 전략은 본질적으로 동일한 상품에 대해 두 개 이상의 상이한 상표(브랜드)를 설정하여 별도의 품목으로 차별화하는 전략이다.

(3) 제조업자 브랜드(NB: national brand) & 유통업자 브랜드(PB: private brand)

① NB(national brand)제품과 PB(private brand)제품의 구분은 브랜드 소유권이 누구에게 있느냐에 따라 구분하며 브랜드 사용권, 브랜드 신청 및 획득권, 소속상품의 특성을 구성하고 변형할 수 있는 권한이 제조업자에게 있으면 제조업자 브랜드, 유통업자에게 있으면 유통업자브랜드라고 할 수 있다.

② 제조업자 브랜드(NB: national brand, manufacturer's brand)는 제조업자가 자사제품에 대하여 브랜드를 결정하는 것이며, 유통업자브랜드(PB: private brand, distributer's brand)는 유통업자가 자체적으로 제품기획(product planning)을 하고 제조(혹은 위탁제조)하여 브랜드를 결정하는 것이다.

③ NB(national brand)제품과 PB(private brand)제품의 구분은 브랜드화의 과정 즉 「시장분석→개발→생산→커뮤니케이션→판매」의 전 과정을 누가 실행 하느냐에 따라결정되기도 하며, PB상품은 NB에 비해 상품에 대한 인지도, 품질에 대한 인지도 등은 떨어지나 상대적으로 소비자가 지불하는 가격 면에서 저렴하다.

④ 전통적으로 제품의 브랜드는 제조업자에 의해 결정되었으나 최근에는 백화점, 할인점, 유통업체들이 자체 브랜드를 개발하고 있다. 유통업자들이 자체상표를 달고서 시중에 나오는 이유 중에 가장 큰 이유는 소비자에게 저렴한 가격으로 제공함에 있다.

⑤ 소비자들은 일반적으로 NB를 더욱 선호하는 반면, 유통업자들은 PB를 더욱 선호하는 경향이 있다. 전체 판매상품 혹은 매장 진열상품 중에서 PB상품의 구성비가 많을수록 점포이미지에 부정적인 영향을 미칠 수 있다.

(4) 유사브랜드

① 상품 소개면이나 상호에 "비교해 보세요" 라는 문구를 표시함으로써 제조업체 브랜드가 아니라 유통업체 브랜드임을 명시한다.

② 전국적인 제조업체 상호나 브랜드자산으로부터 혜택을 입을 수 있도록 제조업체의 브랜드상호나 상품특성에 가깝게 만든다.

③ 제조업체 브랜드는 점포의 내점 빈도를 높이고, 이 브랜드는 적극적인 안내, 진열, 선반배치 등을 통해 증대된 고객방문 수를 매출로 전환하게 함으로써 소매업체의 유통업체 브랜드 판매를 촉진하는 지렛대역할을 한다.

(5) 공동브랜드

① 공동브랜드(co-brand)는 두 개 이상의 기업들이 연합하여 공동으로 사용하기 위하여 개발된 브랜드를 말한다.

② 국내의 경우 특히 브랜드파워가 약한 중소기업들이 조합을 통하거나 기업간 연합형태로 개발하는 경우가 많다.

상표 전략		상표명 전략		상표명 결정
• 상표화여부 : 무상표 ↔ 유상표 • 유상표 전략 : 제조업자 상표 ↔ 중간상 상표	⇨	• 개별상표 → 다상표전략 • 공동상표 → 브랜드 확장 전략 • 혼합상표	⇨	

【상표의사결정】

(6) 브랜딩(Branding)

① 브랜드 관리, 즉 브랜딩이란 브랜드 연상을 관리하는 것이다. 브랜드 관리란 브랜드 이름을 관리하는 것이 아니라 소비자 지각을 관리하는 것이다.

② 소비자 지각을 관리하려면 소비자의 브랜드 접촉점을 관리해야 하며, 이 브랜드 접촉점 관리란 IMC에서 매우 중요한 개념이다.

③ 기업의 브랜드관리인 브랜딩을 위한 전략적 사고를 위해 통합적 마케팅 커뮤니케이션(Intergrated Marketing Communications)이 필요하다.

④ 유사 브랜딩(parallel branding)이란 선도 제조업체 브랜드의 상호 자체에 대한 모방이 아니라, 상호나 상품특성을 매우 흡사하게 모방하고 제조업체 브랜드가 아니라는 것을 명확히 하는 유통업체의 브랜딩이다.

(7) 브랜드 네이밍

① 업체 간 경쟁이 심해지면서 '브랜드 네이밍' 마케팅의 중요성이 다시 부각되고 있다. 브랜드 네이밍이란 제품이 가진 우월성이나 개성, 차별화된 전략을 가장 유리하게 표현하면서도 소비자에게 친숙하게 다가가도록 브랜드 이름을 정하는 것이다.

② LG전자 에어컨 브랜드 '휘센'(Whisen)이 대표적인 성공 사례다. 휘센은 회오리 바람이라는 훨윈드(Whirlwind)와 보내는 사람(Sender)의 합성어로 시원하고 강력한 바람을 내보내는 에어컨의 이미지를 표현했다. '휘몰아치는 센바람'의 앞글자를 딴 것이기도 하다. '휘'라는 단어에선 '바람'의 시각적 · 청각적 이미지가 느껴진다.

(8) 브랜드 확장

① 브랜드확장(Brand Extension)이란 크게 두가지로 구분이 되는데 라인확장(Line Extension)과 카테고리확장(Category Extension)으로 구분하며, 기존 브랜드네임을 다른 제품에도 사용하는 것을 말한다.

② 라인확장은 기존제품의 카테고리에서 새로운 세분시장으로 진입을 할 때 새롭게 개발된 제품에 모(母)브랜드를 적용하여 확장하는 것으로 예를 들어, 연령(age), 성(sex), style, item을 가지고 세분화하는 것이다.

③ 카테고리확장은 모(母)브랜드의 제품군과 전혀 다른 범주의 제품군으로 진입할 때 모브랜드를 적용하여 확장하는 것으로 예를 들어, 제일 제당에서는 식물나라(비누) 브랜드를 확장하여 샴푸에 대하여도 사용하고 있으며, 켈로그가 시리얼브랜드인 '스페셜케이'를 시리얼 전체 제품라인, 스낵 및 영양바, 아침식사용 쉐이크 등의 다른 건강/영양 식품라인으로 확장한 것이 대표적인 예이다.

3. 브랜드자산(Brand Equity)

(1) 브랜드 자산의 개념

① 브랜드자산(brand equity)이란 어떤 브랜드를 가진 제품이 브랜드가 없는 경우에 비하여 그 브랜드가 부착됨으로써 획득하게 되는 차별적 마케팅효과를 말한다.

② 차별적 마케팅효과란 마케팅 노력에 대한 소비자 반응의 차이로서 '브랜드 애호도', '브랜드 인지도', '지각된 품질', '브랜드 연상'에 의해 나타난다.

③ 높은 브랜드 인지도는 브랜드 자산의 필요조건이자 충분조건이고, 기존 브랜드와 다른 상품범주에 속하는 신상품에 기존 브랜드를 붙이는 것을 라인 확장(line extension)이라고 한다.

브랜드 자산 = 브랜드 인지도 + 브랜드 이미지

(2) 브랜드 자산의 원천

① 브랜드 자산은 브랜드 인지도와 브랜드 이미지로 구성되어 있다. 브랜드 이미지가 형성되기 위해서는 먼저 브랜드를 인지시켜야 한다.

② 브랜드 인지도는 브랜드 자산의 필요조건으로 인지도가 높다는 것은 강력한 브랜드가 되기위한 필요조건일 뿐이다. 브랜드 이미지는 유리하고 독특하고 강력해야 한다.

③ 특정 브랜드와 관련된 이미지들은 방사형으로 연결되어 있는데, 이를 브랜드 연상(brand associations)이라 하며, 이는 제품범주에 대한 연상이다.

(3) 브랜드개발전략

① 기업은 브랜드 개발과 관련하여 4가지 선택대안을 고려할 수 있는데, 이는 라인 확장, 브랜드확장, 복수브랜드 및 신규브랜드를 의미하는 것이다.

② 브랜드 확장(brand extension)이란 "높은 브랜드 가치를 갖는 한 브랜드의 이름을 다른 제품군에 속하는 신제품의 이름에 확장하여 사용하는 전략"을 말한다.

③ 기존 브랜드명의 파워가 점차 약해진다고 판단될 경우 새로운 브랜드명을 도입, 개발하는 것을 신규브랜드 도입이라고 한다.

④ 패밀리 브랜드는 두 가지 방향에서 이루어진다. 한 브랜드가 성공하는 경우 이 브랜드를 다른 제품에 적용시키는 수평적인 패밀리 브랜드 전략으로 계열 확장과 브랜드 확장이 이에 해당한다.

⑤ 기존의 제품범주에 속하는 신제품에 완전히 새로운 브랜드를 사용하는 것을 다 상표 전략(multi-brand strategy)이라 한다.

⑥ 같은 브랜드의 상품이 서로 다른 유통경로로 판매될 경우 경로간의 갈등(channel conflict)을 일으킬 위험이 있다.

⑦ 카테고리확장(category extension)은 기존 브랜드와 다른 범주에 속하는 신상품에 기존브랜드를 사용하는 것이다. 기존브랜드가 특정상품 범주와 밀접하게 관련이 있을 경우 카테고리 확장이 실패할 가능성이 있다.

(4) 브랜드 라인 확장

① 기존의 제품범주내에서 새로운 형태, 컬러, 사이즈 및 원료 그리고 새로운 향 등을 가진 신제품에 기존 브랜드명을 함께 사용하는 경우를 라인확장이라고 한다.

② 기존의 브랜드 자산이 크다고 판단되는 경우, 기존의 제품범주에 속하는 신제품에 그 브랜드 명을 그대로 사용하는 것을 계열 확장 혹은 라인확장이라 한다.

③ 라인확장(line extension)은 동일한 상품범주에 추가된 신상품에 기존 브랜드를 이용하는 것으로 기존브랜드가 신상품의 특성을 잘 나타내지 못할 위험이 있다.

④ 수직적 라인확장(vertical line extension)은 라인 확장된 신상품이 기존 상품보다 가격이 낮거나 높은 경우를 가리킨다.

⑤ 수평적 라인확장(horizontal line extension)은 라인확장된 신상품이 기존 상품과 가격대는 비슷하지만 다른 세분시장을 표적으로 삼는 경우를 가리킨다.

⑥ 하향 확장(downward line extension)의 경우 기존 브랜드의 고급 이미지를 희석시켜 브랜드자산을 약화시키는 희석효과(dilution effect)를 초래할 수 있다.

⑦ 기존의 제품범주에 속하는 신제품에 완전히 새로운 브랜드를 사용한는 것을 다상표 전략이라 한다. 같은 브랜드 상품이 서로 다른 유통경로로 판매되는 경우, 경로 간의 갈등을 일으킬 위험이 있다.

4. 라벨(Label)

(1) 라벨(Label)의 개념

① 라벨은 소비자에게 제품에 관한 정보를 제공를 제공하며, 상품명 · 상표 · 상호 등을 표시하여 상품에 붙인 표나 인쇄물의 총칭이라고 할 수 있다.

② 소비자는 라벨의 품질에서 제품품질을 연상하는 경향이 있으므로, 정확하고 공정하며 이해하기 쉽게 라벨을 부착해야 한다.

③ 기업과 구매자, 소비자 사이 정보교환을 통해 원재로와 함량 및 원산지,제조업자, 유통업자를 알려주고, 유통기한이나 유효기간과 내용물의 품질과 용량 및 등급을 알려준다.

④ 제품의 사용법을 설명 하고, 발생할 수 있는 제품의 오용이나 남용에 대해 경고를 할 수 있으며, 제품의 보관, 유지, 처리, 수선 등의 방법을 쉽게 이해할 수 있게 해준다.

⑤ 레코드의 라벨을 레이블(label)이라 하여 오히려 회사명이나 브랜드명을 의미하는 것과 같이 라벨은 로고타입이나 심벌마크 이상으로 현대기업의 문장(紋章)으로서의 역할을 하고 있다.

(2) 라벨(Label)의 표시

① 식품 · 약품 · 화장품 등의 라벨은 식품위생법이나 약사법,원산지 표시에 관한 법률 등에 의거하여 표시사항이 엄격하게 규정되어 있다.

② 표시사항은 상품에 따라 다양하며, 내용 · 품질 · 성분 · 사용법 · 치수 · 분량 · 제조연월일 · 제조번호 및 제조발매자명과 원산국 표시 등을 한다.

③ 표시방법은 풀로 붙이거나 재봉틀로 박기도 하며, 상품 · 용기에 직접 인쇄 또는 인화(印畵)하는 등의 여러 가지 방법이 있다.

(3) 라벨(Label)의 구분

① **인쇄기법에 구분:** Rotogravure(Roll to Roll)방식은 대량생산에 유리하고 Sheet Type은 물론 Roll Type의 Label 생산이 가능하며, 일반 백상지와 특히 Metallic Paper 인쇄가 가능하고, Ink의 도포량이 많아 내수성을 높이는 데 효과가 커 시각적으로 매우 중후한 느낌을 갖게 한다. Off-Set(Sheet to Sheet) 방식은 정교한 품질의 Design 제품 적용에 유리하며 다품종 소량의 상표제작에 가능하다.

② **재질에 의한 구분:** 일반 백상지는 일반적으로 널리 사용하고 있는 재질이며 인쇄방식에 구애받지 않고 생산이 가능하므로 보통 음료 Label이나 소주 Label 등에 사용된다. Metallic Paper는 일반적으로 알루미늄 증착지, 알루미늄 호일지 등을 지칭하며, 인쇄시 자연 건조가 불가능하여 Gravure 인쇄기에서 열을 사용한 강제 건조 방식으로 인쇄하고, 맥주 등의 Label에 많이 사용되며 Design이 화려하고, 기능적으로는 내수성이 매우 뛰어나다.

07 전략적 강점분석

1. BCG(Boston Consulting Group)matrix

(1) BCG 매트릭스의 정의

① 보스턴 컨설팅 그룹(Boston Consulting Group)이 개발한 모델로 BCG 매트릭스에서는 전략사업단위(SBU)가 분석대상으로 시장점유율과 제품수명주기에 초점을 두고, 상대적 시장점유율과 시장성장률과 같은 척도로 제품을 분류한 것에서 출발한다.

② 대기업체가 어느 사업부서를 키우고 처분할 것인가를 결정하는 전략적 판단을 내릴 때 사 용하는 분석도구로 기업이 둘 이상의 사업단위로 구성되어 있음을 전제로 하며 일명 포트폴리오 계획(Portfolio planning)이라고도 한다.

③ 해당제품의 시장성장률과 상대적 시장점유율이란 아주 단순한 두 가지 변수를 축으로 하여 상호비교가 가능하며, 시장성장률은 시장 전체의 매력도를 측정하는 기준이 되며, 시장점유율은 경쟁우위(안정성)를 측정하는 기준이 된다. 기업이 취급하고 있는 사업을 전략적 사업단위로 파악하여 성장/포기 등의 전략결정에 유용하다.

④ BCG 매트릭스는 기업이 취급하고 있는 사업을 전략적 사업단위로 파악하여 성장과 포기 등의 전략결정에 유용하다. 제품시장에서 경험곡선효과를 지나치게 강조하고 있는 반면에 기술혁신은 간과되는 단점을 지니고 있다.

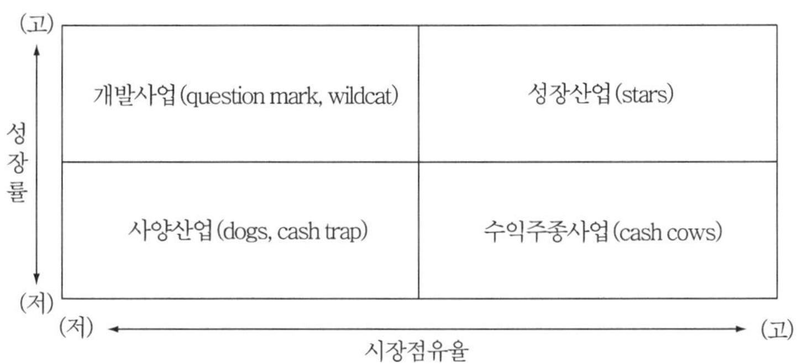

【BCG 매트릭스】

(2) 개발사업(Question marks, Wild cats)

① 사업 초기단계의 영역이며, 빠르게 성장하는 시장을 잡기 위해서는 추가적인 시설투자와 노동력 투입 증대의 필요성 등으로 많은 자금이 요구되는 사업이다.

② 후발적 제품이라고도 하며, 주로 제품수명 주기상 아직 도입기에 있는 제품이 문제가 된다. 높은 성장성이 기대되는 제품이지만, 아직 시장 점유율이 낮다.

③ 기업으로서는 공격적인 전략으로서 시장 점유율을 확대시키고 더 나아가 경험 곡선 효과를 얻을 수 있도록 시도한다. 장래의 수익성을 추구할 수 있는 제품프로그램에 중점을 두게 되므로 재정적 자원 조달이 기대했던 것보다 더 많이 요구된다.

(3) 성장사업(Stars)

① 별(star)에 해당하는 제품은 지속적인 투자전략을 구사하고, 시장전략이 필요한 시점이며, 이 시점에서의 성패에 따라 앞으로의 시장에서의 지위를 알 수 있다.

② 이 제품은 일반적으로 많이 수익을 가져오는 제품이지만, 시장 위치를 계속 유지하거나 시장 위치를 보다 더 개선하기 위하여 재투자가 계속되어야만 하는 제품이다.

③ 성장이 둔화되거나 경기침체가 계속되면 'Stars' 제품은 'Cash Cows' 제품이며, 현금유입이 크기는 하지만, 시장성장 속도를 따라가고 경쟁자들의 공격을 방어하기 위해서는 현금유출이 크다.

(4) 수익주종사업(Cash Cows)

① 시장성장율은 작지만 상대적 시장점유율은 높고, 시장의 성장속도가 느리기 때문에 신규투자를 위한 자금이 많이 필요하지 않고, 시장점유율이 크기 때문에 판매량이 많아 이익을 가져다 줄 수 있다.

② 제품들은 일반적으로 높은 시장점유율 때문에 비용 효과를 보는 것으로 조사됐다. 여기에 속함 사업단위는 기업에 많은 유동자산을 공급해 주므로 기업에 대한 재무수단 기여도가 높은 제품이다.

③ 성장률이 낮으므로 기업은 신규투자를 위한 노력을 할 필요가 없다. 현금유입은 여전히 크지만 현금유출이 적으므로 순 현금유입은 늘어나게 된다. 여기에 속한 사업단위를 현금젖소라 하는 이유도 젖소가 우유를 공급하는 것과 같이 기업에 자금을 공급하기 때문이다.

(5) 사양사업(Dogs)

① 제품들은 문제가 많은 제품으로서 보통 제품수명 주기상으로 보면 포화기나 또는 퇴거기(쇠퇴기)에 속한다.

② 시장성장으로 보나 시장점유율로 보아서 매우 저조한 제품으로 현상 유지가 최선이거나 대부분의 경우 제품 프로필에서 제외되어야 할 제품들이다.

③ 현금 투하량에 상관없이 수익성이 낮거나 손실이 발생하므로 차라리 시장에서 포기하는 전략을 선택하는 것이 최적이다.

2. GE(General Electronic)matrix

(1) GE 매트릭스의 정의

① 컨설팅기업인 McKinsey사의 도움으로 General Electronic에 의해 개발된 GE 매트릭스는 표면상으로 BCG 매트릭스와 아주 유사하다. 이 계획수립기법 역시 두 개의 요인을 포함하고 있고, 매트릭스 모양을 하고 있다.

② 경영자는 사업부 또는 주요 제품을 구분하기 위해 시장매력도와 경쟁적 위치의 두 가지 요인을 고려한 GE매트릭스를 사용할 수 있다. 각각의 요인은 몇 개의 기준에 따라 등급이 매겨진다.

③ 시장매력도는 시장성장률, 시장규모, 시장진입의 어려움 정도, 경쟁자의 수와 유형, 기술적 요구사항, 이익 등 다른 기준의 관점에서 판단되어야 한다.

④ 경쟁적 지위는 시장점유율, 사업부의 크기, 차별적 우위의 강도, 연구개발능력, 생산능력, 원가통제, 경영자의 전문성 등을 포함한다.

⑤ 시장매력도와 경쟁적 위치를 평가하는 데 사용되는 기준은 일부 기준이 다른 기준에 비해 더 중요할 수 있기 때문에 상이한 가중치가 부여되며, 각각의 사업부는 모든 기준에 대하여 평가되고 각 요인에 대한 전반적인 점수가 각각의 사업부별로 계산된다.

⑥ 이러한 등급에 따라 각 사업부는 시장매력도와 경쟁적 위치에 대하여 높음, 중간, 낮음 등으로 분류된다. 예를 들어 어떤 사업부는 높은 시장매력도와 중간정도의 경쟁적 위치를 가진 것으로 판단될 수 있다.

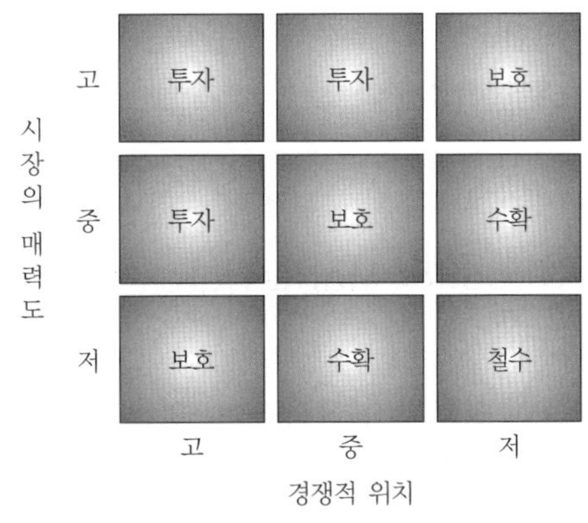

【GE 매트릭스】

(2) 맥킨지(Mckinsey) 사업포트폴리오분석

① 자사의 경쟁능력과 시장매력도를 기준으로 성장을 위한 투자, 선택적 투자, 현금회수 및 처분 등의 자원할당방향을 결정하는 데 유용하다.

② 자사의 경쟁능력을 평가하는 요인으로는 성장률, 세분시장별 점유율, 고객충성도, 마진, 유통, 기술력, 특허권, 마케팅 및 유연성 등이 포함된다.

③ 시장매력도를 평가하는 요인으로는 시장규모, 성장률, 고객만족수준, 경쟁정도, 가격수준, 수익성, 기술, 정부규제 및 경제적 트렌드에 대한 민감도 등이 포함된다.

(3) 투자전략(Invest strategy)

① 왼쪽 상단의 세 개의 셀에 속하는 사업부들은 많은 자원이 투자되어야 한다.

② 이러한 유형의 사업부를 강화시키고 육성하기 위해서 과감하고 충분한 자금이 뒷 받침된 마케팅전략이 필요하다.

(4) 보호전략(Protect strategy)

① 왼쪽 하단에서 오른쪽 상단의 대각선상에 있는 사업부에는 자원이 선택적으로 할당되어야 한다.

② 약간은 방어적인 전략이기도 한 이 방법은 사업부가 현재의 시장위치를 유지하는 데 도움을 주는데 이는 다른 사업부에 의해 필요로 하는 현금을 창출해주기 때문이다.

(5) 수확전략(Harvest strategy)

① 대각선상에 있는 세 개의 셀 바로 아래에 있는 사업부들은 시장이 매력적이지 못하고 경쟁적 위치도 약하기 때문에 새로운 자원이 투입되어서는 안 된다.

② 그 대신 이익을 극대화하기 위해 지출은 삭감되어야 한다. 또 한가지 대안은 이 사업부를 매각하는 것이다.

(6) 철수전략(Divest strategy)

① 오른쪽 맨 밑의 셀에 있는 사업부를 위해 할 수 있는 방안은 그리 많지 않다. 따라서 여기에 있는 사업부는 또한 자원도 투자되어서는 안 된다.

② 아마도 최선의 방법은 이 사업부를 팔든지 문을 닫음으로써 조직의 포트폴리오 상에서 없애는 것이다.

3. 제품 · 시장성장 매트릭스(Product Market growth matrix)

(1) 제품 · 시장성장 매트릭스의 개념

① 경영자가 현 사업단위들의 성과를 향상시킬 수 있는가에 대한 검증 즉 현 사업단위 내에서 추가적 성장기회를 조사하고 평가할 수 있는 유용한 모델로서 활용된다.

② 대부분의 기업은 자신의 사명 또는 목표를 성장에 두고 있다. 성장을 추구하는 과정에서 기업은 시장과 제품 모두를 고려해야만 한다. 이때 기업은 지금 사업을 계속해야 할 것인지 아니면 새로운 사업을 해야 할 것인지를 결정해야 한다.

③ Ansoff에 의해 처음 제시된 제품 · 시장성장 매트릭스(product market growth matrix)는 이러한 것을 잘 설명해 준다. 아래에서 보듯이 기본적으로 네 개의 제품 · 시장성장 전략이 있다.

■제품/서비스 · 시장성장 매트릭스(product market growth matrix)

분 류		제품(소매서비스)	
		기존	신규
시장	기존	시장침투(Marketing penetration)	신제품 개발(product development) (업태개발전략)
	신규	시장개발 · 개척(Market development (다 점포전략)	다각화(diversification) (이업종 진출전략)

(3) 시장침투(market penetration)

① 기존 제품이나 소매서비스를 기존시장에 들어가는 내용으로 볼 수가 있는 것으로 시장침투라 한다.

② 기존 고객에게 기존제품이나 서비스를 더 많이 판매함으로서 시장점유율을 늘려 기업성장을 도모하려는 전략이다.

(4) 시장개발(market development)

① 기존 제품이나 소매서비스를 신규시장에 들어가 매출을 증가시키는 전략의 일종으로 시장개발이나 새로운 시장을 개척하는 전략이다.

② 해외로 수출을 추진한다든지 상류층이 주로 사용하던 것을 고객층을 바꿔 대중화를 시도한다든지 하는 방법을 주로 이용하는 것이 유리하다.

(5) 제품개발(product development)

① 신규 제품이나 소매서비스를 기존시장에 들어가 매출을 증가시키는 전략의 일종으 신제품 개발전략이나 업태개발 전략이라는 용어로 사용한다.

② 전혀 새로운 제품을 출품하거나 기존 제품에 기능을 추가 또는 삭제해서 출시하여 소비자에게 변화된 제품을 제공하는 것이다. 핸드폰모델이 자꾸 바뀌어 출시되는데 이용되는 전략이다.

(6) 다각화(diversification)

① 기존 제품이나 소매서비스를 신규시장에 들어가 매출을 증가시키는 전략의 일종으로 새로운 제품을 새로운 시장에 출시를 하기에 다각화 전략이나 이업종 진출전략이라는 용어로 사용한다.

② 기존의 시장과 기존의 제품은 그냥 두고 새로운 제품과 새로운 시장에 진출하는 것이다. 자동차부품을 만들던 회사가 김치냉장고로 가전제품 시장에 뛰어든 것이 전형적인 사례다.

(7) 소매점포의 성장전략

① 인천지역에서 10대 청소년을 표적고객으로 한 문구류를 판매하는 팬시점을 운영하면서 부천 및 김포 등 인천 외곽 지역에 팬시점을 추가로 개점하거나, 기존 팬시점과 달리 고가격대의 문구류를 판매하는 새로운 점포를 추가로 개점하는 것은 시장개발전략에 해당된다.

② 기존 팬시점에서 기존 고객을 대상으로 문구류 의외 의류나 가방 등 다른 제품을 판매하는 점포를 개점하는 것은 소매업태 개발전략에 해당된다.

③ 기존 팬시점의 규모를 늘리거나 인천지역에 더 많은 팬시점을 개점하는 것은 시장침투전략에 해당된다.

④ 기존 팬시점 이외에 어린이를 대상으로 하는 캐릭터 상품을 판매하는 전문점으로 개점하거나, 20대와 30대를 겨냥한 의류점포를 개설하는 것은 다각화전략에 해당된다.

⑤ 백화점고객에 대한 조사 결과 신용카드를 보유하지 않은 고객보다 보유한 고객의 점포충성도가 더욱 높은 것으로 나타나고 있다. 이와 같은 정보를 바탕으로 기존고객에게 자사 관련 신용카드의 발급을 확대하려는 백화점의 노력은 소매점 성장전략 가운데 시장침투전략과 가장 밀접하다.

4. SWOT

(1) SWOT의 개념

① 마케팅 전략은 기업 내부와 외부에서 끊임없이 변화하는 상황에 맞추어 기업의 마케팅 활동을 지속적으로 재계획하는 작업이다. 따라서 기업에서는 가장 많이 사용하는 방법으로 SOWT 분석 모델을 이용한다.

② 마케팅 전략을 수립하기 위해 가장 먼저 해야 할 일은 현재 경쟁해야 하는 시장을 포함하여 기업의 외부환경을 분석하는 것이며, 다음으로 기업의 내부 자원이나 상대적 강점을 발견하고 이들 자원을 외부환경과 어떻게 결합 시킬 것인지를 분석하는 것이다.

③ SWOT 분석은 마케팅 전략 수립 시 가장 먼저 활용하는 전략 모델이라고 할 수 있으며, 사업의 목표를 달성하게 위한 방향을 잡아 대처하는 방법 또는 마케팅을 수립한다. 이는 내부적 여건으로 Strengths(강점)과 Weakness(약점)이 있고, 외부적 요인으로 Opportunities(기회), Threats(위협)이 있다.

(2) 강점(Strengths)

① 조직의 목표를 달성함에 있어서 효과적으로 사용하거나 보유하고 있거나 동원할 수 있으며, 활용가능한 조직의 모든 자원이나 능력을 말한다.

② 제품 조직상의 능률이나 유능한 인적자원, 유리한 시장점유율, 강력한 자금력, 소비자들에 의한 호의적인 이미지 등을 들 수 있다.

(3) 약점(Weakness)

① 조직의 목표를 달성하는데 있어 제한을 하는 한계나 결함을 말하는 것으로 경쟁자와 비교하여 나타나는 약점을 말한다.

② 기업조직상의 낡은 시설이나 적절하지 못한 연구와 개발, 의욕이 없는 경영자와 직원들, 지나친 패배의식, 미래에 대한 막연한 불안감 등을 들 수 있다.

(4) 기회(Opportunities)

① 조직 환경에 있어서 기업의 발전에 바람직한 어떤 상황으로 제품의 수요를 유발하게 하거나 욕구를 변화시키는 어떤 계기를 말한다.

② 새로운 시장 개척의 가능성, 강력한 경제성장, 상대적으로 약한 경재기업, 새로이 개발된 신규개발 기술, 출시전에 소비자들의 강력한 관심 들을 들 수 있다.

(5) 위협(Threats)

① 조직 환경에 있어 기업의 발전에 바람직하지 못하고 예측하지 못한 급박한 상황들을 말한다.

② 새로운 강력한 경쟁업체의 출현, 자원이 결핍한 상황, 소비자들의 급격한 기호변화, 시장에서의 새로운 규제조치, 대체품의 출현 등을 들 수 있다.

(6) SWOT분석의 수행

① 조직과 조직 환경에 핵심적인 여건에 관한 자료(시장, 경쟁, 재무자원, 설비능력, 종업원, 재고, 마케팅, 유통시스템, 연구개발, 환경적 구조, 편판 등)를 수집한다.

② 수집한 자료가 조직의 기회, 위협, 강점, 약점 어느 것을 구성하는지 평가하고, 각 평가된 내용을 기록한다.

③ 어느 한 그룹이나 경영자 팀에서 SWOT 분석을 행할 때 있어서는 각 개인이 서로 SO의 강점을 가지고 기회를 살리려는 전략과 ST의 강점을 가지고 위협을 회피하는 전략, WO 약점을 보완하여 기회를 살리는 전략과 WT약점을 보완하면서 동시에 위협을 회피하거나 최소화하는 전략을 각각분석하여, 결과를 서로 비교하며 토론을 한다.

(7) 요인분석(Factor Analysis)

① 신상품의 전략적 포지셔닝을 돕는 지각도 작성방법으로 수많은 변수들을 적은 수의 몇 가지 요인으로 묶어줌으로써 그 내용을 단순화하는 것이 그 목적으로 수집된 많은 변수들을 유사한 항목(공통차원)들끼리 묶어 적은 수의 요인으로 축소시키는 분석방법이다.

② 요인분석의 주요 단점으로는 고객니즈(혹은 속성)가 사전에 잘 규정되어 있어야 한다는 것이다. 즉 요인분석은 사전에 규정된 고객니즈의 범위 내에서만 구조를 확인할 수 있지 그것을 넘어서는 지각차원을 발견하는 것은 불가능하다.

③ 요인분석의 기본가정은 직관적으로 설득력이 있고 실증적으로도 설득력 있는 결과를 보여주며 사용하기 간단하여 실제로도 많이 사용된다. 또한 고객분류자료를 군집분석하는 방법과 상호보완적인 관계에 있다.

④ 요인분석을 사용하려면 고객들로부터 얻은 상품속성평가를 요인분석함으로써 지각의 구조를 파악하고, 경영자의 판단과 분석규칙을 적절하게 혼합하여 적정한 차원의 수를 선택하여야 한다.

⑤ 요인점수를 사용하여 기존 상품들과 신상품 컨셉트의 위치를 추정하며 잠재적 기회를 파악하기 위하여 지각도 상의 빈 공간을 살펴보고 컨셉트의 개선방안을 찾기 위하여 컨셉트의 약점과 강점을 파악해야 한다.

08 판매촉진(Sales Promotion)전략

1. 판매(Sales) 일반론

(1) 판매의 의의

① 판매는 제품이나 서비스를 구매하도록 한다든지 혹은 판매자의 상업상 중요한 아이디어에 기인해서 호의적(好意的) 반응을 보이도록 하는 것을 말한다.

② 판매는 소비자가 관심을 가지고 있거나 흥미를 느끼는 욕구를 우리 점내에 존재하고 있는 상품에 쏠리도록 하는 다양한 활동의 하나라고 말한다.

(2) 판매촉진의 정의

① 소비자의 관심 및 흥미, 사고 싶은욕구를 우리 매장이 취급하고 있는 상품에 쏠리도록 하는 활동을 말하며, 광고, 인적 판매와 홍보활동을 제외한 촉진 활동을 말한다.

② 소비자의 구매 및 자사제품을 취급하는 거래점의 효율성을 자극하기 위하여 비(非)일상적으로 수행되는 상품전시 · 진열 · 전람회 등과 같은 활동을 의미한다.

③ 판매촉진은 광고, 인적판매 또는 다른 촉진믹스도구들과 함께 사용하는 것이 일반적인데, 중간상 판매촉진과 영업사원 판매촉진은 주로 인적판매과정을 지원한다.

④ 소비자에게 쿠폰, 거래 스탬프 등 실질적인 가치를 제공할 수 있으며, 소비자의 비계획구매, 충동구매를 늘리고 객단가를 높일 수 있고, 경품이나 실연 등을 통해 소비자의 관심을 끌고 재미를 느끼게 할 수 있다.

(3) 판매원 관리

① 소매상의 판매원(Sales-man)은 소비자가 상품 구매를 할 수 있는 기회를 기민하게 관찰하여 계획을 치밀하게 수립하는 동시에 판매 능력을 최대한 발휘하여야 한다.

② 판매원은 소비자의 구매 의욕을 파악하여 구매 시점을 포착하게 되면 필요한 정보를

최대한 고지시키고 구매자의 욕구를 최대한 만족시킴으로써 실제로 구매함으로써 얻을 수 있는 소비자의 만족감을 100% 충족시켜 주어야 한다.

③ 판매원의 효율성을 검토하기 위하여 판매관리자들이 사용하는 주요 지표로는 기간별 신규 고객 및 상실 고객 수, 접촉별 평균 판매방문시간, 판매원당 일일 평균 판매방문 횟수 등을 들 수 있다.

(4) 판매원의 직무 특징

① 판매원은 고객에 대하여 자점, 당해 상품, 서비스를 대표하고 있기 때문에 자점 봉사원 의 일부로서 고객 욕구를 반드시 만족시켜야 한다.

② 판매원은 신규 고객과 시장을 확인하기 때문에 필요하며, 자기점포의 세일즈맨으로 시장의 여러정보를 수집하여 판매전략 수행을 위해 하의상달(bottom-up communication) 의사소통에서 주도적인 역할을 수행한다.

③ 업무의 특성이 어렵거나 복잡하지는 않지만 업무의 발생빈도가 빈번하게 반복적으로 일어날 경우에는 파트타임 사원이 적합하다.

▣ 판매원의 인사할 때의 허리각도

구 분	각 도	상황 및 장소
정중한 인사	45도	개폐점 시 사용, 잘못에 대한 사죄 시
보통인사	30도	일상생활에서 사용, 판매접점에서 감사의 뜻을 표시할 때
간단한 인사(묵례)	15도	기다리게 할 때, 대화 중

(5) 판매원의 팀워크(Team Work)

① 유통매장에서의 Team Work란 각자가 주어진 역할을 올바로 수행하면서 동료를 지원하고 도우면서, 도움을 주는 것에 대해 생색을 내지 않는 것이며 팀이 하나가 되어 공동의 목표를 향해 매진하는 것으로 요약할 수 있다.

② 개인의 이해보다는 팀의 목표를 우선시 하는 조직문화가 형성되어야 하며 유통매장 전체의 이해나 능률을 우선적으로 생각하는 조직원에 의해, 조직원인 개인과 팀이 하나의 단위가 되어 일하는 것이며, 이는 상호간에 혼합물이 아닌 화합물이 되어야 한다는 의미이다.

③ Team work를 다지기 위해서 각 구성원들은 첫째, 조직에서 정한 목표, 방침, 계획 등을 잘 이해(숙지)해야 하며, 둘째 정해진 자기의 직책을 자각하고 업무에 최선을 다할 뿐만 아니라 타인의 직책을 잘 이해하며 보조해 줄 수 있어야 하며, 셋째 타인과의 능동적인 협력을 아끼지 말아야 하며 먼저 호의를 베풀고 도움을 줌으로써 상호 신뢰를 쌓아 나가야 한다.

(6) 판매원 보상

① 절대적 판매 대신 다른 판매원의 성과와 비교한 상대적 판매액을 기준으로 인센티브를 결정하는 것이 바람직한 경우도 있으며, 금전적 보상체계는 판매원들이 공정한 것으로 지각할수록 바람직하다.

② 보상에 관한 판매원의 불안감을 줄여주려면 월정액의 비중을 높여야하고, 판매원의 노력과 판매성과 사이의 관계가 명확할수록 인센티브의 비중을 높여야한다.

③ 판매원의 금전적 보상은 월정액과 성과급 성격의 인센티브로 구성되며, 인센티브는 판매수수료와 보너스가 포함된다. 보상에 관한 판매원의 불안감을 줄여주려면 월정액의 비중을 높여야하고, 판매원의 노력과 판매성과 사이의 관계가 명확할수록 인센티브의 비중을 높여야한다. 절대적 판매 대신 다른 판매원의 성과와 비교한 상대적 판매액을 기준으로 인센티브를 결정하는 것이 바람직한 경우도 있으며, 금전적 보상체계는 판매원들이 공정한 것으로 지각할수록 바람직하다.

2. 의사소통과 관찰을 통한 판매정보수집방법

(1) 대인 면접(personal interviews)

① 대인 면접이란 훈련을 받은 조사원이 응답자와 대면 접촉을 통하여 데이터를 수집하는 것으로 숙달된 조사원이 응답자와 대면 접촉을 하면서 진행하는 것이다.

② 질문 내용을 이해하지 못한 경우 자세히 설명해 줄 수 있고, 상품이나 샘플 등을 보여 줄 수 있으며, 응답자로 하여금 긴 설문지에도 응답하게 할 수 있다는 장점을 갖고 있지만, 비용이 많이들고, 조사를 완료하는 데 시간이 오래 걸린다는 단점도 갖고 있다.

(2) 전화 조사(telephone interviews)

① 조사원이 전화를 통하여 응답자로부터 데이터를 수집하는 것을 가리킨다. 기존에는 조사원이 설문지를 읽어주고 응답자의 답을 설문지에 기재하는 방식이었다.

② 전화 면접은 비용이 비교적 적게 들고, 조사가 빨리 완료되며, 전화번호로부터 응답자를 선정하기 때문에 대표성이 높은 표본을 얻을 수 있다는 장점을 가지고 있지만, 10~15분 이상 조사를 하기 어렵고, 복잡한 질문을 하기 어려우며 무엇을 보여주면서 할 수 없다는 단점을 지니고 있다.

(3) 우편 · 팩스 조사(mail & fax survey)

① 우편이나 팩스를 이용하여 설문지를 보내고, 응답자가 완성한 설문지를 역시 우편이나 팩스로 보내도록 함으로써 데이터를 수집하는 것을 가리킨다. 우편 조사는 조사원의 인건비를 절약할 수 있다는 장점이 있다.

② 우편조사는 응답률이 매우 낮기 때문에 실질적으로는 비용이 적게 들어간다고 할 수 없다. 기업들은 마케팅 조사를 하는 데 우편 조사를 거의 사용하지 않고 있다. 우편 조사가 시간이 오래 걸린다는 단점을 보완할 수 있는 것이 팩스 조사이다.

(4) 인터넷 조사(internet survey)

① 인터넷 홈 페이지에 설문지를 만들어 놓고 방문자들로 하여금 설문지에 응답하도록 함으로써 데이터를 수집하는 것을 인터넷 조사라고 한다.

② 인터넷 조사의 장점은 낮은 비용으로 빠른 시간 내에 조사를 마칠 수 있다는 것이지만, 고품질의 인터넷 조사를 하는 데에는 적지 않은 비용이 들어간다.

(5) 관찰(observation)

① 관찰을 통하여 정보를 얻는 방법은 기본적으로 지속적이고 자동적인 조사방법에 많이 사용되는 방법이기는 하나 신제품개발이나 광고제작시 효과조사와 같은 경우에는 사용될 수 있다.

② 아직 출시되지 않은 신제품을 진열해 꾸며 놓은 슈퍼마켓에서 소비자들이 어떤 물건을 선택하는지를 관찰하거나 혹은 특정상권의 유동인구를 측정하기 위하여 실제로 걸어 다니는 사람의 수를 세어서 통행량을 알아보는 것 등이라고 할 수 있다.

(6) 표적 집단 면접법(FGI ; Focus Group Interview)

① 동질의 소수 응답자 집단을 대상으로 특정한 주제에 대하여 자유롭게 토론하는 가운데 필요한 정보를 찾아 나가는 방법으로, 일반적인 조사에서 가장 많이 사용되는 탐색조사 방법 중의 하나이다.

② FGI는 추후에 계량적 방법으로 검정할 수 있는 가설의 설정, 설문지 구성 시 필요한 정보의 획득, 신상품 아이디어를 물색하거나 신제품의 성공가능성을 파악하고 싶을 경우, 혹은 이미 계량적으로 조사되어 있는 자료를 다시 검증하고자 할 경우에 사용될 수 있다.

③ 일반적으로 표적집단은 6~12명 정도의 비슷한 사회적 · 경제적 수준의 사람들로 구성된다. 진행자는 구성원들이 자유롭게 토론에 참여하도록 유도하고 토론이 조사의 목표에 부합되도록 진행하는 데에 결정적 역할을 한다.

④ 성공적인 조사를 위해서는 무엇보다도 진행자의 역할이 중요하다. 따라서 진행자는 토론주제에 대한 기술 능력이나 지식과 경험이 풍부해야 한다.

⑤ 표적 집단면접법의 가장 큰 장점은 개별면접보다 더 많고 유용한 정보를 얻을 수 있다는 것이다. 또한 참가자에 대한 응답을 강요하지 않으므로 참가자의 솔직하고 정확한 의견표명이 가능하다.

⑥ FGI은 진행자의 능력에 의하여 조사결과가 많은 영향을 받으므로, 조사자의 편견(bias)이 포함되지 않도록 진행해야 하고 표적 집단 면접법은 일반인들을 대상으로 하는 조사이다.

(7) 투사법(projective techniques)

① 투사법은 조사의 목적을 숨기고 조사하는 간접적인 방법으로서 응답자의 내면의 세계에 숨겨진 어떤 관심사에 대한 동기, 신념, 태도, 감정 등을 나타내도록 질문하는 비체계적이고 간접적인 방법이다.

② 투사법에서 응답자들은 자신의 행동이 아니라 다른 사람의 행동에 대해 해석하도록 요구받고, 그 과정에서 응답자 자신의 동기, 신념, 태도, 감정 등을 표현하게 된다.

(8) 현장순회지도(Coaching By Wandering Around)

① 소매업체들은 고객과의 접촉과 커뮤니케이션을 향상시키기 위해 구매담당자로 하여금 자신들이 매입한 상품을 판매하는 부서(점포)에서 함께 일해 보도록 한다.

② 이런 직접 접촉을 통한 의사소통은 점포와 고객욕구에 대한 생생한 의견을 얻을 수 있다. 뿐만 아니라 구매담당자가 매출패턴의 검토, 프로모션의 기획, 재고관리 그리고 상품의 새로운 출처를 모색하기 위한 시간을 절감시켜 준다.

3. 인적 판매(personal selling)

(1) 인적판매의 성격

① 인적판매는 판매원 판매라고도 하며 판매원과 고객이 1대 1접촉 또는 대면접촉의 방법을 통해 의사소통을 하는 판매방법을 말한다.

② 인적판매란 상품의 판매 또는 구매를 발생시킬 것을 목적으로, 잠재적 혹은 예상고객과의 대화를 통하여 정보를 제시하고 설득하는 인적 의사소통을 말한다.

③ 판매원이 제공하는 반응적인 정보제공 능력과 설득력으로 인하여 인적판매는 관여도가 높은 제품, 기술적으로 복잡한 제품, 구매 후 지속적인 서비스가 필요한 제품 등에 적합한 촉진수단으로 알려져 있다.

④ 인적 판매란 개별고객의 특성에 따른 적절한 메시지를 전달할 수 있으며 판매를 촉진하기위한 커뮤니케이션활동 이외에도 대고객서비스제공과 더불어 시장 · 고객에 대한 정보수집기능이며, 인적판매는 광고에 비해 메시지를 상황에 따라 조절할 수 있다.

⑤ 인적 판매는 시장상황 및 여건에 따라 보다 유연하고 탄력적인 적용이 가능하며 메시지가 사람 대 사람으로 전달된다는 점에서 메시지 노출 횟수당 커뮤니케이션 비용이 TV광고보다 높고, 촉진의 속도가 느리며 비용이 과다하게 소요된다.

(2) 인적판매의 필요성

① 소비자 구매단계를 크게 제품에 대한 인식 및 정보처리 단계, 태도형성단계, 실제 구매의 3단계로 구분할 때, 후반부로 들어설수록 많은 양의 설득정보가 필요하게 된다.

② 구매행위에 대한 고객의 불안 및 위험의 지각 정도가 고조되게 되는데, 이것을 해소하고 확신을 심어주기 위하여 강력하고도 설득적인 판매원의 역할이 중요해진다.

③ 신제품의 수용층을 유형별로 나눌 경우, 최초 수용층 및 조기 수용층을 제외한 나머지 소비자들은 제품의 채택여부에 대한 의사결정에 매우 소극적이다. 그러므로 이들에 대한 판매는 판매원의 직접 권유와 같은 강력한 매체가 필요하다.

④ 일반적으로 구매의사결정에 필요한 정보의 측면에서 조직구매자는 일반소비자에 비해 더 많은 그리고 양질의 정보를 필요로 한다.

⑤ 판매원의 효율성을 검토하기 위하여 판매관리자들이 사용하는 주요 지표로는 기간별 신규 고객 및 상실고객 수, 접촉별 평균 판매방문시간, 판매원당 일일 평균 판매 방문 횟수 등을들 수 있다.

(3) 인적판매의 장점

① 인적판매는 광고나 판매촉진 기타 다른 촉진수단에 비해 개인적이며 직접적인 접촉을 통해서 많은 양의 정보를 전달할 수 있다는 특징을 가지고 있다.

② 판매원들은 개별고객의 필요와 구매시점에서의 반응 및 판매상황에 따라 상이하고도 적절한 제안을 할 수 있으며, 판매원은 개개인의 고객과 이야기할 수 있기 때문에 인적판매는 가장 유연한 커뮤니케이션 방법이다.

③ 인적판매는 아직 발굴되지 않은 많은 잠재적 소비자가 있는 경우, 여성의 노동 참여로 쇼핑할 시간이 부족한 경우, 높은 인적 판매의 품질을 제공하여 경쟁력을 강화할 수 있는 경우에 적합한 방법이다.

(4) 인적판매의 단점

① 촉진의 속도가 느리며 매우 높은 비용을 발생시킨다는 점이다. 인적판매에서 발생하는 낭비적요소를 최소화할 수는 있겠지만 판매원의 개발과 활동비용은 매우 높다.

② 질 있는 판매원의 확보가 어렵다는 것이다. 많은 소매기업들이 자체 판매원을 보유를 포기하고 셀프서비스로 판매를 전환하는 이유가 여기에 있다.

③ 간혹 인적판매원은 회사방침과 다르게 각자 다른 메시지를 전달할 가능성이 있기 때문에 인적판매에서는 소매업체의 통제력 및 일관성이 높게유지되도록 주의를 해야한다.

4. 판매사원 동기부여

(1) 동기부여의 필요성

① 종업원에 대한 업무할당 및 조정방법으로 문서화된 규정에 과도하게 의존할 경우 불필요한 관료적 형식주의를 낳을 수 있다.

② 조직에 있어서 보상이라 함은 일반적으로 조직구성원이 조직에 구성됨으로서 받게 되는 모든 것을 의미하는 말이다.

③ 종업원의 동기향상 및 실제 업무성과는 종업원 스스로 자신의 노력을 통해 관리자가 세운 목표를 달성할 수 있다는 긍정적인 사고와 기간 내 달성 가능한 목표라 판단될 때 더욱 향상된다.

④ 매장경영(관리)자에게 종업원 정책과 관련한 가장 중요한 과제 중의 하나는 종업원들이 자신들의 잠재력을 능동적으로 최대한 발휘할 수 있도록 시스템을 갖추고 개별 종업원들에게 다양한 보상수단을 통해 동기를 극대화시켜 나가는 것이다.

(2) 동기부여의 내용

① 인센티브제도는 인센티브가 주어지는 영업활동에 대한 동기강화에 매우 효과적일 수 있는 반면 그 이외의 다른 업무를 경시하는 경향이 있다.

② 인센티브제도는 연봉제와 달리 종업원의 성과를 기준으로 지급되는 보수제도이며, 연봉제의 단점을 보완하고 종업원의 매출성과를 직적 높이고자 할 경우에 사용 된다.

③ 종업원의 업무성과는 목표를 달성하면 보상을 받게 될 것이라고 판단이나 기대될 때 향상되며, 종업원이 경영자나 회사로부터 받는 보상의 종류로 금전적 보상, 승진 및 타인으로부터의 인정 등이 있다.

④ 판매원의 효율성을 검토하기 위하여 판매관리자들이 사용하는 주요지표는 기간별 신규 고객 및 상실 고객 수, 접촉별 평균 판매방문시간, 판매원당 일일 평균 판매방문횟수 등이 있다.

(3) 보상(compensation plan)

① 보상제도는 영업사원으로 하여금 자사의 마케팅 목표에 부응하는 활동을 하도록 동기를 부여하는 핵심수단의 하나이다.

② 시장점유율을 높이는 것이 목표라면 보상계획은 성과급의 비율을 높이거나 신규 거래처확보에 대한 보너스를 강화하여야 한다.

③ 마케팅목표를 수익성 향상에 초점을 맞춘다면 종업원 보상계획은 기본급방식이 성과급방식보다 유리하며, 기존 고객의 만족도향상에 주력하도록 하여야 한다.

(4) 외재적 보상(extrinsic rewards)과 내재적 보상(intrinsic rewards)

① 보상에 대한 정의는 학자들마다 다양하다. 포터(L. W. Porter)는 종업원의 직무만족 요인을 설명함에 있어서 외재적 보상과 내재적 보상으로 구분을 하였다.

② 급여, 승진을 위한 전제조건의 하나인 경영(관리)자 연수프로그램 참가기회 제공하거나 매장에서 판매되는 상품에 대한 할인혜택, 현금보너스 혹은 보너스휴가 등은 외재적 보상으로 한다.

③ 직무의 확장이나 다양화로 발생할 수 있는 직무충실화, 성취감, 안정감, 도전감, 자아실현감 등을 내재적 보상으로 구분하여 경제적 대가 이외의 요소들을 보상의 개념에 포함시켰다.

(5) 급여제(straight salary plan)

① 급여는 판매원이 근무하는 단위기간 동안의 고정수입을 말하며 판매원의 수입에 안정성과 보장성을 제공해 준다.

② 판매사원에게 소속감뿐만 아니라 수익성 및 안정성측면에서도 더욱 유리한 보상제도는급여제(straight salary plan)를 적용해야 한다.

③ 급여제의 단점으로는 판매증가에 대한 직접적인 유인이 될 수 없으며, 판매량이나 마진과는 상관없이 고정비용의 성격을 가진다는 것 등이 있다.

④ 급여제는 주로 '신입 판매원이나 특정 사명을 띤 판매원', '신규영역의 개척', '장기간 의협상이 필요한 기술적 제품의 판매'와 같은 경우에 쓰인다.

(6) 성과급제(straight commission plan)

① 성과급제는 판매증진을 위한 특별한 유인책이 필요할 때, 진열이 이루어진 소매점 내에서의 판매의 경우에 유용하다.
② 판매원들이 총 판매액이나 마진에 대한 일정액을 반대급부로 제공하는 것으로 최근 자신이 근무하는 대형 마트에서 할당된 판매실적에 따라 급여가 결정되는 것을 말한다.
③ 회사가 '재정적으로 취약 할 때'하고 '금전적 보상이 판매량이나 마진과 직접적으로 관련되어 있을 때'나 '판매원 모두가 외근직 판매원들로서 그들의 활동에 대한 직접적인 감동이 거의불가능 할 때'에 유용하다.

5. 촉진(Promotion)

(1) 촉진의 개념

① 촉진에서는 기업과 고객 간에는 커뮤니케이션이 중요하며, 촉진전략은 커뮤니케이션 과정과 밀접하고, 인간으로서 감정과 생각을 상대방에게 전달한다. 커뮤니케이션(Communication)은 상징(Symbol)의 공통 셉(Set)을 통하여 다른 사람과 의미를 교환하고 공유하는 과정이다.
② 신제품을 개발하여 구제품을 바꿀 때나 제품이나 서비스의 판매를 증가시키려고 노력할 때는 잠재적 고객을 위한 판매 메시지를 전달하고, 마케터는 촉진 프로그램을 통하여 표적시장과 다양한 공중에게 기업과 기업의 제품에 대한 정보를 전달한다.

(2) 촉진 활동의 개념

① 촉진활동(promotional activity)이란 예상고객이 될 수 있는 사람에게 적절한 정보를 제공하는 것을 말한다.
② 예상 고객(豫想顧客)을 설득하고 그들에게 영향력을 행사함으로써 그들의 수요욕구를 환기시키고자 하는 모든 활동을 말한다.

(3) 촉진 활동의 중요성

① 현대의 시장이 소비자 행동의 비합리성, 시장 정보의 불안전성 등의 불투명한 시장상황만이 깔려 있는 불안전 경쟁시장 아래에 놓여 있으므로 오늘의 촉진 관리는 마케팅 관리에 있어서 상당히 중요한 역할을 담당하고 있다.
② 촉진 활동이 수반되지 않고서는 최종적인 마케팅 목표인 판매가 이루어지지 못하고 기술혁신에 의한 대량생산과 수요부족에 따른 생산과잉, 경쟁의 치열, 경로기관인 도·소매상의 발달은 촉진 관리의 중요성을 더욱 증대시키고 있다.

(4) 촉진수단

① 신제품을 소개하거나 기존제품에 새로운 자극을 만들어 내는데 매우 효과적인 반면 비용 또한 많이 드는 방법으로 샘플링을 들 수 있다.

② 한 유통매장이 특정한 날 매출을 끌어올리기 위해 모바일 메신저 시스템을 이용하여 직접고객의 핸드폰으로 텍스트메시지 쿠폰을 발행할 수 있다.

③ 광고공제(advertising allowances)란 소매기업이 자신의 광고물에 어떤 상품을 광고해주는 대가로 해당 제조기업이 상품 구매가격의 일정 비율을 공제해 주는 것을 말한다.

④ 판매촉진 캠페인은 우선 판매촉진 목표를 설정하고 판매촉진 도구를 선정하며 소비자 판촉도구, 중간상 판촉도구 및 산업재 판촉도구 등에 관한 의사결정을 함으로써 판매촉진 프로그램을 개발하고 실행하는 것을 요구한다.

⑤ 인센티브의 규모, 참가조건 및 촉진 패키지를 전달하는 방식, 촉진기간 등에 관한 의사결정을 함으로써 판매촉진 프로그램을 개발하고 실행하는 것을 요구한다. 산업재 판촉도구로는 컨벤션, 트레이드 쇼, 판매 콘테스트 등을 들 수 있다.

⑥ 판매촉진 도구를 선정하고, 소비자 판촉도구(쿠폰, 현금 환불, 가격할인 패키지, 프리미엄, 광고용 판촉물, 단골고객에 대한 보상, 구매시점 진열, 콘테스트), 중간상 판촉도구(가격할인, 수당, 무료제품, 지원금)를 이용한다.

⑦ 영업사원 판매촉진의 목표는 기존 제품 및 신제품에 대한 영업사원의 노력 및 지원을 더 많이 확보하거나 영업사원으로 하여금 신규 거래처를 개발 하도록 유도하는 데 있다.

(5) 소매점 판매촉진(SP : sales promotion)

① 과다하게 사용할 경우 점포이미지를 손상시킬 수도 있다.

② 경쟁점에 의해 쉽게 모방될 수 있으며, 시장유지비용을 증대시킨다.

③ 판매증대 효과가 단기적이지만 소비자의 점포 방문률을 높일 수 있다.

④ 판매촉진은 소비자의 미래구매를 앞당기는 효과가 있다. 전략적인 성격보다는 정책적 성격이 더욱 강하다.

(6) 배너(Banner)

① 제조업체가 자사 제품을 공급하는 유통업체(소매점)에 다량의 판촉물 특히 포스터, 현수막, 간판, POP, 배너 등을 제공하는 경우가 점차 늘어나고 있음을 볼 수 있다.

② 폭이 좁은 천에 장대를 끼워 설치하는 홍보물로서 도로 경계선에 게시하여 매장 앞도로의 운전자에게 주로 보여 지는 판촉물로 한눈에 들어오도록 해야 주목을 끌 수 있다.

③ 배너의 효율성을 높이기 위한 게시 원칙으로는 도로경계선에 게시하거나 한 곳에 집중하여 게시한다. 높이 간격을 맞추며, 한 종류로 통일해야 한다.

6. 마케팅 커뮤니케이션(Marketing Communication)

(1) 마케팅 커뮤니케이션 개념

① 촉진 또는 마케팅 커뮤니케이션(promotion or marketing communication)이란 기업의 제품과 서비스를 소비자들이 구매하도록 할 목적으로 이에 대한 정보를 소비자들에게 제공하거나 소비자를 설득하려는 기업의 모든 마케팅 노력을 말한다.

② 치열한 경쟁환경에서 성공하기 위해서 적절한 촉진활동이 필수적이다. 아무리 우수한 제품과 서비스가 존재하더라도 소비자가 알 수 없다면 구매가 발생하지 않기 때문이다.

③ 기업은 자신과 관련된 모든 정보를 고객과 그들을 둘러싼 마케팅환경에 전달하려 한다. 그러한 점에서 촉진의 본질은 정보전달 또는 의사소통이라고 할 수 있다. 아래에서는 의사소통, 즉 커뮤니케이션의 일반적인 과정에 대해 알아보도록 한다.

(2) 통합적 마케팅 커뮤니케이션

① 1990년대 중반 이후 상표 간의 경쟁이 더욱 심화되고 기업 활동이 세계화, 유통업자의 시장지배력 획득 등 극심한 시장 환경 변화가 일어났다. 생산, 인사, 재무, 회계, 연구개발 등 기업 활동의 다양한 영역들을 마케팅 기능을 중심으로 통합하는 것을 말한다.

② 통합적인 마케팅 커뮤니케이션(Integrated Marketing Communication ; IMC) IMC는 매출이나 시장점유율의 신장 등 구체적인 목표를 달성하는데 초점을 맞추는 마케팅 커뮤니케이션 수단이며, 마케팅믹스 및 촉진 커뮤니케이션 수단을 통합하여 관리하려는 접근방법이라고 하겠다.

③ IMC는 불특정 다수에게 일방적으로 커뮤니케이션을 하는 것이 아니라 특정의 소수에게 가장 알맞은 커뮤니케이션 도구를 이용하여 메시지를 전달함으로써 촉진효용을 극대화하려는것을 의미한다.

④ 마케팅커뮤니케이션믹스를 구성하는 촉진도구중 광고란 공개된 후원사가 비용을 지불하고 이루어지는 아이디어,제품 또는 서비스의 비대면적인 프레젠테이션과 촉진으로 정의되며, PR(public relation)이란 긍정적인 퍼블리시티를 확보 하고, 호의적인 기업이미지를 구축하며, 부정적인 루머, 이야기 또는 사건에 대처하거나 이를 교정함으로써 회사의 다양한 공중과 우호적인 관계를 구축하는 것을 의미하고, 인적판매란 상품 및 서비스를 판매하고 고객관계를 구축하기 위한 목적으로 수행되는 영업사원의 대면적인 프레젠테이션으로 정의된다.

(3) 커뮤니케이션 과정

① 발신자(Sender)

㉠ 정보원천(information source)을 지칭한다. 정보원천은 특정한 표적시장에 전달할 상품메시지를 보내는 마케터를 말한다.

㉡ 전달된 상품메시지는 표적시장의 욕구와 필요를 잘 반영하도록 노력해야 하며, 발신자에는 마케팅 관리자 · 광고 관리자 · 광고 대행사 등이 있다.

② 메시지의 기호화(Encoding the message)

㉠ 기호화란 정보원천으로부터의 메시지가 수신자에게 전달되도록 효과적인 심벌리듬으로 전환하는 것이다.

㉡ 마케터는 색채, 가치, 신념, 기호(tastes)가 다양한 소비자 집단에 유념할 필요가 있다. 메시지 기호화로는 광고 · 판매제시 · 점포전시 · 쿠폰 · 신문기사화 등이 있다.

③ 메시지 경로(Message channel)

㉠ 의도된 수신자에게 기호화된 메시지를 전달할 판매원 · 매체 · 소매점 · 지역뉴스쇼 등의 광고 매체 등을 가리킨다.

㉡ TV에 노출되는 표적 시장의 수가 적거나 대다수의 표적시장의 사용자가 읽을 수 없을 때 인쇄 매체를 이용한 것은 비효과적인 경로 선택이라 할 수 있다.

④ 해독(Decoding)

㉠ 정보원천으로부터 전달된 상징이 수신자에 의해서 해석(interpretation)되는 단계이다.

㉡ 커뮤니케이터는 기호화의 유념사항을 다시 상기할 필요가 있다.

⑤ 수신자(Receiver)

㉠ 수신자는 고객 · 시청자 · 뉴스매체 등 메시지를 수신한 사람에 의한 소비자의 생각과 행동이 전달될 표적이다.

㉡ 수신자가 겪을 수 있는 착오는 발신자의 기호화가 시원찮거나 전달하는 매체 선정이 잘못되었거나, 메시지를 왜곡하는 수신자의 편견과 오해에서 유발한다.

⑥ 환류(Feed back)

㉠ 커뮤니케이션 과정의 효과 평가에 대해 수신자로부터 정보원천에게로 역류하는 메시지의 효과에 대한 정보, 그리고 그 과정을 완결시키기 위한 정보를 말한다.

㉡ 환류에는 시장조사 · 판매결과 · 시장점유율의 변화를 살펴야 한다.

⑦ 잡음(Noise)

㉠ 잡음은 경쟁광고, 다른 기업의 인적판매, 재고 최종수신단계에서의 혼란(confusion) 같은 외적영향 요인들이 포함된다.

㉡ 잡음에는 다른 광고 · 뉴스기사 · 다른 점포 전시 등이 있다.

(4) 고객 커뮤니케이션의 예산수립

① 경쟁동가 방법: 예상 매출액 중 고정비율로 고객커뮤니케이션 예산을 설정하는 방법이다.

② 손대중 방법: 커뮤니케이션 목표를 달성하기 위해 특별한 업무수행에 요구되는 예산을 결정짓는 방법이다.

③ 판매비율 방법: 고객커뮤니케이션 예산은 소매업체의 고객커뮤니케이션 비용비율과 시장점유율이 같도록 결정된다.

④ 목표-업무 방법: 운영비용과 이익을 산출한 후에 사용가능 한 금액이 얼마인지에 따라 고객 커뮤니케이션 예산을 수립한다.

7. 광고와 홍보 및 촉진 활동

(1) 광고(advertising)

① 광고란 기업이 확인될 수 있는 광고주가 되어 광고대금을 지불하고 그들의 아이디어나 제품 또는 서비스에 대한 메시지를 비인적(非人的) 매체를 통해 소비자에게 제시하는 모든 활동을 의미한다.

② 광고는 인적판매에 비해 노출당 경제성이 뛰어나지만 설득효과가 떨어지는 단점이 있지만,광고는 도달범위가 다른 부문보다 넓기 때문에 소매업체의 이미지 형성을 위한 매우 효율적인 커뮤니케이션 방법이다.

③ 정보전달형 광고는 고객가치의 전달, 시장에 신제품 소개, 이용 가능한 서비스에 대한 설명이 가능하다.

(2) 홍보(publicity)

① 홍보(弘報)란 광고주가 대금을 지불하지도 않으면서도 라디오, 텔레비전 또는 신문과 같은 대량 매체를 통하여 제품이나 서비스 또는 기업체에 관하여 상업적으로 의미 있는 정보를 제공하는 것을 말한다.

② 뉴스 또는 기사로서 보도하도록 함으로써 수요(需要)를 자극하는 활동을 의미한다. 홍보(publicity)는 광고에 비해 신뢰성을 높일 수 있지만 통제가 어렵다는 한계가 있다.

▣ 촉진도구의 분석

	impersonal	personal
paid	광고, 판매촉진, 점포분위기, 웹 사이트(web site)	인적판매, e-Mail
unpaid	홍보(publicity)	구전(word of mouth)

▣ 촉진도구의 분류

	판매 촉진	광 고	홍 보	인적 판매
기본목적	매출증대	이미지 · 선호도 · 태도개선 · 포지셔닝	신뢰 형성	판매 및 관계 형성
소비방법	이성적	감성적	감정적	이성적
기 간	단 기	장 기	장 기	단 · 장기
이익기여도	높 음	보 통	낮 음	높 음

(3) 광고와 홍보의 비교

① 홍보의 경우 광고와 달리 홍보내용을 전달해 주는 매체에 대한 직접적인 대가지불이 이루어지지 않는다.

② 커뮤니케이션 상대에 대한 설득력 관점에서 보면 광고 내용보다 홍보내용에 대한 고객의 수용성이 더욱 높다.

③ 광고내용은 광고주의 주관적이며 의도적인 커뮤니케이션 내용이 주를 이루는 반면 홍보 내용은 매체전달기관의 객관적이며 공식적인 의견의 성격이 더욱 강하다.

(4) 소매촉진활동의 분류

① 신뢰성이라는 측면에서 보면 홍보나 구전의 효과가 광고나 인적 판매의 효과보다 높다. 고객과의 커뮤니케이션방법은 인적 및 비인적 그리고 비용비지불(費用非支拂)의 기준을 가지고 분류 및 체계화할 수 있다.

② 상황에 따른 변화 즉 유연성 있는 커뮤니케이션을 위해서는 인적 판매를 가장 권장할 만하다. 구매동기강화를 위한 고객설득(persuasion)관점에서 보면 광고가 홍보 및 구전을 통한 커뮤니케이션방법보다 덜 효과적이다.

(5) 공중관계(PR : Public Relation)

① 공중관계는 예상고객이 될 수 있는 사람에게 각종매체를 이용하여 적절한 정보를 제공하는 것을 말한다.

② 공중관계의 예로는 신문 게재용 자료, 연설, 세미나, 로비, 자선적 기부 등을 들 수 있다.

8. 판매촉진 도구의 유형

(1) 프리미엄(premium)

① 광고의 특별한 형태로서 무료 선물이나 해당 제품을 구매할 수 있는 할인 쿠폰 등을 제공하고, 일정한 기간 동안 어떤 상품을 구입한 사람들에게 다른 상품을 무료 또는 낮은 가격으로 제공하는 것을 말한다.

② 자사의 로고(Logo)가 새겨진 컵 · 펜 · 마우스 패드와 같은 상품의 형태로도 제공되며, 백화점의 화장품 매장에서 화장품을 일정 금액 이상 구입하면 화장품 가방 또는 여행용 가방이나 머플러 등을 함께 지급한다고 진열된 것을 말한다.

(2) 쿠폰(coupons)

① 소비자가 제품을 구매할 때 즉각적인 가격 절감을 소비자에게 약속하는 하나의 인증으로 제품사용(product trial)과 재 구매를 고무하기 위해 좋은 방법이며, 제품의 구매량을 증가시키는 경향이 있다.

② 높은 비용과 실망스러운 보상률을 보이기 때문에 상당수의 마케터들이 쿠폰 사용을 망설이고 있다. 쿠폰이 상환될 수 있는 시간을 단축하고, 소비자가 점내 구매를 더 많이 하도록 제안하는 즉석 쿠폰의 상환은 상당히 호응이 클 것이다.

(3) 리베이트(Rebate)

① 소비자가 구매 후 구매영수증과 같은 증거 서류를 기업에 제시할 경우 해당 제품에 대해 할인하여 금액을 환불해 주는 방법으로, 쿠폰과 그 성격이 비슷하지만 가격 할인이 구매시점이 아니라 증거서류의 제시 시점이라는 점에서 다르다.

② 기존에 자사제품을 이용하고 있는 소비자들의 반복구매, 다량구매, 조기구매를 촉진시킬 수 있고 경쟁브랜드의 고객을 흡수할 수 있다는 것과 쿠폰과 같이 가격차별수단으로 사용되어 기업에 이익을 가져다준다는 점에서 장점이라 할 수 있다.

(4) 보너스 팩(Bonus packs)

① 같은상품 또는 관련상품 몇 가지를 하나의 세트로 묶어 저렴한 가격에 판매하는 것을 말한다. 예컨대, 라면 5개들이 한 봉지를 4개의 값에 판매하거나 치약과 칫솔을 함께 저렴한 가격에 판매하는 경우를 말한다.

② 보너스 팩으로 상품을 판매하는경우 상점의 진열면적을 많이 차지하게 되므로 유통관계자나 업체의 협조를 얻어야 하는 단점이 있지만, 대량 혹은 조기 구매를 유도함으로써 경쟁자의 침투를 견제할 수 있다는 장점을 지니고 있다.

(5) 보상판매(Trade－ins)

① 보상판매는 자사 또는 경쟁사의 소비자들에게 현재 사용중인 제품을 반납하고 자사의 제품을 구입하는 조건으로 할인 해택을 제공하는 방법으로써 주로 PC, 휴대용 단말기 등 내구재 시장에서 많이 사용된다.

② 보상판매의 방법에는 그 대상을 기준으로 하여 자사제품 사용자만을 대상으로 한 폐쇄형 보상판매와 경쟁사 제품의 사용자까지 포함하는 개방형 보상 판매가 있다. 폐쇄형의 경우 기존 고객들의 반복구매를 유도하여 시장점유율을 유지할 수 있으며, 개방형 경우는 경쟁사의 고객들을 자사로 흡수함으로써 시장 점유율을 확대시킬 수 있다.

(6) 애호도 마케팅 프로그램(Loyalty Marketing Programs)

① 다중 구매자와 애호 고객에게 보상하는 것으로 애호도 마케팅 프로그램의 목표는 기업과 핵심고객만의 장기적 상호 편익을 주는 관계를 형성하는 것이다.

② 애호도 마케팅은 이미 그 제품과 기업을 애호하는 고객으로부터 보다 많은 이익을 얻을 수 있도록 전략적인 투자를 하고 있다. '한 기업이 매년 그 기업의 고객의 5%를 추가로 유지한다면, 이익은 적어도 25%가량 증가할 것이다'라는 연구 결과가 있다.

(7) 경진대회(Contests)

① 경진대회는 일반적으로 제품이나 서비스에서 관심을 창출하고 흔히 상표전환을 고무하도록 시도된다. 또한 참여자가 상금을 타기 위한 경쟁으로 어떠한 기능이나 능력을 사용한다.

② 소비자 경진대회는 보통 참가자에게 질문에 응답하거나 문장을 완성하게 하거나, 제품에 대해서 기술하게 하거나, 구매의 증거를 제출하도록 요구한다. 소비자들에게 상당한 지식이나 기술을 요하는 문제를 낸 다음, 이를 맞춘 사람들에게 상을 주는 것을 말한다.

(8) 업 셀링(Up-selling)

① 업셀링은 격상판매 또는 추가판매라고도 하며 특정한 상품 범주 내에서 상품 구매액을 늘리도록 업그레이드된 상품의 구매를 유도하는 판매활동의 하나로 이익 창출과 더불어 고객의 만족도를 향상시킬 수 있는 방법 중의 하나이다.

② 고객의 눈 움직임과 행동, 언행 등을 통하여 고객에게 한걸음 다가가 무엇을 원하는지 재빨리 알아차려 기업의 목표에 이바지하고 고객에게 최상의 서비스를 제공함으로 인해 직원의 능력까지 평가되어지기에 Up-selling은 중요하게 평가되어지고 있다.

9. 중간상 판매촉진

(1) 중간상 판매촉진의 개념

① 중간상 판매촉진(trade promotion)은 유통경로구성원인 유통업자(도매상/소매상)을 대상으로 하는 판매촉진 활동이다.

② 대형 소매상들의 구매력이 증가함으로써, 소비자촉진과 광고를 희생하면서까지 중간상 촉진을 요구하는 소매상들의 힘이 증가하고 있다.

③ 중간상 촉진관리에 있어 제조업자들은 소매상들이약속한 촉진을 수행하고 있는지를 확인하기 위해소매상을 일일이 감시하기 어렵다.

④ 소매상이나 도매상으로 하여금 정상적인 것보다특정 상품을 더 많이 취급하도록 권장하거나 소매상이 특정 상품을 촉진하여 밀어내도록 조장하기위해 시행된다.

⑤ 중간상 촉진수단 중 공제란 제조업자의 제품을 어떤 방법으로 특성화하도록 합의한 소매상들에게답례로 제공되는 경비를 말한다.

(2) 중간상 판매촉진의 목적

① 중간상 판매촉진은 자사제품을 경쟁사의 제품보다 더 많이 취급하도록 소매상에게 확신을 심어주기 위함에 있다.

② 제조업자의 재고관리를 중간상과 함께분담하여 관리하고,과거에 우리제품을 판매노력을 보상하는 차원에서 중간상에 촉진정책을 한다.

③ 소비자대상의 광고나 판매촉진을 지원함으로써 자사제품을 취급하는 중간상들의 판매노력을 경쟁시키기 위함에 있다.

④ 제조업자가 자사의 제품을 대규모로 취급하거나 일정량 이상의 제품을 구입하는 중간상에게는 특정한 상품을 무료로 제공하는 것도 포함된다.

⑤ 소매상이 자사제품을 진열하게 하거나 한정된 진열공간을 더 많이 확보함으로써 자사제품의 판매에 역점을 두도록 권장함에 있다.

(3) 중간상 판매촉진의 유형

① 중간상 판매촉진의 목표는 소매상들이 제조사의 신규 품목 취급, 적정 재고의 유지, 소매환경에서의 제품 광고 또는 더 넓은 공간을 할당하도록 유도하는 데 있다.

② 중간상판매촉진은 중간상으로 하여금 우리상품을 취급하도록 하기위하여 우리상품에 대한 판매노력을 강화하기 위하여, 또는 우리의 재고 부담을 줄이기 위해 실시하는 경우가 대부분이다.

③ 유통업자들이 대형화 되어 유통업자의 파워도 과거에 비하여 높아지면서 제조업자가 원해서 중간상판촉을 하는 경우가 늘어나고 있다. 중간상의 판촉수단들도 가격수단과 비가격수단으로 구분된다.

④ 가격촉진수단(할인쿠폰, 리베이트, 보너스 팩, 보상판매 등)은 가격을 인하하는 효과를 갖기 때문에 매출액에 미치는 효과가 매우 빠르고, 눈에 띄게 나타나기에 단기적으로 매출액을 높이는데 효과적이고, 비가격촉진수단(샘플과 무료사용, 사은품, 현상 경품, 게임, 콘테스트, 고정고객 우대프로그램)은 매출액에 미치는 효과는 늦지만, 고객의 이미지나 애호도를 높이기에는 효과적이다.

(4) 가격 촉진수단

① 중간상공제: 유통업자가 제조업자를 위해 어떤 일을 해주는 대가로 제조업자가 상품대금의 일부를 공제해 주거나 또는 별도의 현금을 지불하는 것을 말한다.

② 입점공제(slotting allowances): 소매업자가 신상품을 취급해주는 대가로 제조업자가 소매업자에게 일정액수의 현금을 지불하는 것을 말한다.

③ 구매공제(buying allowances): 도소매업자가 일정기간 내에 구매하는 상품에 대하여 구매가격의 일정비율을 공제해 주는 것을 말한다.

④ 광고공제(advertising allowances): 소매업자가 자신의 광고물에 어떤 상품을 중점광고해 주는 대가로 상품구매가격의 일정비율을 공제해 주는 것을 말한다.

⑤ 진열공제 (display allowances): 소매업자가 점포내의 어떤 상품을 일정기간 눈에 잘 띄게 진열해주는 대가로 상품구매가격의 일정비율을 공제해 주는 것을 말한다.

⑥ 기타가격촉진수단: 대금지금 조건완화 리베이트는 흔히 쓰이는 가격판촉 수단의 하나로 유 통 업자에 대한 대금지급 조건 등을 완화 해주는 것이다.

(5) 비가격촉진수단

① 콘테스트(contests): 중간상 판촉수단으로 일정기간동안 일정수준 이상의 판매실적을 얼린 유통업자의 판매원들에게 상을 주는 것을 말한다.

② 인센티브(incentive): 일정기간동안 어떤 상품을 판매하는 판매원이 일정수준이상의 실적을 올리면 수량에 비례하여 일정액수의 보상금을 지급하는 것을 말한다.

10. 광고(Advertising)

(1) 광고의 개념

① 광고내용에 대해 대중이 일정한 방식으로 반응하도록 설득하는 것이 목적이다. 많은 나라에서 광고는 신문이나 잡지, 텔레비전 같은 대중매체의 가장 중요한 수입원이 되고 있다.

② 대부분의 광고는 상품의 판매촉진과 깊은 관계가 있으나 사람들로 하여금 안전운전을 유도하거나 많은 자선사업을 지원할 때, 또는 정치후보자들에게 투표하게 할 때도 상품광고와 비슷한 방법이 사용된다.

(2) 성공적인 광고컨셉

① 광고에이전트를 활용하는 것은 효율성 측면 즉 투입비용대비 성과 면에서 유리할 수 있다.

② 광고(Advertising)의 일반적인 특성을 나타내면 보급성(pervasiveness), 각색성(dramatization), 기명성(identified sponsor)이 있다.

③ 표적고객에 알맞은 광고수단(매체)을 선택하여 광고를 실시함으로써 비용을 최대한 줄일 수 있으며, 광고는 푸쉬(push)보다는 풀(pull)촉진활동에 더 가깝다.

④ 가격차별화 정책에 알맞은 광고커뮤니케이션을 위한 전제조건으로 시장 세분화와 목표고객그룹선정은 필수적이다.

⑤ 광고매체 선정시 고려사항은 광고되는 제품의 종류와 표적고객의 매체 접촉습관, 표적고객의 사회적 특성을 고려해야 한다.

⑥ 광고에서 유머소구(humor appeal)의 효과는 주의를 끄는데 효과적이며, 광고물과 광고하는 브랜드에 호감을 증가시킨다.

(3) 광고(Advertising)의 유형

① **네거티브 광고(negative advertising)**: 부정적이거나 금기시 되는 소재를 이용하여 시각적 충격을 주는 광고를 말한다.

② **서브리미널 광고(subliminal advertising)**: 잠재의식에 호소하는 광고로서 TV, 라디오, 영화 등에 인지 불가능한 속도 또는 음량으로 메시지를 보내 구매 활동에 자극을 주려는 광고이다.

③ **인포머셜(informercial)**: 정보(information)와 상업(commercial)의 합성어로 제품이나 점포에 대한 상세한 정보를 제공하여 소비자의 이해를 돕는 광고기법으로 광고라는 느낌을 최소화하는 방법이다.

④ **티저광고(teaser advertising)**: 초기에 일부만 드러내고 호기심을 자극한 후 점차 전체 모습을 구체화시키는 광고로 처음에는 상품명이나 광고주를 알아볼 수 있는 메시지를 피하게된다.

(4) 배너(banner)광고

① 정적(static)인 배너광고: 광고메시지나 그림이 변화되지 않고 동일한 형태로 표현되는 광고물을 일컫는다. 이는 고객의 주의를 끌지 못한다는 단점이 있다. 이를 극복하기 위해 최근에는 리치미디어형 광고, 애니메이션형 배너광고와 인터렉티비티형 배너광고가 나오고 있다.

② 리치 미디어 광고(rich media advertisement): 멀티미디어 효과의 강화를 통해 기존 광고 와의 차별화가 이루어지고, 정적인 화면대신 동적인 화면을 제공함으로써 사용자의 흥미유발효과와 메시지 전달효과가 상대적으로 커 사용자가 다른 정보를 얻기 위해서는 반드시 다른 사이트로 이동할 필요가 없다.

③ 애니메이션(animated)형 배너광고: 애니메이션형 배너광고는 광고카피나 그림과 같은 것을 말한다. 광고구성요소들이 변화되면서 보여 지는 광고물을 말한다.

④ 인터렉티비티(interactivity)형 배너광고: 인터렉티비티형 배너광고(상호작용형 배너광고)는 웹사용자들이 배너광고를 클릭하는 것을 말한다. 광고주의 웹사이트로 이동할 필요 없이 그 배너광고 안에서 소비자에게 제공되는 광고의 형태이다.

⑤ 버튼(button)형 배너광고: 웹페이지 하단에 등장하는 주로 기업명 또는 브랜드만 실린 작고 네모난 광고로서 웹 사용자가 버튼에 클릭만 하면 해당 기업의 웹사이트로 들어갈 수 있다. 한 예로 웹페이지에 있는 넷스케이프사 버튼을 클릭하면 사용자는 즉각 넷스케이프 웹사이트로 들어가 네비게이터 브라우저 소프트웨어를 다운로드 받을 수 있다.

(5) 비교 광고(Comparative Advertising)

① 일반적으로 인지적이며 감정적인 동기가 동시에 일어날 때 그리고 소비자들이 세부적이며 분석적인 상태에서 광고를 처리하는 경우 효과는 최상으로 발휘된다.

② 경쟁브랜드에 높은 선호도를 가진 소비자에게는 효과가 작기에 고관여보다 저관여 제품의 경우 비교광고의 새로운 내용이 소비자의 주의를 끄는데 더욱 효과적이다.

③ 기존 제품에 비해 두드러진 장점을 가지고 있으나 아직 충분히 알려지지 않은 신규 브랜드에서 더욱 효과적이며, 과학적인 실험을 통하여 검증된 내용을 근거로 비교광고가 실행될 때 그 효과가 더욱 크다

(6) 광고(Advertising)의 도달범위

① 메시지가 복잡한 경우에는 도달범위(reach)보다는 빈도(frequency)를 높이는 것이 바람직하다.

② 도달률(Reach)은 고객 커뮤니케이션에서 표적시장 내에서 광고 매체에 노출된 실제 고객수를 의미하는 것이다.

③ 도달범위「시청률, 발생부수」(reach)는 주어진 기간 동안 적어도 한번이상 특정 광고에 노출되는 청중의 수 또는 비율을 말한다.

④ 평균도달횟수(Gross Rating Points ; GRP)는 「도달범위(reach)×도달횟수(Frequency)」로 나타낼 수 있다.

⑤ 전체 시청자 5천만 명 중 3천만 명이 광고메시지에 한번 이상 노출시 그 매체비클의 도달범위는 60%가 된다. 지역신문에 판촉광고를 냈는데 그 날 그 신문을 읽은 독자가 잠재고객5,000명 중 40%에 해당했다면, 도달률은 2,000명이다.

(6) 인터넷 광고효과 측정 관련 용어들

① **배너(banner)광고**: 가장 흔한 형태는 광고인데, 웹페이지의 상하좌우 또는 중간에서도 볼 수 있다.

② **삽입광고(interstitial)**: 웹사이트 화면이 바뀌고 있는 동안에 출현하는 온라인 전시광고이다.

③ **검색관련광고(search-related ads)**: 네이버나 다음 같은 사이트에 검색엔진 결과와 함께나 타나는 링크와 텍스트를 기반으로 하는 광고를 말한다.

④ **히트(hits)**: 인터넷 광고의 효과 측정을 위해 제일 먼저 사용된 것으로 인터넷 방문자가 다녀간 인터넷 페이지나 그래픽 총수를 의미한다.

⑤ **페이지 뷰(page view)**: 웹사이트(web site)가 방문자에게 제공한 페이지의 총 수를 의미한다.

⑥ **노출(exposure)**: 각 방문자가 배너 광고에 접촉한 횟수를 의미한다.

⑦ **애드 뷰(Ad view)**: 배너 파일이 얼마나 공적으로 다운로드 됐는가를 나타내는 횟수를 말한다.

⑧ **클릭률(Click ratio)**: 사용자가 광고를 방문하는 것을 말한다.

⑨ **이월효과(carryover effect)**: 광고의 효과가 인간의 기억 속에 얼마나 지속(carryover)되다가 소멸(decay)되는가를 설명하는 것이다.

⑩ **쿠키(Cookie)**: 인터넷 사용자가 웹 사이트(web site)에 접속했을 때 그 방문 기록을 담은 임시파일로 방문한 사이트의 이름과 탐색한 곳 등의 정보가 담겨지며 사용자와 웹사이트사이를 매개해주는 정보가 된다. 크기가 4KB 밖에 되지 않아 '과자 부스러기처럼 작다'는 뜻에서 쿠키라 불린다.

⑪ **세션(session)**: 컴퓨터간의 활성화된 접속을 의미하며, 사용자가 시스템에 로그온(log on)한 뒤 로그오프(log off)할 때까지의 기간을 말한다.

⑫ **북마크(bookmark)**: 요약인터넷의 웹브라우저에서 다시 방문하고 싶은 웹사이트의 주소를 등록해 놓고, 나중에 등록해 놓은 리스트에서 쉽게 찾아 바로 찾아 갈 수 있도록 하는 기능이다. 특정 웹사이트나 홈페이지를 방문하고 나중에 그곳으로 다시 찾아가고자 할 때, 새로 그곳을 찾기 위해 검색엔진을 이용하거나, 주소를 새로 입력할 필요가 없으므로 편리하다.

Chapter 1 명품 적중 예상문제

01 특정 기업이 모든 구매자를 대상으로 하나의 제품을 대량생산하여 대량 유통하고 대량 촉진하고자 하는 형태, 즉 최소의 원가/가격으로 최대의 잠재시장을 현실시장으로 창출해 낼 수 있다고 판단될 경우 취할 수 있는 최적의 마케팅 기법은?

① Ambush Marketing
② Mass Marketing
③ Counter Marketing
④ Loop Marketing
⑤ Massclusivity Marketing

매스마케팅(Mass Marketing)은 대량생산시대의 전형적인 마케팅방법으로 특정 기업이 모든 구매자를 대상으로 하나의 제품을 대량생산하여 대량유통하고 대량 촉진하고자 하는 형태로서 최소의 원가나 가격으로 최대의 잠재시장을 현실시장으로 창출해 낼 수 있다고 판단될 경우 취할 수 있는 마케팅 기법이다.

유통 마케팅

02 유통 마케팅전략 수립시 시장세분화(market segmentation)는 상당히 중요하다. 다음 중 시장 세분화에 대한 설명으로 가장 옳지 않은 것은?

① 시장세분화(market segmentation)는 전체 시장을 기업이 제공하는 마케팅믹스에 대하여 유사한 반응을 할 것으로 추정되는 동질적 고객집단으로 나누는 과정이다.
② 표적 시장선택(selection of target market)은 여러 개의 세분시장들 중에서 경쟁제품보다 고객의 욕구를 더 잘 충족시킬 수 있는 세분시장을 선정하는 것이다.
③ 제품포지셔닝(product positioning)은 소비자의 마음속에 경쟁상표와 비교하여 경쟁우위를 제공하는 위치에 자사상표를 구축하려는 노력을 말한다.
④ 인구 통계적 세분화(demographic segmentation)는 나이, 성별, 가족규모, 가족수명주기, 소득, 직업, 교육수준, 종교 등 사회를 구성하는 사람들의 특성을 나타내는 변수가 사용된다.
⑤ 행동 분석적 세분화(behavioral segmentation)는 지역, 인구밀도, 도시의 규모(인구 수), 기후 등이 흔히 사용되고, 지리적 변수에 따라 고객의 욕구에 차이가 나타나는 분야가 있다.

지리적 세분화(geographic segmentation)는 지역, 인구밀도, 도시의 규모(인구 수), 기후 등이 흔히 사용되고, 지리적 변수에 따라 고객의 욕구에 차이가 나타나는 분야가 있다.

해답 01 ② 02 ⑤

03 고객지향적 마케팅 전략을 실행함에 있어 네 가지 중요한 단계인 시장 세분화, 표적시장의 선정, 차별화 및 포지셔닝의 단계로 나누어 보는 작업이 필요하다. 우선 가장 좋은 세분시장을표적으로 삼기 위해서 기업은 첫째 각 세분시장의 크기와 성장률, 구조적 매력도, 회사 목표및 자원과의 적합성을 평가하며 그 다음으로 네 가지 유형의 표적시장 선정전략 혹은 시장표적화 전략중 하나를 선정한다. 이와 관련된 설명으로 가장 올바르지 않은 것은?

① 판매자는 거시마케팅을 이용하여 세분 시장 간 차이를 무시하고 넓은 표적시장을 선정할 수 있다. 이는 모든 고객에게 같은 방식으로 같은 제품을 대량으로 생산, 유통, 촉진하는 것을 포함한다.
② 서로 다른 욕구, 특징 혹은 행동을 가진 상이한 고객집단으로 분류하는 것을 시장 세분화라고 하며, 이때 각 고객집단은 서로 다른 제품 혹은 마케팅믹스를 요구할 때만 시장세분화의 의의가 있으며 세분화 된 시장 중 하나 또는 소수의 세분시장에 초점을 맞추는 것을 틈새마케팅 혹은 집중마케팅이라고 한다.
③ 특정 개인과 지역의 기호에 맞도록 제품과 마케팅프로그램을 적응시키는 활동을 미시마케팅이라고 하며, 이때 미시마케팅은 지역 마케팅과 개인 마케팅을 포함한다.
④ 시장을 세분화하는 단 한 가지 방법은 존재하지 않으므로 마케터는 어떤 것이 시장세분화 기회를 가장 잘 제공하는가를 파악하기 위해 다양한 변수를 검토해야 하며, 여러 개의 세분시장을 위해 서로 다른 시장 제공물을 개발하는 차별화 마케팅을 채택할 수 있다.
⑤ 시장세분화는 전체 시장을 기업이 제공하는 마케팅믹스에 대하여 유사한 반응을 할 것으로 추정되는 동질적 고객집단으로 나누는 과정으로 지리적 변수, 인구통계적 변수, 행동적 변수, 심리묘사적 변수 등을 기준으로 시장을 구분할 수 있다.

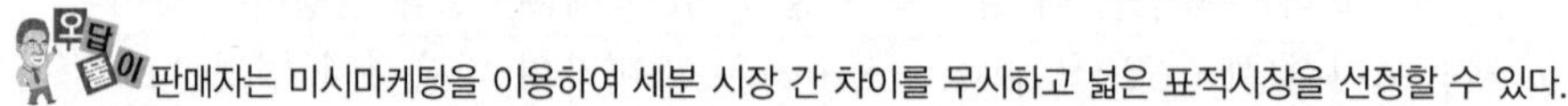

판매자는 미시마케팅을 이용하여 세분 시장 간 차이를 무시하고 넓은 표적시장을 선정할 수 있다.

04 마케팅믹스를 구성하는 요소 중 다른 구성요소는 비용을 발생시키는 반면, 가장 유연성이 높을 뿐만 아니라 유일하게 수익을 낳는 요소는?

① 촉진활동　② 가 격　③ 유통(경로)
④ 광고 및 홍보　⑤ 제품 및 서비스

오답풀이 제품이나 서비스에 대한 가격을 책정하려면 두 가지 중요한 관련 개념인 비용과 수요의 분석이 필요하다. 가격은 올리고 내리는 등의 가장 유연성이 높을 뿐만 아니라 유일하게 수익을 낳는 요소라 할 수 있다.

03 ① 04 ②

05 라벨(Label)은 소비자에게 제품에 관한 정보를 제공하는 표식이라고 할 수 있다. 이에 대한 설명으로 옳지 않은 것은?

① 소비자는 라벨의 품질에서 제품품질을 연상하는 경향이 있으므로, 정확하고 공정하며 이해하기 쉽게 라벨을 부착해야 한다.
② 라벨을 인쇄하는 방법에는 소비자에게 동일성의 의미를 전달하는 것에 중점을 두어야 하기에 단일의 방법만 있다.
③ 라벨은 제품을 구매한 소비자에게 제품의 보관, 유지, 처리, 수선 등의 방법을 쉽게 이해할 수 있게 해준다.
④ 라벨은 기업과 구매자 및 소비자 사이의 정보교환을 통해 원재로와 함량 및 원산지, 제조업자, 유통업자를 알려준다.
⑤ 라벨은 제품의 사용법도 설명을 하고, 발생할 수 있는 제품의 오용이나 남용에 대해 경고를 할 수 있는 기능이 있다.

인쇄기법에 구분: Rotogravure(Roll to Roll)방식은 대량생산에 유리하고 Sheet Type은 물론 Roll Type의 Label 생산이 가능하며, 일반 백상지와 특히 Metallic Paper 인쇄가 가능하고, Ink의 도포량이 많아 내수성을 높이는 데 효과가 커 시각적으로 매우 중후한 느낌을 갖게 한다. Off-Set(Sheet to Sheet) 방식은 정교한 품질의 Design 제품 적용에 유리하며 다품종 소량의 상표제작에 가능하다.

유통 마케팅

06 마케팅 담당자가 직면하는 수요의 상황(8가지 유형이 있음)과 그 개념이 가장 바르게 기술된 것은?

① 부정적수요는 소비자들이 그 제품을 알지 못하거나 무관심한 상태(도는 상황)를 의미한다.
② 잠재수요는 소비자들이 시장에 나와 있는 모든 제품을 적절하게 구입하고자 하는 상태(또는 상황)를 의미한다.
③ 감소수요는 소비자들이 간혹 그 제품을 구입하거나 전혀 구입하지 않는 상태(또는 상황)를 의미한다.
④ 불건전 수요는 소비자의 구매가 계절별, 월별, 주별, 일별, 시간대별로 변화하는 수요를 의미한다.
⑤ 초과수요는 소비자들이 현존 제품으로 만족할 수 없는 강한 욕구를 갖고 있는 상태(또는 상황)를 의미한다.

부정적 수요는 소비자들이 소비를 하는데 부정적인 수요로 마약이나, 청소년의 술과 담배 같은 수요를 말한다. 잠재수요는 소비자들이 수요에 반응을 보이지 않기에 나타나는 수요이고, 불건전 수요는 부정적 수요와 거의 비슷하다. 초과수요는 소비자들이 공급보다는 수요가 더 많은 경우를 의미한다.

05 ② 06 ③

07 마케팅 활동을 올바로 이해하고 실행하는 데 필요한 마케팅의 다양한 개념들, 즉 마케팅 관리철학 혹은 지향성에 대한 설명 중 가장 올바르지 않은 것은?

① 일반적으로 마케팅개념의 발전단계는 생산개념, 제품개념, 판매개념, 마케팅개념 및 사회적 마케팅개념으로의 역사적 발전과정으로 설명하고 있다.
② 마케팅의 생산개념은 소비자들이 저렴하고 쉽게 구할 수 있는 제품을 선호하기 때문에, 생산과 유통의 효율성을 향상시키는데 주력해야 한다는 철학을 가지고 있다.
③ 소비자는 최고의 품질, 성능, 혁신적 특성을 가진 제품을 선호하기 때문에 지속적인 제품개선에 마케팅 전략의 초점을 맞추어야 한다는 주장이 바로 제품개념 마케팅 관점이다.
④ 마케팅의 판매개념은 소비자 욕구, 기업의 목표, 소비자와 사회의 장기적 이익간에 균형을 맞춘 현명한 마케팅의사결정을 내림으로써 판매가 더욱 촉진될 수 있다고 보는 관점/철학이다.
⑤ 마케팅개념은 기업이 목표시장의 욕구를 파악하고 경쟁사보다 그들의 욕구를 더 잘 충족시켜야만 조직의 목표가 달성될 수 있다고 보는 마케팅철학/관점을 말한다.

마케팅의 판매개념은 기업의 입장에서 소비자의 선택보다는 기업의 판매에 중점을 두는 개념이다.

08 다음 중 마케팅 믹스(marketing mix)를 가장 잘 설명한 것은?

① 기업의 다양한 활동영역 중 마케팅 기능과 타부서의 기능을 통합하는 것을 의미한다.
② 제품서비스 믹스와 유통믹스의 조화가 이루어지지 않아도 마케팅의 제곱의 효과를 기대할 수 있다.
③ 마케팅 목표 달성을 위하여 마케터가 통제 가능한 다양한 정책적 의사결정 수단들의 조합을 의미한다.
④ 소비자 욕구 충족을 통한 이익 달성이 우선이 아니라 사회 전체의 장기적인 이익도 고려하는 것을 말한다.
⑤ 마케팅 의사결정과정에서 전략적 요소를 정책적 요소와 분리하지 않고 두 가지 요소들을 동등하게 조합하는 것을 의미한다.

하나의 마케팅만 하는 것보다 여러 가지 마케팅 방법을 복합적으로 실행하는 것이 더욱 효과적이라는 것은 쉽게 알 수 있다. 마케팅 목표 달성을 위하여 마케터가 통제 가능한 다양한 정책적 의사결정 수단들의 조합을 의미한다.

09 다음 글 상자 안의 설명내용을 가장 잘 표현한 것은?

> 최근 인터넷의 발달과 더불어 중요한 마케팅도구로 사용되고 있으며, 상품의 홍보를 위해 고의적으로 각종 이슈를 만들어 소비자의 호기심을 불러일으키는 마케팅기법을 의미한다. 특히 단기간에 최대한 인지도를 높이기 위한 경우에 주로 활용되며, 또한 좋은 내용보다는 자극적이고 좋지 않은 내용의 구설수를 퍼뜨려 소비자의 입에 오르내리게 한다. 부정적인 이미지로 굳혀질 수 있는 위험도 있지만, 반대로 매출은 올라간다는 조사결과가 있다. 이미지와는 별개로 머릿속에 인식되어 구매로 이어지는 경우가 많은 것이다.

① 노이즈 마케팅 ② 블로그 마케팅 ③ 트위터 마케팅
④ 카페 마케팅 ⑤ 페이스북 마케팅

노이즈 마케팅은 상품의 홍보를 위해 고의적으로 각종 이슈를 만들어 소비자의 호기심을 불러일으키는 마케팅기법으로 특히 단기간에 최대한 인지도를 높이기 위한 경우에 쓰인다. 주로 좋은 내용보다는 자극적이고 좋지 않은 내용의 구설수를 퍼뜨려 소비자의 입에 오르내리게 한다. 비록 부정적인 이미지로 굳혀질 수있는 위험이 있지만, 반대로 매출은 올라간다는 결과가 있다. 이미지와는 별개로 노이즈 마케팅으로 인해머릿속에 인식되어 구매로 이어지는 경우가 많은 것이다. 최근에는 인터넷이 크게 발달함에 따라 노이즈마케팅의 중요한 도구로 사용되고 있다.

10 수직적 마케팅 시스템(VMS)의 개념이나 유형에 대한 설명으로 가장 잘못된 지문은?

① 경로구성원들이 거래처선택, 거래관계유지에 있어서 경로구성원 상호 간의 연계성을 중요하게 인식한 전문적인 경로 선도자에 의해 형성된 시스템이다.
② 마케팅활동에 있어서 단기간에 규모의 경제를 달성할 수 있으며, 개별 경로기관보다는 경로시스템 전체의 효율성을 중시하는 시스템이다.
③ 기업형VMS는 하나의 소유권 하에서 전후방 통합의 정도나 통제의 정도가 가장 강한 형태에 해당하는 특징이 있다.
④ 관리형 VMS은 다른 구성원들에게 영향을 미쳐 생산이나 유통활동을 조정하는 형태로 경로 구성원들의 활동에 대한 통제정도가 가장 높다.
⑤ 계약형VMS의 대표적인 형태로 도매상후원의 자발적인 연쇄점형태와 소매상협동조합, 프랜차이즈시스템을 들 수 있다.

관리형 VMS은 다른 구성원들에게 영향을 미쳐 생산이나 유통활동을 조정하는 형태로 경로 구성원들의 활동에 대한 통제정도가 가장 낮다.

09 ① 10 ④

11 보스턴 컨설팅 그룹(Boston Consulting Group)이 개발한 모델로 BCG 매트릭스 분석대상에 대한 설명으로 가장 옳지 않은 것은?

① 개발사업(Question marks)영역은 사업 초기단계의 영역이며, 빠르게 성장하는 시장을 잡기 위해서는 추가적인 시설투자와 노동력 투입 증대의 필요성 등으로 많은 자금이 요구되는 사업이다.

② 성장사업(Stars)영역의 제품은 일반적으로 많이 수익을 가져오는 제품이지만, 시장 위치를 계속 유지하거나 시장 위치를 보다 더 개선하기 위하여 재투자가 계속되어야만 하는 제품이다.

③ 수익주종사업(Cash Cows)영역은 시장성장률은 작지만 상대적 시장점유율은 높고, 시장의 성장속도가 느리기 때문에 신규투자를 위한 자금이 많이 필요하지 않고, 시장 점유율이 크기 때문에 판매량이 많아 이익을 가져다 줄 수 있다.

④ BCG 매트릭스에서 시장매력도는 시장성장률, 시장규모, 시장진입의 어려움 정도, 경쟁자의 수와 유형, 기술적 요구사항, 이익 등 다른 기준의 관점에서 판단되어야 한다.

⑤ 사양사업(Dogs)영역은 시장성장으로 보나 시장점유율로 보아서 매우 저조한 제품으로 현상 유지가 최선이거나 대부분의 경우 제품 프로필에서 제외되어야 할 제품들이다.

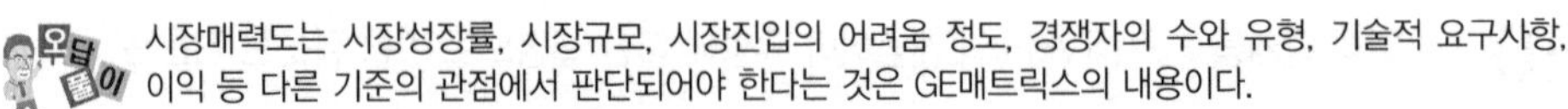
오답풀이 시장매력도는 시장성장률, 시장규모, 시장진입의 어려움 정도, 경쟁자의 수와 유형, 기술적 요구사항, 이익 등 다른 기준의 관점에서 판단되어야 한다는 것은 GE매트릭스의 내용이다.

12 기업이 성장을 하기 위해 선택할 수 있는 3가지 전략적인 방법으로 집중적 성장, 통합적 성장및 다각화 성장을 들 수 있다. 이들 중 기업경영자는 우선적으로 현 사업단위들의 성과를 향상시킬 수 있는 추가적인 기회가 있는지 검토해야 하며 이러한 새로운 집중적 성장기회를 조사할 수 있는 유용한 도구로서 가장 많이 활용되는 것은?

① PPM격자모형
② GE/McKinsey Matrix
③ 포트폴리오 계획수립모델
④ BCG의 성장-점유율 매트릭스
⑤ 제품/시장 확장 그리드(product/market expansion grid)

오답풀이 앤소프(Ansoff)는 제품의 유형(기존제품 대 신제품)및 시장의 유형(기존시장 대 신시장)을 기준으로 하여 기업의 다양한 성장전략의 방향을 제시하고 있다.

해답 11 ⑤ 12 ④

13 면도기의 가격은 낮게 책정하고 면도날의 가격은 높게 책정한다든지, 프린터의 가격은 낮은 마진을 적용하고 카트리지나 다른 소모품의 가격은 높은 마진을 적용하는 등의 가격결정 방식을 가장 잘 표현하고 있는 것은?

① 오픈 가격 정책(open price policy)
② 부산물 가격책정(by-product pricing)
③ 제품라인 가격책정(product line pricing)
④ 종속제품 가격책정(captive product pricing)
⑤ 옵션(선택사양)제품 가격책정(optional product pricing)

노획가격(captive pricing) 또는 종속제품 가격책정(captive product pricing)은 일단 어떤 제품을 싸게 판 다음 그 상품에 필요한 소모품이나 부품을 비싸게 파는 정책을 말한다.

14 다음 중 사업포트폴리오 분석에 대한 설명으로 올바른 것을 고르시오.

a. BCG매트릭스는 시장성장률과 절대적 시장점유율을 두 축으로 총 4개의 사업영역으로 분류 한다.
b. BCG매트릭스의 자금젖소영역에서는 현상유지 또는 수확전략을 취한다.
c. BCG매트릭스의 문제아영역은 시장성장률은 낮지만 절대적 시장점유율이 높은 전략사업단위를 지칭한다.
d. BCG매트릭스가 시장점유율을 사업단위의 경쟁적 지표로 취한 것은 경험곡선 효과 때문이다.
e. GE & Mckinsey의 사업매력도-사업강점분석은 BCG매트릭스보다 각 차원별로 여러 구성 요인을 반영하여 사업영역을 9개로 구분한다.

① a, b, e
② a, c, d
③ b, d, e
④ b, c, d
⑤ c, d, e

BCG매트릭스는 시장성장률과 시장점유율을 두 축으로 총 4개의 사업영역으로 분류하고, 문제아 영역은 시장성장률은 높지만 시장점유율이 낮은 사업단위를 지칭한다.

13 ④ **14** ③

15 다음 보스턴 컨설팅 그룹(Boston Consulting Group)이 개발한 모델로 BCG 매트릭스에서는 전략사업단위(SBU)가 분석대상에 대한 설명으로 가장 옳지 않은 것은?

① 사업 초기단계의 영역이며, 빠르게 성장하는 시장을 잡기 위해서는 추가적인 시설투자와 노동력 투입 증대의 필요성 등으로 많은 자금이 요구되는 사업지역을 Question marks라 한다.
② 후발적 제품이라고도 하며, 주로 제품수명 주기상 아직 도입기에 있는 제품이 문제가 된다. 이러한 제품은 높은 성장성이 기대되고 있긴 하지만, 아직 시장 점유율이 낮은 사업지역에 속하는 것을 Wild cats라 한다.
③ 일반적으로 많이 수익을 가져오는 제품이지만, 시장 위치를 계속 유지하거나 시장 위치를 보다 더 개선하기 위하여 재투자가 계속되어야만 하는 제품이 있는 지역으로 이러한 지역은 지속성이 요구되며, Stars 사업지역이라 한다.
④ 시장성장율은 작지만 상대적 시장점유율은 높고, 시장의 성장속도가 느리기 때문에 신규투자를 위한 자금이 많이 필요하지 않고, 시장점유율이 크기 때문에 판매량이 많아 이익을 가져다 줄 수 있는 사업지역을 Dogs라 한다.
⑤ 현금유입은 여전히 크지만 현금유출이 적으므로 순 현금유입은 늘어나게 된다. 여기에 속한 사업지역을 Cash Cows라 하는 이유도 젖소가 우유를 공급하듯 것과 같이 기업에 자금을 공급하기 때문이다.

Dogs사업지역은 제품들이 문제가 많은 제품으로서 보통 제품수명 주기상으로 보면 포화 기나 또는 퇴거기(쇠퇴기)에 속한다.

16 다음 중 특히 인터넷 마케팅에서의 4P 정책 의사결정요소와 가장 거리가 먼 것은?

① Promotion ② Place ③ Price
④ Physical Evidence ⑤ product

기업이 통제할 수 있는 4P
㉠ 제품(product): 품질, 성능, 포장, 상표 등
㉡ 가격(price): 정가, 할인, 대금 결제 조건 등
㉢ 장소(place): 경로, 입지, 재고 등
㉣ 촉진(promotion): 광고, 인적 판매, 홍보 등

해답 15 ④ 16 ④

17 소비자들은 일상생활에서 많은 구매의사 결정을 하게 되는데, 이런한 의사결정에 대한 설명으로 가장 적합하지 않은 것은?

① 인간은 자신의 주어진 상황에서 현재의 상황이 부적절하다고 판단하게 되면 적절한 상황이 되도록 수단을 찾게 되는데 이것을 문제의 인식(problem recognition)단계라고 한다.

② 정보탐색(information search)단계에서 마케팅관리자의 임무로는 '정보 원천의 종류와 각 정보원천의 특성을 분석'하며, '각 정보원천이 소비자에게 미치는 영향을 분석' 한다.

③ 대안평가(alternative evaluation)단계에서는 소비자들의 대안평가시의 주요 요소들은 제품의 특성, 중요성, 상표 신념, 효용 함수 등이 있다. 최적의 대안은 소비자에게 가장 큰 효용을 제공하는 것이다.

④ 정보탐색(information search)단계에서는 소비자는 여러 대안을 평가한 후에 가장 선호하는 브랜드나 제품을 선택하게 되는데 최종구매의 단계에서도 상황적인 요인이나 주변사람들의 그들 브랜드나 제품에 대한 태도 때문에 최종선택을 미루거나 바꾸는 일이 발생한다.

⑤ 승용차나 고가의 가전제품 등과 같은 고관여 제품을 구매한 경우에 자신의 구매활동에 대한 결과를 평가하게되는 단계가 구매후평가(post-purchase dissonance)단계이며, 이는 구매행위 이후의 제품에 대한 불만족으로 나타나기 쉽다.

구매결정(purchase)단계에서는 소비자는 여러 대안을 평가한 후에 가장 선호하는 브랜드나 제품을 선택하게 되는데 최종구매의 단계에서도 상황적인 요인이나 주변사람들의 그들 브랜드나 제품에 대한 태도 때문에 최종선택을 미루거나 바꾸는 일이 발생한다.

18 기본가격에 추가사용료를 지불하도록 가격을 결정하는 방식은?

① 이분 가격결정방식
② 부산물 가격결정방식
③ 제품묶음 가격결정방식
④ 종속제품 가격결정방식
⑤ 선택제품 가격결정방식

이분가격 정책(two party price policy)은 소비자가 재화를 사용하는 데 있어서 1차로 요금인 가입비(first tariff)인 고정비를 부과하고 소비하는 량에 따라 사용요금(second tariff)을 부과하는 형태를 말한다.

17 ④ 18 ①

19 다음에서 설명하는 가격전략으로 올바른 것은?

> 가. 가격을 높게 책정해도 저 가격을 앞세운 경쟁자들이 진입할 가능성이 낮을 때 효과적이다.
> 나. 가능하면 단기이익을 실현하는데 그 목적이 있으며 현재의 이익을 희생했을 경우 나중에 돌아오는 보상이 적거나 없을 때 적당하다.
> 다. 잠재구매자들이 가격–품질 연상을 강하게 가지고 있을 때 사용하는 것이 적합하다.

① 노획가격(captive product pricing)
② 침투가격(market–penetration pricing)
③ 스키밍 가격(market–skimming pricing)
④ 경험곡선가격(experience–curve pricing)
⑤ 혼합묶음가격(mixed–bundling pricing)

상층흡수가격정책(skimming pricing policy)은 신제품을 시장에 도입하는 초기에 먼저 고가격을 설정함으로써 가격에 비교적 둔감한 고소득층을 흡수하고, 그 뒤 차차 가격을 인하시킴으로써 가격에 민감한 저소득층에게 침투하고자 하는 정책이다.

20 '오픈 프라이스(open price)'에 대한 아래의 설명 내용 중에서 옳지 않은 것은?

① 소비자입장에서는 정해진 가격보다는 저렴하게 구입을 할 가능성이 높다.
② 동일한 상품일 지라도 판매점포마다 서로 다른 가격으로 판매될 수 있다.
③ 상품유통경로 상 유통업자가 실질적인 파워를 행사할 수 있을 때 실현가능하다.
④ 소매점 경쟁력강화를 위한 가격차별화 수단으로 활용됨으로써 가격인상이 발생하게 되는 요인으로 작용한다.
⑤ 판매가격에 대한 결정이 제조업자가 아닌 유통업자에 의해 결정이 되며, 결정된 가격을 상품에 표시하는 것을 의미한다.

오픈가격이란 소비자 판매가격이 미리 부착되어 있는 것이 아니다. 판매가격에 대한 결정이 제조업자가 아닌 유통업자에 의해 결정이 되며, 결정된 가격을 상품에 표시하는 것을 의미하며, 가격인상이 발생하게 되는 요인에는 해당하지 않는다.

해답 19 ③ 20 ④

21 STP(segmentation, targeting, and positioning)에 관한 설명으로 가장 적절하지 않은 것은?

① 포지셔닝전략 수립을 위해서는 자사와 경쟁사 제품들이 시장의 어디에 위치되어 있는지를 파악하는 일이 필요하다.
② 집중적(concentrated) 마케팅 전략은 각 세분시장의 차이를 무시하고 단일(혹은 소수의) 제품으로 전체시장에 접근하는 것이다.
③ 시장의 적정 규모 및 성장가능성, 구조적 매력성, 자사 목표와의 적합성 및 자원은 세분시장 평가에 고려되는 기준이다.
④ 시장세분화 기준변수를 크게 고객행동변수와 고객특성변수(인구통계적 변수 및 심리분석적 변수)로 구분하였을 때, 추구편익(혜택)은 고객행동 변수로 분류된다.
⑤ 시장세분화를 마케팅 전략에 유용하게 사용하려면 세분시장은 측정가능성, 접근가능성, 규모적정성, 세분시장 내 동질성과 세분시장 간 이질성과 같은 요건을 갖추고 있어야 한다.

집중적(concentrated) 마케팅 전략은 하나 또는 그 이상의 제품을 소비자에게 판매하기 위한 방법을 말한다.

22 유통마케팅의 상품전략개발을 위한 도구의 하나로서 제품포트폴리오전략기법을 들수 있다. 다음 중 특히 BCG 매트릭스(matrix)에 대한 설명으로 올바르지 않은 것은?

① BCG 매트릭스는 해당제품의 시장성장률과 상대적 시장점유율을 토대로 작성하게 된다.
② BCG 매트릭스에서 별(star)에 해당하는 제품은 지속적인 투자전략을 구사할 것을 의미한다.
③ 기업이 취급하고 있는 사업을 전략적 사업단위로 파악하여 성장 및 포기 등의 전략 결정에 유용하다.
④ 1970년대 초반 보스턴 컨설팅 그룹(Boston Consulting Group)이 개발한 모델로 BCG매트릭스에서는 전략사업단위(SBU)가 분석대상이 된다.
⑤ BCG 매트릭스에서 의문부호(question mark)에 해당하는 제품은 미래성장성의 불확실한 제품을 의미하며 이로 인해 우선적으로 관망 혹은 포기하는 전략을 선택하는 것이 최적이다.

BCG 매트릭스(matrix)에서 의문부호(question mark)에 해당하는 제품은 사업 초기단계의 영역이며, 빠르게 성장하는 시장을 잡기 위해서는 추가적인 시설투자와 노동력 투입 증대의 필요성 등으로 많은 자금이 요구되는 사업이다.

21 ② 22 ⑤

23 경로관리자는 점포에서의 고객의 구매행동을 이해하여, 적합한 경로커버리지 전략을 선택하여야 한다. 다음 중 다양한 유형의 점포에서 취급하는 상품유형별 고객의 구매행동에 따른 경로커버리지 전략을 올바르게 설명한 것은?

① 전문품을 편의점에서 취급하는 경우, 고객은 특정상표에 대한 선호는 없지만 가격과 서비스면에서 경쟁점포들을 비교한 후 보다 유리한 곳을 선택하므로 집중적 유통경로커버리지전략을 사용하여야 한다.
② 전문품을 선매점에서 취급하는 경우, 소비자는 가장 선호하는 상표를 구매하지만 그 상표를 취급하는 점포들 중 가격과 서비스 면에서 보다 유리한 곳을 선택하므로 집중적 유통경로커버리지전략을 사용하여야 한다.
③ 전문품을 전문점에서 취급하는 경우, 소비자는 특정 점포와 상표에 대한 애호도가 높기 때문에 집중적 유통경로커버리지 전략을 사용하여야 한다.
④ 편의품을 전문점에서 취급하는 경우, 소비자는 어떤 상표를 구매하더라도 상관없지만 특정점포에 대한 애호도가 높기 때문에 선택적 · 전속적 유통경로 커버리지 전략을 사용하여야 한다.
⑤ 편의품을 선매점에서 취급하는 경우, 소비자는 어떤 상표를 구매하더라도 상관없지만상표를 취급하는 점포들 중 가격과 서비스 면에서 보다 유리한 곳을 선택하므로 선택적 유통경로커버리지전략을 사용하여야 한다.

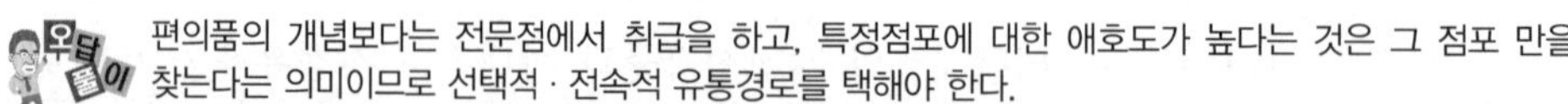
우답풀이 편의품의 개념보다는 전문점에서 취급을 하고, 특정점포에 대한 애호도가 높다는 것은 그 점포 만을 찾는다는 의미이므로 선택적 · 전속적 유통경로를 택해야 한다.

24 다음 중 소매업체 브랜드의 가치에 부정적 영향을 미치는 경우가 아닌 것은?

① 자사직영 할인매장을 지나치게 확대할 때
② 급속히 상이한 제품범주로 브랜드를 확장시킬 때
③ 소매업체브랜드에 대한 자유반품정책을 강화할 때
④ 한꺼번에 많은 양을 판매하기위해 대량할인정책을 추구할 때
⑤ 자산적 가치가 높은 소매업체브랜드를 경쟁소매업체의 점포에 진출시킬 때

우답풀이 소매업체브랜드에 대한 자유반품정책을 약화할 경우에 부정적이다.

해답 23 ④ 24 ③

25 경로 커버리지 전략을 선택하는 데 있어 마케터는 점포에서의 고객쇼핑(구매)행동, 기업의 경로 통제 행동의 욕구, 점포의 포화 정도와 같은 요인들을 고려해야 한다. 이들에 관한 설명으로 올바르지 않은 것은?

① 기업이 표적시장 내에 지나치게 적은 수의 점포를 가진다면 높은 매출액 및 시장 점유율의 성장을 달성하는 것은 어려운 반면, 너무 많은 점포들이 존재한다면 동일한 고객을 상대로 점포 간 과당경쟁이 일어나게 된다.

② 중저가 립스틱을 저가매장이나 편의점에서 구매하려는 소비자 집단과 랑콤립스틱을 고급백화점이나 명품관에서 구매하려는 소비자집단의 구매행동은 동일하지 않으므로 어떤 소비자 집단을 표적시장으로 선택할 것인지에 따라 이에 알맞은 경로커버리지전략을 선택해야 한다.

③ 집중적 유통경로전략을 채택한 제조업체는 전속적 유통경로전략을 택한 경우보다 제품의 판매과정에 대한 통제를 더욱 강화할 수 있을 뿐만 아니라, 마케팅노력을 통해 유통과정에 더 많은 개입을 할 수 있는 장점이 있다.

④ 많은 소비자들이 내구용품 구매시 선매품-선매점형의 쇼핑행동을 보이게 되면 그 동안 해오던 전속적 경로커버리지 전략을 포기하고 선택적 경로커버리지 전략을 도입하는 것이 더욱 바람직하다.

⑤ 경로관리에서 핵심적인 관점 가운데 하나는 얼마나 많은 수의 점포를 특정지역에 설립해야 하고, 경로 흐름에서 어떤 유형의 경로 구성원이 필요한지를 결정하여 이를 통해 실제고객과 잠재고객의 욕구를 실현하는 것이다.

오답풀이 전속적 유통경로전략을 채택한 제조업체는 집중적 유통경로전략을 택한 경우보다 제품의 판매과정에 대한 통제를 더욱 강화할 수 있다.

26 다음 내용은 지금까지의 마케팅의 흐름(발전과정)을 다양한 관점에서 "저조-양호-탁월함"의 관점에서 요약한 내용이다. 그 동안의 마케팅의 발전방향이 순서대로 바르게 표현되지 못한 것은?

① 제품추구-시장추구-고객만족추구
② 기능 지향적-과정 지향적-결과 지향적
③ 판매상 지원-판매상 탐색-판매업자와 동반자
④ 공급업자 탐색-공급업자 선호-공급업자와 동반자
⑤ 주주이해 추구적-이해 관계자 추구적-사회지향 추구적

'판매상 탐색-판매상 지원-판매업자와 동반자'가 가장 적합하다.

25 ③ 26 ③

유통 마케팅

27 다음 중에서 전사적 마케팅(total marketing)에 대한 설명으로 가장 적합한 것은?

① 마케팅과 영업부서의 통합을 의미한다.
② 마케팅을 마케팅부서에서만 행하는 업무이다.
③ 매출수량을 극대화하기 위한 마케팅활동이다.
④ 기업의 마케팅활동 수행 시 사회적 이익까지도 통합하여야함을 뜻한다.
⑤ 기업의 다양한 기능부서별 활동이 마케팅 활동을 중심으로 통합됨을 뜻한다.

마케팅은 마케팅부서만의 일이 아니다. 연구개발팀, 디자인팀, 생산이나 영업, 관리팀도 모두 마케팅마인드가 필요하다. 마케팅은 제품을 잘 파는 기술을 의미하는 것이 아니라 마케팅은 구조를 만드는 일이므로 기업의 다양한 기능부서별 활동이 마케팅 활동을 중심으로 통합됨을 뜻한다.

28 전략적 경영(strategic management) 및 전략적 인적자원관리(strategic human resource management)에 관한 다음의 설명 중 적절하지 않은 항목만으로 구성된 것은?

> 가. 전략적 인적자원관리는 경영전략과 인적자원관리를 통합하여 상호 연계시키는 인적자원관리 활동 및 체계이다.
> 나. 전략적 경영의 수준은 의사결정의 수준과 범위에 따라 기업수준의 전략(corporate strategy),사업수준의 전략(business strategy), 기능수준의 전략(functional strategy), 으로 나눌 수 있다.
> 다. 후방통합(backward integration)은 공급업자의 사업을 인수하거나 공급업자가 공급하던 제품이나 서비스를 직접생산, 공급 하는 방식의 전략으로 수평적 통합(horizontal integration)전략의 하나이다.
> 라. 전략적 인적자원관리는 전통적인 인사관리(personnel management)와 달리 기업의 경영전략과 인적자원관시스템간의 적합성(fitness)을 강조한다.
> 마. 전략적 인적자원관리는 경쟁우위의 원천으로 인적자원(human resource)보다 물적자원(physical resource)을 중시한다.

① 가, 다
② 나, 마
③ 다, 마
④ 라, 마
⑤ 나, 라

다. 후방통합은 공급업자의 사업을 인수하거나 공급업자가 공급하던 제품이나 서비스를 직접생산, 공급하는 방식의 전략으로 수직적 통합전략이다.
마. 전략적 인적자원관리는 경쟁우위의 원천으로 물적 자원(physical resource)보다 인적자원(human resource)을 중시한다.

27 ⑤ 28 ③

29 다음 네모의 내용이 설명하는 가격결정 기법으로 가장 적합한 내용은?

> 제조업자가 도매상 및 소매상과의 계약에 의하여 자기회사 제품의 도 · 소매가격을 사전에 설정해 놓고 이 가격으로 자사제품을 판매하게 하는 전략이다.자사제품이 도 · 소매상의 손실유인상품(loss leader)으로 이용되는 것을 방지하여, 가격안정과 명성을 유지하기 위하여 유통업계와 계약을 통해 일정 가격으로 거래되도록 하는 것을 말한다.

① 오픈 가격 정책(open price policy)
② 묶음가격(price bundling)
③ 이분가격 정책(two party price policy)
④ 노획가격(captive pricing)
⑤ 재판매 가격 유지 정책(resale price maintenance policies)

우답풀이 재판매 가격 유지 정책(resale price maintenance policies)은 가격안정과 명성을 유지하기 위하여 유통업계와 계약을 통해 일정 가격으로 거래되도록 하는 것을 말한다.

30 가격결정 전략의 옵션으로 skim pricing, penetration pricing, neutral pricing을 들 수 있다. 이중 침투가격 전략이 성공하려면 특정기업이 상당한 점유율을 확보할 수 있을 만큼의 낮은가격을 설정하는 것을 경쟁사들이 허용해야 한다. 다음 중 경쟁사들이 특정기업의 침투가격을 허용하는 상황으로 보기 가장 어려운 것은?

① 침투가격제품이 다른 보완제품의 판매량을 올리는데 사용될 수 있는 경우
② 대중적인 제품이나 수요의 가격탄력성이 높은 제품에 많이 사용되는 경우
③ 침투가격실행업체의 시장점유율이 급격하게 성장하여 경쟁사가 크게 위협으로 받아들이는 경우
④ 침투가격을 추진하는 특정업체가 광범위한 영역의 보완재를 가지고 있어 침투가격을사용하는 제품을 소위 "총알받이"로 사용할 수 있는 경우
⑤ 침투가격추진업체의 판매량이 증가하면 단위당 비용이 적어지며 따라서 단위당 공헌이익이 커지는 비용우위가 월등하게 우월하여 경쟁에서 비용우위 및 보유자원상의 경쟁우위가 월등하다고 판단될 경우

침투가격정책(penetration pricing policy)은 신제품을 시장에 도입하는 초기에 저가격을 설정함으로써 별다른 판매저항 없이 신속하게 시장에 침투하여 시장을 확보하고자 하는 정책이다. 침투가격 실행업체의 시장점유율이 급격하게 성장하여 경쟁사가 크게 위협으로 받아들이는 경우에는 같이 저가격 정책을 실행해야한다.

29 ⑤ 30 ③

31 다음 안에서 설명하는 (　　)내용으로 가장 옳은 것은?

> 대학생 이혜빈(22)씨는 지난달 30일 미국 온라인 쇼핑몰에서 '바나나리퍼블릭'의 스웨터를 샀다. 국내 백화점에도 같은 상품이 있지만 (　　　)때 해외에서 직구매하면 절반 이상 싸다. 김씨는 "기본 40% 할인에 추가 25%를 받아 40달러(약 4만2000원)에 샀는데 한국에선 15만원 정도 한다"며 "연말까지 헤드폰 등 AV기기도 구매할 생각"이라고 말했다. 추수감사절(11월 넷째 목요일)부터 크리스마스까지인 미국의 연말 쇼핑 시즌이 시작되면서 '해외직구족'이 늘고 있다.

① 블랙프라이데이 (Black Friday)
② 사이버먼데이(Cyber Monday)
③ 크리스마스데이(Christmas day)
④ 빅세일데이(Bigsales day)
⑤ 바겐세일데이(Bargainsale day)

블랙프라이데이 (Black Friday)는 11월 마지막 목요일인 추수감사절 다음 날로 전통적으로 연중 최대 쇼핑이 이뤄지는 날이다. '검다(black)'는 표현은 상점들이 이날 연중 처음으로 장부에 적자(red ink) 대신 흑자(black ink)를 기재한다는 데서 시작됐다.

32 다음 중 가격관리에 관한 설명 중 가장 거리가 먼 것을 고르시오.

① 준거가격(reference price): 구매자가 가격이 저가인지 고가인지를 판단하는 기준으로 삼는 가격을 말한다.
② 로스 어버전(loss aversion): 소비자들이 이득보다 손실에 더 민감하게 반응할 경우 가격인하보다는 가격인상에 더 민감하게 반응하는 현상을 의미한다.
③ 유보가격(reservation price): 가격변화를 느끼게 만드는 최소의 가격변화폭에 해당하는 가격을 말한다.
④ 최저수용가격(lowest acceptable price): 구매자들이 품질을 의심하지 않고 구매할 수 있는 가장 낮은 가격을 말한다.
⑤ 가격-품질 연상(price-quality association): 가격이 높을수록 품질이 높을 것으로 믿는 것을 말한다.

유보가격(reservation price)이란 구매자가 어떤 상품에 대하여 지불할 용의가 있는 최고가격으로서 그 상품의 가격이 이 수준 이하이면 구매를 하지만, 이 수준을 넘어서면 너무 비싸다고 생각해서 구매를 유보하게 되는 가격이다. 구매자의 경험이나 정보에 의해서 형성되지만, 구매자 자신이 해당 상품에 대하여 주관적으로 느끼는 효용과 지불능력에 의하여 많은 영향을 받는다.

해답 **31** ①　**32** ③

33 다음은 가격결정과 관련된 설명 내용이다. 올바르지 않은 것은?

① 고객의 제품가치 지각은 가격의 상한선을 결정에 한하며 만약 제품의 가격이 고객이 평가하는 제품가치보다 더 높게 책정되면 그 제품은 구매가 이루어 지지 않을 것이다.
② 가치에 기반한 가격결정(value based pricing)에서는 판매자의 원가보다 구매자의 가치지각을 더욱 중요시 한다.
③ 가치기반가격결정 중 하나로 우수한 가치를 반영한 가격결정(good value pricing)을들 수 있으며 이는 적정수준의 가격에서 좋은 품질과 서비스를 잘 결합시켜 제공하는 것이다.
④ 가치기반가격결정의 또 다른 하나로 부가가치 가격결정(value added pricing)을 들 수 있으며 이러한 가격전략의 대표적인 사례가 EDLP(everyday low pricing)이다.
⑤ 고객의 가치에 기초하여 가격을 결정하는 것으로 구매자의 가치기반을 중심으로 고객중심에서 출발을 하는 것이다.

EDLP(everyday low pricing)전략은 매일저가로 판매를 하겠다는 할인점에서 주로 취급을 하는 가격전략의 하나이다. 이는 고객에게 싼 가격에 많은 판매를 원칙으로 하는 것이므로 가치기반 가격전략과는 거리가 멀다.

유통 마케팅

34 상품믹스(product mix) 또는 상품포트폴리오(product portfolio)의 특성 중에서 "동일 상품 라인내 상품 품목(product item)의 수"를 일컫는 말은?

① 상품믹스의 계열(product mix line)
② 상품믹스의 깊이(product mix depth)
③ 상품믹스의 넓이(product mix width)
④ 상품믹스의 길이(product mix length)
⑤ 상품믹스의 일관성(product mix consistency)

동일한 상품라인내의 상품품목(product item)을 지칭하는 용어는 상품믹스의 깊이(product mix depth)라고 한다.

33 ④ 34 ②

35 다음은 브랜드 개발전략과 관련된 설명 내용이다. 올바르지 않은 것은?

① 기업은 브랜드 개발과 관련하여 4가지 선택대안을 고려할 수 있는데, 이는 라인확장, 브랜드확장, 복수브랜드 및 신규브랜드를 의미하는 것이다.

② 기존의 제품범주 내에서 새로운 형태, 컬러, 사이즈 및 원료 그리고 새로운 향 등을 가진 신제품에 기존 브랜드명을 함께 사용하는 경우를 라인확장이라고 한다.

③ 동일 제품범주에서 여러 개의 브랜드제품을 도입하는 경우가 종종 있는데 이 경우 브랜드확장이라고 한다.

④ 기존 브랜드명의 파워가 점차 약해진다고 판단될 경우 새로운 브랜드명을 도입, 개발하는 것을 신규브랜드 도입이라고 한다.

⑤ 전통적으로 제품의 브랜드는 제조업자에 의해 결정되었으나 최근에 이르러 백화점, 할인점, 기타 유통업체들이 자체 브랜드를 개발하고 있다.

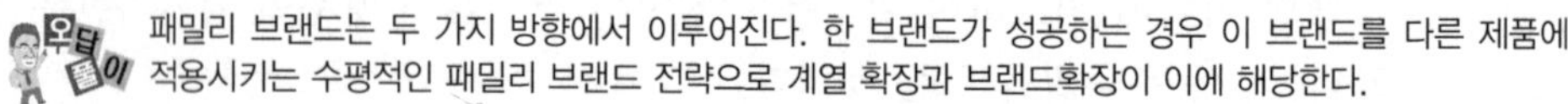
패밀리 브랜드는 두 가지 방향에서 이루어진다. 한 브랜드가 성공하는 경우 이 브랜드를 다른 제품에 적용시키는 수평적인 패밀리 브랜드 전략으로 계열 확장과 브랜드확장이 이에 해당한다.

36 다음은 기업이 신제품을 개발할 때 고려할 수 있는 브랜드 전략(Brand strategy)에 관하여 기술한 것이다. 가장 적절하지 않은 것은?

① 하향 확장(downward line extension)의 경우 기존 브랜드의 고급 이미지를 희석시켜 브랜드자산을 약화시키는 희석효과(dilution effect)를 초래할 수 있다.

② 기존의 브랜드자산이 크다고 판단되는 경우 기존의 제품범주에 속하는 신제품에 그 브랜드명을 그대로 사용하는 것을 계열확장 혹은 라인확장(line extension)이라 한다.

③ 같은 브랜드의 상품이 서로 다른 유통경로로 판매될 경우 경로간의 갈등(channel conflict)을 일으킬 위험이 있다.

④ 기존 브랜드와 다른 제품범주에 속하는 신제품에 기존 브랜드를 사용하는 것을 브랜드확장(brand extension) 혹은 카테고리확장(category extension)이라 하며, 우리가 '신상품'이라고 부르는 것의 대부분이 이 전략이 적용된 것이다.

⑤ 기존의 제품범주에 속하는 신제품에 완전히 새로운 브랜드를 사용하는 것을 다 상표전략(multi-brand strategy)이라 한다.

브랜드 확장(Brand Extension)이란 "높은 브랜드 가치를 갖는 한 브랜드의 이름을 다른 제품군에 속하는 신제품의 이름에 확장하여 사용하는 전략"으로 신상품과는 다르다.

해답 35 ③ 36 ④

37 다음 제품관여도(Involvement)와 브랜드(Brand)에 대한 설명으로 가장 어울리지 않은 것은?

① 소비자가 개인적으로 브랜드에 관여되어 있는 정도가 높을수록 그 브랜드에 대한 충성도가 높다. 브랜드 충성도(brand loyalty)에 대한 인지적 정의는 몰입과 구매에 대한 관여도를 나타내는 것을 의미한다.

② 기업은 자사의 브랜드에 대해 배타적 사용권을 확보하고 법률적인 보호를 받기 위해 브랜드를 특허청에 등록할 수 있는데 이를 등록상표라고 한다.

③ 관여도의 크기에 따라서 고관여도와 저 관여도로 나눌 수 있고, 관여도는 특정 제품군에 대하여 오랜 기간 지속적으로 관심을 갖는 지속적 관여도와 선물구매와 같은 어떤 대상에 대해 일시적으로 관심을 갖는 상황적 관여도로 나눌 수 있다.

④ 소비자들은 일반적으로 NB를 더욱 선호하는 반면, 유통업자들은 PB를 더욱 선호하는 경향이 있다. 매장 진열상품 중에서 NB상품의 구성비가 많을수록 점포이미지에 부정적인 영향을 미칠 수 있다.

⑤ 유사브랜딩(parallel branding)이란 선도제조업체 브랜드의 상호자체에 대한 모방이 아니라, 상호나 상품특성을 매우 흡사하게 모방하고 제조업체 브랜드가 아니라는 것을 명확히 하는 유통업체의 브랜딩이다.

PB상품의 구성비가 많을수록 점포이미지에 부정적인 영향을 미칠 수 있다.

유통 마케팅

38 다음 중 마케팅 커뮤니케이션 수단들에 대한 아래의 설명 중에서 가장 옳지 않은 것은?

① 인적판매는 광고에 비해 메시지를 상황에 따라 조절할 수 있다.

② 광고는 인적판매에 비해 노출당 경제성이 뛰어나지만 설득효과가 떨어지는 단점이 있다.

③ 홍보(publicity)는 광고에 비해 신뢰성을 높일 수 있지만 통제가 어렵다는 한계가 있다.

④ 좁은 의미의 판매촉진활동은 광고에 비해 비용이 많이 소요되지만 실질적인 혜택을 줌으로써 브랜드 이미지를 향상시키는 데는 더욱 효과적이다.

⑤ 광고공제(advertising allowances)란 소매기업이 자신의 광고물에 어떤 상품을 광고 해주는 대가로 해당 제조 기업이 상품 구매가격의 일정 비율을 공제해 주는 것을 말한다.

판매촉진(Sales promotion)은 최종고객이나 경로상의 다른 고객에 의해 관심, 사용(trial), 구매를 자극하는 촉진활동을 말한다. 이는 소비자, 중간상, 기업자신의 종업원을 겨냥한 것이다. 다른 촉진 수단인 광고, 홍보, 인적 판매 등과 비교하여 판매촉진은 보통 빠르게 시행되고 더 빠르게 결과를 얻게 된다. 실제로 대부분의 판매촉진 노력은 즉각적인 결과를 낳도록 설계되지만 실질적인 혜택과는 거리가 있다.

37 ④ **38** ④

39 다음 고관여 제품에 대한 광고전략과 저관여 제품에 대한 광고전략의 특성들을 설명한 것 중 가장 올 바르지 않은 내용은?

① 고관여 제품의 광고는 폭넓은 정보 캠페인에 집중하는 것이 중요한데 반해, 저관여 제품의 경우는 몇가지 중요한 분야에만 집중 하는 것이 중요하다.

② 고관여 소비자는 구매 전에 상품 및 브랜드에 대한 평가를 하는 반면, 저관여 소비자의 경우 우선적으로 구매하며 브랜드에 대한 평가를 한다면 구매 후에 평가한다.

③ 고관여 제품들의 경우 저관여 제품들에 비해 실질적인 브랜드차이가 상대적으로 적은 제품들이므로 차별화의 중요 수단인 광고를 통하여 경쟁사의 제품과 차별성을 갖게하는 것이 더욱 중요하다.

④ 동기가 전혀 부여되지 않은 소비자의 경우 메시지를 전달하는데 TV가 보다 효과적이며, 동기가 부여된 소비자의 경우 인쇄광고가 더욱 효과적이다.

⑤ 저관여 제품만의 광고전략은 반복되는 단문메시지를 사용하여 수동적인 학습효과를 향상시키고 브랜드 친숙도를 높여야 한다.

특정대상에 대한 관여의 정도가 높아지면(고관여: high involvement level) 대체로 구매의사 결정시 긴 과정을 거치고, 관여의 정도가 낮으면(저관여: low involvement level) 그 과정은 비교적 짧아진다. 고관여 제품들의 경우 저관여 제품들에 비해 실질적인 브랜드차이가 상대적으로 높은 제품들이므로 차별화의 중요수단인 광고를 통하여 경쟁사의 제품과 차별성을 갖게 하는 것이 더욱 중요하다.

40 중고품을 반납하고 신제품을 구매한 고객에게 가격을 낮추어 주거나 판촉행사에 참여한 거래처에게 구입대금이나 가격을 할인해주는 형식을 가장 잘 표현하고 있는 것은?

① 기능 할인(functional discount)
② 중간상 할인(trade discount)
③ 공제(allowances)
④ 수량 할인(quantity discount)
⑤ 견본품(product sampling)

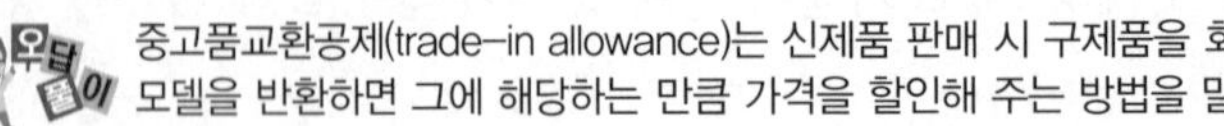

중고품교환공제(trade-in allowance)는 신제품 판매 시 구제품을 회수하고, 신형모델을 구입할 때 구형 모델을 반환하면 그에 해당하는 만큼 가격을 할인해 주는 방법을 말한다.

해답 39 ③ 40 ③

41 다음 중에서 시장세분화에 대한 설명으로 가장 거리가 먼 것은?

① 시장을 특정 기준에 따라 분류한 후 이들 중 하나 혹은 몇몇 시장을 표적으로 삼아 공략하기 위한 작업과정의 일부분을 의미한다.
② 고객의 욕구와 선호 면에서 동질성과 이질성이라는 개념들을 사용하여 고객그룹을 분류한 후 차별화된 구매집단을 발견하고 규명하는 작업이다.
③ 마케팅의 다양한 의사결정 내용 중 특히 정책적 의사결정의 핵심내용인 4P를 구성하는 중요 요소의 하나이다.
④ 마케팅 관점에서 보면 개별세분시장에 알맞은 제품과 마케팅 프로그램을 개발, 실행할 수 있을 경우에만 시장 세분화의 의의가 존재한다.
⑤ 전체 시장을 기업이 제공하는 마케팅 믹스에 대하여 유사한 반응을 할 것으로 추정되는 동질적 고객집단으로 나누는 과정이다.

시장세분화(market segmentation)는 전체 시장을 기업이 제공하는 마케팅 믹스에 대하여 유사한 반응을할 것으로 추정되는 동질적 고객집단으로 나누는 과정이다. 정책적 의사결정의 핵심내용인 4P를 구성하는 중요 요소에는 제품(product), 가격(price), 판매촉진(promotion), 유통(place) 등이 있다.

유통 마케팅

42 다음은 판매촉진 캠페인이 개발되어 실행되는 과정에 대한 설명이다. 가장 올바르지 않은 내용은?

① 산업재 판촉도구로는 컨벤션, 트레이드 쇼, 판매 콘테스트 등을 들 수 있다.
② 소비자 판촉도구는 프리미엄, 광고용 판촉물, 단골고객에 대한 보상, 구매시점 진열, 콘테스트 등을 들 수 있다.
③ 뿐만 아니라 인센티브의 규모, 참가조건 및 촉진 패키지를 전달하는 방식, 촉진기간 등에 관한 의사결정을 함으로써 판매촉진 프로그램을 개발하고 실행하는 것을 요구한다.
④ 중간상 판촉도구의 종류에는 쿠폰, 현금 환불, 가격할인 패키지, 프리미엄, 광고용 판촉물, 단골고객에 대한 보상, 구매시점 진열 콘테스트 등을 들 수 있다.
⑤ 판매촉진 캠페인은 우선 판매촉진 목표를 설정하고 판매촉진 도구를 선정하며 소비자판촉도구, 중간상 판촉도구 및 산업재 판촉도구 등에 관한 의사결정을 함으로써 판매촉진 프로그램을 개발하고 실행하는 것을 요구한다.

중간상 판촉도구의 종류에는 가격할인, 수당, 무료제품, 지원금 등이 있다.

41 ③ 42 ④

43 인터넷 쇼핑에 대한 차별화로 소매상들이 취할 수 있는 전략으로 보기 어려운 것은?

① 보다 세심하고 개인화된 인적판매를 통해 고객서비스를 더욱 강화한다.
② 표적고객의 추구편익을 더욱 정확히 충족시킬 수 있는 서비스를 개발한다.
③ 오프라인 채널과 함께 온라인채널도 병행하는 하이브리드 채널을 활용하기도 한다.
④ 온라인채널과의 실시간 가격경쟁을 통해 진입장벽을 형성하고 기존 시장을 방어한다.
⑤ 점포 내에서 편안한 분위기, 고객과의 인간적 유대강화 등 쇼핑의 즐거움과 인적 관계를 중시한다.

인터넷쇼핑에서는 오프라인 채널과 함께 온라인채널도 병행하는 하이브리드 채널을 활용하기에 표적고객의 추구편익을 더욱 정확히 충족시킬 수 있는 서비스를 개발할 수가 잇다. 오프라인과 온라인의 가격경쟁은 온라인이 더 있다고 보기에 가격경쟁보다는 다양한 맞춤서비스를 수행하는 것이 유리하다.

44 다음 중 온라인 마케팅에 관한 설명 중 가장 올바르지 않은 내용은?

① 디스플레이광고(배너광고), 키워드광고, 바이럴마케팅, 뉴미디어 분야 등이 온라인 마케팅의 한 형태이다.
② 온라인 마케팅의 4가지 주요 영역은 기업–소비자간, 기업간, 소비자 간, 소비자–기업간 온라인 마케팅으로 나누어진다.
③ 다이렉트 마케팅의 주요 형태로 인적판매, 다이렉트 메일 마케팅, 카탈로그 마케팅, 전화 마케팅, 직접반응 텔레비전 마케팅, 온라인 마케팅 등을 들 수 있으며 이들 중 가장 빠르게 성장하는 형태로 온라인 마케팅을 들 수 있다.
④ 온라인 마케터는 구전 마케팅의 인터넷 버전인 바이럴 마케팅을 이용한다. 바이럴 마케팅은 웹사이트 구축, 전자메일 메시지, 다른 마케팅 이벤트를 포함하는데 매우 전염성이 강해서 고객으로 하여금 친구에게 이것을 전해주길 원하게 만든다.
⑤ 인터넷은 전통적인 오프라인 기업에게 지금까지 존재하지 않던 새로운 온라인 시장에서의 기회 새로운 종류의 마케터를 탄생시켰으나, 순수한 온라인 기업, 즉 닷컴이라는 기업들의 탄생은 온라인 마케팅에서 그 의미와 역할이 중요하게 작용하지 않고 있다.

순수한 온라인 기업, 즉 닷컴이라는 기업들의 탄생은 온라인 마케팅에서 그 의미와 역할이 중요하게 작용하고 있다.

해답 43 ④ 44 ⑤

45 다음 중 인터넷상의 가격설정 전략에 관한 설명 중 가장 거리가 먼 것은?

① 기업은 마케팅목표를 달성하기 위한 전체적인 전략을 개발하고 이 전략을 기초로 각 상품군이나 시장에 대한 가격전략을 개발학도 계획 및 조정해야한다.

② 가격설정 전략에 영향을 미치는 요소는 마케팅 목표, 상품원가. 상품수요, 경쟁환경, 정부규제의 영향 등을 들 수 있다.

③ 인터넷 상품의 가격인하 압력요인으로 최저가격 검색기능, 브랜드 확립 우선의 가격결정, 상품의 독자성, 인터넷 판매의 낮은 경비 등을 들 수 있다.

④ 인터넷 판매는 물류비 및 고객관리비용의 상승을 초래한다. 예를 들어 주문처리비용의 상승, 재고비용의 상승, 높은 출점비용과 유통센터 운영비용, 카탈로그 인쇄 및 광고 판촉물에 대한 배포비용, 높은 고객서비스 비용 등을 들 수 있다.

⑤ 인터넷 상품의 가격상승 요인으로 운송경비와 소비자의 불만, 경매고객끼리의 경쟁에 의한 물품가격의 상승, 웹 사이트의 개발비용과 유지관리비, 무료상품 및 샘플제공, 높은 인터넷마케팅 광고비 등을 들 수 있다.

인터넷 판매는 물류비의 상승을 초래하지만 고객관리비용은 오프라인판매보다는 더 적게 든다.

46 인터넷 마케팅의 신상품전략과 관련된 설명 중 가장 올바르지 않은 것은?

① 기존 상품라인의 확장상품전략이 위험도가 가장 낮다.

② 신상품전략 중 불연속형 혁신상품전략이 위험도가 가장 높다.

③ 기업은 신상품 전략 중에서 마케팅 목표와 위험회피, 현재 브랜드명의 강도, 자원의 유무 및 경쟁사등을 고려하여 한 가지 이상의 전략을 선택한다.

④ 여섯 가지 종류 즉, 불연속형 혁신상품, 신상품라인의 확장상품, 기존상품의 확장상품, 기존 상품의 개량상품 재포지셔닝 상품, 저가격지향 상품 등이 있다.

⑤ 기존 브랜드명을 사용하여 완전한 신규상품라인을 만드는 경우, 예를 들어 마이크로소프트가 자사명을 이용하여 인터넷 서비스를 새로 만드는 경우는 불연속형 혁신상품이라기 보다 신상품으로 라인을 확장하는 것이다.

신상품전략과 관련된 내용 중에서 인터넷이나 오프라인이나 전략상의 차이는 있지만 기존 상품라인의 확장상품 전략이 인터넷상에서 위험도가 가장 낮다고는 할 수 없다.

45 ④ 46 ①

47 인적판매(personal selling)란 상품의 판매 또는 구매를 발생시킬 것을 목적으로, 잠재적 혹은 예상 고객과의 대화를 통하여 정보를 제시하고 설득하는 인적 의사소통을 말한다. 이에 대한 설명으로 가장 적절하지 않은 것은?

① 인적판매는 광고나 판매촉진 등 다른 촉진수단에 비해 개인적이며 직접적인 접촉을 통해서 많은 양의 정보를 전달할 수 있다는 특징을 가지고 있다.
② 판매원은 개개인의 고객과 이야기할 수 있기 때문에 인적판매는 가장 유연한 커뮤니케이션 방법이다.
③ 인적판매원은 각자 다른 메시지를 전달할 가능성이 있기 때문에 광고에 비해 인적판매에서 소매업체의 통제력 및 일관성이 떨어진다.
④ 인적판매는 시장상황 및 여건에 따라 보다 유연하고 탄력적인 적용이 가능하며 메시지 노출 횟수 당 커뮤니케이션비용이 TV광고보다 더욱 낮다.
⑤ 판매원들은 잠재적 고객으로 파악된 고객이나 기업들에게 판매노력을 집중하는 경우가 많은데, 이를 통해 판매노력의 낭비를 최소화할 수 있다.

인적 판매는 메시지 노출 횟수 당 커뮤니케이션비용이 TV광고보다 더욱 높다.

48 다음 중 판매촉진에 관한 설명 중 가장 적절하지 않은 것은?

① 프리미엄이란 자동차를 구입한 고객에게 무료로 썬팅을 해주는 것을 말한다.
② 판촉물 프로그램이란 자동차 영업직원이 고객에게 골프공을 선물하는 것을 말한다.
③ 쿠폰이란 피자배달 시 포장지에 있는 일정금액을 정해진 기간에 할인해준다는 표시 등을 말한다.
④ 리베이트란 구매 후 우편등으로 구매영수증을 제조회사에 제출하면 할인율만큼 소비자에게 보상해주는 촉진방법을 말한다.
⑤ 상품포장에 있는 즉석쿠폰과 매체나 우편으로 제공되는 쿠폰은 모두 소비자에게 다음 구매시점까지 기다려야 할 필요없이 곧바로 이득을 제공함으로써 사용(trial)을 유발하는 것이다.

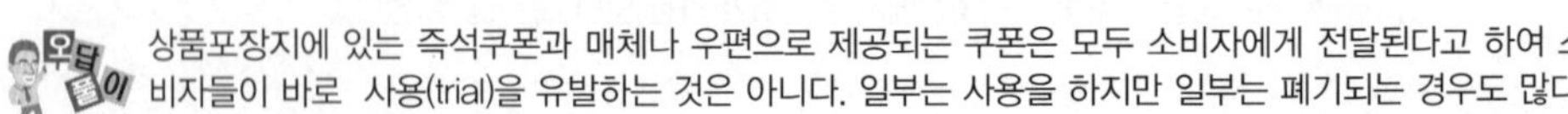
상품포장지에 있는 즉석쿠폰과 매체나 우편으로 제공되는 쿠폰은 모두 소비자에게 전달된다고 하여 소비자들이 바로 사용(trial)을 유발하는 것은 아니다. 일부는 사용을 하지만 일부는 폐기되는 경우도 많다.

해답 **47** ④ **48** ⑤

49 일상생활에서 가격은 상품 1단위를 구입할 때 지불하는 화폐의 수량으로 표시하는 것이 보통이다. 다음 중에서 수요에 기초한 심리적 가격결정 기법의 유형에 속하지 않은 것은?

① 홀 · 짝수 가격 책정(odd-even pricing)은 소비자가 어떤 가격을 높은 가격 또는 낮은 가격으로 인지하느냐 하는 사실에 기초를 둔다.
② 명성가격 책정(prestige pricing)에서 소비자들은 가격을 품질이나 지위의 상징으로 여기므로 명품 같은 경우 가격이 예상되는 범위 아래로 낮추어지면 오히려 수요가 감퇴할 수 있다.
③ 비선형가격설정(nonlinear pricing)뜨내기 고객을 단골고객으로 바꿀 수 있으며, 소비자 잉여의 상당부분을 회사의 이익으로 전환할 수 있으며, 고객의 마음속에는 가격은 그리 중요한 평가의 수단이 될 수 없다.
④ 손실 유도 가격 결정(loss leader price policy)이란 특정 품목의 가격을 대폭 인하하여 가격을 결정하면 그 품목의 수익성은 악화된다.
⑤ 상층흡수가격정책(skimming pricing policy)은 가격에 비교적 둔감한 고소득층을 흡수하고, 그 뒤 차차 가격을 인하시킴으로써 가격에 민감한 저소득층에게 침투하고자 하는 정책이다.

상층흡수가격정책(skimming pricing policy)은 신(新)제품의 가격책정 이다.

유통 마케팅

50 소비자 판촉수단 중 비 가격 수단에 해당되는 것을 고르시오.

가. 샘플(sample)	나. 할인쿠폰 (discount coupons)
다. 사은품(gift)	라. 보상판매 (trade-ins)
마. 현상경품(prizes)	

① 가, 나, 다
② 나, 다, 마
③ 다, 라, 마
④ 가, 다, 마
⑤ 나, 다, 라

소비자 판매촉진수단으로는 가격 수단인 ,할인쿠폰, 리베이트, 보너스팩, 보상판매 가 있고, 비 가격 수단인 샘플과 무료사용, 사은품, 현상경품, 게임, 콘테스트, 고객 우대 프로그램 등이 있다.

49 ⑤ 50 ④

51 판매촉진 기간 중 판매증대를 유발하는 요인에 대한 설명 중 가장 거리가 먼 것을 고르시오.

① 상표전환은 상표표준화의 증가에 따라 측정 상표에 대한 고객 충성도가 증가하면서 발생하는 현상을 의미한다.

② 재구매는 소비자의 학습과정에 의해 특정상표를 반복구매하거나 특정 점포를 선택하게 되는 습관을 통해 형성된다.

③ 구매가속화는 재고가 있음에도 불구하고 판매촉진 기간 중 선호하는 제품을 미리 구매하는 구매시점 앞당김 현상을 말한다.

④ 제품군 확장은 새로운 구매상황의 창출이나 특정제품의 사용량 자체를 증대시키는 현상을 통해 달성된다.

⑤ 상표전환은 경쟁상표 간에 전환행동을 보이는 소비자의 수가 동일하지 않다는 점에서 비대칭성을 갖는다.

상표전환(brand switching)은 다른 회사 상표를 선호하는 소비자들로 하여금 자사 상표를 선호하여 선택할 수 있도록 다양한 전략을 수행해야 하며, 간단한 예를 든다면 스마트폰을 사용하는 고객 중 애플의 아이폰을 사용하는 고객에게 삼성의 갤럭시폰을 사용하게 만드는 것이다.

52 다음 중 소매업체가 실행할 수 있는 다양한 고객커뮤니케이션 방법이 아닌 것은?

① 인적판매원은 각자 다른 메시지를 전달할 가능성이 있기 때문에 광고에 비해 인적판매에서 소매업체의 통제력 및 일관성이 떨어짐

② 판매원은 개개인의 고객과 이야기할 수 있기 때문에 인적판매는 가장 유연한 커뮤니케이션 방법

③ 홍보와 구전은 소매업체의 통제로부터 독립된 커뮤니케이션 수단이기 때문에 고객이 보다 신뢰하는 경향

④ 광고는 도달범위가 다른 부문보다 넓기 때문에 소매업체의 이미지 형성을 위한매우 효율적인 커뮤니케이션 방법

⑤ 구전은 소매업체가 비용을 지불하지 않는 비 인적 커뮤니케이션방법이기에 고객 신뢰면 측에서 가장 효과적

우답 풀이 구전이 신뢰성이 높은 것은 비용적인 면에서 지불을 하지 않기 때문에 그렇다. 구전은 사람의 입에서 전달이 되기에 당연히 인적커뮤니케이션의 방법이다.

해답 **51** ① **52** ⑤

53 소비자의 구매의사 결정과정(Purchase decision making process)은 개인에 따라, 제품에 따라, 환경에 따라 다르게 나타난다. 구매의사 결정과정에서 '구매 후 과정'에 대한 설명으로 가장 적절하지 않은 것은?

① 불만족한 소비자는 재 구매의도의 감소뿐만 아니라 다양한 불평행동을 보이며, 소비자들은 자신의 불평행동으로부터 기대되는 이익과 비용을 고려하여 불평 행동유형을 결정한다.
② 귀인이론(attribution theory)은 구매 후 소비자가 불만족 원인의 추적 과정을 이해하는 데 도움이 되며, 원인이 일시적이고, 기업이 통제 불가능한 것이었고, 기업의 잘못으로 일어났다고 소비자가 생각할수록 더 불만족할 가능성이 높다.
③ 제품처분(product disposal)은 소비자들의 처분과 관련된 의사결정이 향후의 제품 구매의사결정에 영향을 주기 때문에 중요하며, 나아가 제품처분 관련 행동은 자원 재활용 측면에서도 중요하다.
④ 구매 후 부조화(post-purchase dissonance)는 소비자가 구매 이후 느낄 수 있는 심리적 불편함을 말하며, 구매결정을 취소할 수 없을 때 발생할 가능성이 높다.
⑤ 기대불일치모형(expectancy dis confirmation model)에 의하면, 만족과 불만족은 소비자가 제품사용 후에 내린 평가가 기대 이상이냐 혹은 기대 미만이냐에 따라서 결정된다.

일반적으로 소비자의 불만족은 기업에 대해서 내적귀인을 하는 경우에 더 크며, 소비자의 입장에서 기업에 대한 내적귀인원인은 기업에 있다.

54 소비자 구매행동(Dissonance Reducing Behavior) 유형 중 부조화 감소 구매행동과 가장 거리가 먼 것은?

① 소비자의 관여도가 높은 제품을 구매할 때 주로 발생
② 주로 고가의 제품이나 전문품을 구매할 때 빈번하게 발생
③ 각 상표 간 차이가 미미한 제품을 구매할 때 비번하게 발생
④ 구매 후 결과에 대하여 위험부담이 높은 제품에서 빈번하게 발생
⑤ 주기적, 반복적으로 구매해야 하는 제품을 구매할 때 빈번하게 발생

주기적, 반복적으로 구매해야 하는 제품을 구매하는 것은 편의품이나 일상품이라고 할 수가 있다. 부조화 감소 구매행동은 대부분 주로 고가의 제품이나 전문품을 구매할 때 빈번하게 발생한다.

53 ② 54 ⑤

유통 마케팅

55 유통업체가 자기상표(PB;private brand)의 도입을 지속적으로 확장하고자 하는 원인을 설명한 내용들이다. 가장 거리가 먼 것은?

① 상품의 브랜드이미지(가치)지향고객그룹보다 상품의 기능적인 품질 대비 가격측면에서 합리적인 상품을 선호하는 고객그룹의 확보가 용이하다.
② NB(national brand)생산업체와의 협상에서 대체재의 존재를 통해 보다 유리한 고지를 점령할 수 있다.
③ 자사매장의 단독적인 상표(품)공급을 통해 점포에 대한 고객 애호도(충성도)를 높여 단골고객확보 및 유지에 유리하다.
④ 다양한 매장(업태)에서 구매가 가능한 NB제품보다 독점적인 PB 브랜드에 대하여 강력한 충성도를 가진 고객그룹에 대한 고객관리를 더욱 강화하기 위한 수단으로 사용된다.
⑤ PB(private brand)제품은 유통업자브랜드로 유통업자가 자신의 제품임을 확인할 수 있는 상품명(칭)이나 기호 혹은 기업명(칭)이나 기호 등으로 표시된다.

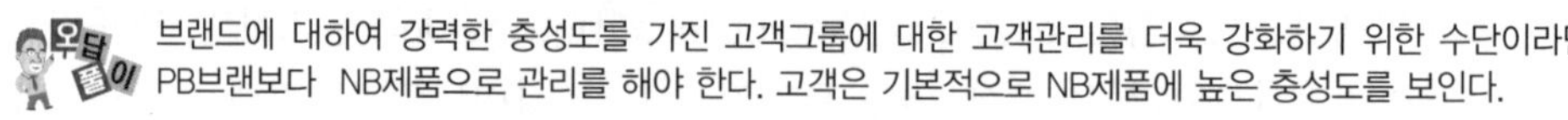

브랜드에 대하여 강력한 충성도를 가진 고객그룹에 대한 고객관리를 더욱 강화하기 위한 수단이라면 PB브랜보다 NB제품으로 관리를 해야 한다. 고객은 기본적으로 NB제품에 높은 충성도를 보인다.

56 다음 중 상품구색 계획과정의 전문 용어에 대한 설명 중 맞는 것은?

① 상품가용성이 확보된 점포는 "깊다"라는 표현으로 지칭된다.
② 상품의 다양성은 특정 카테고리 내에서 제공되는 단품의 종류만을 의미한다.
③ 상품가용성은 특정 카테고리 내에서 고객이 선택할 수 있는 상품의 종류가 많은 것을 의미한다.
④ 상품의 전문성이 높다고 하는 것은 다양한 상품 카테고리에 대한 상품선택의 넓이가 넓은 것을 의미한다.
⑤ 상품의 넓이는 제공되는 상품 카테고리의 다양성을 의미하며 상품의 깊이는 특정 상품 카테고리내에서 제공되는 상품의 종류를 의미한다.

오답풀이: 상품의 넓이 또는 폭(goods width)은 상품의 종류가 많다는 것을 의미하며 해당제품내의 다양한 브랜드의 수를 말한다.

해답 55 ④ 56 ⑤

57 아래 제품믹스에 관한 설명이 잘못된 것은?

① 제품믹스는 제품계열과 제품품목의 집합이다.
② 제품계열은 기능, 소비자, 유통, 가격범위 등에서 서로 밀접한 관련이 있는 제품의 집합이다.
③ 제품품목은 제품계열 내에서 크기, 가격, 형태, 기타 특성에 의해서 명확히 구별될 수 있는 단위다.
④ 제품믹스의 일관성은 다양한 제품들이 최종용도 등의 측면에서 제품계열들이 밀접하게 관련되어있는 정도이다.
⑤ 제품다양화는 제품믹스의 깊이와 관련이 있으며, 제품차별화는 제품믹스의 넓이와 관련이 있다.

제품다양화는 제품믹스의 넓이와 관련이 있으며, 제품차별화는 제품믹스의 깊이와 관련이 있다.

58 다음 중 제품믹스의 길이 및 깊이와 관련된 의사결정 내용 중 가장 거리가 먼 것을 고르시오.

① 하향 확장전략(Downward Stretch)은 투입원가가 상승하거나 가용자원이 부족해지기 시작할 때 유용하다.
② 기업이 고품질의 기업이미지를 형성하며 이익률과 매출상승을 달성할 수 있다고 판단될 때 상향 확장전략(Upward Stretch)을 선택한다.
③ 쌍방향(Two-Way Stretch)전략은 중간수준의 품질가격제품에 고가와 저가의 신제품을 추가하는 전략이다.
④ 수확전략(Harvesting)은 기업의 자원을 더 이상 투입하지 않고 발생하는 이익을 회수하는 전략이다.
⑤ 철수전략(Divesting)은 제품계열이 마이너스 성장을 하거나 기존제품이 전략적으로 부적절할 때 실시하는 전략이다

투입원가가 상승하거나 가용자원이 부족해지기 시작할 때 유용한 것은 집중전략이나 수확전략을 추구해야 한다.

57 ⑤ 58 ①

59 글에서 설명하고 있는 추종상표의 마케팅 전략은 어떤 소비자 구매행동 유형에 적합한지 고르시오

> 시장선도 상표는 넓은지역 면적을 점유하며, 재고부족을 없애고 빈번한 광고를 통하여 소비자로 하여금 습관적 구매를 유도하는 전략을 사용하는 것이 유리하다. 추종상표는 낮은 가격, 할일쿠폰, 무료샘플 등을 활용하여 시장 선도제품을사용하고 있는 소비자들로 하여금 상표전환을 유도하는 전략을 사용하는 것이 유리하다.

① 복잡한 구매행동　② 습관적 구매행동
③ 고관여 구매행동　④ 태도 지향적 구매행동
⑤ 다양성 추구 구매행동

오답풀이 다양성 추구 구매행동 (variety-seeking buying behavior)은 소비자 관여도가 낮지만 브랜드 간 차이가 상당히 큰 구매상황에서 소비자는 다양성 추구 구매행동을 한다.

60 글안에 내용과 가장 부합하는 유통업체 브랜드는?

> ⊙상품 소개면이나 상호에 "비교해 보세요" 라는 문구를 표시함으로써 제조업체 브랜드가 아니라 유통업체 브랜드임을 명시
> ⊙전국적인 제조업체 상호나 브랜드자산으로부터 혜택을 입을 수 있도록 제조업체의 브랜드 상호나 상품특성에 가깝게 만듦
> ⊙제조업체 브랜드는 점포의 내점 빈도를 높이고, 이 브랜드는 적극적인 안내, 진열, 선반 배치 등을 통해 증대된 고객방문 수를 매출로 전환하게 함으로써 소매업체의 유통업체 브랜드 판매를 촉진하는 지렛대 역할을 함

① 모방브랜드　② 고품격브랜드
③ 유사브랜드　④ 저가브랜드
⑤ 하우스브랜드

오답풀이 브랜드 유사도는 그 카테고리에 따라 매우 다르게 나타난다. 예를 들어 휘발유의 브랜드 유사도는 매우 높게 나타나는데, 상당수의 소비자들이 브랜드들 간의 차이점을 모른다고 응답한 것을 보면 휘발유 브랜드의 유사도가 높다는 사실을 알 수 있다. 반대로 자동차 브랜드에 대한 브랜드 유사도는 낮은 편이다. 약 25%의 소비자들만이 자동차 브랜드 간의 큰 차이점이 없다고 한다. 현재 시장은 기술의 모방이 쉽게 일어나 제품 Parity(유사도)가 커지는 상황이 되었다. 또한 시장에서 브랜드의 수가 현격히 증가해 제품 경쟁이 아닌 브랜드 경쟁이 심화되었다. 즉, 제품기술 수준이 평준화되어 더 이상 제품수준에서의 차별화는 어렵다.

해답 59 ⑤　60 ③

61 다음의 예시는 유통점 경영에서 중요하게 다루어지는 상품정책에 관한 의사결정 내용 중에서어떤 것과 가장 가까운 것인가?

> ⊙AA유통기업은 소비자 자신, 집, 소비자가 사랑하는 대상물(애완동물, 식물 등)을 가꾸는 데 사용하는 제품라인으로 주로 구성된 적정 수준의 제품믹스를 가진다.
> ⊙BB유통기업은 60,000개 이상의 제품을 판매하고, CC유통기업은 100,000~120,000개 품목을, DD유통기업은 전구에서 제트엔진에 이르기까지 250,000개 이상을 판매한다.

① 제품믹스 깊이(depth)
② 제품믹스 길이(length)
③ 제품믹스 넓이(width)
④ 제품믹스 일관성(consistency)
⑤ 제품믹스 구색(assortment)

오답풀이 상품의 넓이 또는 폭(goods width)은 상품의 종류가 많다는 것을 의미하며 해당제품 내의 다양한 브랜드의 수를 말한다.

62 제품계열길이와 관련된 전략에 대한 설명 중 가장 거리가 먼 것을 고르시오.

① 한 계열 내에 있는 기존 품목들과 가격 품질 등에서 큰 차이가 없는 새로운 품목을 추가하는 것은 계열충원전략(line filing)에 해단된다.
② Unilever가 1,600여개나 되는 브랜드 수를 100여개 미만으로 과감하게 줄인 것은 계열가치치기전략(line pruning)에 해당된다.
③ 르노삼성자동차가 SM5로 성공하자 SM7과 SM3로 제품계열을 연장시킨 것은 양방향 연장 전략(two-way stretch)에 해단된다.
④ 고가품, 고기능 제품을 생산하던 기업이 저가품, 저기능 제품을 추가하는 전략은 자사 브랜드의 고급이미지를 더욱 강화시키기 위한 하향연장전략(downward stretch)에 해당된다.
⑤ 기존의 이미지로 인해 표적고객들이 고급 신제품의 품질을 신뢰하지 않을 수 있는 위험은 상향연장전략(upward stretch)에 해당되는 위험이다.

고가품, 고기능 제품을 생산하던 기업이 저가품, 저기능 제품을 추가하는 전략은 자사 브랜드의 고급이미지에서 보편성을 강화시키기 위한 하향연장전략(downward stretch)에 해당된다.

해답 61 ③ 62 ④

63 제품믹스(또는 제품구색)전략이 필요한 이유 중 가장 거리가 먼 것은?

① 소비자의 욕구가 이질적이기 때문이다.
② 경쟁기업의 진입을 저지하고자 하기 때문이다.
③ 소비자들의 다양성을 추구하는 성향이 강해지기 때문이다.
④ 소비자들의 가격민감도 차이를 기업들이 적절히 이용하기 때문이다.
⑤ 고객들이 고품질의 저가상품을 소비하는 성향이 강해지기 때문이다.

우답풀이 고객들은 고품질의 저가상품을 소비하는 성향이 있기는 하지만 고품질이라는 것은 가격이 비싸고, 저품질은 가격이 저렴하다.

64 가격(Price)은 상품 1단위를 구입할 때 지불하는 화폐의 수량으로 마케팅믹스를 구성하는 요소 중 가장 유연성이 높을 뿐만 아니라 유일하게 수익을 낳는 요소이다. 이런 가격에 대한 설명으로 가장 옳지 않은 것은?

① 가격책정 과정은 마케터가 가격책정 전략의 목표를 정의할 때 시작한다. 이 목표는 선택된 가격책정 전략을 위한 궁극적인 지침이며, 확인된 표적시장을 위하여 가치를 창조하기 위한 노력을 지원해야 하고, 그렇게 함으로써 전 마케팅 목표의 달성을 도와야 한다.
② 침투가격추진업체의 판매량이 증가하면 단위당 비용이 적어지며 따라서 단위당 공헌이익이 커지는 비용우위가 월등하게 우월하여 경쟁에서 비용우위 및 보유자원상의 경쟁우위가 월등하다고 판단될 경우 경쟁사는 치열한 가격경쟁을 한다.
③ 명성가격 책정에서 소비자들은 디자이너의 의류나 주류, 향수와 같은 제품에 대해서는 항상 이렇게 합리적 방식으로 가격에 반응하지 않고, 가격을 품질이나 지위의 상징으로 여기므로 명품 같은 경우 가격이 예상되는 범위 아래로 낮추어지면 오히려 수요가 감퇴할 수 있다.
④ 원가 기반 가격결정은 원가의 가치에 기초하여 가격을 결정하는 것으로 구매자의 가치기반을 중심으로 고객중심에서 출발을 하는 것이다. 고객이 느끼는 가치를 원가보다 먼저 고려하여 고객이 느끼는 가치에 맞게 가격을 책정해야 한다.
⑤ 재판매가격 유지정책은 제조업자가 도매상 및 소매상과의 계약에 의하여 자기회사 제품의 도·소매가격을 사전에 설정해 놓고 이 가격으로 자사제품을 재판매하게 하는 전략이다.

우답풀이 가치 기반 가격결정(value–based pricing)은 고객의 가치에 기초하여 가격을 결정하는 것으로 구매자의 가치기반을 중심으로 고객중심에서 출발을 하는 것이다. 고객이 느끼는 가치를 원가보다 먼저 고려하여 고객이 느끼는 가치에 맞게 가격을 책정해야 한다.

해답 63 ⑤ 64 ④

65 다음 중 괄호 안에 가장 적합한 용어는?

비가격적인 방법으로 소비자에게 혜택을 주는 판매촉진활동의 하나로서, 말 그대로 무엇인가 가치 있는 것을 추가적으로 소비자들에게 제공하는 활동을 (   )(이)라고 한다.

① 쿠폰(coupon)
② 콘테스트(contest)
③ 리베이트(rebate)
④ 프리미엄(premium)
⑤ 시연(demonstration)

프리미엄(premium)은 광고의 특별한 형태로서 무료 선물이나 해당 제품을 구매할 수 있는 할인 쿠폰 등을 제공하는 것을 말하는데 자사의 로고(logo)가 새겨진 컵, 펜, 마우스 패드와 같은 상품의 형태로 지급하는 것을 말한다.

66 브랜드연상의 유형 중 제품속성과 직접적인 관련이 있는 것은?

① 사용자에 관한연상
② 원산지와 관련된 연상
③ 제품범주에 대한 연상
④ 제품용도에 관련된 연상
⑤ 브랜드 퍼스낼리티에 대한 연상

특정 브랜드와 관련된 이미지들은 방사형으로 연결되어 있는데, 이를 브랜드연상(brand associations)이라 한다. 이는 제품범주에 대한 연상이다.

67 다음 중 유통업체 브랜드 자산(brand equity)의 개념과 거리가 먼 것은?

① 브랜드 인지도
② 지각된 품질
③ 브랜드 연상이미지
④ 브랜드 포트폴리오
⑤ 충성도 높은 고객

브랜드자산(brand equity)이란 어떤 브랜드를 가진 제품이 브랜드가 없는 경우에 비하여 그 브랜드가 부착됨으로써 획득하게 되는 차별적 마케팅효과를 말한다. 차별적 마케팅효과란 마케팅 노력에 대한 소비자 반응의 차이로서 '브랜드 애호도', '브랜드 인지도', '지각된 품질', '브랜드 연상'에 의해 나타난다.

65 ④ **66** ③ **67** ④

유통 마케팅

68 광고에 대한 설명으로 가장 올바르지 않은 것은?

① 광고목표 설정 시 표적시장 및 비교기준을 명확하게 규정해야 한다.
② 광고의 판매효과를 측정하기 힘든 이유의 하나로 광고의 이월효과를 들 수 있다.
③ 소비자가 광고를 접할때 발생하는 유머 및 온정의 감정은 소비자의 광고상표에 대한 태도에 영향을 준다.
④ 광고제품에 대한 소비자의 관여도가 낮으면 낮을수록 해당광고에 대한 소비자의 인지적 반응의 양은 많아진다.
⑤ 광고모델이 매우 매력적일 경우에 모델 자체는 주의를 끌 수 있으나 메시지에 대한 주의가 상대적으로 흐트러질 수 있다.

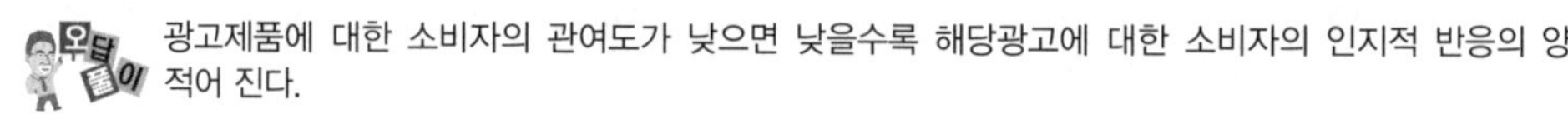
우답풀이 광고제품에 대한 소비자의 관여도가 낮으면 낮을수록 해당광고에 대한 소비자의 인지적 반응의 양은 적어 진다.

69 광고(Advertising)의 내용은 상품의 판매촉진과 깊은 관계가 있고, 이런 광고에 대한 설명으로 가장 적절한 것은?

① 메시지가 복잡한 경우에는 빈도(frequency)보다는 도달범위(reach)를 높이는 것이 바람직하다.
② 광고의 노출빈도가 어느 수준을 넘어서면 광고효과가 떨어지는 현상을 광고의 이월효과(carryover effect)라고 한다.
③ 광고에서 유머소구(humor appeal)의 효과는 주의를 끄는데 효과적이며, 고객에게 많은 신뢰를 증가시킨다.
④ 인포머셜(informercial)이란 부정적이거나 금기시 되는 소재를 이용하여 시각적 충격을 주는 광고를 말한다.
⑤ 평균도달횟수(Gross Rating Points;GRP)는 도달범위(reach)에 빈도(frequency)를 곱한 것이다.

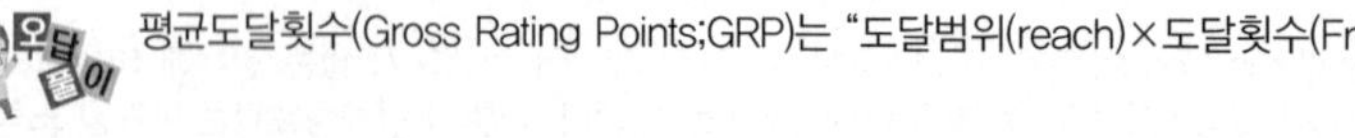
우답풀이 평균도달횟수(Gross Rating Points;GRP)는 "도달범위(reach)×도달횟수(Frequency)"로 나타낼 수 있다.

해답 68 ④ 69 ⑤

70 다음 중 강력한 유통업체 브랜드(PB)의 장점에 관한 설명 중 가장 올바르지 않을 고르시오.

① 고객유인효과가 있다.
② 총마진을 증대시킬 수 있다.
③ 점포충성도를 증가시킬 수 있다.
④ 제조업체 브랜드 보다 통제력이 높다.
⑤ 고가격전략을 통해 이루어지며 마진율 개선에도 도움이 된다.

유통업체 브랜드(PB)는 일반적으로 제조업체 브랜드(NB)보다 가격적인 측면에서는 저렴하다는 원칙이 있다. NB(national brand)제품은 제품생산자/제조업자브랜드로 제조업자가 자신의 제품임을 확인할 수 있는 상품명(칭)이나 기호 혹은 기업명(칭)이나 기호 등으로 표시된다. PB(private brand)제품은 유통업자브랜드로 유통업자가 자신의 제품임을 확인할 수 있는 상품명(칭)이나 기호 혹은 기업명(칭)이나 기호 등으로 표시된다.

유통 마케팅

71 다음 중 NB(National Brand), PB(Private Brand)상품에 대한 설명으로 옳지 않은 것은?

① 소비자들은 일반적으로 NB를 더욱 선호하는 반면, 유통업자들은 PB를 더욱 선호하는 경향이 있다.
② 전체 판매상품 혹은 매장 진열상품 중에서 PB상품의 구성비가 많을수록 점포이미지에 부정적인 영향을 미칠 수 있다.
③ PB제품이란 브랜드로 정착하지 못하거나 브랜드화가 될 가능성이 거의 없는 모방 및표절제품 등을 의미한다.
④ PB상품은 NB에 비해 상품에 대한 인지도, 품질에 대한 인지도 등은 떨어지나 상대적으로 소비자가 지불하는 가격 면에서 저렴하다.
⑤ NB(national brand)제품과 PB(private brand)제품의 구분은 브랜드 소유권이 누구에게 있느냐에 따라 구분한다.

유통업자브랜드(distributer's brand)는 유통업자가 자체적으로 제품기획(product planning)을 하고 제조(혹은 위탁제조)하여 브랜드를 결정하는 것을 말하는데, 이는 PB(private brand)라고 불린다. PB제품도 우수하다면 브랜드화가 될 가능성이 아주 높다.

70 ⑤ **71** ③

72 다음 중 선도 제조업체 브랜드의 상호 자체에 대한 모방이 아니라, 상호나 상품특성을 매우 흡사하게 모방하고 제조업체 브랜드가 아니라는 것을 명확히 하는 유통업체의 브랜딩을 의미하는 용어는?

① 모방 브랜딩(copycat branding)
② 고가 브랜딩(premium branding)
③ 저가 브랜딩(bargain branding)
④ 유사 브랜딩(parallel branding)
⑤ 고품격 프리미엄 브랜딩(premium branding)

유사 브랜딩(parallel branding)이란 용어는 상호나 상품특성을 매우 흡사하게 모방하고 제조업체 브랜드가 아니라는 것을 명확히 하는 유통업체의 브랜딩을 의미한다.

73 광고목표는 주요 목적에 따라 정보 전달형, 설득형 및 상기형으로 구분될 수 있다. 다음의 내용이 서로 가장 올바르게 연결된 것은?

① 정보전달형 광고: 고객가치의 전달, 시장에 신제품 소개, 이용 가능한 서비스에 대한설명
② 설득형 광고: 고객관계 유지, 소비자에게 제품을 구매할 수 있는 장소에 대하여 상기시킴, 비수요기에 소비자가 브랜드를 인지하도록 함
③ 상기형 광고: 고객에게 가까운 미래에 자사 제품이 필요할지 모른다고 상기 시켜줌,브랜드 및 기업이미지 구축, 제품속성에 관한 소비자 지각의 변화
④ 설득형 광고: 소비자가 구매 권유 전화를 받도록 유도, 제품 기능에 대한 설명, 그릇된 인상을 바로 잡음
⑤ 인터넷광고: 오프라인의 경우와 마찬가지로 보는 사람의 마음에 상품 이미지를 창출하여 매출액 증가만을 우선적인 목표

광고(Advertising)는 잠재적인 소비자에게 제품과 서비스에 대한 정보와 구입 방법을 알리기 위한 목적을가진 한 방향 통신이다. "광고"라는 한자어는 "널리 알리다"라는 뜻을 가지고 있다. 고객가치의 전달, 시장에 신제품 소개, 이용 가능한 서비스에 대한 설명은 정보전달형 광고의 내용이다.

해답 72 ④ 73 ①

74 다음 중 포지셔닝(positioning)의 유형과 설명으로 가장 거리가 먼 것은?

① 효익 포지셔닝이란 제품이나 점포의 외형적 속성이나 특징으로 소비자에게 차별화를 부여하는 것을 말한다.

② 이미지 포지셔닝이란 고급성이나 독특성처럼 제품이나 점포가 지니고 있는 추상적인 편익으로 소구하는 방법을 말한다.

③ 사용상황 포지셔닝이란 제품이나 점포의 적절한 사용상황을 묘사하거나 제시함으로써 소비자에게 부각시키는 방식이다.

④ 경쟁제품 포지셔닝이란 소비자의 지각 속에 위치하고 있는 경쟁사와 명시적 혹은 묵시적으로 비교하게 하여 자사제품이나 점포를 부각시키는 방법이다.

⑤ 품질 및 가격 포지셔닝이란 제품 및 점포를 일전한 품질과 가격수준으로 포지셔닝하여 최저가격 홈쇼핑이나 고급전문점과 같이 차별적 위치를 확보하는 방식이다.

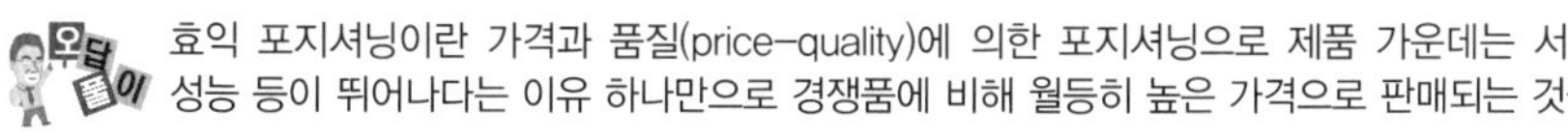
오답풀이 효익 포지셔닝이란 가격과 품질(price–quality)에 의한 포지셔닝으로 제품 가운데는 서비스 · 특징 · 성능 등이 뛰어나다는 이유 하나만으로 경쟁품에 비해 월등히 높은 가격으로 판매되는 것을 말한다.

유통 마케팅

75 비교광고(Comparative Advertising)의 효과에 설명 중 가장거리가 먼 것을 고르시오.

① 경쟁브랜드에 높은 선호도를 가진 소비자에게는 효과가 작다.

② 과학적인 실험을 통하여 검증된 내용을 근거로 비교광고가 실행될 때 그 효과가 더욱 크다

③ 고관여 제품의 경우 비교광고의 새로운 내용이 소비자의 주의를 끄는데 더욱 효과적이므로 보다 적합하다.

④ 기존 제품에 비해 두드러진 장점을 가지고 있으나 아직 충분히 알려지지 않은 신규브랜드에서 더욱 효과적이다.

⑤ 일반적으로 인지적이며 감정적인 동기가 동시에 일어날 때 그리고 소비자들이 세부적이며 분석적인 상태에서 광고를 처리하는 경우 효과는 최상으로 발휘된다.

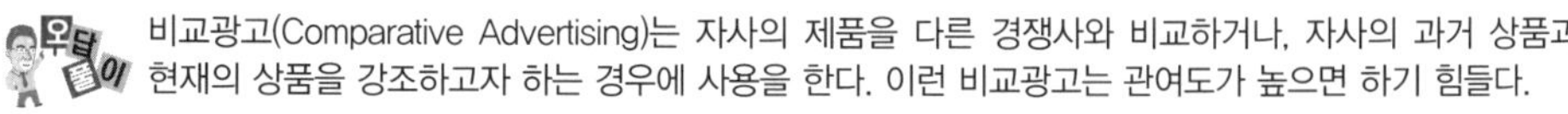
오답풀이 비교광고(Comparative Advertising)는 자사의 제품을 다른 경쟁사와 비교하거나, 자사의 과거 상품과 현재의 상품을 강조하고자 하는 경우에 사용을 한다. 이런 비교광고는 관여도가 높으면 하기 힘들다.

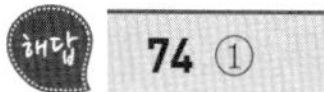
해답 **74** ① **75** ③

76 다음 중 성공적인 광고컨셉에서 주의해야 할 사항으로 올바르지 않은 내용은?

① 비교 광고를 통해 경쟁제품에 대한 부정적인 인식을 강하게 만들어야 한다.

② 광고에이전트를 활용하는 것은 효율성 측면 즉 투입비용대비 성과 면에서 유리할 수 있다.

③ 표적고객에 알맞은 광고수단(매체)을 선택하여 광고를 실시함으로써 비용을 최대한 줄일 수 있다.

④ 가격차별화정책에 알맞은 광고커뮤니케이션을 위한 전제조건으로 시장세분화와 목표고객 그룹선정은 필수적이다.

⑤ 효과적인 광고를 하기 위해서는 대중에 대한 지식은 물론 매체의 요령 있는 사용에 바탕을 두고 광고를 제작 · 게재해야 한다.

비교광고를 통해 자사제품에 대한 긍정적인 인식을 강하게 만들어야 한다.

77 다음 중 온라인 광고에 대한 아래의 설명 중에서 옳지 않은 것은?

① 가장 흔한 형태는 배너(banner)광고인데, 웹페이지의 상하좌우 또는 중간에서도 볼수 있다.

② 삽입광고(interstitials)는 웹사이트 화면이 바뀌고 있는 동안에 출현하는 온라인 전시광고이다.

③ 리치미디어(rich media)란 현재 보고 있는 창 앞에 갑자기 나타나는 새로운 창에 있는 온라인광고이다.

④ 구글이나 야후같은 사이트에 검색엔진 결과와 함께 나타나는 링크와 텍스트를 기반으로 하는 광고를 검색관련 광고(search-related ads)라고 한다.

⑤ 인터렉티비티형 배너광고(혹은 상호작용형 배너광고)는 웹사용자들이 배너광고를 클릭하는 것을 말한다.

리치 미디어 광고(rich media advertisement)는 정적인 화면대신 동적인 화면을 제공함으로써 사용자의 흥미 유발효과와 메시지 전달효과가 상대적으로 크다.

해답 **76** ① **77** ③

78 아래의 사례에서 (　) 안에 알맞은 용어는?

> 고객 커뮤니케이션에서 표적시장 내에서 광고 매체에 노출된 실제 고객 수를 의미하는 것으로 예를 들어, 지역신문에 판촉광고를 냈는데 그 날 그 신문을 읽은 독자가 잠재고객 5,000명 중 40%에 해당했다면, (　)는(은) 2,000명이다.

① CPM(천명당비용)　② Reach(도달률)
③ Coverage(포괄범위)　④ Frequency(빈도)
⑤ Click ratio(클릭률)

도달범위「시청률, 발생부수」(Reach)는 주어진 기간 동안 적어도 한번이상 특정 광고에 노출되는 청중의 수 또는 비율을 말한다.

79 다음 중 마케팅정책수단의 하나로서 기업의 마케팅촉진활동을 구성하는 촉진믹스(소위 커뮤니케이션믹스)의 구성요소와 가장 거리가 먼 내용은?

① 홍 보　② 광 고　③ 구 전
④ 가격할인　⑤ 인적판매

현대의 시장이 소비자 행동의 비합리성, 시장 정보의 불안전성 등의 불투명한 시장상황만이 깔려 있는 불안전 경쟁시장 하에 놓여 있으므로 오늘의 촉진 관리는 마케팅 관리에 있어서 상당히 중요한 역할을 담당하고 이러한 활동으로는 광고(advertising), 인적 판매(personal selling), 홍보(publicity) 등이 있다. 가격할인은해당하지 않는다.

80 정보탐색과정에서 광고 등의 상업적 경로를 통하여 얻어지는 정보는 소비자 구매의사 결정과정에서 어떤 기능을 주로 수행하는가?

① 설득기능　② 평가기능　③ 확신기능
④ 선택기능　⑤ 정보제공기능

고객은 점내에 진열된 상품을 자유롭게 바라보고 자유롭게 만져보고 연상하면서 상품 가격과 타 상품과의 비교를 통해서 구매 결정을 할 수 있다. 소비자 구매의사결정과정에서 광고 등의 상업적 경로를 통하여 얻어지는 정보는 정보제공기능에 해당한다.

78 ②　**79** ④　**80** ⑤

81

마케팅 커뮤니케이션 정책의 중요한 의사결정수단인 광고와 홍보(publicity)의 특성을 설명한 내용으로 옳지 않은 것은?

① 광고의 기본목적은 이미지나 판매에 대한 태도변화라면 홍보는 신뢰형성에 초점을 맞추고 있다.

② 홍보의 경우 광고와 달리 홍보내용을 전달해 주는 매체에 대한 직접적인 대가지불이 이루어지지 않는다.

③ 커뮤니케이션 상대에 대한 설득력 관점에서 보면 광고 내용보다 홍보내용에 대한 고객의 수용성이 더욱 높다.

④ 홍보내용에 대한 고객신뢰도가 더욱 높기 때문에 단기적이며 직접적인 매출증대 효과를 위해서는 광고의 활용보다 홍보수단의 활용이 더욱 중요하다.

⑤ 광고내용은 광고주의 주관적이며 의도적인 커뮤니케이션 내용이 주를 이루는 반면 홍보내용은 매체전달기관의 객관적이며 공식적인 의견의 성격이 더욱 강하다.

오답풀이 홍보내용에 대한 고객신뢰도가 더욱 높기 때문에 장기적이며, 직접적인 매출증대효과를 위해서는 홍보수단의 활용보다 광고의 활용이 더욱 중요하다.

82

고객커뮤니케이션방법들 (광고, 홍보, 판매원, 구전, 웹사이트 등)의 상대적 비교로 가장 올바른 것은?(단, 통제력은 광고주가 커뮤니케이션 메시지에 대한 통제의 정도이고, 유연성은 개별 고객에 맞춘 커뮤니케이션의 유연한 정도이며, 신뢰성은 고객이 커뮤니케이션의 원천에 대한 신뢰하는 정도를 의미함)

① 홍보는 유연성이 낮은데 비해 통제력과 신뢰성은 높다.

② 구전은 신뢰성과 유연성이 높은데 비하여 통제력은 낮다.

③ 광고는 통제력과 유연성이 높은데 비하여 신뢰성은 낮다.

④ 자사 웹사이트는 통제력과 신뢰성이 높은데 비하여 유연성은 낮다.

⑤ 매장의 판매원은 통제력과 유연성이 높은데 비하여 신뢰성이 낮다.

고객은 매장의 판매원에게 물건을 구매하는 경우 자세한 정보를 듣기를 원하고, 판매원은 어떻게 하면 물건은 판매하는 것이 좋은가에 초점이 있기에 차이가 발생할 수밖에 는 없다. 즉, 매장의 판매원은 통제력과 유연성이 높은데 비하여 신뢰성이 낮다.

해답 81 ④ 82 ⑤

83 판매촉진을 위한 다양한 도구 및 수단들에 대한 다음 설명 중 올바르지 않은 것은?

① 샘플: 상품에 대한 대가를 지불하지 않고 제공되는 시제품
② 쿠폰: 소비자들이 어떤 특정상품을 구매할 때 절약할 수 있도록 해주는 하나의 징표
③ 프리미엄: 특정제품의 구매를 촉진시키기 위해 저비용 혹은 무료로 제공되는 추가 상품
④ 프라이스 팩(price packs): 상품을 구매하는 시점이 아니라 구매 후에 가격을 인하시켜 환불해 주는 제도
⑤ 리베이트(rebate): 공급선으로부터 연속적으로 대량 구매를 하는 경우 구매대금의 일부를 할인하여 현금으로 되돌려 받는 경우

상품을 구매하는 시점이 아니라 구매 후에 가격을 인하시켜 환불해 주는 제도는 리베이트(rebate)이다.

84 다음 중 판매촉진수단에 관한 다음의 설명 중 가장 적합하지 않은 것은?

① 신제품을 소개하거나 기존제품에 새로운 자극을 만들어 내는데 매우 효과적인 반면비용 또한 많이 드는 방법으로 샘플링을 들 수 있다.
② 한 유통매장이 특정한 날 매출을 끌어올리기 위해 모바일 메신저 시스템을 이용하여직접 고객의 핸드폰으로 텍스트메시지 쿠폰을 발행할 수 있다.
③ 광고공제(advertising allowances)란 소매기업이 자신의 광고물에 어떤 상품을 광고해주는 대가로 해당 제조기업이 상품 구매가격의 일정 비율을 공제해 주는 것을 말한다.
④ 현금 환불(cash refunds) 혹은 리베이트(rebates)는 제품의 정상가격에서 할인을 제공하는 것이며 고객이 구매하는 장소에서 곧 바로 가격할인이 제공된다는 장점이 있다.
⑤ 홍보는 광고주가 대금을 지불하지 않으면서 라디오, 언론 매체를 통하여 제품이나 서비스 또는 기업체에 관하여 상업적으로 의미 있는 정보를 제공하는 것을 말한다.

리베이트(rebates)는 일정기간이 지난 후 영수증을 가지고 오면 할인을 해주는 기법이다.

83 ④　84 ④

85 소매점 판매촉진(SP : sales promotion)에 대한 아래의 설명 중에서 옳지 않은 것은?

① 판매증대 효과가 단기적이다.
② 소비자의 점포 방문률을 높일 수 있다.
③ 홍보(publicity)는 광고에 비해 신뢰성을 높일 수 있다.
④ 과다하게 사용할 경우 점포이미지를 손상시킬 수도 있다.
⑤ 광고, 인적판매 등 다른 촉진수단과 독립적으로 사용할수록 그 효과가 상승한다.

판매촉진(Sales promotion)은 최종고객이나 경로상의 다른 고객에 의해 관심, 사용(trial), 구매를 자극하는 촉진활동을 말한다. 다른 촉진 수단인 광고, 홍보, 인적 판매 등과 협력하여 활동을 하면 판매촉진은 보통빠르게 시행되고 더 빠르게 결과를 얻게 된다. 실제로 대부분의 판매촉진 노력은 즉각적인 결과를 낳도록설계된다.

86 취업준비 중인 대학생인 이혜빈씨는 최근 자신의 메일주소로 매일발송되는 취업에 대한 홍보성 광고글 때문에 골치 아파하고 있다. 이런 내용에 대한 가장 적합한 지문은?

① 발신자는 대가를 지불하지도 않으면서 비인적 수단을 이용하여 소비자에 촉진을 하고 있는 것이다.
② 발신자는 대가를 지불하면서 인적 수단을 이용하여 소비자에 촉진을 하고 있는 것이다.
③ 발신자는 대가를 지불하지도 않으면서 인적수단을 이용하여 소비자에 촉진을 하고 있는 것이다.
④ 발신자는 대가를 지불하면서 비인적 수단을 이용하여 소비자에 촉진을 하고 있는 것이다.
⑤ 발신자는 대가를 지불하는 촉진수단이 지불하지 않는 것보다는 고객이 더 신뢰를 보일것이라 판단한다.

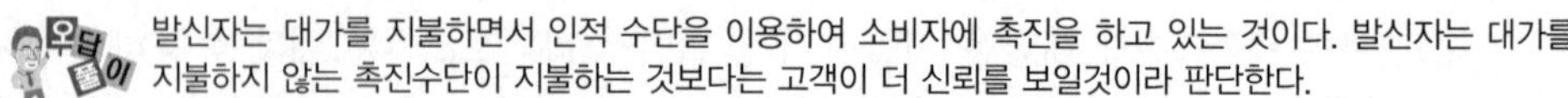

발신자는 대가를 지불하면서 인적 수단을 이용하여 소비자에 촉진을 하고 있는 것이다. 발신자는 대가를 지불하지 않는 촉진수단이 지불하는 것보다는 고객이 더 신뢰를 보일것이라 판단한다.

해답 85 ⑤ 86 ②

Chapter 2 점포관리

01 점포관리

1. 점포구성(Store Construction)

(1) 점포구성의 개념

① 점포구성은 잠재고객이 별다른 노력을 기울이지 않더라도 쉽게 찾을 수 있도록 꾸며야 하고, 다양한 계층의 고객을 대상으로 하는 점포는 매장 앞을 지나는 고객이 내부의 분위기를 느낄 수 있도록 설계되어져야 한다.

② 간단히 쳐다만 봐도 그 점포가 무엇을 파는 곳인지 한눈에 알 수 있도록 꾸며야 하며, 유리벽을 설치해 밖에서 안이 들여다보이도록 꾸미는 것은 기본이고, 가장 눈길을 끌 만한 상품을 최대한 앞쪽으로 배치해 시선을 끌어야 한다.

③ 다른 점포들 속에 묻히지 않도록 주의해야 하지만, 너무 화려하거나 고급스럽게 꾸미면 고객들이 부담을 느낄 수 있으므로 개성과 특성을 살리면서도 친근하고 대중적으로 꾸며야 하며 특정한 목표고객을 대상으로 하는 경우에는 목표고객만이 점포 안으로 들어올 수 있도록 설계되어 있다는 이미지표출에 중점을 둔다.

(2) 점포 위치 선정

① 점포 내에서 매장 위치를 선정하는 것은 대단히 중요하며, 고객에게 상품을 효과적으로 진열하여 판매 기회를 확대하는 지름길이 바로 매장의 위치 선정이다.

② 매장의 공간 평가에서는 단층점포(單層店鋪)의 경우 개방된 전면이 가장 가치가 높으며, 다층점포(多層店鋪)의 경우 고객들이 판매영역 내에 접근하게 하기 위해서는 수직 이동 시설에 인접되어 있어야 유리하다.

③ 각 층이 구역으로 구분되어 있다면 수직 이동시설, 출입구, 주요 통로에 가장 가까이 있는 구역이 평균 가치를 지닌 구역보다 2~3배의 가치를 지니게 된다.

④ 수직 이동시설과 멀리 떨어져 있거나 통로로부터 쉽게 접근할 수 없는 구역에는 점포내 고객 수에 바탕을 두고 특수 상품이나 편의품 · 선호품이 아닌 전문품을 위주로 진열하는 경우가 많다.

(3) 점포의 배치 및 구성

① 상품보관 장소와 매장과의 거리가 멀면 비용이 증대되므로 상품보관 장소는 가급적 매장에서 가까워야 한다.

② 점포에서 상품의 접수공간은 점포의 후방에 배치하고, 대형점의 경우는 지하나 트럭의 접근이 용이한 곳에 배치한다.

유통 마케팅

③ 점포의 업무처리 능력을 향상시키기 위한 점포 배치 구성 중 선물포장 및 수리 등과 같은 서비스 공간은 가급적 매장 가까이에 있어야 한다.

④ 점포기획자가 상품진열의 효과를 높이기 위해 가장 중요하게 고려하여야 할 것은 상품과 점포이미지의 일관성, 식별성, 편의성, 연관성을 유지해야 한다.

⑤ 접수한 상품을 검품하고 가격표 및 기타 표시를 붙이는 마킹작업 등을 위한 공간은 접수상품과의 혼돈을 막기 위해 가급적 접수공간과 가까운 곳이어야 한다.

(4) 소매 점포믹스

① 소매점포의 입지는 상권을 평가한 후, 소비자의 접근가능성, 교통량, 상권인구의 규모와 분포 등을 분석한 후 선정하는 것이 바람직하다.

② 소매점포의 머천다이징은 상품을 개발하고 확보하며, 관리하는 과정을 의미하는데, 성공적인 머천다이징을 위해서는 업종의 개념에 집착하기 보다는 업태의 개념을 수용할 수 있어야 한다.

③ 소매시장 내의 경쟁이 격화되고 소매시장의 환경이 급변하는 최근의 추세에 따라 소매점은 안정적인 상품공급을 확보하기 위해 도매상이나 제조업체와 긴밀한 관계를 유지하여야 한다.

④ 소매점이 추구하는 중요한 쌍두마차로서 마진율과 회전율이라 할 수 있다. 마진율과 회전율은 일반적으로 비례관계에 있는 경우가 많다. 즉, 회전율이 높은 상품은 빠른 회전율을 보이기 때문에 회전율에 따른 이익을 보기도 하고, 일부 품목은 회전율은 낮지만 마진율이 높은 상품도 있다.

2. 점포공간관리

(1) 점포공간관리의 개념

① 점포 공간의 생산성을 증진시키기 위해서는 공간을 최대한 적절하게 배치하기 위하여 상품 진열계획을 수립해야 한다. 이러한 상품 진열 계획에는 업태나 신 · 구 점포간에 차이가 발생한다.

② 점포의 면적이나 공간은 매장 부문과 비매장 부문으로 구성된다. 업종, 취급하는 상품, 점포의 규모에 따라 매장과 비매장의 비율이 차이가 있다.

③ 일반적으로 매장의 비율을 최대화하려는 추세에 있지만 매장의 비율이 높다고 하여 반드시 매출량의 증대를 가져오는 것이 아니기 때문에, 보통 매장과 비매장의 비율이 4 : 1 정도가 되면 가장 적절하다.

(2) 전략적 관리(strategic management)

① 전략적 관리는 사업의 기본 전략을 변경하는 전략이다. 이미 발전되었거나 유지되고 있는 점포 위치, 규모, 숫자에 변화를 주기 위해서 공간 배치를 광범위하게 변화시키는 장기 계획의 한 부분에 해당한다.

② 전략적 개념은 장기간 심사숙고하는 계획 과정을 거치게 되며, 마케팅 개념을 공간 결정 개념에 그대로 적용하는 것을 말한다.

③ 입지(立地)에 나타나는 운영상의 자료로는 점유 비율, 노동 조건비 임금, 물류센터로부터의 거리, 배송 시설과 일정, 운영 시간, 경쟁 점포로부터의 거리, 감독 조건 등을 들 수 있다.

④ 전략적 관리 의사결정은 주요한 사업 방향으로서 점포의 규모, 점포의 수, 점포의 위치, 매장 형태, 매장규모 등을 고려해야 한다.

(3) 전술적 관리(tactical management)

① 물리적 공간 압박과 생산성 목표에 따라 표적 시장 점유율의 균형을 위해 매년 실시되는 전술적 관리는 현재의 점포 내 매장 공간의 재할당과 분류 작업을 말한다.

② 전술적 관리의 순서는 현재의 1~6 매장을 현재의 실적치인 경쟁 활동, 잠재 시장, 시장 전략을 분석하여 1~10 매장으로 리뉴얼하는 단계를 거치게 된다.

③ 의사결정은 균형적인 생산성과 시장 점유율을 위해 매장을 확장하거나 매장을 축소하는 의사결정을 실시한다.

④ 시간 기준은 대개는 1년을 단위로 하여 시장 점유율과 생산성 향상을 위해 실시하며, 전술적 관리의 목표는 시장 점유율의 확대와 생산성 증대를 목표로 하고 있다.

(4) 운영상 관리(operational management)

① 운영상 관리란 특정 범위의 품목을 매장 공간이나 분류 공간에 할당하기 위해 상품을 적소(適所)에 옮기고 진열 효과를 향상시키는 작업을 말한다. 이는 잘 팔리거나 잘 안 팔리는 품목을 일주일 또는 일년 간격으로 재배치하는 것을 의미한다.

② 운영상 공간 경영의 순서는 현재의 카테고리 A에서 SKU 1~8을 직선상의 미터와 GM · 직선상의 미터 및 거래 압박을 분석하여, 개정된 카테고리 A인 SKU 1~12로 재배치한다.

③ 의사결정은 단기 조화를 위해 상품 · 카테고리, 유닛 · 방향을 실시하게 되며, 시간 기준은 대개 주간이나 연간 유닛 단위나 디스플레이에 중점을 두고 실시하고, 운영상 관리 목표는 생산성 향상을 목표로 한다.

02 매장과 점포 레이아웃(Lay out)

1. 매장관리

(1) 매장관리의 개념

① 매장운영은 고객접점요소를 중요시해야 한다. 매장에서 고객과 만나는 전 부문과 매장에서 고객이 느끼는 모든 부문을 관리해야 한다.

② 매장요소인 하드부문(Hard)은 상품과 시설이 있고, 휴먼부문(Human)은 인적 요소로서 고객서비스에 해당되며, 소프트부문(Soft)은 시스템과 점포이미지 등이 해당된다.

③ 유통매장경영에 있어서 공동비용항목에 속하는 것으로는 사무실 임차료, 봉급(인건비), 감가상각비용을 들 수가 있다.

(2) 매장 Floor 관리

① 소매업 매장 운영을 위해서는 층별(Floor)단위 관리를 통해 매장 전체를 관리할 수 있는 매장 운영 시스템이 구축되어야 한다.

② 조명, 색상, 에어컨, 사인, 위생, 카운터주변, 청소정리, 안전, 방범 등은 시설관리에 속하고, 영업을 위한 상품, 진열, 판매원 관리 등은 시설관리와는 별도로 판매관리 활동에 속한다.

Floor 관리 (층별 관리)	매장 전체 관리

【층별 관리】

2. 디스플레이(Display)

(1) 디스플레이의 개념

① 상품 진열방법의 가장 흔한 방식은 스타일/품목별 진열방식이고, 적재진열은 많은 상품들을 진열하기에 용이하다. 가구나 여성 의류 등은 전달하고자 하는 이미지를 중심으로 아이디어 지향적 진열은 하기도 한다.

② 수직적 진열방식은 벽과 높은 곤돌라를 이용해서 진열하는 방식인데, 고객들은 신문을 보듯이 왼쪽에서 오른쪽으로, 위에서 아래로 상품을 훑어보면서 고르게 된다.

③ 디스플레이는 점내에 판매대를 설치하거나 배치하는 것과 조명의 색깔과 밝기 조절에 따라 상품을 배열하고 판매 장소 복도에 공간 배치 등 고객의 구매 욕구를 자극시킬만한 궁극적인 의도를 가지고 조성되는 것이다.

④ 디스플레이는 얼마만큼 기술적으로 하느냐에 따라 하늘과 땅 차이라고 해도 과언이 아니다. 어쩌면 이것은 쉽게 말해 판매 때문이라고 할 수 있을 정도로 중요한 위치에 다가섰다.

⑤ 제품이 아무리 싸고 빈약하다고 해도 훌륭한 시설 아래 잘 전시되어 있으면 고객들의 눈에 고급품으로 보여 고객의 마음을 사로잡을 수 있도록 하는 것이 궁극적인 디스플레이의 목적이다.

(2) 디스플레이의 효과

① 다른 점포와의 차별화 효과를 얻는다.

② 점포와 상품의 이미지를 높이는 효과를 얻는다.

③ 선이나 색상, 형태, 짜임 등을 통해 통일성을 유지하는 것이 좋다.

④ 고객으로 하여금 상품을 선택하기 쉬운 매장으로 만드는 효과가 있다.

⑤ 색다름을 강조하려면 형태, 크기, 색채 등에 있어 대비를 시키는 것이 좋다.

⑥ 진열상품에 대한 구매 욕구를 향상시킴으로써 보다 많은 충동구매를 촉진시킨다.

⑦ 중앙축을 중심으로 좌우로 무게가 같아지도록 형태, 색채, 크기 등의 요소를 이용하는 것을 균형이라고 한다.

⑧ 선, 형태, 무게, 색채 등의 디스플레이 요인을 잘 결합함으로써 품종별, 소재별, 용도별, 가격별 조화를 이룰 수 있다.

(3) 디스플레이의 원칙(AIDCA)

① A(Attention): 일반 사람들의 눈을 끌고 가격은 고객이 잘 알아볼 수 있는 곳에 붙이고, 잘 보이도록 해야 한다.

② I(Interesting): 그 상품의 세일즈 포인트를 강조해서 고객의 흥미를 갖게 한다.

③ D(Desire): 고객이 사고 싶다는 욕구를 불러일으키게 한다.

④ C(Confidence): 고객이 사는 것에 대해 확신을 불러일으킨다.

⑤ A(Action): 고객이 구매 행동을 구체적으로 옮기도록 한다.

(4) 브랜드파워를 높일 수 있는 디스플레이

① 해당 그룹의 상품배치를 자사 브랜드만으로 가능하도록 제품화 하는 것을 풀라인 머천다이징(full-line merchandising)이라 하며 이를 실현하는 것이 중요하다.

② 자사제품이 백화점의 다양한 위치의 매장에 분산 전시되어 있다면 브랜드파워가 발휘되기어렵다. 따라서 자사 제품을 위한 단독코너를 만들고 한곳에서 집중적으로 보여 주면 브랜드에 대한 고객의 구매력이 더욱 향상될 수 있다.

③ POP을 사용하는 것이 바람직하며 이 때 POP의 넓이는 자사브랜드가 진열된 판매대 폭만큼설치하여 자사브랜드와 경쟁브랜드의 경계를 명확하게 해 주는 것이 중요하다.

3. 디스플레이(Display) 종류

(1) 구색진열(Assortment display)

① 구색진열(Assortment display)은 고객이 제품을 보고, 느낄 수 있도록 진열해 두는 것을 말한다.

② 개방된 구색진열에서는 카드나 책, 의류, 과일과 같이 만질 수 있는 진열방식을 사용한다.

③ 하지만 폐쇄된 구색 진열에서는 고객이 볼 수는 있지만 만지거나 착용해 보는 것은 금지된다. 컴퓨터나 CD같은 경우가 이에 해당한다.

(2) 테마별 진열(Theme-setting display)

① 테마별 진열(Theme-setting display)에서는 제품을 테마별로 특별한 분위기에 맞추어 진열하는 방식이다.

② 발렌타인데이나 크리스마스 혹은 여름의 바캉스 시즌에 특별한 매장 진열을 선택하는 것이 이에 해당할 것이다.

③ 소매업자는 계절이나 특별한 이벤트에 따라서 제품을 다르게 진열한다. 이는 판매를 촉진하고 쇼핑을 더욱 즐겁게 만들 수 있다.

(3) 옷걸이 진열(Rack display)

① 옷걸이 진열(Rack display)은 걸어서 보여주게 되는 제품을 위한 기능적 효용을 가지고 있다. 이는 주로 의류 소매업자에게 이용되는데 이는 조심스럽게 배치되어야만 한다.

② 고객이 혼란을 일으킬 수도 있고, 고객이 제품에 피해를 입히기도 용이하다는 것이 단점이다.

(4) 패키지 진열(Ensemble display)

① 패키지 진열(Ensemble display) 방식에서는 개별 카테고리별로 제품을 진열하는 것보다 하나의 전체적인 효과를 노리고 세팅되어 번들로 진열하는 것을 말한다.

② 마네킹이 신발을 비롯해서 모자, 가디건, 치마 등 모든 의류 제품을 보여주고 있을 수는 있으나 고객은 물론 이 모든 것을 각각 구매할 수 있다.

(5) 컷 케이스진열(Cut case display)

① 컷 케이스(Cut case)는 매우 저렴한 진열방식으로 제품을 원래의 배달된 상자 속에 그대로 넣어둔 채로 판매하는 것이다.

② 슈퍼마켓이나 할인점은 이러한 방식을 자주 이용하는데, 이는 따듯한 매장 분위기를 조성하는 것에는 그다지 도움이 되지 못한다. 일반적인 커다란 통(dump bin a case)에 제품을 쌓아두고 저렴한 제품을 파는 진열방식도 자주 이용된다.

③ 이는 개방된 구색 진열방식이라고도 볼 수 있는데 이는 제품 진열비를 아끼고 저렴하게 제품을 빨리 처분하기 위하여 이용한다.

(6) 선반 진열(Shelf display)

① **전진입체진열:** 상품을 곤도라에 진열할 때 앞에서부터 진열하는 방식으로 상품인지가 가장 빠른 페이스 부분을 가능한 한 고객에게 정면으로 향하게 하는 진열의 원칙이다.

② **브레이크 업(break up)진열:** 진열라인에 변화를 주어 고객시선을 유도하여 상품과 매장에 주목율을 높이고자 하는 진열이다.

③ **샌드위치 진열:** 진열대 내에서 잘 팔리는 상품 곁에 이익은 높으나 잘 팔리지 않은 상품을 진열해서 판매를 촉진하는 진열이다.

④ **라이트 업(right up)진열:** 좌측보다 우측에 진열되어 있는 상품에 시선이 머물기 쉬우므로 우측에 고가격, 고이익, 대용량의 상품을 진열한다.

⑤ **트레이 팩(tray pack)진열:** 상품이 든 박스 아랫부분만 남기고 잘라내 그대로 쌓아 대량으로 진열하는 것으로 상품을 하나씩 꺼낼 필요도 없고 진열도 깨끗하게 할 수 있다. 상품을 대량진열에 적합하며 트레이 진열 이라고도 한다.

⑥ **더미(dummy)진열:** 상품을 진열할 때 대량으로 보이게 하기위해서 상품 밑에 진열보조기구를 이용하는 것을 말한다. 청과물 진열에서 너무 많이 쌓아올리면 아래 상품이 상하는 경우에 이용한다. 이런 진열은 상품의 진열이 매출을 좌우한다.

⑦ **단계형 진열:** 상품 및 상품의 구성품들을 상향 또는 하향 방향의 연속적인 단계로 배열하는 것이다.

⑧ **피라미드 진열:** 밑은 넓고 위로 갈수록 점점좁아지는 삼각형과 같은 형태로 상품을 배열하는 것이다.

⑨ **지그재그형 진열:** 상품을 연단의 꼭대기에 쌓아올리지 않는 것을 제외하고 피라미드 배열과 유사하다.

⑩ **반복형 진열:** 일반적인 특성이 유사한 품목에 이용되며, 무게, 공간, 혹은 각도 등을 정확하게 똑같이 배열한다.

⑪ **케이스 진열(case display):** 무겁거나 쌓일 수많은 제품들을 진열하기 위해 이용되는 방식이다. 레코드나 책, 스웨터 등이 전통적으로 이런 방식으로 진열되어 왔다.

⑫ **아이디어 지향적 진열:** 여성 의류의 경우 점포의 전체적인 인상을 표현하기 위해 사용하기도 한다. 눈의 자연스러운 이동에 따라 효과적으로 상품을 진열할 수 있다.

⑬ **품목별진열** : 의류의 경우 사이즈별로 진열을 하면 고객이 상품을 찾기 쉽다.

⑭ **걸이:** 상품을 효과적으로 고정시키고 지열하는 동시에 매장 사이의 경계를 나타내는 방법이다.

4. 점포 레이아웃

(1) 점포 레이아웃의 의의

① 점포 레이아웃과 디자인은 단순히 점포를 아름답게 꾸미는 것만을 말하는 것이 아니며, 점포설계와 디자인은 대규모 설비 투자를 수반하는 동시에 구조 변경과 조정이 쉽지 않아 장 · 단기별 계획을 통해 경영 전략상 최적화와 비용절감에 중점을 둔다.

② 점포 설치의 기본인 점포 디자인, 점내 레이아웃인 매장과 시설 디자인, 집기나 상품 디스플레이 등과 점두(店頭) 레이아웃을 통해 영업 계획 전략을 구사하기 시작한다.

③ 점포 계획은 상당한 기술적인 능력과 지식을 요구되고 있다. 특히 근린형 소형 점포 같은 소형 소매상의 경우에는 전통적인 방식에 따라 점주 자신이 점포의 계획과 시설 및 리뉴얼이 가능하다.

④ 일정한 점포의 혼잡성은 쇼핑에 유리하지만, 지나친 점포의 혼잡성(crowding)은 대인 커뮤니케이션이 감소하고, 소비자의 구매가능성을 감소시키며, 점포이미지에 부정적 영향을 미칠 수 있으므로 이런 것을 참고하여 레이아웃을 고려해야 한다.

(2) 점포 레이아웃의 개념

① 점포 레이아웃(store lay-out)이란 매장과 비매장, 통로, 집기(什器), 디스플레이 도구와 진열장, 상품 등과 건물의 고정 시설들이 서로 적절한 관련성을 갖도록 정리 정돈하는 것을 말한다.

② 점포 레이아웃의 전제 조건은 부문별로 상품을 적정하게 할당 및 배치하고, 전체적인 레이아웃을 결정하며, 각 매장에 할당된 공간의 규모를 결정해야 한다.

(3) 점포 레이아웃의 기본계획

① 근접성 계획은 상품 라인의 근접 배치 여부를 매출과 직접 연결하여 계획을 수립하는 것을 말한다.

② 거품 계획이란 상품의 근접 배치 효과가 거품 형태와 같이 매장과 후방 시설들의 위치 및 크기에서 나타나는데, 예를 들어 패션 의류 매장을 개선하기 위해 패션 부문을 더욱 두드러지게 배치하는 것을 들 수 있다.

(4) 점포 레이아웃의 기본원칙

① 소비자의 본능적 행동양식과 업종 및 업태 그리고 점포규모에 따라 적절하게 응용하여 조화를 이루도록 매장레이아웃의 원칙에 유의하여 매장을 배치하여야 한다.

② 매장의 입구 쪽에는 가격단가가 낮은 상품을 안쪽으로 들어갈수록 가격단가가 높은 상품을 배치하는 것이 일반적이다.

③ 상품배치의 다양한 관점과 기준들 중 특히 소비자 관점에서 본 상품 간 관련성을 고려하여 상품을 배치하는 것이 중요하다.

④ 매장의 입구 쪽에는 구매빈도가 높은 상품과 구매시간 단축상품을 배치하고 안쪽 부분은 상대적으로 구매빈도가 낮은 상품을 배치한다.

(5) 점포 레이아웃의 버블(Bubble)계획

① 버블계획은 전반적으로 제품을 진열하는 매장 공간, 고객서비스 공간, 창고 등과 같은 점포의 주요 기능공간의 규모와 위치를 간략하게 보여주는 것을 말한다.
② 이러한 계획은 소매상의 전략적 목표를 표현할 수 있어야 한다. 즉, 소매상이 점포에서 강조하고자 하는 부분을 고객의 눈에 잘 보이는 곳에 배치한다.
③ 점포의 고객 서비스에 대한 이미지가 나쁘다면 이를 바꾸기 위하여 고객서비스 데스크를 눈에 잘 보이는 곳에 배치하거나 패션지향적인 이미지를 주고 싶다면 패션부문을 점포 내에 가장 좋은 위치에 배치하는 것이 좋다.

(6) 점포 레이아웃의 블록(Block)계획

① Bubble 계획에서 간략하게 결정된 배치를 점포의 각 구성부문의 실제 규모와 형태까지 세부적으로 결정하며, 고객서비스 공간, 창고 공간, 기능적 공간 각각은 기능적 필요나 크기에 따라 배치한다.
② 블록 계획은 거품 계획이 완성된 후 실제 매장의 전체 영업 면적을 그린 배치도의 작성 계획을 말한다. 따라서 점포를 기본 계획 원칙에 따라 레이아웃을 하기 위해서는 점포의 특징에 따라 몇 가지 회전력(回轉力)에 맞추면 된다.
③ 대체로 몇 가지의 block 계획 대안을 작성하고 점포의 전략적 목적과 기능성을 기준으로 평가하여 최종적으로 결정한다. 집기, 도구, 상품들을 매장 내에서 물 흐르듯 진열할 수 있도록 레이아웃 되어야 하는 자유로운 흐름형이다.
④ 축(軸)형을 중심으로 하는 레이아웃을 해야 하며, 축을 중심으로 매장이 설계되면 일정한 각을 이루도록 하고 간혹 미로(迷路)를 만들기도 한다. 이러한 형은 슈퍼마켓이나 드럭 스토어 등이 대표적이지만 특정 상품만을 구매하는 고객에게는 혼란을 야기할 수도 있어 바람직한 방법은 아니다.

5. 점포 레이아웃 유형

(1) 격자형(Grid type)레이아웃

① 격자형(格子型)은 반복적인 패턴으로 설비나 통로를 사각형으로 배치하는 형태이다. 고객들은 이러한 고정물을 중심으로 위 아래로 매장을 돌아보게 된다.
② 격자형 배치는 기둥이 많고 기둥 간격이 좁은 상황아래에서도 설비비용을 절감할 수 있으며, 통로 폭이 동일하기 때문에 건물 전체 필요 면적이 최소화된다.
③ 고객 대부분이 점포 전체를 구경하기 원하는 경우에는 적당하지만 특정제품을 찾는 경우에는 부적절하다. 이러한 격자형은 슈퍼마켓에 가장 적합한 형태이다.
④ 어떤 형태의 배치보다도 판매공간을 효율적으로 사용할 수 있고, 셀프서비스 점포에 필요한 일상적이고 계획된 구매행동을 촉진하며, 재고 및 안전관리를 쉽게 할 수 있다.

(2) 자유형(Free-form)레이아웃

① 소매점의 레이아웃(layout)시, 비품과 통로를 비대칭적으로 배치하는 방법으로 주로 규모가 작은 전문점 매장이나 여러 개의 작은 전문점 매장이 모여 있는 다형점포에서 주로 채택하는 레이아웃 방식이다.

② 자유 유동형은 매장의 판매 공간을 정면의 전체 패턴으로 바꾸지 않고서도 집기를 삽입하거나 제거함으로써 축소하거나 확장할 수 있다. 직선 통로를 없애고 고객이 우회하여 움직이도록 함으로써 상품이 고객들에게 많이 노출된다.

③ 충동구매를 촉진하고 소규모 의류점에 적합한 형태로 디스플레이와 동선을 자유롭게 구성하는 방식으로서 자유형은 격자형에 비해 공간 생산성이 떨어진다는 한계점을 가지고 있다.

④ 진열 쇼 케이스. 진열대, 계산대, 집기 등이 자유롭게 배치되어 고객의 시선을 끄는 배치형태로서 충동구매를 유도하여 매장의 매출을 증가시키는 장점이 있다.

⑤ 고객들이 원하는 제품을 찾기 위해 소비하는 시간이 오래 걸려 전체적인 쇼핑시간은 길어지고, 제품진열공간이 적어 제품 당 판매비용이 많이 소요되는 형태이다.

(3) 루프형(Loop type)레이아웃

① 루프형은 일련의 굴곡 통로로서 고리처럼 연결되고 있다는 점에서 프리 플로형과 비슷하지만 점포 내부가 경주로(競走路)처럼 뻗어나가 있어 경주로형(race back) 배치라고도 부른다.

② 고객들이 여러 매장들을 손쉽게 들러 볼 수 있고, 충동구매를 조장한다. 주된 통로를 중심으로 여러 매장 입구가 연결되어 있다.

③ 루프형은 진열된 제품을 고객들에게 최대한 노출시킬 수 있다는 장점을 지니고 있으며, 주요 고객통로를 통해 고객의 동선을 유도할 수 있다.

(4) 부티크형(Boutique type)레이아웃

① Boutique type 레이아웃은 특정 쇼핑테마별로 하나의 독립적인 공간처럼 배치하는 형식이다.

② Free-form 레이아웃과 마찬가지로 구매를 촉진 시키고 좋은 점포분위기를 형성시키는 장점이 있다.

점포 환경관리

1. 점포 내부 환경

(1) 조 명

① 점포에 있어 조명은 매출액과 밀접한 관련이 있다. 일반적으로 점포의 주체적 수행 기능은 판촉이므로 조명(照明)의 중요한 기능은 진열된 상품을 부각시켜 고객을 유인함으로써 효과적으로 매출액을 증대시키는 역할을 한다.

② 점포의 점두(店頭) 밝기는 통행객의 주의를 높이며, 쇼윈도의 조명은 고객의 관심을 유인하여 매력을 증대시키는 역할을 한다. 조명의 역할은 점내에 고객 유인, 상품에 대한 고객 유인, 상품 선택의 유인이 주요한 내용이다.

③ 외부조명은 고객을 끌어들이고 내부조명은 고객이 상품을 구입하거나 서비스를 제공받기 편안하게 설계되어야 한다. 조명은 물건을 돋보이게 하며 스포트라이트를 사용할 경우 진열된 상품을 강조하는 효과가 있다는 점을 명심해야 한다.

④ 조명은 고객을 사로잡는 결정적인 역할도 한다. 점포 안은 전체적으로 밝게 하는 것보다 밝은 곳과 어두운 곳을 적절히 조절해 주력상품이 눈에 잘 띄게 해야 한다. 점포 안이 전체적으로 너무 밝게만 보이면 주의가 산만해져 구매의욕이 상실될 수도 있기 때문이다.

⑤ 쇼윈도 위와 카운터, 물품진열대 위쪽 등에 스포트라이트를 적절히 이용하면 훨씬 매력적인 매장으로 꾸밀 수 있다. 어두운 조명은 고급스러운 분위기를 연출하는 데 효과적이므로, 할인매장의 경우 강한 빛을 사용하면 좋다.

(2) 조 도

① 점포의 점내(店內)에서는 조도(照度)를 통해 상품의 인상도를 높이는 동시에 가격표나 쇼카드를 명시하여 구매에 대한 흥미를 야기하는 역할을 수행하며, 점내를 따뜻하고 쾌적하게 하여 룸의 분위기를 연출하게 된다.

② 배분되는 조도(照度)는 입지에 따라 인근의 조명 수준에 균형을 맞추어야 하며, 출입구보다 점포 안쪽의 조도를 더 높여주어야 한다.

(3) 색 채

① 실내장식과 어울리며 상품을 돋보이게 하는 색상으로 배합해야 한다. 색(色)은 상점 무드와 이미지를 창조해 고객의 관심을 고조시킬 수 있어야 하며 진열효과를 극대화시킬 수 있도록 사용한다.

② 점포 내부의 색(色)은 고객의 입장에서 선택해야 한다. 여성을 상대로 하는 사업은 흰색과 파스텔을 사용해 밝고 호화로운 느낌을 주도록 하고, 어린이가 주고객인 유치원 · 장난감가게등은 노랑 빨강 파랑 등 원색을 사용하는 것이 기본이다. 특히 젊은 층을 상대로 하는 점포일수록 파격적인 색(色)과 디자인을 써야 손님을 끌 수 있다.

③ 어두운 색상과 자재는 답답하고 좁은 느낌을 주어 피하는 것이 원칙이다. 또 분위기를 무겁게 하기 때문에 소점포에서는 사용하지 않는 것이 좋다. 하지만, 검정색은 보석 같은 고급상품의 진열에 이용하기도 한다.

④ 배색(配色)은 맑은 색에서 탁한 색 순으로 배열하고, 밝은 색에서 어두운 색 순으로 배열하며, 옅은 색에서 짙은 색 순으로 배열한다. 명도 차이가 높은 색끼리의 배색은 경쾌하고 가벼운 느낌을 준다.

⑤ 색채가 주는 상징이나 느낌이 일부 문화나 지역에 따라서 다소 상이할 수도 있지만, 색채마케팅에서 각각의 색상이 주는 느낌은 일반적으로 상당한 공통점을 가지고 있다. 노랑은 "희망, 광명, 유쾌, 명랑, 경박" 등의 연상을 일으키는 색체라 할 수 있다.

(4) 벽과 바닥

① 의도하는 바에 따라 재질, 색깔을 잘 선택해야 한다. 벽면에 거울을 달거나 점포 일부를 계단식으로 높이면 실제 점포보다 넓어 보일 수 있다.

② 바닥의 재질은 상품의 분위기 조성과 관계가 있다. 고급상품은 카펫 종류가 어울리며 운동구나 구두점은 윤택한 나무 바닥이 어울린다.

(5) 집기와 장비

① 집기는 상품의 판매 진열 저장 보호 등에 이용되는 내구재로, 진열장 캐비닛 상자 선반 카운터 테이블 등이 있다.

② 장비라 함은 판매에 직접 또는 간접으로 보조하는 내구재를 말하며 금전등록기, 엘리베이터, 점내 운반 장비, 배달장비(오토바이, 차량) 등이다.

(6) 오감(五感)적 요소

① 고객을 위해 조성한 물리적 환경과 구매 분위기에 따라 만들어지는 심리적 효과를 위한 것이다. 즉, 사업자가 구매자의 시각, 청각, 후각, 미각, 촉각(감각반응)에 호소하는 것이다.

② 사진이나 그림은 한 가지를 고집하는 것보다는 계절이나 유행에 맞춰 교환해 주는 것이 좋다. 조명과 함께 음악이나 사진, 미술품 등의 소품들도 점포 분위기를 좌우하는 중요한 요소다. 시각적으로는 고객이 점포 내를 두루두루 살펴볼 수 있도록 레이아웃을 잡아야 한다.

③ 청각을 이용해 고객의 관심을 유도하려면 음악을 이용하면 좋고, 음악은 특히 신중하게 선택해야 하며, 음악에 따라 고객층이 구분되기도 하고 매출에 상당한 영향을 미치기도하기 때문이다. 음악은 점포에서 다루는 상품 및 고객의 취향에 알맞아야 하며, 음악 이외에 장난감가게에서 장난감의 소리를 나게 하는 등의 효과음도 적절히 사용하면 더욱 효과적이다.

④ 후각적으로는 좋은 냄새로 구매를 촉진시키는 경우를 말하며, 음식, 향수, 꽃을 이용하거나, 향을 뿌리는 방법이 있다. 미각적으로는 무료 시식이나 시음, 또는 소량판매로 소비욕구를 높힌다.

⑤ 촉각은 고객이 만져 보거나 집어드는 단계로 거의 판매단계에 도달한 경우이므로, 판매원은 고객이 상품과 접촉하도록 유도해야 한다. 매장에서는 고객이 만져보거나, 입어보거나, 신어보는 일이 자연스럽게 이루어질 수 있도록 하는 것이 효과적이다.

2. 점포 외부 환경

(1) 점포 외부환경의 개념

① 점포외부환경은 가격, 상품 구색, 머천다이징과 더불어 고객을 자점으로 흡인(吸引)하기 위한 가장 큰 매력 포인트가 되기 때문에 디자인이 실패하지 않도록 충분한 사전 검토 작업이 필요하다.

② 전방시설로 고객의 시선을 끌어들이기에 적합해야 하며, 고객의 발길을 점포로 유도해야 하기 때문에 외관적으로는 점포 자체를 소구(訴求)하는 기능을 가지고 있다.

③ 고객이 잘 들어오지 않는다든지, 분위기가 친밀하지 않다든지, 상품이 돋보이지 않는다든지, 고객의 동선이 길다든지, 매장 배치에 구조적 결함이 있다면 이는 점포 디자인 자체에서 문제점을 살펴보아야 한다.

④ 백화점의 경우에는 중세풍(中世風) 석조(石造)로 중후 · 우아하게 치장한다든지, 신업태는 초현대적 감각을 살려 단순하면서도 회화적 감각을 살린다든지, 체인 스토어의 경우에는 공통적인 이미지를 살릴 수 있도록 표준화 타입인 로고와 심벌마크를 중심으로 색채를 가미한 표준 외관 디자인으로 외부장식을 하는 것이 좋다.

(2) 점포의 간판

① 고객으로 하여금 점포를 발견하고 확인하게 하는 기능뿐만 아니라 점포에 대한 이미지를 심어주는 역할을 하는 것이다.

② 간판은 잠재적인 고객들이 점포와 접촉하게 되는 시발점이라는 것을 명심하여 신경을 많이 써야 하는 부분임에도 불구하고 소홀히 취급하고 있는 점포가 의외로 많다.

② 점포 간판은 전방 시설로서 고객에게 기업명 · 업종 · 취급 상품 등을 소구하는 인상적인 기능을 가지고 있으며, 건물 전면의 디자인 구성 중 한 요소이므로 전체적인 균형감을 살려 눈으로 보아 인상적인 느낌을 주어야 한다.

(3) 점포의 입구

① 고객이 출입을 쉽게 할 수 있도록 설계되어져야 한다. 즉, 고객이 출입하는데 있어서 심리적 또는 물리적 부담이 가지 않아야 한다. 출입구는 손님을 맞이하는 얼굴이다.

② 소형점포라도 최대한 넓게 만드는 것이 기본이다. 그러나 현실적으로 입구를 넓힐 수 없다면 출입문이나 벽에 유리를 부착해 넓게 보이도록 하는 것도 한 방법이다.

③ 손님의 회전이 빠른 점포의 경우는 출입문을 쉽게 여닫을 수 있도록 가벼운 소재를 택하는 것이 좋다. 설계시 고려되어야할 부분은 출입구의 수, 위치와 방향, 출입구의 크기, 출입방식(전후 미닫이, 좌우 미닫이, 회전문, 자동문 등), 비상구 등이다.

(4) 점포의 진열 창

① 진열된 상품이 고객의 주의를 끌고 고객이 관심을 가질 수 있도록 하여야 한다. 진열창(display windows)은 점포의 대표적인 상품 또는 고객을 유인하기 위한 전략상품(세일품목, 계절상품, 신제품, 기획상품 등)을 진열하여 점포의 이미지를 전달하여야 한다.

② 진열창의 내용은 계절, 명절특수 등의 기회가 있을 때 주기적으로 바꾸어 줘야 한다. 고객의 변화하는 구매 욕구를 먼저 파악하고 , 고객을 점포에 흡인하는 역할을 수행하고, 점포 품격을 표시하며, 고객의 시선을 점포 내로 유도하는 역할을 담당한다.

③ 고객의 구매 결정상 심리적 프로세스로서 AIDMA 원리를 쇼윈도 연구에 응용할 수 있는데 이는 주의(attention), 흥미와 관심(interest), 구매 욕망(desire), 기억(memory), 구매 행동(action) 등의 5단계를 말한다.

(5) 점포의 주차장

① 소점포에 있어서 주차장은 필수는 아니지만 자동차 1,000만대 시대를 살고 있는 고객을 위한 서비스 차원에서 고려되어져야 한다.

② 독자적으로 주차장 확보가 어려운 경우라면 인근의 주차장 이용방법을 제시하는 사업주의 고객배려가 필요하다.

04 상품진열

1. 진열의 형태

(1) 윈도진열(Window display)

① 윈도진열은 점포에 대한 고객의 흡인력(吸引力)을 창조하고 점포 품격을 향상시키는 것이 주 목적이기 때문에 특선품 구역(feature area)이라 할 수 있으며, 이런 구역은 쇼윈도우를 적절히 사용하면 고객을 매장 안으로유인할 수 있다.

② 보행객 및 아이 쇼핑(eye-shopping) 고객을 점포 내로 끌어들여 고객별로 그 점포의 수준과 성격을 파악하게 하는 역할을 수행한다.

(2) 점두진열(Store-front display)

① 점두진열은 보통 보행객뿐만 아니라 아이 쇼핑 고객에 대하여 그 점포의 판매 상품과 제공 서비스가 훌륭하다는 신뢰감을 갖게 하고 구매하려는 분위기를 조성하는 기능이 있기 때문에 충동구매 상품을 배치하는 것이 유리하다.

② 점두진열은 매력있는 진열, 신뢰감을 갖는 진열, 빈틈없는 진열이라는 세가지 요인을 충분하게 고려하여야 하므로 특선품 구역(feature area)으로 간주할 수 있다.

③ 윈도진열과 점두진열은 상호 유기적으로 결합되어 연계성이 있어야 한다. 그 이유는 통행객과 아이 쇼핑 고객에게 주의를 환기하고 흥미를 갖게 하여 매력과 신뢰감을 줌으로써 소비자들의 시선과 동선을 점내로 유도할 가능성을 부여하기 때문이다.

(3) 점내진열(Interior display)

① 상품을 판매하기 위해 구체적으로 상품 구역별로 진열대에 진열하는 점내진열의 구성 요소는 소비자의 구매심리라는 관점에서 심리적인 프로세스는 '주의→연상(連想)→욕망→비교→확신→결정' 과정을 거치게 된다.

② 고객은 점내에 진열된 상품을 자유롭게 바라보고 자유롭게 만져보고 연상하면서 상품 가격과 타 상품과의 비교를 통해서 구매 결정을 할 수 있도록 진열해야 한다.

(4) 수직적진열(Vertical display)

① 수직이라는 의미는 물체를 실에 매달아 드리웠을 때 그 실이 보이는 방향 또는 그런 상태를 말한다.

② 수직적진열은 벽이나 곤돌라를 이용하여 고객들에게 시각적인 효과를 주고 진열의 효과를 위한 상품을 진열하는 것을 말한다.

(5) 행거진열(Hanger display)

① 상품의 특성에 따라 아이템별, 소재별, 컬러별로 구분하며, 고객을 향해 위쪽 방향이 정면이 되도록 걸어둔다

② 의류상품의 진열 시에는 페이스 아웃(face out)시키고, 상품의 소매를 보이게 하여 색의 종류와 볼륨감을 나타나게 한다.

(6) 곤돌라진열(Gondola Display)

① 보통의 셀프서비스(self-service)를 채택하고 있는 판매점(販賣店) 등에 있어서는 소비자 자신이 직접 상품을 손쉽게 잡을 수 있어야 하기 때문에 무엇보다도 상품의 '디스플레이(display)'가 중요한 부분을 차지한다.

② 곤돌라(gondola)에 의한 진열은 바로 이러한 효과창출(效果創出)을 위하여 대량의 상품이 고객들에게 충분히 잘 보여짐과 동시에, 움직이는 선반장치를 이용한 진열 방식을 말하며, 대량 진열이 가능하고 점포배치전환에 쉽게 적용할 수 있어 고객이 자유로이 상품을 선택할 수 있게 한다.

③ 고객들로 하여금 보다 풍요(豊饒)함을 직접 느끼게 하면서 상품을 가장 편안하게 집어들 수 있도록 고안된 일종의 입체식(立體式) 진열을 말한다. 이러한 진열에서는 시각적(視覺的)으로 '눈의 높이나 그보다 약간 아래' 부분이 가장 핵심적인 곳으로 꼽히고 있어 매출이익(賣出利益)이 좋은 상품이 진열되고 있다.

(7) 아이디어 지향적 진열(Idea display)

① 아이디어 지향적 진열은 제품이 점포의 전체적인 인상을 표현하기 위해 진열되는 경우가 이에 해당한다.

② 동일한 업자가 만든 제품은 서로 조화를 이루므로 함께 진열하고, 여러 가구를 한 방에 모아 가정에서 전시하면 어떻게 보여 지는지에 대한 정보를 제공하는 특징이 있다.

2. 특수한 진열

(1) 엔드 매대(End cap)진열

① 엔드 매대(end cap)는 통로 맨 끝에 배치된 매대를 말하며 주로 충동구매상품을 엔드 매대에 많이 배치하며, 소매점에서는 특별 판촉제품들을 엔드 매대에 배치하는 경우가 많다.

② 신학기, 명절, 발렌타이데이, 계절행사, 행사테마를 제안하는 공간으로 활용하여 관심 상품을 곤돌라에 진열하여 주 판매대인 곤돌라로 고객을 유인 한다.

③ 전단, 광고상품, 행사상품 등을 진열하여 판매촉진 수단으로의 활용하여 인지도가 높은 상품을 진열하며, 고객이 점내를 회유하게 유도하는 기능을 한다.

(2) 황금구역(Golden zone)진열

① 오늘날 소비자의 구매 습관 및 구매 동기는 대단히 다이나믹하게 변화하고 있다. 유통매장에서 특정제품이 주목을 받고 판촉효과를 극대화하기 위해서는 소위 “황금구역(golden zone)”에 디스플레이 하는 것이 중요하다.

② 매장진열에서 유효진열범위 중 특히 골든라인(Golden Line)의 부분은 매출 기여도가 가장 높을 것으로 예상되는 유효진열범위 내에서 가장 고객의 눈에 띄기 쉽고 또한 손이 닿기 쉬운 높이의 범위를 말한다.

③ 영업전략으로 황금구역에 디스플레이 해야 하는 상품으로는 중점판매상품, 계절상품, 캠페인상품, 광고상품을 들 수 있고, 판매수량 측면이나 매출액 그리고 수익성측면에서 기여도가 높은 상품의 경우 영업전략으로 황금구역에 디스플레이 해야 한다.

④ 황금구역의 진열을 확보하기 위해서는 상품공급기업의 영업사원들 스스로 황금구역진열을 통한 판촉효과를 스스로 인식하는 것이 중요하며, 위치로 눈높이에서 20도 내려간 곳을 중심으로 위 10도 그 아래 20도 사이를 말하며, 일반적으로 75cm~135cm의 진열공간의 높이 영역을 의미한다. 하지만 절대적인 개념은 아니고 사람의 선호특색, 문화나 지리적차이, 국가적으로 보면 차이는 있다.

(3) 플래노그램(Planogram)

① planogram은 (plan+diagram)의 합성어로 실제 상품진열에서 무엇을 이용하여, 어떠한 방식으로, 그리고 어떻게 해야 할 것인가 등에 관하여 치밀한 계획을 수립하는 것으로 구매에 따른 가격 감각과 쇼핑 시간의 무감각을 의도적으로 조성하고 있다.

② 플래노그램은 진열 공간의 생산성 평가의 수단으로 사용, 편의점과 할인점의 계산대 옆에 계산하면서 쉽게 집어들 수 있는 소액 상품들을 진열해서 고객이 애초에 의도하지 않았던 구매를 유도하여 매출 증대에 기여하는 것을 말한다.

(4) 조닝과 페이스, 페이싱

① 조닝(Zoning)

㉠ 레이아웃이 완성되면 각 코너별로 상품 구성을 계획하고 진열 면적을 배분하는 것이다.

㉡ 레이아웃 도면상에 상품 배치 존(zone) 구분을 명확하게 표시하는 것을 말한다.

② 페이스(face)

㉠ 진열은 페이스(face)와 페이싱(facing)으로 성립된다. 페이스는 상품의 정면을 의미하며, 페이싱은 상품의 측면을 의미한다.

㉡ 고객은 매장 내에서 원하는 상품의 깊이나 내용을 상세하게 알고 싶어 한다는 점을 들 수 있다. 이와 같은 욕구를 만족시켜 주는 대응책이 상품을 정면 방향으로 향해 페이스 진열을 하는 방법이다.

③ 페이싱(Facing)

㉠ 페이싱 진열은 페이스에서 볼 수 있는 상품 재고량에 대한 풍족감을 심어주기 위해 같은 종류의 상품을 측면으로 여러 개씩 연속 진열하는 것이다.

㉡ 페이싱은 진열량과는 다르게 페이스의 수량을 뜻하는 것으로서 정면에서 볼 때 하나의 단품을 옆으로 늘어놓은 개수이며 7페이스 또는 페이싱7이라 함은 하나의 단품이 옆으로 7개 진열된 것을 말한다.

㉢ 페이스 표는 단품별 진열 도면을 말하고, 또 표준 진열도라고 말하는데 말 그대로 표준 페이스 표를 만들어 진열할 때 매일 활용해야 함을 의미한다.

㉣ 매장구성의 단계적 활동은 상품을 분류하는 그룹핑(grouping)에서 진열 면적을 배분하는 조닝(zoning)을 거쳐 진열면의 배분단계인 페이싱(facing)단계로 접어든다.

05 비주얼 프리젠테이션

1. 비주얼 프리젠테이션

(1) 비주얼 프리젠테이션의 정의

① 인간은 크게 미각, 후각, 촉각, 청각, 시각의 정보흡수 센서를 갖고 있는데 심리학자들은 이 중에서 정보를 흡수하는 역할이 가장 큰 센서가 바로 시각센서라고 하며, 비주얼 프리젠테이션은 비주얼(visual)과 프리젠테이션(presentation)의 합성어이다.

② 비주얼(visual)은 고객이 어느 곳에서든 볼 수 있는 장소에 상품을 배치하여, 그 상품의 장점과 매력을 고객에게 시각적으로 호소하기 위한 것을 말한다.

③ 프리젠테이션(presentation)의 사전적 의미는 '발표, 소개, 표현' 등의 뜻을 갖고 있다. 프리젠테이션은 직접 눈으로 보는 시각을 이용하여 청중을 이해시키는데 다른 어떠한 정보흡수 매체보다 그 효과가 탁월하다고 할 수 있다.

④ 매장의 컨셉, 패션 테마의 종합적 표현장소로서 쇼윈도, 스테이지 등에 위치하여 보여주는 기능을 한다.

⑤ 상품의 특성과 장점에 대한 정보를 제공하고, 인기 상품, 계절상품 등 고객에게 제안하기 위한 역할을 한다.

⑥ 고객을 자극하여 무의식적인 구매충동에 구체적인 동기를 부여하고, 해당시기에 가장 제안하고 싶은 제품을 정확하게 전달하도록 연출한다.

(2) 비주얼 프리젠테이션의 기술

① 프리젠테이션이란 비주얼에 의해서만 전달되어지는 전문적인 프리젠테이션에 한정된 행위만이 아닌, 우리가 갖고 있는 어떠한 목적이나 의도를 상대방에게 의사 전달 행위라고 볼 수 있다.

② 고객에게 상품을 제시함으로서 고객은 어떠한 반응을 일으키는지를 명확히 알수가 있어야 한다. 그러기 위해서는 진열되어있는 상품을 어떤식으로 진열을 하는 지를 명확이 나타내야한다.

2. POP(Point of purchase) 광고

(1) POP광고의 개념

① POP광고(Point Of Purchase)는 소매점의 점포 입구나 점포 내에서 직접, 간접으로 판매촉진을 위하여 행하는 광고표시물의 일체를 말한다. 구매시점에 광고를 하는 것으로 고객이 상품을 선택하는 데 도움을 줄 수 있어야 하고, 매장의 이미지를 향상시키는 역할을 할 수 있도록 매장의 특성을 고려해야 한다.

② POP광고의 주목적은 첫째 손님을 점포 안으로 들어오도록 촉진하기 위한, 둘째 점내 유도를 위한 POP, 셋째 메시지 전달을 위한 POP, 넷째 점포 이미지형성을 위한 POP등 점포의 판매촉진을 수행하는 역할로서 쓰인다. 구매율을 높여 장사가 잘되게 만들기 위한 것이다.

③ POP광고내용은 고객의 시선을 순간적으로 멈추게 할 수 있어야 하며 더 나아가 충동구매 욕구를 자극하고 구매가 실행될 수 있도록 유도하여야 하며, 각각의 POP진열방식은 고객에게 정보를 제공해 주고, 매장의 분위기를 반영하며, 홍보 역할을 수행한다.

④ POP(Point Of Purchasing) 광고는 구매 시점 광고로써 소매상의 점두나 점내를 활용하여 판촉 활동을 수행하는 점내 광고로서, 대량 광고 매체에 대응한 광고 용어이다.

⑤ 오늘날 대량 생산체제와 대량 판매체제가 구축되면서 셀프 서비스 판매를 중심으로 한 판매 방식이 채용되어 주로 슈퍼마켓, 양판점, 할인점에 대한 지원 활동의 일환으로서 제조업자나 도매상이 자신의 대량 광고를 판매시점에 접목시킬 목적으로 POP 광고를 작성하여 소매점에 배포하기 시작하였다.

(2) POP광고의 분류

① 직접적인 방법으로 쇼 · 카드나 프라이스 · 카드 등과 같이 충동적으로 구매동기에 연결시키고자 하는 것으로 단기적인 게시가 대부분으로 사내의 디자이너나 또는 작은 매장에서는 매장 담당자가 만들어서 게시한다.

② 간접적인 방법으로 점포내의 이미지 · 업이나 활기를 주어 판매를 촉진하기 위하여 게시하는 것으로 매장무드나 이미지를 좌우하는 역할을 하므로 전문가에게 의뢰함이 효과적이다.

(3) POP광고 만드는 법

① POP광고를 어디에 붙이는 가를 결정

② POP광고에는 어떠한 문안이나 단어를 사용하는가를 결정

③ POP광고의 모양, 크기, 소재, 색을 결정

④ POP광고의 문자의 글씨체, 크기를 결정

⑤ POP광고의 레이아웃을 결정

⑥ POP광고의 정확하게 붙어있는가를 확인

3. POP광고의 목적

(1) 내점촉진을 위한 POP

① 점포의 매출을 증가시키기 위해서는 내점객수를 증가시켜야 한다. 그러기 위해서는 점포앞 통행객이 점포 내에 주목하고 흥미를 가져 점포에 들어오고 싶은 욕구를 환기시키는 점내의 연출이 필요하다.

② 점포의 주장이나 이벤트의 테마를 점두에서 통행자에게 소구할 때에 POP는 커다란 역할을 발휘할 수가 있다.

(2) 입점 고객유도를 위한 POP

① 점포에 들어온 고객에게 어디에서 무엇을 팔고 있는가를 신속하고 알기쉽게 전하는 것은 구매율을 높이기 위해 중요한 일이다. 고객은 자기가 원하는 상품이거나 마음에 드는 상품을 찾기 위해 시선을 두리번거린다.

② 고객은 자기가 찾고 있는 상품이 안보일 때는 초조해하며 사고 싶은 생각이 둔해지는 경우가 많다. 그래서 매장은 안내판이나 POP광고를 설치하여 멀리에서도 볼 수 있는 매장표시를 하는 것이다.

③ 점내유도 POP광고로서는 매장안내, 매장코너표시, 상품분류, 행사안내 등 일반적으로 생각되어지지만 내점객이 자신이 희망하는 상품의 매장을 바로 발견할 수 있는 것은 점포측에서는 고객의 회전율을 높여주고 고객측에는 헛된 시간을 줄이는 효과를 얻을 수 있다.

(3) 메시지 전달을 위한 POP

① 상품가격, 품질, 사용법 등에 관한 메시지로서 상품내용의 이해나 상품의 장려 등은 상품설명을 위한 POP광고이다.

② 점포고객에 대한 제안, 즉 생활향상에 대한 제안, 보다 쾌적하며 합리적인 소비행동의 제안 등 각종 테마를 점내에서 고객에게 소구하여 상품구입을 유도하는 것은 테마소구를 위한 POP광고이다.

(4) 점포 이미지 형성을 위한 POP

① 점포의 이미지나 개성을 형성하기 위해서 POP광고는 중요한 역할을 한다.

② POP광고로 그 점포의 신선한 이미지를 고객에게 선사함으로써 기성개념을 뒤집는 효과를 올린다.

4. POP 광고 제작의 포인트

(1) 표현 문장

① 캐치프레이즈는 손님의 기분을 포착하고 유도하기 위하여 기발하고 참신하며 짧은 문구로 POP광고는 문학적인 표현보다는 단적으로 상품의 특징을 꼬집어서 표현하는 짧은말이 충동구매로 유도하는 데 도움이되고, 자극적이며 신선한 표현이 환영 받는다.

② 설명문형식은 상품의 특징이나 유리함 또는 편리함 등을 호소하는 것이며, 상품의 요점을 짧고 인상적인 표현으로 간단하게 구성하고, 운율이 자연스러워야 효과적이다.

(2) 레이아웃

① 사진이나 그림은 문자 이상으로 사람의 눈을 끌기에 효율적이다. 아무리 훌륭한 캐치프레이즈에 뛰어난 설명문이 준비되었다 할지라도 방법이 서투르면 효과를 거둘 수 없고, 광고효과는 오히려 상품의 가치를 반감시키고 이미지를 저하시키는 결과를 초래한다.

② 레이아웃의 요령은 문장은 될 수 있는 대로 옆(가로)으로 쓰는 것이 효과적이며, 윤곽을 뚜렷이 해줌으로써 지면이 정리되는 경우가 일반적이지만, 지나치게 뚜렷하면 역효과를 내며, 반드시 윤곽을 그려야 하는 것은 아니다. 적당히 여백을 남기며, 여백이란 필요 없는 것 같으나 사실상 여백이 있음으로써 지면이 정리되고 내용이 명확해진다.

(3) 레터링

① 레터링(lettering)은 글씨쓰기나 글자의 배치로서 글자를 잘 쓰고 못 쓰는 것은 호소력에 큰 영향을 준다. 잘 쓰여진 글자는 읽기 쉽고, 이해하기 쉬우며, 아울러 상품의 품격마저도 향상시키는 역할을 한다. 반대로 서툰 글씨는 상품의 품격을 저하시킨다.

② 레터링을 할 때의 주의사항은 정성을 드려 써야 하며 쓰기 전에 반드시 글자를 등분해서 정돈한 후 작업을 진전시키고 색의 수를 한정해야 한다. 한 장의 POP광고에 사용되는 색은 3색 정도로 한정시키는 것 이 보통이다. 너무 많은 색을 사용하면 오히려 읽기 힘들어지며, 상품의 품격이나 색채에 따라서 레터링색채를 선택하고, 숫자에 관해서는 가격을 나타내는 숫자는 아라비아 숫자를 쓰는 것이 효과적이다.

(4) 일러스트레이션

① 일러스트레이션(illustration) 도안이나 사진을 효과 있게 사용하면 POP광고의 지면을 보다 돋보이게 한다. 사진이나 그림이 POP광고 내용과 달라져서는 곤란하다.

② POP광고는 판매촉진상 더욱 그 역할이 중요해지고 있음은 주목할 만한 사실이다. 점포내에 게시되는 POP에는 행어(hanger), 포스터(poster), 스포터(potter), 디스플레이(display), 스티커(sticker), 쇼카드(show card), 프라이스 카드(price card)등이 있다.

5. 포장(Packing)

(1) 포장의 개념

① 포장은 물품을 수송, 보관함에 있어서 가치 또는 상태를 보존하기 위해서 적절한 재료, 용기 등을 물품에 가하는 기술 또는 상태를 의미한다.

② 포장은 종종 판매증진뿐만 아니라 다른 중요한 운영활동의 수행을 용이하게 한다. 포장은 시장에서 전반적인 소매 환경에 적합해야 한다.

③ 포장은 선적과 보관, 전시할 때의 용이성, 그리고 다른 환경적인 요구사항들을 충족시켜야하며, 상품의 확인을 돕고, 그렇게 함으로써 지각상의 장애를 제거한다.

(2) 포장화의 목적

① 노란색은 위생적이며 연약하고, 파스텔색상은 여성적이며 검정색은 남성적이다.
② 서구에서 푸른색은 차갑고 평온하며, 빨간색은 능동적이며 활동적인 것을 의미한다.
③ 식품에 대한 포장화 혁신사례로 재봉합할 수 있고, 온도를 유지하며 또한 사용하기 편리한 포장화를 들 수 있다.

(3) 포장의 상품기능

① 상품의 내용물을 다양한 위험으로부터 보호하는 기능이 있다.
② 소비자가 상품을 편리하게 운반하고 사용하게 하는 기능이 있다.
③ 상품포장의 기능은 크게 상품기능, 의사전달기능, 가격기능 등으로 분류된다.
④ 상품 내용물 즉 일정한 수량을 정해진 단위에 알맞도록 적재하는 기능이 있다.

(4) 포장 믹스

① **크기**: 포장의 크기는 관심을 끌고, 상표의 구별을 용이하게 하며, 제품 개념을 전달하는요소이다.
② **형태**: 포장 형태는 우선 제품에 적합하도록 설계되어야 한다. 취급상의 편리함과 생산상의경제성, 전시상의 적합성을 동시에 지녀야 한다.
③ **재료**: 고객들은 제품을 보호할 수도 있으며, 내용물을 볼 수 있는 포장을 선호한다. 다양한플라스틱들이 이러한 목적에 사용되어 왔으며, 각종 제품들이 안을 들여다볼 수 있게 포장되어 있다.
④ **색**: 포장에 사용되는 색은 색 자체가 심리적인 메시지를 제공한다는 점에서 제품개념의 전달에 심오한 영향을 미친다.
⑤ **도안**: 도안은 제품의 확인과 제품 개념의 전달에 결정적인 역할을 수행한다. 도안은 제품의 메시지를 전달하며, 제품의 내용을 제시하고, 사용법을 설명하여야 한다.

(5) 포장의 종류

① **개념**: 포장분류시 재료를 기준으로한 분류는 기초포장(primary package), 2차 포장(secondary package), 운송포장(shipping package)의 3가지로 구분한다.
② **개장(item packaging)**: 흔히 낱포장이라고도 하며 물품 자체를 하나씩 포장하는 형태를 말한다.
③ **내장(interior package)**: 속포장이라고도 하며 물품에 대한 수분, 습기, 광열, 충격 등을 방지하기 위하여 적합한 재료와 용기 등으로 물품을 포장하는 형태를 말한다.
④ **외장(exterior package)**: 겉포장이라고도 하며 물품을 상자나 나무통 및 금속 등의 용기에 넣거나, 용기를 사용하는 것 없이 그대로 기호 또는 화물을 표시하는 방법을 말한다.

(6) 상업포장과 공업포장

① 공업포장의 경우 판촉을 고려하지만 절대적인 것은 아니고, 상업포장의 경우 판촉이 중요하다.

② 공업포장은 물류활동이고, 상업포장은 상류활동이다. 즉, 공업포장은 물류수단이고 상업포장은 판촉수단의 하나이다.

③ 공업포장은 보호를 전제로 항상 최저비용을 추구하지만, 상업포장은 매출신장을 위해 비용 상승도 감수한다.

④ 상업포장은 구매자 또는 소비자와 직접 접촉한다는 것을 염두에 두어야 하는 반면, 공업포장은 상품보호가 가장 중요하므로 최우선으로 하여야 한다.

06 머천다이징(Merchandising)

1. 머천다이징(MD : Merchandising)

(1) Merchandising의 이해

① 머천다이징을 우리말로 표현하면 '상품화계획'이라 부르기도 한다. 기본 틀은 '적정한 상품의 선정과 관리'에 있다고 봐야 할 것이다.

② 머천다이징과 밀접한 관계가 있는 '상품관리(Merchandise Management)'는 적정한 상품계획(Products Planning)이 전제되어야 한다.

③ 매입과 판매를 연결하는 시장성 있는 상품을 창출하기 위한 기법으로 특정한 상품이나 서비스를 기업의 마케팅 목적에 따라 가장 잘 실현할 수 있는장소, 시기, 가격 및 수량으로 제공(마케팅)하는 것에 관한 계획과 관리이다.

④ 시장조사와 같은 과학적 방법에 의거하여 수요 내용에 적합한 상품 또는 서비스를 알맞은 시기와 장소에서 적정가격으로 유통시키기 위한 일련의 전략이다. 즉 제품을 상품화하여 매출을 올리고 이익을 창출하기 위한 전략이라 할 수 있다.

(2) Merchandising의 의미

① 어떠한 상품을 매입하고 이것을 어떻게 관리하며 어떻게 판매하는 것이 최적의 이익을 얻을 수 있는 것인가에 대한 계획을 세우는 마케팅 활동을 의미한다.

② 매입과 판매를 연결하는 시장성 있는 상품을 창출하기 위한 기법으로 특정한 상품이나 서비스를 기업의 마케팅 목적에 따라 가장 잘 실현할 수 있는 장소, 시기, 가격 및 수량으로 제공(마케팅)하는 것에 관한 계획과 관리이다.

③ 소매업 상품정책의 중심적인 활동이며 상품의 적절한 매입, 진열을 위한 계획 및 활동이라고 할수 있다.

④ 일반적으로 도매업자나 소매업자 등 판매업자의 활동을 의미하는 상품선정과 관리를 말하며 제조업자의 경우에는 제품계획 그 자체라고 할 수 있다.

⑤ 기업의 마케팅 목표를 달성하기 위해 특정상품과 서비스를 가장 효과적인 장소, 시기, 가격 그리고 수량으로 제공하는 일에 관한 계획과 관리이다.

⑥ 어떠한 상품을 매입하고 이것을 어떻게 관리하며 어떻게 판매하는 것이 최적의 이익을 얻을 수 있는 것인가에 대한 계획을 세우는 마케팅 활동을 의미한다.

(3) Merchandising 업무와 활동

① 소매업 상품정책의 중심적인 활동이며 상품의 적절한 매입, 진열을 위한 계획 및 활동이라고 할수 있다.

② 판매계획, 상품매입, 판매촉진, 판로지원과 확대, 상품관리와 영업과의 커뮤니케이션 등이 머천다이징 활동의 주요 업무이다.

③ 향상된 머천다이징을 위한 이번 회기의 성과평가 및 다음 회기를 위한 제품선정, 일반적으로 도매업자나 소매업자 등 판매업자의 활동을 의미하는 상품선정과 관리를 말하며 제조업자의 경우에는 제품계획 그 자체라고 할 수 있다.

④ 사회/경제적 환경과 경쟁상황 및 시장 트렌드를 파악하고, 효율적인 적정재고 수준 결정 및 판매에 대비한 재고수준 관리하며,우수한 제품의 원활한 조달을 위한 지속적인 바이어 관리 및 협력한다.

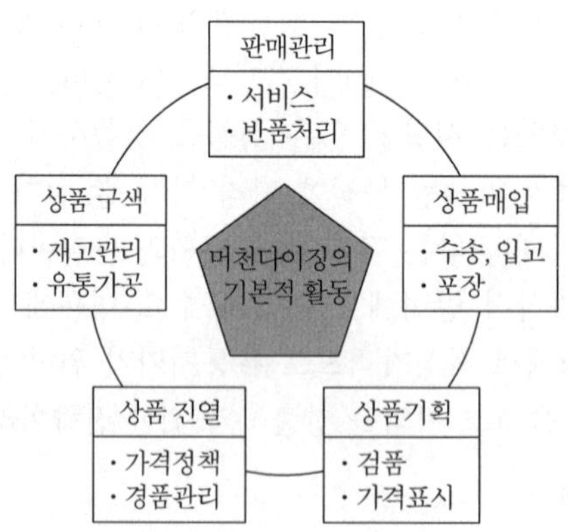

2. Visual Merchandising

(1) Visual Merchandising의 개념

① 비주얼 머천다이징은 비주얼(visual)과 머천다이징(merchandising)의 합성어로 구성이 되어있으며, 인스토어 머천다이징의 한 기법이다.

② Visual Merchandising의 구성 요소로는 VP(Visual Presentation), PP(Point of sale Presentation), IP(Item Presentation)로 구성이 되어있다.

③ 비주얼(visual)은 고객이 어느 곳에서든 볼 수 있는 장소에 상품을 배치하여, 그 상품의 장점과 매력을 고객에게 시각적으로 호소하기 위한 것을 말하며, 상품과 점포이미지가 일관성을 유지할 수 있게 진열하는 것이 중요하다.

④ 머천다이징(Merchandising)은 기업의 마케팅 목표를 실현하기 위해 특정의 상품과 서비스를 장소, 시간, 가격, 수량별로 시장에 내놓았을 때에 따르는 계획과 관리를 말하는 것으로, 마케팅 핵심을 형성하는 활동을 말한다.

⑤ 시각적 머천다이징은 상품과 판매환경을 시각적으로 연출하고 관리하는 일련의 활동이며, 시각적 머천다이징의 요소로는 색채, 재질, 선, 형태, 공간 등을 들 수 있으며, 점포 내 외부 디자인도 포함하는 개념이지만 핵심개념은 매장내 전시(display)를 중심으로 이루어진다.

(2) Visual Merchandising의 특징

① 비주얼 머천다이징(VMD;Visual MerchanDising)은 점포에 있어서는 상품 진열의 시각적인 호소력이 매출에 크게 영향을 준다는 사실을 전제로 하고 있다. 상품을 보다 효과적으로 표현하여 구매를 자극하고, 적극적으로 판촉하기 위한 전략적 제반 활동이다.

② 매장에서 진열된 식품을 더욱 신선하게 보이도록 하기 위해 에어커튼을 하거나 특수조명 등을 이용하는 것 등을 포함해서 전체적으로 매장을 눈에 잘 띄게 만드는 행위를 가장 잘 표현해 준다.

③ 스토리에 근거한 효과적 연출과 매장 자체에 대한 커뮤니케이션 파워를 부여해야 한다. 즉, 매스컴이나 구전 등으로 상품정보는 얻을 수 있다 해도 소비자가 상품과 만나는 매장 자체의 파워가 구매행동에 큰 영향을 미치기 때문에 매장을 시각적, 감각적으로 돋보이도록 하는 연출이 중요하고, 그 개발이 필요하다고 할 수 있다.

④ 상품과 판매환경을 시각적으로 연출하고 관리하는 일련의 활동을 말한다. 시각적 머천다이징의 중요 요소로는 색채, 재질, 선, 형태, 공간 등을 들 수 있다.

⑤ 머천다이징(MD)의 핵심 업무내용은 생산 또는 판매할 상품에 관한 결정, 상품의 구색 맞추기, 점포 구성과 레이아웃 등과 밀접한 관련이 있다. 점포 내 · 외부 디자인도 포함하는 개념이지만 핵심개념은 매장 내 전시(display)를 중심으로 이루어진다.

⑥ 머천다이징은 시장조사와 같은 과학적 방법에 의거하여 수요 내용에 적합한 상품 또는 서비스를 알맞은 시기와 장소에서 적정가격으로 유통시키기 위한 일련의 전략이다. 즉 제품을 상품화하여 매출을 올리고 이익을 창출하기 위한 전략이라 할 수 있다.

⑦ 머천다이징 정책에 포함되는 요인으로는 상품의 차별성과 상품의 다양성, 가격대 등이 있다. 칼라 코디네이터, POP, 조명효과 등을 활용하여 고급스러움을 연출하기 위한 진열방식을 비주얼 디스플레이(visual display)라고 한다.

3. Scrambled merchandising

(1) Scrambled merchandising의 개념

① 스크램블드 머천다이징(Scrambled merchandising)은 소매상에서 상품 품목을 고려하여 취급 상품을 조합하여 재편성하는 것을 말한다.

② 상품의 재편성에 적용하는 새로운 관점은 용도별, 고객층별, 가격대별, 브랜드별, 구매 동기별, 구매 관습별, 무드별로 고려하여 재편성하게 된다.

(2) Scrambled merchandising에 의한 상품 배치 방법

① 브랜드별 배치법은 유명 브랜드별로 구별하여 진열하는 방법으로서 예를 들어 화장품 · 가전제품 · 고급 패션 의류에서 브랜드별로 진열하는 경우를 말한다.

② 구매 동기별 배치법은 특정 사안에 따라 필요한 상품을 배치하는 것으로 예를 들어 답례용이나 예물용 상품을 조합하여 진열하는 경우를 말한다.

③ 무드별 배치법은 패션성이 강한 상품이나 고급 상품 그리고 취미 및 기호성이 강한 상품을 조합하여 특정 진열 테마를 설정하고 진열하는 방법을 말한다.

④ 고객층별 배치법은 고객을 시장 세분화, 즉 성별 · 소득 · 연령 · 직업 · 교육수준 · 센스 · 취미 · 기호별로 기준하여 분류한 다음 상품을 진열하는 방법을 말한다.

⑤ 가격대별 배치법은 고객이 상품을 선택할 때 가격을 중시하여 구매한다고 보고 가격대별로 진열하는 방법을 말하고, 용도별 배치법은 행동에 필요한 상품을 최상으로 조합 진열하는 방법을 말한다.

⑥ 구매 관습별 배치법은 고객의 충동적 구매 관습에 따라 비교적 구매 단가가 낮은 상품을 충동 구매하도록 조합하여 진열하는 방법이다. 지하철역의 상점이나 슈퍼마켓의 현금 수납대 근처에 대중 · 저가 · 일용 상품을 진열하는 방법을 말한다.

4. 머천다이저(MD: Merchandiser)

(1) Merchandiser의 개념

① 소비자가 제품에 대하여 원하는 바는 저렴한 가격과 양질의 상품이며, 생산자는 상품을 경쟁력과 보유한 소량의 재고조절의 과정으로 매출량과 생산량을 정해서 얻는 이윤의 확대를 지향하고 있다.

② Pricing, Assorting, Styling 및 Timing에 연관하여 표적시장을 위한 기획 및 개발안을 제시하고 생산라인과 유통라인의 매출을 위한 체계적인 균형을 조절하여야 하는 것이 Merchandiser의 역할이다.

③ Merchandising 부서는 모든 부서가 원할히 움직이도록 하는 연결고리이며, 목표고객에 가장 밀착해 있으면서 마케팅과 유통, 재정 파트를 유기적으로 엮어주는, 모든 부서의 업무를 조율하는 업무이다. 그러므로 기업은 업무에 대한 체계적인 지식, System화된 교육을 이수한 전문 Merchandiser의 수용이 절실한 실정이다.

(2) 리테일 MD

① 유통업부문에서 머천다이징을 담당하는 스페셜리스트로 케이블방송과 인터넷 쇼핑몰을 포함한 통신판매 업체나 백화점, 대형할인 매장에서 일하는 MD 등이 이에 속한다.

② 경쟁력 있는 기성 품목을 선정해 제작업체와 적정구매가를 협의하여 매출을 극대화 하는데 그 홍보 및 판촉활동에 책임을 진다. 미국이나 일본의 일부 기업에서는 바이어와 동의어로 해석하는 경우도 있다.

(3) 패션 MD

① 소비자의 욕구와 유행의 흐름을 분석해 새상품을 기획 개발하며 생산량과 판매량을 조절하고, 상품의 판매에 필요한 판촉과 재고관리까지 책임을 진다.

② 우리나라와 일본을 제외한 미국이나 유럽등의 다른 국가에서는 MD 대신 'Director'라는 명칭을 쓰고 있다.

(4) 바잉오피스 MD

① 바이어들이 우리나라의 상품을 대량으로 구입할 때, 바이어와 생산 공장을 이어주는 중개업체를 바잉오피스라고 한다.

② 머천다이저는 이러한 바잉 오피스에서 해당 물품의 적합한 생산처를 선정하고, 물품검수 및 선적에 이르는 제반업무를 맡아서 하는 전문인이다.

(5) 비쥬얼 MD

① 백화점 쇼윈도 설치에서부터 내부기둥 장식 및 매장구성과 디스플레이 등을 기획하고 공사까지 관리하는 스타일리스트이다.

② 실내공간구성 디자이너로 그래픽 디자이너와 디스플레이 디자이너로 분류되며 미적 감각이 필수적이다.

Chapter 2 명품 적중 예상문제

01 점포 진열(Store Display)에 대한 설명으로 가장 옳지 않은 내용은?

① 상품진열 방법의 가장 흔한 방식은 스타일과 품목별 진열방식이고, 적재진열은 많은 상품들을 진열하기에 용이하다.

② 수직적 진열방식은 벽과 높은 곤돌라를 이용하여, 고객들은 신문을 보듯이 왼쪽에서 오른쪽으로, 위에서 아래로 상품을 훑어보면서 고르게 된다.

③ 점내에 판매대를 설치하거나 배치하는 것과 조명의 색깔과 밝기 조절에 따라 상품을 배열하고 고객의 구매욕구를 자극시킬만한 의도를 가지고 있다.

④ 진열은 얼마만큼 기술적으로 하느냐에 따라 하늘과 땅 차이라고 할수 있는데, 판매 때문이라고 할 수 있을 정도로 중요한 위치에 다가섰다.

⑤ 상품이 형태가 싸고 빈약하다면 훌륭한 시설 아래 잘 전시되어 있다고 해도, 고객들의 눈에 저가품으로 보여 고객의 마음을 사로잡을 수 없다.

오답풀이 상품이 아무리 싸고 빈약하다고 해도 훌륭한 시설 아래 잘 전시되어 있으면 고객들의 눈에 고급품으로 보여 고객의 마음을 사로잡을 수 있다.

02 매장의 효율성을 높이고 업무처리능력을 향상시키기 위한 매장(점포)의 배치 및 구성과 관련된 다음 내용 중 가장 올바르지 않은 것은?

① 매장의 공간 평가에서는 단층점포의 경우 개방된 전면이 가장 가치가 높다.

② 선물포장 및 수리 등과 같은 서비스 공간은 가급적 매장 가까이에 있어야 한다.

③ 상품의 접수공간은 점포의 후방에 배치하고, 대형점의 경우는 지하나 트럭의 접근이 용이한 곳에 배치한다.

④ 상품보관 장소와 매장과의 거리가 멀면 비용이 증대되므로 상품보관 장소는 가급적 매장에서 가까워야 한다.

⑤ 접수한 상품을 검품하고 가격표 및 기타 표시를 붙이는 마킹작업 등을 위한 공간은 접수상품과의 혼돈을 막기 위해 가급적 접수공간과 떨어진 곳이어야 한다.

오답풀이 점포 공간의 생산성을 증진시키기 위해서는 공간을 최대한 적절하게 배치하기 위하여 배치 및 구성 계획을 수립해야 한다. 접수한 상품을 검품하고 가격표 및 기타 표시를 붙이는 마킹작업 등을 위한 공간은 효율성을 높이기 위해 가급적 접수공간과 가까운 곳에 위치해야 한다.

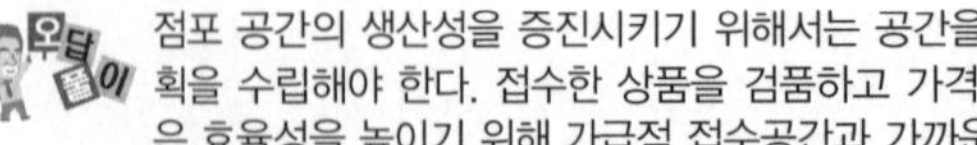

해답 01 ⑤ 02 ⑤

03 다음 은 점포의 내 외부 환경(environment)에 대한 설명으로 가장 옳지 않은 것은?

① 조명의 역할은 점내에 고객 유인, 상품에 대한 고객 유인, 상품 선택의 유인이 주요한 내용이다.
② 색(色)은 상점 무드와 이미지를 창조해 고객의 관심을 고조시킬 수 있어야 하며 진열효과를 극대화시킬 수 있도록 사용한다.
③ 점포의 간판은 고객으로 하여금 점포를 발견하고 확인하게 하는 기능뿐만 아니라 점포에 대한 이미지를 심어주는 역할을 하는 것이다.
④ 점포의 출입구는 고객이 출입을 쉽게 할 수 있도록 설계되어져야 하지만, 고객이 출입하는데 있어서 심리적 또는 물리적 부담은 있어야 한다.
⑤ 후각적으로는 좋은 냄새로 구매를 촉진시키는 경우를 말하며, 음식 향수 꽃을 이용하거나, 향을 뿌리는 방법이 있다.

고객이 출입하는데 있어서 심리적 또는 물리적 부담이 가지 않아야 한다. 출입구는 손님을 맞이하는 얼굴이다.

04 점포구성(Store Construction)은 잠재고객이 별다른 노력을 기울이지 않더라도 쉽게 찾을 수 있도록 꾸며야 한다. 다음은 점포구성의 내용을 설명한 것인데 가장 어색한 내용은?

① 특정한 목표고객을 대상으로 하는 경우에는 목표고객만이 점포 안으로 들어올 수 있도록 설계되어 있다는 이미지표출에 중점을 둔다.
② 점포에서 상품의 접수공간은 점포의 후방에 배치하고, 대형점의 경우는 지하나 트럭의 접근이 용이한 곳에 배치한다.
③ 점포의 업무처리 능력을 향상시키기 위한 점포 배치 구성 중 선물포장 및 수리 등과 같은 서비스 공간은 가급적 매장 가까이에 있어야 한다.
④ 점포 공간의 생산성을 증진시키기 위해서는 공간을 최대한 적절하게 배치하기 위하여 상품 진열 계획을 수립해야 한다.
⑤ 친근하고 대중적으로 꾸미는 것 보다는 가급적 화려하거나 고급스럽게 꾸미면 고객들의 신뢰가 상승하기에 판매에 가장유리하다.

너무 화려하거나 고급스럽게 꾸미면 고객들이 부담 느낄 수 있으므로 개성과 특성을 살리면서도 친근하고 대중적으로 꾸며야 하며 특정한 목표고객을 대상으로 하는 경우에는 목표고객만이 점포 안으로 들어올 수 있도록 설계되어 있다는 이미지표출에 중점

03 ④ **04** ⑤

05 점포 레이아웃은 소비자의 본능적 행동양식과 업종 및 업태 그리고 점포규모에 따라 적절하게 응용하여 조화를 이루도록 하여야 하지만 다음과 같은 매장레이아웃의 원칙에 유의하여 매장을 배치하여야 한다. 다음 중 매장 레이아웃 원칙과 가장 거리가 먼 것은?

① 단위상품의 규격과 매장면적비가 균형을 이루도록 상품부문별로 매장면적을 할애한다.
② 매장의 입구 쪽에는 구매빈도가 높은 상품과 구매시간 단축상품을 배치하고 안쪽 부분은 상대적으로 구매빈도가 낮은 상품을 배치한다.
③ 상품배치의 다양한 관점/기준들 중 특히 소비자 관점에서 본 상품 간 관련성을 고려하여 상품을 배치하는 것이 중요하다.
④ 매장의 입구 쪽에는 가격단가가 낮은 상품을 안쪽으로 들어갈수록 가격단가가 높은 상품을 배치하는 것이 일반적이다.
⑤ 근린형 소형 점포 같은 소형 소매상의 경우에는 전통적인 방식에 따라 점주 자신이 점포의 계획과 시설 및 리뉴얼이 가능하다.

상품의 분류는 상품의 원천(源泉), 용도, 배급경로의 차이에 따라 먼저 분류를 하며, 이후 점포 레이아웃 의전제 조건은 부문별로 상품을 적정하게 할당 및 배치하고, 전체적인 레이아웃을 결정하며, 각 매장에 할당된 공간의 규모를 결정해야 한다.

06 점포의 출입구 및 통로의 디자인은 고객을 유인하고 고객 동선을 관리하여 매출을 일으키는데 매우 중요한 기능을 한다. 출입구 및 통로의 디자인과 관련된 아래의 내용 중에서 가장 올바른 것은?

① 통로는 일반적인 점포바닥과 동일한 소재로 구성하는 것이 좋다.
② 후문을 이용하는 고객들이 더 많이 있으므로 후문을 정문보다 더 편리하게 설계한다.
③ 고객의 발걸음을 멈추거나 강제 순환시킬 수 있는 요소들을 적정하게 배치하는 것이 좋다.
④ 통로의 형태는 최대한 곡선으로 하여 고객의 불편을 감수하더라도 고객이 머무는 시간을 최대한 늘려야 한다.
⑤ 대부분의 사람은 점포로 들어설 때 왼쪽으로 45도 정도 회전하므로 통로는 왼쪽으로 원을 만들 듯이 설계되어야 한다.

점포 기능상 전방 시설로서 고객의 시선을 끌어들이기에 적합하게 해야 하며, 고객의 발길을 점포로 유도해야 하기 때문에 외관적으로는 점포 자체를 소구(訴求)하는 기능을 가지고 있다. 점포의 출입구 및 통로의 디자인은 고객의 발걸음을 멈추거나 강제 순환시킬 수 있는 요소들을 적정하게 배치하는 것이 좋다.

해답 **05** ① **06** ③

07 다음 중 점포의 내부환경(environment)중 오감(五感)적 요소에대한 설명으로 가장 옳지 않은 것은?

① 고객을 위해 조성한 물리적 환경과 구매 분위기에 따라 만들어지는 심리적 효과를 위한 것으로 구매자의 시각, 청각, 후각, 미각, 촉각(감각반응)에 호소하는 것이다.
② 조명과 함께 음악이나 사진, 미술품 등의 소품들도 점포 분위기를 좌우하는 중요한 요소이며, 고객이 점포 내를 두루두루 살펴볼 수 있도록 레이아웃을 잡아야 한다.
③ 청각을 이용해 고객의 관심을 유도하려면 음악을 이용하고, 음악에 따라 고객층이 구분되고 매출에 영향이 있기에 점포에서 다루는 상품 및 고객의 취향에 알맞아야 한다.
④ 시각적으로는 좋은 냄새로 구매를 촉진시키는 경우를 말하며, 음식 향수 꽃을 이용하거나, 그 점포만의 독특함을 가지고 고객이 입점할 때마다 향을 뿌리는 방법이 있다.
⑤ 촉각은 고객이 만져 보거나 집어드는 단계로 거의 판매단계에 도달한 경우이므로, 매장에서는 고객이 만져보거나, 판매원은 고객이 상품과 접촉하도록 유도해야 한다.

후각적으로는 좋은 냄새로 구매를 촉진시키는 경우를 말하며, 음식 향수 꽃을 이용하거나, 그 점포만의 독특함을 가지고 고객이 입점할 때마다 향을 뿌리는 방법이 있다.

08 소비자의 행동과 관련하여 점포의 환경 및 공간관리에 대한 설명 중 가장 올바르지 않은 것은?

① 점포환경 중 고객이 강하게 느끼는 곳이 바닥이나 조명이므로 바닥청결과 조명의 관리에 유의해야 한다.
② 구매빈도가 높은 상품을 입구에 진열하면 소비자를 매장을 유도할 뿐만 아니라 방문빈도가 높아지므로 매출 증대를 위해 중요하게 고려해야 할 사항이다.
③ 즉석 베이커리 코너처럼 고소한 향이 있는 상품을 매장 안쪽에 놓으면 고객을 안쪽까지 유인할 수 있으므로 고객동선계획에 활용하는 것이 바람직하다.
④ 제철 과일은 매장 입구에 두어 불쾌한 냄세를 차단하고 신선한 향기로 고객을 맞이할 수 있도록 한다.
⑤ 가능한 한 최대로 다양한 상품이 진열될 수 있는 매장구성 및 상품배치를 통해 고객구매편리성을 높일 수 있으며 이는 방문고객수의 증가로 이어져 결국 재고비용을 낮추고 상품회전율을 높일 수 있는 최적의 방법이다.

가능한 한 최대로 다양한 상품이 진열될 수 있는 매장구성 및 상품배치를 하면 고객구매편리성은 낮아지며 고객은 불만을 가질 수 있다. 그럼으로써 고객 수는 줄어들고 방문 고객 수 역시 줄어들게 된다.

07 ④ 08 ⑤

09 매장 진열에서 등장하는 유효진열범위 중 특히 골든라인(Golden Line)의 부분에 대한 설명으로 옳지 않은 것은?

① 매출기여도가 가장 높을 것으로 예상되는 위치
② NB(national brand)제품이 집중적으로 진열된 장소
③ 눈높이에서 20도 내려간 곳을 중심으로 위 10도 그 아래 20도 사이
④ 디스플레이 해야 하는 상품으로는 중점판매상품, 계절상품, 캠페인상품, 광고상품
⑤ 유효진열범위 내에서 가장 고객의 눈에 띄기 쉽고 또한 손이 닿기 쉬운 높이의 범위

골든라인(Golden Line)의 부분은 고객의 시선이 편안한 보통 140Cm~160Cm의 구역으로 쉽게 손을 뻗칠 수 있는 구역을 말한다. 하지만 사람의 키나 체격에 따라 다르므로 '반드시 그렇다'라는 개념보다는 일반적으로 이해를 해야 한다.

10 다음 중 점포 환경 관리(Store Environment Management)에 대한 설명으로 잘못 설명된 내용은?

① 배색(配色)은 탁한 색에서 맑은 색 순으로 배열하고, 어두운 색 에서 밝은 색 순으로 배열하며, 옅은 색에서 짙은 색 순으로 배열한다. 명도 차이가 낮은 색끼리의 배색은 경쾌하고 가벼운 느낌을 준다.
② 점포 안은 전체적으로 밝게 하는 것보다 밝은 곳과 어두운 곳을 적절히 조절해 주력 상품이 눈에 잘 띄게 해야 한다. 점포 안이 전체적으로 너무 밝게만 보이면 주의가 산만해져 구매의욕이 상실될 수도 있기 때문이다.
③ 쇼윈도 위와 카운터, 물품진열대 위쪽 등에 스포트라이트를 적절히 이용하면 훨씬 매력적인 매장으로 꾸밀 수 있다. 어두운 조명은 고급스러운 분위기를 연출하는 데 효과적이므로, 할인매장의 경우 강한 빛을 사용하면 좋다.
④ 실내장식과 어울리며 상품을 돋보이게 하는 색상으로 배합해야 한다. 색(色)은 상점 무드와 이미지를 창조해 고객의 관심을 고조시킬 수 있어야 하며 진열효과를 극대화 시킬 수 있도록 사용한다.
⑤ 청각을 이용해 고객의 관심을 유도하려면 음악을 이용하면 좋다. 음악은 특히 신중하게 선택해야 한다. 음악에 따라 고객층이 구분되기도 하고 매상에 영향을 미치기도 하기 때문이다.

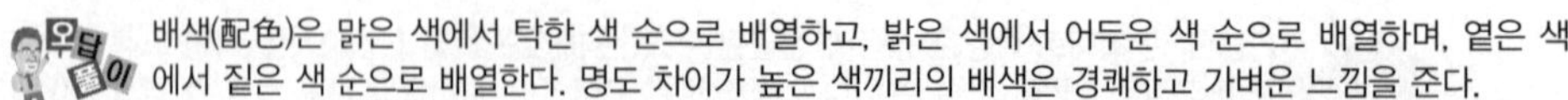
배색(配色)은 맑은 색에서 탁한 색 순으로 배열하고, 밝은 색에서 어두운 색 순으로 배열하며, 옅은 색에서 짙은 색 순으로 배열한다. 명도 차이가 높은 색끼리의 배색은 경쾌하고 가벼운 느낌을 준다.

해답 09 ② 10 ②

11 다음 중 디스플레이의 효과를 설명하는 내용과 가장 거리가 먼 것은?

① 다른 점포와의 차별화 효과를 얻는다.
② 점포와 상품의 이미지를 높이는 효과를 얻는다.
③ 고객이 구매를 하는 데 어떠한 장애도 없어야 한다는 것을 말한다.
④ 고객으로 하여금 상품을 선택하기 쉬운 매장으로 만드는 효과가 있다.
⑤ 구매욕구를 향상시킴으로써 보다 합리적이며 이성적인 소비를 촉진시킨다.

디스플레이(Display)는 점내에 판매대를 설치하거나 배치하는 것과 조명의 색깔과 밝기 조절에 따라 상품을 배열하고 판매 장소 및 복도에 공간 배치 등 고객의 구매 욕구를 자극시킬만한 궁극적인 의도를 가지고 조성되는 것이다. 진열상품에 대한 구매욕구를 향상시킴으로써 보다 많은 소비를 촉진시킨다.

12 점포구성(Store Construction)은 잠재고객이 별다른 노력을 기울이지 않더라도 쉽게 찾을 수 있도록 꾸며야 한다. 다양한 계층의 고객을 대상으로 하는 점포는 매장 앞을 지나는 고객이 내부의 분위기를 느낄 수 있도록 설계되어져야 하는데 이에 대한 설명으로 잘못된 것은?

① 간단히 쳐다만 봐도 그 점포가 무엇을 파는 곳인지 한눈에 알 수 있도록 꾸며야 한다. 예를 들면 유리벽을 설치해 밖에서 안이 들여다보이도록 꾸미는 것은 기본이고 가장 눈길을 끌 만한 상품을 최대한 앞쪽으로 배치해 시선을 끌어야 한다.
② 너무 화려하거나 고급스럽게 꾸미면 고객들이 부담 느낄 수 있으므로 개성과 특성을 살리면서도 친근하고 대중적으로 꾸며야 하며 특정한 목표고객을 대상으로 하는 경우에는 목표고객만이 점포 안으로 들어올 수 있도록 설계되어 있다는 이미지표출에 중점을 둔다.
③ 매장의 공간 평가에서 다층보다는 단층으로 구역이 구분되어 있다면 수직 이동시설, 출입구, 주요 통로에 가장 가까이 있는 구역이 평균 가치를 지닌 구역보다 2~3배의 가치를 지니게 된다.
④ 점포 공간의 생산성을 증진시키기 위해서는 공간을 최대한 적절하게 배치하기 위하여 상품 진열 계획을 수립해야 한다. 이러한 상품 진열 계획에는 업태나 신 · 구 점포 간에 차이가 발생한다.
⑤ 전략적 관리는 사업의 기본 전략을 변경하는 전략이다. 이미 발전되었거나 유지되고 있는 점포 위치, 규모, 숫자에 변화를 주기 위해서 공간배치를 광범위하게 변화시키는 장기 계획의 한 부분에 해당한다.

소매점이 추구하는 중요한 쌍두마차로서 마진율과 회전율이라 할 수 있다. 마진율과 회전율은 일반적으로 비례관계에 있는 경우가 많다. 즉, 회전율이 높은 상품은 빠른 회전율을 보이기 때문에 회전율에 다른 이익을 보기도 하고, 일부 품목은 회전율은 낮지만 마진율이 높은 상품도 있다.

11 ⑤ **12** ③

13 다음 소매점 상품믹스의 다양성, 전문성, 가용성 등에 대한 설명 중 가장 옳지 않은 것은?

① 다양성이란 한 점포 내에서 취급하는 상품카테고리의 수를 말한다.
② 전문성이 강할수록 포트폴리오가 집중되어 위험이 증가하는 경향이 있다.
③ 취급상품의 다양성을 높이면 높일수록 유통매장 전체의 수익성 또한 높아진다.
④ 가용성이나 전문성에 관련된 의사결정을 다양성과 관련된 의사결정에 비해 결정 빈도가 높다.
⑤ 가용성이란 특정 단품에 대한 고객 수요에 유통점포가 대응할 수 있는 수준을 의미하며 이를 높이기 위해서는 특정 단품에 대한 품질이 발생하지 않도록 하는 것이다.

취급상품의 다양성을 높이면 높일수록 유통매장 전체의 수익성 또한 높아지는 경우는 있을 수 있어도 항상 비례적인 관계가 성립되지는 않는다.

14 점포 레이아웃(store lay-out)이란 매장과 비매장, 통로, 집기(什器), 디스플레이 도구와 진열장, 상품 등과 건물의 고정 시설들이 서로 적절한 관련성을 갖도록 정리 정돈하는 것을 말한다. 점포 레이아웃에 대한 설명으로 가장 옳지 않은 것은?

① 비품과 통로를 비대칭적으로 배치하는 방법으로 주로 규모가 작은 전문점 매장이나 여러 개의 작은 전문점 매장이 모여 있는 다형점포에서 주로 채택하는 레이아웃 방식이 격자형(grid type)배치이다.
② 점포레이아웃은 소비자의 본능적 행동양식과 업종 및 업태 그리고 점포규모에 따라 적절하게 응용하여 조화를 이루도록 매장레이아웃의 원칙에 유의하여 매장을 배치하여야 한다.
③ 버블(bubble)계획은 전반적으로 제품을 진열하는 매장 공간, 고객서비스 공간, 창고 등과 같은 점포의 주요 기능공간의 규모와 위치를 간략하게 보여주는 것을 말한다.
④ 블록(block)계획점포의 각 구성부문의 실제 규모와 형태까지 세부적으로 결정하며, 고객서비스 공간, 창고 공간, 기능적 공간 각각은 기능적 필요나 크기에 따라 배치한다.
⑤ 격자형(grid type)배치는 기둥이 많고 기둥 간격이 좁은 상황아래에서도 설비비용을 절감할 수 있으며, 통로 폭이 동일하기 때문에 건물 전체 필요 면적이 최소화된다.

우답풀이: 비품과 통로를 비대칭적으로 배치하는 방법으로 다형점포에서 주로 채택하는 레이아웃 방식은 자유형(Free-form)레이아웃이다.

해답 13 ③ 14 ①

15 다음은 유통매장에서 구매심리를 이용한 디스플레이과정을 설명한 것이다. 그 순서가 올바르게 표현된 것은?

① 주목을 끄는 디스플레이→기억에 남는 디스플레이→욕구를 불러일으키는 디스플레이→확신을 주는 디스플레이→구매행동을 일으키는 디스플레이
② 흥미를 끄는 디스플레이→기억에 남는 디스플레이→욕구를 불러일으키는 디스플레이→확신을 주는 디스플레이→구매행동을 일으키는 디스플레이
③ 주목을 끄는 디스플레이→흥미가 생기는 디스플레이→욕구를 불러일으키는 디스플레이→확신을 주는 디스플레이→구매행동을 일으키는 디스플레이
④ 흥미를 끄는 디스플레이→기억에 남는 디스플레이→욕구를 불러일으키는 디스플레이→확신을 주는 디스플레이→구매행동을 일으키는 디스플레이
⑤ 욕구를 불러일으키는 디스플레이→주목을 끄는 디스플레이→흥미가 생기는 디스플레이→확신을 주는 디스플레이→구매행동을 일으키는 디스플레이

주의(attention) → 관심(interest) → 욕망(desire) → 확신(confidence) → 행동(action)

16 매장의 통로를 구성하기 위한 내용 중 가장 올바르지 않은 것은?

① 진열대 양 끝에 있는 판매대 앞은 번잡하므로 통상보다 더 많은 공간을 확보한다.
② 고객들이 다니는 고객동선과 상품운반에 이용되는 물류동선이 교차하지 않도록 설계해야 한다.
③ 매장 안의 통로는 곡선이나 사선이 아닌 일직선이어야 고객의 매장 안쪽까지 불편없이 진행할 수 있다.
④ 계산대의 앞과 뒤는 충분한 공간이 있어야 계산대기 고객과 쇼핑고객이 엉키지 않으므로 주 통로 이상의 너비를 확보한다.
⑤ 고객들이 매장 안을 자유롭게 유영하며 다닐 수 있도록 통로에 섬 매대는 최대화하는 것이 고객 동선을 위해서 좋다.

매장은 쇼핑을 하는 곳이기에 고객들의 동성에 따라 지나치게 좁거나 큰 통로는 의미가 없다. 고객들이 매장 안을 자유롭게 유영하며 다닐 수 있도록 통로에 섬 매대는 최소화하는 것이 고객 동선을 위해서 좋다.

15 ③ **16** ⑤

17 점포의 혼잡성(crowding)이 미치는 영향에 대한 다음의 설명 중 잘못된 것은?

① 대인 커뮤니케이션이 감소한다.
② 소비자의 구매가능성을 감소시킨다.
③ 점포이미지에 부정적 영향을 미칠 수 있다.
④ 소비자가 인식하고 처리할 수 있는 정보의 양을 증가시킨다.
⑤ 적당한 혼잡성은 오히려 소비자들에게 쇼핑의 즐거움을 주기도 한다.

점포의 혼잡성(crowding)은 소비자의 쇼핑의 즐거움을 빼앗아가지만 적당한 혼잡성은 오히려 소비자들에게 쇼핑의 즐거움을 주기도 한다. 혼잡성은 소비자가 인식하고 처리할 수 있는 정보의 양을 혼잡 때문에 감소시킬 것이다.

18 매장배치와 관련된 용어로서 '전반적으로 제품을 진열하는 매장 공간, 고객서비스 공간, 창고 등과 같은 점포의 주요 기능공간의 규모와 위치를 간략하게 보여주는 것'을 무엇이라 하는가?

① Block 계획 ② Bubble 계획 ③ 생산성계획
④ 동선계획 ⑤ Coverage 계획

Bubble 계획은 전반적으로 제품을 진열하는 매장공간, 고객서비스공간, 창고 등과 같은 점포의 주요 기능공간의 규모와 위치를 간략하게 보여주는 것으로 이러한 계획은 소매상의 전략적 목표를 표현할 수 있어야한다.

19 레이아웃(layout)의 유형은 크게 격자형, 개방형, 폐쇄형, 부문형으로 나누어진다. 아래의 내용 중에서 격자형에 대한 설명으로 옳지 않은 것은?

① 재고 및 안전관리를 쉽게 할 수 있다.
② 고객들은 고정물을 중심으로 위 아래로 매장을 돌아보게 된다.
③ 흥미로운 쇼핑분위기를 연출하고 고객의 동선을 확장할 수 있다.
④ 어떤 형태의 배치보다도 판매 공간을 효율적으로 사용할 수 있다.
⑤ 셀프서비스 점포에 필요한 일상적이고 계획된 구매행동을 촉진한다.

점포의 격자형(lattice type) 배치는 대체로 식료품점에서 주로 구현하는 방식으로 고객들이 지나는 통로에 반복적으로 상품을 배치하는 방법이며 비용면에서 효율적이다. 흥미로운 쇼핑분위기를 연출하고 고객의 동선을 확장할 수 있는 레이아웃은 자유형(free flow type)이 있다.

17 ④ **18** ② **19** ③

20 다음은 점포의 레이아웃(layout)의 형태를 설명한 것이다. (　　)안에 들어갈 알맞은 단어가 순서대로 나열된 것은?

> 점포의 (㉠) 배치는 대체로 식료품점에서 주로 구현하는 방식으로 고객들이 지나는 통로에 반복적으로 상품을 배치하는 방법이며 비용면에서 효율적이다. 점포의 (㉡) 배치는 주로 부띠끄 매장들의 배치에 활용되고 고객들이 여러 매장들을 손쉽게 둘러 볼 수 있도록 통로를 중심으로 여러 매장 입구를 연결하여 배치하는 방법이다. (㉢)은 규모가 작은 전문 매장이나 여러 개의 매장들이 있는 대형 점포에서 주로 활용되고 고객들에게 편안히 둘러 볼 수 있도록 배치하는 방법이다.

① ㉠ 경주로형－㉡ 격자형－㉢ 자유형　② ㉠ 격자형－㉡ 자유형－㉢ 경주로형
③ ㉠ 자유형－㉡ 경주로형－㉢ 격자형　④ ㉠ 자유형－㉡ 격자형－㉢ 경주로형
⑤ ㉠ 격자형－㉡ 경주로형－㉢ 자유형

오답풀이 점포의 레이아웃 형태(layout type)에는 ㉠의 격자형(lattice type grid type), ㉡의 루프형(loop type), ㉢의 자유형(free flow type)이 있다. 이 중 루프형을 경주로형이라고도 부른다.

21 점포 레이아웃(store layout)에 대한 설명으로 가장 옳은 것은?

① 매장과 비 매장, 통로, 집기(什器), 디스플레이 도구와 진열장, 상품 등과 건물의 고정 시설들이 서로 적절한 관련성을 갖도록 정리 정돈하는 것을 말한다.
② 주로 규모가 작은 전문점 매장이나 여러 개의 작은 전문점 매장이 모여 있는 다형 점포에서 채택하는 레이아웃 방식이 격자형(grid－type)배치이다.
③ 전반적으로 제품을 진열하는 매장 공간, 고객서비스 공간, 창고 등과 같은 점포의 주요 기능공간의 규모와 위치를 간략하게 보여주는 것을 블록(block)계획이라 말한다.
④ 구성부문의 실제 규모와 형태까지 세부적으로 결정하며, 고객서비스 공간, 창고 공간, 기능적 공간의 기능적 필요나 크기에 따라 배치하는 것을 버블(bubble)계획이라 한다.
⑤ 기둥이 많고 기둥 간격이 좁은 상황아래에서도 설비비용을 절감할 수 있으며, 통로 폭이 동일하에 건물 전체 필요 면적이 최소화되는 것이 자유형(free－form)배치이다.

오답풀이
② 주로 규모가 작은 전문점 매장이나 여러개의 작은전문점 매장이 모여 있는 다형점포에서 채택하는 레이아웃 방식은 자유형(Free－form)레이아웃
③ 전반적으로 제품을 진열하는 매장 공간, 고객서비스 공간, 창고 등과 같은 점포의 주요 기능공간의 규모와 위치를 간략하게 보여주는 것을 버블(bubble)계획.
④ 구성부문의 실제 규모와 형태까지 세부적으로 결정하며, 고객서비스 공간, 창고 공간, 기능적 공간 각각은 기능적 필요나 크기에 따라 배치하는 것을 블록(block)계획.
⑤ 기둥이 많고 기둥 간격이 좁은 상황아래에서도 설비비용을 절감할 수 있으며, 통로 폭이 동일하기 때문에 건물 전체 필요 면적이 최소화되는 것이 격자형(grid type)배치

해답 20 ⑤　21 ①

22 다음 중 매장과 점포 레이아웃(Lay out)에 대한 설명으로 올바르지 않은 것은?

① 점포레이아웃은 소비자의 본능적 행동양식과 업종 및 업태 그리고 점포규모에 따라 적절하게 응용하여 조화를 이루도록 매장레이아웃의 원칙에 유의하여 매장을 배치하여야 한다.

② 점포레이아웃은 소비자의 본능적 행동양식과 업종 및 업태 그리고 점포규모에 따라 적절하게 응용하여 매장의 입구 쪽에는 가격단가가 높은 상품을 안쪽으로 들어갈수록 가격단가가 낮은 상품을 배치하는 것이 일반적이다.

③ 점포의 고객 서비스에 대한 이미지가 나쁘다면 이를 바꾸기 위하여 고객서비스 데스크를 눈에 잘 보이는 곳에 배치하거나 패션지향적인 이미지를 주고 싶다면 패션부문을 점포 내에 가장 좋은 위치에 배치하는 것이 좋다.

④ 격자형(Grid type)레이아웃은 반복적인 패턴으로 설비나 통로를 사각형으로 배치하는 형태로써 기둥이 많고 기둥 간격이 좁은 상황아래에서도 설비비용을 절감할 수 있으며, 통로 폭이 동일하기 때문에 건물 전체 필요 면적이 최소화된다.

⑤ 자유형(Freeform)레이아웃은 소매점의 레이아웃(layout) 시, 비품과 통로를 비대칭적으로 배치하는 방법으로 주로 규모가 작은 전문점 매장이나 여러 개의 작은 전문점 매장이 모여 있는 다형점포에서 주로 채택하는 레이아웃 방식이다.

점포레이아웃은 소비자의 본능적 행동양식과 업종 및 업태 그리고 점포규모에 따라 적절하게 응용하여 매장의 입구 쪽에는 가격단가가 낮은 상품을 안쪽으로 들어갈수록 가격단가가 높은 상품을 배치하는 것이 일반적이다.

23 다음 보기의 설명내용과 가장 가까운 점포 레이아웃은?

> 충동구매를 촉진하고 소규모 의류점에 적합한 형태로 디스플레이와 동선을 자유롭게 구성하는 방식

① Grid 레이아웃
② Free-form 레이아웃
③ Loop 레이아웃
④ Boutique 레이아웃
⑤ Lattice 레이아웃

자유형(free-form)은 소매점의 레이아웃(layout) 시 비품과 통로를 비대칭적으로 배치하는 방법으로 주로 규모가 작은 전문점 매장이나 여러 개의 작은 전문점 매장이 모여 있는 다형점포에서 충동구매를 촉진하고 소규모 의류점에 적합한 형태이다.

해답 **22** ④ **23** ②

24 소매점의 경쟁우위 원천 중에서 그 효과가 장기적이고 지속적인 요인들만 나열한 것으로 가장 옳은 것은?

① 보다 편리한 입지, 보다 많은 상품 구색, 보다 깨끗한 점포, 보다 좋은 물류시스템
② 보다 편리한 입지, 보다 나은 정보 시스템, 보다 좋은 물류시스템, 보다 우호적인 공급자 관계
③ 보다 깨끗한 점포, 보다 독점적인 상품, 보다 나은 정보시스템, 보다 빠른 컴퓨터
④ 보다 광범위한 고객 데이터베이스, 보다 많은 상품 구색, 보다 우수한 종업원, 보다 큰 구매력
⑤ 보다 많은 상품 구색, 보다 독점적인 상품, 보다 우수한 고객서비스, 보다 시각적으로 우수한 상품기획

소매점의 경쟁우위 원천 중에서 그 효과가 장기적이고 지속적인 요인들만 나열한 것은 ②의 내용이다.

25 다음 중 선반 진열의 유형과 설명과 가장 올바르지 않은 것은?

① 샌드위치 진열: 진열대 내에서 잘 팔리는 상품 곁에 이익은 높으나 잘 팔리지 않은 상품을 진열해서 판매를 촉진하는 진열이다.
② 라이트 업(Right Up) 진열: 좌측보다 우측에 진열되어 있는 상품에 시선이 머물기 쉬우므로 우측에 고가격, 고이익, 대용량의 상품을 진열한다.
③ 전진입체진열 : 상품인지가 가장 빠른 페이스 부분을 가능한 한 고객에게 정면으로 향하게 하는 진열의 원칙이다.
④ 브레이크 업(Break Up) 진열 : 진열라인에 변화를 주어 고객시선을 유도하여 상품과 매장에 주목율을 높이고자 하는 진열이다.
⑤ 트레이팩 진열: 그룹별로 색을 나타날 때 고객 눈에 쉽게 보이도록 어두운 색에서 밝은 색으로, 짙은 색에서 옅은 색으로 진열하는 방식이다.

트레이 팩 진열(tray pack)은 상품이 든 박스 아랫부분만 남기고 잘라내 그대로 쌓아 대량으로 진열하는 것으로 상품을 하나씩 꺼낼 필요도 없고 진열도 깨끗하게 할 수 있다. 상품을 대량진열에 적합하며 트레이 진열 이라고도 한다.

유통 마케팅

24 ② 25 ⑤

26 다음 중 점포설계와 관련된 설명 중 가장 옳지 않은 것은?

① 자유형 배치는 비품과 통로를 비대칭적으로 배치하는 방법이다.
② 격자형 배치는 공간낭비를 줄일 수 있어 비용면에서도 효과적이다.
③ 경주로형 배치는 주된 통로를 중심으로 여러 매장 입구들이 연결되어 있다.
④ 격자형 배치의 최대장점은 고객을 매장 안으로 자연스럽게 유도하는 것이다.
⑤ 규모가 작은 전문매장이나 여러 개의 작은 매장들이 있는 대형 점포에서 자유형 배치를 주로 사용한다.

격자형 배치의 최대장점은 상품을 많이 진열하는 것으로 다른 진열방법에 비해 공간생산성이 높다.

27 다음 점포 배치(Layout) 방법 중 경주로형(racetrack) 배치에 관한 설명과 가장 거리가 먼것은?

① 충동구매를 조장한다.
② 고객들이 여러 매장들을 손쉽게 들러 볼 수 있다.
③ 진열된 제품을 고객들에게 최대한 노출시킬 수 있다
④ 주된 통로를 중심으로 여러 매장 입구가 연결되어 있다.
⑤ 동일하게 규격화된 내부 비품들을 사용하기 때문에 비용을 절감할 수 있다.

동일하게 규격화된 내부 비품들을 사용하기 때문에 비용을 절감할 수 있는 것은 격자형(grid type)의 내용이다.

28 다음 중 엔드 매대(end cap)의 활용으로 가장 적절하지 않은 것은?

① 인지도가 높은 상품을 진열하여 고객이 점내를 회유하게 유도
② 관심 상품을 곤돌라에 진열하여 주 판매대인 곤돌라로 고객을 유인
③ 전단, 광고상품, 행사상품 등을 진열하여 판매촉진 수단으로의 활용
④ 신학기, 명절, **데이, 계절행사, 행사테마를 제안하는 공간으로 활용
⑤ 매장의 PB제품을 전시하여 고객에게 제품을 널리 알리는 수단으로 활용

엔드 매대(end cap)는 통로 맨 끝에 배치된 매대를 말한다. 주로 충동구매상품을 엔드 매대에 많이 배치하며, 소매점에서는 특별 판촉제품들을 엔드 매대에 배치하는 경우가 많다.

26 ④ 27 ⑤ 28 ⑤

29 소매 유통업 수익극대화전략의 하나인 매장연출과 관련된 설명 및 사례 중 가장 올바르지 않은 것은?

① 시계를 명확히 한다. 즉, 시설물을 적절히 배치하여 고객이 주요 전시물을 모두 보고 점포 내부를 완전히 볼 수 있도록 해야 한다.

② 고객이 매장공간을 쉽게 이동하도록 하며, 고객을 매장 깊숙이 유인하기 위해 뒤 공간을 매력적으로 꾸미거나 그곳에 필수품을 진열하는 것도 좋은 방법의 하나이다.

③ 매장공간을 순조롭게 돌아보도록 통로를 명확히 설정하고 계산절차를 효율적으로 만듦으로써 고객이 좋은 인상을 가지고 떠날 수 있도록 한다.

④ 매장 연출의 첫 단계는 고객이 소매점을 인식하고 점포 안으로 들어오게 만드는 것이며, 고객 머물고 싶은 장소라는 느낌을 창출해야 한다. 이는 입지, 빌딩 및 주변 환경의 미적 감각을 비롯하여 회사 로고 및 기타 시각적 장식물들에 의해 만들어 진다.

⑤ 고객을 점포로 유인하여 오감을 활용하는 것은 단순한 상품진열 이상의 기법으로, 고객의 구매의욕을 야기하는 촉각, 미각, 후각, 시각 그리고 청각 등을 활용한다. 하지만 이들 중 미각 및 촉각은 기억 및 감정을 야기하기 때문에 가장 강력한 감각이다.

고객을 점포로 유인하여 오감을 활용하는 것은 단순한 상품진열 이상의 기법으로, 고객의 구매의욕을 야기하는 촉각, 미각, 후각, 시각 그리고 청각 등을 활용한다. 하지만 이들 중 시각은 기억 및 감정을 야기하기 때문에 가장 강력한 감각이다.

유통 마케팅

30 매장별, 상품카테고리별, 품목별로 매장 공간을 할당하는 공간 계획에 관한 설명 중 올 바른 것은?

① 일반적으로 층수가 많은 점포는 위층으로 올라갈수록 공간가치가 높다

② 미용실이나 사진관 같은 고객서비스코너는 고객서비스 향상차원에서 고객접근이 가장 편리한 점포 앞쪽으로 나와 있다

③ 가구, 실내 장식품 등과 같이 공간을 많이 차지하는 상품은 매출촉진, 수익성 및 공간효율성 향상을 위해 고객의 왕래가 빈번한곳으로 한다

④ 특수성을 가진 전문품, 명품 등을 판매하는 상품부서는 구매고객이 주의를 집중하기 쉽게 사람들의 왕래가 지나치게 많지 않은 곳에 위치하는 것이 좋다

⑤ 고객이 점포 중앙에 집중하는 경향을 활용하여 높은 매출을 달성하기 위해서는 격자 형배치를 사용하는 것이 좋다

오답풀이 특수성을 가진 전문품이나 명품 등은 고객이 알아서 찾아와 구입을 하는 측면이 강하므로 고객시선의 집중적이나 많은 사람의 왕래는 관련이 없는곳에 진열을 해도 좋다.

29 ⑤ 30 ④

31 다음 간판이나 정보안내 홍보물에 대한 설명 중 가장 잘못된 것은?

① 점포의 간판은 주위 건물이나 시설물의 색깔과 다르게 하여 쉽게 구별할 수 있고 점포 이름이 선명하게 보여야 한다.

② 정면간판은 하나만 달고 같은 건물에 여러 점포가 있을 경우 공동간판을 세우는 것이 정보전달에 효과적이다.

③ 간판에 너무 많은 내용을 담으려 하지 말고 통행인이 한 눈에 읽을 수 있도록 글자 수를 최소화하고 색깔도 단순하게 한다.

④ 점포에서 판매하고 있는 상품과 어울리는 그림을 넣으면 글씨보다 더 효과적으로 정보를 전달할 수 있다.

⑤ 점포의 홍보물은 여러 개를 연이어 설치하는 것보다 하나만 설치하는 것이 깔끔하여 정보전달에 더욱 효과적이다.

점포의 홍보물은 정보전달에 이용 하려면 여러 개를 설치하는 것이 유리하고, 효과적이다.

32 다음은 상업포장과 공업포장에 대한 비교 설명이다. 다음 중 가장 알맞은 내용은?

① 상업포장의 경우 판촉을 고려하지만 절대적인 것은 아니고, 공업포장의 경우 판촉이 중요하다.

② 상업포장은 물류활동이고, 공업포장은 상류활동이다. 즉, 상업포장은 물류수단이고 공업포장은 판촉수단의 하나이다.

③ 상업포장은 보호를 전제로 항상 최저비용을 추구하지만, 공업포장은 매출신장을 위해 비용 상승도 감수한다.

④ 상업포장은 구매자 또는 소비자와 직접 접촉한다는 것을 염두에 두어야 하는 반면, 공업포장은 상품보호가 가장 중요하므로 최우선으로 하여야 한다.

⑤ 상업포장과 공업포장 모두 선적과 보관, 전시할 때의 용이성 그리고 다른 환경적인 요구사항들을 충족시켜야 한다.

오답풀이: 포장은 물품을 수송, 보관함에 있어서 가치 또는 상태를 보존하기 위해서 적절한 재료, 용기 등을 물품에 가하는 기술 또는 상태를 의미한다. 문제의 정답은 ④가 가장 적합하다.

해답 31 ⑤ 32 ④

33 다음 중 진열대의 영역별로 진열에 적합한 상품에 대한 설명 중 가장 올바르지 않은 것은?

① 허리 아래 무릎높이 정도에는 고객이 찾는 제품이지만 저마진 제품을 진열한다.
② 손이 닿기 어려운 높이의 보관구역의 경우 보충진열이나 홍보를 목적으로 진열한다.
③ 구부려야 닿을 수 있는 높이의 경우 크고 무거운 제품을 보충진열 하는데 활용한다.
④ 가장 집기 쉬운 높이의 황금구역은 집중판매나 수익확보를 위하여 고마진 상품을 진열한다.
⑤ 매대에서 가장 높은 전시구역의 경우 제품구색을 보이고 싶은 고마진/고회전율 제품을 보충진열하기 위해 활용한다.

매대에서 가장 높은 전시구역의 경우에는 황금구역을 지나치게 되므로 핵심 상품이라고 할 수는 없다. 제품구색을 갖추고 싶은 저마진/저회전율 제품을 보충진열하기 위해 활용한다.

34 다음의 상품연출 구성방법에 대한 설명으로 올바르지 않은 것은?

① 삼각구성은 상품이 통합되어 보이기 쉬운 형태로 조화와 안정감을 주며 상품은 홀수로 하는 것이 요령이다.
② 직선구성은 상품 하나하나의 특성을 살리면서 리드미컬하게 표현할 수 있는 방법으로 아동복의 연출에 효과적이다.
③ 부채꼴 구성은 고가상품의 진열로서 쇼케이스 내부에 이용하면 좋고 벽면연출에 많이 사용한다.
④ 원형구성은 상하가 대칭이 되어 종합감을 연출하는 것으로 반복 배열함으로써 중앙에 시각적인 초점을 강조한다.
⑤ 적절한 상품 분류는 비교적 작은 매장에서도 매장관리의 효율성상승을 위해 중요하게 작용한다.

오답풀이 직선구성을 한다는 것은 제품의 동질성을 강조하는 것이고, 상품 하나하나의 특성을 살릴 수 없는 내용이다.

33 ⑤ 34 ②

35 다음 중 POP광고물 작성 시 고려해야 할 사항과 가장 거리가 먼 것은?

① 고객이 상품을 선택하는 데 도움을 줄 수 있어야 한다.
② 매장의 이미지를 향상시키는 역할을 할 수 있도록 매장의 특성을 고려해야 한다.
③ 고객에게 정보를 제공해 주고, 매장의 분위기를 반영하며, 홍보 역할을 수행한다.
④ POP광고의 효과성을 높이기 위해서는 소비자 감성에 대한 호소내용보다 이성적 설득내용을 더욱 많이 사용해야 한다.
⑤ POP광고내용은 고객의 시선을 순간적으로 멈추게 할 수 있어야 하며 더 나아가 충동구매 욕구를 자극하고 구매가 실행될 수 있도록 유도하여야 한다.

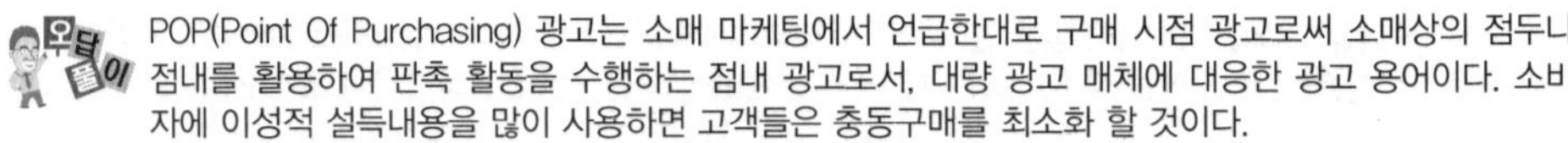

우답풀이 POP(Point Of Purchasing) 광고는 소매 마케팅에서 언급한대로 구매 시점 광고로써 소매상의 점두나 점내를 활용하여 판촉 활동을 수행하는 점내 광고로서, 대량 광고 매체에 대응한 광고 용어이다. 소비자에 이성적 설득내용을 많이 사용하면 고객들은 충동구매를 최소화 할 것이다.

36 POP광고는 소매점의 점포 입구나 점포 내에서 직접, 간접으로 판매촉진을 위하여 행하는 광고 표시물의 일체를 말하는데 이에 대한 설명으로 가장 거리가 먼 항목은?

① POP광고는 구매시점에 광고를 하는 것으로 고객이 상품을 선택하는 데 도움을 줄 수 있어야 하고, 매장의 이미지를 향상시키는 역할을 할 수 있도록 매장의 특성을 고려해야 한다.
② POP광고는 소매상의 점두나 점내를 활용하여 판촉 활동을 수행하는 점내 광고로서, 대량 광고 매체에 가장 적합한 광고 용어이다.
③ POP광고는 고객의 시선을 순간적으로 멈추게 할 수 있어야 하며 더 나아가 충동구매 욕구를 자극하고 구매가 실행될 수 있도록 유도하여야 하며, 고객에게 정보를 제공해 주고, 매장의 분위기를 반영하며, 홍보 역할을 수행한다.
④ 상품가격, 품질, 사용법 등에 관한 메시지로서 상품내용의 이해나 상품의 장려 등은 상품설명을 위해 메시지 전달을 위한 POP광고이다.
⑤ 입점 고객유도를 위한 POP광고는 점포에 들어온 고객에게 어디에서 무엇을 팔고 있는가를 신속하고 알기 쉽게 전하는 것은 구매율을 높이기 위해 중요한 일이다

우답풀이 POP광고는 소매상의 점두나 점내를 활용하여 판촉 활동을 수행하는 점내 광고로서, 대량 광고 매체에 대응한 광고 용어이다.

해답 35 ④ 36 ②

37 제조업체가 자사 제품을 공급하는 유통업체(소매점)에 다량의 판촉물 특히 포스터, 현수막, 간판, POP, 배너(폭이 좁은 천에 장대를 끼워 설치하는 홍보물) 등을 제공하는 경우가 점차 늘어나고 있음을 볼 수 있다. 이들 중 배너와 관련된 설명내용으로 가장 올바른 것은?

① 한 곳에 집중하여 게시하는 것보다 여러 곳에 분산하여 게시하는 것이 더욱 효과적이다.
② 한 종류로 통일하는 것보다 다양한 종류의 배너를 활용하는 것이 더욱 효과적이며 효율적이다.
③ 배너는 온라인상에서만 수행을 해야 하므로 오프라인 상에는 할 수 있는 다른 판매촉진광고를 찾아야 한다.
④ 종류, 높이 간격을 각기 다르게 함으로써 같은 종류로 통일해 높이와 간격을 맞추어 간결하게 설치한 경우보다 고객의 시선을 더욱 끈다.
⑤ 배너는 도로 경계선에 게시하여 매장 앞 도로의 운전자에게 주로 보여 지는 판촉물로 한눈에 들어오도록 해야 주목을 끌 수 있다.

배너광고는 온라인, 오프라인 모두에서 사용할 수 있는 것으로 말 그대로 고객을 안으로 끌어드리는데 관심을 주는 광고이다.

38 기업 및 소비자 모두의 관점에서 상품의 포장화(packaging)는 다양한 목적을 성취해야 한다. 다음 중 포장화의 목적과 가장 거리가 먼 것은?

① 노란색은 위생적이며 연약하고, 파스텔색상은 여성적이며 검정색은 남성적이다.
② 서구에서 푸른색은 차갑고 평온하며, 빨간색은 능동적이며 활동적인 것을 의미한다.
③ 기능적으로 구조적인 디자인은 매우 중요하며 이러한 기능적 고려사항은 포장의 크기, 형태, 재료, 색상, 의미 및 도형들과 관련된 의사결정내용들이다.
④ 식품에 대한 포장화 혁신사례로 재 봉합할 수 있고, 온도를 유지하며 또한 사용하기 편리한 포장화를 들 수 있다.
⑤ 포장은 물품을 수송, 보관함에 있어서 가치 또는 상태를 보존하기 위해서 적절한 재료, 용기 등을 물품에 가하는 기술 또는 상태를 의미한다.

기능적 고려사항은 포장이 하는 구실이나 작용을 말한다. 구조적인 것은 부분이나 요소가 어떤 전체를 짜 이루는 것을 말하는데 의미 및 도형들은 이에 해당하지 않는다.

37 ⑤ 38 ③

39 상품포장의 직접적인 목적이 아닌 것은?

① 포장을 통해 판매를 촉진할 수 있다.
② 포장을 통해 상품을 보호하고자 한다.
③ 운송 및 보관의 편리성을 돕기 위함이다.
④ 상품관리의 효과를 높이고자 함에 1차적인 목적이 있다.
⑤ 포장은 보다 높은 가격을 추구하기 위한 핵심수단의 하나이다.

포장(Packing)은 물품을 수송, 보관함에 있어서 가치 또는 상태를 보존하기 위해서 적절한 재료, 용기 등을 물품에 가하는 기술 또는 상태를 의미하지 높은 가격을 추구하기 위한 핵심수단의 하나라고는 볼 수 없다.

40 머천다이징(merchandising) 활동은 마케팅 차원에서 접근해야 한다. 다음 중 머천다이징에 관한 설명으로 가장 올바른 것은?

① 판매계획, 상품매입, 판매촉진, 판로지원과 확대, 상품관리와 영업과의 커뮤니케이션 등은 머천다이징 활동의 주요 업무가 아니다.
② 넓은 의미에서 머천다이징이란 매장에서의 판매활동 전반에 대한 관리활동, 즉 상품화, 전시, 판매, 배송, 애프터서비스, 재고관리 및 고객관리를 말한다.
③ 가구점의 경우 동일한 가구점이라도 한 점포는 침실전문, 다른 점포는 주방전문으로 상품을 판매하는 것은 혼합식 머천다이징의 전형적인 예이다.
④ 자전거점이 자전거 관련 레저의류나 레저용품으로 상품의 구성을 확대해가는 방식을 계획적 머천다이징이라 한다.
⑤ 머천다이징과 밀접한 관계가 있는 '상품관리(Merchandise Management)'는 적정한 상품판매(Products Sales)가 전제되어야 한다.

머천다이징(MD;Merchandising)을 우리말로 표현하면 '상품화계획'이라 부르기도 한다. 머천다이징은 기업의 마케팅 목표를 실현하는데 가장 유익하도록 특정의 상품 또는 서비스를 장소시간, 간격 그리고 수량으로 시장에 내어놓는데 따르는 계획과 감독을 말한다.

해답 39 ⑤ 40 ②

41 상품포장의 기능은 크게 상품기능, 의사전달기능, 가격기능 등으로 분류된다. 다음 중 포장의 상품기능과 가장 거리가 먼 것은?

① 특정 상품을 다른 상품과 식별할 수 있게 하는 기능
② 상품의 내용물을 다양한 위험으로부터 보호하는 기능
③ 소비자가 상품을 편리하게 운반하고 사용하게 하는 기능
④ 상품 내용물 즉 일정한 수량을 정해진 단위에 알맞도록 적재하는 기능
⑤ 기업들은 포장을 할 때에 정부의 환경정책과 소비자의 안전을 고려하는 기능

포장(package)은 상품의 내용물을 보호하는 기능을 수행하며, 상품의 판매를 촉진하는 역할을 수행하고, 상품은 말없는 판매원으로서 판매를 촉진하는 기능까지 있다. 품질, 성능, 구조, 명성 등을 증명하거나, 해당상품의 수요를 환기시키며, 고유의 시장을 개척하고 확보하는 일 다른 상품과의 식별이 용이하게 해 주는 역할은 브랜드(brand)의 기능이다.

42 점포의 효율적인 관리를 위하여 추진하는 MD, 인테리어, 디스플레이, VMD(visualmerchandising) 등에 대한 설명 중에서 가장 적절치 못한 것은?

① 디스플레이의 주요기능은 고급화의 매장을 연출하는 것이다.
② 머천다이징의 주요 기능은 갖고 싶은 것이 있는 매장을 연출하는 것이다.
③ 인테리어의 주요 기능은 소비자가 찾아가고 싶은 매장을 연출하는 것이다.
④ VMD를 효과적으로 수행하기 위해서는 자사, 상품, 영업, 고객 및 경쟁점에 대한 이해가 우선돼야 한다.
⑤ VMD 계획을 위한 기본업무는 스토어 컨셉 명확화, 대상고객 명확화, 머천다이징 명확화, VP(visual presentation) 방법의 명확화 등이 있다.

디스플레이(Display)는 점내에 판매대를 설치하거나 배치하는 것과 조명의 색깔과 밝기 조절에 따라 상품을 배열하고 판매 장소 복도에 공간 배치 등 고객의 구매 욕구를 자극시킬만한 궁극적인 의도를 가지고 조성되는 것이다.

41 ① 42 ①

43 고객이 상품을 선택하는 데 도움을 줄 수 있는 POP광고에 대한 설명으로 가장 옳지 않은 것은?

① 고객의 시선을 순간적으로 멈추게 할 수 있어야 하며, 더 나아가 충동구매 욕구를 자극하고 구매가 실행될 수 있도록 유도하여야 하고, 상품이나 점포에 대한 홍보 역할을 수행한다.

② 대면서비스 판매를 중심으로 한 판매 방식이 채용되어 주로 슈퍼마켓, 양판점, 할인점에 대한 지원 활동의 일환으로서 제조업자나 도매상이 자신의 대량 광고를 판매시점에 접목시킬 목적으로 작성하여 소매점에 배포하기 시작하였다.

③ 문학적인 표현보다는 단적으로 상품의 특징을 꼬집어서 표현하는 짧은 말로서 충동구매로 유도하는 데 도움이 되어야 하며, 고객에 자극적이면서도 신선한 표현이 환영 받는다.

④ 문장은 될 수 있는 대로 옆(가로)으로 쓰는 것이 효과적이며, 윤곽을 뚜렷이 해줌으로써 지면이 정리되는 경우가 일반적이지만, 지나치게 뚜렷하면 역효과를 내며, 반드시 윤곽을 그려야 하는 것은 아니다.

⑤ 글씨 쓰기나 글자의 배치로서 글자를 잘 쓰고 못 쓰는 것은 호소력에 큰 영향이 있는데, 잘 쓰여진 글자는 읽기 쉽고, 이해하기 쉬우며, 아울러 상품의 품격마저도 향상시키는 역할을 하지만, 서툰 글씨는 상품의 품격을 저하시킨다

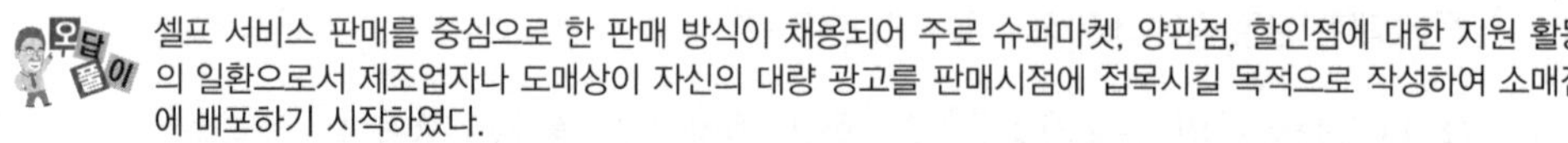
오답풀이 셀프 서비스 판매를 중심으로 한 판매 방식이 채용되어 주로 슈퍼마켓, 양판점, 할인점에 대한 지원 활동의 일환으로서 제조업자나 도매상이 자신의 대량 광고를 판매시점에 접목시킬 목적으로 작성하여 소매점에 배포하기 시작하였다.

44 점포 환경(물리적 환경)의 긍정적 역할에 대한 설명 중 가장 거리가 먼 것을 고르시오.

① 점포 이미지를 전달하고 시각화한다.

② 점포 내 고객 쇼핑활동의 편리성을 증가시킨다.

③ 매장 직원들의 업무효율성을 높이는 데 기여한다.

④ 고객에게 경쟁점포와의 차별성을 부여하고 강화하는 역할을 한다.

⑤ 보험회사나 물류업체의 점포환경이 고객의 서비스 품질 판단에 중요한 영향을 미친다.

오답풀이 보험에 들려는 사람은 보험회사에 찾아오고, 물건을 운송을 이용하려는 업체는 물류업체를 찾아가기 때문에 이들 업체는 점포환경이 고객의 서비스 품질 판단에 중요한 영향을 주지 않는다.

해답 43 ② 44 ⑤

45 다음 중 시각적 머천다이징에 대한 설명으로 올바르지 않은 것은?

① 상품과 점포이미지가 일관성을 유지할 수 있게 진열하는 것이 중요하다.
② 상품과 판매환경을 시각적으로 연출하고 관리하는 일련의 활동을 말한다.
③ 시각적 머천다이징의 요소로는 색채, 재질, 선, 형태, 공간 등을 들 수 있다.
④ 점포 내외부 디자인도 포함하는 개념이지만 핵심개념은 매장내 전시(display)를 중심으로 이루어진다.
⑤ 시각적 머천다이징은 상품의 포장형태, 상품의 잠재적 이윤보다는 기획 의도나 인테리어와의 전체적 조화 등을 고려하여 이루어진다.

비주얼(visual)은 고객이 어느 곳에서든 볼 수 있는 장소에 상품을 배치하여, 그 상품의 장점과 매력을 고객에게 시각적으로 호소하기 위한 것을 말한다. 시각적 머천다이징은 이런 시각적인 호소력에 바탕을 두고 있다.

46 점포에 있어서는 상품 진열의 시각적인 호소력이 매출에 크게 영향을 준다는 시각적 머천다이징에 대한 아래의 설명 중 가장 거리가 먼 것은?

① 시각적 머천다이징의 중요 요소로는 색채, 재질, 선, 형태, 공간 등을 들 수 있다.
② 상품과 판매환경을 시각적으로 연출하고 관리하는 일련의 활동을 말한다.
③ 점포 내 외부 디자인도 포함하는 개념이지만 핵심개념은 매장 내 전시(display)를 중심으로 이루어진다.
④ 상품을 보다 효과적으로 표현하여 구매를 자극하고, 적극적으로 판촉하기 위한 전략적 제반 활동이다.
⑤ 기획 의도나 인테리어와의 전체적 조화 등을 최우선적으로 고려하여야 하므로 상품의 포장형태, 상품의 잠재적 이윤에 대한 고려는 중요하지 않다.

상품의 포장형태는 상품의 판매에 상당한 영향력이 있기 때문에 상품의 잠재적 이윤에도 영향력이 크게 작용을 한다.

45 ⑤ 46 ⑤

Chapter 3 상품판매와 고객관리

01 상품 판매

1. 상품(商品)의 분류

(1) 상품(Goods)

① 인간의 경제생활은 집단적으로 하나의 사회를 구성하여 생활을 해 왔고, 생활의 유지를 위하여 자연에서 모든 물질을 획득하는 것을 당연시해 왔다.

② 자연에서 존재하고 있는 식물, 동물, 광물, 공기, 물, 토양 등의 천연 자원에서 물질을 구하여 생활을 영위하였고, 이러한 물질의 형태를 가공 · 변질시켜 제품화하였다.

③ 상품이란 경제학의 입장에서 보면 욕망 대상인 노동 생산물이 교환 관계에 놓일 경우에 비로소 나타나는 형태로 볼 수 있으며 상품은 인간의 물질적 욕망을 만족시킬 수 있는 실질적 가치를 지니고 있다.

④ 매매를 위해 이동이 가능한 유체 재산을 가리키는 것뿐만이 아니라 상품은 욕구를 충족하는 기능과 함께 교환의 수단으로도 사용되는 유용성을 역시 내포하고 있다.

(2) 상품과 제품에 대한 용어 차이점

① '유통'에서 '상품'은 상거래 목적의 상업적 의미로 사용되고 있으며, '제품'은 제조공장 등의 '생산메이커'에서 주로 사용하는 차이점이 있으나 일반적으로 혼용하여 사용되고 있다.

② 소매업의 상품화계획은 소매업경영전략의 핵심이며, MD에 의해 점포의 성패가 좌우힌다. 점포차별화와 경쟁력 요소가 되기도 한다.

상품(goods)	제품(product)
팔고 사는 물품을 말하며, 시장에서 판매할 목적으로 생산된 물건 즉, 상거래를 목적으로 하는 물건을 뜻한다.	원료를 써서 만들어낸 물품, 또는 생산된 물건을 뜻한다.

(3) 상품의 체크포인트

① 고객의 라이프스타일별로 시장을 세분화해야 한다.

② 시장 포지셔닝과 일치되게 상품을 진열 배치해야 한다.

③ 상품의 가치에 따라 차별화된 가격정책이 선행되어야 한다.

④ 고객의 Needs와 구매특성에 맞게 상품 정책을 수립해야 한다.

⑤ 상품의 재고관리에 유의하여 품절이 발생치 않도록 해야 한다.

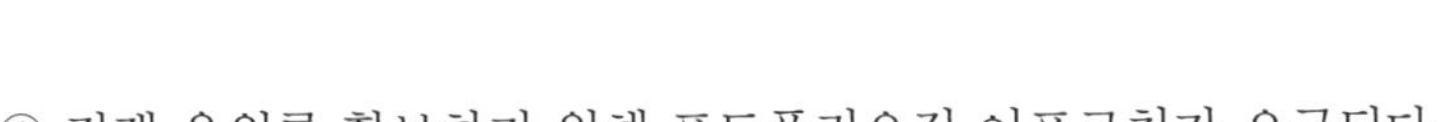

⑥ 경쟁 우위를 확보하기 위해 포트폴리오적 어프로치가 요구된다.
⑦ 시장 포지션을 명확히 하여 상품의 중심그룹에 역점을 두어 구성해야 한다.
⑧ 상품의 관리 표준화를 위한 상품그룹별 전문화된 메트릭스 작업이 필요하다.

(4) 상품정책

① 상품 및 서비스제공수준에 관한 의사결정을 한다.
② 취급상품에 대한 넓이 및 깊이에 대한 결정을 한다.
③ 취급하고 있는 NB(national brand)를 PB(private brand)로의 전환(대체)결정을 한다.

(5) 상품품질 판단기준 속성

① 어떤 상품의 기능이 소비자의 예상과 일치할 확률에 대한 문제를 신뢰성이라 한다.
② 상품이 소비자가 예상한대로 기능을 효과적으로 발휘하는 기간을 사용기간이라 한다.
③ 상품을 수리해서 정상적으로 작동시킬 수 있는가에 대한 문제는 지속성 및 수선용이성 이라한다.
④ 편의품, 선매품, 전문품으로 구분을 하는 것은 구매습관(활동)에 의한 기준이고, 내구재, 비 내구재, 서비스는 물리적 특성에 의한 구분이며, 소비재, 생산재는 사용목적에 의한 구분이다.
⑤ 상품은 1차 품질로 불리는 제품의 성능이나 기술적 능력과 관련되는 기능적 품질과 2차 품질로 불리는 디자인, 색채 및 포장 등과 관련이 있는 심리적 품질 내지 미적품질이 있는데, 생활수준이 향상되면서 점차로 심리적 품질과 미적품질이 높아지고 있다.

(6) 위조(僞造)상품

① 상표법에서는 정당한 권원이 없는 제3자가 특허청에 등록된 상표를 그 지정상품과 동일 또는 유사한 상품에 사용하거나, 등록상표와 유사한 상표를 그 지정상품과 동일 또는 유사한 상품에 사용하여 상표권 또는 전용사용권을 침해하는 상품을 위조상품으로 정의하고 있다.
② 부정경쟁방지 및 영업비밀보호에 관한 법률에서는 특허청에 등록되지 않았지만 국내에 널리 인식된 타인의 상표와 동일 또는 유하게 만들어 상품에 사용하여 타인의 상품과 오인혼동을 일으키는 상품을 말한다.
③ 위조상품은 시장이 있는 국가에서 합법적으로 보호하는 트레이드 마크, 저작권, 특허의 라이센스 없이 만들고 판매된 상품이다. 위조상품을 방지하기 위한 트레이드 마크, 저작권,특허는 지적자산의 범주에 포함된다.
④ 위조상품은 타인의 상표와 동일 또는 유하게 만들어 상품에 사용하여 타인의 상품과 오인혼동을 일으키는 상품을 말한다. 소매업체와 공급업체는 위조상품에 대한 손해와 지적재산권 침해로부터 자신을 보호하기 위해 상표등록, 합법적 행동, 상호협상 등의 방안을 강구해야 한다.

2. 상품(商品)의 구색

(1) 구색의 기준

① 유통업체인 백화점과 할인점 취급상품의 품목수가 수만 종에 다르고, 그곳에서 적합한 상품의 구색도 다르다.

② 수많은 상품을 적절한 기준으로 분류하여 그룹화하여야 효과적인 상품 구성이 이루어지고 경영의 효율화를 기할 수 있다.

③ 상품구색을 갖추기 위해 고객의 수요나 욕구에 합치하지 않으면 단순한 상품 더미밖에 되지 않아 판매효율이 떨어지게 된다.

④ 상품의 분류와 특성에 따라 구매방법, 판매방법 등이 제각기 다르고, 머천다이징 전략과 종류는 업태별 특성에 따라 제각기 차별화가 되어야 한다.

⑤ 업태별 취급 상품에 따라, MD 전략을 바탕으로 한 마케팅 전략에 많은 차이를 보일 수 있고, 거기에 따른 상품구색도 차이를 보일 수밖에 없다.

⑥ 상품분류기준으로 한 구분은 소비패턴을 중심으로 한 분류, 대상고객을 중심으로 한 분류 상품의 용도를 중심으로 한 분류를 기준으로 나눌 수 있다.

(2) 상품구성 계획

① 소매점이 어떤 상품을 구매하여 소비자에게 판매할 것인가에 대한 계획을 상품구성계획이라 말한다.

② 제조업자의 생산 및 판매욕구보다 소비자의 구매 욕구를 두고 이에 알맞게 상품을 조합하고자 하는 계획으로 상품의 넓이와 깊이의 의사결정내용들을 포함한다.

③ 상품구성배치의 기준으로 한다면 ,상품의 가격이나 소비자의 수요 · 필요성, 상품의 원료 · 자재 등을 기준으로 파악을 해야 한다.

④ 상품확충(Product Filling)전략은 기존 제품계열내에 품목의 추가를 통해 제품 확장을 도모하는 전략으로 잉여설비의 활용, 매출의 증대, 세분시장의 침투 등에 긍정적이며, 수익성 감소는 부정적인 내용이 된다.

(3) 상품의 배치

① 상품을 잘 분류하여 진열하면 고객에게 상품의 다양함을 더 쉽게 보여줄 수 있고, 판매원의 도움 없이도 고객 스스로 상품을 비교 선택할 수 있다.

② 구매 행동시작 후 처음 본 상품이 고객의 심리를 결정짓는 경우가 많기 때문에 그 날 그 점포의 쇼핑전체에 영향을 미치고, 적절한 상품분류는 비교적 작은 매장에서도 매장관리의 효율성상승을 위해 중요하게 작용한다.

③ 목적구매는 점포에 대한 집객역할과 함께 고객이 점내를 회유하게 하는 장점을 제공하는 반면 고객이 가격을 염두에 두고 내점함으로써 높은 이익을 취하기 어렵다.

④ 매장의 이익을 높이기 위해서는 고객이 충동구매상품으로 쇼핑을 시작하도록 매장배치를 하는 것이 좋다.

(4) 상품연출 구성방법

① 삼각구성은 상품이 통합되어 보이기 쉬운 형태로 조화와 안정감을 주며 상품은 홀수로 하는 것이 요령이다.

② 부채꼴 구성은 고가상품의 진열로서 쇼케이스 내부에 이용하면 좋고 벽면연출에 많이 사용한다.

③ 원형구성은 상하가 대칭이 되어 종합감을 연출하는 것으로 반복 배열함으로써 중앙에 시각적인 초점을 강조한다.

(5) 상품기획성과분석

① 상품기획 성과분석은 단품, 공급업체, 제품계열에 대한 평가를 모두 포함한다. 상품의 재고결정을 위하여 상품에 대한 등위를 매기는 방법으로 ABC분석을 들 수 있다.

② 조기 감산치 적용이 필요한지 또는 수요에 맞추어 상품이 더 필요한지를 결정하기 위해서 실제 매출과 계획된 매출을 비교하여 매입계획을 수정하는 것을 판매과정 분석이라고 한다.

③ 지속적인 상품기획 계획절차의 부분으로서 단품, 공급업체, 제품계열, 제품부문을 언제 추가하고 제거할 것인가에 대한 의사결정과 직접적으로 관련된다.

④ ABC분석은 재고수준에 대한 의사결정을 돕기 위하여 상품에 대한 등위를 매기는 방법이다. 단품에서 상품부문에 이르기까지 상품카테고리의 어떠한 수준에서도 적용이 가능하며 주로사용되는 성과측정기준으로 공헌이익(contribution margin)이 사용되며 이는 순 매출에서 판매한 제품원가와 기타 변동비를 제한 것을 의미한다.

3. 소비재(消費財)

(1) 판매중심에 의한 상품분류

① 개 념

㉠ 판매중심 분류는 현재의 패션경향과 구매 관습 및 고객의 선호 등을 감안하여 상품계획을 세워야 하며, 매장의 규모 및 위치 등을 고려하여 분류하는 방법이다.

㉡ 상품의 분류방법은 "패션성 중심", "패션타입에 의한 분류", "판매중심에 의한 분류", "생산양식(장소)에 따른 분류" 등이 있다.

② 유 형

㉠ 필수상품: 일용상품이고, 안정상품이라고도 하며, 출구 가까운 진열이 효율적이다.

㉡ 주력상품: 선매상품으로서 계절상품이 이에 속한다. 상품량이 많으므로 면적을 차지하는 비율이 가장 크기에 구석진 곳 등 다소 불편한 곳은 가능한 주력상품이 배치가 되도록 하여 고객을 매장 깊숙히 끌어들인다.

㉢ 준필수상품(보조상품): 편의품으로서 상비상품이라고도 하며, 주력상품과 코디네이트가 되도록 배치하는 것이 유리하다.

㉣ 충동상품(자극상품): 특가품으로서 특이한 디자인 또는 신개발 상품 등을 말하며 코너 진열의 끝부분 또는 통로 중에 특별 코너를 설치하여 고객의 눈을 끌어주도록 한다.

(2) 소비제품 특성기준

① Aspinwall은 5가지 제품특성을 기준으로 소비재를 적색폼, 오랜지색품, 황색폼 등으로 구분을 하였다.

② 적색폼(red goods)은 대체율은 높고, 나머지 특성들이 낮은 제품으로, 오렌지(orange goods)은 5가지 특성 모두에서 중간정도인 제품으로, 황색폼(yellow goods)은 대체율은 낮고 다른 특성값은 높은 제품이다.

③ 5가지는 대체율(제품 재구매 및 소비의 속도), 조마진(소비자가격과 생산원가 차이), 조정(서비스를 통한 맞춤화의 속도), 소비시간(제품의 기대결과를 얻기 위해 소비하는데 걸리는 시간), 탐색시간(구매할 점포에 도달하는데 걸리는 시간)등으로 구분한다.

④ 유통경로를 이용한다면 적색폼의 제품은 대중유통경로 및 촉진을 사용하는 것이 더 적합하고, 황색폼은 직접유통경로를 이용하는 것이 더 적합하다. 적색폼은 긴 경로와 대중매체를 통한 촉진, 황색폼은 짧은 경로와 폐쇄회로형 매체를 활용한 촉진이 적합하다고 한다.

(3) 소비용품의 정의

① 소비용품은 최종 소비자가 소비를 목적으로 하는 상품이기 때문에 일단 구매되면 다시 재판매되지 않는 것을 원칙으로 하는 것이 중요하며, 소비용품은 시장 생산이 보통이므로 생산자와 판매자는 항상 시장 동향을 잘 파악해야 한다.

② 편의품(convenience goods), 선매품(shopping goods), 전문품(speciality goods)으로 구분하는 소비용품은 소비자의 구매행동 즉 소비자가 구매의사결정을 위해 투입하는 비용과 노력의 정도인 구매관습에 의한 구분이다.

③ 일빈적으로 가격이 지렴하니 보석, 자동차 같은 예외적인 고급품도 있으며, 이를 구매하는 사람은 구매 상품에 대한 지식이 판매자에 비해서 상대적으로 적고, 욕구 충족이라는 관점에서 구매하는 것이 일반적이다.

④ 주부가 대부분은 구매자로서 주 역할을 수행하며, 구매에 관련되는 서비스의 내용에 따라서는 비교적 많은 영향을 받는다. 즉, 점원의 친절한 응대, 청결, 명랑한 점내 분위기, 배달, 외상 등은 구매에 영향을 미친다.

(4) 구매 관습에 의한 기준

① 편의품(convenience goods)

㉠ 편의품은 일반적으로 별로 값이 비싸지 않고 최소의 구매 노력으로 구매가 가능한 품목이다. 자기 집 근처이거나 매일 출퇴근할 때의 길목이라든가 아니면 자주 다니는 길가의 상점은 구매하기에 편리한 장소가 되는 것이다.

㉡ 편의품을 사는 데는 여기 저기 다니면서 시간을 소비할 필요가 없다. 소매상의

입장으로 볼 때 편의품은 수요가 규칙적이고 계속적인 상품이며 상용(on hand)으로 사 갈 수 있도록 상품을 보유해야 하고, 가급적 고객에게 편리한 서비스를 제공해야 하며, 편리한 진열을 해야 한다.

ⓒ 소비용품은 품질은 표준화되어 있어야 하고 판매에 있어 특별한 판매술은 별로 필요로 하지 않을 때도 있다.

ⓓ 소비용품은 제조업자 측면에서는 판매를 할 경우 타사 제품과 심한 경쟁을 하게 되며, 자사 제품을 효과적으로 판매하려면 소비자들이 제품을 언제 사기를 원하는가, 또 중간 상인이 자사 제품을 사 갈 수 있도록 권유하는 수단을 강구해야 한다.

ⓔ 편의품의 종류에는 음료수, 밀가루, 설탕, 커피, 빵, 버터, 계란, 육류, 종이 제품, 치약 등의 생활 필수품이다.

② 선매품(shopping goods)

ⓐ 선매품은 일반적으로 많은 주의를 가지고 구매하며 최종 구매 결정은 몇몇 상품을 비교한 후에야 이루어진다. 품질, 스타일의 적합성과 가격 등이 비교의 기준이 되고 상당한 정도의 소비자 취미에 의하여 결정된다.

ⓑ 고객이 여러 점포를 돌아다니며 상품의 가격, 특징, 신뢰성, 색채, 디자인 등을 비교하여 선택 구매하는 경향이 있고, 보통 금액의 지출을 충분히 고려하고 구매 횟수는 적다.

ⓒ 구매자는 충분한 노력과 시간을 들여서 비교를 하기 위해 그 상품을 판매한 상점이 집결해 있는 상점가에까지 가기를 좋아하며 여러 곳을 돌아다니는 것까지도 감수한다.

ⓓ 가격지향 선매품은 개방적 유통전략을 채택하고, 유행을 주도할 수 있는 경로를 선택하며, 차별성 제고를 위한 독점적 경로를 선택하여 유통경로의 수직적 통합을 모색한다.

ⓔ 선매품의 종류에는 내구성 상품인 가구 · 기계 · 자동차 · 텔레비전 · 라디오 · 보석 · 의류 · 신발류 · 선물용품 등이 있다.

③ 전문품(speciality goods)

ⓐ 전문품은 소비자가 상품 구매에 있어 시간과 노력을 아끼지 않는 것으로 가격보다는 상품에 특수한 매력을 갖고 있으며, 구매 결정 요인은 절대적으로 품질을 우선시한다.

ⓑ 전문품은 소비자가 상품 구매에 있어 그 상품에 대한 상당한 지식을 보유하고 있으며 상품에 대한 선호도가 강하고, 특히 전문가다운 판매원의 조언과 지도가 판매에 많은 영향이 있다.

ⓒ 소비자가 특정상표에 대해 가장 강한 상표충성도를 보이고, 전속적 혹은 선택적 유통경로의 구축이 더욱 바람직하다. 주로 구매력이 있는 소비자들만을 대상으로 판촉활동을 실시하는 것이 효과가 크며, 제품차별성과 소비자 관여도가 매우 높은 특성을 지닌다.

㉣ 전문품의 종류에는 포도주, 위스키 등 주류와 화장품, 고급 의류나 고급 가구 등의 하이 패션품, 피아노, 스테레오, 시계, 고급 자동차 등이 있다.

【 소비용품의 특징 】

항 목 \ 품 목	편의품	선매품	전문품
매입 계획	관습적으로 구매한다.	예산을 짜서 계획을 세운다.	보다 신중히 계획된다.
매입상의 노력	노고와 시간이 안 걸리는 것을 좋아한다.	비교 검토를 아끼지 않는다.	노고와 시간이 걸리더라도 좋다.
가격	저가	중간	고가
품질에 대한 관심도	무관심 등이 많다.	품질, 디자인, 색채 등을 문제로 한다.	대용품은 불가하다.
구매 횟수	빈번하고 정기적이다.	불규칙적이다.	희소하게 구하게 된다.
상품 회전율	높다	중간	낮다
이윤 폭	작다	중간	크다
점포 장식	조밀	서비스, 분위기 중요	고급 인상을 심어주고, 서비스, 분위기를 중시함.

(5) 수명주기(PLC;product life cycle)에 의한 상품

① 상품수명주기의 개념

㉠ 수명주기현상이 발생하는 원인은 다양하지만 대표적인 원인으로 시장포화, 신기술 및 경쟁을 들 수 있다.

㉡ 선행기업의 상품관리자는 시장포화현상을 항시 염두에 두고 표적시장에서의 매출변화에 대한 지속적인 분석과 추적, 신기술이 기존 기술을 대체해가는 과정(현상) 그리고 처음부터 최적의 포지셔닝을 선택해야 한다.

㉢ 상품설계와 서비스제공에 있어서 지속적인 품질향상노력을 해야 하며 또한 선행사가 가진 장점 및 경험효과 등을 최대한 활용하여 경쟁으로부터의 위협을 최소화해야 한다.

㉣ 매출액은 도입기에서는 서서히 증가하다가 성장기에서는 빠르게 증가하고 성숙기에서는 거의 증가하지 않으며 쇠퇴기에서는 감소하게 된다.

② 도입기 상품

㉠ 도입기 상품은 방금 발매된 신상품으로 메이커는 소비자를 상대로 해서 대규모의 광고와 샘플을 제공하는 등의 적극적인 판매 촉진 활동으로 상품의 존재를 알리고 사용해 보도록 권유하는 한편, 유통업자에게 적극적인 취급을 요청해야 한다.

㉡ 상품을 판매하는 소매점의 입장에서는 신상품이 성장기로 진입하지 못하는 상품도 많기 때문에 소매점은 판매 동향, 소비자의 반응 등을 충분히 관찰하고 신중을

기할 필요가 있다. 또한 고소득층 상대로는 고가 정책을 수립하여 초기 투자비용을 회수하도록 해야 한다.

③ 성장기 상품

㉠ 성장기 상품은 판매 추세가 급상승하고 높은 가격에도 수요는 지속적으로 증가하므로 메이커, 소매점에서는 높은 수준의 매출과 이익을 확보할 수가 있다.

㉡ 상품수명주기이론상 상품의 성장기에 해당기업이 취할 수 있는 전략으로 가장 적합한 것은 시장점유율을 증대시키기 위해 가능한 한 점포수를 확장한다.

㉢ 성장기에서 마케팅목표는 시장점유율 확대, 가격정책은 시장침투가격(저가격), 유통정책은 집중적 유통(intensive channel), 촉진정책은 보다 다양한 소비자들에게 인지도를 강화하는데 초점을 두어야 한다.

㉣ 소매점으로서는 이익률이 높은 이 기간에 대량 판매와 품절에 의한 기회 손실이 발생하지 않도록 매입과 상품관리에 충분한 배려를 해야 하며, 침투할 새로운 세분시장을 모색한다.

㉤ 이 시기의 성장기 전략은 중소득 수용자를 표적시장으로 하며, 도입기보다는 약간 다양한 제품을 공급하고, 설득 위주의 촉진 전략을 구사한다.

㉥ 성장기에는 개방적인 유통망의 사용으로 유통망을 광범위하게 사용하는 전술을 적극적으로 펼쳐나가야 한다. 마케팅 믹스전략은 제품 확장, 서비스 품질강화와 시장점유율 최대화를 추구해야 한다.

④ 성숙기 상품

㉠ 성숙기에는 신규 수요보다도 대체 수요에 중점을 두어야 하며, 한정된 시장에서 메이커간 및 소매점 간의 경쟁도 격화된다.

㉡ 성숙기의 상품은 치열한 경쟁으로 인해 이익이나 매출은 급신장하지 않으나 지속적으로 소비자들이 찾는 상품이므로 상품믹스에 반드시 포함시켜야 한다.

㉢ 성숙기의 수요는 포화 상태가 되고 판매 신장률도 점차로 정체되고 있다. 상품의 라이프 사이클상 도입기 및 성장기를 지나 성숙기에 들어섰을 경우가 저가격지향적 마케팅전략및 정책이 활용되기 가장 좋은 상황이다.

⑤ 쇠퇴기 상품

㉠ 쇠퇴기에는 매출, 이익이 급격히 감소하기 때문에 메이커 중에는 채산이 맞지 않아 철수하는 업체도 증가하고 있다.

㉡ 이 시기에는 소매점으로서도 취급을 그만 둘 시기를 찾는 한편, 가능한 재고를 축소하고 설령 이익이 나지 않아도 싼 가격에 팔아야 한다.

㉢ 쇠퇴기 정책으로는 가격을 인하하며, 기존 제품에 대한 제품 폐기, 진부화 정책, 대체 제품 개발, 제품 다양화 확대, 기업 합병 등이 있다.

⑥ PLC이론의 특징

㉠ 수명주기현상이 발생하는 원인은 다양하지만 대표적인 원인으로 시장포화, 신기술 및 경쟁을 들 수 있다.

㉡ 매출액은 도입기에서는 서서히 증가하다가 성장기에서는 빠르게 증가하고 성숙기에서는 거의 증가하지 않으며 쇠퇴기에서는 감소하게 된다.

㉢ 선행기업의 상품관리자는 시장포화현상을 항시 염두에 두고 표적시장에서의 매출변화에 대한 지속적인 분석과 추적, 신기술이 기존 기술을 대체해가는 과정(현상), 그리고 처음부터 최적의 포지셔닝을 선택하고 상품설계와 서비스 제공에 있어서 지속적인 품질향상노력을 해야 하며 또한 선행사가 가진 장점 및 경험효과 등을 최대한 활용하여 경쟁으로부터의 위협을 최소화해야 한다.

⑦ PLC이론의 한계

㉠ 마케팅 계획의 수립과 통제에는 이용될 수 있지만, 수요를 예측하는 데는 유용하지 못하다.

㉡ 수명주기의 유형이 형태(모양)와 기간 면에서 다양함에도 불구하고, 획일적으로 묘사되어 있다.

㉢ 마케팅 관리자들은 그 제품이 PLC 상에서 어느 단계에 있는지 정확하게 알고 있지 못한다.

㉣ PLC의 형태는 판매가 어떤 필수적인 과정으로 나타나는 것보다는 마케팅 전략의 성과물에 불과하다.

4. 산업재(産業財)

(1) 산업재의 개념

① 기업과 산업 활동의 수행에 사용하는 것이 산업용품의 궁극적인 목표이다.

② 산업용품은 개인적인 욕구를 충족시키는데 사용되는 것이 아니라 기업의 욕구를 충족시키고 있는 것이다.

③ 산업재 유통업자는 상인도매상의 특수한 형태로 또 다른 생산(제조)업체나 기관을 대상으로 상품을 판매하는 중간상의 형태이다.

(2) 산업재시장

① 산업재시장의 구조와 수요는 더 적은 수의 그러나 더 큰 규모의 구매자를 가지고 있으며, 고객은 지역적으로 더 집중되어 있다.

② 산업재 구매자 수요는 최종 소비자 수요로부터 나오고, 산업재 시장에서의 수요는 더 비탄력적이다. 즉 수요가 단기적 가격변화에 덜 영향을 받는다.

③ 산업재 구매는 더 많은 구매자를 포함하고, 더 전문적인 구매 노력이 수반된다.

④ 산업재 구매 절차는 더 공식화되어 있으며, 구매자는 보통 더 복잡한 구매 의사결정에 직면하며, 구매자와 판매자가 긴밀하게 협력하며, 장기간 관계를 형성한다.

⑤ 산업재 시장 세분화기준은 시장의 규모(크기), 일회 구매량의 크기, 행동 분석적 차별화 요소 등으로 살펴볼 수 있다.

(3) 산업재시장의 주요구매 형태

① 굉장히 일상적인 의사결정인 단순 재 구매, 단순 재 구매 상황에서 구매자는 어떠한 변경사항도 만들지 않고 재 주문하는 것을 말한다.

② 다른 한쪽에는 철저한 조사가 요구되는 신규구매, 신규구매 상황은 기업이 제품이나 서비스를 처음 구매하는 경우이다.

③ 중간단계에는 약간의 조사기 필요한 수정 재 구매, 수정 재 구매 상황에서 구매자는 제품규격, 가격, 조건, 공급자 등의 변경을 원한다.

④ 산업재 구매의사결정 과정의 절차는 '문제인식-전반적인 필요성 기술/묘사-제품명세서-공급자 탐색-공급계획서 요청-공급자 선택-주문명세서-성과평가'의 과정을 거친다.

(4) 소비재와 산업재

① 기업구매자들은 시장 제공물을 획득하기 위해 소요되는 비용 대비 최적이점의 집합(경제적, 기술적, 서비스 및 사회적 이점)을 획득하고자 한다. 즉 산업재구매자의 구매자극 요인은 비용에 대해 지각된 이점의 비율이 크면 클수록 더욱 커진다.

② 소비재의 종류는 편의품, 전문품, 선매품으로 분류가 되며 이들 중 선매품이란 구매를 하고자 할 경우 상당한 노력을 필요로 하고 대체품이 거의 존재하지 않는다는 특징을 보이고 있다.

③ 산업재구매자는 소비재구매자에 비해 상품에 대한 전문지식이 상대적으로 높으며 또한 산업재구매의 경우 소비재 구매의 경우보다 더욱 계획적, 합리적 구매가 이루어진다.

④ 산업재구매자는 공급업자의 제공물이 유사한 경우, 어떤 공급업자이든 구매요구조건을 만족시킬 수 있으므로 구매자들은 그들이 받은 개인적인 측면을 중시하게 되며, 경쟁제품이 실질적으로 다른 경우 자신들의 선택에 더욱 책임을 지며 따라서 경제적 요인에 더 많은 주의를 기울인다.

(5) 도매업 및 도매상 산업분류코드

① 도매업에 주로 종사하는 사업체가 상품판매에 관련하여 부수적으로 그 기계 및 장비를 조립 또는 설치하는 경우는 주된 활동에 따라 도매업에 분류된다.

② 판매하는 상품에 대한 소유권을 보유하고 있으며 취급하는 상품에 대한 본질적인 변형이 없이 다른 도매업자, 산업체, 상업단체, 기관 및 전문사용자 등과 거래를 하는 형태로 산업공급자 및 이동공급자, 수출업자, 수입업자, 공동구매 조합 및 폐품수집상 등을 들 수 있다.

③ 자기가 직접 기획한 제품을 직접 제조하지 않고 자기 계정에 의하여 구입한 원재료를 다른 제조업자에게 제공하여 상품을 자기 명의로 제조토록 하고 이를 인수하여 자기 명의와 자기 책임 하에 직접 판매하는 사업체는 제조업으로 분류된다.

④ 도매상은 소매상에 비해 비교적 넓은 상권을 대상으로 하기 때문에 1회 거래규모가 일반적으로 소매상보다 월등히 크고, 소매상과 달리 상이한 법적 규제와 세법이 적용된다. 도매상은 최종 소비자보다는 주로 재판매 고객과 거래를 하는 경우를 의미한다.

(6) 각종 기구에 의한 분류

① 국제 표준 무역 분류(SITC; Standard International Trade Classification)

㉠ UN이 1938년 무역 통계의 국제 표준 비교를 위하여 제정한 상품 분류 방식이다.

㉡ 한국 표준 무역 분류(SKTC)를 1964년에 제정하여 통계청 고시에 적용하고 있다.

② 한국 표준 무역 분류(SKTC; Standard Korea Trade Classification)

㉠ 국제 표준 무역 분류(SITC)의 구성 체계에 HSK의 내용을 보완하여 만든 것이다.

㉡ 우리나라 표준 무역 분류이다.

③ 한국 관세 및 통계 통합 품목 분류표(HSK)

㉠ HSK(Harmonized System of Korea)는 HS 품목 분류표를 토대로 분류했다.

㉡ HSK는 우리나라 실정에 맞게 세분한 관세 · 통계 통합 품목 분류표이다.

④ 통일 상품명 및 부호 체계(HS)

㉠ HS(Harmonized Commodity Description and Coding System)는 국제 간에 거래되는 모든 물품에 대한 품목 분류를 통일하여 국제 무역을 증진시킬 목적으로 1983년에 제정하였다.

㉡ 1988. 1. 1.부터 시행되는 HS 협약의 부속서로 작성된 품목 분류표로써 우리나라를 비롯한 미국 · 일본 · EU 등 전 세계 170여 국에서 사용하고 있다.

⑤ HS와 HSK 제도의 연관성

㉠ 한국 관세 · 통계 통합 품목 분류표(HSK)는 통일 상품명 및 부호 체계(HS) 품목 분류표를 우리나라 실정에 맞게 세분한 관세, 통계 통합 품목 분류표를 말한다.

㉡ CCC가 만든 HS 품목 분류표는 6단위 코드로 구성되어 있으며, 이를 기초로 하여 관세율 및 통계 등의 필요에 의해 10단위 코드로 세분화하여 운영되고 있다.

4. 상품 구성의 원칙

(1) 계열과 품목 구성

① 소매점이 판매하는 모든 상품을 상품구성(Merchandise assortment)이라 한다. 넓은 의미의 상품 구성은 상품 계열 구성과 상품 계열 내에서의 품목 구성 모두를 그 개념에 포함시키고 있다.

② 상품 구성은 그 폭을 넓힐수록 전문성(專門性)이 높아지고 고객을 매력시키는 데 유리하지만 이것을 한없이 넓혀 간다는 것, 즉 포함시킬 품목 수를 늘려간다는 것은 사실상 불가능하다.

(2) 품목(merchandise item)

① 품목은 이들 각기의 상품 계열 내에 포함되는 재고 유지 단위(SKU : stock keeping unit) 로 불린다. 상품 구성은 「품목 구성」의 의미로 설명되어지며, 이른바 「상품 구색」이란 주로 이 품목 구성을 말한다.

② 와이셔츠 계열 내에는 타입, 스타일, 재질, 색상, 사이즈, 가격선(price line) 등의 점에서 서로 약간씩 다른 다종다양한 품목이 될 것이다.

③ 품목 구성이란 하나의 상품 계열 내에서 이들 상호 간에 조건을 달리한 여러 품목의 조합 형태를 말한다.

(3) 상품구성 정책

① 제조업자의 제품생산에 대한 생산품 구성계획과 소비자의 상품구매에 있어서 일괄구매욕구 사이의 격차를 해소하기 위해 지속적으로 계획, 실행 및 평가하는 과정이다.

② 개별상품(군)으로 보아 매출 및 수익에 대한 기여도가 현저하게 낮을지라도 다른 상품(군)과의 결합효과가 존재하는 경우 이 상품(군)에 대한 매장에서의 퇴출여부를 결정하는 것을 포함한다.

③ 한편으로는 효자상품그룹을 찾아내어 더욱 판매를 촉진하고 또 다른 한편으로는 퇴출해야할 상품그룹을 찾아내어 매장에서의 상품 퇴출에 대한 의사결정을 지속적으로 수행하는 과정이다.

④ 상품구성에 대한 의사결정(상품의 넓이 및 깊이에 대한 의사결정)은 다양한 요소에 의해 영향을 받는다. 상품구성정책에 대한 의사결정에 있어서 영향을 미치는 중요요소로는 경쟁자, 매장의 규모, 매장의 입지 등이 있다.

(4) 상품구색(Assortment)

① 상품구색(assortment)은 상품의 폭(넓이)(goods width)과 상품 깊이(goods depth)로 구분할 수 있다.

② 소매상이 고객에게 제공하는 상품 구성의 넓이와 깊이는 개별 유통업태 및 유통상의 마케팅전략에 따라 상이하다.

③ 상품의 넓이와 깊이에 대한 의사결정은 상품 구성정책의 핵심적 의사결정요소로 표적구매자들의 기대와 일치시키면서 동시에 다른 소매상과 차별화할 수 있어야 한다.

④ 상품 구성의 넓이는 브랜드나 스타일 및 품목의 수의 다양성을 의미하며 상품의 깊이는 한 기업이 현재 취급하고 있는 상품계열의 종류가 많고 적은 정도를 나타내주는 상대적인 개념이다.

⑤ 상품 구성에 있어서 전문점은 상품의 넓이보다 깊이에 더욱 강점을 두고 있는 반면 일반잡화점은 상품의 깊이 보다 넓이에 더욱 중점을 두고 상품구성정책을 실행한다.

⑥ 상품의 넓이와 깊이에 대한 의사결정은 상품 구성정책의 핵심적 의사결정요소로 표적구매자들의 기대와 일치시키면서 동시에 다른 소매상과 차별화할 수 있어야 한다.

⑦ 전문성은 특정 제품의 카테고리 내에서의 단품 수, 다양성은 한 점포 내 또는 부문 내에서 취급하는 상품 카테고리 종류의 수, 가용성은 특정 단품의 수요에 대해 충족되는 비율을 나타내는 것을 말한다.

5. 상품 구성 계획

(1) 상품 구성 계획의 개념

① 상품계획이란 고객의 수요를 잘 연구하여 고객에게 팔릴 수 있는 상품의 선정 및 구매를 말한다.

② 소매상이 고객에게 제공하는 상품 구성의 넓이와 깊이는 개별 유통업태 및 유통상의 마케팅전략에 따라 상이하다.

③ 소매점이 어떤 상품을 구매하여 소비자에게 판매할 것인가에 대한 계획이며 상품의 넓이와 깊이에 관계된 의사결정내용들을 포함한다.

④ 상품 구성에 있어서 전문점은 상품의 넓이보다 깊이에 더욱 강점을 두고 있는 반면 일반 잡화점은 상품의 깊이 보다 넓이에 더욱 중점을 두고 상품구성정책을 실행한다.

⑤ 상품계획 및 상품계열의 계획과 관련하여 고려해야 할 사항으로는 상품의 수명주기, 상품계열의 수익성, 상품계열의 경쟁가능성 등을 잘 살펴야 한다.

(2) 상품 구성 계획의 종류

① 단품 수량 계획

㉠ 단품 수량 계획은 단위 제품의 재고를 어느 정도로 유지할 것인가 확정하는 것을 의미한다.

㉡ 단품 재고를 결정함에 있어서 고려되는 요소로서는 예상 판매고와 재고관리비를 들 수 있다.

㉢ 이 두 요소를 충분히 검토한 후 단품 재고 수량을 결정하여야 하며, 매장에서 품절이 되어 판매하는 것에 제약이 있어서는 안 될 것이다.

㉣ 단품 수량 계획을 세우기 위해서는 우선 상품 계열별 기준을 적용하여 모든 단위 품목을 나열한 후에 각 기준별로 정해진 재고 비중에 따라 단품별 재고량을 결정해야만 한다.

② 이종 구색 계획

㉠ 이종 구색 계획이란 상품 계열을 나누는 데 있어 어떻게 나눌 것이며 몇 가지나 보유할 것인가를 결정하는 것을 말한다.

㉡ 일반적으로 점포의 규모가 크고 일괄 쇼핑을 지향할수록 상품 계열은 다양하다. 또한 전문화를 지향하는 점포일수록 취급하는 상품 계열의 수는 한정적이 될 수 밖에는 없을 것이다.

③ 동종 구색 계획

㉠ 동종 구색 계획은 특정 상품 계열 내에 포함될 상품 품목의 종류와 숫자에 대해 결정하는 것을 말한다.

㉡ 일반적으로 가격을 주된 경쟁 요인으로 삼는 경향이 있으며, 편의성을 강조하는 점포들은 동종 구색을 얇게 가져가는 편이다. 또한 소비자들에게 다양한 선택의 기회를 제공하면서 특정 제품을 중심으로 전문화를 시도하는 점포들은 동종 구색을 깊게 유지한다.

④ 상품 분류

㉠ 상품을 체계적으로 분류할 때 소매기업은 가장 포괄적인 개념에서부터 출발하여 가장 협소한 개념까지 분류하게 된다.

㉡ 미국 "NRF(National Retail Federation)의 분류기준"에 따라 상품을 가장 포괄적인 구분부터 협소한 구분까지 올바르게 단계별 분류를 나열하면 'Group – Department – Classification – Category – SKU'의 순서이다.

⑤ 상품 구성 정책

㉠ 제조업자의 제품생산에 대한 생산품 구성계획과 소비자의 상품구매에 있어서 일괄구매욕구의 사이의 격차를 해소하기 위해 지속적으로 계획, 실행 및 평가하는 과정이다.

㉡ 개별상품(군)으로 보아 매출 및 수익에 대한 기여도가 현저하게 낮을 지라도 다른 상품(군)과의 결합효과가 존재하는 경우 이 상품(군)에 대한 매장에서의 퇴출여부를 결정하는 것을 포함한다.

㉢ 한편으로는 효자상품그룹을 찾아내어 더욱 판매를 촉진하고 또 다른 한편으로는 퇴출해야 할 상품그룹을 찾아내어 매장에서의 상품 퇴출에 대한 의사결정을 지속적으로 수행하는 과정이다.

⑥ 상품 가용성

㉠ 상품 가용성이란 특정 단품의 시장 수요에 대해 상품 공급면에서 만족되는 비율을 의미한다.

㉡ 특정상품의 가용성을 높이려면 이러한 상품의 고객 수준에 대해 품절이 발생하지 않도록 우수한 재고를 확보해야 한다. 하지만 과다한 재고보유시는 과도한 유동성이 필요하기 때문에 가용자금의 유동성이 낮아진다.

㉢ 유통업체가 안전재고를 결정하기 위해서는 유지하고자 하는 상품가용성에 대한 적정수준을 우선적으로 결정해야 한다.

⑦ 노브랜드제품(no name product) 전략

㉠ 소비자에게 가격이 저렴한 소박한 제품으로 느끼게 하고 싶을 경우에 쓴다.

㉡ 가격 탄력성이 높은 소비자에게 보다 효과적으로 접근할 수 있기 때문에 쓴다.

㉢ 더욱 경제적으로 만들 수 있는 초과생산능력을 보유하고 있을 경우에 쓴다.

⑧ 재고회전율 위주의 상품구색

㉠ 신선한 상품은 오래되고 낡은 상품에 비해 잘 팔리기 때문에 높은 재고회전율은 매출량 을 증대시킨다.

㉡ 회전율이 높으면 진부화의 위험에서 벗어날 수 있으며, 시장기회로부터 현금 확보가 높고, 빠른 회전율은 판매원의 사기앙양에 도움이 된다.

(3) 상품 구성 계획 시 고려 요소

① 대체재

㉠ 대체재는 소비자가 소비함으로 인해 얻는 효용이 차이가 없는 것으로 흔히 소주와 맥주와의 관계로 설명할 수 있다. 만약 소주 값이 오르면 소주 대신에 맥주의 소비가 증가하고, 또는 그 반대의 상황이 전개된다.

㉡ 만약 두 상품이 완벽한 대체 관계에 있는 경우라면 소비자들은 두 상품의 사용에 있어서 효용 간의 차이를 전혀 느끼지 못할 수 있다. 하지만 현실에서는 완벽한 대체재를 찾기에는 거의 불가능하다.

㉢ 상품 구성을 함에 있어서 완벽한 대체 관계에 있는 상품은 가급적 취급을 하지 않는 것이 유리하다. 왜냐하면 소비자들의 선택의 폭은 증가하지만 점포의 매출 증대에는 전혀 기여하지 않기 때문이다.

② 보완재

㉠ 보완재는 한 제품의 수요가 증대될 때 다른 제품의 수요가 수반되어 증가하면 두 제품 간의 사이는 보완 관계에 있다고 한다. 예를 들면, 커피와 프림과의 관계를 들 수 있다.

㉡ 일반적으로 완벽한 보완재는 특정 제품과 반드시 함께 사용되고 있기 때문에 동시성을 가지고 있다. 하지만 불완전 보완재는 항상 함께 하는 것이 아니고 또 함께 할 수도 있다. 의류와 액세서리를 불완전 보완 관계에 있다고 보면 된다.

㉢ 완벽 보완재이건 불완벽 보완재이건 보완재는 상품 구성에 반드시 반영해야만 하기 때문에, 보완재의 배치는 판매량에 상당한 영향을 미치게 된다. 치약과 칫솔은 동일한 섹션에 배치하면 분리하여 배치하는 경우보다 매출량이 향상에 크게 기여하게 된다.

③ 중립재

㉠ 중립재라 하더라도 소비자들에게 추가적인 매출량의 증가를 가져올 수 있기 때문에 상품 구성의 경우에 충분한 고려대상이 된다. 이러한 중립재의 대표적인 상품이 충동상품이다.

㉡ 이런 제품들은 중립적인 관계에 있지만 상품 구성에 포함되어 점포의 매출에도 상당한 영향을 행사하고 있다. 단지 재고의 문제가 있기 때문에 적절한 선에서 품목을 선정하여야 하고 재고량은 항상 최소 단위로 유지하게끔 주의를 해야 한다.

02 서비스(SERVICE)

1. 서비스 품질

(1) 서비스의 의의

① 자유재와 구분되는 경제재는 형태의 유무에 따라 다시 유형재와 무형재로 분류하며 '서비스'상품이라 불리는 무형재화는 유형 재화와 다른 다양한 특성을 내포하고 있다.

② 서비스란 제품 판매를 위해 제공되거나 판매에 부수적으로 제공되는 행위, 편익, 만족이라고 미국 마케팅협회(AMA)에서 정의하고 있다.

③ 서비스는 소비자가 요구하는 주관적 효용인 만족이나 편익을 제공하는 것을 말한다. 서비스보증이란 아무런 조건을 달지 않아야 하고 고객이 이해하기 쉽고 설명하기 쉬워야 하며 고객이 이용하기 쉬워야 한다.

④ 서비스마케팅에 있어서 발생할 수 있는 수요와 공급능력이 일치하지 않아 발생하는 문제를해결하기 위한 전략으로 운영시스템을 바꾸거나 예약시스템을 수립하고 확립하기 및 대기고객을 차별화해야 한다.

(2) 서비스의 특징

① 무형성(Intangibility)

㉠ 서비스는 기본적으로 유형적인 실체가 따로 없기 때문에 볼 수도 만질 수도 없으며, 서비스는 쉽게 전시되거나 전달할 수도 없다는 무형성의 특징을 보이고 있다.

㉡ 서비스는 견본 제시가 어려워 경험 전까지는 그 내용과 질을 판단하는 것이 매우 어렵다. 따라서 사용자의 능력과 신뢰감이 중요한 요인이 되며 서비스는 무형성이 강하므로 판매촉진을 위한 유형적 단서를 제공하는 것이 필요하다.

② 비(非)분리성(Inseparability)

㉠ 비분리성은 대부분의 서비스는 생산과 동시에 소비되는 특징을 가지고 있기 때문에 수요와 공급을 맞추기가 어려우며 서비스는 반품될 수 없다.

㉡ 동시성이라는 용어로도 시용되며, 유형제품은 일반적으로 대량생산이 가능한 반면 서비스는 대량 생산이 어려우며, 고객 접촉 요원의 선발 및 훈련이 중요하다.

③ 이질성(Heterogeneity)

㉠ 서비스를 제공하는 사람이나 고객, 서비스 시간, 장소에 따라, 즉 누가, 언제, 어떻게 제공하느냐에 따라 내용과 질에 차이가 발생하게 된다. 즉, 개인적 선호경향을 기초로 기대감이 형성되며 개별적인 감성 차이 때문에 서비스의 품질에 대한 평가가 다르다.

ⓛ 서비스는 이질성을 지니고 있어 유형 제품과 달리 특히 표준화와 품질관리가 매우 어렵다. 은행창구 직원이나 항공기 승무원, 보험사 직원들이 고객을 응대하는 것은 공장에서 상품을 제조할 때와 같이 획일적인 표준화가 쉽지 않은 것이다. 변동성이라고도 한다.

④ 소멸성(Perishability)

㉠ 소멸성(perishability)이란 판매되지 않은 서비스는 사라지며, 서비스는 일시적으로 제공되는 편익으로서 생산하여 그 성과를 저장하거나 다시 판매할 수 없다.

ⓛ 소멸성과 관련된 마케팅 문제는 변동하는 수요에 탄력적으로 대응하는 방안을 강구하여야 하고, 수요와 가용능력을 일치시키기 위해 노력해야 한다. 서비스는 소멸성으로 인하여 재고관리가 어렵기 때문에 수요관리가 적합하게 이루어져야 한다.

재 화	서비스	서비스의 특징
유 형	무 형	· 서비스는 저장할 수 없다. · 서비스는 쉽게 전시되거나 전달할 수도 없다.
생산과 소비의 분리성	생산과 소비의 동시성	· 고객이 거래에 참여하고 영향을 미친다. · 종사원이 서비스 결과에 영향을 미친다. 대량생산이 어렵다.
표 준	이 질	· 서비스 제공과 고객만족은 종사원의 행위에 달렸다. · 서비스 품질은 많은 통제 불가능한 요인에 달렸다.
비소멸	소 멸	· 서비스는 수요과 공급의 일치가 어렵다. · 서비스는 반품될 수 없다.

⑤ 불확실성 제거활동

㉠ 품질 보증의 범위를 확대한다.

ⓛ 광고를 통하여 고품질의 이미지를 준다.

㉢ 품질 보증의 기간을 확장한다.

(3) 서비스 준거가격 책정의 어려움

① 서비스는 무형이고, 서비스기업은 그들이 제공하는 서비스를 다양하게 형상화할 수 있으므로 이에 따라 가격구조가 복잡할 수 있기 때문이다.

② 서비스가 완료되기 전까지는 소비자가 서비스가 어느 정도 행해지게 될지에 대해서 알지 못하기 때문이다. 서비스 상품의 경우 고객의 개인적인 욕구의 차이가 너무나 많기 때문이다.

③ 고객이 가격비교를 위해 수집해야 할 정보가 너무 많으며, 비교가 가능하도록 유사한 서비스를 진열하는 경우도 거의 없기 때문이다.

④ 서비스 가격은 판매가격과 상품원가를 잘 파악하여 책정하여야 한다. 이러한 가격책정에는 '원가중심', '수요중심', '경쟁중심'으로 접근을 하여야 하며, 공급중심 가격정책은 재화의 공급을 기준으로 가격을 책정한다.

(4) 서비스의 생산성 측정

① 작업측정법(work measurement methods): 스톱 워치법, 워크 샘플링법, 예정 표준 시간법 등이 있다.

② 총합 비교법(aggregate comparative methods): 결정적 방법으로 수학적 프로그래밍 기법이 있고, 통계적 기법으로는 회귀분석의 통계 기법이 있다.

③ 품질 플러스법(quality plus techniques): 서비스의 품질을 이용하여 측정하는 방법을 말한다.

④ 실제 오차 연구법(practive variation studies): 통계적으로 오차의 범위를 정해 두고, 실질적으로 투입과 산출에 있어 오차가 얼마나 나는지를 측정하는 방법을 말한다.

(5) 서비스 보증

① 고객이 이용하기 쉬워야 한다.

② 아무런 조건을 달지 않아야 한다.

③ 고객이 이해하기 쉽고 설명하기 쉬워야 한다.

(6) 서비스 가용능력을 관리

① 가용능력을 관리의 개념

㉠ 가용능력 변화전략(chase demand)은 가용능력을 수시로 변화시키는 것을 말한다.

㉡ 가용능력 고정전략(level capacity)은 가용능력을 일정수준에 고정시키는 전략이다.

② 가용능력 적합조건의 내용

㉠ 수요변화의 크기가 클수록 가용능력변화전략이 바람직하다.

㉡ 수요변화의 속도가 느릴수록 가용능력고정전략이 바람직하다.

㉢ 판매기회상실에 대한 비용이 높을수록 가용능력변화전략이 바람직하다.

(7) 서비스 마케팅

① 제품에 대한 특허권과 달리 서비스는 특허권을 낼 수 없다.

② 서비스를 계획하고 촉진하는데 있어 컨트롤이 제품에 비해 어렵다.

③ 고객이 거래과정에 직접적으로 참여할 뿐만 아니라 상당한 영향을 미친다.

④ 종업원이 서비스 결과에 크게 영향을 미치기 때문에 분권화 경향이 높다.

(8) 서비스기업의 내부마케팅

① 종업원을 최초의 고객으로 보고 그들에게 서비스 마인드나 고객 지향적 사고를 심어주며 더 좋은 성과를 낼 수 있도록 동기 부여하는 활동을 말한다.

② 성공적인 내부 마케팅을 수행하기 위한 요건 중의 하나로 내부마케팅이 전략적 관리의 주요한 부분으로 인식되어야 한다.

③ 외부마케팅의 목표가 소비자 만족에 있다면 내부마케팅의 목표는 종업원에 만족이 있다고 할 수 있다.

(9) 서비스 품질의 인식차이 발생원인

① 기업에서 고객이 기대하는 바를 알지 못할 때
② 서비스의 실제성과가 서비스 명세서와 일치하지 않을 때
③ 고객의 기대를 반영하지 못하는 서비스 품질 기준을 명기할 때
④ 마케팅 커뮤니케이션에서 홍보한 수준과 소비자가 실제적으로 느끼는 서비스의 성과가 다를 때

(10) 서비스 속성

① 신용속성(credence attributes)은 건강진단이나 증권투자 등 전문적인 서비스를 받은후 일정시간 내에는 알 수 없으며, 시간이 지남에따라 경험 · 인식하게 되는 서비스품질의 속성을 말한다.
② 신용속성은 고객이 서비스를 수혜받은 후에도 그 서비스에 대한 가치를 인식하지 못하는 것을 말하는데, 이에는 다시 탐색 속성(search attributes)과 경험 속성(experience attributes)으로 구분된다.
③ 세분시장 내에 유사한 유통서비스를 제공하는 다수의 강력하고 공격적인 경쟁자들이 있는 경우 가격경쟁, 촉진경쟁 등의 결과를 초래하게 될 것이다.
④ 신규 진입기업에 대해 진입장벽이 낮고, 보복능력이 적을수록 기존 유통기업의 입장에서 세분시장의 매력은 작아진다.
⑤ 잠재적인 대체 유통서비스와 관련된 기술이 발전할 경우 해당 세분시장의 수요와 이익은 증대되기 어려울 것이다.
⑥ 고객의 니즈와 디자인 요소들 사이의 연결점을 발견하기 위해 개발된 서비스프로세스 관리기법을 품질기능전개(Quality Function Deployment)라고 한다.

2. 서비스 품질의 측정 도구: SERVQUAL

(1) 서비스 품질의 의의

① 서비스 품질이 우수하다거나 훌륭하다는 것은 고객이 서비스로부터 기대하는 바를 충족시켜 주거나 기대 이상의 서비스를 제공받음에 따라서 나타나게 된다. SERVQUAL은 똑 같은 서비스를 제공받는다 하더라도 고객의 주관에 따라 달라질 수 있다.
② 고객이 인지하고 느끼는 서비스 품질은 고객의 기대나 욕구 수준 및 그들이 인지하고 느끼는 것의 차이의 정도, 즉 gap이 발생하는 정도를 말한다. 고객의 기대에 대한 경영자의 인식이 부정확한 것을 이해차이라고 한다.

③ PZB(Parasuraman, Zeithaml and Berry) 등은 자신들이 분류한 서비스 품질의 10가지 차원을 5가지로 통합하여 'SERVQUAL'(service+quality)라고 하였다. SERVQUAL은 서비스 품질의 핵심적인 요소로서 서비스 품질 평가에 많이 이용된다.

④ 측정방식은 소비자의 구매의지를 정확하게 예측할 수 있는 예측능력이 결여되어있어 고객의 기대와 지각 간에 차이점수를 이용하여 서비스품질을 측정하는 것으로 이는 측정도구로서 신뢰성과 타당성에 한계를 가져올 수 있고, 서비스 접촉의 결과보다는 과정에 초점을 맞추고 있어 기술적 부품의 특정이 결여되어있다.

(2) 서비스 품질 격차 모형

① SERVQUAL의 개발은 표적집단 면접에 의해 탐색적 고객 연구와 이에 대한 실증적이고 정량적인 연구를 통해 고객의 서비스 품질 지각을 측정할 수 있는 도구가 되었다.

② 서비스 품질 격차 모형은 서비스 품질에 영향을 미치는 기업 내부의 요인들에 대한 연구를 시작하여 고객이 지각한 품질상의 문제점을 기업 내의 결점이나 격차(gap)와 연결시키는 개념적 모형이다.

③ 유통업에서 제공되는 서비스의 품질을 분석하는 이론적 모델로서 소위 PZB이 제시한 Gap모델을 들 수 있다. 이들은 Gap이 발생하는 원인을 분석하며, 또한 원인에 따른 해결책을 제시함으로써 서비스 품질을 향상시킬 수 있는 이론적 모델을 제시하고 있다.

④ 서비스품질의 갭 모형(quality gap model)을 근거로 고객만족을 조사하기 위한 효과적인 도구로서 기대한 서비스(expected service)와 인지된 서비스(perceived service)의 차이를 측정한다.

수준	유 형	Gap 발생원인
Gap 1	고객의 기대와 경영자 인식간의 차이	기업에서 제공되는 서비스에 대한 인식 면에서 기업경영자와 고객과의 불일치
Gap 2	실행 가능한 수준과 실제 제공된 서비스와의 차이	종업원의 피로, 사기 저하 등 전달체계에서의 부작용
Gap 3	경영자 인식과 실행 가능한 서비스 수준과의 차이	기술적 어려움, 비현실적 구상 등으로 인해 현실적으로 적용이 불가능한 서비스 내용
Gap 4	제공된 서비스와 홍보된 서비스의 차이	과장된 광고 등에 의한 지각의 차이
Gap 5	기대된 서비스와 지각된 서비스와의 차이	Gap 1~4의 한 가지라도 존재하면 발생하는 차이

(3) SERVQUAL의 5개 차원: RATER

① 신뢰성(Reliability)

㉠ 서비스 품질 평가 10개 차원과 동일한 차원이다.

㉡ 약속한 서비스를 믿을 수 있고, 정확하게 업무를 수행하는 능력을 말한다. 서비스 수행의 철저함, 정확한 기록, 약속 엄수 등이 있다.

② 확신성(Assurance)

㉠ 서비스 품질 평가 10개 차원 중 능력 · 예절 · 신빙성 · 안전성으로 구성되어 있다.

㉡ 고객에 대한 직원들의 지식과 예절 및 신빙성과 안전성 그리고 자신감을 전달하는 능력을 말한다. 지식, 기업평판, 고객의 재산과 시간에 대한 배려 등이 있다.

③ 유형성(Tangible)

㉠ 서비스 품질 평가 10개 차원과 동일한 차원이다.

㉡ 서비스를 평가하기 위한 외형적인 단서로 눈으로 구분 가능한 설비나 장비, 오토바이, 계산대, 서빙 도구 등 물리적으로 구성되어 있는 외양을 말한다.

④ 공감성(Empathy)

㉠ 서비스 품질 평가 10개 차원 중 가용성 · 커뮤니케이션 · 고객 이해 등으로 구성되어 있다.

㉡ 접근용이성, 원활한 의사소통, 고객에 대한 충분한 이해, 서비스를 제공하는 회사가 고객에게 제공하는 개별적인 배려와 관심을 말한다.

⑤ 대응성(Responsiveness)

㉠ 반응성이라고도 하며, 서비스 품질 평가기준의 10개 차원과 동일한 차원이다.

㉡ 고객에 대한 도움은 항상 준비되어 있으며 언제든지 서비스를 제공하겠다는 것을 말한다. 서비스의 적시성, 고객의 문의나 요구에 대한 즉시 응답 등이 있다.

2. 고객과의 접촉정도와 서비스 매트릭스

(1) 서비스 프로세스의 격차 모형

① **노동집중도 정도:** 시설이나 가치에 대한 노동 비율 정도를 말한다.

② **고객과의 상호작용 개별화 정도:** 고객이 서비스와 상호 작용하는 정도를 말한다.

(2) 서비스 프로세스의 격차 모형

① 서비스공장(service factory)은 고객과의 접촉정도와 노동집약도의 정도가 모두 낮은 서비스 조직으로 항공사, 호텔 등이 포함된다.

② 서비스 숍(service shop)은 고객화 정도가 높고, 노동집약도는 낮은 서비스 조직으로 서비스공급의 스케쥴링(scheduling), 비수기와 성수기의 수요관리 등에 의사결정의 중점을 두어야 한다.

③ 전문서비스(professional service)는 고객화의 정도와 노동집약도가 모두 높은 서비스 조직으로 의사, 변호사, 회계사, 건축사 등이 포함된다.

④ 노동집약도가 높은 서비스 조직에서는 인력자원에 대한 교육, 훈련과 종업원 복지 등에 대한 의사결정의 중점을 두어야 한다.

⑤ 고객과의 접촉 및 고객화 정도가 높은 서비스 조직에서는 서비스표준화가 아닌 차별화에 중점을 두어야 한다.

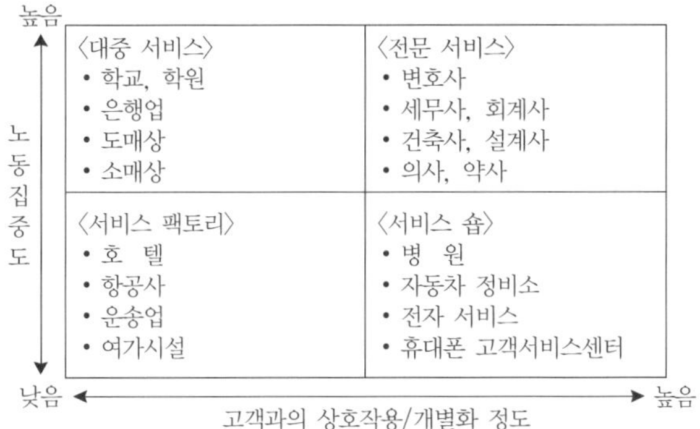

03 고객관리(Customer Management)

1. 고객관리의 역할

(1) 고객의 의의

① '고객'이라는 용어는 顧(돌아볼 고), 客(손 객), 접대하는 사람이나 기업의 입장에서 볼 때 다시 보았으면, 또 와주었으면 하는 사람을 말한다.

② 고객이란 좁은 의미로 특정점포나 기업의 제품이나 서비스를 구매하거나 이용하는 소비자를 말한다.

③ 우리는 고객에게 대항할 수도 없으며 고객은 우리에게 가르침을 주고 있다는 개념이 도출되며 고객과 논쟁할 수 있는 위치에 있다고 생각하면 안 된다.

④ 고객은 제품을 구매하는 당사자이기 때문에 제품구매 결정에 있어서 기업이 제공하는 서비스의 질이나 품질 등을 면밀히 검토하여 최종구매를 결정하게 된다.

(2) 고객관리의 의의

① 고객(Customer)이란 자사의 제품을 구입하는 것이 습관화되어 있는 사람들을 일반적으로 부르며, 고객은 구매하는 브랜드에 대해 상당한 호감을 가지고 있고 나아가 브랜드로 출시된 다른 제품에 대해서도 호의적인 태도를 가질 가능성이 아주 높다.

② 현재의 고객들은 광범위한 상품 · 서비스를 요구하고 있으므로, 기업은 이러한 고객들의 욕구를 충족시키기 위해 고객에 대한 데이터를 수집하고 활용하여 고객지향적 서비스의 실행에 착수해야 한다.

③ 고객에 대한 상세한 정보를 바탕으로 고객 개개인이 가지고 있는 욕구나 문제점을 체계적으로 이해하고 구체적으로도 섬세한 해결책을 그들에게 직접 제시하는 마케팅 커뮤니케이션이 가능하게 된 것이다.

④ 고객의 기대를 초월하기 위해 사용하는 방법으로는 표적고객의 기대를 이해(파악)하고 이를 다시 고객에게 전달하며, 서비스 제공차원에서보다는 결과차원인 신뢰성에서 고객의 기대를 초월할 수 있도록 하고, 표준이 아닌 독특하고 색다른 서비스로 포지셔닝(positionning)을 해야 한다.

(3) 고객의 분류

① 고객은 협의의 고객과 광의의 고객, 외부고객과 내부고객으로 으로 분류할 수가 있다.

② 기업에서 사용하는 고객의 개념은 제품과 서비스를 제공받는 최종 소비자를 말하며, 이는 협의의 고객이다.

③ 광의의 고객 개념은 대리점, 거래처 그리고 소비자 등을 포함하는 외부고객(external customer)과 회사 내부업무를 처리하는 내부고객(internal customer)으로 분류할 수 있다.

④ 외부고객(external customer)이란 제품을 생산하는 기업의 종사자가 아닌 사람들로서 제품이나 서비스를 구매하는 사람들을 일컫는 협의의 고객, 즉 우리들이 보통 말하는 고객이다.

⑤ 내부고객(internal customer)은 제품의 생산을 위해 부품을 제공하는 업자나 판매를 담당하는 세일즈맨 등 제품 생산이나 서비스 제공을 위해 관련된 기업 내 모든 종사원들도 고객의 범주에 포함시키는 개념이다.

(4) 고객 그룹 명칭

① 다운시프트(Downshift): 치열한 경쟁에서 벗어나 느긋하고 여유 있는 삶을 추구하는 무리를 말한다.

② 여피(Yuppie): 고등교육을 받고, 도시 근교에 살며, 전문직에 종사하여 고소득을 올리는 일군(一群)의 젊은이들로서 1980년대 젊은 부자를 상징한다. 여피란 젊은(young), 도시화(urban), 전문직(professional)의 세 머리글자를 딴 'YUP'에서 나온 말이다.

③ 슬로비(Slobbie): "천천히 그러나 훌륭하게 일하는 사람(Slower But Better Working People"의 약자로, 빠르게 돌아가는 현대 생활의 속도를 조금 늦춰 넉넉하게 살아가려고 하는 사람들이다. 물질보다는 마음을, 출세보다 자녀를 중시한다.

④ 로하스(Lohas): 건강과 지속 가능함(지속 성장성)을 추구하는 라이프 스타일을 말한다. 개인의 육체적 · 정신적 건강의 조화를 통해 행복한 삶을 추구하는 라이프 스타일이 웰빙이며, 개인뿐만 아니라 사회와 후세의 건강과 행복한 삶을 추구하는 것, 즉 사회적 웰빙이 로하스인 것이다.

(5) 트레이드 오프(trade-off) 분석기법

① 고객서비스의 구성요소들이 파악되고 나면 다음 단계로 고객에게 가장 중요한 요소들을 결정하게 된다. 고객서비스 구성요소의 상대적 중요도는 간단한 설문조사나 고객서비스 서베이를 통해 측정할 수 있다.

② 고객서비스 구성요소간의 상대적 중요도를 발견하는데 유용한 방법의 하나로 이 기법을 들 수 있는데, 이 기법은 고객서비스 요소들을 다르게 결합한 여러 대안에 대한 평가과정에서 자신이 가장 중요하게 생각하는 고객서비스 요소를 얻기 위해 다른 부분을 얼마만큼 포기할 수 있는지를 알 수 있게 한다.

(6) 고객관계집단의 유형

① **나비집단**: 수익성은 높지만, 충성유지 기간이 짧은 고객을 뜻한다. 기업의 제공물과 고객욕구간의 적합성이 높지만 나비처럼 짧은 기간동안 자사의 제공물을 즐기다가 다른 기업으로 옮긴다.

② **방문객집단**: 낮은 수익성과 짧은 충성기간을 가진 고객을 말하는데, 기업의 제공물과 고객의 욕구간에 적합성이 별로 없다. 이러한 고객에게는 전혀 투자할 필요가 없다.

③ **진정한 친구집단**: 수익성이 높고 충성기간이 긴 고객이다. 고객의 욕구와 기업 제공물 간에 적합성이 높다. 기업은 이들에게 감동을 주고, 이들을 유지/육성하기 위해 관계 구축에 지속적으로 투자하기를 원한다.

④ **따개비집단**: 충성기간은 길지만 수익성이 별로 없는 고객으로, 고객욕구와 기업제공물 간의 적합성이 제한되어 있다. 수익성을 향상하기 위한 노력에도 불구하고 수익성이 향상되지 않는다면 거래를 포기해야 한다.

(7) 고객 개발과정

① 과거에는 모든 고객을 대상으로 관계를 형성하기 위한 대량마케팅을 실시했으나 최근에는 이보다는 수익성이 높은 소수의 고객들을 대상으로 관계를 구축하려고 노력한다.

② 많은 기업들이 고객수익분석을 통해 손실을 발생시키는 고객을 제거하고 이익에 공헌하는고객만을 목표로 삼으며, 이를 선별적 관계관리라고 한다.

③ 고객개발과정의 시발점에 '가정할 수 있는 고객들(구매용의자들; Suspects)'은 제품이나 서비스를 구매할 가능성이 있는 사람을 의미하고, 이들로부터 가장 가능성이 있는 예상잠재고객(Prospects)을 결정한다.

④ 기업은 예상잠재고객이 '첫번째 구매고객'으로 전환되기를 희망하며 그 후 '반복고객'으로 그리고 기업이 특별하게 인식하고 다루어야 하는 '단골고객'으로 전환되기를 추구(희망)한다.

⑤ 기업은 일반적으로 '단골고객'을 회원고객 그리고 '옹호자'로, '옹호자'를 '동반자'(Advocate)로 변환해(희망)한다.

2. 고객의 역할

(1) 고객 심리

① 고객 심리의 개념

㉠ 고객응대 서비스 종사자는 고객입장에서 생각하는 마음과 자세를 가져야 하며, 고객을 이해하고 고객의 말에 귀를 기울이면 고객도 종사자의 입장을 생각하는 마음을 갖고, 고객의 마음을 읽고 기본심리를 존중하여 서비스하는 것이 중요하다.

㉡ 고객 개개인이 갖는 상황에 따른 다양한 심리요인도 있을 수 있으나 서비스맨은 이러한 고객의 일반적인 심리를 기본적으로 이해함으로써 고객의 입장에서 생각하고 행동하여 고객만족과 감동의 서비스를 창출할 수 있어야 한다.

② 고객의 환영기대 심리

㉠ 고객은 언제나 환영받기를 원하므로 항상 밝은 미소로 맞이해야 한다.

㉡ 고객들이 고객으로서 가장 바라는 심리는 점포를 찾아갔을 때 나를 왕으로 대접해주길 바라는 것보다, 나를 환영해주고 반가워해 주었으면 하는 것이다.

③ 고객의 독점심리

㉠ 고객은 누구나 모든 서비스에 대하여 독점하고 싶은 심리를 가지고 있다.

㉡ 고객 한사람의 독점하고 싶은 심리를 만족시키다 보면 다른 고객들의 불편을 사게 된다. 따라서 모든 고객에게 공평한 친절을 베풀 수 있는 마음자세를 가져야 한다.

④ 고객의 우월심리

㉠ 고객은 서비스 종사자보다 우월하다는 심리를 갖고 있다. 따라서 서비스 종사자는 고객에게 서비스를 제공하는 직업의식으로 고객의 자존심을 인정하고 자신을 낮추는 겸손한 태도가 필요하다.

㉡ 고객의 장점을 잘 찾아내어 적극적으로 고객을 칭찬하고 실수는 덮어주는 요령이 필요하다.

⑤ 고객의 모방심리

㉠ 고객은 다른 고객을 닮고 싶은 심리를 갖고 있다. 반말을 하는 고객이라도 정중하고 상냥하게 응대하면, 고객도 친절한 태도로 반응하게 된다.

㉡ 앞 고객이 서로 친절한 대화를 나누었다면, 그 다음 고객도 이를 모방하여 친절한 대화를 나누게 된다.

⑥ 고객의 보상심리

㉠ 고객은 비용을 들인 만큼 서비스를 기대하며, 다른 고객과 비교해 손해를 보고 싶지 않은 심리를 갖고 있다.

㉡ 언제나 고객의 기대에 어긋나지 않는 좋은 물적, 인적 서비스를 공평하게 제공하는 것이 중요하며, 특정 고객에게 별도의 서비스를 제공할 때에는 그 서비스를 받는 고객보다 주변의 다른 고객에 대해 더욱 신경을 써야 한다.

(2) 고객가치와 분석

① 고객가치

㉠ 지각된 고객가치는 한 기업의 시장제공물에서 얻게될 모든 편익과 이를 위해 지불해야 할 모든 비용간의 차이를 경쟁사의 제공물과 비교평가한 것으로 정의된다.

㉡ 고객은 흔히 제품의 가치와 비용을 정확하게, 객관적으로 판단하지 못할 수 있다. 그들은 지각된 가치에 근거하여 행동한다.

㉢ 기업은 고객가치의 창출과 강력한 고객관계의 구축이 혼자만의 노력으로 실현될 수 없음을 인식하고 기업의 다양한 마케팅파트너들과 긴밀한 협력관계를 구축해야 한다.

㉣ 파트너관계관리란 더 나은 고객가치를 창출하기 위해 기업 내 외부의 파트너들과 긴밀하게 공동작업을 하는 것을 의미한다.

② 고객가치분석단계

㉠ 고객이 가치가 있다고 인식하는 중요한 속성과 이점을 확인하고, 상이한 속성 및 이점의 정량적 중요성을 평가한다.

㉡ 등급화된 중요도에 대해 상이한 고객가치를 기준으로 당 기업과 경쟁사의 성과를 평가한하고, 시간이 지남에 따라 고객가치를 조사한다.

㉢ 특별한 세분시장의 고객들이 개별속성과 이점기준에서 특별한 주요 경쟁사에 대해 당기업의 성과를 어떻게 등급평가 하는 가를 검사한다.

(3) MBTI(Myers-Briggs Type Indicator)

① MBTI의 개념

㉠ MBTI는 가장 널리 알려진 성격평가 도구이다.

㉡ MBTI는 C. G. Jung의 심리유형론을 근거로 하여 Katharine Cook Briggs와 Isabel Briggs Myers가 보다 쉽고 일상생활에 유용하게 활용할 수 있도록 고안한 자기 보고식 성격유형지이다.

㉢ 개인이 쉽게 응답할 수 있는 자기 보고를 통해 인식하고 판단할 때의 각자 선호하는 경향을 찾고 이러한 선호경향들이 하나하나 또는 여러 개가 합쳐져서 인간의 행동에 어떠한 영향을 미치는가를 파악하여 실생활에 응용할 수 있도록 제작된 심리검사이다.

② MBTI의 내용

㉠ 융의 심리유형론은 인간행동이 그 다양성으로 인해 종잡을 수 없는 것 같이 보여도 사실은 아주 질서정연하고 일관된 경향이 있다는 데서 출발하였다.

㉡ 인간행동의 다양성은 개인이 인식(Perception)하고 판단(Judgement)하는 특징이 다르게 때문이라고 보았다.

㉢ MBTI는 인식과 판단에 대한 융의 심리적 기능이론, 그리고 인식과 판단의 향방을 결정짓는 융의 태도 이론을 바탕으로 하여 제작하게 되었다.

3. 고객의 중요성

(1) 고객 충성도

① 고객 충성도의 개념

㉠ 특정한 제품에 대한 고객들의 정열적인 관심도와 높은 호응도를 말한다. 이러한 고객 충성은 기업에게는 꼭 필요한 자산이라고 할 수 있다.

㉡ 고객 충성이 높은 제품은 시장에서 상대적 가치가 높다고 볼 수 있다. 이는 다른 브랜드보다 선택하는 면이 넓고 크기 때문에 자산과 가치의 평가가 높아진다.

② 충성도 높은 고객 형성 7단계

㉠ 1단계(구매 용의자): 언제 어디서든지 자사의 제품을 구매할 수 있는 불특정 다수인을 지칭하는 말이다.

㉡ 2단계(구매 가능자): 이미 간접적으로 우리 제품에 대한 정보를 획득하여 좋고 나쁨을 알고 있기 때문에 언젠가는 우리 제품을 구입하여 사용할 가능성이 아주 높은 사람을 말한다.

㉢ 3단계(잠재고객): 구매 가능자 중에서 그 제품에 대해서 호의적이거나 구매 능력은 있으나 차후에 구매를 할 가능성이 높은 고객집단을 말한다.

㉣ 4단계(최초 구매 고객): 첫 번째로 우리 제품을 구입한 것이 아니라 어느 누구든 관계없이 1회는 우리 제품을 구매하는 경우를 말한다.

㉤ 5단계(반복 구매 고객): 우리 제품을 최소 2번 이상 구매하여 사용한 사람들을 말하지만 엄밀히 말하면 우리 회사 제품을 2회 이상 구매한 것을 말한다.

㉥ 6단계(단골 고객): 마음 속에는 우리가 만드는 제품의 이미지만 박혀 있어 다른 경쟁사 제품에 아무런 변화도 없다. 이들은 우리와 강력하고 지속적인 유대 관계를 유지하고 경쟁사의 현혹에도 전혀 동요되지 않는 강력한 믿음이 지속되고 있다.

㉦ 7단계(지지 고객): 단골 고객중 우리 제품에 대한 옹호도가 최고로 큰 고객을 말한다.

(2) 고객 생애 가치

① 고객 생애 가치의 개념

㉠ 고객생애가치(LTV : customer lifetime value)는 한 고객이 평균적으로 기업에 기여하는 미래수익의 현재가치를 말한다. 즉, 한 고객이 한 기업의 고객으로 존재하는 전체기간 동안 기업에게 제공할 것으로 추정되는 재무적인 공헌도의 총합계이다.

㉡ 고객 생애 가치는 한 시점에서의 단기적인 가치를 말하는 것이 아니고 고객과 기업간에 존재하는 관계의 전체가 미치는 가치를 말한다.

㉢ 현재의 고객과 잠재적인 고객의 고객생애가치를 현재가치로 할인하여 모두 합한 것을 고객자산(customer equity)이라한다.

㉣ 고객생애주기는 크게 고객획득단계, 고객유지단계, 충성고객단계로 구분하며, 기존의 유치 고객이 반복적 · 지속적으로 자사제품을 구매하도록 관계를 유지한다.

② 고객 생애 가치의 특징

㉠ 고객 생애 가치에서는 고객들의 이탈률이 낮을수록 고객 생애 가치는 증가하며, 이러한 고객 생애 가치는 매출액을 말하는 것이 아니고 이익을 말하는 것이다.

㉡ 고객 생애 가치를 산출함에 있어서 기업은 어떤 고객이 기업에게 이롭고 유리한 고객인가를 파악할 수 있으며, 그 고객과 앞으로 어떤 관계를 가지도록 하는 것이 합리적인가를 파악할 수 있다.

㉢ 우량 고객의 선정을 위한 양적 기준과 질적 기준을 명확히 선정해야 한다. 우량 고객의 효과적 관리를 위해서는 이들이 느끼는 가치에 따라 보상프로그램을 차별적으로 실시하는 것이 바람직하다.

㉣ 복수의 다양한 상품을 판매하는 기업의 경우에는 고객별 거래실적에 관한 데이터베이스(Data Base)를 구축하는 것이 중요하다.

③ LTV 산정시 고려 요소

㉠ 업종 또는 제품의 특성을 명확하게 준비해야 하고 업종이 다르고 제품의 성격이 다르다면 이에 대한 산정방식도 달라져야 된다.

㉡ 대상고객이 누구인가 하는 점이다. 10대 고객인지, 20대 고객인지 고객의 생활방식은 어떠한지에 대한 면밀한 조사가 필요하다.

㉢ 어느 정도 정확성을 요구하느냐 인데 고객의 가치산정방식은 여러 가지 통계적인 방법이 적용되며, 적용범위도 다르기 때문에 각각의 상황에 따른 신뢰도가 필요하다.

(3) 고객접점(MOT; Moments Of Truth)

① MOT의 개념

㉠ 고객이 매장에 들어서서 상품구매를 결정하기까지 느낌을 갖는 15초간의 동안의 짧은 순간을 '진실의 순간' 또는'결정적 순간'이라고 한다.

㉡ '결정적 순간'이란 고객이 기업조직의 어떠한측면과 접촉하는 순간이며, 그 서비스의 품질에관하여 무언가 인상을 얻을 수 있는 순간이다.

㉢ '진실의 순간'은 고객이 서비스 품질에 대한 강한 인상을 가지게 되는 시점을 의미하며,고객접점은 바로 어느 한 순간에 고객의 신뢰를 잃을 수도 있고 얻을 수도 있다.

② MOT의 관리

㉠ 서비스 상품을 구매하는 동안의 모든 고객접점 순간을 관리하고 고객을 만족시켜 줌으로써 지속적으로 고객을 유지하고자 하는 방법이 고객접점 마케팅이다.

㉡ 고객접점에 있는 서비스요원은 책임과 권한을 가지고 고객의 선택이 가장 좋은 선택이었다는 사실을 고객에게 입증시켜야 한다.

㉢ 고객접점에 있는 서비스요원들에게 권한을 부여하고 강화된 교육이 필요하며, 고객과 상호적용에의하여 서비스가 순발력 있게 제공될 수 있는 서비스 전달시스템을 갖추어야 한다.

㉣ 고객만족경영 실천원칙은 고객접점(MOT)에 대해 완벽히 이해를 하고 있다는 점이다. 진실의 순간은 고객이 서비스 품질에 대한 강한 인상을 가지게 되는 시점을 의미한다.

㉤ 어느 한 순간에 고객의 인정을 받을 수도 있고 반대로 고객의 신뢰를 잃을 수도 있기 때문에 기업은 고객과의 접점의 순간을 정확하게 파악하고 있어야 한다.

㉥ 서비스 상품을 구매하는 동안의 모든 고객접점 순간을 관리하고 고객을 만족시켜줌으로써 지속적으로 고객을 유지하고자 하는 방법이 고객접점마케팅이다.

㉦ 고객접점에 있는 서비스요원은 책임과 권한을 가지고 고객의 선택이 가장 좋은 선택이었다는 사실을 고객에게 입증시켜야 하고, 서비스요원들에게 권한을 부여하고 강화된 교육이 필요하며, 고객과 상호적용에의하여 서비스가 순발력 있게 제공될 수 있는 서비스 전달시스템을 갖추어야 한다.

04 고객관계관리(CRM)

1. 고객관계관리(CRM : Customer Relationship Management)

(1) CRM의 개념

① 고객관계관리는 우리제품을 구매해 준 고객들에 대한 정보를 컴퓨터의 데이터 베이스(Data Base)에 저장해 놓고, 고객 자료를 분석해서 고객 한 사람 한 사람에게 가장 적합한 제품과 서비스를 제공하고자 하는 정보시스템이라고 할 수 있다.

② CRM이란 '신규고객 확보, 기존고객 유지 및 고객 수익성 증대를 위하여, 지속적인 커뮤니케이션을 통해 고객 행동을 이해하고, 영향을 주기 위한 광범위한 접근'으로 정의하고 있다.

③ CRM은 고객에 대한 매우 구체적인 정보를 바탕으로 개개인에게 적합하고 차별적인 제품 및 서비스를 제공하는 것이다. 이를 통해 고객과의 개인적인 관계를 지속적으로 유지하고 단골고객과 일대일 커뮤니케이션을 가능하게 해 주는 것이다.

④ CRM은 상거래관계를 통한 고객과의 신뢰형성을 강조하고, 단기적인 영업성과향상보다 중 · 장기적인 마케팅 성과향상에 중점을 둔다. 고객충성도를 극대화하기위해 개별고객의 구체적 정보를 관리하고 고객과의 접촉점을 세심하게 관리하는 과정. 고객 획득, 유지, 육성 모두를 다룬다.

⑤ CRM은 단순히 시장 점유율(market share)의 성장만을 추구하는 것이 아니라 고객의 마음 속에 얼마나 깊이 자리잡고 있는가를 나타내는 마음 점유율(mind share)을 확보하려는 도구를 지칭한다.

⑥ CRM은 경쟁자보다 탁월한 고객가치와 고객만족을 제공함으로써 수익성 있는 고객관계를 구축하고, 유지하는 전반적인 과정으로 지속적인 고객관계구축을 결정하는 핵심은 가장 높이 지각된 고객가치를 제공하며 탁월한 고객만족을 창출하는 것이다.

(2) CRM의 등장배경

① 소비자의 구매방식이 다양화 되었고, 소비자의 라이프스타일도 정형화된 생활방식에서 상당히 복잡하고 다양하게 변화하였다.

② 마케팅 패러다임도 불특정 다수의 고객이 아니라 기존의 수익성있는 거래 고객들에게 마케팅을 전개하기 시작하였다.

③ 컴퓨터와 정보기술의 발전으로 고객정보를 과학적인 분석기법을 활용하여 영업활동에 이용할 수있게 되었다.

(3) CRM의 중요성

① CRM을 점유율 측면에서 고객점유율을 높게 평가하므로 기존고객이나 잠재고객의 이탈을 방지하고 계속 유지하여, 다른 상품과의 연계판매 및 수익성이 높은 상품을 판매하기 위한 상승판매 등 일대일 마케팅 전략으로 고객점유율을 높이는 전략을 사용한다.

② CRM은 사소한 다수의 고객보다는 한 사람의 우수한 고객을 통하여 기업의 수익성을 높이고, 새로운 고객보다는 기존의 우수한 고객을 유지하는 것에 중점을 두고 있다.

③ CRM은 특히 고객강화에 중점을 두고 있으므로 불특정 다수를 상대로 하는 것은 CRM의 주관심이 아니다. 고객관계관리에서는 고객충성도 강화에 목적을 두고 있으며, 고객획득보다는 고객유지에 중점을 두고, 제품판매보다는 고객관계에 중점을 둔다.

④ CRM은 경쟁사가 현재 제공하고 있는 제품 및 서비스 그리고 미래에 제공할 제품과 서비스가 무엇인지 조사하며 또한 자사가 제공해야 할 제품과 서비스가 무엇인지 파악한다.

(4) CRM의 목적

① CRM의 목적은 신규고객의 유지로부터 시작하는 고객관계를 고객의 전생에에 걸쳐 유지함으로써 장기적으로 고객의 수익성을 극대화하는 것이다.

② 신규고객과의 첫 거래로부터 다양한 마케팅 활동을 통해 그 관계를 유지 및 강화시켜 평생고객으로 발전시키고자 하는 것이다.

③ 고객 1인으로부터 창출될 수 있는 이익규모는 오래된 고객일수록 높다. 이와 같은 현실로 인해 기존 고객을 유지하는 것의 중요성이 부각되는 것이다.

④ 기업이 신규 고객을 확보하는 것보다는 기존 고객을 유지하고 관리하는 것이 더 비용 면에서 효율적이다. 신규 고객 한명을 확보하는 데 필요한 비용은 기존 고객 한명유지하는 데 필요한 비용의 5~10배에 달한다고 알려져 있다.

⑤ CRM의 주된 목적은 고객에 대한 상세한 지식을 토대로 그들과의 장기적 관계를 구축하고 애호도를 제고시킴으로써 고객의 생애가치(life time value)를 극대화하는 것이다.

⑥ CRM은 각 고객의 세부적인 정보를 관리하고, 고객 충성심을 극대화하려는 목적으로 고객의 접촉점 모두를 신중하게 관리하는 과정이다

⑦ CRM의 핵심내용 중 고객동요(customer churn)는 고객 이탈율을 막는 것을 들 수 있는데 기업은 우선 고객유지율을 정의하고 측정해야 하며, 고객감소의 여러 원인을 구분하여 보다 잘 관리할 수 있도록 함으로써 고객상실률 감소를 위해 노력한다.

⑧ CRM의 핵심내용 중 하나는 고객을 유치하고 유지하는 과정이며, (예상)잠재고객을 첫 번째 고객으로 그리고 반복고객, 단골고객, 더 나아가 회원, 옹호자 및 동반자단계로 변환시켜나가기 위해 마케팅을 실행하는 것이다.

(5) 수익성 있는 CRM

① 과거에는 모든 고객을 대상으로 관계를 형성하기 위한 대량마케팅을 실시했으나 최근 들어이 보다는 수익성이 높은 소수의 고객들을 대상으로 관계를 구축하려고 노력한다.

② 많은 기업들이 고객수익분석을 통해 손실을 발생시키는 고객을 제거하고 이익에 공헌하는고객만을 목표로 삼으며, 이를 선별적 관계관리라고 한다.

③ 고객생애가치(LTV)란 한 고객이 한 기업의 고객으로 존재하는 전체기간 동안 기업에게 제공할 것으로 추정되는 재무적인 공헌도의 총합계이다.

④ 기업은 고객가치의 창출과 강력한 고객관계의 구축이 혼자만의 노력으로 실현될 수 없음을 인식하고 기업의 다양한 마케팅파트너들과 긴밀한 협력관계를 구축해야 한다.

⑤ 파트너관계관리란 더 나은 고객가치를 창출하기 위해 기업 내 외부의 파트너들과 긴밀하게공동작업을 하는 것을 의미한다.

2. CRM의 과정

(1) 신규 고객 확보단계

① 가능한 고객 후보를 찾아 신규 고객으로 유치하는 것이다. 현재의 우량고객과 유사한 대상들을 선별하여 적절한 접근방식과 유인을 통해 그들과의 새로운 거래관계를 형성함으로써 신규 고객을 유지하는 것이 바람직하다.

② 차별적 선별이 필요한 것은 고객유지가 신규 고객의 유치로부터 시작되기 때문이다. 고객을 선별하는 과정으로부터 고객의 이탈률을 줄이고 이탈된 고객을 다시 돌아오게 하는 비용을 줄일 수 있기 때문이다.

③ 고객 선별 및 신규 고객으로의 유치에는 많은 비용이 소요된다. 따라서 이 과정을 거쳐 고객이 된 경우 소요된 비용과 고객의 수익성은 부(−)의 관계를 갖는다.

(2) 기존 고객 유지단계

① 새로이 유치한 신규고객들의 반복구매를 촉진시키기 위하여 고객과의 관계를 강화하면서 고객을 유지하는 단계이다. 기업은 거래량과 거래 횟수를 증가시키기 위해 고객을 유인한다.

② 기업은 비용이 증가할 수 있으나 증가한 거래량으로 인하여 기업은 수익을 올릴 수 있고, 고객과 기업간의 혜택이 있는 관계가 지속되어야 고객관계가 유지될 수 있다.
③ 고객과 거래관계를 확장시키기 위해 고객을 정확히 이해하고 그에 맞는 상품과 서비스를 제공해야 하며, 차별화된 서비스로 고객과의 관계가 강화되도록 노력해야 한다.
④ 이렇게 거래관계가 확장되었을 때 첫 단계에서 부(−)의 관계에 있던 고객 수익성이 양(+)의 관계로 전환될 수 있다.

(3) 평생고객화 단계

① 고객과 기업간의 관계가 최대로 확장되어 고객의 로열티가 극대화되어 평생고객 또는 동반자 관계로 발전시키는 것을 의미한다.
② 고객과의 유대가 강화되면 고객들은 기업과의 깊은 관계로 인하여 다른 기업으로의 전환 시 희생비용이 크기 때문에 평생의 동반자가 된다.
③ 서비스 및 고객 대우 차원에서 경쟁업체와의 차별성을 유지한다면, 적정 범위 내의 가격변화를 통해서도 기업은 수익을 올릴 수 있다.
④ 따라서 평생 고객화 단계에서의 CRM활동은 추가적 수익 발생뿐만 아니라 신규 고객 획득 비용의 절감을 통해 수익을 극대화할 수 있는 것이다.

3. CRM의 특징

(1) 고객 지향적 특징

① CRM이 궁극적으로 추구하려는 것의 중심에는 고객이 있기 때문에 자연히 고객 지향적일 수밖에 없다. CRM은 특히 고객관계강화에 중점을 두고 있으므로 불특정다수를 상대로 하는 것은 CRM의 주관심대상이 아니다.
② CRM은 과거의 기술 지향적 혹은 상품 지향적인 관점에서 탈피하여 고객의 욕구를 충족시켜 줄 수 있는 상품 및 서비스 그리고 고객에 대한 차별적 혜택 등의 보상을 통하여 고객과의 관계 관리에 중점을 두는 고객 중심적 활동이다.
③ 기쁨을 경험한 고객은 반복구매를 할 뿐만 아니라 고객전도사가 되어 주위 사람들에게 긍정적 사용경험을 전파하게 되는 효과가 있다. 이러한 효과를 보기위해 현명한 기업은 제공할 수 있는 것만을 약속하고, 나아가 약속한 것보다도 더 많은 것을 제공함으로써 고객을 감동시키고자 한다.

(2) 장기적인 이윤추구

① CRM은 고객의 전 생애에 걸쳐 관계를 유지 및 강화하고자 한다. 이렇게 강화된 고객과의 관계를 통하여 기업은 장기적인 수익구조를 갖추고자 한다.
② 신규 고객유치 단계의 단기적인 측면에서는 기업의 수익에 있어 부(−)의 관계를 형성하기도 하지만 좋은 관계를 유지하여 고객평생에 걸친 장기적인 수익구조를 추구하는 활동이라고 할 수 있다.

(3) 고객과 기업의 윈-윈(win-win)단계

① CRM은 고객의 평생에 걸친 기간동안 거래를 유지 및 확장하여 서로의 이익을 창출하는데 초점을 두고자한다.

② 고객과 기업간에 상호혜택과 신뢰로써 쌍방향적인 관계를 형성하고 이를 통해 상호이익을 거둘 수 있는 관계를 유지 · 발전시키고자 한다.

(4) 고객서비스

① 제품이나 서비스에 부가되어 핵심상품의 가치를 증진시키거나 거래를 촉진시키는 서비스를 말한다. 고객서비스의 전략적 활용이 증가하는 이유는 일반적으로 서비스는 제품에 비해 고객별 맞춤화가 용이하고, 품질의 일관성을 유지하기가 어렵다.

② 고객에게 제공되는 가치와 경험에서 서비스가 차지하는 비중이 높아지고 있으며, 취급상품이나 가격이 동일한 인터넷 소매점들 사이에서는 고객서비스가 경쟁우위 결정요인이 되기도 한다.

(5) 쌍방향 커뮤니케이션

① CRM은 고객과의 직접적인 접촉을 통해 이루어지며 지속적인 쌍방향적 커뮤니케이션을 유지하며 고객관계를 관리한다.

② 기존의 일방향적인 커뮤니케이션으로는 고객과의 관계 개선에 제한이 따를 수밖에 없으므로 대 고객활동에 대한 피드백을 얻기 위하여 쌍방향적인 커뮤니케이션이 필수적이다.

(6) 조직 통합적 활동

① CRM은 단지 마케팅이나 커뮤니케이션만의 문제가 아니고, 기업이 고객의 관계를 지속적으로 유지하기 위해서는 기업전반에 걸쳐 CRM에 대한 공통의 인식을 가져야만 한다.

② 고객관리에 필요한 기업 내의 모든 부분, 표준화된 업무 프로세스, 조직역량 및 훈련, 기술적 하부구조, 영업전략 및 정보 등의 부분에서도 고객관계관리라는 하나의 목표를 위해 업무를 추진하고 상호 협력하는 경영방식이다.

(7) RFM 분석

① 기업입장에서 어떤 사람들이 가장 중요한 고객이 될 것인가를 구별해 내기 위해서 최근성(Recency), 구매빈도(Frequency), 구매량(Monetary Amount)을 이용하여 고객의 예상기여도를 예측하고 고객의 가치를 결정하는 방법이다.

② RFM방법으로 기업은 우량고객을 선정할 수 있는데, 우량고객으로 선정된 고객들 중에서도 가장 기여도가 높은 수준에 있는 고객들은 일반적으로 여러 특성을 가지고 있다.

(8) CRM 프로세스

① 고객 관계관리의 과정은 「고객 접촉→정보 수집 분석→고객의 욕구 발견 및 세분화→마케팅 계획」의 순환 과정을 연속하는 과정이다.

③ 고객 접촉은 그들에 대한 데이터를 수집할 수 있는 기회가 되며 이러한 데이터는 마케팅 의사결정에 필요한 정보로 변환되고 고객에 대한 지식을 축적하는 데 활용된다. 고객 세분화, 신용 상태, 이탈 가능성 등에 대한 지식을 축적할 수 있게 된다.

④ CRM 전개의 어려운 점 중에 하나가 정확한 고객데이터의 확보가 어렵다. 이는 한명의 회원이 복수의 ID를 사용하여 고객의 접촉데이터가 분산되는 경우나 하나의 ID를 복수의 이용자가 사용하는 경우, 고객 PC에서 쿠키(Cookies)를 허용하지 않는 경우 에는 고객이 정확한 표현을 하지 않는다고 추정할 수 있다.

4. CRM 전략의 수립

(1) 기존 고객 유지 전략

① 기업이 기존 고객에 대해 관심을 갖는 데에는 여러 이유가 있다. 기존 고객을 유지하는 데 필요한 비용은 신규 고객 한 명을 확보하는 데 필요한 비용보다 상당히 저렴할 뿐만 아니라 오래된 고객일수록 구매량도 많아진다는 사실 역시 중요한 요인이 된다.

② 신규 고객의 확보보다는 기업이 가지고 있는 고객 정보를 토대로 기존 고객들과의 유대를 강화하는 것이 이윤 극대화에 큰 도움이 되고 나아가 위험을 감소시켜 주는 것이라 할 수 있다.

③ 기존 고객을 대상으로 하는 전략의 기초에는 전체 고객을 우리에게 도움이 되는 고객과 그렇지 못한 고객으로 구분하여 차별적인 활동을 전개해야만 한다. 이와 같은 생각은 이미 널리 알려진 바 있는 「20/80 법칙」에 그 근거를 두고 있는데 이 법칙에 따르면 상위 20%의 고객이 전체 매출의 80%를 차지한다는 것을 의미한다.

(2) 고객 활성화 전략(Customer Activation Strategy)

① 기존 고객을 위한 전략의 유형 중에는 기존 고객 중 자사와 지속적인 관계를 유지하는 우량 고객에게는 반복 구매를 유도하거나 사용 빈도를 높일 수 있는 인센티브를 부여하여 충성도가 높은 고객으로 발전시켜야 한다는 것을 말한다.

② 고객 활성화 전략이라고 불리며, 이러한 전략에는 항공사, 주유소, 카드회사, 레스토랑과 같은 다양한 산업에서 실시하고 있는 마일리지 프로그램이나 포인트 누적 프로그램의 예를 들 수 있다.

(3) 애호도 제고 전략(Loyalty Enhancement Strategy)

① 기존 고객을 위한 전략은 고객의 이탈을 방지하는 것인데 이를 애호도 제고 전략이라고 하고, 여기서 고객 이탈이란 고객이 경쟁사 제품으로 전환한다는 것을 의미한다.

② 고객 이탈률을 5% 감소시키면 고객의 평균 생애 가치가 많게는 85%, 적게는 25% 증대된다고 보고되었으며, 고객 이탈률을 2% 감소시키면 원가를 10% 절감하는 것과 동일한 효과를 본다고 보고되고 있다.

(4) 교차 판매 전략(Cross-Selling Strategy)

① 기존 고객을 위한 교차 판매 전략은 기업이 여러 가지 제품을 생산하는 경우 한 고객의 데이터베이스를 이용하여 다른 제품의 판매를 촉진하는 것을 들 수 있다.

② 시어즈 소속의 부동산 회사를 통해 주택을 구입한 고객은 시어즈 백화점에서 가전제품 등을 구매할 때 25%까지 할인 혜택을 받을 수 있으며 시어즈 소속 은행을 통해 대출을 받을 수도 있게 해 주었다.

(5) 신규 고객 확보 전략

① 기존 고객의 유지가 강조되고 있지만 기업이 장기적으로 성장하기 위해서는 신규 고객의 확보도 매우 중요한 요소가 된다.

② 무엇보다도 신규 고객을 확보하기 위한 장기적인 수단으로는 기존 고객을 활용하든 것이 가장 중요하다. 기업과 장기적으로 관계를 형성하고 있고 감정적 애착을 가진 고객들은 그 기업에 대한 좋은 구전을 유발시켜 새로운 고객들을 확보할 수 있도록 해준다.

(6) 고객 계열화

① 소비자의 조직화라고도 하며 판매촉진의 한 방법이다.

② 소비자를 호의집단과 수요 집단으로 조직화하려는 시도이다.

③ 가장 보편적인 것은 각종 동우회 및 강연회나 강습회 등이 있다.

④ 회원을 모집하여 그 회원들에게만 특별서비스를 제공하는 방식이다.

⑤ 경쟁자를 파악하기 위한 방법 중 고객중심적인 방법으로는 소비자 지각도(perceptual map) 제품 제거(product deletion), 사용상황별 대체(substitution in-use), 상표전환 매트릭스(brand switching matrix)등이 있다.

5. 고객 컴플레인(complain)

(1) 고객 컴플레인의 개념

① 고객이 컴플레인을 하는 것은 상품을 구매하는 과정에서 또는 구매한 상품에 관하여 품질, 서비스, 불량 등으로 인하여 불만을 제기하는 것을 말하며, 이는 매장 내에서 종종 발생할 수 있다.

② 고객의 오해나 편견 등을 풀어주는 일을 컴플레인(complain) 처리라고 하며 이것은 판매 담당자에게는 중요한 업무 중의 하나이다.

(2) 고객 컴플레인(complain)의 판매자측 발생원인

① 고객에 대한 판매 담당자의 인식 부족을 우선 생각해 볼 수 있는데, 제품에 하자가 있거나 만족스럽지 않으면 고객은 당연히 교환이나 환불을 일정기간 내에서 자유롭게 할 수 있다.

② 고객에 대한 판매원의 무성의한 태도 역시 문제가 된다. 고객의 요구에 대해 무응답으로 일관하거나, 무시하는 행위를 하거나, 모른다거나 답변이 성실하게 보이지 않는 행동을 지속하게 된다.

③ 판매원의 판매 상품에 대한 지식 결여 역시 문제가 되는데, 판매 담당자는 제품에 대하여 지식이 부족하거나 잘못된 지식으로 고객에게 혼돈을 유발할 수가 있기 때문에 판매 담당자는 판매 이전에 상품에 대한 지식을 충분히 습득하여 고객에게 편안감을 갖도록 설명해야만 한다.

④ 판매원의 무리한 판매 권유도 문제가 된다. 고객은 판매원의 지나친 강매에 이후의 구매 심리도 소멸되므로 손님이 원하는 기간에 비교할 수 있도록 기다리는 자세가 필요하다.

(3) 고객 컴플레인(complain)의 고객측 발생원인

① 고객의 잘못된 행동은 자신의 잘못된 판단에 의해 구매한 제품을 마치 그 제품의 상표, 가격, 품질상의 하자가 있다는 구실로 반품을 요구하는 이기적인 행동을 하는 경우를 들 수 있다.

② 여러 곳을 비교 선택해야 함에도 불구하고, 마치 이곳이 가장 좋다는 인식하에 구입한 뒤에 품질이나 가격에서 더 유리한 곳을 발견하고 교환을 요구하는 고객이기적인 행위를 들 수 있다.

(4) 컴플레인발생시 판매원의 응대방법

① 신속한 문제해결을 위해 명료한 설명을 제공하고, 고객들의 감정적 대응을 줄이기 위해 적극적으로 고객의 불만을 경청한다.

② 판매원은 고객의 잘못이나 고객측의 착오에 의한 불평이라도 고객에게 충분하게 설명을 한 뒤에 설득하여 이해시켜야 한다.

③ 절차상의 공정성은 불만을 해결하기 위해 도입된 절차의 공정성이고, 이행상의 공정성은 지불한 비용에 비해 그들이 받은 혜택에 대한 고객의 지각을 말한다.

④ 불만 고객들이 거리낌 없이 그들의 불만을 털어놓도록 잘 경청하는 태도를 유지하며 신속한 문제해결을 위해 불만고객에 응대하는 종업원을 자주 교체하지 않는 것이 좋다.

⑤ 가이드라인을 지키는 것도 중요하나 지나친 집착보다는 융통성을 발휘하여야 하고, 서비스 회복에 있어서 이행상의 공정성을 강조한다.

⑥ 고객에게 무형의 해결책이나 유형의 해결책을 제시하되 유형적인 해결책만을 강조하여 응대하면 고객의 자존심을 건드릴 수 있어 조심해야 한다.

⑦ 설령 판매 담당자의 잘못이 없는 경우에도 고객을 일방적으로 밀어붙이는 식의 설명이나 해결책은 오히려 고객의 반발을 야기할 수 있으므로 인내심을 갖고 겸손하고 정성스러운 자세로 고객에게 대해야 한다.

⑤ 가이드라인을 지키는 것도 중요하나 지나친 집착보다는 융통성을 발휘하여야 하고, 서비스 회복에 있어서 이행상의 공정성을 강조한다.

⑥ 고객에게 무형의 해결책이나 유형의 해결책을 제시하되 유형적인 해결책만을 강조하여 응대하면 고객의 자존심을 건드릴 수 있어 조심해야 한다.

⑦ 설령 판매 담당자의 잘못이 없는 경우에도 고객을 일방적으로 밀어붙이는 식의 설명이나 해결책은 오히려 고객의 반발을 야기할 수 있으므로 인내심을 갖고 겸손하고 정성스러운 자세로 고객에게 대해야 한다.

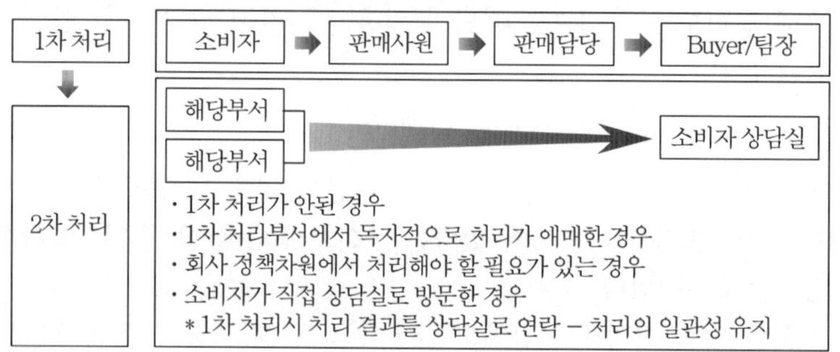

【컴플레인 처리 절차】

(5) 고객 컴플레인(complain)처리 단계

① 고객 입장 청취 단계

② 사실 확인 단계

③ 해결책 검토 단계

④ 고객과 타협 단계

⑤ 처리 결과 검토 단계

(6) 고객 컴플레인(complain)처리 방법

① MTP법의 의의

㉠ 고객 컴플레인의 처리 방법으로 주로 MTP법이 사용되었는데 MTP법은 더 높은 고객 만족 향상이라는 차원에서 처리되어야 한다.

㉡ 고객불평을 받았을경우에 처리를 하는 구성요소로는 사람(Man), 시간(Time), 장소(Place)를 바꾸어 컴플레인을 처리하는 방법이다.

② MTP법의 처리

㉠ 사람(Man)을 바꿈: 판매담당자→판매관리자

㉡ 시간(Time)을 바꿈: 즉각처리→충분한 시간을 두고 처리

㉢ 장소(Place)를 바꿈: 판매장소→사무실 · 소비자 상담실

Chapter 3 명품 적중 예상문제

01 카테고리 수명주기에 따른 상품에 관한 설명 중 가장 거리가 먼 것은?

① 일시성상품은 상대적으로 짧은 시간에 많은 상품이 판매된다.
② 일시성상품은 시간에 따라 매출유형이 가장 급격하게 변한다.
③ 지속성상품은 일시성상품에 비해 여러 시즌에 걸쳐 판매가 이루어진다.
④ 유행성상품과 계절상품은 여러 시즌에 걸쳐 특정 스타일의 판매가 이루어진다.
⑤ 일시성상품과 지속성 상품은 특정시즌에서 다음 시즌으로 극적인 판매의 변화가 거의 없다.

유행은 매년 동일하게 오는 것이 아니기에 유행성 상품과 계절상품은 여러 시즌에 걸쳐 특정 스타일의 판매가 이루어지는 않고 다른 스타일의 판매가 이루어진다.

02 Merchandising을 우리말로 표현하면 '상품화계획'이라 부르기도 한다. 기본 틀은 '적정한 상품의 선정과 관리'에 있다고 봐야 할 것이다. 이런 설명으로 가장 적합하지 않은 내용은?

① merchandising이란 넓은 의미에서 매장에서의 판매활동 전반에 대한 관리활동, 즉 상품화, 전시, 판매, 배송, 애프터서비스, 재고관리 및 고객관리를 말한다.
② merchandising이란 생산 또는 판매할 상품에 관한 결정, 상품의 구색 맞추기, 점포 구성과 레이아웃 등과도 관련이 있지만 점포 내 · 외부 디자인과 매장 내 전시(display)는 제외가 된다.
③ merchandising이란 시장조사와 같은 과학적 방법에 의거하여 수요 내용에 적합한 상품 또는 서비스를 알맞은 시기와 장소에서 적정가격으로 유통시키기 위한 일련의 전략이다.
④ merchandising이란 판매계획, 상품매입, 판매촉진, 판로지원과 확대, 상품관리와 영업과의 커뮤니케이션 등의 활동이 주요 업무이다.
⑤ merchandising이란 기업의 마케팅 목표를 실현하기 위해 특정의 상품과 서비스를 장소, 시간, 가격, 수량별로 시장에 내놓았을 때에 따르는 계획과 관리를 말하는 것으로, 마케팅 핵심을 형성하는 활동을 말한다.

merchandising이란 생산 또는 판매할 상품에 관한 결정, 상품의 구색 맞추기, 점포 구성과 레이아웃 등과 밀접한 관련이 있다. 점포 내 · 외부 디자인도 포함하는 개념이지만 핵심개념은 매장 내 전시(display)를 중심으로 이루어진다.

01 ④ 02 ②

03 다음 중 상품구색(assortment) 계획과정에 있어서 의사결정자가 고려해야할 요소 중 소위 "전문성"에 대한 설명으로 가장 알맞은 것은?

① 특정제품 카테고리 내에서 단품의 수
② 특정 단품이 수요를 충족시키는 비율
③ 특정제품이 얼마나 이익에 공헌하는지의 비율
④ 고객에게 제품의 정보에 대해 설명하고 이해시키는 능력
⑤ 한 점포 내 또는 부문 내에서 취급하는 상품 카테고리 종류

상품(commodity, merchandise)이란 거래의 대상이 되는 모든 것으로서 인간의 욕구를 충족시킬 수 있어야하며 경제적 가치를 가지고 있어야 한다. 또한 교환의 대상이 될 수 있는 재화 및 서비스를 의미한다. 상품구색(assortment) 중 전문성은 특정 제품의 카테고리 내에서의 단품 수를 말한다.

04 상품(Goods)은 욕구를 충족하는 기능과 함께 교환의 수단으로도 사용되는 유용성을 역시 내포하고 있다. 이런 상품의 설명으로 가장 잘못된 것을 하나만 고르시오.

① '유통'에서 '상품'은 상거래 목적의 상업적 의미로 사용되고 있으며, '제품'은 제조공장 등의 '생산메이커'에서 주로 사용하는 차이점이 있으나 일반적으로 혼용하여 사용되고 있다.
② 상품이란 경제학의 입장에서 보면 욕망 대상인 노동 생산물이 교환 관계에 놓일 경우에비로소 나타나는 형태로 볼 수 있으며 상품은 인간의 물질적 욕망을 만족시킬 수 있는 실질적 가치를 지니고 있다.
③ 위조상품은 시장이 있는 국가에서 합법적으로 보호하는 트레이드 마크, 저작권, 특허의 리이센스 없이 만들고 판매된 상품이다.
④ 상품기획 성과분석은 단품, 공급업체, 제품계열에 대한 평가를 모두 포함하며, 상품의 재고결정을 위하여 상품에 대한 등위를 매기는 방법으로 ABC분석을 들 수 있다.
⑤ convenience goods, shopping goods, speciality goods의 구분은 산업재분류로 이러한 구분은 소비자의 구매행동 즉 소비자가 구매의사결정을 위해 투입하는 비용과 노력의 정도인 구매관습에 의한 구분이다.

소비용품은 편의품(convenience goods), 선매품(shopping goods), 전문품(speciality goods)으로 구분을 하는데 이러한 구분은 소비자의 구매행동 즉 소비자가 구매의사결정을 위해 투입하는 비용과 노력의 정도인 구매관 습에 의한 구분이다.

해답 **03** ① **04** ⑤

05 일반적으로 상품의 품질에 대한 판매자의 명시적 혹은 묵시적 설명은 그 범위가 다양하고 많은 요소의 영향을 받는다. 다음 중 상품의 품질을 결정하는 판단기준 및 개별 속성에 대한 설명이 올바르지 않은 것은?

① 신뢰성: 어떤 상품의 기능이 소비자의 예상과 일치할 확률에 대한 문제
② 사용기간: 상품이 소비자가 예상한대로 기능을 효과적으로 발휘하는 기간
③ 내구성: 물질이 원래의 상태에서 변질되거나 변형됨이 없이 오래 견디는 성질
④ 지속성 및 수선용이성: 상품을 수리해서 정상적으로 작동시킬 수 있는가에 대한 문제
⑤ 공정성: 정상적인 또는 긴박한 조건에서 제품에 기대되는 작동수명의 측정치에 관한 문제

공정성(公正性)은 공평하고 올바른 성질을 말하는 것으로 상품의 품질을 결정하는 판단기준 및 개별 속성측 면에서는 상품의 효용을 있는 그대로 설명하는 것이다.

유통 마케팅

06 다음 중 위조상품에 대한 설명과 가장 거리가 먼 내용은?

① 위조상품을 방지하기 위한 트레이드마크, 저작권, 특허는 지적자산의 범주에 포함된다.
② 타인의 상표와 동일 또는 유사하게 만들어 상품에 사용하여 타인의 상품과 오인 혼동을 일으키는 상품을 말한다.
③ 위조상품의 위협에 노출되는 이유는 상품단가가 높고, 복제와 수송이 어려우며, 소비자의 욕구가 높기 때문이다.
④ 위조상품은 시장이 있는 국가에서 합법적으로 보호하는 트레이드마크, 저작권, 특허의 라이선스 없이 만들고 판매된 상품이다.
⑤ 소매업체와 공급업체는 위조상품에 대한 손해와 지적재산권 침해로부터 자신을 보호하기 위해 상표등록, 합법적 행동, 상호협상 등의 방안을 강구해야 한다.

위조상품에 대하여 상표법과 부정경쟁방지 및 영업비밀보호에 관한 법률에서 정의하고 있다.

1. 상표법: 정당한 권원이 없는 제3자가 특허청에 등록된 상표를 그 지정상품과 동일 또는 유사한 상품에 사용하거나, 등록상표와 유사한 상표를 그 지정상품과 동일 또는 유사한 상품에 사용하여 상표권 또는 전용사용권을 침해하는 상품을 위조 상품으로 정의하고 있다.
2. 부정경쟁방지 및 영업비밀보호에 관한 법률: 특허청에 등록되지 않았지만 국내에 널리 인식된 타인의 상표와 동일 또는 유하게 만들어 상품에 사용하여 타인의 상품과 오인 혼동을 일으키는 상품을 말한다.

05 ⑤ **06** ③

07 Aspinwall 제품특성을 5가지 기준으로 분류한 적색품, 오렌지색품, 황색품 에 대한 설명으로 가장 옳지 않은 것은?

① 적색품(red goods)은 대체율은 높고, 나머지 특성들이 낮은 제품으로 보았다.
② 오렌지색품(orange goods)은 5가지 특성 모두에서 중간정도인 제품으로 보았다.
③ 황색품(yellow goods)은 대체율은 낮고, 다른 특성값은 모두 높은 제품으로 보았다.
④ 유통경로를 이용한다면 적색품의 제품은 대중유통경로 및 촉진을 사용하는 것이 더 적합하다.
⑤ 황색품은 긴 경로와 대중매체를 통한 촉진, 황색품은 짧은 경로와 폐쇄회로형 매체를 활용한 촉진이 적합하다고 한다.

우담풀이 적색품(red goods)은 긴 경로와 대중매체를 통한 촉진, 황색품은 짧은 경로와 폐쇄회로형 매체를 활용한 촉진이 적합하다고 한다.

08 다음 중 고객관계관리(CRM;Customer Relationship Management)에 대한 설명으로 가장 올바르지 못한 것은?

① CRM은 고객과의 관계를 일반적으로 고객의 획득 및 유지, 육성 모두를 다룬다.
② CRM의 주된 목적은 고객에 대한 상세한 지식을 토대로 그들과의 장기적 관계를 구축하고 애호도를 제고시킴으로써 고객의 생애 가치(life time value)를 극대화하는 것이다.
③ CRM은 경쟁자보다 탁월한 고객가치와 고객만족을 제공함으로써 수익성 있는 고객관계를 구축/유지하는 전반적인 과정이다. 또한 지속적인 고객관계구축을 결정하는 핵심은 가장 높이 지각된 고객가치를 제공하며 탁월한 고객만족을 창출하는 것이다.
④ 기쁨을 경험한 고객은 반복구매를 할 뿐만 아니라 고객전도사가 되어 주위 사람들에게긍정적 사용경험을 전파하게 되는 효과가 있다. 이러한 효과를 보기위해 현명한 기업은 제공할 수 있는 것만을 약속하고, 나아가 약속한 것보다도 더 많은 것을 제공함으로써 고객을 감동시키고자 한다.
⑤ 지각된 고객가치는 고객이 한 기업의 시장제공물에서 얻게 될 모든 편익과 이를 위해고객이 지불해야 할 모든 비용간의 차이를 경쟁사의 제공물과 비교 평가한 것이다. 반면 고객만족은 구매자가 상품구매시점의 감정 상태에 따라 주관적으로 판단하는 부분으로 공식화의 어려움 및 측정이 불가능한 단점이 있다.

우담풀이 고객이 구입한 제품에 만족을 한다는 것은 효용이 증가하는 것이고, 이후에 그 제품을 반복하여 구입을 하는 것이며 재 구매율로서 고객을 평가할 수 있다.

해답 07 ⑤ 08 ⑤

09 "판매중심 분류"란 현재의 패션 경향과 구매관습 및 고객의 선호 등을 감안하여 분류하는 방법이다. 다음 중 판매중심 분류 기준에 따라 상품을 분류한 것은?

① 편의품, 선매품, 전문품
② 농산품, 임산품, 수산품, 광산품, 공산품
③ 베이직 상품, 뉴베이직 상품, 트랜드 상품
④ 필수상품(주력상품), 준필수상품(보조상품), 충동상품(자극상품)
⑤ Japanese Style, European Style, American Style, Italian Style

판매중심 분류현재의 패션경향과 구매관습 및 고객의 선호 등을 감안하여 상품계획을 세워야 하며 매장의규모 및 위치 등을 고려한다. 판매중심 분류 기준에 따라 상품을 분류하는 것은 필수상품(주력상품), 준필수상품(보조상품), 충동상품(자극상품) 등으로 분류를 한다.

10 고객관계관리(CRM;Customer Relationship Management)는 우리제품을 구매해 준 고객들에 대한 정보를 컴퓨터의 데이터베이스(Data Base)에 저장해 놓고, 고객 자료를 분석해서 고객 한 사람 한 사람에게 가장 적합한 제품과 서비스를 제공하고자 하는 정보시스템이라고 할 수 있다. 이에 대한 설명으로 적합하지 않은 것은?

① CRM이란 '신규 고객 확보, 기존 고객 유지 및 고객 수익성 증대를 위하여, 지속적인 커뮤니케이션을 통해 고객 행동을 이해하고, 영향을 주기 위한 광범위한 접근'으로 정의하고 있다.
② CRM은 단순히 시장 점유율(market share)의 성장만을 추구하는 것이 아니라 고객의 마음 속에 얼마나 깊이 자리잡고 있는가를 나타내는 마음 점유율(mind share)을 확보하려는 도구를 지칭한다.
③ CRM의 핵심내용 중 하나는 고객을 유치하고 유지하는 과정이며, 잠재고객을 첫 번째 고객으로 그리고 반복고객, 단골고객, 더 나아가 회원, 옹호자 및 동반자단계로 변환시켜나가기 위해 마케팅을 실행하는 것이다.
④ CRM의 주된 목적은 고객에 대한 상세한 지식을 토대로 그들과의 장기적 관계를 구축하고 애호도를 제고시킴으로써 고객의 생애 가치(life time value)를 극대화하는 것이다.
⑤ 기업이 기존 고객을 유지하는 것보다는 신규 고객을 확보하고 관리하는 것이 더 효율적이다. 따라서 CRM은 비용측면에서 기존 고객유지보다는 신규 고객의 유치에 더 중점을 두고 있다.

기업이 신규 고객을 확보하는 것보다는 기존 고객을 유지하고 관리하는 것이 더 비용 면에서 효율적이다.

해답 09 ④ 10 ⑤

11 상품수명주기모델에 있어서 소위 "성숙기 및 성숙기 상품"의 특성을 가장 잘 표현하고 있는 것은?

① 성숙기의 제품은 이익이 급신장하는 제품으로 소매상에게 가장 매력적인 제품이라고 할 수 있다.

② 성숙기의 제품은 매출액이 급신장하는 제품으로 소매상에게 가장 매력적인 제품이라고 할 수 있다.

③ 성숙기에 있는 상품도입은 소매상 입장에서는 높은 위험을 감수해야 하지만 고객에게 혁신적인 이미지를 줄 수도 있다.

④ 성숙기에 있는 소매점으로서도 취급을 그만 둘 시기를 찾는 한편, 가능한 재고를 축소하고 설령 이익이 나지 않아도 싼 가격에 팔아야 한다.

⑤ 성숙기의 상품은 치열한 경쟁으로 인해 이익이나 매출은 급신장하지 않으나 지속적으로 소비자들이 찾는 상품이므로 상품믹스에 포함시켜야 한다.

오답풀이 성숙기의 상품은 소매점에서는 큰 이익을 기대할 수 없으나 재고에 주의하면서 판매를 계속해 나아가며, 또한 시장 세분화와 물적 유통의 합리화가 이룩된다.

12 상품을 체계적으로 분류할 때 소매기업은 가장 포괄적인 개념에서 점차 좁혀가면서 가장 협소한 개념까지 이르게 되는데, 이러한 단계별 분류를 가장 포괄적인 구분부터 협소한 구분까지 순서대로 바르게 나열한 것은?

① Group−Category−Classification−Department−SKU
② Group−Department−Classification−Category−SKU
③ Category−Group−Classification−Department−SKU
④ Category−Group−Department−Classification−SKU
⑤ Category−Group−Department−SKU−Classification

오답풀이 소매점이 판매하는 모든 상품을 상품구성(Merchandise assortment)이라 하고, 포괄적으로 Group을 정한후 맨 마지막의 품목은 이들 각기의 상품 계열 내에 포함되는 재고 유지 단위(SKU: stock keeping unit)으로 불린다.

해답 11 ⑤ 12 ②

13 다음 중 지속성 상품의 매입시스템에 대한 설명 중 가장 올바른 것은?

① 단품차원에서 이전 시즌의 자료를 확보하기가 어렵다.
② 예측이 어려운 '주문–접수–주문'의 주기를 따르고 있다.
③ 실제 월말재고와 조정 월말재고를 동일하게 만들 필요가 있다.
④ 유행성 상품과 개인적 취향이 확실한 패션성 상품에 적용한다면 효율적 재고관리가 가능하다.
⑤ 식료품점이나 할인점에서 취급하는 대부분의 품목은 지속성상품의 매입시스템을 적용하기에 적합하다.

우답풀이 지속성상품은 일상품,또는 편의품과 같이 거의 정기적으로 구입을 하는 상품을 말한다. 식료품점이나 할인점에서 취급하는 대부분의 품목은 지속성상품의 매입시스템을 적용하기에 적합하다.

14 다음 중 상품구색의 개념이 가장 잘못 설명된 것은?

① 전문성–구색이라고도 하며, 특정 카테고리 내에서 단품의 수를 말한다.
② 가용성–특정 단품의 수요에 대해 충족되는 비율을 나타내는 것을 말한다.
③ 다양성–한 점포 내 또는 부문 내에서 취급하는 상품 카테고리 종류의 수를 말한다.
④ 카테고리–고객들이 대체할 수 없다고 생각하는 상품품목들을 모아 놓은 것을 말한다.
⑤ 희소성–인간의 욕구와 필요에 비해 자원이 한정되어 있는 것을 의미하므로 환경, 문화, 사람들의 기호에 따라 차이가 있을 수 있다.

우답풀이 카테고리(category)는 동일 성질의 것이 속하는 부분을 가리키던 말로서 범주라고도 하며 같은 특성을 지닌 부류나 범위를 말한다.

15 아래의 내용들은 제품수명주기의 어느 단계에서 주로 이루어지는 정책들인가?

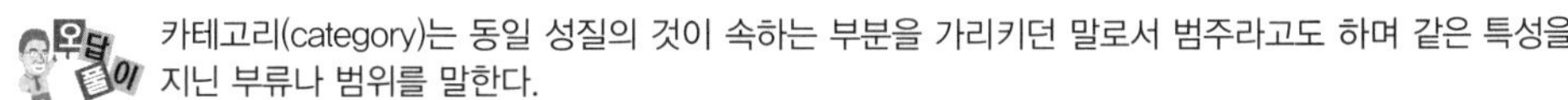
마케팅목표: 시장점유율 확대, 가격정책: 시장침투가격(저가격), 유통정책: 집중적 유통(intensive channel), 촉진정책: 보다 다양한 소비자들에게 인지도 강화

① 도입기 ② 성장기 ③ 성숙기
④ 쇠퇴기 ⑤ 잠복기

우답풀이 성장기 상품은 판매 추세가 급상승하고 높은 가격에도 수요는 지속적으로 증가하므로 메이커, 소매점에서는 높은 수준의 매출과 이익을 확보할 수가 있다.

해답 13 ⑤ 14 ④ 15 ②

유통 마케팅

16 다음 중 제품 수명주기에 대한 설명 중 가장 거리가 먼 것은?

① 성장기의 가격전략은 저가격정책을 도입하거나 기존가격을 유지한다.
② 성장기에는 혁신소비자층과 조기수용자층 등의 호의적 구전이 시장 확대에 매우 중요한 역할을 한다.
③ 성숙기의 시장개발은 새로운 소비자를 찾거나 기존 소비자들의 사용빈도를 증가시키거나 새로운 용도를 개발한다.
④ 쇠퇴기에 수확전략을 선택할 경우, 제품의 품질, 특성, 스타일 등의 수정을 통해 신규 고객을 유인하거나 기존 고객의 사용빈도를 높일 수 있다.
⑤ 신상품 도입기의 마케팅 활동은 남들보다 앞서 상품체험을 바라는 고객, 혁신지향적 및 의견 선도적인 고객들을 목표시장으로 하는 것이 보다 효과적이다.

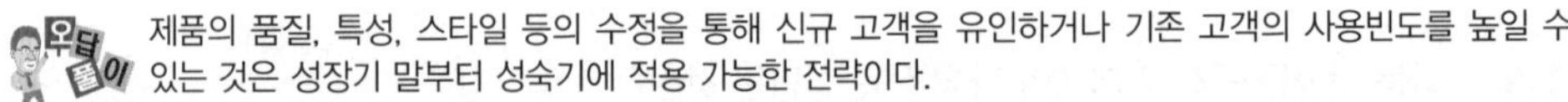

우답풀이 제품의 품질, 특성, 스타일 등의 수정을 통해 신규 고객을 유인하거나 기존 고객의 사용빈도를 높일 수 있는 것은 성장기 말부터 성숙기에 적용 가능한 전략이다.

17 다음은 유통업태별 상품구성정책에 관한 의사결정요소로서 상품의 깊이와 넓이에 관한 의사결정요소를 설명한 내용이다. 올바르지 않은 것은?

① 상품의 깊이 보다 넓이에 있어서 전문화 한 업태를 전문점이라고 한다.
② 백화점과 대형마트를 상품의 깊이측면에서 비교할 경우, 백화점이 대형마트에 비해 상품의 깊이가 더욱 깊다.
③ 유(형)점포와 무(형)점포의 비교에서는 상품의 깊이나 넓이측면의 확장가능성으로 보면 무점포업태가 비용측면에서 더욱 유리하다.
④ 상품의 넓이와 깊이에 대한 의사결정은 표적구매자들의 기대를 일치시키면서 동시에다른 소매상과 차별화할 수 있어야 한다.
⑤ 백화점과 대형마트를 상품의 넓이측면에서 비교할 경우 음식료품에 있어서는 대형마트가 섬유 및 의류에 있어서는 백화점이 더욱 넓은 상품정책을 추구하고 있다.

우답풀이 전문점(Specialty Store)이란 단일품목 중 극히 한정된 품종만을 전문적으로 취급하는 특정품 판매점을 의미한다. 즉 상품의 넓이 보다 깊이에 있어서 전문화 한 업태를 말한다.

해답 16 ④ 17 ①

18 수명주기(product life cycle)에 의한 상품분류 중 성장기 상품에 속하지 않은 것은?

① 상품의 판매 추세가 급상승하고 높은 가격에도 수요는 지속적으로 증가하므로 제조업자나 소매점에서는 높은 수준의 매출과 이익을 확보할 수가 있다.

② 마케팅목표는 시장점유율 확대, 가격정책은 시장침투가격, 유통정책은 집중적유통, 촉진정책은 다양한 소비자들에게 인지도를 강화하는데 초점을 두어야 한다.

③ 소매점으로서는 이익률이 높은 기간이므로 대량판매와 품절에 의한 기회 손실이 발생하지 않도록 매입과 상품관리에 충분한 배려를 해야 한다.

④ 유통망을 광범위하게 사용하는 전술을 적극적으로 펼쳐나가야 하며, 마케팅 믹스전략은 제품 확장, 서비스 품질강화와 시장점유율 최대화를 추구해야 한다.

⑤ 신규 수요보다도 대체수요에 중점을 두어야 하며, 상품은 치열한 경쟁으로 인해 이익이나 매출은 급신장하지 않지만 소비자들이 찾는 상품이므로 상품믹스에 포함한다.

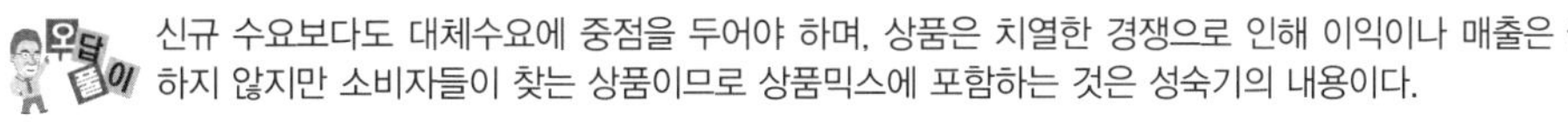
오답풀이 신규 수요보다도 대체수요에 중점을 두어야 하며, 상품은 치열한 경쟁으로 인해 이익이나 매출은 급신장하지 않지만 소비자들이 찾는 상품이므로 상품믹스에 포함하는 것은 성숙기의 내용이다.

유통 마케팅

19 다음은 상품 수명주기에 관한 설명내용이다. 가장 올바르지 않은 것은?

① 수명주기현상이 발생하는 원인은 다양하지만 대표적인 원인으로 시장포화, 신기술 및 경쟁을 들 수 있다.

② 유지전략 및 방어 전략이 활용되어야 하는 적정 시기는 성장기이며, 방어 전략의 중요한 수단으로는 공정혁신, 상품라인 확장을 대표적으로 들 수 있다.

③ 선행기업의 상품관리자는 시장포화현상을 항시 염두에 두고 표적시장에서의 매출변화에 대한 지속적인 분석과 추적, 신기술이 기존 기술을 대체해가는 과정과 최적의 포지셔닝을 선택하고 상품설계와 서비스제공에 있어서 지속적인 품질향상노력을 해야 한다.

④ 매출액은 도입기에서는 서서히 증가하다가 성장기에서는 빠르게 증가하고 성숙기에서는 거의 증가하지 않으며 쇠퇴기에서는 감소하게 된다.

⑤ 상품수명주기의 형태는 판매가 어떤 필수적인 과정으로 나타나는 것보다는 마케팅 전략의 성과물에 불과하다.

유지전략 및 방어 전략이 활용되어야 하는 적정 시기는 성숙기이다.

해답 18 ⑤ 19 ②

20 소비용품은 편의품(convenience goods), 선매품(shopping goods), 전문품(speciality goods)으로 구분을 하는데 이러한 구분에 대한 설명으로 가장 옳지 않은 것은?

① 편의품은 값이 비싸지 않고 최소의 구매 노력으로 구매가 가능한 품목으로 자기 집 근처이거나 매일 출퇴근할 때의 길목, 자주다니는 길가의 상점은 구매하기에 편리한 장소가 되는 것이다.

② 소매상의 입장에서는 편의품은 수요가 규칙적이고 계속적인 상품이며 상용(on hand)으로 사 갈 수 있도록 상품을 보유해야 하고, 고객에게 편리한 서비스를 제공해야 하며, 편리한 진열을 해야 한다.

③ 선매품은 고객이 여러 점포를 돌아다니며 상품의 가격, 특징, 신뢰성, 색채, 디자인 등을 비교하여 선택 구매하는 경향이 있고, 보통 높은 금액의 지출을 충분히 고려하고 구매 횟수는 높은 편이다.

④ 선매품은 구매자는 충분한 노력과 시간을 들여서 비교를 하기 위해 그 상품을 판매한 상점이 집결해 있는 상점가에까지 가기를 좋아하며 여러 곳을 돌아다니는 것까지도 감수한다.

⑤ 전문품은 소비자가 상품 구매에 있어 그 상품에 대한 상당한 지식을 보유하고 있으며 상품에 대한 선호도가 강하고, 특히 전문가다운 판매원의 조언과 지도가 판매에 많은 영향이 있다.

우답풀이 선매품은 고객이 여러 점포를 돌아다니며 상품의 가격, 특징, 신뢰성, 색채, 디자인 등을 비교하여 선택 구매하는 경향이 있고, 보통 금액의 지출을 충분히 고려하고 구매 횟수는 적은 편이다.

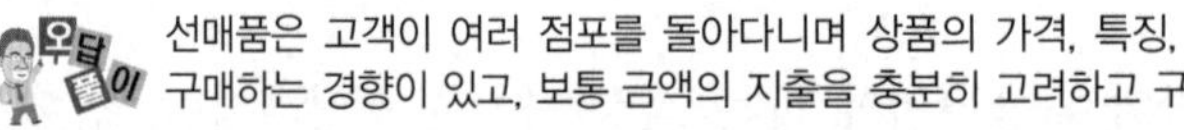

21 다음 상품분류의 한 종류를 나타내는 소위 "convenience goods, shopping goods and speciality goods"에 대한 구분 기준으로 가장 알맞은 것은?

① 소비자의 라이프스타일
② 최종소비자인 가계의 구매력 정도
③ 소비자의 상품의 가치를 부여하는 정도
④ 브랜드에 대한 인지도 및 소비자 신뢰도 정도
⑤ 소비자의 구매행동 즉 소비자가 구매의사결정을 위해 투입하는 비용/노력의 정도

우답풀이 소비용품은 편의품(convenience goods), 선매품(shopping goods), 전문품(speciality goods)으로 구분을 하는데 이러한 구분은 소비자의 구매행동 즉 소비자가 구매의사결정을 위해 투입하는 비용과 노력의 정도인 구매관습에 의한 구분이다.

해답 20 ③ 21 ⑤

22 소비재는 일반적으로 편의품, 선매품, 전문품 및 비탐색품으로 분류된다. 이들 중 전문품에 대한 설명과 가장 거리가 먼 것은?

① 제품차별성과 소비자 관여도가 매우 높은 특성을 지닌다.
② 전속적 혹은 선택적 유통경로의 구축이 더욱 바람직하다.
③ 소비자가 특정상표에 대해 가장 강한 상표충성도를 보인다.
④ 주로 구매력이 있는 소비자들만을 대상으로 판촉활동을 실시하는 것이 효과가 크다.
⑤ 제품에 대한 사전 지식에 의존하지 않고 주로 구매시점에 제품특성을 비교평가 후 구매하는 제품이다

제품특성을 비교평가 후 구매하는 제품은 선매품의 특징이다.

23 CRM(Customer Relationship Management)에 관한 다음 설명 중 가장 올바르지 않은 것은?

① CRM은 각 고객의 세부적인 정보를 관리하고 또한 고객 충성심을 극대화하려는 목적으로 고객의 접촉점 모두를 신중하게 관리하는 과정이다.
② CRM의 핵심내용 중 하나로 고객동요(customer churn), 즉 높은 고객이탈율을 막는것을 들 수 있다. 이를 위해 기업은 우선 고객유지율을 정의하고 측정해야 하며, 고객감소의 여러 원인을 구분하여 보다 잘 관리할 수 있도록 함으로써 고객상실률 감소를위해 노력한다.
③ 기업은 고객이탈율을 줄이기 위해 소요되는 비용과 상실된 고객으로부터 발생하는 고객평생가치에 의한 상실된 이익을 비교해야 한다. 고객이탈율을 줄이기 위해 소요되는 비용이 상실되는 이익보다 적다면, 고객을 유지하기 위해 사용되는 자금을 회수해야 한다.
④ CRM의 핵심내용 중 하나는 고객을 유치하고 유지하는 과정이며, (예상)잠재고객을 첫 번째 고객으로 그리고 반복고객, 단골고객, 더 나아가 회원, 옹호자 및 동반자단계로 변환시켜나가기 위해 마케팅을 실행하는 것이다.
⑤ CRM이란 '신규 고객 확보, 기존 고객 유지 및 고객 수익성 증대를 위하여, 지속적인 커뮤니케이션을 통해 고객 행동을 이해하고, 영향을 주기 위한 광범위한 접근'으로 정의하고 있다.

고객이탈율을 줄이기 위해 소요되는 비용이 상실되는 이익보다 적다면, 고객이탈율을 줄이기 위해 지속적으로 비용을 지출해야 한다.

22 ⑤ 23 ③

24 다음은 소매유통업체 경영에 있어서 상품기획 성과분석은 매우 중요한 요소 중 하나이다. 이와 관련된 설명내용으로 올바르지 않은 것은?

① ABC분석은 재고수준에 대한 의사결정을 돕기 위하여 상품에 대한 등위를 매기는 방법이다.
② 수익성 지표는 기업의 경영 정책과 의사결정의 결과로 나타난 경영 성과를 나타내는 지표이다.
③ 지속적인 상품기획 계획절차의 부분으로서 단품, 공급업체, 제품계열, 제품부문을 언제 추가하고 제거할 것인가에 대한 의사결정과 직접적으로 관련된다.
④ 다중속성모델(multiple attribute model)은 수요상황에 알맞게 상품을 더 매입할 것인지 혹은 감산을 할 것인지를 파악하기 위해 계획된 매출과 실제매출을 비교하는 방법을 의미한다.
⑤ ABC분석은 단품에서 상품부문에 이르기까지 상품카테고리의 어떠한 수준에서도 적용이 가능하며 주로 사용되는 성과측정기준으로 공헌이익(contribution margin)이 사용되며 이는 순 매출에서 판매한 제품원가와 기타 변동비를 제한 것을 의미한다.

우문풀이 판매추세분석(sell-through analysis)은 고객의 수요에 부응하기 위해 가격인하가 필요한지 또는 상품을 더 구입해야 하는 것인지를 결정하기 위한 실제매출과 매출목표를 비교하는 방법이다.

25 다음 중 상품기획 성과분석 중에서 판매과정분석(sell-through method)에 대한 설명으로 가장 올바른 것은?

① 재고수준을 결정하기 위하여 상품에 대한 개별 등위를 매기는 방법이다.
② 주로 사용되는 성과측정치로는 매출액, 판매량, 총이익과 순이익 등이 있다.
③ 제조 간접비를 실제 투입된 활동량에 따라 제품원가에 배분하는 계산 방법이다.
④ 계획매출수량과 실제 판매수량의 비교분석을 통해 시장수요에 맞추어 필요상품 수량을 결정하는 것이다.
⑤ 상품의 입고에서부터 판매시점까지 발생하는 비용분석을 통해 전체 협력업체에 대한 객관적 평가 자료를 획득하고자 하는 것이다.

우문풀이 판매추세분석(sell-through analysis)은 고객의 수요에 부응하기 위해 가격인하가 필요한지 또는 상품을 더 구입해야 하는 것인지를 결정하기 위한 실제매출과 매출목표를 비교하는 방법이다.

해답 24 ④ 25 ④

26 서비스란 제품 판매를 위해 제공되거나 판매에 부수적으로 제공되는 행위, 편익, 만족이라고 미국 마케팅협회(AMA)에서 정의하고 있다. 이러한 서비스(SERVICE)의 특성에 대한 설명으로 가장 적합하지 않은 것은?

① 판매되지 않은 서비스는 사라진다는 개념으로 서비스는 일시적으로 제공되는 편익으로서 생산하여 그 성과를 저장하거나 재판매할 수 없는 것을 서비스의 소멸성이라 한다.
② 서비스보증이란 아무런 조건을 달지 않아야 하고 고객이 이해하기 쉽고 설명하기 쉬워야 하며 고객이 이용하기 쉬워야 한다.
③ 서비스는 기본적으로 가시적인 실체가 따로 없기 때문에 볼 수도 없고 만질 수도 없으며 이러한 서비스는 쉽게 전시되거나 전달할 수도 없다는 무형성의 특징을 보이고 있다.
④ 비분리성은 대부분의 서비스는 생산과 동시에 소비되는 특징을 가지고 있기 때문에 수요와 공급을 맞추기가 어려우며 서비스는 반품될 수 없다.
⑤ 서비스는 무형이고, 서비스기업은 그들이 제공하는 서비스를 다양하게 형상화할 수 있으므로 이에 따라 가격구조가 복잡할 수 는 있지만, 서비스 준거가격 책정은 쉽다는 특징이 있다.

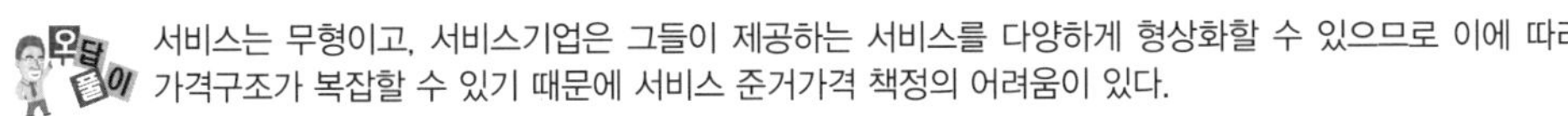
오답풀이 서비스는 무형이고, 서비스기업은 그들이 제공하는 서비스를 다양하게 형상화할 수 있으므로 이에 따라 가격구조가 복잡할 수 있기 때문에 서비스 준거가격 책정의 어려움이 있다.

27 서비스품질의 갭 모형(quality gap model)에 대한 유형과 gap발생 원인으로 가장 잘못 설명되어진 것은?

① Gap 1: 고객의 기대와 경영자 인식간의 차이-기업에서 제공되는 서비스에 대한 인식 면에서 기업경영자와 고객과의 불일치에서 발생하는 차이
② Gap 2: 실행 가능한 수준과 실제 제공된 서비스와의 차이-종업원의 피로, 사기 저하 등 전달체계에서의 부작용에서 발생하는 차이
③ Gap 3: 경영자 인식과 실행 가능한 서비스 수준과의 차이-기술적 어려움, 비현실적 구상 등으로 인해 현실적으로 적용이 불가능한 서비스 내용에서 발생하는 차이
④ Gap 4: 제공된 서비스와 홍보된 서비스의 차이-과장된 광고 등에 의한 지각의 차이에서 발생하는 차이
⑤ Gap 5: 기대된 서비스와 지각된 서비스와의 차이- Gap1, Gap2중 한 가지라도 존재하면 발생하는 차이

오답풀이 Gap 5: 기대된 서비스와 지각된 서비스와의 차이로서, Gap 1~5의 한 가지라도 존재하면 발생하는 차이를 말한다.

해답 26 ⑤ 27 ⑤

유통 마케팅

28 자유재와 구분되는 경제재는 형태의 유무에 따라 다시 유형재와 무형재로 분류한다. 특히 '서비스'상품이라 불리기도 하는 무형재화는 유형 재화와 다른 다양한 특성을 내포하고 있으며이 특성에 알맞은 마케팅전략이 개발되어 있다. 다음 중 서비스의 특성에 대한 설명으로 올바르지 않은 것은?

① 서비스는 비분리성은 수요와 공급을 맞추기가 어려우며 서비스는 반품될 수 없다.
② 서비스는 무형성이 강하므로 판매촉진을 위한 유형적 단서를 제공하는 것이 필요하다.
③ 서비스는 이질성을 지니고 있어 유형 제품과 달리 특히 표준화와 품질관리가 매우 어렵다.
④ 서비스는 소멸성으로 인하여 재고관리가 어렵기 때문에 수요관리가 적합하게 이루어져야 한다.
⑤ 서비스는 소비자가 생산과정에 직접 참여할 수 있으므로 판매 후 고객관리의 필요성 이존재하지 않는다.

오답풀이 서비스도 일종의 최종소비자를 바라보고 생산을 하는 무형재화이다. 최종소비자를 대상으로 하는 것치고,고객관리의 필요성이 존재하지 않는 것은 없다.

29 SERVQUAL의 5개 차원에 대한 설명으로 가장 옳게 설명되어진 것은?

① 신뢰성(reliability)은 약속한 서비스를 믿을 수 있고, 정확하게 업무를 수행하는 능력으로 서비스수행의 철저함, 정확한 기록, 약속 엄수 등이 있다.
② 유형성(tangible)은 고객에 대한 직원들의 지식과 예절 및 신빙성과 안전성 그리고 자신감을 전달하는 능력, 지식, 기업평판, 고객의 재산과 시간에 대한 배려 등이 있다.
③ 대응성(responsiveness)은 서비스를 평가하기 위한 외형적인 단서로 눈으로 구분 가능한 설비나 장비, 오토바이, 계산대, 서빙 도구 등 물리적으로 구성되어 있는 외양을 말한다.
④ 확신성(assurance)은 접근용이성, 원활한 의사소통, 고객에 대한 충분한 이해, 서비스를 제공하는 회사가 고객에게 제공하는 개별적인 배려와 관심을 말한다.
⑤ 공감성(empathy)은 반응성이라고도 하며, 고객에 대한 도움은 항상 준비되어 있으며 언제든지 서비스를 제공하고, 서비스의 적시성, 고객의 문의나 요구에 대한 즉시 응답 등이 있다.

오답풀이 신뢰성(reliability)은 약속한 서비스를 믿을 수 있고, 정확하게 업무를 수행하는 능력으로 서비스 수행의 철저함, 정확한 기록, 약속 엄수 등이 있다.

해답 28 ⑤ 29 ①

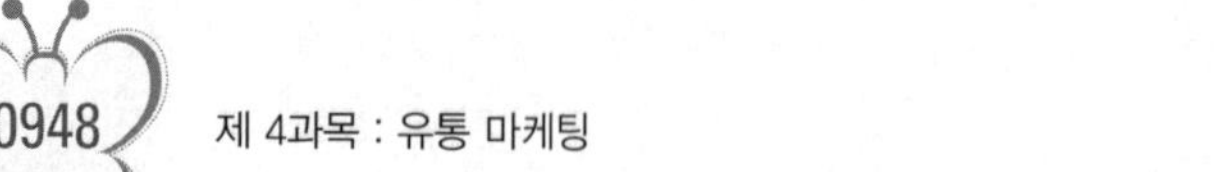

30 고객서비스 전략에서 사용되는 표준화 접근법 (standardization approach)에 관하여 가장 올바르게 설명하고 있는 것은?

① 개별 소비자의 취향에 알맞게 맞춤형 서비스를 제공해 줄 수 있는 장점을 가지고 있다.
② 개별 고객에게 뛰어난 서비스 품질을 지속적으로 제공 할 수 있는 장점을 가지고 있다.
③ 서비스의 품질이 공급자의 주관적 판단과 능력여하에 따라 달라질 수 있는 단점을 가지고 있다.
④ 서비스의 품질을 결정하는 다양한 요인들로 인해 발생 할 수 있는 불안정한 요인을 최소화 할 수 있다.
⑤ 숙달된 서비스 공급자에 대한 투입과 복잡한 소프트웨어개발 및 활용으로 인한 비용이 많이 발생할 수 있다.

표준화 접근법 (standardization approach)은 비표준화 되어있는 것보다는 서비스를 제공하는 입장에서는 상당히 유리한 장점이 잇는데 그 중하나가 서비스의 품질을 결정하는 다양한 요인들로 인해 발생할 수 있는 불안정한 요인을 최소화 할 수 있다.

31 다음 중 서비스 실패 후 서비스회복(복구)에서 고객이 경험하는 공정성 유형의 짝으로 바르게 연결된 것은?

> 가. 회복과정에서 기업의 정책, 규정이 공정한가라는 개념
> 나. 담당 직원이 고객에게 상세히 문제원인과 해결책에 대하여 설명하였는가라는 개념

① 가: 절차공정성　　나: 분배공정성
② 가: 분배공정성　　나: 절차공정성
③ 가: 분배공정성　　나: 상호작용공정성
④ 가: 상호작용공정성　　나: 절차공정성
⑤ 가: 절차공정성　　나: 상호작용공정성

서비스는 눈에 보이지 않기 때문에 유형적인 재화와 달리 무형적인 특징을 지니며, 서비스를 생산하는 자와제공하는 자가 동일성을 갖는다. 일단 고객에 대한 서비스가 잘못 받아들이면 다시금 회복하는 데는 많은시간이 걸린다. 회복과정에서 기업의 정책, 규정이 공정한가라는 개념의 절차공정성과 담당 직원이 고객에게 상세히 문제원인과 해결책에 대하여 설명하였는가라는 개념의 상호작용공정성을 명확히 검토를 해야한다.

30 ④　**31** ⑤

32 다음 중 고객(customer)에 대한 설명으로 가장 옳지 않은 것은?

① 고객이라는 용어는 顧(돌아볼 고), 客(손 객)이라는 한자로서 의미상으로는 접대하는 사람이나 기업의 입장에서 볼 때 다시 보았으면, 또 와주었으면 하는 사람을 말한다.
② 고객은 구매하는 브랜드에 대해 상당한 호감을 가지고 있고 나아가 브랜드로 출시된 다른제품에 대해서도 호의적인 태도를 가질 가능성이 아주 높다.
③ 고객은 제품을 구매하는 당사자이기 때문에 제품구매 결정에 있어서 기업이 제공하는 서비스의 질이나 품질 등을 면밀히 검토하여 최종구매를 결정하게 된다.
④ 우리는 고객에게 대항할 수도 없으며 고객은 우리에게 가르침을 주고 있다는 개념이 도출되며 고객과 논쟁할 수 있는 위치에 있다고 생각하면 안 된다.
⑤ 충성기간은 길지만 수익성이 별로 없는 고객의 나비집단은 수익성을 향상하기 위한 노력에도 불구하고 수익성이 향상되지 않는다면 거래를 포기해야 한다.

충성기간은 길지만 수익성이 별로 없는 고객의 따개비집단은 수익성을 향상하기 위한 노력에도 불구하고 수익성이 향상되지 않는다면 거래를 포기해야 한다.

33 고객관계관리(CRM ; Customer Relationship Management)에 대한 설명으로 가장 적합하지 않은 것은?

① 신규고객의 유지로부터 시작하는 고객관계를 고객 전생에 걸쳐 유지함으로써 장기적으로 고객의 수익성을 극대화하는 것이 중요한 목적이다.
② 고객충성도를 극대화하기위해 개별고객의 구체적 정보를 관리하고 고객과의 접촉점을 세심하게 관리하는 과정. 고객 획득, 유지, 육성 모두를 다룬다.
③ 신규고객확보, 기존고객유지 및 고객수익성 증대를 위하여, 지속적인 커뮤니케이션을 통해 고객행동을 이해하고, 영향을주기 위한 광범위한 접근으로 정의하고 있다.
④ 기존고객을 유지하는 것보다는 신규고객을 유치하고 관리하는 것이 효율적인것은 신규고객보다 기존고객을 유지하는데 필요한 비용의 5~10배에 달한다고 알려져 있다.
⑤ 고객에대한 매우 구체적인 정보를 바탕으로 개개인에게 적합하고 차별적인 제품 및 서비스를 제공하여 고객계를 유지하고 일대일 커뮤니케이션을 가능하게 해준다.

오답풀이: 신규고객을 확보하는 것보다는 기존고객을 유지하고 관리하는 것이 효율적인것은 기존고객보다 신규고객을 확보하는데 필요한 비용의 5~10배에 달한다고 알려져 있다.

해답 32 ⑤ 33 ④

34 서비스 회복에 대한 설명으로 가장 올바른 것은?

① 물질적 보상이 가장 중요하다.
② 트레일러 콜은 회복기회 추적에 적합하다.
③ 서비스 실패 후 회복되더라도 고객만족은 증가하기 어렵다
④ 실패 후 경제적 손실을 보상하는 것은 절차공정성에 해당한다.
⑤ 일선 현장에서 즉각적으로 서비스를 회복하는 것은 바람직하지 않다.

서비스는 제공하는 자와 제공을 받는 자 사이에서 일치하는 것은 아니기에 서비스의 차이가 발생하고, 서비스회복(Service Recovery)은 고객에 대한 감정의 상함을 최소화하기 위한 대응방법이다. 트레일러 콜은 회복기회 추적에 적합한 시스템이다.

35 서비스(SERVICE)와 품질(QUALITY)을 합하여 서비스 품질의 측정 도구인 SERVQUAL이 출현하게 되었다. SERVQUAL은 똑같은 서비스를 제공받는다 하더라도 고객의 주관에 따라 달라질 수 있다고 하였는데 이를 설명한 것으로 가장 옳지 않은 것은?

① PZB(Parasuraman, Zeithaml and Berry)등은 자신들이 분류한 서비스 품질의 10가지 차원을 5가지로 통합하여 제시한 Gap모델은 유통업에서 제공되는 서비스의 품질을 분석하는 이론적 모델이라 할 수 있다.
② SERVQUAL의 개발은 표적집단 면접에 의해 탐색적 고객 연구와 이에 대한 실증적이고 정량적인 연구를 통해 고객의 서비스 품질 지각을 측정할 수 있는 도구가 되었다.
③ 고객이 서비스품질을 판단하는 5개차원을 열거한다면 신뢰성(reliability), 대응성(responsiveness), 확신성(assurance), 공감성(empathy), 무형성(invisible) 등이 있다.
④ 서비스품질의 갭 모형(quality gap model)을 근거로 고객만족을 조사하기 위한 효과적인 도구로서 기대한 서비스(expected service)와 인지된 서비스(perceived service)의 차이를 측정한다.
⑤ 서비스 품질(service quality)이 우수하다거나 훌륭하다는 것은 고객이 서비스로부터 기대하는 바를 충족시켜 주거나 기대 이상의 서비스를 제공받음에 따라서 나타나게 된다.

5개차원에는 신뢰성(reliability), 대응성(responsiveness), 확신성(assurance), 공감성(empathy), 유형성(tangible) 등이 있다.

34 ② 35 ③

36 서비스업에 대한 준거가격은 제품에 대한 준거가격에 비해 소비자가 정확하게 파악하기 더욱 어렵다. 이러한 현상이 발생하는 이유들에 대해 올바르게 설명하고 있지 못한 것은?

① 서비스 상품의 경우 고객의 개인적인 욕구의 차이가 적기 때문이다.
② 서비스 가격은 판매가격과 상품원가를 잘 파악하여 책정하여야 한다.
③ 서비스가 완료되기 전까지는 소비자가 서비스가 어느 정도 행해지게 될지에 대해서 알지 못하기 때문이다.
④ 고객이 가격비교를 위해 수집해야 할 정보가 너무 많으며 비교가 가능하도록 유사한 서비스를 진열하는 경우도 거의 없기 때문이다.
⑤ 서비스는 무형이고, 서비스기업은 그들이 제공하는 서비스를 다양하게 형상화 할 수 있으므로 이에 따라 가격구조가 복잡할 수 있기 때문이다.

준거가격(Reference pricing)은 구매자가 가격이 비싼지 싼지를 판단하는데 기준으로 삼는 가격을 말하며, 유보가격(Max)과 최저 수용가격(Min)의 사이에 존재한다. 서비스업에 대한 준거가격은 서비스 상품의 경우 고객의 개인적인 욕구의 차이가 너무 크기 때문에 정확하게 파악하기 더욱 어렵다.

37 다음 중 서비스 품질평가 모델 중 SERVQUAL 모형에 대한 설명이 바르지 않은 것은?

① 서비스 품질 평가의 요소를 10개 혹은 5개를 조사함으로써 서비스 품질평가를 한다.
② SERVQUAL은 서비스 품질의 핵심적인 요소로서 서비스 품질 평가에 가장 일반적으로 이용된다.
③ SERVQUAL은 똑 같은 서비스를 제공받는다 하더라도 고객의 주관에 따라 달라질 수있다.
④ SERVQUAL의 설문지는 체계적으로 구조화되어 있기 때문에 업종의 구분 없이 그대로 적용할 수 있다.
⑤ 서비스 기업의 접근 용이성, 원활한 의사소통, 고객에 대한 충분한 이해 등은 "공감성차원"으로 분류한다.

SERVQUAL은 서비스 품질의 측정 도구로서 서비스 품질이 우수하다거나 훌륭하다는 것은 고객이 서비스로부터 기대하는 바를 충족시켜주거나 기대 이상의 서비스를 제공받음에 따라서 나타난다. 설문지는 업종을 구분하여 적용하여야 한다.

해답 **36** ① **37** ④

38 서비스의 생산성을 측정하는 방법을 옳게 네모 안의 내용과 순서가 바르게 설명한 것은?

> ① 통계적 방법이나 수학적 프로그래밍기법을 이용하여 비용과 산출을 측정하는 방법
> ② 제조업에서 사용하던 스톱워치법, 워크샘플링법, 예정표준시간법 등의 방법을 서비스업에 적용시킨 방법
> ③ 서비스의 품질향상에 기여한 정도를 고려하여 생산성을 측정하는 방법
> ④ 통계적으로 가능한 오차의 범위를 정해두고 실질적으로 투입과 산출에 있어서 오차가 얼마나 나는지를 확인하여 생산성을 측정하는 방법
> ⑤ 오차의 범위를 정해 두고 있으며, 실질적으로 투입과 산출에 있어 오차가 얼마나 나는지를 측정하는 방법

① 작업측정법 ② 품질플러스법
③ 총합비교법 ④ 실제 오차 연구법
⑤ 투입–산출법

총합 비교법(aggregate comparative methods)에는 결정적 방법으로 수학적 프로그래밍 기법이 있고, 통계적 기법으로는 회귀분석의 통계 기법이 있다.

유통 마케팅

39 고객의 심리와 행동에 의해 형상된 가격의 개념들에 대한 설명 가장 올바른 것은?

① 유보가격(reservation price)이란 구매자가 어떤 상품에 대하여 지불할 용의가 있는 최소가격을 의미한다.
② 손실혐오(loss aversion)는 일정한 범위 내에서 가격을 인상하더라도 구매자가 손해를 느끼지 못하는 현상이다.
③ 최저수용가격(lowest acceptable price)는구매자가 지불하고자 하는 가격이 어느 수준이하로 내려가면 해당상품의 품질을 의심하게 하는 수준의가격을 말한다.
④ 베버의 법칙(Weber's law)은 구매자들이 가격인하 보다 가격인상에 더 민감하게 반응하는 현상을 설명한다.
⑤ 차등적 문턱(just noticeable difference)은 실제사용자를 대신하여 구매자가 가격을 지불하는 경우 사용자는 가격에 둔감할 수 있음을 설명한다.

최저수용가격(lowest acceptable price)은 고객들의 다양한 가격의 선택폭에서 지불하고자하는 가격선 밑으로 떨어지면 품질을 의심하게 되는 것을 말한다.

38 ④ 39 ③

40 소비족(그룹)의 명칭과 설명내용이 서로 올바르게 짝지어진 것은?

① 여피(Yuppie) : 의도적으로 자녀를 두지 않는 맞벌이 부부
② 슬로비(Slobbie) : 여유롭고 자유로운 인생을 즐기려는 50대 이상의 노인세대
③ 다운시프트(Downshift) : 치열한 경쟁에서 벗어나 느긋하고 여유 있는 삶을 추구하는 무리
④ 로하스(Lohas) : 자식들에게 의지하지 않고 자신만의 독자적인 생활을 영위할 수 있는 노인세대
⑤ 웰빙(Wellbeing): 집단의 육체적, 정신적 건강의 조화를 통해 행복한 삶을 추구하는 라이프 스타일

여피(Yuppie): 고등교육을 받고, 도시 근교에 살며, 전문직에 종사하여 고소득을 올리는 일군(一群)의 젊은이들로서 1980년대 젊은 부자를 상징한다. 여피란 젊은(young), 도시화(urban), 전문직(professional)의 세머리글자를 딴 'YUP'에서 나온 말이다.슬로비(Slobbie): "천천히 그러나 훌륭하게 일하는 사람(Slower But Better Working People"의 약자. 빠르게 돌아가는 현대 생활의 속도를 조금 늦춰 넉넉하게 살아가려고 하는 사람들이다. 물질보다는 마음을, 출세보다 자녀를 중시한다.로하스(Lohas): 건강과 지속 가능함(지속 성장성)을 추구하는 라이프스타일을 말한다. 개인의 육체적 · 정신적 건강의 조화를 통해 행복한 삶을 추구하는 라이프스타일이 웰빙이며, 개인뿐만 아니라 사회와 후세의건강과 행복한 삶을 추구하는 것, 즉 사회적 웰빙이 로하스인 것이다.

41 다음 중에서 고객 충성도를 높이는 고정 고객을 확보하는 것과 관련된 내용이라고 보기 어려운 것은?

① 고객고정화는 결국 시장점유율을 증가시키려는 의도에서 수행된다.
② 팬클럽제도, 회원제도, 고객등급화 등이 모두 고객고정화와 관련된다.
③ 고정고객을 확보하면 불특정다수의 고객과 거래하는 것보다 수익성이 높다.
④ 고객충성도를 높이기 위해서는 다양성보다는 전문성을 더욱 강조해야 한다.
⑤ 신규고객 10% 창출보다 기존 고객이 10% 떨어져나가지 않게 하는 것이 더 중요하다.

고객충성도는 특정한 제품에 대한 고객들의 정열적인 관심도를 말한다. 이러한 고객충성은 기업에게는 반드시 필요하다. 이는 나중의 한 고객이 고객으로서 존재하는 전체기간 동안에 기업에게 제공하는 이익의 합계를 나타내는 고객생애가치(Customer life time value)와도 밀접한 관련이 있기 때문이다. 고객고정화는 결국 시장점유율을 증가시키려는 의도보다는 충성고객을 만들려는 의도에서 시작이 되었다.

해답 **40** ③ **41** ①

42 다음은 고객서비스 욕구의 파악과 주요 고객서비스 요소의 결정과 관련된 설명이다. 아래 설명 내용에 가장 적합한 것은?

> 고객서비스의 구성요소들이 파악되고 나면 다음 단계로 고객에게 가장 중요한 요소들을 결정하게 된다. 고객서비스 구성요소의 상대적 중요도는 간단한 설문조사나 고객서비스 서베이를 통해 측정할 수 있다. 고객서비스 구성요소간의 상대적 중요도를 발견하는데 유용한 방법의 하나로 이 기법을 들 수 있는데, 이 기법은 고객서비스 요소들을 다르게 결합한 여러 대안에 대한 평가과정에서 자신이 가장 중요하게 생각하는 고객서비스 요소를 얻기 위해 다른 부분을 얼마만큼 포기할 수 있는지를 알 수 있게 한다.

① 체크리스트방법
② 거래비용이론을 이용한 분석기법
③ 효율적 소비자반응시스템
④ 트레이드오프(trade-off) 분석기법
⑤ 기능분석(Function Analysis)기법

오답풀이 트레이드오프(Trade Off)분석 방식은 상치분석, 상충분석이라고도 하는데 고객서비스의 추진에 있어서 이율배반적인 관계가 발생하는 경우 원가의 비교를 중심으로 분석하는 방법을 말한다.

43 SERVQUAL에 대한 설명 중 가장 거리가 먼 것을 고르시오.

① 측정방식은 소비자의 구매의지를 정확하게 예측할 수 있는 예측능력이 결여되어있다.
② 서비스 접촉의 결과보다는 과정에 초점을 맞추고 있어 기술적 부품의 특정이 결여되어있다.
③ 측정시 고객의 기대와 성과에 대한 차이가 크면 고객의 품질지각은 멀어지게 되고, 반대로 차이가 작으면 서비스 품질에 대한 평가가 낮아지게 된다.
④ 고객의 기대와 지각 간에 차이점수를 이용하여 서비스품질을 측정하는 것으로 이는 측정도구로서 신뢰성과 타당성에 한계를 가져올 수 있다.
⑤ 초기에 10가지 차원에서 서비스 품질 평가를 하도록 제시되었으나, 실증적 연구를 통해 유형성, 신뢰성, 반응성, 확신성, 공감성 등 5개 영역차원으로 압축시켜 평가되고 있다.

PZB(Parasuraman, Zeithaml and Berry) 등은 자신들이 분류한 서비스 품질의 10가지 차원을 5가지로 통합하여 'SERVQUAL'(service+quality)라고 하였다. SERVQUAL은 서비스 품질의 핵심적인 요소로서 서비스 품질 평가에 많이 이용된다. 측정 시 고객의 기대와 성과에 대한 차이가 크면 고객의 품질지각은 가깝고 강력하게 느끼게 되고, 반대로 차이가 작으면 서비스 품질에 대한 평가가 높아지게 된다.

42 ④ **43** ③

44 다음 중 고객관계관리의 세부내용에 관한 다음 설명 중 올바른 것 만을 모아 놓은 것을 고르시오.

> ㉠ 최적고객획득을 위하여 가장 가치 있는 고객을 확인하며, 자사의 제품과 서비스에 대한고객의 지갑에서 점유율을 계산한다.
> ㉡ 교차판매의 한 예로서 은행이 여러 가지 금융상품을 판매하고 있는 경우, 기존의 적금상품고객이 새롭게 신규펀드를 추가로 구매토록 하는 것을 들 수 있으며 이를 적극 활용해야 한다.
> ㉢ 과거 구매 고객은 휴면고객으로 고객관계관리의 대상에서 제외된다.
> ㉣ 현재 및 미래의 고가치 고객을 확인하기 위해 고객 수익과 비용을 계산한다.
> ㉤ 경쟁사가 현재 제공하고 있는 제품 및 서비스 그리고 미래에 제공할 제품과 서비스가 무엇인지 조사하며 또한 자사가 제공해야 할 제품과 서비스가 무엇인지 파악한다.

① ㉠, ㉡, ㉢, ㉣
② ㉠, ㉡, ㉢, ㉤
③ ㉠, ㉡, ㉣, ㉤
④ ㉡, ㉢, ㉣, ㉤
⑤ ㉠, ㉢, ㉣, ㉤

CRM의 목적은 신규 고객의 유지로부터 시작하는 고객관계를 고객의 전생애에 걸쳐 유지함으로써 장기적으로 고객의 수익성을 극대화하는 것이다. 신규 고객과의 첫 거래로부터 다양한 마케팅 활동을 통해 그 관계를유지 및 강화시켜 평생고객으로 발전시키고자 하는 것으로 과거 구매 고객은 기존 고객으로 고객관계관리의대상이 된다.

45 다음 중 고객 충성도 프로그램(customer loyalty program)과 가장 가까운 행사는?

① 아파트를 구입한 고객에게 추첨을 통해 유럽여행 상품권을 증정하는 행사
② 대형마트가 한 구매단위의 생활용품을 구입하면 다른 한 단위를 덤으로 주는 행사
③ 슈퍼마켓이 한 병에 1,000원 짜리 음료수를 10병 구입하면 9,000원에 판매하는 행사
④ 임산부용품 소매점이 1회 방문시 10만원 이상 물품구입고객에게 제공하는 30분 무료 마사지권을 주는 행사
⑤ 커피전문점이 한 잔의 커피를 구입할 때 마다 스탬프를 한 개식 찍어주고, 스탬프 8개를 모은 고객에게 무료로 제공하는 한 잔의 커피를 제공하는 행사

오답풀이 | 고객 충성도 프로그램(customer loyalty program)은 고객을 단골로 만드는데 주목적이 있다. 따라서 단발성보다는 연속성이 높은 것이 고객의 충성도를 가늠하는 기준이 된다.

해답 44 ③ 45 ⑤

46 경영자들은 여러 다양한 경쟁사의 장 · 단점과 관련하여 자사의 강 · 약점을 밝히기 위해 소위 "고객가치분석"을 빈번히 실행한다. 다음은 고객가치분석의 내용을 서술한 것으로서 분석단계의 순서가 가장 올바른 것은?

> 가. 시간이 지남에 따라 고객가치를 조사한다.
> 나. 상이한 속성 및 이점의 정량적 중요성을 평가한다.
> 다. 고객이 가치가 있다고 인식하는 중요한 속성과 이점을 확인한다.
> 라. 특별한 세분시장의 고객들이 개별속성과 이점기준에서 특별한 주요 경쟁사에 대해 당기업의 성과를 어떻게 등급평가 하는 가를 검사한다.
> 마. 등급화된 중요도에 대해 상이한 고객가치를 기준으로 당기업과 경쟁사의 성과를 평가한다.

① 가-나-다-라-마
② 가-나-마-라-다
③ 다-나-마-라-가
④ 다-가-나-라-마
⑤ 나-다-마-라-가

고객가치분석(Customer Value Analysis)은 고객 중에 보다 수익성이 있는 고객, 연계 또는 상승 판매를유도할 수 있는 고객이 어떤 고객인가에 대해 분석하는 것으로 어떤 고객이 더 큰 가치를 가지고 있으며잠재가치가 누가 더 높은지를 분석해 마케팅자원을 적절히 배분하는 것으로 고객포트폴리오에 적절한 투자와 서비스를 하려는 것을 말한다.

47 고객을 기쁘게 하고 긍정적인 놀라움과 감동을 주기 위해 "고객의 기대를 초월하라"는 격언이 점차 보편화 되고 있다. 다음 중 고객의 기대를 초월하기 위해 사용하는 방법과 가장 거리가 먼 내용은?

① 표준이 아닌 독특하고 색다른 서비스로 포지셔닝하라.
② 표적고객의 기대를 이해(파악)하고 이를 다시 고객에게 전달하라.
③ 우리는 고객에게 대항할 수도 없으며 고객은 우리에게 가르침을 주고 있다.
④ 서비스 제공차원에서보다는 결과차원인 신뢰성에서 고객의 기대를 초월할 수 있도록 하라.
⑤ 고객만족도향상을 통한 경쟁력강화를 위해 자사가 제공 가능한 서비스 수준 이상을 약속하고 최대한 많이 제공하라.

'고객'이라는 용어는 顧(돌아볼 고), 客(손 객), 접대하는 사람이나 기업의 입장에서 볼 때 다시 보았으면, 또 와주었으면 하는 사람을 말한다. 고객만족도향상을 통한 경쟁력강화를 위해 자사가 제공 가능한 서비스수준을 약속하고, 약속한 수준을 제공해야 한다.

46 ③ **47** ⑤

48 다음 중 현재의 고객과 잠재적인 고객의 고객생애가치를 현재가치로 할인하여 모두 합한 것을 일컫는 말은?

① 고객점유율(customer share)
② 고객가치(customer value)
③ 고객만족(customer satisfaction)
④ 고객자산(customer equity)
⑤ 고객 획득(customer acquisition)

고객 생애가치(Customer lifetime value)는 한 고객이 평균적으로 기업에 기여하는 미래수익의 현재가치를 말한다. 이를 다른 말로 고객자산(customer equity)이라고도 한다.

49 '고객'이라는 용어는 顧(돌아볼 고), 客(손 객), 접대하는 사람이나 기업의 입장에서 볼 때 다시 보았으면, 또 와주었으면 하는 사람을 말한다. 다음 중 고객(customer)에 대한 설명으로 옳지 않은 것은?

① 포괄적인 의미에서의 고객개념은 대리점, 거래처 그리고 소비자 등을 포함하는 외부고객(external customer)과 회사 내부업무를 처리하는 내부고객(internal customer)으로 분류할 수 있다.
② 내부고객(internal customer)은 제품의 생산을 위해 부품을 제공하는 업자나 판매를 담당하는 세일즈맨 등 제품 생산이나 서비스 제공을 위해 관련된 기업 내 모든 종사원들도 고객의 범주에 포함시키는 개념이다.
③ 고객그룹 중 여피(Yuppie)는 고등교육을 받고, 도시 근교에 살며, 전문직에 종사하여 고소득을 올리는 일군(一群)의 젊은이들로서 1980년대 젊은 부자를 상징한다. 여피란 젊은(young), 도시화(urban), 전문직(professional)의 세 머리글자를 딴 'YUP'에서 나온 말이다.
④ 개인의 육체적 · 정신적 건강의 조화를 통해 행복한 삶을 추구하는 라이프스타일이 웰빙이며, 개인뿐만 아니라 사회와 후세의 건강과 행복한 삶을 추구하는 것, 즉 사회적 웰빙이 다운시프트(Downshift)인 것이다.
⑤ 나비집단이란 수익성은 높지만, 충성유지 기간이 짧은 고객을 뜻한다. 기업의 제공물과 고객욕구간의 적합성이 높지만 나비처럼 짧은 기간동안 자사의 제공물을 즐기다가 다른 기업으로 옮긴다.

개인의 육체적 · 정신적 건강의 조화를 통해 행복한 삶을 추구하는 라이프스타일이 웰빙이며, 개인뿐만 아니라 사회와 후세의 건강과 행복한 삶을 추구하는 것은 로하스(Lohas).

해답 48 ④ 49 ④

50 다음 중 마케팅에서 "고객"의 개발과정을 순차적으로 설명한 내용으로 올바르지 않은 것은?

① 고객개발과정의 시발점에 '가정할 수 있는 고객들(suspects)'은 제품이나 서비스를 구매할 가능성이 있는 사람을 의미하고, 이들로부터 가장 가능성이 있는 예상잠재고객(prospects)을 결정한다.

② 기업은 예상잠재고객이 '첫번째 구매고객'으로 전환되기를 희망하며 그 후 '반복고객'으로 그리고 기업이 특별하게 인식하고 다루어야 하는 '단골고객'으로 전환되기를 추구(희망)한다.

③ 기업은 일반적으로 '단골고객'을 회원고객 그리고 '옹호자'로, '옹호자'를 '동반자'로 변환해 나가는 고객개발과정을 추구(희망)한다.

④ 고객개발과정의 최종단계는 회원에 가입한 고객들에게 이점을 제공하는 회원프로그램을 활용함으로써 '회원고객'으로 변환시켜 지속적인 고객관리를 해 나가는 것이다.

⑤ 기업에서 사용하는 고객의 개념은 제품과 서비스를 제공받는 최종 소비자를 말하며, 이는 협의의 고객이다.

고객개발과정의 최종단계는 단골 고객 중 우리 제품에 대한 옹호도가 최고로 큰 고객을 말한다.

유통 마케팅

51 판매촉진과 관련하여 기업에서 실행하는 다양한 사례 중 up-selling과 가장 거리가 먼 것은?

① 예금상품을 원하는 고객에게 보험 상품을 동시에 판매를 시도한다.

② 소형차를 이미 구매하여 이용하는 기존 고객에게 중형차에 대한 정보를 제공한다.

③ 모니터와 본체가 분리된 컴퓨터를 구매한 고객에게 본체가 내장된 비싼 제품을 소개한다.

④ 5.0Mega화소를 찾는 고객에게 약간 비싼 7.0Mega 화소 디지털 카메라를 권유하면서 기능성을 강조한다.

⑤ 일반적인 연회비가 없는 신용카드 발급을 원하는 고객에게 연회비가 있으나 포인트 적립율이 높은 신용카드를 적극 추천한다.

업 셀링(Up-selling)은 격상판매 또는 추가판매라고도 하며 특정한 상품 범주 내에서 상품 구매액을 늘리도록 업그레이드된 상품의 구매를 유도하는 판매활동의 하나로 이익 창출과 더불어 고객의 만족도를 향상시킬 수 있는 방법 중의 하나이다. 예금상품을 원하는 고객에게 보험 상품을 동시에 판매를 시도하는 것은 크로스 셀링(Cross-selling)이다.

50 ④ **51** ①

52 고객과의 접촉 정도와 고객화(customization) 그리고 노동집약 형태에 의해 분류되는 서비스 매트릭스에 대한 다음의 설명 중에서 옳은 항목만으로 구성된 것은?

A. 서비스공장(service factory)은 고객과의 접촉정도와 노동집약도의 정도가 모두 낮은 서비스 조직으로 항공사, 호텔 등이 포함된다.
B. 서비스 숍(service shop)은 고객화 정도가 높고, 노동집약도는 낮은 서비스 조직으로 서비스공급의 스케쥴링(scheduling), 비수기와 성수기의 수요관리 등에 의사결정의 중점을 두어야 한다.
C. 전문서비스(professional service)는 고객화의 정도와 노동집약도가 모두 높은 서비스 조직으로 병원, 자동차 수리소 등이 포함된다.
D. 노동집약도가 높은 서비스 조직에서는 인력자원에 대한 교육, 훈련과 종업원 복지 등에 대한 의사결정의 중점을 두어야 한다.
E. 고객과의 접촉 및 고객화 정도가 높은 서비스 조직에서는 마케팅, 서비스표준화, 서비스시설 등에 의사결정의 중점을 두어야 한다.

① A, B, D
② B, C, E
③ A, B, E
④ A, C, D
⑤ C, D, E

C. 전문서비스는 고객화의 정도와 노동집약도가 모두 높은 서비스 조직으로 의사, 변호사, 회계사, 건축사 등이 포함한다.
E. 고객과의 접촉 및 고객화 정도가 높은 서비스 조직에서는 서비스표준화가 아닌 차별화에 중점을 둔다.

53 고객이 컴플레인을 하는 경우 서비스의 개선과 가장 관련이 없는 것은?

① 신속한 문제해결을 위해 명료한 설명을 제공한다.
② 절차상의 공정성은 불만을 해결하기 위해 도입된 절차의 공정성이다.
③ 고객들의 감정적 대응을 줄이기 위해 적극적으로 고객의 불만을 경청한다.
④ 이행상의 공정성은 지불한 비용에 비해 그들이 받은 혜택에 대한 고객의 지각을 말한다.
⑤ 대 고객 서비스 창구 일원화보다는 각각의 부서에서 고객 불만을 처리하도록 창구와 불만처리 단계를 확대한다.

우답풀이 대 고객 서비스창구 일원화보다는 각각의 부서에서 고객 불만을 처리하도록 창구와 불만처리 단계를 확대하기보다는 고객서비스센터와 같이 한곳에서 수행하는 것이 여러모로 유리하다.

해답 52 ① 53 ⑤

54 최근 마케팅에서 특히 고객과의 관계를 형성하는 방식에서 급격한 변화가 일어나고 있음을 볼 수 있다. 고객관계의 변화양상과 관계형성의 최근 추세내용으로 소위 "수익성 있는 고객관계관리"와 관련된 설명내용이다. 가장 거리가 먼 것은?

① 고객생애가치(LTV)란 한 고객이 한 기업의 고객으로 존재하는 전체기간 동안 기업에게 제공할 것으로 추정되는 재무적인 공헌도의 총합계이다.
② 과거에는 모든 고객을 대상으로 관계를 형성하기 위한 대량마케팅을 실시했으나 최근들어 이 보다는 수익성이 높은 소수의 고객들을 대상으로 관계를 구축하려고 노력한다. 많은 기업들이 고객수익분석을 통해 손실을 발생시키는 고객을 제거하고 이익에공헌하는 고객만을 목표로 삼으며, 이를 선별적 관계관리라고 한다.
③ 많은 기업들이 고객과 깊은 관계를 형성하려 노력할 뿐만 아니라 더 직접적인 접촉방식을 통해 고객관계를 구축하고 있다. 이에 따라 이제 소비자가 직접 점포를 방문할필요 없이 전화, 우편주문 카탈로그, 키오스크 온라인 등의 마케팅 도구를 이용한 인다이렉트 마케팅이 인기를 끌고 있다.
④ 기업은 고객가치의 창출과 강력한 고객관계의 구축이 혼자만의 노력으로 실현될 수 없음을 인식하고 기업의 다양한 마케팅파트너들과 긴밀한 협력관계를 구축해야 한다. 파트너관계관리란 더 나은 고객가치를 창출하기 위해 기업 내 외부의 파트너들과 긴밀하게 공동작업을 하는 것을 의미한다.
⑤ 고객 충성이 높은 제품은 시장에서 상대적 가치가 높다고 볼 수 있다. 이는 다른 브랜드보다 선택하는 면이 넓고 크기 때문에 자산과 가치의 평가가 높아진다.

전화, 우편주문 카탈로그, 키오스크 온라인 등의 마케팅 도구를 이용한 것은 다이렉트 마케팅이라 한다.

55 다음 중 SKU(Stock Keeping Unit)단위의 재고관리시스템을 적용하기에 가장 적합한 상품 카테고리는?

① 여성용 구두　② 남성용 넥타이　③ 어린이용 내의
④ 유행에 민감한 남성정장　⑤ 겨울철에 입는 방한복

SKU(Stock Keeping Unit) 품목특성별 재고관리단위는 문자와 숫자 등 기호로 표기하며 개별적인 생산물(단품)에 대해 재고관리목적으로 추적(History)관리가 용이하도록 식별하기 위해 사용되는 논리적 관리코드이다. 일반적으로 SKU는 점포 또는Catalog에서 구매 또는 판매할 수 있는 상품(단품, 제품)과 함께 1: 1로 연결지어 사용한다.

54 ③　55 ③

유통 마케팅

56 다음 중 고객관계관리(CRM)에 관한 설명 중 가장 올바르지 않은 것은?

① 기업내부에 축적된 고객정보를 효과적으로 활용하여 고객과의 관계를 유지/확대/개선함으로써, 고객의 만족과 충성도를 제고하고, 기업 및 조직의 지속적인 운영/확장/발전을 추구하는 고객관련 제반프로세서 및 활동으로 정의할 수 있다.

② 한 번의 고객을 기업의 평생고객으로 전환시켜 궁극적으로 기업의 장기적인 수익을 극대화하고자 하는 것이다. 즉, 고객과의 관계를 바탕으로 하여 고객의 평생가치를 극대화한다는 것을 의미한다.

③ 고객을 획득하고 유지하며 고객수익성을 향상시키기 위하여 지속적인 커뮤니케이션을 통해 고객 행위에 영향을 주는 모든 현상을 이해하기 위한 전사적 접근체계이다.

④ CRM의 목표를 달성하기 위한 주요 이슈는 일반적으로 신규 고객획득 및 목표고객 선정, 고객생애가치의 극대화, 고객이탈방지 및 유지, 유지된 고객의 지속적인 관리 등을 들 수 있다.

⑤ 운영적, 분석적 및 협업적 CRM으로 구성되며, 이 들 중 운영적 CRM은 협업적 CRM에서 얻은 결과를 대고객 마케팅 활동에 집적 활용하여 고객과 기업간의 상호작용을 촉진시키는 기능을 말한다.

고객관계관리(CRM)은 운영적, 분석적 및 협업적 CRM으로 구성되며, 이 들 중 운영적 CRM은 분석적 CRM에서 얻은 결과를 대고객 마케팅 활동에 집적 활용하여 고객과 기업간의 상호작용을 촉진시키는 기능을 말한다.

57 상품정책에 있어서 상품간의 보완성을 높이기 위한 전략을 가장 잘 표현하고 있는 내용은?

① 상품제공 수준을 100% 미만으로 유지한다.

② 적정 수준의 안전재고를 항상 보유하여야 한다.

③ 보완성이라는 것은 대체성보다 수익이 낮은 특징이 있다.

④ 청바지와 직물셔츠 또는 남성속옷과 양말 등을 함께 취급한다.

⑤ 진열공간의 부족성을 고려하여 수익성측면에서 가장 효과적인 상품군을 최우선적으로 취급한다.

보완성이라는 의미는 보완재(complementary goods)로 설명을 하는 것이 유리하다. 재화 중에서 동일 효용을 증대시키기 위해 함께 사용하는 두 재화로, 협동재라고도 한다. 이들 재화는 따로 소비할 때의 효용의합계보다 두 재화를 함께 소비했을 때의 효용이 증가한다.

해답 56 ⑤ 57 ④

58 고객관계관리(CRM)의 영역이나 범위에 관한 설명 중 올바른 것을 모구 모아놓은 것은?

가. 초기 CRM의 관심영역의 핵심은 고객유지이다.
나. 우량고객을 어떻게 유지할 것인가와 이탈고객의 이탈이유는 무엇이며 어떻게 이탈을 막을 것인가에 대한 고민이 바로 고객유지의 핵심이다.
다. CRM의 관심영역의 확장내용으로 고객확보가 고객발굴을 들 수 있다.
라. 고객확보의 핵심은 어떤 특성을 가진 잠재고객이 우량고객으로 될 가능성이 높은가, 잠재고객은 어디에 이으며 어떤 니즈를 가지고 있는가에 대한 질문으로부터 출발한다.
마. 고객의 잠재적 구매니즈는 무엇이며 어떻게 하면 고객의 이용률을 높일 수 있을까에 대한 고민과 과제가 바로 고객 발굴의 핵심이다.
바. CRM은 고객과의 첫 만남에서 헤어짐에 이르는 전 과정에서 기업과 고객의 관계강화를 목표로 한다.

① 가, 나,
② 가, 나, 다,
③ 가, 나, 다, 라,
④ 가, 나, 다, 라, 마,
⑤ 가, 나, 다, 라, 마, 바

고객관계관리(CRM:Customer Relationship Management)는 우리제품을 구매해 준 고객들에 대한 정보를 컴퓨터의 데이터 베이스(Data Base)에 저장해 놓고, 고객 자료를 분석해서 고객 한 사람 한 사람에게 가장 적합한 제품과 서비스를 제공하고자 하는 정보시스템이라고 할 수 있다. 문제는 모두다 CRM의 내용이다.

유통 마케팅

59 다음 중 점원의 설명부족으로 발생한 고객컴플레인의 처리방법과 가장 관련이 있는 것은?

① 상품의 품질이나 하자 여부에 대해 자세히 다시 점검한다.
② 고객의 과실이나 부정을 미연에 방지하는 것이 중요하다.
③ 점내에 진열되어 있는 동종 상품에는 문제가 없는지 살펴본다.
④ 이경우에는 개인 차원의 해결로 끝내지 말고, 사후관리로 사원모임 등을 통해 전 판매원에게 내용을 주지시켜 참고하게 하여야 한다.
⑤ 이유형의 불만은 아무리 주의하여도 완전히 없애는 것은 불가능에 가깝지만, 우선 상사에게 연락을 취하고 고객에게 정중히 사과한다.

컴플레인의 발생원인은 고객요인과 점원요인이 있으나 거의 대부분은 고객이 점원이나 물건의 내용에 대해서 발생하는 것이 일반적이다. 특히 점원의 설명부족에 대한 컴플레인은 회사측 입장에서는 개인차원의 해결로 끝내지 말고, 사후관리로 사원모임 등을 통해 전 판매원에게 내용을 주지시켜 참고하게 하여야 한다.

58 ⑤　59 ④

60 다음 중 지속적인 상품기획 및 계획의 부분으로서 단품, 공급업체, 제품계열, 제품부문을 언제 추가하고 제거할 것인가를 결정하여야 한다. 상품기획 성과분석의 세가지 절차에 대한 설명으로 올바르지 않은 것은?

① 다중속성모델에서는 단품별 공헌이익을 계산하여 성과를 측정한다.
② 상품기획 성과분석은 단품, 공급업체, 제품계열에 대한 평가를 모두 포함한다.
③ 상품의 등위를 매겨 상품별 품절 허용 여부와 제거 여부를 결정하는데 활용한다.
④ 상품의 재고결정을 위하여 상품에 대한 등위를 매기는 방법으로 ABC분석을 들 수 있다.
⑤ 조기 감산치 적용이 필요한지 또는 수요에 맞추어 상품이 더 필요한지를 결정하기 위해서 실제 매출과 계획된 매출을 비교하여 매입계획을 수정하는 것을 판매과정 분석이라고 한다.

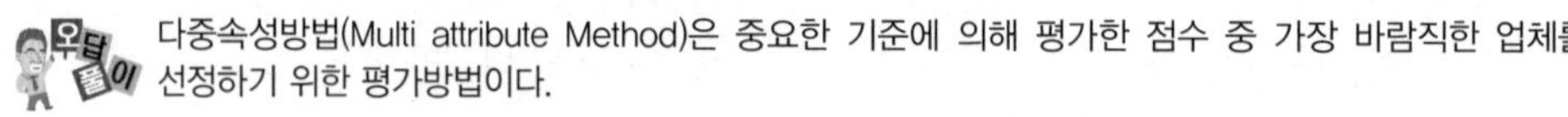
다중속성방법(Multi attribute Method)은 중요한 기준에 의해 평가한 점수 중 가장 바람직한 업체를 선정하기 위한 평가방법이다.

61 CRM(Customer Relationship Management)과 매스마케팅을 비교한 내용 중 가장 올바르지 않은 것은?

① 매스마케팅은 수익의 원천을 제품에서 찾는 반면,CRM은 수익의 원천을 고객에서 찾는다.
② 매스마케팅은 단기적 성과중심인 반면, 장기적 관계중심으로 움직이는 것이 바로 CRM이다.
③ 수익의 원천은 상품이며 우수한 상품을 개발/판매하면 기업은 성장할 수 있다고 생각하는 것은 매스마케팅에 가깝다.
④ 성과평가측면에서 고객점유율중심에 무게를 두면 CRM에 더욱 가까운 반면, 매스마케팅의 경우에는 시장 점유율이 더욱 중요한 판단자료가 된다.
⑤ 매출달성을 위한 고객접근방법면에서 미사일식과 융단 폭격식으로 비교해 본다면 융단 폭격식이 CRM에 가까우며 미사일식이 매스마케팅에 가깝다.

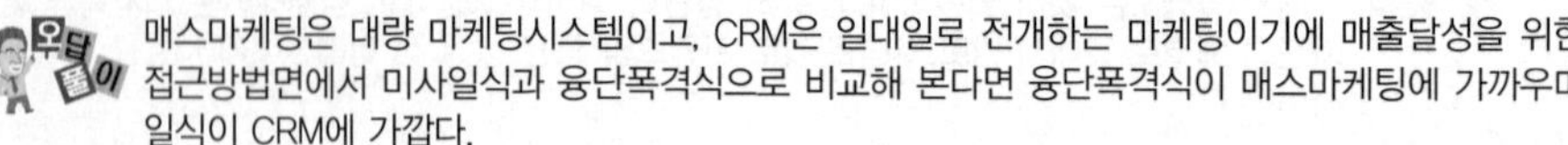
매스마케팅은 대량 마케팅시스템이고, CRM은 일대일로 전개하는 마케팅이기에 매출달성을 위한 고객접근방법면에서 미사일식과 융단폭격식으로 비교해 본다면 융단폭격식이 매스마케팅에 가까우며 미사일식이 CRM에 가깝다.

해답 60 ① 61 ⑤

62 도매상의 유형을 소비재 도매상과 산업재 도매상으로 분류할 수 있다. 이들에 관한 다음 설명 중 가장 올바른 것은?

① 산업재 유통업자는 상인도매상의 특수한 형태로 또 다른 생산(제조)업체나 기관을 대상으로 상품을 판매하는 중간상의 형태이다.
② 산업재 유통업자가 상품정책분야에서 경쟁우위 확보를 위해 핵심적으로 사용하는 방식은 상품의 넓이와 깊이를 확대하는 것이다.
③ 소비재 도매상이 생존과 관련하여 위협적으로 생각하는 현상 중 하나로 제조업체의 전방통합 노력에 의한 흡수 합병현상을 들 수 있다.
④ 소비재 유통업자들 뿐만 아니라 산업재 유통업자들 또한 전통적 매출증가 방식으로 쿠폰이나 광고와 같은 판촉행사를 가장 선호한다.
⑤ 소비재구매자는 산업재구매자에 비해 상품에 대한 전문지식이 상대적으로 높으며 또한 산업재 구매의 경우 소비재구매의 경우보다 더욱 계획적 · 합리적 구매가 이루어진다.

산업용품은 개인적인 욕구를 충족시키는 데 사용되는 것이 아니라 기업의 욕구를 충족시키고 있는 것으로산업재 유통업자는 상인도매상의 특수한 형태로 또 다른 생산(제조)업체나 기관을 대상으로 상품을 판매하는 중간상의 형태이다.

63 다음 중 쇼케이스 진열에 대한 설명 중 가장 올바르지 않은 것은?

① 섬형 쇼케이스란 어느 방향에서 보아도 내부의 상품을 볼 수 있는 형태이다.
② 쇼케이스란 상품진열을 목적으로 상점 내에 설치하는 상자형 구조물을 뜻한다.
③ 스테이지형 쇼케이스란 점두와 점포 안의 넓은 공간에 설치된 사각형의 형태이다.
④ 카운터형 쇼케이스는 흔한 형태로 보통 유리 선반이 2장 있는 3단계 진열방식이다.
⑤ 윈도우형 쇼케이스는 쇼윈도와 쇼케이스의 기능을 겸한 형태로 상품제시가 목적이다.

스테이지형 쇼케이스란 고객의 시선을 끄는 방법으로 점두나 윈도우에 진열하는 형태이다.

62 ① 63 ③

Chapter 4 마케팅 조사와 평가

01 마케팅 조사(Marketing Research)

1. 마케팅 조사의 개념

(1) 마케팅조사의 필요성

① 유통과정에서 정보의 흐름은 생산물의 구매자인 소비자와 시장의 동향을 해명하기 위한 정보의 수집을 포함하며, 이는 마케팅조사에 의해 이루어진다.

② 조사의 범위는 수요자에 관한 시장조사와 생산물, 가격, 경로, 프로모션에 의한 마케팅믹스 요소 그리고 환경요소로서의 경제상황, 경쟁, 기술, 정치, 유행 등 유통활동에 대한 조사를 포함한다.

③ 수요자를 대상으로, 상품 및 서비스를 제조하여 판매할 때까지 모든 과정을 조사하는 것으로, 그 질적인 측면과 양적인 측면에 관해 조사하고, 그 변화를 연구하는 것이다.

④ 주요대상은 매출액 예측, 시장점유율의 측정, 시장동향의 명확화, 조직 이미지의 측정, 브랜드 이미지의 측정, 표적고객 특징의 명확화, 제품과 패키지의 설계, 창고와 점포의 입지, 주문처리, 재고관리 등이다.

⑤ 조사해야 할 문제를 보다 구체화 하고, 조사의 전망을 세우는 것부터 시작하며, 이를 바탕으로 목적의 명확화, 대상의 선정, 방법의 결정, 시기 및예산의 결정, 그리고 결과의 보고와 평가라는 과정이 이루어진다.

(2) 마케팅조사의 정의

① 마케팅조사는 2차 자료(secondary data)와 1차 자료(primary data)로 구분되어지는데 2차 자료는 조사를 수행하고 있는 조사자가 아닌 다른 주체에 의해서 이미 수집된 자료이며, 1차 자료는 조사자가 조사를 시행하는 가운데 직접 수집해야할 자료이다.

② 2차 자료는 손쉽고 저렴하게 획득할 수 있으므로 2차 자료를 효과적으로 획득하여 이용하는 것이 조사의 성공여부에 중요한 변수로 작용하게 된다. 이런 2차 자료는 기존의 정부자료나 조사기관의 간행물, 기업에서 수집한 자료, 다른 조사의 목적으로 수집된 모든 자료로서 조직의 내부 혹은 외부에서 구입을 할 수 있는 자료이다.

③ 조사자는 1차 자료, 2차 자료 또는 두 자료 모두를 수집할 수 있으며 1차 자료의 조사방법으로 관찰조사, 표적 집단조사, 질문조사, 행동자료 및 실험이 있다. 2차 자료는 조사자가 속해있는 내부자료(internal secondary data)와 타 기관에서 생성해낸 모든 자료인 외부자료(external secondary data)로 구분을 할 수 있다.

(3) 마케팅 조사의 과정

① 유통과정에서 정보의 흐름은 생산물의 구매자인 소비자와 시장의 동향을 해명하기 위한 정보의 수집을 포함하며, 이는 마케팅조사에 의해 이루어진다.

② 조사의 범위는 수요자에 관한 시장조사와 생산물,가격, 경로, 프로모션에 의한 마케팅믹스 요소, 그리고 환경요소로서의 경제상황, 경쟁, 기술, 정치, 유행 등 유통활동에 대한 조사를 포함한다.

③ 주요대상은 매출액 예측, 시장점유율의 측정, 시장동향의 명확화, 조직 이미지의 측정, 브랜드 이미지의 측정, 표적고객 특징의 명확화, 제품과 패키지의 설계, 창고와 점포의 입지, 주문처리, 재고관리 등이다.

④ 조사해야 할 문제를 보다 구체화 하고, 조사의 전망을 세우는 것부터 시작하며, 이를 바탕으로 목적의 명확화, 대상의 선정, 방법의 결정, 시기 및예산의 결정, 그리고 결과의 보고와 평가라는 과정이 이루어진다.

(4) 1차 마케팅 조사자료 중 정성적 조사(qualitative research)

① 정성적 자료를 얻을 목적으로 소규모의 표본을 이용해서 문제규명에 대한 식견과 이해를 제공하기위해 이루어지는 비체계적이고, 탐험적인 조사방법으로서 대부분 탐색적이고 예비적이며, 이는 문제를 명확히 규명하는 것과 보다 실증조사를 준비하는데 이용된다.

② 정성적 조사의 결과물은 정량적 조사를 설계하는데 매우 핵심적인 역할을 하기 때문에 조사계획에서 첫 번째 형태로 시행되고는 한다. 조사자들은 조사방법을 설계하기에 앞서 사전조사를 실시할 수 있는데 개방적인 질문이나 구체적인 질문을 파악할 수 있다.

(5) 1차 마케팅 조사자료 중 정량적 조사(quantitative research)

① 소비자의 특성, 태도, 행동을 실증적으로 연구하는데 초점을 두고 어떤 결과를 확인하기 위해 설정한 특정가설을 검증하는데 이용되는 것으로 자료를 계량적으로 탐색하고 일부 통계분석기법을 적용하는 조사방법이다.

② 정량적인 조사는 분명히 상품의 전달과 설계를 평가하고 개선하는데 있어 매우 중요한 역할을 하고 관리자들이 소비자들에 대해 매우 광범위한 추론을 할 수 있는 자료를 제공해준다. 기업의 서비스성과를 평가하고 추적하는데 판단기준을 제공하고, 경쟁자와 비교한 결과까지도 함께 제시해줄 수 있다.

(6) 마케팅 조사에서 표본선정

① 표본추출과정은 「모집단의 설정 → 표본프레임의 결정 → 표본추출방법의 결정 → 표본 크기의 결정 → 표본추출」의 순서로 이루어진다.

② 표본의 크기가 커질수록 조사비용과 조사시간이 증가하게 되지만 표본오류는 감소하게 된다.

③ 비표본오류(non-sampling error)에는 조사현장의 오류, 자료기록 및 처리의 오류, 불포함 오류, 무응답 오류가 있다.

④ 층화표본추출(stratified sampling)은 확률표본추출이며, 모집단을 서로 상이한 소집단들로 나누고 이들 각 소집단들로부터 표본을 무작위로 추출하는 방법이다.

⑤ 표본프레임(sample frame)이란 모집단에 포함된 조사대상자들의 명단이 수록된 목록을 의미한다.

⑥ 편의표본추출(convenience sampling)은 비확률 표본추출이며, 조사자가 편리하게 조사할 수 있는 대상들로 표본을 추출하는 것이다.

⑦ 군집표본추출(cluster sampling)은 확률 표본추출이며, 모집단을 서로 상이한 소집단들로 나누고, 그 집단 자체를 모두 표본으로 선정하거나 그 중 일부를 표본으로 선정하는 것이다.

⑧ 판단표본추출은(judgement sampling)은 비확율 표본추출이며, 조사자가 판단하기에 좋은 표본이 될 것이라고 생각되는 대상들로부터 표본을 구성하는 것이다.

⑨ 단순 부작위 표본추출(simple random sampling)은 확률표본추출이며 모집단내의 각 대상이 표본에 뽑힐 확률이 모두 동일한 표본 추출방법이다.

⑩ 할당표본추출(quota sampling)은 비확률 표본추출이며 모집의 특성을 반영하도록 미리 할당된 비율에 따라 표본을 추출하는 것으로 모집단 리스트가 없이 성, 연령 등의 조건에 맞게 대상을 찾는 방법이다.

(7) 시장조사의 종류

① 효과적인 의사결정을 위한 정보추출에 사용되는 조사는 탐색조사, 기술조사, 인과조사의 3가지 대표적인 종류로 구분할 수 있다.

② 조사자는 조사의 목적과 자료의 가용성, 조사자 자신의 경험과 친숙도, 시간 및 자원의 가용성 등을 고려하여 수행하고자 하는 조사를 결정한다.

③ 조사목적이 구체적이지 못하고 이용할 자료가 명확하지 않으면 일단 탐색조사를 수행하고, 탐색조사 결과보다 정확한 정보획득을 위한 추가적인 조사가 필요하면 기술조사나 인과조사를 실시한다.

④ 조사목적이나 구체적인 자료가 명확하면 처음부터 탐색조사 없이 인과조사나 기술조사를 하되, 조사 목적상 인과관계에 대한 검증이 필요하면 인과조사를 하고, 아니면 기술 조사를 한다.

⑤ 질문법은 가장 많이 사용되는 정보수집 방법으로 응답자에게 질문표를 이용해서 직접 질문하여 필요한 정보를 수집하는 것으로 우송법, 전화법, 면접법 등이 있다.

⑥ 실험법은 실제로 조사대상에게 어떠한 반응을 하도록 시도해보고 그 결과로 부터 필요한 정보를 입수하는 방법이다.

⑦ 관찰법은 조사자가 조사 대상자를 현장에서 일정한 기간 동안 관찰하면서 있는 그대로의 사실을 수집하는 방법이다.

⑧ 동기조사는 특정 태도와 행동을 유발하는 심층심리에 접근하고자 하는 것으로 'why 리서치'라고도 하며, 심층면접법, 집단면접법 그리고 투영기법 등이 이용된다.

【 조사의 종류 】

조사목적	조사방법	조사의 특징	조사의 특징
탐색조사	관찰조사 (observation)	• 현재의 여러 현상을 관찰함으로써 마케팅 • 조사자가 1차 자료 정보를 수집할 수 있는 현재에 관련된 자료에 국한된 상황	• 문헌조사 • 사례조사 • 전문가 의견조사 • 표적집단면접법 (FGI) • 개인 면접법
기술조사	질문조사법 (survey)	• 관련 내용을 목표 시장의 고객에게 그들의 지식, 신념, 선호, 만족 등에 관하여 알기 위하여 또는 그 정도를 측정하기 위하여 질문하여 정보 수집 • 여러 용도로 이용할 수 있어 1차 자료 조사로 가장 많이 이용	• 횡단조사 • 시계열조사 • 패널조사 • 서베이조사
인과조사	실험법 (experiment)	• 실제 상황을 조작하여 여러 가지 변수를 통제하면서 그들에게 상이한 처리를 가한 후 그 인과관계를 살핌. • 적절한 통제가 있을 경우에는 확실한 방법	• 원시실험단계 • 순수실험단계 • 유사실험설계

2. 마케팅 조사 진행단계

(1) 예비단계

① 문제에 대한 해결책을 찾기 위해 마케팅 담당자들은 우선 사내외의 2차 자료와 심층면접과 같은 탐색조사를 통해 수집된 자료를 정리하고 분석하게 된다.

② 예비단계에서는 수집된 자료의 정리와 분석과정만으로 의미 있는 의사결정이 내려지기도 한다.

③ 마케팅 조사에 있어서 특히 소비자의 구매의도를 조사하고자 할 때, 설문항목이 많을 경우 개인면접법방식을 이용하는 것이 가장 바람직하다.

(2) 조사계획 단계

① 서베이와 같은 정량적 조사를 통해 추가적인 자료가 수집되어야 할 것으로 판단될 경우 조사방법과 조사계획을 수집하게 된다.

② 본격적인 시장조사를 위해 외부조사기관의 도움을 받아야 하는 경우에는 조사용역 업체를 선정해야 한다. 이를 위해 후보 조사 회사들에게 연구제안서(research proposal)를 제출토록 하여 이를 심사하고 용역업체를 선정한다.

③ 조사업체가 확정되면 기업의 실무자들은 조사업체의 담당자들과 협의를 통해 조사의 목적, 조사의 내용, 조사기간, 조사예산들과 같은 연구의 세부적 내용을 확정하고 구체적인 조사 진행 계획을 세운다.

(3) 자료 수집 단계

① 우선 조사기법을 결정하고 그에 맞는 설문지와 같은 측정도구를 작성하고, 조사대상의 선정을 하기 위한 표본 추출계획을 수집한다.
② 소비자나 유통점을 대상으로 1차 자료를 얻기 위한 시장조사가 진행되며, 사내외의 2차 자료에 대한 추가적인 수집, 분석도 이루어진다.
③ 조사자는 1차 자료, 2차 자료 또는 두 자료모두를 수집할 수 있으며 1차 자료의 조사방법으로 관찰조사, 표적집단조사, 질문조사, 행동자료 및 실험이 있다.

(4) 분석 및 대안 제시 단계

① 수집된 자료에 대해 코딩, 펀칭의 절차를 거친 후 통계분석 기법들을 적용하여 분석을 실시한다.
② 조사담당자는 분석결과를 토대로 기업실무자와 토론을 거쳐 시행가능한 의사결정 대안을 도출해 냄으로써 마케팅 과정이 완료된다.

3. 마케팅 조사의 방법

(1) 층화표본추출법(stratified sampling)

① 마케팅조사를 할 때 X라는 상표를 소비하는 전체 모집단에 대해 구매량을 중심으로 빈번히 구매하는 사람(heavy users)과 가끔 구매하는 사람(light users)으로 분류하고, 각각의 집단에서 무작위로 일정한 수의 표본을 추출하는 표본추출방식이다.
② 모집단을 어떤 기준에 따라 상이한 소집단으로 나누고 이들 각각 소집단들로부터 표본을 무작위로 추출하다. 비례 혹은 불비례, 할당표본추출법(quata)과 유사하지만 각 소집단에서 랜덤(random)하게 표본을 추출하면 층화표본 추출법이고 그렇지 않으면 할당표본추출법이고, 이 기법은 다른 기법과 함께 사용해도 된다.

(2) 컨 조인트분석(Conjoint Analysis)

① 제품대안들에 대한 소비자의 선호 정도로부터 소비자가 각 속성(attribute)에 부여하는 상대적 중요도(relative importance)와 각 속성수준의 효용(utility)을 추정하는 분석방법이다. 응답자들에게 여러 속성수준들의 결합으로 구성되는 제품 프로파일(대안)들을 제시하고 응답자들은 각 프로파일에 대한 그들의 선호정도를 답한다.
② 컨 조인트 분석의 목표는 고객 개개인이 개별 서비스속성의 각 수준에 대하여 얼마만큼의 선호도를 부여하는지를 추정하고자 하는 것이다. 여기서 개별속성의 각 수준에 부여되는 선호도를 부분가치라고 부르는데 이 부분가치들을 합산함으로써 개별 고객이 여러 개의 대안들 중 어느 것을 가장 선호하게 될 지를 예측하는 것이다.

③ 어떤 소매점포 이든 몇 개의 중요한 서비스 기능(속성)들을 가지고 있으며 각 기능(속성)은 다시 몇 개의 수준이나 값들을 가질 수 있다고 보는 데서 출발하며, 인간의 선호도나 효용의 평가는 개인 간의 차이가 매우 크다는 가정 하에서 이루어지므로 이 분석은 개인차원에서 수행된다.

(3) Delphi Method

① 델파이기법(Delphi Method)은 특정기술이나 제품에 대한 전문가들의 의견을 종합하고 조정하여 하나의 예측치로 도달해가는 집단적 함의의 방법이다.

② 전문가들은 패널로 참석하게 되고, 진행자는 예측치를 수집하여 평균과 예측치의 분포를 계산하여 전문가들에게 제공하고 이를 고려하여 다시 예측을 하도록 하는 방법이다.

③ 여러 전문가들을 대면회합을 위해 한 장소에 모이게 할 필요 없이 그들의 평가를 이끌어낼 수 있고, 의사결정과정에서 타인의 영향력을 배제할 수 있다는 장점이 있다.

④ 모든 사람들이 응답한것을 요약 · 정리하고 다시 우송하는 과정이 합의에 도달하게 될 때까지 계속되며, 소요되는 시간이 길고 응답자에 대한 통제가 힘든것이 단점이다.

⑤ 많은 시간을 요하므로 신속한 의사결정을 필요로 하는 경우에는 사용할 수 없지만 의사결정의 범위가 넓거나 장기적인 문제를 해결하는데 유용한 기법이다.

02 동기부여이론

1. Maslow의 욕구단계이론

(1) 욕구단계설의 개념

① 욕구단계설에 의하면 생리적 욕구에서부터 자아실현욕구까지 충족되지 않은 인간욕구에 기반하는 동기이론이다.

② 만족된 욕구는 더 이상 동기부여를 할 수 없기 때문에, 매슬로는 동기부여를 위해 상위의 욕구를 발현할 수 있는 동기부여가 필요하다고 보았다.

(2) 생리적 욕구(physical need)

① 생리욕구는 인간의 가장 기본적인 욕구인데, 여기에는 물, 음식, 집, 육체적 편안함 등이 있다.

② 기업 경영자들은 종업원에게 급여 등을 줌으로써 인간존재의 가장 기본적인 생리욕구를 충족시킬 수 있도록 해준다.

(3) 안전의 욕구(safety need)

① 생리욕구가 충족되면 다음 단계는 안전욕구를 추구하게 된다. 이는 자신의 생활에 대해 신체적인 위험이나 불확실성으로부터 벗어나고자 하는 것이다.

② 이러한 안전욕구를 반영하는 행동은 노조에 가입한다든가, 신분이 보장된 직업을 구한다든가, 의료보험이나 노후대책으로서 직업을 선택하는 것이다.

③ 경영자는 급여 또는 보너스, 안전한 작업조건, 직업보장 등을 통해서 이러한 욕구를 충족시킬 수 있게 해준다.

(4) 소속의 욕구(social need)

① 소속욕구는 안전욕구가 최소한이나마 충족되었을 때 나타난다. 사람들은 다른 사람들과의 소속감, 친화 등을 원한다.

② 작업장에서 종업원들은 동료들과의 상호작용을 통해서 이러한 욕구를 만족시킨다. 경영자는 종업원들에게 야유회, 체육대회 등을 통해 이러한 욕구를 충족시켜줄 수 있다.

(5) 존경의 욕구(esteem need)

① 존경욕구는 다른 사람들로부터 자신의 능력에 대해 인정을 받고 싶어 하는 욕구이다.

② 존경욕구의 충족은 자부심과 자신감, 자신의 중요성 인식 등에 의해 이루어진다. 존경욕구를 충족시키지 못하였을 때 사람들은 열등감이나 무력감을 느끼기도 한다.

(6) 자아실현의 욕구(self-realization need)

① 매슬로우의 욕구단계 중에서 가장 높은 단계는 자아실현과 관련된 욕구이다. 자아실현은 자신의 기술이나 능력 그리고 잠재력을 최대한으로 활용하고자 하는 욕구를 말한다.

② 만약 종업원들이 자기 개발과 자아실현을 위해 대학 학위를 받기를 원한다면 경영자는 그들이 공부할 수 있는 시간을 내주거나 장학금 등을 지원하여 욕구 충족에 도움을 줄 수 있다.

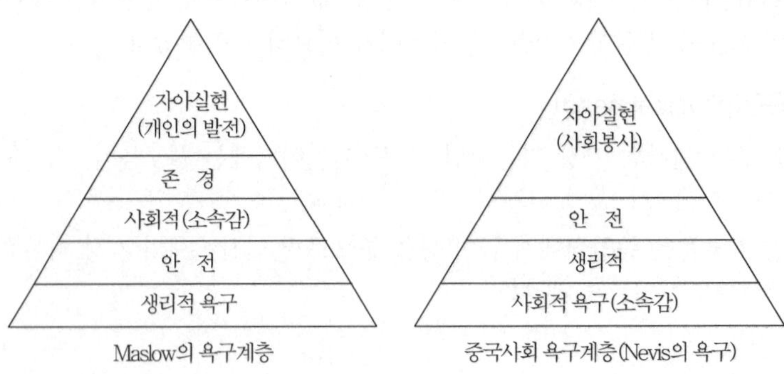

Maslow의 욕구계층　　　중국사회 욕구계층(Nevis의 욕구)

2. 허쯔버그의 두 요인이론(Two-Factor Theory)

(1) 두 요인이론의 개념

① 종업원들의 동기부여에는 동기요인과 위생(유지)요인이 있는데, 특히 위생요인들은 없으면 불만족을 야기할 수 있지만 동기부여 효과는 거의 없다고 보았다.

② 동기요인에는 직무수행과 관련한 성취감과 책임감, 승진의 기회, 타인의 인정, 직무 자체 등이 포함되며, 보수를 많이 주고 근무여건을 쾌적하게 조성하는 것만으로 종업원들이 반드시 만족하는 것은 아니다.

③ 위생요인은 직무수행에 수반되는 외재적이고 부수적인 조건들로 보수, 기관의 정책, 신분보장, 작업조건, 동료관계, 상관의 감독방식과 내용 등이 포함된다. 위생요인은 생리적 욕구, 안전욕구, 사회적 욕구 등 하위의 욕구를 만족시키는 요인들이다.

(2) 위생요인(hygiene factors)

① 위생요인이라고 이름 붙인 것은 작업의 내용과 직접관련이 있기 때문이 아니라 작업의 환경과 관련된 요인들이고, 이러한 요인들을 미리 예방함으로써 불만족을 없앨 수 있다는 위생학적 측면이 강조되었기 때문이며, 불만족 요인이라고도 한다.

② 위생요인은 종업원의 실제 작업 활동과 직접적으로 관련이 되어 있지는 않지만 작업 환경의 일부분이다. 따라서 고용주가 제공하는 위생요인의 질이 낮을 때 종업원들은 불만족을 느끼게 된다.

③ 양질의 위생요인이 성장과 더 많은 노력의 자극제가 되는 것은 아니다. 그러한 점들은 단지 종업원들에게 불만족 요소를 없애 주는 역할을 하는 것이다.

④ 위생요인으로는 다음과 같은 것들이 있다. 예를 들어 어느 공장 시설의 화장실이 굉장히 더럽다고 하자. 그러면 종업원들은 더러운 화장실에 대해 불만족을 느낄 것이다. 이를 파악한 경영자가 화장실 시설을 최신식으로 바꾸어 주면 종업원들의 불만족 요소는 줄어들게 될 것이다.

⑤ 하지만 아무리 시설이 좋다고 하더라도 이것이 종업원들로 하여금 일할 의욕을 일으키는 만족요인으로 작용하지 않는다는 것이다. 위생요인으로는 봉급, 직업안정, 작업환경, 지위, 회사정책, 감독자의 능력, 동료들 간의 상호관계 등이 있다.

(3) 동기요인(motivation factors)

① 동기요인을 만족요인이라고도 하는데, 위생요인이 작업환경과 관련 있다면 동기요인은 작업내용과 관련이 있으며, 만족요인 이러고도 한다.

② 허쯔버그에 따르면 동기요인은 사람들이 행하는 작업의 성격과 직접적으로 관련이 있다. 고용주가 동기요인을 제공하지 못했을 때 종업원들은 만족을 느끼지 못한다.

③ 동기요인이 있어야 종업원들은 작업에 만족을 느끼고 좋은 성과를 낼 수 있다. 동기요인의 예로는 성취감, 보람, 자신의 책임감, 다른 사람들의 인정, 직위 승진, 일 그 자체, 성장 · 발전의 가능성 등이 있다.

④ 위생요인이 만족 되면 직무에 대한 불만은 제거될 수 있으나, 성취의욕은 향상되지 않는다. 이는 동기요인을 만족시켜주어야 구성원의 성장하고, 업무의 능률을 올릴 수 있다. 하지만 이러한 이론은 구분의 불분명과 개인의 차이를 구분하지 않았다.

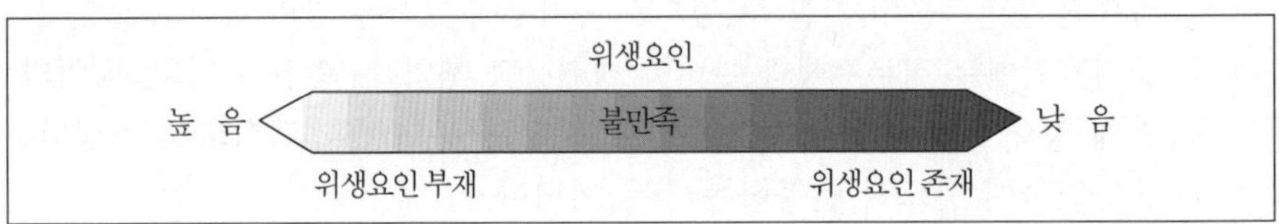

각 요인의 질(quality)은 종업원의 만족, 불만족 수준에 영향을 미친다.

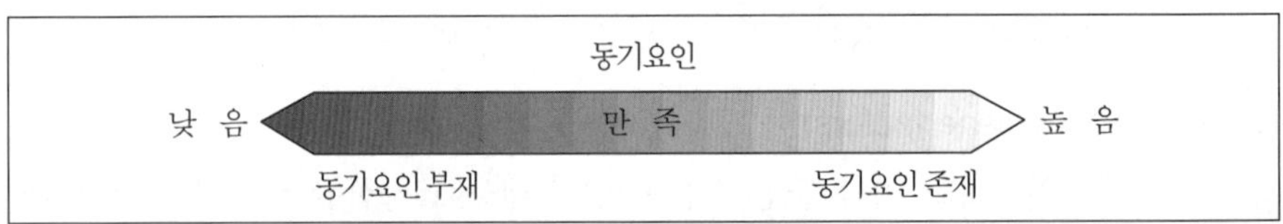

3. 알더퍼의 ERG이론

(1) ERG이론의 내용

① 알더퍼(alderfer)는 매슬로우의 욕구단계이론이 갖는 한계성에 대한 대안으로 ERG 이론을 제시하였다.

② 매슬로우의 5단계를 세 범주로 구분하여 존재욕구(existence needs), 관계욕구(relatedness needs), 성장욕구(growth needs)로 나누었으며, ERG이론이라고 하였다.

(2) ERG이론의 특징

① 매슬로우는 욕구를 사람들이 생각하는 중요성에 따라 구분하였는데 알더퍼는 추상성의 정도에 따라 존재욕구는 구체적, 성장욕구는 추상적으로 구분을 하였다.

② 매슬로우는 만족-진행(satisfaction-progression)과정만을 강조한 데 비하여, 알더퍼 낮은 욕구로의 퇴행과정도 있다고 보았다. 즉, 좌절-퇴행(frustration-regression)요소가 가미되어 있다.

③ 매슬로우는 한 시점에서 한 욕구만 발생한다고 보았다. 그러나 알더퍼는 두 가지 이상의 욕구가 동시에 작용할 수 있다고 보았다.

④ 알더퍼는 사람마다 세 가지 욕구의 크기가 서로 다르고, 성격과 문화, 나이, 환경에 따라서도 달라진다. 즉, 환경(직무)조성을 통한 동기부여가 가능함을 암시하고 있다.

⑤ ERG이론에 의하면 종업원의 관계욕구나 성장욕구가 좌절되면, 존재욕구가 더 커지게 되어 월급 등 물질에 대한 욕구가 더 커질 수 있기 때문에 관리자는 종업원의 상위욕구 충족에 관심을 가져야 한다. 즉, ERG이론에 의하면 도전감을 느끼도록 과업을 설계하며, 인간관계 개선에도 힘써야 한다.

4. X이론, Y이론(X theory & Y theory)

(1) X이론, Y이론의 개념

① 맥그리거(Douglas McGregors)는 인간의 본성에 대한 두 가지 서로 다른 견해를 제기하였다. 기본적으로 인간 본성에 대한 부정적인 관점을 X이론(X theory)이라 하고 긍정적인 관점을 Y이론(Y theory)이라 한다.

② 조직에서 관리자가 종업원이라는 개인을 다루는 방식에 대한 관찰을 통해 맥그리거는 인간의 본성에 대한 관리자의 관점이 부정적 또는 긍정적이든 일련의 가정에 기초하고 있고, 이러한 가정에 따라 종업원에 대한 행동을 형성하게 된다고 결론지었다.

③ 이론과 관련된 내용의 성격은 외재적 통제, 일방적 의사소통, 과거의 잘못 발견 등으로 요약을 할 수가 있다.

(2) X이론의 전제

① 인간은 선천적으로 일을 싫어하며, 무책임하고, 가능한 한 일을 하지 않고 지냈으면 한다. 종업원은 대체로 평범하며, 자발적으로 책임을 지기보다는 명령받기를 좋아하고 안전제일주의의 사고 · 행동을 취한다.

② 기업 내의 목표달성을 위해서는 통제 · 명령 · 상벌이 필요하며, 외재적 통제, 일방적 의사소통, 과거의 잘못 발견 등이 문제가 된다.

③ 맥그리거는 X이론을 명령통제에 관한 전통적 견해이며 낡은 인간관이라고 비판하였다. 그는 또 이러한 인간관에 입각한 조직원칙 · 관리기법으로는 새로운 당면문제나 목표달성을 위해 조직의 총력을 결집하는 행동을 바라기 어렵다고 보았다.

(3) Y이론의 전제

① X이론을 대신할 새로운 인간관으로서 다음과 같은 Y이론을 제창하였는데, Y이론은 인간의 행동에 관한 여러 사회과학의 성과를 토대로 한 것이다.

② 종업원들은 적극적이며, 자발적으로 일할 마음을 가지게 되고, 개개인의 목표와 기업목표의 결합을 꾀할 수 있으며, 능률을 향상시킬 수 있다고 보았다.

③ 오락이나 휴식과 마찬가지로 일에 심신을 바치는 것은 인간의 본성이다. 상벌만이 기업목표 달성의 수단은 아니다. 조건에 따라서 인간은 스스로 목표를 향해 전력을 기울이려고 한다.

④ 책임의 회피, 야심의 결여, 안전제일주의는 인간의 본성이 아니다. 새로운 당면문제를 잘 처리하는 능력은 특정인에게만 있는 것은 아니다. 오히려 현재 기업 내에서 인간의 지적 능력이 제대로 활용되지 않고 있을 가능성이 많다.

⑤ 현대적 인사철학은 Y이론 인간관에 기초를 두고 있다. 즉, 인간은 조건여하에 따라서 일을 즐길 수 있고, 조직체 목적에 적극 참여하며, 자아실현을 추구하고, 책임과 자율성, 그리고 창의성을 발휘하기를 원한다고 전제하고 있다. 요체는 개인과 조직체 목적의 통합, 그리고 개인의 자기통제와 자아실현적 욕구충족을 강조한다.

【 내용이론의 비교 】

고 차	욕구단계이론	ERG이론	성취동기이론	2요인이론	내재적
↑	자아실현욕구	성장의 욕구(G)	성취욕구	동기요인 (내생요인)	↑
욕	존경의 욕구		권력욕구		동
구	사회적 욕구	관계의 욕구(R)	친교욕구		기
수 준	안전의 욕구			위생요인 (외생요인)	부 여
↓ 저 차	생리적 욕구	존재의 욕구(E)			↓ 외재적

5. McClelland의 성취동기이론

(1) 성취동기이론의 개념

① 멕클릭(McClelland)는 모든 사람이 공통적으로 비슷한 욕구의 계층을 가지고 있다고 주장한 머슬로우의 이론을 비판하였다.

② 개인의 행동을 동기화시키는 잠재력을 지니고 있는 욕구는 학습되는 것이므로 개인마다 그 욕구의 계층에 차이가 있다고 주장했다.

(2) 성취동기이론의 내용

① 성취욕구는 개인의 성과를 말하는 것이나 권력욕구나 친교욕구는 다른 사람들과의 관계와 관련되어 있다. 성취동기에 관한 연구는 두 가지 중요한 아이디어를 제시했다.

② 강한 성취욕구는 개개인들이 작업을 수행하는데 얼마나 동기 부여되어 있느냐와 관련이 있다는 것과 두 번째 성취욕구는 훈련에 의해 강화될 수 있다는 것이다.

③ 성취욕구가 강한 사람의 특징은 문제를 해결하는 데 개별적인 책임을 떠맡는 환경을 좋아하고, 적당한 성취목표를 정하고 계산된 유머을 선호하는 경향이 있다.

④ 피드백을 받아보기를 자신있게 원하고, 변화를 추구하고 미래지향적이며, 단계적으로 상향조정해 나아간다.

⑤ 맥클리랜드의 욕구이론은 사람들은 저마다 다른 욕구의 복합체라는 것을 밝혀 주었다. 사람들은 높은 성취 지향형, 권력 지향형, 그리고 친교 지향형으로 나누어질 수 있다고 한다.

6. 조건화이론

(1) 조건화이론의 개념

① 스키너(B.F.Skinner)는 파블로프(I.Pavlov)의 고전적 조건화이론이 단순하게 유발되는 수동적인 반응행동만을 보여주고 있다고 비판하고 작동적 조건화이론을 개발하였다.

② 그의 조작적 조건(operant conditioning)원리는 학습개념에 의한 강화이론의 접근방법으로서, 조작적 조건이 어떻게 조직에 있어서 행위의 수정, 방침, 유지와 관련이 있는 모티베이션 모델로서 검토될 수 있는가를 설명하고자 한다.

(2) 조건화이론의 기초적인 사고

① 개인의 내적상태의 관찰과 측정은 그 표현양식인 행위를 대상으로 행해진다.

② 강화의 우연성이라고 불리우는 과정을 강조한다. 이는 자극, 반응 혹은 개인의 행동, 행동의 결과(강화) 사이의 연속적 과정을 의미한다.

③ 개인의 반응(성과)과 강화요인의 관리(보상 또는 결과) 사이에 시간 간격 혹은 강화스케줄이 짧으면 짧을 수록 행동에 미치는 영향은 크다.

④ 강화요인의 가치와 크기에 관련이 있다는 것이다. 이상의 네가지 강화이론의 기본적 원칙(측정 가능한 행동, 강화의 우연성, 강화스케줄, 강화요인의 가치와 크기)은 모티베이션 연구의 기초가 된다.

(3) 조건화이론의 전개과정

① 경영자가 개인의 행동을 수정하는 데 이용할 수 있는 강화의 유형에는 다음과 같이 4가지가 있다. 즉 적극적 강화(positive reinforcement), 벌(punishment), 소극적 강화 혹은 회피(negative reinforcement or avoidance), 소멸(extinction)이 바로 그것이다.

② 4가지 강화유형의 목적은 조직의 효율을 높이기 위하여 개인의 행동을 수정하는 데 있다. 결론적으로 강화는 조직욕구와 개인의 바람직스러운 행동을 증가시키거나 바람직하지 못한 행동을 감소시킨다.

③ 불쾌하고 부정적인 결과를 제거해 줌으로써 바람직한 행동이 반복되게 하는 것을 말하며, 잔소리가 심한 상사가 하급자의 계속적인 실적개선을 보고 잔소리를 줄이는 것을 부정적 강화(negaitive reinforcement)라고 한다.

④ 강화요인을 제공함으로써 개인의 행동을 유발시키거나 혹은 다른 행동을 중단시키려 할 때에는 강화 스케줄(schedule of reinforcement)을 작성하여야 한다. 이 강화 스케줄에는 지속적인 강화와 간헐적인 강화가 있는데, 전자는 행동이 일어날 때마다 강화되는 것을 말하며 후자는 일정한 개인행동의 반응이 있은 후에 강화되는 것을 의미한다.

03 소매 업태별 특징

1. 전통적 소매 업태

(1) 잡화점(General Store)

① 식료품 및 각종 생필품인 일용잡화를 제한된 지역 내에서 독점적으로 운영하던 가장 오래된 소매상이다.

② 점포 주인의 배타적이고 비효율적인 운영으로 상품 지식이 부족하고, 교통의 발달로 도시와 농촌의 거리가 축소되면서 쇠퇴되었다.

③ 동네슈퍼(Pom&Mom)는 식료품, 세탁용품, 가전용품 들을 중점적으로 취급하는 소매점으로, 마진이 낮지만 회전율이 높은 상품을 중심으로 소량 취급하고 지역주민친화적 서비스를 특징으로 하는 소매점이다.

(2) 백화점(Department Store)

① 백화점의 정의

㉠ 백화점이란 하나의 매장 내에 일괄구매와 비교가 가능하도록 상품 부문별로 구색을 갖추어 진열, 판매하는 대규모 소매상으로는 가장 오래된 소매기관이다. 한국의 백화점은 도심지역에 위치한 형태가 많으며 취급상품과 서비스를 고급화하여 다른 업태와 차별화한다.

㉡ 백화점은 의류, 가정용 설비용품, 신변잡화류 등의 각종 상품을 부문별로 구성하여 소비자들이 일괄구매를 할 수 있도록 하고 주로 직영으로 운영하는 대규모 소매 점포를 의미한다.

㉢ 백화점은 선매품(選賣品)을 중심으로 편의품에서 전문품에 이르기까지 다양한 상품 구색을 갖추고 대면(對面) 판매, 현금 및 신용(크레디트카드)에 의한 정찰(正札) 판매, 그리고 풍부한 인적 · 물적 서비스를 제공함으로써 판매 활동을 전개하는 상품 계열별 · 부문적으로 조직화된 대형 소매상이다.

㉣ 백화점은 의류, 가정용품, 장식품 등 다양한 상품을 폭넓게 취급하는 점포로서 각종 상품을 부문별로 구성하여 최종 소비자가 일괄 구매할 수 있도록 직영 형태로 운영되는 대규모 점포이다. 우리나라의 경우 매장 면적이 1,000평(지방 700평) 이상이고 50% 이상이 직영으로 운영되어야 한다는 원칙이 있으며, 물론 평보다는 제곱미터(m^2)를 써야한다.

② 백화점의 효용

㉠ 소비자에게 다양한 제품구색, 편리한 입지, 쾌적한 쇼핑공간을 제공한다.

㉡ 소비자에게 백화점에서의 제품구매가 사회적 지위와 관련된 만족을 줄 수 있다는 것도 백화점의 주요 경쟁우위의 원천이다.

③ 백화점의 입지선정 및 백화점경영

㉠ 국내 백화점의 입지유형은 도심(입지)형 백화점(중심상업지역)이나 부심권 입지형(지역쇼핑센터) 또는 신도시 입지형과 버스터미널 및 기차역과 연계된 역사 입지형 등으로 나누어 볼 수 있다.

㉡ 중심상업지역에 위치한 도심(입지)형 백화점의 경우 신업태의 출현과 교통체증, 주차공간의 부족 등에 의해 고객들이 구매를 기피하는 경향이 높아지고 있으며 이러한 문제를 해결하기 위해 많은 백화점들이 도시외곽으로 입지를 옮기거나 지방에 지점을 개설하는 다점포경영전략을 시도하고 있다.

㉢ 최근의 백화점은 상품의 다양성과 원 스톱 쇼핑의 편리성을 뛰어넘어 소비자에게 차별화되고 고급화된 매장 분위기를 통한 상품체험쇼핑을 제공함으로써 대형할인점 및 신업태와의 경쟁에서 우위를 확보하고자 노력하고 있다.

④ 백화점의 성장요인

㉠ 지하철과 버스 노선이 복합된 편리한 입지 선정, 자동차 이용의 대중화로 주차장이 완비된 교통소통의 원활화가 있었다.

㉡ 대도시 인구의 교외로의 이전 및 교외의 발전과 주변 인구의 증가로 인해 구매력이 증가되었다.

㉢ 가처분소득의 증가로 소비자 라이프스타일이 고도화 · 개성화 · 차별화 · 소비의 다양화가 되었으며, 다양한 상품의 구색 갖추기와 저렴한 자사 상표 개발, 각종 서비스를 제공하였다.

㉣ 정보화 사회의 진입에 따라 각종 정보 통신수단(TV, PC, CATV, EDI, 인터넷)을 통해 소비자에게 상품 정보를 신속하게 전달하는 대중매체의 발전과 정보화의 발달이 있었다.

(3) 슈퍼마켓(Supermarket)

① 슈퍼마켓의 기원

㉠ 슈퍼마켓은 대공황으로 절약소비패턴이 확산되던 시기였던 1930년 마이클 커렌이 미국의 뉴욕에 킹 커렌(King Kullen)을 개점한 것이 효시이다.

㉡ 슈퍼마켓(Supermarket)은 식료품, 세탁용품, 가정용품 등을 중점적으로 취급하는 소매점으로 규모가 크고, 마진이 낮으며, 다양한 상품을 대량으로 취급하고 셀프서비스를 특징으로 하는 소매업태를 말한다.

② 슈퍼마켓의 특징

㉠ 일용잡화 · 화장품 · 잡지 · 필름 · 전기기기 · 시계 · 스포츠용품 · 내구소비재 등을 판매하는 부분별 관리방식을 기본으로 하는 종합점이다.

㉡ 생산자나 도매상으로부터 상품을 저가로 대량 구매하여 초저가로 판매하고, 셀프서비스와 현금정찰제의 고 회전주의를 고수하는 특징을 지니고 있다.

㉢ 취급품목 수를 늘리면서 매장 면적을 확대하고 있으며, 타 업태와 경쟁에 있기 때문에 비교적 넓은 매장을 보유하고 있으며 대규모화하고 있다.

㉣ 체인 형태로 있기 때문에 체인 본부에서 상품을 일괄적으로 집중구매하며, 최근에는 벤더 업체(물류도매업체)로부터 일괄 구매하는 경우도 있다.

(4) 전문점(Specialty Store)

① 전문점의 정의

㉠ 전문점이란 고객에게 제공하고자 하는 상품이나 서비스를 전문품으로 집약하여 판매하는 소매업태로, 하나의 제품계열을 취급하기도 하고, 소수의 제한된 제품계열을 취급하는 특정품 판매점을 의미한다.

㉡ 전문점은 취급하는 제품계열이 한정되어 있으나 해당 제품계열 내에서는 매우 다양한 품목들을 취급하며, 취급하는 제품계열의 폭의 정도에 따라 세분화가 가능하다.

② 전문점의 특징

㉠ 전문점의 경쟁적 우위는 제품의 전문적 구색과 서비스 제공에 있으며, 특정제품계열에 대하여 매우 깊이있는 제품구색(assortment)을 갖추고 있다는 것이다.

㉡ 고객의 욕구 및 요구가 다양해질수록 유통소매점들에게 세분화 및 표적화 전략의 필요성 또한 증대된다. 이와 같이 증대되는 세분화와 표적화의 필요성을 적극적으로 활용함으로써 성장할 수 있는 전문점 소매 업태이다.

㉢ 전문점이 취급하는 제품계열이 한정되어 있지만, 취급하는 해당 제품계열 내에서는 매우 깊이있는 몇몇 품목들을 취급하며 할인점이나 대형마트 보다는 높은 인적 서비스 수준을 제공한다.

(5) 편의점(Convenience Store: CVS)

① 편의점의 정의

㉠ 최초의 편의점은 미국의 seven-eleven으로 오전 7시에서 오후 11까지 영업을 한다고 해서 붙여진 이름이며, 한국 최초 편의점 1호는 서울 방이동 올림픽 선수촌 아파트 상가에 개점을 시작한 '세븐일레븐'이 우리나라 최초 편의점이다.

㉡ 편의점은 상대적으로 소규모 매장으로 인구밀집지역에 위치해서 24시간 영업을 하며 재고회전이 빠른 식료품과 편의품 등의 한정된 제품계열을 취급한다.

㉢ 편의점은 연중무휴 24시간 영업이라는 시간 편리성, 접근이 용이한 지역에 위치하는 공간 편의성(아파트단지 등 주택밀집지역이나 유동인구 및 야간활동인구가 많은 지역)의 특색을 가지고 있다.

㉣ 편의점은 다품종 소량의 일류상표를 주로 취급하는 상품 편의성을 특징으로 하고 있다. 가격에 있어서는 편의점은 슈퍼마켓보다 다소 높은 가격을 유지한다.

㉤ 편의점의 특징의 하나는 프랜차이즈 시스템(가맹점 제도)의 도입이다. 편의점 본부는 효율적 운영을 위해 초기에 유통정보시스템의 개발과 설치에 많은 고정투자를 필요로 하는데, 이러한 초기고정투자비의 분산을 위해 체인화를 통한 다점포 전략을 추구하고 있다.

② 편의점의 효용

㉠ 24시간 영업으로 시간적 편리성을 소비자에 주고 있다.

㉡ 근린형으로서 거리상의 편리성을 소비자에 주고 있다.

㉢ 상품배치의 단순화로 상품선택의 편리성을 소비자에 주고 있다.

㉣ 상품구색의 테마가 명확하여 이용에 편리성을 소비자에 주고 있다.

2. 가격파괴형 신(新)유통업태

(1) 할인점(Discount Store: DS)

① 할인점의 정의

㉠ 할인점은 박리다매의 원칙에 입각하여 상품을 일반 상점보다 항상 저렴한가격(EDLP)으로 판매하는 대규모 점포로 고객서비스는 셀프서비스를 원칙으로한다.

㉡ 소비재를 중심으로 잘 알려진 브랜드를 판매하지만 최근에는 유통업자상품(PB)의 구색을 높이고 각 제품군내에서는 상품회전율이 높은 품목을 중심으로 취급한다.

㉢ 한국형 할인점의 주요 특징으로는 식품류와 비식품류의 취급, 대량 판매, 저가격, 입점업체의 인력파견, 매장설비의 고급화, 최대한의 경비절감 등을 들 수 있다.

② 할인점 특징

㉠ 할인점의 특성은 저렴한 가격,일반 브랜드 판매, 셀프서비스, 건물임대료가 저렴한 지역에 위치, 평범한 내부시설과 강력한 매일저가정책(EDLP)을 추구함에 있다.

㉡ 할인점은 점차적으로 자체 브랜드상품(PL:Private Label, PB:Private Brand)의 비중을 높이고 있다. 영국의 막스엔스펜서는 100%, TESCO Home Plus는 50%, 월마트는 40%의 비율이고, 우리나라의 E-MART도 2017년까지 최대 30%까지 높인다는 계획이다.

㉢ 할인점은 정규적으로 저가격(약 10~20% 정도)으로 대량 판매한다.바겐세일, 점포정리세일, 특별가격 할인과 같이 비정규적인 저가격 판매상점은 할인점이 아니다.

㉣ 할인점은 대량으로 판매하기 위하여 저가의 가격정책을 취하고 있기 때문에 낮은 마진율을 가져오지만, 대량판매로 구매력이 신장되고 제품의 회전율이 향상됨으로써 재고비용의 감소를 가져오게 된다.

(2) 회원제 창고형 도소매점(Membership Wholesale Club: MWC)

① 회원제 도소매점의 정의

㉠ 회원제 도매클럽은 일정한 회비를 정기적으로 내는 회원들에게만 30~50%의 할인된 가격으로 정상적인 제품 들을 판매하는 유통업태를 말한다. 우리나라의 대표적인 업태로 코스트코(Costco)와 롯데 빅마켓이 있다.

㉡ 회원가입에 의한 회원판매제로 진열비용을 대폭 삭감하여 할인점보다 20~30% 싼 가격으로 제공하는 회원제 창고형 도·소매업태로서 카드(현금)판매 무배달(無配達)창고형 점포로, 진열방식은 팔레트 쌓기방식을 채용하는 점포 레이아웃 개념을 채택하였다.

② 회원제 도소매점의 특징

㉠ 회원제 할인점은 회원들에게 회비를 받고 낮은 가격으로 제품을 공급하는 점포로 넓은 매장을 필요로 한다.

㉡ 취급제품은 가공식품, 잡화 가정용품, 가구, 전자제품 등을 중심으로 4~5천 품목 정도이며 매장은 거대한 창고형으로 실내장식은 거의 없다.

㉢ 진열대에 상품을 상자단위로 쌓아놓고 고객이 직접 고르게 하는 묶음 판매를 통해 점포운영비를 최소화하고 있다.

(3) 드럭 스토어(Drug Store)

① 드럭스토어의 정의

㉠ 드럭스토어는 일반적으로 의약품과 화장품, 건강보조식품 등 다양한 상품을 파는 업태로 선진국에서는 일반화된 업태이다.

㉡ 국내에서는 약사법 규정으로 인해 의약품중심의 드럭스토어로 발전하지 못하고 화장품이나 건강보조식품을 위주로 판매하는 헬스&뷰티 스토어로 발전하고 있다.

② 드럭스토어의 특징

㉠ 국내시장은 CJ(Olive&young), GS(Watsons), 코오롱웰케어(W-care)그룹 계열이 운영하는 3개의 브랜드가 주도를 하고 있다.

㉡ 일반의약품의 판매가 약국이 아닌 곳에서 판매범위가 확대될수록 H&B스토어로 대표되는 한국형드럭스토어는 선진국과 같은 의약품 중심의 업태로 발전할 것이다.

(4) 하이퍼마켓(Hyper Market:HM)

① 하이퍼마켓의 정의

㉠ 하이퍼마켓은 슈퍼마켓, 할인점, 창고소매점의 장점을 결합한 소매업태인데, 대형화된 슈퍼마켓에 할인점을 접목시켜 식품과 비식품을 저렴하게 판매하는 소매업태로서 1963년 Carrefour가 파리 근교에서 최초로 시작을 하였다.

㉡ 국제셀프서비스학회는 '식품 및 비식품을 풍부하게 취급하고 대규모의 주차장을 보유한 매장면적 2,500m^2 이상 소매점포'로 정의하고 있다.

② 하이퍼마켓의 특징

㉠ 상품은 주로 구매빈도가 높고 널리 알려진 국내외의 상품이며, 유통업자제품(PB) 역시 많고 중저가의 편의품을 중심으로 선매품 및 간혹 전문품도 취급하고 있다.

㉡ 취급상품의 품목수는 대략 75,000~100,000품목에 이르고, 전자품목·정원용품·차량연료 등은 별도의 설비가 갖추어진 전문점 또는 직영매점을 통해서 판매되고있어 주 매장의 상품구색을 보완하고 있다.

㉢ 회원제 창고점의 상품진열에서 취약했던 식품비율을 강화하고, 낮은 마진과 높은 회전의 경영을 지향한다. 주로 교외에 입지하며 매장구성은 창고형태로 운영하며, 소매상과 외식업자를 대상으로 하는 전형적인 유럽형 슈퍼마켓이다.

(5) 아웃렛점(Outlet Store)

① 아웃렛점의 정의

㉠ 아웃렛점은 상설할인매장(Factory Outlet)이라고도 하며 메이커와 백화점의 비인기상품, 재고품, 기획상품, 하자(瑕疵)상품 및 이월(移越)상품 등을 주로 취급한다.

㉡ 제조업자가 소유 및 운영하는 염가매장으로 자신의 회사 명의로 대폭적인 할인가격(30~70%)에 판매한다. 상설 할인 매장들은 특정 지역에 밀집되어 상설 할인몰 또는 할인 소매센터가 형성되기도 한다.

② 아웃렛점의 특징

㉠ 아웃렛은 수십 개 또는 수백 개의 동점점포가 출점하여 쇼핑센터를 이루는 업태로서 재고상품이 집하되는 물류센터 주변에 위치하는 것이 대부분이다. 또한 기존의 유통구조와의 반발을 피하기 위해 주로 도심 외곽에 입지하게 된다.

㉡ 최근의 상설할인 매장은 교통이 불편한 도시외곽에 위치함에도 불구하고 주말을 이용하여 유명제조업체 상표를 저렴하게 구매할 수 있는 상설할인 매장을 방문하고자 하는 소비자들이 점점 증가하고 있다.

③ 국내 상황

㉠ 우리나라에도 2007년 6월에 문을 연 여주의 신세계와 미국의 첼시가 합작으로 설립한 신세계첼시가 최초의 전통적인 아웃렛점이라고 할 수가 있으며, 2013년 12월에 개장한 경기도 이천의 롯데아울렛은 아시아최고 숫자의 매장을 보유하고 있다.

㉡ 아울렛은 아직도 몇몇의 유명 메이커들이 입점을 하지 않아 원래의 취지가 약간 퇴색한 느낌이 들고, 국내의 라이벌 경쟁업체인 롯데와 신세계의 업체끼리의 경쟁측면에서 입지를 선택하기에 고객의 잠금적인 편리성은 무시하고 있다.

(6) 카테고리 킬러(Catagory Killer : CK)

① 카테고리 킬러의 정의

㉠ 카테고리 킬러는 전문품 할인점(Special Discount Store)이라고도 하는데, 한 가지나 한정된 상품군을 깊게 취급하며 할인점보다 저렴한 가격으로 판매하는 소매업태를 말한다.

㉡ 카테고리킬러는 특정제품 계열에 특화하여 대량구매와 대량판매, 저비용으로 저렴하게 상품가격을 소비자에게 제시함으로 경쟁우위를 추구하는 소매업태 이다.

㉢ 카테고리킬러는 깊이있는 제품구색, 우수한 고객서비스, 고가격의 점포특성을 가지는 전문점과 차별되며, 어느정도 깊이를 가진 다양한 상품군들을 취급하는 할인점 및 양판점과도 차별화되는 점포형태이지만 매장은 할인점과 비슷하다.

㉣ 카테고리킬러에 해당되는 제품 판매방법을 선택할 때 고려해야 하는 점은 넓은 매장을 갖추어야 하는 점과 고객이 쉽게 접근해야 하는 점을 절충하여 입지를 선택해야 한다는 것이다.

② 카테고리 킬러의 기원

㉠ 미국에서의 전문할인점은 주로 미국에서 1970년대에 처음 등장하였으며, 1980년대 후반과 1990년대 초반에 급격하게 성장한 업태이다.

㉡ 토이저러스(Toys 'R' Us)와 같은 완구류, 리미티드(Limited), 갭(The Gap), 마셜(Marshall)과 같은 의류, 서킷 시티(Circuit City)와 같은 가전, 스테이플즈(Staples), 오피스 맥스(Office Max)로 대표되는 문구, 홈디포(Home-depot)와 같은 홈센터 등을 중심으로 발전해 왔다.

③ 카테고리 킬러의 특징

㉠ 전문할인점의 특징은 저가격과 한정된 상품군 내의 다양하고 풍부한 구색을 들 수 있다. 토이저러스는 미국에서 웬만큼 팔리는 거의 모든 장난감을 취급하고 있다.

㉡ 체인화로부터 오는 규모를 살려서 원가를 절감하고 있으며, 의류제품의 경우에는 재고품이나 하자품을 파는 경우도 있으나 대부분은 유명 브랜드를 판매하고 있다.

㉢ 비용절감과 저마진 정책으로 가격을 백화점의 30%~70% 수준으로 유지하고 있다. 낮은 할인율로 인해 저마진이지만 높은 회전율로 이러한 저마진을 보충하여 이익을 추구하고 있다.

④ 국내 상황

㉠ 국내에서도 특정 부류의 제품을 대량으로 저가 판매하는 전문할인점도 속속 등장하고 있다. 1994년 4월 서울 영등포구 당산동에 개점한 이랜드그룹의 2001아웃렛은 이랜드의 각종 재고의류상품을 60~80%까지 할인된 가격으로 판매하여 국내 의류업계의 가격파괴를 유발한 계기가 되었다.

㉡ 패션용품, 사무용품, 스포츠용품 등 상품별로 전문할인점이 도입되고 있는데 전자제품 전문할인매장인 하이마트와 전자랜드 21, 장난감 전문할인매장인 토이월드, E-마트가 운영하는 스포츠용품 전문할인점인 스포츠데포 등이 이에 해당된다.

㉢ 우리나라의 소비환경을 보면 소비가 다양화 · 합리화와 효율성 추구의 경향을 띠고 있는데, 이러한 소비환경에 대해서 저가격과 한정된 제품군 내의 깊은 구색으로 특징지어지는 전문할인점의 성공가능성이 높다고 판단된다.

(7) 목적형 점포(Destination Store)

① 목적형 점포의 정의

㉠ 목적형점포는 슈퍼마켓이나 Drug Store, 할인점, 종합 양판점 등의 종합소매업체가 생활의 토대로서 널리 보급되고 정착되어 가면서 미국소비자들은 좀 더 특별한 목적에 맞는 특화된 쇼핑장소로 눈길을 돌리게 되었다.

㉡ 매우 저렴한 가격과 다양한 구색을 갖춘 강력한 힘을 가진 대형소매업태가 여러 분야에서 출현하게 되었다. 이런 목적형 점포시대의 도화선은 프라이스클럽이다.

㉢ 프라이스클럽은 물류센터를 갖지 않고, 점포에 재고창고를 갖고 있지 않으며, 취급 상품에 대한 광고나 선전, 구매 후 서비스를 일체 하지 않는다는 특징을 가졌다.

② 목적형 점포의 특징

㉠ 회원제 도매업의 가격할인기법은 순식간에 소매업 전체로 퍼지고 창고형 홈센터, 창고형 슈퍼마켓, 하이퍼 마트, 카테고리 킬러 등의 탄생에 결정적인 계기가 되었다.

㉡ 홈데포(Home-depot)는 업무용품을 비롯하여 일반소비자의 DIY(Do It Yourself) 상품까지를 포함하여 상품군의 폭을 지속적으로 넓힘으로써 전문 업자에게 이용되도록 전문성을 확보하고, 이들의 원 스톱 쇼핑을 유도하고 있다.

㉢ 상품의 선택과 판매된 상품의 실제소비를 돕기 위해 관련 지식이나 기술 등의 정보를 전문성을 가진 매장 직원들이 정성스럽게 제공하였고, 가격 파괴를 통해 DIY life를 통한 고객의 비용 삭감노력에 부응하였다.

㉣ 1980년대 이후 미국에서 크게 부각되고 있는 목적형 소매업은 과거의 할인 업태와는 다른 성격의 새로운 시장수요를 창출하고 소비자의 필요와 욕구를 진화시켜 갔다.

3. 무점포 소매상

(1) 무점포 소매상의 개념

① 무점포 소매상은 비교적 최근에 도입되고 있는 소매업태이지만 교통난 · 맞벌이 등으로 쇼핑시간의 여유가 없는 소비자들에게 시간을 절약해 주는 효용을 제공해 주고 있다.

② 소매업자 입장에서는 무점포이므로 점포비용이 절감되며, 입지조건에 관계없이 목표고객에게 접근이 가능하고, 고객의 잠재수요를 자극할 수 있는 이점을 가진다는 점에서 앞으로 계속된 성장이 예상된다.

(2) 무점포 소매상의 종류

① 무점포 소매상의 종류를 크게보면 직접마케팅(Direct Marketing), 직접판매(Direct Selling), 자동판매기(Automatic Vending) 등으로 분류하고 있다.

② 직접마케팅은 통신(우편)판매(Direct Mail), 카탈로그판매(Catalog Marketing), 텔레마케팅(Telemarketing), 홈쇼핑(Television Marketing), 전자마케팅(Electronic Marketing) 등으로 나누어진다.

③ 온라인(on-line) 소매업인 TV 홈쇼핑은 단순히 카탈로그 마케팅과 텔레마케팅을 결합한 효과가 있다.

(3) 텔레마케팅(Telemarketing)

① 텔레마케팅의 정의

㉠ 텔레마케팅(telemarketing)은 텔레커뮤니케이션(telecommunication)과 마케팅(marketing)을 합성한 용어로 고객과의 1대1 커뮤니케이션을 통하여 고객유지, 고객만족 향상, 신규고객 확보를 실현하는 데 사용되는 마케팅 수단이다.

㉡ 텔레마케팅은 전화를 이용하여 표적고객에게 제품정보를 제공한 후 제품판매를 유도하거나, 고객이 TV · 라디오 광고나 우편광고를 보고 수신자부담 전화번호(080)를 이용하여 주문하는 소매유형이다.

② 텔레마케팅의 전개과정

㉠ 텔레마케팅은 다양한 관점에서 분류할 수 있다. 일반적으로 전화를 거는 주체가 누구냐에 따라 인바운드 텔레마케팅(In-bound Telemarketing)과 아웃바운드 텔레마케팅(Out-bound Telemarketing)으로 구분된다.

㉡ 인바운드 텔레마케팅(in-bound telemarketing)은 고객이 외부에서 기업으로 전화를 거는 경우를 말하며, 이는 고객의 능동적인 참여를 전제로 하고 있다.

㉢ 아웃바운드 텔레마케팅(out-bound telemarketing)은 기업이 고객이나 잠재고객에게 전화를 걸어 적극적으로 마케팅 활동을 실행하는 것을 말한다.

㉣ 자동화된 텔레마케팅 시스템은 자동다이얼 장치에 의해 자동으로 특정고객의 전화번호를 돌린 후 제품정보를 들려주고 그 제품에 관심이 있는 고객으로 하여금 주문을 할 수 있도록 하는 장치이다.

(4) 소셜미디어(Social Media)

① 소셜미디어의 정의

㉠ 소셜미디어를 새로운 유통경로 및 직접적인 판매도구로 활용하는 기업들도 증가하고 있다.

㉡ 소셜미디어 기반판매의 원형이라고 할 수 있는 공동구매는 이미 오래전부터 파워블로그나 카페 · 커뮤니티를 통해 진행되어 왔다.

㉢ 인지도가 낮은 중소기업이나 하위브랜드가 제품력이 있는 상품을 효과적으로 홍보하고 판매하는 경로로서 톡톡한 역할을 수행하고 있다.

② 소셜마케팅의 전개과정

㉠ 소셜미디어 및 온라인미디어를 연계하여 소비자의 인맥을 마케팅이나 제품판매에 활용하는 e-커머스 워킹서비스와 주로 결합함으로써 실시간 성과 확산성을 띠는 것이 특징이다.

㉡ 공급자와 소비자가 1:1 방식이 아닌, 1:多의 구매방식으로 거래를 하게 되고, 소비자의 관심과 참여가 거래의 성사는 물론 가격에까지 영향을 미치며, 소비자 간의 활발한 커뮤니케이션과 의견교환이 제품의 품질과 A/S와 같은 고객서비스까지 영향력을 행사하게 된다.

(5) 자동판매기(Automatic Vending)

① 자동판매기의 정의

㉠ 미국의 경우 1950년대 후반 주로 저가의 편의품을 판매하기 위해 도입된 후 점차 확대 되었으며, 한국에서는 1980년대 이후 급성장하는 무점포형 소매업의 하나이다.

㉡ 점포를 통해 판매하기 어려운 장소와 시간에 제품을 24시간 기계를 이용하여 24시간 판매가 가능한 소매방식이다. 자동판매기의 경우 편의성을 추구하려는 소비자의 욕구를 잘 이용한 것이라 볼 수 있다.

② 자동판매기의 전개과정

㉠ 자동판매기는 커피와 음료, 담배, 인스턴트식품, 휴지 등과 같은 일회용품이 주로 판매되고 있지만 은행의 현금지급기는 현금을 제공하기도 하며, 비디오 게임기계는 오락과 같은 서비스를 제공하고 있다.

㉡ 자동판매기는 주로 공장, 사무실, 공공장소, 대학 등과 같은 장소에 설치되지만 이제는 사람의 통행이 잦은 곳이면 어디든 설치되는 경향이 있다. 우리나라도 선진국처럼 판매하는 상품의 수가 앞으로는 다양하게 전개될 것이다.

(6) 온라인 마케팅(On-line marketing)

① 온라인 마케팅의 정의

㉠ IT기술의 발달로 전 세계 어느 곳이든 시간과 공간을 초월해 인터넷상에서 마음에 드는 상품을 화면의 주문요령에 따라 주문할 수가 있다.

㉡ 신용카드를 이용하여 대금결제를 치르고 나면 구매절차가 끝나는 이러한 가상현실 속에서의 구매형태로서 무점포 구매 분야의 새로운 총아로 떠오르고 있다.

② 온라인 마케팅의 전개과정

㉠ 고객과의 쌍방향 커뮤니케이션이 가능한 인터넷의 web site를 이용한 마케팅과 광고로 소비자에게 직접 다가갈 수 있다.

㉡ 전통적인 마케팅과는 달리 고객들에게 자세하고 다양한 상품정보를 제공하고 그들과 상호관계를 유지할 수 있게 해주는 장점이 있다.

(7) 통신(우편) 판매(Direct Mail)

① 통신 판매의 정의

㉠ 통신판매란 공급업자가 광고매체인 주로 우편으로 보낸 카탈로그를 통하여 판매하고자 하는 상품 또는 서비스에 대한 광고를 하고 판매를 하는 것을 말한다.

㉡ 고객으로부터 통신수단(전화, 팩스, 인터넷 등)으로 주문을 받아서 직접 또는 우편으로 상품을 배달하는 판매방식이다.

② 통신 판매의 전개과정

㉠ 통신판매에서 성공을 위한 가장 중요한 내용은 목표고객의 선정과 리스트수집 및 적절한 상품의 선정 등이며, 취급하는 상품은 변질가능성이 있는 식료품 이외의 모든 제품이 가능하나 일반적으로 표준화, 규격화된 제품이 주류를 이루고 있다.

㉡ 국내통신판매는 선진국에 비해 부진한 편이다. 이는 대부분의 국내 소비자들이 실물을 보고 구매하려는 경향이 강하고, 업체 측에서 고객정보에 대해 수집, 분석능력이 미약하여 잠재고객의 통신판매에 대한 수요를 개발하지 못하고 있다는 점과 통신판매용 제품에 대한 기획능력을 갖춘 전문가의 부족 등이 그 원인이다.

㉢ 통신 판매업자는 제품의 광고를 위해 통신 판매 책자를 만들어 소비자에게 발송하고, 소비자는 구매 의사를 표시하는 판매 방식은 카탈로그 판매(Catalog marketing)이다. 우편판매는 각종 제조업체나 백화점을 포함하는 점포형 도 · 소매상들에 의해 기존의 판매방식을 보완하는 수단으로 많이 사용된다.

(8) 방문 판매(Direct Selling)

① 방문 판매의 정의

㉠ 인적구성원인 방문 판매사원을 이용한 방문 판매는 가장 오래된 역사를 가진 무점포형 소매업이다.

㉡ 국내의 경우 조선시대에 집집마다 돌아다니며 신변잡화류를 판매하였던 방물장수가 방문판매의 효시라고 본다.

㉢ 조선시대의 봇짐장수와 등짐장수로 구분되는 보부상은 임방을 구성하여 전국 각지의 장시를 돌며 지역 간의 상거래를 수행하던 방문판매 사원이다.

㉣ 유제품의 한국 야쿠르트, 학습지의 판매와 교육을 동시에 하고 있는 웅진과 대교 등의 출판업계와 1980년대 중반까지의 화장품 업체들의 주된 판매방식이었다.

② 방문 판매의 특징

㉠ 불필요한 재고나 반품이 적게 되어 생산계획을 쉽게 세울 수 있으며 중간 상인에게 유통 마진을 지불하지 않아 그만큼 가격을 인하할 수 있어, 판매자와 소비자 모두에게 이득이 된다.

㉡ 직접 소비자와 대면을 하므로 제품에 대한 최신정보와 제품의 영향에 대한 정보를 상세히 설명할 수 있다.

Chapter 4 명품 적중 예상문제

01 다음 중 델파이기법(Delphi Method)마케팅 조사방법에 해당하는 것으로 가장 옳은 것은?

① 제품대안들에 대한 소비자의 선호 정도로부터 소비자가 각 속성(attribute)에 부여하는 상대적 중요도와 각 속성수준의 효용(utility)을 추정하는 분석방법이다.
② 전문가들은 패널로 참석하게 되고, 진행자는 예측치를 수집하여 평균과 예측치의 분포를 계산하여 전문가들에게 제공하고 이를 고려하여 다시 예측을 하도록 하는 방법이다.
③ 응답자들에게 여러 속성수준들의 결합으로 구성되는 제품 프로파일(대안)들을 제시하고 응답자들은 각 프로파일에 대한 그들의 선호정도를 답한다.
④ 전체 모집단에 대해 구매량을 중심으로 빈번히 구매하는 사람(heavy users)과 가끔 구매하는 사람(light users)으로 분류하고, 표본을 추출방식이다.
⑤ 인간의 선호도나 효용의 평가는 개인 간의 차이가 매우 크다는 가정 하에서 이루어지므로 이 분석은 개인차원에서 수행된다.

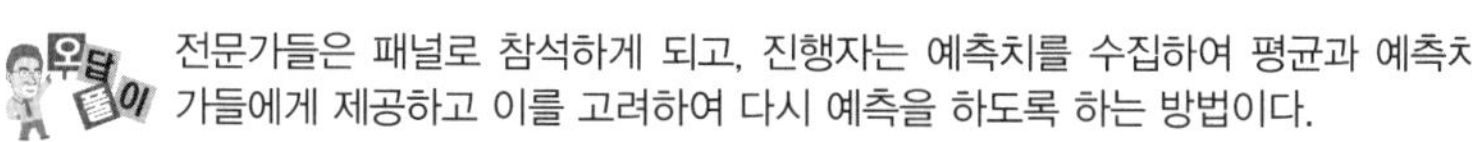

오답풀이: 전문가들은 패널로 참석하게 되고, 진행자는 예측치를 수집하여 평균과 예측치의 분포를 계산하여 전문가들에게 제공하고 이를 고려하여 다시 예측을 하도록 하는 방법이다.

02 마케팅조사 설계(marketing research design)에 대해 가장 바르게 설명한 내용은?

① 조사설계 없이 조사할 때의 비용을 절감할 수 있는 기본지침
② 구분이 불가능한 조사의 일관적 체계를 수립하기 위한 기본지침
③ 마케팅 조사 목적을 달성하기 위한 정보 자료의 수집과 분석을 위한 기본지침
④ 조사는 우선 1차 자료를 바탕으로 해야만 하기에 2차 자료는 필요가 없는 지침
⑤ 마케팅 조사 계획과정보다 실행과정에서 최적의 대안을 선별하고 실행하기 위한 기본지침

오답풀이: 기업의 마케팅 활동은 경쟁이 치열할수록 더욱 효과를 발휘하며 마케팅 조사는 이러한 마케팅 의사결정을 지원하기 위해 자료를 수집하고 분석하는 활동을 말한다. 마케팅 조사로 수집된 자료의 가치는 마케팅의사결정에 적절히 활용되는가에 의해 정해진다.

해답 01 ② 02 ③

03 백화점의 다양한 업무활동에 대한 설명 중 시장조사방법의 하나인 '시장관찰' 내용에 가장 가까운 것은?

① 매장판매원이 생일선물로 꽃병을 찾는 고객에게 판매를 촉진하기 위한 컨설팅을 하고 있다.

② 판매원이 고객에게 국내에서 생산된 브랜드신발 이외에 제3국에서 생산된 상품을 제공하고 있다.

③ 한 기업이 다른 기업에게 로열티를 지불하고 자사가 소유한 제조공법, 상표, 특허권 등을 사용 허가하도록 하는 계약적 활동을 말한다.

④ 관련 상품부문 관리자가 가구 유통업자에게 고객들의 문의가 많았던 실내장식을 위한전통가구분야의 판매기회(가능성)에 관한 정보를 전달한다.

⑤ 부문별 상품관리자가 고객에게 제공되어야 할 상품에 대한 의사결정과정에서 특히 고객의 구매력에 알맞도록 고려하고 이에 알맞은 상품선택에 초점을 맞춘 상품구매를 추진하고 있다.

관찰법(observation)은 현재의 여러 현상을 관찰함으로써 마케팅 조사자가 1차 자료 정보를 수집할 수 있는 현재에 관련된 자료에 국한된 상황으로서 고객들의 문의가 많았던 실내장식을 위한 전통가구분야의 판매기회(가능성)에 관한 정보를 전달한다.

04 상품의 구색을 재고회전율 위주로 구성하였을 때, 높은 회전율의 장점이라고 보기 어려운 것은?

① 빠른 회전율은 판매원의 사기앙양에 도움이 된다.

② 회전율이 높으면 진부화의 위험에서 벗어날 수 있다.

③ 종업원은 고정된 급여 보다는 판매에 따른 성과급을 선호할 수 있다.

④ 신선한 상품은 오래되고 낡은 상품에 비해 잘 팔리기 때문에 높은 재고회전율은 매출량을 증대시킨다.

⑤ 회전율이 높은 상품의 경우 빈번한 주문처리비용을 줄이기 위해 상품을 대량으로 일시에 구매하므로 대량구매를 통한 가격할인을 받을 수 있다.

일반적으로 소매업체는 빠른 재고 회전율을 원한다. 하지만 지나치게 빠른 재고 회전율은 바람직하지 않을수 있다. 다음 중 지나치게 빠른 재고 회전율이 바람직하지 않은 이유는 회전율을 높이기 위해 카테고리의수와 단품의 수를 줄이면 오히려 매출량이 하락할 수 있으며 매입 및 주문 처리시간이 증대하여 운영비용이 증대하고, 상품을 소량으로 자주 구입하는 경우 구매 비용이 증대되기 때문이다.

해답 | 03 ④ | 04 ⑤

05 다음은 유통기업에서 고객에 대한 조사 기법 중의 하나이다. 다음 중 어떤 기법에 대한 설명인가?

> 이 방법은 조사의 목적을 숨기고 조사하는 간접적인 방법으로서 응답자의 내면의 세계에 숨겨진 어떤 관심사에 대한 동기, 신념, 태도, 감정 등을 나타내도록 질문하는 비 체계적이고 간접적인 방법이다. 이 방법에서 응답자들은 자신의 행동이 아니라 다른 사람의 행동에 대해 해석하도록 요구받고, 그 과정에서 응답자 자신의 동기, 신념, 태도, 감정 을 표현하게 된다.

① 심층면접법(depth interview)
② 투사법(projective techniques)
③ 다이어리 패널법(diary panels)
④ 표적 집단면접(focus group interview)
⑤ 표적집단 면접법(Focus group interview)

투사법(projective techniques)은 조사자가 조사의 목적을 숨기고 조사하는 간접적인 방법이다. 피조사자의 내면의 세계에 숨겨진 어떤 관심사에 대한 동기, 신념, 태도, 감정 등을 나타내도록 질문하는 간접적이고 비체계적인 방법에 속한다.

06 소매점에서 모은 고객정보를 활용하는 방안으로 가장 옳지 않은 것은?

① 고객의 과거구매나 니즈에 대한 정보를 활용하여 교차판매를 가능하게 할 수 있다.
② 휴먼 고객을 분석하여 다이렉트 메일 등을 발송함으로써 재고객화를 도모할 수 있다.
③ 고객이 인지부조화를 느끼기 쉬운 제품이라 판단되는 경우에는 고객유지전략을 많이 사용한다.
④ 높은 고객충성도가 확인된 제품군에 대해서는 정서적 혜택보다는 물질적 혜택에만 초점을 두어 제공하는 것이 보다 바람직하다.
⑤ 고객과의 거래를 지속적으로 기록하고 구매량에 따라 인센티브를 제공함으로써 자사 상품의 구매빈도를 높이는 고객활성화 전략을 사용하고 있다.

오답풀이: 고객정보를 활용하는 방안에서 높은 고객충성도가 확인된 제품군에 대해서는 정서적 혜택과 물질적 혜택을 동시에 추구하는 것이 고객의 충성도를 유지하기에 유리하다.

07 마케팅관리자는 지속적인 의사결정과정에 직면해 있다. 명확하고 실천 가능한 목표설정과 실행 수단들에 대한 선택(의사결정)을 위해서는 양과 질이 잘 조화된 정보가 매우 중요하며 이러한 정보는 일반적으로 조사자료의 원천에 따라 두 가지 형태로 구분된다. 이와 관련된 다음 설명 중 올바른 것은?

① 조사자가 필요로 하는 자료가 없거나 기존 자료가 너무 시간적으로 맞지 않고 부정확,불완전하거나 신뢰할 수 없을 경우 조사자는 2차 자료를 수집한다.
② 이미 다른 목적을 위해 조사, 수집된 자료를 1차 자료라고 하며 따라서 대개의 마케팅조사계획프로젝트는 2차 자료 수집과 관련된다.
③ 조사자는 항상 비용이 수반되는 2차 자료를 수집하지 않고도 문제를 부분적으로나 전체적으로 해결할 수 있는지 알기 위해 1차 자료를 수집한다.
④ 조사자는 1차 자료, 2차 자료 또는 두 자료 모두를 수집할 수 있으며 1차 자료의 조사방법으로 관찰조사, 표적집단조사, 질문조사, 행동자료 및 실험이 있다.
⑤ 도서관의 참고 도서실이나 전문잡지에서 정보를 찾는 것은 1차 자료를 수집하는 것이며, 기존에 조사되었던 자료들을 찾는 일이다.

자료수집이란 연구의 목적을 달성하고자 연구자가 세운 연구문제를 찾으려고 실험장면이나 조사 장면에서 수집하는 것을 뜻한다. 자료 수집의 방법은 조사 연구에 있어서는 질문지에 의한 설문결과, 관찰, 면접들의 유형으로 나누어질 수 있다. 조사자는 1차 자료, 2차 자료 또는 두 자료 모두를 수집할 수 있으며 1차 자료가2차 자료보다 비용이 더 드는 경향이 있다.

08 1차 자료와 2차 자료에 대한 설명 중 가장 옳지 않은 것은?

① 1차 자료는 일반적으로 2차 자료에 비해 수집이 용이하다.
② 1차 자료는 조사 설계 방법이나 측정, 설문지 등을 사용하여 얻을 수 있다.
③ 2차 자료는 어떤 목적 달성에 도움을 줄 수 있는 기존의 모든 자료를 말한다.
④ 1차 자료는 어떤 목적을 달성하기 위하여 직접 수집하여 생성한 자료를 말한다.
⑤ 2차 자료에는 정부에서 발표하는 각종 통계자료, 이미 발표된 논문, 신문기사, 각종 기관이나 조사 회사에서 발표되는 결과 등이 포함된다.

1차 자료는 자신의 목적을 위해 사용하는 자료이기에 일반적으로 2차 자료에 비해 수집이 어렵다.

해답 07 ④ 08 ①

09 우리나의 경우 소매상 운영에 있어서 '저 수익률과 고 회전율'이 소매전략에 가장 적합한 것을 모두 고르시오.

가. 높은 유통서비스 수준이 있는 곳에서 발생한다.
나. 다양한 제품과 깊이가 얕은 제품이 있는 곳에서 발생한다.
다. 대체로 밀접된 상권에 위치한 유통매장에서 많이 발생한다.
라. 가격에 초점을 둔 촉진전략을 실행하는 곳에서 발생한다.
마. 비교적 복잡한 조직구조를 가진 곳에서 발생한다.

① 가, 나, 마
② 나, 다, 라
③ 가, 나, 다
④ 다, 라, 마
⑤ 가, 다, 마

소매상 운영에 있어서 '저수익률과 고회전율'이 소매전략에 가장 적합한 업태는 할인점과 같은 업태로서 다양한 제품과 깊이가 얕은 제품이 있는 곳에서 발생한다.

10 다음 중 동기부여 이론에 관한 설명으로 가장 적절하지 않은 것은?

① 앨더퍼(Alderfer)의 ERG이론에서는 인간의 욕구를 존재욕구, 관계욕구, 성장욕구로 구분하고 있으며, 충족-진행의 원리와 좌절-퇴행의 원리를 제시하고 있다.
② 핵크만(Hackman)과 올드햄(Oldham)의 직무특성이론에 의하면 성장욕구수준이 높은 사람은 직무정체성이 높은 직무를 수행할 때 동기부여수준이 높아진다.
③ 매슬로우(Maslow)의 가장 높은 욕구단계는 자아실현과 관련된 욕구이다. 자아실현은 자신의 기술이나 능력 그리고 잠재력을 최대한으로 활용하고자 하는 욕구를 말한다.
④ 허쯔버그(Herzberg)의 이요인이론(two factor theory)에 의하면 급여, 성취감, 다른 사람들의 인정, 승진, 일 그 자체, 성장 · 발전같은 위생요인이 충족되면 만족도가 증가된다.
⑤ 맥그리거(Douglas McGregors)는 인간의 본성에 대한 두 가지 서로 다른 견해를 제기하였는데. 부정적인 관점을 X이론(X theory)이라 하고 긍정적인 관점을 Y이론(Y theory)이라 한다.

급여, 성취감, 다른 사람들의 인정, 승진, 일 그 자체, 성장 · 발전은 동기요인이다.

09 ② 10 ④

11 최근 많은 유통기업들은 자사의 성과를 향상시키기 위한 방법으로 소비자심리를 파악하여 구매동기나 구매욕구를 자극하고 있다. 이와 관련된 이론적 설명으로 가장 올바르지 않은 것은?

① Freud 에 의하면 소비자는 특별한 상표를 검토할 때 이미 기업이 주장한 그 상표의 능력뿐만 아니라 기타 무의식적인 단서에 반응하므로 형태, 크기, 무게, 자재, 색상 및 상표명 등으로 동기를 부여하여야 한다.
② Maslow는 소비자들이 특정한 시기에 특정한 욕구에 의해 움직인다는 것을 욕구단계설(또는 욕구계층설)로 주장하였다.
③ Maslow는 욕구단계설에서 예를 들어 배고픈 사람은 예술세계의 최근 동향, 다른 사람들에게 어떻게 보일까하는 문제, 자기가 깨끗한 공기를 마시고 있는지에 관해서는 관심이 없다는 것을 주장하였다.
④ Herzberg는 동기부여 이론에서 불만족 요인과 만족 요인을 개발하였는데, 불만족 요인이 없다는 것으로도 충분히 구매동기를 부여할 수 있다고 판단함으로써 기업들은 불만족 요인의 제거를 통해 구매동기를 부여할 수 있다고 주장하였다.
⑤ 이러한 동기부여이론들은 욕구가 강렬하고 충분한 수준으로 일어나면 구매동기가 된다고 주장한다는 점에서 공통점이 있다.

허즈버그(Herzberg)의 두 요인이론(Two-Factor Theory)위생요인이라고 이름 붙인 것은 작업의 내용과 직접관련이 있기 때문이 아니라 작업의환경과 관련된 요인들이고, 이러한 요인들을 미리 예방함으로써 불만족을 없앨 수 있다는 위생학적 측면이 강조되었기 때문이다.

12 다음은 소매업자가 고객에게 제공한 서비스자료를 수집하는 방법 중 하나이다. 어느 방법에 대한 설명인가?

> 조사자와 응답자간 1:1로 질문과 응답을 통해 소매점 서비스에 대한 만족정도, 서비스 개선사항에 대한 의견 등을 응답자로 하여금 진술하게 하는 방법

① 심층면접법　② 서베이법　③ 관찰법
④ 표적집단 면접　⑤ 패널조사법

심층면접법은 조사자가 조사내용에 대해 많은 정보를 얻고자하는 경우에 적용이 되는 방법으로 일대일 면접방법이 가장 많이 사용된다.

해답 11 ④　12 ①

13 인터넷 시대의 유통업의 대응전략으로 가장 올바르지 않은 것은?

① 기존 오프라인 유통업의 경우 온라인에서는 제공하기 어려운 레저나 엔터테인먼트 기능을 소매업과 결합시킴으로써 온라인 소매와 본질적으로 차별화 한다.

② 온라인에서는 제품정보의 제공, 잠재고객의 확보, 고객정보 분석 및 사후관리에 초점을 맞춰 온라인으로 하여금 오프라인 사업을 지원하는 역할을 하게 한다.

③ 세분시장별 차별화의 원칙을 인터넷이라는 새로운 유통채널에 대하여 적용할 수 없으므로 온라인은 주문 및 배달을 오프라인은 고객관계 관리를 담당한다.

④ 온라인을 통해서 주문한 상품을 오프라인 매장에서 입수하거나 반품할 수 있게 하여 온라인과 오프라인의 장점을 통합적으로 활용한다.

⑤ 직접 판매에서 벗어나 주로 판매자와 구매자간의 중개역할에 초점을 맞추는 정보 중개형 유통업을 수행한다.

세분시장별 차별화의 원칙을 인터넷이라는 새로운 유통채널에 대하여 적용할 수 있으며, 주문 및 배달, 고객관계 관리를 담당하는 것은 온라인이나 오프라인 모두 관련이 있다.

유통 마케팅

14 소매점의 손실(loss) 관리에 대한 설명으로 가장 올바르지 않을 것을 고르시오.

① 신선식품 등은 할인판매로 인한 손실이 주원인으로 작용한다.

② 로스 발생원인 중 하나로 도난예방을 위한 설비부족 및 후방시설의 관리미흡을 들 수 있다.

③ 로스율이 높은 상품에 대한 예방법의 하나로 방지 태그(tag)를 사용하여 견본만 진열하는 방법도 효과적이다.

④ 유통점의 주요 로스를 원인별로 정리해 보면 상품운영문제와 로스관리문제 그리고 장비/시설문제로 요약/분류할 수 있다.

⑤ 로스절감을 위한 방안으로 로스관리업무 재정립, 유형별, 상품별 도난방지방법이 개선 및 도난방지 설비의 개선을 들 수 있다.

손실(loss)는 다양한 원인에 의해 발생한다. 유통점은 재고관리의 부족에서 로스가 발생했다면 최근에는 고객로스율이 높아지는 추세에 있다. 신선식품 등은 할인판매를 로스로 인식하는 데에는 무리가 있다.

13 ③ 14 ①

15 인수 및 합병(M&A)에서 전혀 다른 두 기업이 위험성을 줄이기 위해 선택하는 전략은 수평적합병에 가장 가깝다. 즉 계절적으로 전혀 다른 주기의 상품을 취급하는 두 회사가 결합하여 위험성을 줄이는 경우를 예로 들 수 있다. 다음 중 경영전략적 의사결정요소의 하나인 인수 및 합병(M&A)과 관련한 설명으로 올바르지 않은 것은?

① 2개 이상의 회사가 결합해 하나의 회사로 결합하는 것을 합병(merger)이라 한다.
② 인수 및 합병(M&A)에서 전혀 다른 두 기업이 위험성을 줄이기 위해 선택하는 전략은 수평적 합병에 가장 가깝다.
③ 한 기업 혹은 투자단체가 대상회사의 이사회와 협상을 통해서 사들이는 것을 인수(acquisition)라고 한다.
④ 합병의 유형에는 수평적 및 수직적 그리고 복합합병이 있으며 원자재공급업체, 배급회사 등을 합병하는 것을 수평적 합병이라 한다.
⑤ 인수(acquisition) 및 합병(merger)의 주된 이유로는 전략적인 목표달성 즉 기업의 규모가 크고 작음에 상관없이 비용절감을 통한 전사적 효율성 향상, 중복업무 부문 제거, 구매력 향상, 시장점유율 향상, 경쟁 감소 등을 들 수 있다.

기업의 인수 합병(Merger & Acquisition: M&A)이란 실무적인 차원에서 정립된 것이며, 한 기업이 다른 기업을 매입하는 인수(acquisition)와 서로 다른 두 기업이 결합하여 한 기업이 되는 합병(merger)이 결합된개념으로, 그 의미는 "기업 경영에 관한 지배권의 이전 혹은 인수를 목적으로 하는 경영행위 또는 경제행위"라고 정의할 수 있다. 원자재공급업체, 배급회사 등을 합병하는 것을 수직적 합병이라 한다.

16 전형적인 유통경로인 '제조업체–도매상–소매상–소비자'에서 도매상의 역할로 가장 바르지 않은 것은?

① 도매상은 제조업체를 대신하여 광범위한 시장에 산재해 있는 소매상들을 포괄한다.
② 노매상들은 생산사보나 너 고객과 밀착되어 있으므로 고객의 욕구를 파익하여 진달하는 기능을 담당한다.
③ 도매상은 소매상 지원기능을 통해 제품구매와 관련한 제품교환, 반환, 설치, 보수 등의 다양한 서비스를 제조업체 대신 소매상에게 제공한다.
④ 도매상은 소비자와 가까운 장소에서 다양한 상품구색에 대한 재고부담을 함으로써 공급선의 비용감소와 소비자의 구매편의를 돕는다.
⑤ 도매상은 제품사용에 대한 기술적 지원과 제품판매에 대한 조언 등 다양한 서비스를 소매상에게 제공한다.

오답풀이 소비자와 가까운 장소에서 다양한 상품구색을 소비자에게 제공함으로써 공급선의 비용감소와 소비자의 구매편의를 돕는 업태는 소매상들이 수행한다.

17 최근 국내 시장을 주도하고 있는 CJ(Olive&young), GS(Watsons)과 같은 업태를 가장 잘 설명하고 있는 것은?

① 아웃렛점(Outlet Store)으로 기존의 유통구조와의 반발을 피하기 위해 주로 도심 외곽에 입지하게 된다.
② 드럭 스토어(Drug Store)로서 화장품이나 건강보조식품을 위주로 판매하는 헬스 & 뷰티 스토어로 발전하고 있다.
③ 회원제 창고형 도소매점(MWC)으로 일정한 회비를 정기적으로 내는 회원들에게만 30~50%의 할인된 가격으로 정상적인 제품 들을 판매한다.
④ 편의점(Convenience Store)으로 인구밀집지역에 위치해서 24시간 영업을 하며 재고회전이 빠른 식료품과 편의품 등의 한정된 제품계열을 취급한다.
⑤ 할인점(Discount Store)으로 박리다매의 원칙에 입각하여 상품을 일반 상점보다 항상 저렴한 가격으로 판매하는 대규모 점포를 말한다.

최근 급격한 발전을 보이고 있는 드럭 스토어(Drug Store)는, 화장품이나 건강보조식품 위주로 판매하는 헬스&뷰티 스토어로 발전하고 있는 내용이 국내 상황이다.

18 다음 중 유통경로에 대한 설명으로 가장 올바르지 않은 것을 고르시오.

① 일반적으로 유통경로는 사회와 국가의 사회적 또는 문화적 특성을 반영하므로 일률적이지 않다.
② 일반적으로 유통경로의 유형에는 제품을 분류하는 과정에 따라 소비재 유통경로와 산업재 유통경로가 있다.
③ 유통경로 내의 특정 구성원은 후방구성원이나 전방구성원이 누구냐에 따라, 이들에게 제공되는 정보의 수준과 양이 다르다.
④ 유통경로는 마케팅 믹스 요소 중 시장변화에 따른 유연성이 가장 약하므로 유통경로의 변경이 요구되는 경우 장기적 의사결정이 요구된다.
⑤ 제조기업은 제품생산량에 따른 변동비의 비중이 높은 반면에 유통기업은 내부기업의 수에 따른 고정비의 비중이 높기 때문에 제조기업에 비해 유통기업이 규모의 경제를 실현하기에 용이하다.

제조업체에서는 고정비(Fixed Cost)와 변동비(Variable Cost)를 구분할 때 고정비가 차지하는 비중이 변동비보다 크기 때문에 생산량이 증가할수록 단위당 생산비용이 감소하는 규모의 경제에는 유리하다.

해답 **17** ② **18** ⑤

19 유통산업에서 경제적 환경변화는 유통기업의 전략적 의사결정에 많은 영향을 미치게 된다. 다음 중 전반적으로 경제 환경이 인플레이션기에 접어든 경우, 유통기업이 특히 중점적으로 취해야 할 올바른 방법에 해당하는 것으로 묶인 것을 고르시오.

(1) 고급 · 고가 상품의 확대
(2) 포장비와 같은 촉진비용의 확대
(3) 생산성이 낮은 인력이나 시설 정리
(4) 부가적 상품서비스의 확대
(5) 자가 상표의 비중 증대
(6) 재고비용/수송비용의 축소

① (1)-(2)-(4)
② (3)-(5)-(6)
③ (1)-(2)-(5)
④ (2)-(5)-(6)
⑤ (3)-(4)-(6)

인플레이션(Inflation)은 화폐가치가 하락하여 일반 물가수준이 지속적으로 상승하는 현상을 말한다. 경제 환경이 인플레이션기에 접어든 경우에는 생산성이 낮은 인력이나 시설을 정리하고, 자가 상표의 비중을 가급적 증대하며, 비용절감을 위한 노력으로 재고비용과 수송비용 등을 축소해야 한다.

20 다음 중 유통구조의 수직적 통합에 대한 이론적 근거로서 가장 옳지 않은 것을 고르시오.

① 유통경로에 대한 통제수준이 높다면 유통경로에 대한 수직적통합의 정도가 강화되고, 이러한 경우에는 기업에 의하여 지배받게 된다.
② 가격과 같은 시장정보가 자유롭게 노출되기 보다는 소수의 집단에게만 공유되어 있는 경우, 정보의 비대칭싱이 발생하므로 이를 해소하기 위해 수직적 통합을 시도하게 는경우가 일반적인 특색이다.
③ 인간은 계약과 관련된 복잡한 상황을 다룰 수 있는 합리성을 기본적으로 지니고 있으므로 시장에서 수직적 통합을 선호하게 된다.
④ 구매자와 공급자 간의 거래가 일회성에서 그치는 것이 아니라 반복적일 경우 수직적 통합을 선호하게 된다.
⑤ 불확실한 상황 하에서 수직적 통합은 거래 상대방에 대해 높은 수준의 통제력을 발휘할 수 있고 기회주의적인 행동을 방지할 수 있다.

우답풀이 인간은 계약과 관련된 복잡한 상황을 다룰 수 있는 합리성을 기본적으로 지니고 있다면 시장에서 수평적 통합을 선호하게 된다.

해답 19 ② 20 ③

21 최근 유통업계에서는 업종의 개념보다는 '업태개념'에 입각한 유통업의 분류가 점차 중시되고 있다. 업태개념에 따라 유통업의 분류가 중요하게 인식되는 이유나 배경으로 거리가 가장 먼 것은?

① 업태(type of operation)란 판매방법이나 점포의 운영형태의 차이를 기준으로 한 분류이다.
② 소비자 욕구의 다양화로 이에 대응하고자 하는 유통기업이 상품의 판매방법, 가격 그리고 제공하는 서비스 등을 다른 기업과 차별화하고자 하는 경향이 증가하고 있기 때문이다.
③ 유통기업은 다양한 상품을 취급하기보다 자신의 지위나 영향력을 높이고 상품의 차별화 및 구매에서 규모의 경제를 통한 이익을 추구하기 위해 특정 상품에 집중하는 경향이 강하기 때문이다.
④ 최근 소매기업은 제조업자의 판매 대리기관으로서의 역할을 수행하기 보다는 독자적이고 모험적으로 사업을 전개하고자 하는 성향이 강해지고 있기 때문이다.
⑤ 점포가 취급하는 상품의 물리적 특성을 강조하여 판매하는 방식에서 탈피하여 소비자의 편익이나 가치를 중시하는 경영방식이 기업의 성과에 있어 중요한 영향을 미친다는 인식이 확산되고 있기 때문이다.

특정 상품에 집중하는 경향이 강하다고 할 수 있는 것은 업종(type of Business)이라 할 수 있다.

22 다음은 집약적 혹은 집중적 유통(intensive distribution)의 장점을 설명한 내용으로 가장 거리가 먼 것은?

① 소비자들의 충동구매를 증가시킬 수 있으므로 매출수량 및 매출액 상승효과가 발생할 수 있다.
② 제조업체는 다른 유통형태에 비해 유통경로 구성원에 대한 통제가 용이하여 자사의 마케팅 전략 및 정책을 일관되게 실행할 수 있다.
③ 소비자가 특정 점포 및 브랜드에 대한 애호도가 낮은 경우에 선호되며, 제품에 대한 인지도를 신속하게 높일 수 있는 장점이 있다.
④ 소비자의 구매 편의성을 증대시키기 위해 가능 한 한 많은 유통점포들이 자사제품을 취급하게 하는 전략이다.
⑤ 집중적 유통경로 전략은 희망하는 소매점이면 누구나 자사의 상품을 취급할 수 있도록 하는 것이다.

집중적 유통(intensive distribution)은 다수의 도매상을 활용하는 경로의 길이가 긴(long) 경로구조는 폭넓은 분산된 시장을 획득할 수 있는데 비해, 경로구조가 짧은(short) 직접경로의 유통은 시장을 유지시키는데 적합하다.

21 ③ 22 ②

23 수직적 마케팅 시스템(vertical marketing system: VMS)을 경로 구성원의 통합화된 정도가 낮은 수준에서 높은 수준의 순서로 나타낸 것으로 가장 적절한 것은?

① 계약형 VMS 〈 기업형 VMS 〈 관리형 VMS
② 기업형 VMS 〈 계약형 VMS 〈 관리형 VMS
③ 계약형 VMS 〈 관리형 VMS 〈 기업형 VMS
④ 관리형 VMS 〈 계약형 VMS 〈 기업형 VMS
⑤ 기업형 VMS 〈 관리형 VMS 〈 계약형 VMS

관리형 VMS 〈 계약형 VMS 〈 기업형 VMS 순으로 통합화가 높다.

24 다음은 어느 소매 업태에 대한 신문사설이다. 이 업태에 대한 조직구조의 형태에 대한 설명으로 가장 옳은 것은?

> 서울시가 대형마트 의무휴업 규정을 위반하고 영업을 강행하고 있는 코스트코를 압박하기 위해 전가의 보도인 불법행위 단속 카드를 꺼내들었다. 지난 10일 코스트코 매장 3곳을 대상으로 식품 · 소방 등 담당 공무원들이 집중적으로 들어가, 주정차 금지구역 위반 · 위생상태 불량 · 유도등 미설치 등 모두 41건의 불법행위를 적발했다는 것이다. 서울시는 오는 14일에는 인원을 더 늘려 2차 단속에 들어갈 예정이고 그래도 코스트코가 계속 의무휴업을 어긴다면 단속 횟수를 더 늘린다는 방침이다.
> 사건의 발단은 대형마트와 기업형 슈퍼마켓(SSM)에 대한 월 2회 의무휴업 조치에서 시작됐다. 대형마트들은 영업제한 집행정지 가처분 신청을 법원에 냈고, 법원은 절차상 문제로 영업규제 처분을 취소하라며 대형마트 손을 들어줬다. 서울시와 코스트코 간 갈등은 여기서 불거졌다. 소송에 침여한 대형마트가 영업을 재개하자 고스드고는 "법률은 영항을 받는 유사한 당사자에게 동일하게 적용돼야 한다"며 휴일영업을 강행했다. 하지만 서울시는 코스트코의 경우 소송에 참여하지 않았기 때문에 의무휴업을 지켜야 한다는 입장이다.

① 회원제 창고형 도소매점(Membership Wholesale Club)
② 양판점(General Merchandising store)
③ 할인점(Discount Store)
④ 백화점(Department Store)
⑤ 전문점(Specialty Store)

코스트코에 대한 신문사설, 코스트코는 회원제 창고형 도소매점이다.

해답 **23** ④ **24** ①

25 다음 중 유통점의 성과에 관한 설명으로 가장 적합한 것을 고르시오.

① 소매상의 재무적 능력은 상품의 수익률(margin)과 상품의 회전율(turn over)을 기반으로 결정된다.

② 유통업태의 입장에서 분석하면 일반적으로 상품의 회전율과 상품의 수익률은 상충관계를 갖는다.

③ 상품의 저수익률-고회전율 전략은 비교적 밀집된 상권에 위치하고 비교적 복잡한 조직구 조적 특징을 지닌다.

④ 상품의 고수익률-저회전율 전략은 비교적 분리된 상권에 위치하고 비교적 단순한 조직구 조적 특징을 지닌다.

⑤ 상품의 고수익률은 전문점보다는 할인점이 우월하고, 회전률은 편의점보다는 백화점이 높다.

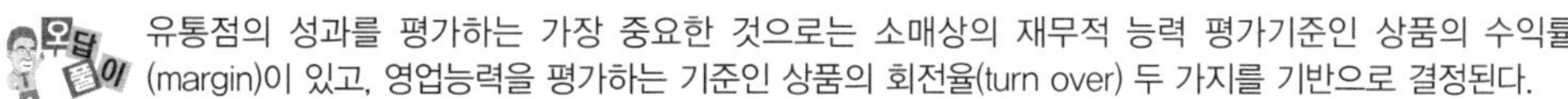
오답풀이 유통점의 성과를 평가하는 가장 중요한 것으로는 소매상의 재무적 능력 평가기준인 상품의 수익률(margin)이 있고, 영업능력을 평가하는 기준인 상품의 회전율(turn over) 두 가지를 기반으로 결정된다.

26 국내에는 유통관련된 다양한 기관들이 한국유통산업의 발전에 공헌하고 있다. 이런 기관의 업무에 대한 설명으로 가장 옳지 않은 것은?

① 산업통상자원부는 통상교섭 및 통상교섭에 관한 총괄 · 조정, 외국인 투자, 산업기술 연구개발정책 및 에너지 · 지하자원에 관한 사무를 관장하는 대한민국의 중앙행정기관이다.

② 대한상공회의소를 중심으로 전국도시에 상공회의소가 세워져 있으며, 상공회의소법을 기반으로 상공회의소가 세워지며 일정 조건을 충족한 기업은 단체에 가입을 해야 한다.

③ 한국유통관리사협회는 유통관리사 자격증을 취득한 자격사들의 모임단체로 한국유통과 관련된 교육과 정책에 대한 건의를 수행하고, 유통관련 교육을 진행하고 있다.

④ 한국산업인력공단은 국가자격 정보와 자격증과 확인서 발급에서부터 자격취득자 정보를 전달하며, 유통관리사자격증도 이곳에서 시행을 하고 있다.

⑤ 유통물류진흥원(GS1)은 상품 및 거래처의 식별과 거래정보의 교환을 위한 국제표준 식별코드, 바코드, 전자문서의 개발 및 보급,관리를 전담하고 있는 표준기구이다.

오답풀이 유통관리사자격증 시행을 하고 있는 기관은 상공회의소 검정사업단의 업무이다.

해답 25 ① 26 ④

27 유형점포는 영업을 영위하는 아주 중요한 장소이지만, 최근에는 경제환경의 발달에 따라 무점포업태의 증가현상이 뚜렷하게 나타나고 있다. 무점포업태의 유형에 해당하는 설명으로 가장 잘못된 것은?

① 조카의 학습을 지원하는 학습지 선생님은 매주 하루 30분씩 영어를 가르치고, 자료를 놓고 간다.

② 인터넷 멀티미디어 방송(IPTV)을 통해서 최근 유행하는 아웃도어를 신발과 함께 구입을 하였다.

③ 전철역을 타고가다가 스마트폰을 이용하여 신규발매된 유료어학용 어플을 다운받아 공부를 한다.

④ 퇴근길에 결혼기념일을 축하하기위해 제과점에서 케이크를 사고, 근처 꽃집에서 장미꽃 한다발을 구입한다.

⑤ 아주 친한 친구의 권유로 건강보조식품을 판매하는 다단계업체에 들어가서 하위 판매자로서 영업을 한다.

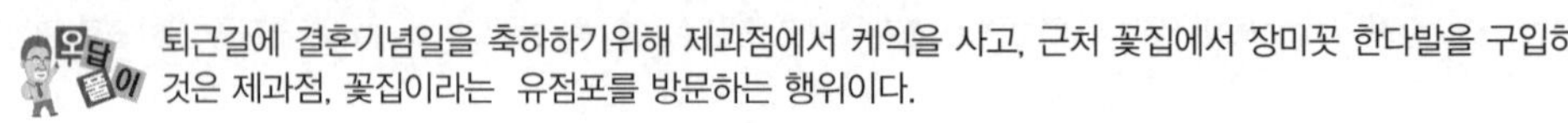
오답풀이 퇴근길에 결혼기념일을 축하하기위해 제과점에서 케익을 사고, 근처 꽃집에서 장미꽃 한다발을 구입하는 것은 제과점, 꽃집이라는 유점포를 방문하는 행위이다.

28 최근 유통경로에서 중시되고 있는 소비자환경에 대한 설명으로 가장 잘못 설명된 항목은?

① 현대의 소비자들은 점점 더 작고, 간단한 것에 관심을 기울이고 있기 때문에 현재의 소비성은 간단한 방법과 편리함을 선호하는 방향으로 발전하고 있다.

② 가정에서 사용하는 생활용품도 세대별로 구입하는 것으로 보아 자신만의 가치창조를 추구하는 경향이 높아지고 있다.

③ 경제성장과 산업의 발달로 인하여 소득수준이 향상되고 소비자들은 고급화 · 다양화된 상품과 서비스를 요구하고 문화, 교육, 오락, 여가활동에 대한 관심을 증가 시키게 되었다.

④ 그린(green)제품 개발 등 자연친화성의 강화와 함께 소비자에게 편리성, 경제적 이득을 제공할 수 있도록 대응하는 전략이 필요하다.

⑤ 주부들의 취업으로 인하여 소득 수준이 향상되었고, 가정용 기기의 발달, 출산 자녀 수의 증가 등으로 가사노동이 증가되고 있다.

오답풀이 주부들의 취업으로 인하여 소득 수준이 향상되었고, 가정용 기기의 발달, 출산자녀 수의 감소가 되고 있으며, 전자기기의 발전으로 인해 주부들의 가사노동은 오히려 감소되고 있다고 보고되어 있다.

해답 27 ④ 28 ⑤

29 다음 글상자 안의 유통경로구조의 설계 및 관리에 대한 설명 중 올바른 내용으로 구성된 것은?

가. 관리형 수직적 경로구조의 구성원들은 자율적인 상호이해와 협력에 의존하므로 협력해야 할 계약이나 소유권에 매우 강한 구속을 받는다.
나. 경로구성원간의 정보불균형성이 존재할 때 수직적 통합은 기회주의를 감소시켜 거래비용을 줄일 수 있다.
다. 프랜차이즈 시스템은 계약형 수직적 경로구조로서 주로 합법적 파워에 의해 운영된다.
라. 연기-투기이론에 의하면 경로구성원들 중 누가 재고를 유지해야 하는가의 문제가 경로구조를 결정할 수 있다고 한다.
마. 경로 커버리지 전략 중 전속적 유통은 중간상의 풀(pull)보다는 소비자의 푸시(push)에 의해서 팔리는 상품에 적합하다.

① 가, 나, 다 ② 가, 다, 마 ③ 나, 다, 라
④ 나, 다, 마 ⑤ 나, 라, 마

관리형 VMS(administered VMS)란 경로구성원들 중에서 가장 규모가 크거나 시장영향력이 큰 구성원(경로지도자, channel captain)이 다른 구성원들에게 비공식적으로 영향을 미쳐 생산이나 유통활동을 조정하는형태로 경로구성원들 간의 상호이익을 바탕으로 맺어진 협력시스템이라고 볼 수 있다.

30 소매상은 상품의 다양성(variety)과 전문성(assortment)을 추구하는 정도에 따라 상품의 기획능력이 결정되고, 결과적으로 점포의 경영성과에 영향을 미치게 된다. 어떤 소매상이 다음 박스안의 내용과 같은 특성을 추구한다면, 다양성과 전문성의 수준이 어떠하다고 평가할 수 있는지 고르시오.

가. 편의지향고객을 목표로 한다.
나. 관리의 용이성을 추구할 수 있다.
다. 적은 투자비용을 기대할 수 있다.
라. 제한된 시장에서 점포를 운영하고자 한다.
마. 내점 빈도가 낮다는 단점을 감수하여야 한다.

① 높은 다양성-높은 전문성 ② 낮은 다양성-높은 전문성
③ 높은 다양성-낮은 전문성 ④ 낮은 다양성-낮은 전문성
⑤ 중간 다양성-중간 전문성

다양성(variety)과 전문성(assortment)측면에서 높고 낮음으로만 한정하여 평가를 한다면 박스내용은 '편의지향고객' 같은 곳에서 낮은 다양성을 '관리의 용이성' 등에서는 낮은 전문성을 찾을 수 있다.

해답 29 ③ 30 ④

유통 마케팅

31 중간상은 생산자가 제시하는 구색 수준과 소비자가 요구하는 구색 수준의 차이를 극복해주는 '분류기능'을 수행하는데, 다음 중 중간상의 이 기능(분류기능)과 가장 거리가 먼 것을 고르시 오.

① 특정한 제품을 소비자에게 제공하는 유통(distribution) 기능 수행
② 동질적인 제품을 소량의 단위로 축소하는 분할(allocation) 기능 수행
③ 재판매를 위해 제품들을 특정한 제품군으로 통합하는 구색(assortment) 기능 수행
④ 소단위판매, 신용과 금융제공, 상품의 구색, 기술 지원(support)을 갖추는 기능 수행
⑤ 이질적인 제품들을 동질적인 몇 개의 제품군으로 조정하는 분류(sorting out) 기능 수행

분류(sorting out)기능은 소비자가 원하는 정도를 분류하여 제공하는 기능을말한다. 이는 유통(distribution) 기능에 포함되는 기능이다.

32 거래 비용(Transaction Cost)는 어떠한 재화 또는 서비스 등을 거래하는 데 수반되는 비용이다. 이에 대한 설명으로 가장 적합하지 않은 것은?

① 코즈(Coase)의 관점에서는 기업이 존재하는 이유는 시장을 통해 시장을 통한 거래비용이 기업조직을 통한 경제활동비용에 비하여 훨씬 더 낮기에 내부조직이 생겨난다는 것이다.
② 가치의 가격뿐 아니라 거래 전에 필요한 정보수집단계, 협상단계, 계약이 준수하는데 필요한 비용, 처음 계약의 불완전으로 인한 비용 등 전체적인 면에서의 비용을 모두 포함한다.
③ 거래비용이론은 유통경로시스템 구성원들 간의 기회주의적 행동경향을 기본적인 가정으로 하고 있으며, 거래비용으로 인하여 시장실패의 가능성을 초래할 수 있음을 주장하고 있다.
④ 거래비용이론에서 설명하고 있는 소위 수직적 계열화가 발생하는 이유는 유통시장에 소수의 거래자만이 참가하고 있을 경우나 자산의 특수성 또는 거래특유자산이 존재하는 경우, 경로구성원들 간에 기회주의적인 행동이 발생할 수 있기 때문이다.
⑤ 거래비용이론에 의하면 거래 특유적 자산이 이전될 경우 교환파트너의 기회주의적 행동에 의한 피해 가능성이 높아져, 철저한 감시체계나 타율적 제재 등 권위통제메커니즘을 통한 보호 장치의 필요성을 증가시킴으로써 수직적 통합의 가능성을 높인다.

코즈(Coase)의 관점에서는 기업이 존재하는 이유는 시장을 통해 시장을 통한 거래비용이 기업조직을 통한 경제활동비용에 비하여 훨씬 더 높기에 내부조직이 생겨났다고 보았다.

33 소매기관의 발전과정을 설명하기 위한 변증법적 과정이론에 대한 내용으로 가장 거리가 먼 것은?

① 전문점, 백화점이 '정'이라면 카테고리 전문점은 '반'이 되고, 종합할인점은 '합'이 된다.
② 전문점은 고마진, 저회전율, 고가격, 상대적으로 좁은 상품의 폭과 깊은 구색을 갖는다고 본다.
③ 종합할인점은 전문점에 비해 저마진, 저서비스 수준을 갖고, 상대적으로 상품의 다양성을 지닌다고 본다.
④ 새로운 소매기관들은 다른 경쟁업체들로부터 특징들을 차용하는 점포에서 발생한다.
⑤ 카테고리 킬러의 경우 전문점에 비해 낮은 가격을 추구하고, 종합유통점에 비해 제한된 서비스의 제공과 깊은 상품의 구색을 지닌다.

전문점, 백화점이 '정'이라면 '반'은 할인점이 되고, 종합할인점은 '합'이 된다.

34 유통경로 설계는 기업의 입장에서 상당히 중요한다. 다음 중 유통경로에 대한 설명으로 가장 거리가 먼 것은?

① 일단 구축되면 이를 변경하기가 용이하지 않은 특징이 있으므로 전통적마케팅 4P의 믹스 구성요소 중 가장 신중한 관리가 필요하다.
② 고객이 제품이나 서비스를 사용 또는 소비하는 과정에 참여하는 독립적인 조직들의 집합체로서, 경로구성원은 자신의 활동을 수행함에 있어 다른 경로구성원에 독립되어 있어 효율적이다.
③ 유통경로내의 중간상은 제조업체로부터 공급받은 제품을 그대로 소비자에게 전달하는 단순한 역할을 수행하는 것이 아니라 제품이 지닌 가치에 새로운 가치를 추가하는 역할을 수행한다.
④ 유통경로내의 중간상은 제품의 구매와 판매에 필요한 정보탐색의 노력을 감소시켜 주고, 제조업자와 소비자의 기대차이를 조정해 준다.
⑤ 유통경로내의 중간상은 반복적인 거래를 가능하게 함으로써 구매와 판매를 보다 용이하게 해주고, 교환과정에 있어 거래비용 및 거래횟수를 줄임으로써 효율성을 높여준다.

유통경로는 상호 의존적인 특징을 가지고 있다.

33 ① 34 ②

35 다음 중 유통범위(Market Coverage)에 대한 설명으로 가장 올바르지 않은 것은?

① 주어진 영역 내에서 중간유통기관을 어느 정도 밀집시키느냐 하는 것이다.
② 제품의 특성, 유통환경, 구매자의 욕구 및 기대수준의 차이로 유통의 범위는 다양하다.
③ 집중적 유통경로, 선택적 유통경로, 전속적 유통경로 등의 세가지 전략적 선택이 있다.
④ 유통경로 내에서 중간유통기관의 수를 얼마나 할 것인가를 결정하는 것이다.
⑤ 중간상이 자시의 제품이나 서비스를 원활하게 요청할 수 있도록 중간상을 조합하는 것이다.

오답풀이 유통범위(Market Coverage)는 시장커버리지 정책(market coverage policies)과 같은 말로서 유통경로 내에서 중간유통기관의 수를 얼마나 할 것인가를 결정하는 것부터 시작한다.

36 유통경로 당사자들이 선택하는 유통경로의 구조를 결정하는 전략이나 이론으로 가장 적합한 설명은?

① 고객들의 유통서비스 요구가 세련되고 복잡할수록, 고객이 원하는 1회 구매량이 적다거나 부수적 서비스를 많이 원할수록 유통경로의 길이는 길어진다.
② 유통경로에 대한 통제수준이 높다면 유통경로에 대한 수평적 통합의 정도가 강화되고 이러한 경우에는 기업에 의하여 지배받게 된다.
③ 연기투기이론에서 투기가 연기를 지배한다면 유통경로에는 많은 중간상들이 이득을 노리고 진입을 할 것이므로 유통경로는 짧아진다.
④ 선택적 유통경로는 전속적 유통경로에 비하여 제품에 대한 노출이 확대되며, 개방적 유통경로에 비하여는 소매상의 수가 많기 때문에 유통비용이 절감된다.
⑤ 생산자의 수는 적고, 공급자의 시장진입과 탈퇴에는 제한이 있으며, 시역적으로 집중적인 생산이 된마면 유통비용 측면에 있어서는 장기적으로 안정적이다.

② 유통경로에 대한 통제수준이 높다면 유통경로에 대한 수직적 통합의 정도가 강화되고 이러한 경우에는 기업에 의하여 지배받게 된다.
③ 연기투기이론에서 투기가 연기를 지배한다면 유통경로에는 많은 중간상들이 이득을 노리고 진입을 할 것이므로 유통경로는 길어진다.
④ 선택적 유통경로는 전속적 유통경로에 비하여 제품에 대한 노출이 확대되며, 개방적 유통경로에 비하여는 소매상의 수가 적기 때문에 유통비용이 절감된다.
⑤ 생산자의 수는 적으며, 공급자의 시장진입과 탈퇴에는 제한이 있고, 지역적으로 집중적인 생산이 되며, 유통비용 측면에 있어서는 장기적으로 불안정하다.

해답 **35** ⑤ **36** ①

37 일반적으로 소비재시장에서의 도매상을 둘러싼 환경이 매우 열악한 반면, 산업재 유통업자(industrial distributor) 역할의 중요성은 더욱 확대될 가능성이 높다. 다음 중 이러한 경향을 설명할 수 있는 이유나 원인으로 보기 가장 어려운 것은?

① 제품의 원가상승으로 유통업자에게 물류기능을 위탁하는 물류아웃소싱을 추구하는 제조업자가 늘어나고 있다.
② 상품들이 표준화됨에 따라 상표명의 중요성이 퇴색되고, 그 결과 유통업자에 의한 고객통제력이 강화되고 있다.
③ 유통업자들에 의한 조립 및 가공생산을 통해 고객들에 대한 부가가치서비스가 보다 증대되고 있다.
④ 대량일괄주문 경향이 늘어남으로써 유통업자인 도매상 과 소매상의 파워가 점차 강화되고 있음을 볼 수 있다.
⑤ 원료나 재공품을 취급하는 산업재 유통업자들은 유통하는 산업재를 반드시 도매상이나 대리점을 경유할 필요는 없다.

산업재 유통업자(industrial distributor) 역할의 중요성이 확대될 가능성이 높다는 것은 소비재와 산업재의 특징에서 찾을 수 있다. 산업재는 대부분이 중간재 성격을 가지고 있어 가공품의 성격이 강하다. '대량일괄주문 경향이 늘어남으로써 유통업자(도매상 및 소매상)의 파워가 강화되고 있음을 볼 수 있다'는 내용은 소비재의 특징이다.

유통 마케팅

38 일반적으로 고객과 기업 사이에 단기적 거래보다는 관계적 거래가 유지될 경우, 거래 당사자들에게 거래의 위험이 줄어들고 거래비용이 감소된다고 한다. 다음 중 이러한 관계적 거래의 특징으로 거리가 가장 먼 것은?

① 고객과 통합의 정도가 높다.
② 고객과의 상호작용이 긴밀해진다.
③ 모든 고객의 중요성이 평준화 된다.
④ 고객과 기업은 직접적으로 접촉하게 된다.
⑤ 구매 상대방에게 더욱 종속될 위험성이 높아진다.

우답풀이 관계적 거래는 장기적인 거래를 하는 것을 말하는 것으로 장기적인 거래를 하다보면 고객의 가치가 각각 다르고, 다른 만큼의 다른 가치를 부여해야 할 것이다.

37 ④ 38 ③

39 3가지 유통전략적 대안과 그에 맞는 상품 예를 (가)~(다) 순서대로 가장 바르게 연결한 것은?

유통경로전략적 대안	상품 예시
(가) 집약적 유통 (나) 선택적 유통 (라) 전속적 유통	ㄱ.생수, 담배, 청량음료, 비누,껌 ㄴ.가전,화장품, 의류, 산업재 부속품 ㄷ.고급승용차, 건설장비, 고급가구

① ㄱ, ㄴ, ㄷ ② ㄱ, ㄷ, ㄴ ③ ㄴ, ㄱ, ㄷ
④ ㄷ, ㄴ, ㄱ ⑤ ㄷ, ㄱ, ㄷ

경로집약도(channel intensity)와 관련하여 경로설계자가 선택할 수 있는 경로커버리지 대안으로 크게 집약적 유통, 선택적 유통, 전속적 유통시스템을 들 수 있다. 청량음료 등의 편의품은 집약적 유통을 이용하고, 의류 등의 비교선택을 특징으로 하는상품은 선택적 유통을 이용하며, 고급승용차 등은 전속적 유통을 이용한다.

40 다음 중 유통경로에 대한 설명으로 가장 거리가 먼 것은?

① 일단 구축되면 이를 변경하기가 용이하지 않으므로 마케팅믹스 4P 구성요소 중 가장 신중한 관리가 필요하다.
② 유통경로내의 중간상은 제품의 구매와 판매에 필요한 정보탐색의 노력을 감소시켜 주고, 제조업자와 소비자의 기대차이를 조정해 준다.
③ 유통경로내의 중간상은 반복적인 거래를 가능하게 함으로써 구매와 판매를 보다 용이하게 해주고, 교환과정에 있어 거래비용 및 거래횟수를 줄임으로써 효율성을 높여준다.
④ 고객이 제품이나 서비스를 사용 또는 소비하는 과정에 참여하는 독립적인 조직들의 집합체로서, 경로구성원은 자신의 활동을 수행함에 있어 다른 경로구성원에 독립되어 있어 효율적이다.
⑤ 유통경로내의 중간상은 제조업체로부터 공급받은 제품을 그대로 소비자에게 전달하는 단순한 역할을 수행하는 것이 아니라 제품이 지닌 가치에 새로운 가치를 추가하는 역할을 수행한다.

유통경로는 독립적인 특성보다는상호 의존적인 특징을 가지고 있다.

해답 39 ④ 40 ④

41 동기부여 이론에 관한 다음 설명 중 가장 적절하지 않은 것은?

① 허쯔버그(Herzberg)의 2요인이론(Two Factor Theory)에 의하면, 회사의 정책, 작업조건, 급여 등의 요건이 충족되어도 만족도가 증가하지는 않는다.
② 기대이론(Expectancy Theory)에 의하면, 개인이 특정한 성과를 달성했을 때 최종적인 보상을 받을 수 있는 가능성에 대한 주관적 믿음을 기대(expectancy)라고 하며, 이는 '0'부터 '10'까지의 값을 가진다.
③ 공정성 이론(Equity Theory)에 의하면, 과다보상을 받았다고 인식할 경우에도 비교대상이 되는 사람을 변경하거나 다른 사람의 투입과 산출을 다르게 해석하려고 노력할 수 있다.
④ 핵크만(Hackman)과 올드햄(Oldham)의 직무특성이론(Job Characteristics Theory)에 의하면, 직무의 자율성이 '0'의 값을 가지면 잠재적 동기지수(MPS: Motivating Potential Score)는 '0'의 값을 가진다.
⑤ 목표설정이론(Goal Setting Theory)에 의하면, 목표의 특성과 종류뿐만 아니라 상황적 요인에 따라서도 성과가 달라질 수 있다.

오답풀이 기대이론(Expectancy Theory)에 의하면, 개인이 특정한 성과를 달성했을 때 최종적인 보상을 받을 수 있는 가능성에 대한 주관적 믿음을 기대(expectancy)라고 하며, 이는 '0'부터 '1'까지의 값을 가진다.

유통 마케팅

42 다음 중 아래의 (가), (나), (다), (라)에 들어갈 적합한 내용(용어)을 순서대로 올바르게 나열한 것은?

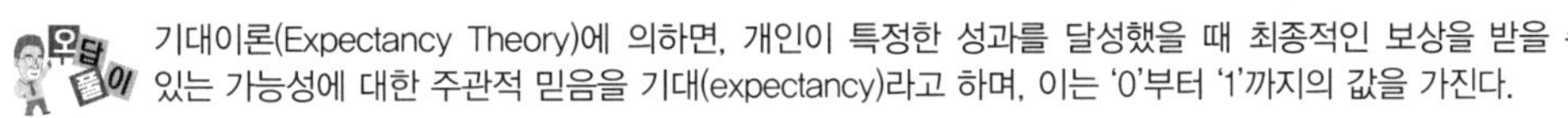

생산이 (가)을(를) 창출하고 소비가 (나)를(을) 창출하는 의미가 있다면 물류는 (다)과(와)(라)를(을) 창출함으로써 양자를 연결시킨다.

① 형태효용–시간효용–소유효용–장소효용
② 형태효용–소유효용–시간효용–장소효용
③ 장소효용–시간효용–소유효용–형태효용
④ 시간효용–장소효용–소유효용–장소효용
⑤ 소유효용–형태효용–장소효용–시간효용

오답풀이 생산이 재화(형태)를 창출하고 소비가 소유(매매)를 창출하는 의미가 있다면 물류는 생산시점과 소비시점의 시간과 장소적인 괴리를 좁히는 효용을 창출함으로써 양자를 연결시킨다.

해답 41 ② 42 ②

43 서비스의 수요조절 전략 사례로 가장 옳지 않은 것은?

① 한국전력은 한여름의 전력 수요를 감소시키기 위해 대중매체를 통해 에너지 절약의 방법을 홍보한다.
② 호텔은 비수기를 위해 기업단위의 연수고객을 유치하거나 다양한 패키지 상품을 개발하여 이용률을 높인다.
③ 도심의 중심시장 상가에 인접한 은행들은 시장 거래를 마감하는 새벽에 시장 상인들을 대상으로 하는 금융서비스를 제공한다.
④ 항공사는 피크 시에 고가격 정책으로 수익성을 확보하고, 피크 타임이 아닌 경우에는 저가격 정책으로 수요를 증대시킨다.
⑤ 레스토랑은 대기시스템을 이용해서 일정 수요를 고정시킨다.

레스토랑은 식사를 하는 곳이므로 대기시스템을 이용해서 일정 수요를 고정시키는 것에 한계가 있다.

44 소매업체가 지속적으로 경쟁우위를 확보할 수 있는 요소에 대한 설명으로 가장 옳지 않은 것은?

① 소매업체들은 공급업체와의 강력한 유대를 통해 인기상품을 우선적으로 공급받는 배타적 권리를 확보할 수 있다.
② 정교한 물류시스템의 활용은 소매업체의 효율성을 증대한다.
③ 온라인 소매업체의 결정적 경쟁요소는 입지이다.
④ 고객충성도는 강력한 소매브랜딩, 포지셔닝, 충성도프로그램에 의해 구축되며 경쟁력 강화에 매우 중요한 요소이다.
⑤ 백화점과 같은 고품격 서비스를 제공하는 소매업체는 고객서비스의 질을 향상함으로써 경쟁력을 강화할 수 있다.

온라인 소매업체는 상거래가 이루어지는 장소가 온라인(인터넷)이므로 오프라인에서 필요한 입지는 중요하지 않다.

해답 43 ⑤ 44 ③

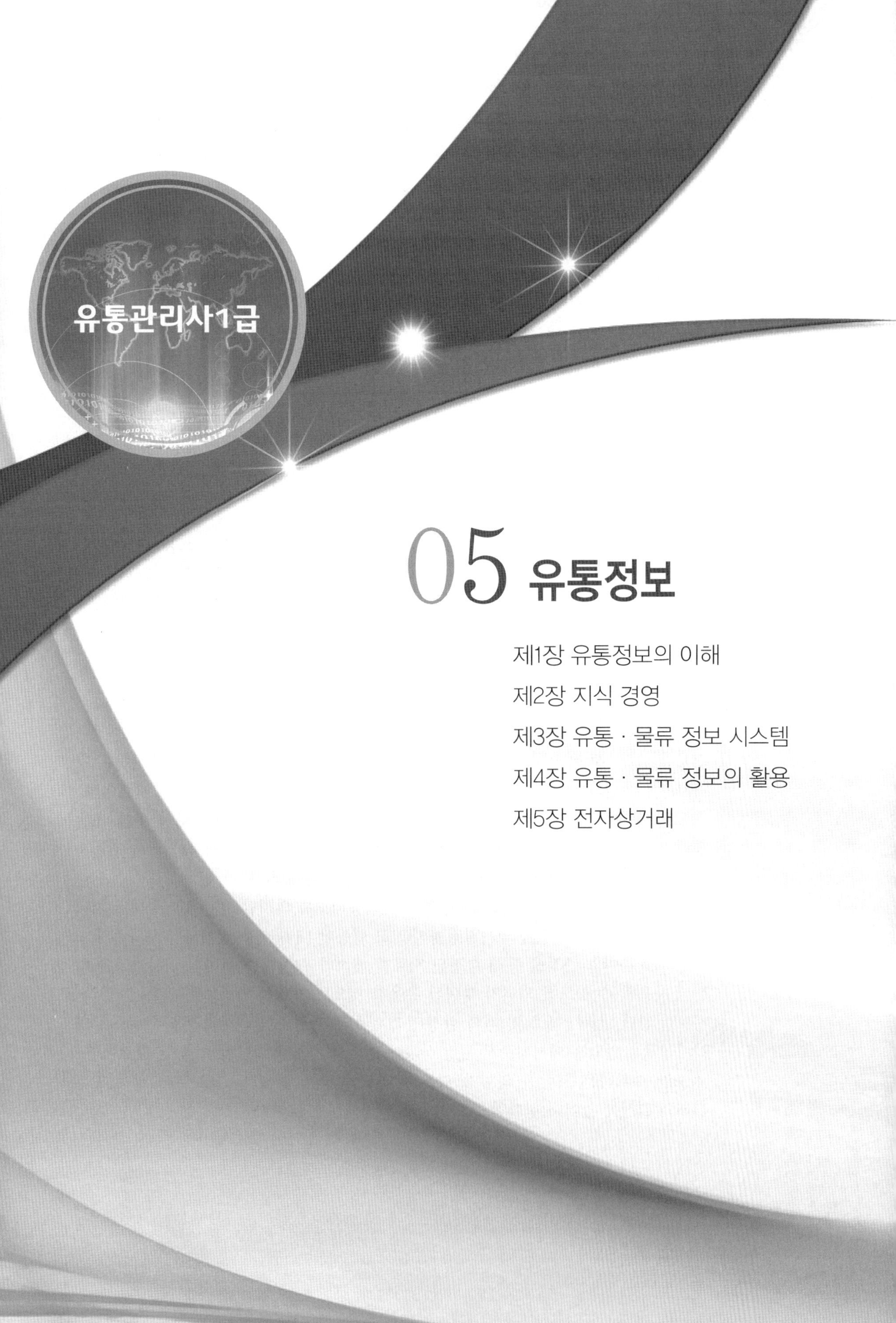

05 유통정보

제1장 유통정보의 이해
제2장 지식 경영
제3장 유통 · 물류 정보 시스템
제4장 유통 · 물류 정보의 활용
제5장 전자상거래

Chapter 1 유통정보의 이해

01 유통 정보 일반

1. 유통 정보

(1) 정보의 기원

① 정보(information)의 기원은 생물의 탄생과 함께 시작되었다. 생물은 생존유지를 위해 끊임없이 외부로부터 그를 둘러싼 정황에 관한 소식을 얻고, 이를 식별 · 평가하여 외부환경에 대응하는 행동을 취한다.

② 정보에는 반드시 「생활주체 → 객체 → 소식 → 평가 → 행동선택 → 효용실현」이라는 사이클(cycle ; 循環過程)이 있게 마련이며, 이를 '정보 사이클'이라 한다. 그리고 '정보의 효용'은 어떤 특정의 목적을 달성하기 위한 행동선택에 작용하는 유용성이다.

③ 생물의 진화와 함께 정보의 개념도 복합화 · 고도화하여, 인간의 경우에는 언어나 문자와 같은 고도의 정보매체가 생산되었고, 정보는 인간이 사회생활을 유지하는 데 필요 불가결의 생활용구가 되었다.

(2) 정보의 개념

① 정보란 판단, 선택, 예측, 계획, 설정 등의 행동과 관련하여 의사결정을 수행하는 당사자에게 유입되는 메시지로서 특정 상황에 있어서 가치를 판단할 수 있는 자료이다.

② 정보란 수취하는 사람이 의미가 있는 형태로 처리할 수 있는 자료로서 현재 또는 장래의 결정에 있어서 현실적으로 가치가 인정되는 자료이다. 경영자나 의사 결정자들에게 유용한 정보가 되기 위해서는 정보의 품질이 중요하다.

③ 정보는 개인이나 조직이 의사결정을 하는데 사용되도록 의미있고 유용한 형태로 처리된 것이며, 인간이 판단과 의사결정을 내리고 행동할 때 방향을 정하도록 도와준다.

④ 정보는 관측이나 측정을 통해 수집된 자료를 해석하고 정리한 것이며 의사결정을 하는데 사용될 수 있도록 의미가 부여된 유용한 것으로 자료를 가공하여 얻을 수 있다.

⑤ 정보란 판단, 선택, 예측 및 계획 설정 등의 행동과 관련하여 의사결정을 수행하는 당사자에게 유입되는 메시지로서 특정 상황에 있어서 가치를 판단할 수 있는 자료이다.

⑥ 정보란 수취하는 사람이 의미가 있는 형태로 처리할 수 있는 자료로서 현재 또는 장래의 결정에 있어서 현실적으로 가치가 인정되는 자료이다.

(3) 현대의 정보

① 현대정보는 어떤 행동을 취하기 위한 의사결정을 하기 위해 수집한 각종 자료를 처리하는 데이터 상호관계를 말한다.

② 협의의 정보는 관측이나 측정을 통해 수집된 자료(Data)를 문제해결의 수단으로 해석 · 정리한 지식을 말한다.

③ 광의의 정보는 우리가 일상생활에서 수집 가능한 모든 자료(Data)들 중에서 목적 달성을 위한 의사결정의 수단으로 사용되는 지식을 말한다.

④ 정보는 어떤 행동을 취하기 위한 의사결정을 하여 수집된 각종 자료를 처리하여 획득하는 것이라 볼 수 있다.

⑤ 정보는 정제되지 않은 자료를 정리 해석하여 의사결정 수단의 핵심으로 개인이나 조직의 행동 방향을 결정하는 데 도움을 준다.

⑥ 유용한 정보를 얻기 위해서는 방대한 자료를 객관적 · 체계적으로 수집 · 전달 · 보관하기 위한 시스템이 전제되어 있어야 한다.

⑦ 정보의 처리과정은 데이터(Data)를 수집하고, 입력시킨 후 가공처리를 거쳐 출력과정을 거친 후 정보를 활용한다.

(4) 정보의 특성

① 신뢰성(Reliability)

㉠ 정보는 신뢰할 수 있어야 하며, 신뢰성의 원천은 데이터의 원천 및 수집 방법에 있다. 신뢰성 있는 정보는 그 원천 자료와 수집 방법에 관련이 있기 때문에 소문만 가지고 전달될 수 없다.

㉡ 실제거리에서 발생한 자료를 바탕으로 분석한 정보에 대해 신뢰할 수 있어야 올바른 의시결정에 도움이 된다.

② 경제성(Economical)

㉠ 필요한 정보를 얻기 위해서는 경제성이 있어야 한다. 경제성이 없으면 정보라 할 수 없다.

㉡ 정보를 얻기 위한 비용보다는 정보 이용에 따른 가치 창출이 더 많아야 한다.

③ 적시성(Timeliness)

㉠ 정보는 필요로 하는 시점에 제공될 때 그 가치를 발휘하게 된다. 시기를 놓친 정보는 가치가 없다.

㉡ '고기를 잡으러 나가는 어부에게는 오늘의 기상 정보가 필요한 것이지 어제의 기상 정보는 가치가 없는 정보일 뿐이다' 말하는 것은 '적시성'의 중요성을 강조한 것이다.

④ 관련성(Relevancy)

㉠ 정보는 의사결정자에게 매우 중요하므로 의사결정자와 관련성이 있는 정보를 제공해야 한다.

㉡ 정보는 활용되기 전에 의사결정과의 적합성 여부가 품절차원에서 검토되어야 한다.

⑤ 정확성(Accuracy)

㉠ 정보는 소문처럼 오류나 왜곡, 변질되어선 안되며 공고문처럼 정확히 전달되어야 한다. 정보의 정확성을 해치는 가장 큰 요인은 수집단계에서 발생하는 오류이다.

㉡ 정보는 자료의 의미를 편견의 개입이나 왜곡 없이 정확하게 전달해야 한다. 제품판매나 일반소비자에 대한 정보수집기능은 주로 소비자들에 의해 수행되어 이들의 정보수집능력은 정보의 정확성에 가장 큰 영향을 가지게 되므로 경로구성원들의 노력이 요구된다.

⑥ 입증 가능성(Verifiability)

㉠ 정보는 입증 가능해야 한다. 입증 가능성은 같은 정보에 대해 다른 여러 정보원을 체크함으로써 살펴볼 수 있다.

㉡ "작년 우리나라 경제 성장률이 5%입니다."라고 했을 때 그 정보는 반드시 부가적인 데이터를 통해 입증되어야 할 것이다.

⑦ 완전성(Completion)

㉠ 정보는 그 내용에 문제 해결에 필요한 핵심적인 중요한 것이 충분히 내포되어 있어야 하고, 중요한 정보가 충분한 것이 완전한 정보이다.

㉡ 정성적 가치판단 기준 중의 하나로서 완전성을 지나치게 추구하다 보면 정보의 과부하 현상과 연관되어 있다.

⑧ 단순성(Simplicity)

㉠ 정량성이라고도 하며, 정보수집의 자동화는 엄청난 양의 다양한 정보를 수집하게 되고, 과다한 정보의 양은 정보의 효율적 이용을 저해(과부하)하기 때문에 적절한 양의 정보공급이 필요하다.

㉡ 정보가 너무 복잡하거나 상세하면 불필요한 정보가 되기에 정보는 핵심을 판단할 수 있도록 가급적 단순해야 한다.

⑨ 접근성(Accessibility)

㉠ 정보의 저장방법에 의해 영향을 받는다.

㉡ 정보는 공간적으로 쉽게 접근 가능할수록 가치가 증대된다.

㉢ 인터넷상의 정보는 VAN에 존재하는 정보보다 접근성이 높다.

(5) 정보과부하(information overload)

① 인간은 입력신호를 받아들이고, 그에 따른 반응을 하거나 출력을 나타낼 수 있는 능력에는 한계가 있기에 너무많은 정보는 좋은 것만 있는것이 아니라는 것이다.

② 입력이인간의 정보처리능력을 초과하는 경우에는 소위 정보과부하(information overload)가 일어나게 되어 반응률이나 또는 성과가 오히려 감소하는 경향을 보인다.

③ 인간은 이와 같은 정보과부하를 막기 위해 불요불급한 정보를 미리 제외하는 여과과정(filtering)을 통해 입력정보의 양을 자신이 다룰 수 있는 범위 내로 조절하게 된다. 필터링은 수신자에게 더 잘 보이기 위해 전달자가 의도적으로 정보를 조작하는 현상이다.

④ 인간은 보통 자신의 사전 지식 및 경험에 의해 미리 불필요한 정보를 제거하거나 체계적 의사결정절차를 활용함으로써 필요한 정보만을 받아들이는 등의 방법을 통해 여과과정을 수행한다.

⑤ 정보시스템구축에 있어서 경영자들에게 가장 중요한 것 중 하나는 "필요한 정보를 제공하는 것" 못지 않게 "필요 없는 정보를 제공하지 않는 것"이 중요하다.

⑥ 정보과부하 현상 예방방법은 불필요한 정보를 제외하고, 경험적 준거체계를 이용하며, 체계적인 의사결정과정을 활용해야 한다.

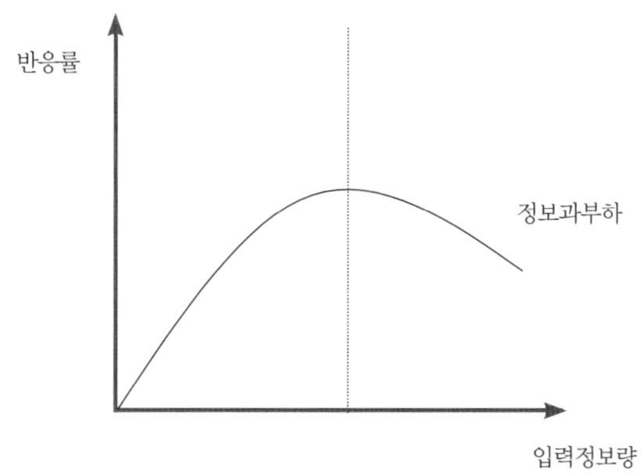

(6) 지식정보처리(Knowledge Information Processing)

① 지식정보처리의 개념

㉠ 인간이 가지고 있는 지능적인 활동을 과학적으로 파악하여 기계적(수리적)인 모델로 설명하는 일을 말한다.

㉡ 인간은 시청각기구를 통해서 외계로부터 들어오는 여러 가지 정보를 식별, 그 뜻을 이해하여 외계의 상황을 정확하게 파악할 수 있다.

㉢ 자신이 원하는 목표나 목적을 달성하기 위해서,이들 외계상황에 비추어 문제를 해결하기 위한 사고와 추리를 한다.

㉣ 자연 언어에 의해서,상당히 자유로운 형식으로 정보를 전달할 수 있고, 자연언어와 같이 자유로운 형식으로 표현되어 있는 정보의 의미를 이해할 수 있다.

② 지식정보처리의 기능

㉠ 상황인식 · 문제해결 · 자연언어의 이해 · 패턴이해 등의 활동을 통해서 얻은 과거의 경험이나 지식을 기억하여, 후에 이들 경험이나 지식을 잘 활용해서 여러 활동의 최적화 · 경제화를 도모할 수 있는 학습능력도 갖추고 있다.

㉡ 인간이 가지는 지식 정보처리기능의 본질적인 기본기능은 무엇인가, 또는 현재 컴퓨터의 하드웨어 · 소프트웨어의 기술로는 어디까지 실현시킬 수 있는가 등에 대해서 어느 정도의 식견을 쌓고 있다.

ⓒ 지식정보처리에는 지식을 데이터로 다루어야 하고, 이를 위해서는 기호처리기능이 필수적이다. 또, 방대한 지식의 집합체를 관리하기 위한 지식 베이스 기능과, 지식 베이스상의 추론조작에 의해서 실행을 제어하는 추론처리기능의 구체화가 필요하다.

(7) 인간의 정보처리과정

① 인간은 감각기관으로부터 입력된 신호를 두뇌가 처리해서 손과 발 등을 통해 반응한다.
② 인간은 정보여과 과정을 통해 자신에게 불필요한 정보를 줄일 수 있는 능력이 있다.
③ 인간은 정보처리능력 이상으로 정보가 입력되면 정보처리 능력이 저하되기 시작한다.
④ 인간의 정보처리과정은 표시기(정보근원), 감각, 지각, 판단, 응답, 출력, 조작기구로 나누어 생각할 수 있다

2. 정보와 유사 개념

(1) 자료(Data)

① **자료(Data)의 개념**: 정보작성을 위하여 필요한 자료를 말하는 것으로, '아직 특정의 목적에 대하여 평가되지 않은 상태의 단순한 여러 사실'을 말한다. 어떤 현상이 일어난 사건이나 사상을 사실 그대로 기록한 것으로 숫자, 기호, 문자, 음성, 그림, 비디오 등으로 표현된다.

② **질적 자료(qualitative data ; 정성적 자료)**: 수치로 측정이 불가능한 자료로서 분류자료(categorical data ; 범주형 자료)라고도 한다. 예를 들면 전화번호, 등 번호, 성별, 혈액형, 계급, 순위, 등급, 종교 분류 등이 이에 속한다.

③ **양적 자료(quantitative data ; 정량적 자료)**: 수치로 측정이 가능한 자료이다. 예를 들면 온도, 지능지수, 절대온도, 가격, 주가지수, 실업률, 매출액, 기업내 과장의 수 등이 이에 속한다.

(2) 지식(Knowledge)

① 지식(知識)은 동종의 정보가 집적(集積)되어 일반화된 형태로 정리된 것으로, '어떤 특정목적의 달성에 유용한 추상화되고 일반화된 정보'라고 할 수 있다.

② 지식은 교육, 학습, 숙련 등을 통해 사람이 재활용할 수 있는 정보와 기술 등을 포괄하는 많은 의미를 내포하는 광범위한 용어로 최근에는 한 사람뿐 아니라 집단의 사람이 재활용할 수 있는 정보와 기술도 지식이라고 부른다.

③ 지식이란 정보가 축적되어 체계화되고, 한층 더 농축된 상태로 원리적, 통일적으로 조직되어 객관적 타당성을 요구할 수 있는 판단의 체계로서 다양한 종류의 정보가 축적되어 특정 목적에 부합하도록 일반화된다.

④ 개인이나 조직이 의사결정을 하는데 사용되도록 의미 있고 유용한 형태로 처리된 것으로 넓은 뜻으로는 어떤 사물(事物)에 관하여 명료한 의식을 지니는 것으로서 알고 있는 내용이며, 알려진 사물의 뜻이 되기도 하고,사물에 관한 개개의 단편적인 사실적 · 경험적 인식의 뜻이다.

⑤ 좁은 의미로는 주관적으로나 객관적으로나 확실한 의식을 지식이라고 한다. 이 경우 사물의 성질, 다른 것과의 관계 등에 관하여 참된 판단을 지닌것이며, 지식은 억설이나 상상과는 달리 보편타당성을 필요로 하며 거기에는 사고(思考)의 작용이 곁들인다.

⑥ 넓은 뜻으로는 어떤 사물(事物)에 관하여 명료한 의식을 지니는 것으로서 알고 있는 내용, 알려진 사물의 뜻이 되기도 하며, 사물에 관한 개개의 단편적인 사실적 · 경험적 인식의 뜻이다. 좁은 의미, 즉 엄밀한 의미로는 주관적으로나 객관적으로나 확실한 의식을 지식이라고 한다. 이 경우에는 사물의 성질, 다른 것과의 관계 등에 관하여 참된 판단을 지닌다는 것을 말한다.

(3) 지혜(Wisdom)

① 지혜(智慧/知慧)는 이치를 빨리 깨우치고 사물을 정확하게 처리하는 정신적 능력이다. 지식에 의해서 얻을 수 있는 것이라는 의미에서 발전하여, 지금은 주로 사리를 분별하며 적절히 처리하는 능력을 가리킨다.

② 지혜는 효과적이고 효율적으로 지각과 지식을 적용하므로 원하는 결과를 생성하는 능력이며 많은 사람들이 이해 할 수 있는 근거가 있어야 한다. 그러기 위해서는 자신의 감정을 잘 조절 할 수 있어야한다.

③ 지혜는 공공의 이익과 평화를 가져올 수 있어야 진정한 지혜로운 행동이라고 할 수 있다. 비슷한 의미를 가지는 단어로는 '현명함', '슬기로움', '통찰력' 등이 있다.

④ 동양에서의 군자의 4덕목 중 '인', '의', '예', '지' 중 '지(智)'가 바로 지혜로움을 뜻한다. 지식이 많아도 지혜가 없으면 머리만 무겁고, 지혜가 있어도 지식이 부족하다면 능동적인 정신활동을 하기 힘들다.

3. 정보산업

(1) 정보산업의 개념

① 정보산업은 정보의 가치 가운데서 특히 정보의 상품적 가치를 부각시켜 모든 정보유통분야에 자본과 경영, 전문인력과 연구개발 등을 투입하여 이윤추구를 목적으로 하는 산업조직을 말한다.

② 산업발전 초기단계에서의 정보처리에 관한 여러 공업의 발달은 정보기기의 여러 기술개발이 선행되어야 가능하였다.

③ 최근에 이르러서는 이와 반대로 소프트웨어의 혁신적인 기술개발에 따른 정보처리기술의 발전이 정보기기의 발전을 유도하는 현상을 보이고 있다.

④ 정보산업은 이와 같이 정보의 수집 · 축적 · 처리 · 검색 · 전송 · 이용 등 정보유통의 모든 과정에서 사용될 수 있는 반도체, 각종 컴퓨터 장비, 위성통신을 포함하는 전자통신 및 네트워크 기술 등 핵심적인 첨단자동화 기기들이 포함된다.

⑤ 정보 산업체는 정보를 높이고 수익을 증대시키기 위한 개인적 또는 기업적 경제활동을 영위한다. 따라서 현대 정보화 사회에 있어서 정보는 화폐가치가 매개되는 거래의 대상이 되고 있으며 그 값의 결정은 수요공급의 법칙에 따라 이루어지는 기본적인 경제행위에 따르고 있다.

⑥ 오늘날 미국 · 일본 · 유럽공동체 등 선진 자본주의 국가들은 정보기술의 생산 및 정보산업을 중심으로 자국의 산업과 경제를 세계 경제시장으로 확대하는 데 전력을 기울이고 있다.

(2) 정보의 가치

① 개인적 가치

㉠ 개인적 가치는 특허나 저작권과 같이 정보의 가치를 개인의 자산적 성격으로 규정하여 법으로 보호하는 것을 말한다.

㉡ 기업이나 개인의 사생활에도 적용하여 사적 정보가 외부의 남용에 의해 초래될 수 있는 불이익으로부터 보호받을 권리를 의미한다.

② 상업적 가치

㉠ 상업적 가치는 정보의 상품성을 강조하는 것으로 서적 · 신문 · 방송 등의 미디어 산업에서 보는 바와 같은 정보의 상품화를 말한다.

㉡ 특히 오늘날 미디어기술의 발전과 함께 사회체제의 미디어 의존도가 더욱 높아지면서 정보를 '팔고 사는' 경제활동은 더욱 증대되고 있다.

③ 공공적 가치

㉠ 공공적 가치는 도서관 · 문화원 · 미술관 · 박물관 등의 공공시설에서 누구나 정보를 접할 수 있는 기회가 제공되며 언론의 자유, 의사 표현의 자유, 정보접촉과 이용의 자유 등 자유로운 정보유통체제가 확립될 수 있도록 하는 제도적 장치를 의미한다.

㉡ 내용은 첫째 정보를 전달할 수 있는 정보기기 및 그 부분품을 제조하는 '정보기기 제조업'과, 둘째 정보의 처리 · 가공을 최종상품으로 하는 '정보처리에 관한 여러 공업' 또는 '정보통신 서비스업'으로 크게 구분된다.

㉢ 구체적으로 정보기기에는 컴퓨터 및 그 주변기기와 통신기기 및 그 부분품 등이 포함되므로 광의로는 전자산업에 속한다고도 볼 수 있으므로 정보기기 제조를 중심으로 하는 정보산업을 전자산업과 동일시하기도 한다.

④ 정보기술이 중요한 이유

㉠ 생산성 향상의 기초

㉡ 최근 정보기술에 대한 투자비중 확대

㉢ 정보기술에 의한 경쟁우위 지속기간의 단기성

㉣ 정보기술의 활용능력과 전략수행 능력의 상호의존성 증대

⑤ 정보화로 인한 개인 직무상의 변화
㉠ 직무환경이 보다 공식화되는 경향이 있다.
㉡ 일반사무직원들의 업무가 자동화되는 비율이 가장 높다.
㉢ 전문직에 대한 일반인의 취업문호가 넓어지는 경향이 있다.
㉣ 관리직들은 자료의 수집 및 보관 업무에 보다 적은 시간을 할애할 수 있다.

4. 정보의 분류

(1) 정보활동 주체별 분류

① 기업 정보
㉠ 기업 정보는 영리를 추구하는 기업이 사업을 경영하여 이윤을 창출하는 관점에서 수집하고, 이윤 추구에 가장 큰 목적을 가지는 정보의 형태이며, 기업의 조직과 형태에 따라 다양한 모습을 띠게 된다.
㉡ 백화점이 세일에 앞서 경기 동향이나 소비자 트렌드 및 니즈(needs) 조사를 통한 적절한 상품 및 가격을 결정하는 것과 같은 정보 등이다.

② 개인 정보
㉠ 개인 정보는 개인의 보다 향상된 자기 생활을 위하여 필요한 정보이다.
㉡ 자기 계발과 직관된 정보, 일상생활과 연관된 정보, 인간관계와 연계된 정보, 자기 목적에 부합된 정보 등 개인의 능력과 노력 여하에 따라 선택하는 것이 다양한 형태로 나타난다.

③ 국가 정보
㉠ 국가 정보는 공익의 목적을 추구하고 달성하기 위해 필요한 정보로서 외교, 경제, 안보, 치안 등 다양한 국가의 이익에 부합되는 정보를 말한다.
㉡ 국정원과 같은 기관에서 수집되는 정보로서 그 가치에 따라 공개 형태와 비공개 형태로 다시 구분되어 국가 차원의 목적을 달성하는 데 활용되고 있는 정보 등을 말한다.

④ 단체 · 법인 정보
㉠ 대부분 비영리법인이나 단체 등이 그 단체의 목적을 달성하기 위해서 조직 · 범위 · 능력 · 특성 · 구성에 따른 다양한 정보 수집 활동과정을 지칭한다.
㉡ 한국노총이나 민주노총 등이 노사분규나 타협에 앞서 여론 조사를 통해 파업 결정에 대한 적절한 시기를 결정하는 것과 같은 정보의 일종이다.

(2) 정보 내용의 형태별 분류

① **대상별 정보:** 어떤 목적을 추구하는 데 관련되어 있거나 입장이나 관계가 명료한 상태에 대한 정보로서 타깃고객 정보, 경쟁사 정보, 거래처 정보, 환경 단체 정보 등이 있다.
② **국가 및 지역별 정보:** 국가 또는 지역의 내부 및 외부를 통해서 수집된 정보의 일종으로 국내정보, 국외정보, 유럽정보, 중동정보, 미주정보 등과 같은 것으로 분류된다.

③ **영역별 정보**: 관련된 해당 분야에 관해서 수집된 정보 체계로서 경제정보, 언론계정보, 정계정보, 금융정보, 학계정보, 여성계정보 등이 있다.

④ **내용별 정보**: 사업 또는 업무에 필요한 정보로서 기상정보, 취업정보, 과학기술 정보, 군사정보, 학술정보, 주식정보 등이 있다.

⑤ **건명별 정보**: 핵심 사업 또는 사건에 관련된 정보로서 북핵정보, 유전정보, 독도정보, 사업수주 정보, 신도시 정보 등이 포함된다.

(3) 활용 범주별 분류

① 내용 정보

㉠ 고객의 주문 내용이나 재고 수량 등 과거에 일어난 일에 대한 기록이다.

㉡ 과거의 서태지 신드롬이 불러일으킨 시장 경제의 영향력과 소비자 패턴의 변화에 따른 기업의 콘텐츠 변화로 만들어진 수익 창출을 극대화한 결산과 같은 정보를 말한다.

② 형식 정보

㉠ 상품 또는 대상물의 형태와 구성요소를 묘사하는 정보를 말한다.

㉡ 컴퓨터의 경우 HDD의 용량, 디자인, LCD 모니터의 크기, USB 슬롯의 위치, 메모리 용량, 그래픽 카드 사양, S/W의 구성, 가격, 소재, PC사양과 같은 정보를 말한다.

③ 형태 정보

㉠ 컴퓨터를 이용하여 3차원적 공간에서 모의실험을 함으로써 얻어지는 정보를 말한다.

㉡ 방송국의 시뮬레이션 스튜디오, 우주 비행을 위한 모의 무중력 실험 등에서 얻어지는 정보로서 실물실험의 대체를 통한 유용성이 상당히 증가된다.

④ 동작 정보

㉠ 정교한 동작으로 즉각 변형이 가능한 정보이다.

㉡ 무인 우주선, 무인 비행선, 산업용 로봇, 무선 자동차 등과 같이 명령의 입력에 따라 즉각적인 통제 정보의 변경이 이루어지는 정보 등이 있다.

5. 정보화 사회

(1) 정보화 사회의 개념

① 정보화 사회(information society)는 정보가 유력한 자원이 되고, 정보의 처리 · 가공에 의한 가치의 생산을 중심으로 발전해가는 사회, 정보의 대량 생산 유통 소비에 의해 특정 지어지는 사회, 탈공업 사회의 특징적 상황을 나타내는 개념으로 정보를 가공, 처리, 유통하는 활동이 활발하여 사회 및 경제의 중심이 되는 사회이다.

② 정보화 사회(情報化社會)는 정보가 경쟁력의 원천이 되는 사회로 정보 · 기술(IT)을 통해 가치 있는 정보가 창출 · 활용되고, 대량의 정보처리 능력을 가진 컴퓨터에 의해 주도되는 사회를 말한다.

③ 정보화 사회는 물자의 생산 주체로부터 지식 정보의 생산 주체의 사회로서, 정보의 가치를 일상생활 속에서 쉽게 얻을 수 있고, 인간욕구 충족의 한 방식으로 자리 잡게 된 사회를 말한다.

④ 정보화 사회는 정보가 유력한 자원이 되고 컴퓨터 기술과 전자기술 및 정보 · 통신기술 등의 발달과 함께 정보가 생활의 핵심이 되고, 사회 구성원은 이러한 정보를 이용하여 생활에 적용하는 사회이다.

⑤ 정보화 사회는 정보의 수집 · 처리 · 전달 등의 정보 관련 활동이 모든 생활 영역에서 핵심이 되고 사회 구성원의 욕구를 충족시키는 데 정보가 가장 핵심적인 역할을 수행하는 사회를 의미한다.

⑥ 물질 에너지뿐 아니라 그 이상으로 정보의 역할이 중시되는 사회를 정보화 사회라 하며 그것에 도달하는 과정을 정보화라 한다. 이러한 발상은 다니엘 벨의 '탈공업화 사회(Post Industrial Society)', 앨빈 토플러의 '제3의 물결(The Third Wave)'에서 찾아볼 수 있다.

(2) 정보화 사회의 특징

① 정보화에 대한 인식이 보편화되면서 정보화 사회에 대비하여 정보통신 기술 및 뉴미디어의 개발이 정보화를 통한 가능성의 타진과 정보화 사회는 현재 산업사회가 안고 있는 구조적인 모순과 한계, 즉 산업사회가 안고 있는 물질자원과 에너지의 고갈, 자연파괴, 공해 및 환경오염 등의 문제를 극복하여 풍요롭고 복된 삶을 우리 인류에게 가져올 것으로 기대된다.

② 정보의 원할한 유통으로 인한 사회생활 전 분야에서의 정보이용 및 정보시스템의 일반화가 이루어 질 것이며, 산업구조는 자원을 대량 소비하는 '하드웨어(hardware)형 경제구조'를 거쳐 정보화, 지식집약화, 서비스화 등으로 집약되는 이른바 '소프트웨어(software)형 경제구조'로 전환 될 것이다.

③ 생산방식도 소품종 대량생산 위주에서 다품종 소량생산 위주로 바뀔 것이며, 이와 더불어 자원, 에너지의 유한성 문제를 극복하기 위하여 에너지 자원 절약형 시스템을 구축하려는 욕구와 함께 에너지 다소비형 산업의 비중이 감소하고 상대적으로 에너지 소비가 적은 서비스 산업의 비중 증대로 자원 절약형 시스템이 이룩될 것이다.

④ 기술집약적인 공업화 사회에서 지식 집약적 정보화 사회 형태로 전환되기 위한 첨단통신 기술이 주도하는 사회가 될 것이며, 정보통신 기술의 고도화 및 네트워크화에 의한 종합지능통신망(UICN:Universal &Intelligent Communication Network)이 구축될 것이다.

⑤ 과학기술의 발전에 힘입어 인간 수명의 연장에 의한 고령화가 촉진될 전망이며 세대당 자녀수가 감소하는 반면, 고등교육에 대한 욕구가 증대되고 고학력화가 촉진될 것이다.

⑥ 고도 정보화사회에서는 국제화, 개방화의 추세에 따라 정치, 경제, 사회, 문화 등 거의 모든 영역에서 국가간의 교류가 증대될 것이며, 기업의 해외진출 확대와 서비스 시장의 국제화, 네트워크화 등에 의해 국제적인 상호 의존관계가 더욱 심화될 것으로 보인다.

(3) 정보화 사회의 등장 배경

① 산업사회가 성숙해짐에 따라 정보 이용자들의 욕구가 다양해지고 개인적 · 사회적 욕구 변화를 충족시키기 위해 정보 · 통신기술이 발달함에 따라 정보화 사회가 등장하게 되었다.

② 광섬유나 반도체 및 컴퓨터 공학의 발달과 인터넷 등의 발달로 일반인들도 쉽게 정보를 접할 수 있게 되어 정보화 사회가 되었다.

③ 정보화 사회는 필요적인 측면과 기술적인 측면이 서로 통합되어 상승작용을 일으켜 사회전반에 걸쳐 빠른 속도로 일어나고 있다.

④ 근거리 통신망(LAN), 부가가치 통신망(VAN), 유선방송 등의 발달과 특히 인터넷 기술의 발달은 정보를 실시간에 광역적으로 전달할 수 있게 하여, 정보의 전달에 있어서 시간과 위치의 한계를 극복할 수 있게 하였다.

(4) 유통 및 정보기술 분야의 인력 간의 의사소통 협상

① 두 분야의 원활한 의사소통을 위해 시스템분석자는 의사소통기술에 능통해야 한다.

② 유통분야 경영자는 정보기술에 대한 이해를 위한 관련 잡지와 신문 등을 읽는 것이 바람직하다.

③ 각 분야별로 자신들 만의 경험 및 전문용어를 이용해서 상호의사 소통을 시도함으로써 상대분야 인력들이 이해를 못하는 현상이 발생한다.

6. 정보화 사회의 기능

(1) 사회적 측면

① 정보의 부가가치 증대 및 정보 시스템이 일반화되고, 이로 인해 다양화 및 분권화로 사회는 더 복잡해질 것이다.

② 정보화 사회에서 정보는 그 가치의 정도에 따라 큰 차이를 나타내고 있다. 또한, 디지털화된 서비스의 소비가 확산될 것이다.

③ 정보화 사회에서는 일반인들이 쉽게 접근할 수 있는 정보 시스템은 사회 발전과 더불어 더욱 많은 사람들이 공유할 수 있도록 일반화될 것이다.

(2) 경제적 측면

① 소비자 트렌드에 맞는 맞춤형 정보 서비스를 위해서는 다품종 소량생산으로 소비자의 욕구를 충족시켜 나갈 것이다.

② 에너지 및 자원 집약적인 하드웨어 중심에서 지식 및 정보 중심의 자원절약형 소프트웨어 중심의 경제구조로 전환될 것이다.

③ 지식 및 정보 중심의 자원절약형 소프트웨어 구조 중심, 다품종 소량생산, 정보의 처리, 가공, 분석에 따른 부가가치의 극대화가 이루어질 것이다.

(3) 산업적 측면

① 제조업 중심의 산업구조에서 지식 및 정보를 통한 가치 창출 중심이 산업구조로 전환될 것이다.

② 표준화되고 정형화된 대량 생산체제의 2차 산업 구조에서 지식 · 정보가 기업의 부가가치를 높여주는 산업구조로 전환될 것이다.

③ 2차 산업은 집약적이고, 표준화 형태의 대량 생산을 기본산업 구조로 가지고 있으나, 3차 산업은 정보를 핵심 영역으로 한 가치 창출을 근간으로 하고 있으므로 더욱 많은 산업 영역에서 역량을 발휘할 수 있을 것이다.

(4) 기술적 측면

① 기술은 더 이상의 지식적인 측면보다 앞서 나아갈 수 없는 시대에 직면했다.

② 공업화의 대표적 핵심 영역인 기술집약적 사회에서 정보 네트워크 기반인 지식집약적 정보화 사회로 변화될 것이다.

③ 고도의 정보 · 통신기술의 진전이 가속화됨으로써 자료의 이용 가치가 증가되고, 유통되는 정보량이 증대되면서 사회 구성원들에 의한 정보 접근성이 수월하게 되었다.

(5) 소비자 측면

① 기업 중심의 표준화 상품을 구매하던 시대에서 소비자 중심의 맞춤형 상품 구매가 가능해짐으로써 소비자의 권익과 서비스가 증진되고 있다.

② 소득의 증대 및 정보의 접근성이 용이하며, 부가가치를 향상에 따른 수익이 증대되며 개인의 욕구 충족을 위한 다양한 채널을 통한 만족도 향상이 달성된다.

③ 소비자의 상품 정보에 대한 접근성이 수월함으로 인하여 보다 값싸고 품질이 좋은 상품을 적기에 구매하여 활용할 수 있게 되었으며, 기업은 이러한 소비자의 구매 패턴을 적용하기 위해서 다양한 형태의 소비자 혜택을 제공하게 될 것이다.

(6) 국제적 측면

① 정보기술(IT) 및 네트워크 기술의 발전을 글로벌 네트워크의 향상으로 치열한 경쟁 구도가 만들어질 것이며, 그에 따른 이익집단화, 이익공동화, 개방화 등의 다양한 형태로 표출될 것이다.

② 정보는 이제 개인의 보고가 아닌 네트워크를 통한 글로벌 메시지로 활용되며, 전 세계가 하나의 시장으로 인식되는 전자상거래의 무관세화는 더욱 많은 기업들이 경쟁하고 상호 협력하여 이익을 추구하는 계기가 될 것이다.

(7) 개인적 측면

① 정보화의 영향력은 개인 생활양식의 전반적인 모습을 변화시키며 보다 개인의 안전성과 편의성을 극대화시켜주는 하나의 촉매제 역할이 가능하게 되었다.

② 정보는 개인의 생활양식을 변화시켜준다. 여가의 활용이 더욱 강화되고, 재택근무,

원격 진료, 건강 체크, 사이버 진료, 화상 회의, 휴대폰, 원격 제어 시스템 등과 같은 것은 많은 영향을 줄 것이다.

③ 참여민주주의 실현이 가능하게 될 것이다. 온라인을 통한 여론 조사, 투표, 국정 보고, 정책 검색 및 비교, 사이버 공간의 개인화 등을 통한 개인의 사회 참여와 개인만의 가치를 추구할 수 있다.

【산업 사회와 정보화 사회의 특성 비교】

구분	산업화 이전 사회	산업사회	정보화사회
생산 양식	채취	제조	프로세싱/리사이클링
동력 구분	천연 동력:바람, 물, 동물 등	인위적 동력:전기, 석유, 가스, 석탄, 원자력 등	정보:컴퓨터 및 자료전송 구조
전략적 자원	원재료	자본	지식
기술	기능	기계기술	지능기술
인력	장인, 농부, 수공업자	기술자, 숙련공	과학자, 전문가

7. 정보화 사회의 문제

(1) 과다한 정보의 홍수

① 정보화 시대의 정보의 형태나 종류가 인간이 충분히 소화해 내지 못할 만큼 방대하고, 무질서와 체계 없이 난립된 상태로 유통되고 있다.

② 지나치게 과다하고 소화되지 못한 정보들은 인간 본연의 가치 창출과 욕구 충족을 실행하지 못하고 정보에 의존하는 수동적인 인간으로 변화시킬 가능성이 높다.

(2) 개인의 사생활 침해

① 전산망의 구축과 관련하여 개인의 정보가 권력기관이나 타인에게 노출되어 불법적으로 사용될 가능성이 매우 높아지고 있다.

② 대다수의 개인 정보들이 자신도 모르게 대내외적으로 영리적 목적이든 다른 목적이든 활용될 수 있는 문제가 발생하여 뜻하지 않는 피해를 발생시킬 수 있다.

(3) 문화지체(Cultural lag) 현상

① 정보화는 다양한 정보의 활용에 있어서 특정한 절차를 거치는 과정이며, 이런 절차는 사회 계층간 및 연령대별 차이가 나타날 수 있으며 정보 · 통신기술의 발달과 함께 변화 속도에 적응하지 못하는 현상으로 부작용이 발생 가능함을 암시하고 있다.

② 뉴미디어를 비롯한 여러 발전된 매체들이 전달해 주는 서구 선진 사회의 정보가 사회 구성원들의 의식을 일깨워 주는 역할을 하는 반면, 이룰 수 없는 지나친 기대의 상승을 가져와 그들을 극도의 좌절 속으로 빠뜨릴 수 있다. 이러한 현상은 '기대상승에 따른 좌절상승(Rising expectation & Rising frustration)'으로 표현하였다.

(4) 감시와 통제 사회

① 특정 계층의 정보를 권력층이 가지고 이것이 대다수의 사람들에게 공익적인 목적으로 사용되지 않고 특정 계층의 이익을 위해 활용될 수 있다.

② 정보망 독점에 따른 타인을 감시 · 통제하는 정보 군주제의 형식으로 나타날 수도 있으며, 국가, 권력기관, 기업, 특정 정보망 관리자 등의 형태로 나타날 수 있다.

(5) 지식의 격차 증가

① 정보의 빈자(Information Poor)와 정보의 부자(Information Rich) 간의 지식의 격차(Knowledge Gap)가 더욱 가속화되어 정보 소외계층의 불평등한 형태가 이루어질 수 있다.

② 정보의 빈부 격차는 나중에 부 의 격차(Riches/Wealth Gap)로 발생을 하여 사회적 갈등을 발생시켜 사회문제화 될 수 있다. 따라서 누구나 쉽게 정보에 접근할 수 있는 장치들이 마련되어야 한다.

(6) 전통 문화의 소멸

① 정보화는 지구화, 국제화, 지구촌, 글로벌 등의 형태로 정보가 보다 많은 채널을 통해 유통되고 있다. 이것은 특정 국가들의 우위적 경제력에 의한 문화 전파의 역할을 대신한다고 볼 수 있다.

② 결과적으로 자극적이며 새롭고 다양한 문화의 형태가 정보화 사회 계층에게 직접적인 영향을 행사하게 된다.

③ 정보화는 국제사회에서 각 나라마다 가지고 있는 고유한 가치관과 고유의 전통 문화를 사라지게 한다. 또한 외래문화가 전통 문화를 잠식하여 국가의 정체성을 바꾸는 형태로 변모할 수 있는 심각한 우려를 발생시키고 있다.

(7) 청소년 문화의 왜곡

① 재미와 흥미 위주의 오락성 상업주의가 판을 치고 여기에 게임 중독 현상 및 정신적 문제 등이 청소년에게 심각한 영향을 준다.

② 공동체 의식의 사회 구성원으로서의 역할보다 개인주의 및 소수의 이기주의가 청소년의 성장에 커다란 영향을 주게 되면 성인으로서의 사회적 역할을 수행하지 못하는 정보화 중독 미아가 될 수 있다.

③ 확고한 자기의식이 없는 청소년은 아직 모든 면에서 판단의 기준을 제대로 정립하지 못하고 있는 세대이다. 이러한 정체성의 미확립은 학습의 기회와 함께 불건전성인 상품에 대한 왜곡된 정보들을 쉽게 접할 가능성이 높다.

(8) 기타의 영향

① 온라인 범죄, 채팅 언어, 언어의 왜곡, 불건전 정보의 유통, 개인주의 및 집단주의, 비방, 해킹, 욕설, 음란 대화, 도박, 게임, 통신 피라미드 등을 들 수 있다.

② 명예 훼손, 소외집단 비하, 사이버 성폭력, 바이러스 유포 등 다양한 정보화 사회의 특성처럼 다양한 범죄 수준의 현상들이 발생한다.

8. 정보화 사회의 기업환경변화

(1) 글로벌 시장체제로의 전환

① 글로벌 시장체제는 각국의 기업들이 이제 자국의 영업 판매 방식에서 탈피하여 세계를 영업권으로 두고 판매하는 글로벌 기업으로 변모하고 있다는 것을 말한다.
② 기업은 세계화, 글로벌화 추세에 맞는 기업 트렌드 구성과 영업망의 확대를 통한 신속하고 유연한 정보 시스템의 구성과 기업의 전략이 일치하도록 요구되고 있다.
③ 진입 장벽을 완화시키고, 무관세와 관세 인하, 외국인의 투자 확대, 자유시장 경제체제의 유입 등과 같이 세계 무역의 진입 장벽을 완화시키고 경쟁을 확대 · 심화시키는 동시에 소규모 틈새시장(Niche Marketing)과 타깃 고객을 대상으로 한 경쟁우위 전략을 모색하고 있다.
④ 시장경제 규모의 비경제성을 극복하기 위하여 대기업 위주의 문어발식 기업 확장과 비 전문화된 경영체제를 자제시키고 세계 속에서 경쟁력 있는 사업 분야를 특화시켜 서로 간에 협 력체제를 구축할 수 있는 여건을 만들도록 요구하여야 한다.

(2) 소비 패턴의 다양화 · 특성화 · 고급화 · 개인화

① 기업은 고객 욕구에 맞는 상품 개발과 전략적 접근 방식을 활용하여 전략적 상품 개발을 지속적으로 연구해야 하며 맞춤형 서비스를 개발해야 한다.
② 글로벌 소비자들의 변화는 기업들로 하여금 대량생산 시스템에서 소량생산 시스템으로 나아가 맞춤형 생산 시스템으로의 전환을 요구하기 때문에 제품의 수명 주기는 계속 단축되고 있다.
③ 기업은 소비 트렌드를 파악하여 시상경제 논리를 활용한 수익 창출을 하여야 하며, 글로벌 경쟁아래에서 기업은 정보화된 소비자의 트렌드를 신속히 파악하고 대응함으로써 보다 큰 수익을 창출할 수 있다.
④ 시간 가치의 요구 증대에 맞는 기업의 시스템 변화를 연구해야 하며, 기업은 고객만족 및 평생 고객화 서비스를 지향해야 하는데, 이는 고객의 다양성 충족, 개인적 욕구 충족, 품질 고급화 등의 개성적 트렌드 응대에 충실해야 한다.

(3) 제품 수명 주기의 단축

① 기업은 생산과 소비에 따르는 제품의 유통경로를 단축하여 고객 만족을 극대화함과 동시에 신속히 시장에 대응할 수 있는 신제품 개발을 하여 효율적인 관리를 수행할 수 있어야 한다.
② 글로벌 소비자는 어디에서 생산되든지 간에 자신에게 알맞은 제품을 구매하길 원하기 때문에 각국의 기업들은 특화된 제품으로 글로벌 소비자들의 주문에 맞게 소량생산 시스템을 유지하고 있어야 한다.

③ 기업은 소비자의 상황이나 환경 변화에 신속하게 대응할 수 있는 시스템을 구축하여 시장에서의 제품을 신속하게 진입과 퇴출을 결정하고 끊임없는 수익을 창출할 수 있도록 지속적인 노력이 필요하다.

④ 다양한 정보 매체를 통해 상품의 유통경로 및 제조원가나 제조일까지도 파악이 가능한 정보 능력을 이용함으로써 소비자들은 신속한 대응에 따른 제품의 시장 진입을 단축화시키는 것이 가능하다.

02 정보와 유통 혁명

1. 유통 혁명

(1) 유통 혁명의 개념

① 유통 혁명은 대량생산 · 대량소비의 진전에 따라 상품의 유통부문에 나타난 기구의 혁신을 나타내는 용어로 시대적 산업화 흐름과 밀접한 관련을 맺고 있다.

② 제2차 세계대전 후 미국의 경영학자 P. F. 드러커 등이 사용하였으며, 한국에서도 고도성장에 따라 일반화되고 있다. 종래의 일반적인 유통경로는 「생산자→도매상→소매상→소비자」라는 경로가 대표적이었다.

③ 유통혁명시대의 형태로서 체인스토어 · 슈퍼마켓 · 슈퍼스토어 · 디스카운트하우스 · 대중양판점 · 회원제 창고형 할인점 등이 유통혁명의 역군이 되고 있다.

⑤ 도매상의 배제나 계열화가 진행되었고, 운수 · 보관 · 포장 등의 유통근대화, 예를 들어 콜드체인(cold chain)이나 컨테이너 수송 등도 유통혁명의 한 예이다.

(2) 유통 혁명 시대의 특징

① 시장지배 구조의 변화

㉠ 소비자들의 구매 욕구와 구매 성향을 신속하고 정확하게 판단할 수 있게 되었다.

㉡ 제조업 지배 구조의 시장지배 구조가 유통업체 지배 구조 형태로 전환되었다.

② 경쟁력 핵심 요소의 변화

㉠ 기존의 유통은 가격과 품질이 유통 수단의 가장 강력한 경쟁력이었다.

㉡ 신 유통업체들은 소비자의 정보와 시간을 통한 만족도 향상으로 경쟁력을 증가시켜가기 때문에 기존의 가격과 품질의 경쟁력에 다양한 변화를 주고 있다.

③ 신유통업의 기술적 우위의 유통 구조

㉠ 정보화시대의 신 유통업체들은 고객과의 밀접한 관계 유지를 최고의 목적으로 생각하고 있다.

㉡ 신 유통업체들은 다양한 정보 시스템의 개발과 인적 · 물적 네트워크를 확충하여 고객대응에 새로운 흐름을 창조하게 되었다.

④ 고객 중심의 시장 변화

㉠ 상품 판매의 경우 불특정 다수에게의 표준화된 상품 판매에서 핵심 소비 성향이 강한 타깃 고객으로 전환되었다.

㉡ 틈새시장에서 특화적 성향을 나타내는 고객들에게 구매의 효과성을 상승시켜 특화 고객으로 되었다.

⑤ 조직의 유연성 강화

㉠ 정보화시대에서는 변화하는 시대적 흐름이 너무나도 빠르기 때문에 기업의 조직을 소비자 중심적인 변화로 이행시켜야 한다.

㉡ 기업의 이러한 유연성있는 변화는 기업이 살아남기 위한 가장 현실적인 대안으로 나타나고 있으며 시기적절한 형태의 조직 문화의 유연성은 소비자들에게 만족을 줄 수 있는 또 하나의 경쟁력이 되고 있다.

⑥ 기업유통 경영 시스템의 변화

㉠ 기업 중심의 경영 시스템에서 유통 시스템을 효과적으로 관리할 수 있는 공급체인관리 시스템(SCM)으로 경영 형태가 전환되었다.

㉡ 경영 시스템이 변화되어 수익의 원천이 정보화를 통한 가치 창출에 기준을 둔 경영을 하게 되었다.

⑦ 소비자의 시장 참여 확대

㉠ 소비자는 엄청난 정보 속에서 자신의 목적에 맞는 상품 정보를 쉽게 접할 수 있게 되었으며 이에 따른 소비자의 시장 참여가 다양하게 변화되었다.

㉡ 기업은 이러한 소비자들의 시장 참여를 활용한 상품 판매 전략과 유통 시스템의 변화를 수익 구조에 반영하게 되었으며 가격 정책, 품질 정책, 고객 정책에 반영하여 적극적으로 활용하게 되었다.

(3) 유통 혁명 시대의 클라우드 서비스(Cloud Service)

① 클라우드 컴퓨팅(cloud computing)

㉠ 클라우드 컴퓨팅은 인터넷 기반(cloud)의 컴퓨팅(computing) 기술을 의미하는 것으로 인터넷 상의 유틸리티 데이터 서버에 프로그램을 두고 그때그때 컴퓨터나 휴대폰 등에 불러와서 사용하는 웹에 기반한 소프트웨어 서비스이다.

㉡ 요즘 포털들에서 제공되고 있는 클라우드 서비스는 아직 초기적인 단계의 서비스로써 파일을 업로드 한 뒤 다양한 디바이스에서 볼 수 있는 정도의 서비스로 스토리지(storage)와 뷰어(viewer) 정도의 기능을 하는 초기적인 단계의 서비스이다.

② 클라우드 서비스(cloud service)의 내용

㉠ 클라우드 서비스를 통해 유통사업자들도 유통 · 물류기업 주문정보와 상품정보, 출고, 배송에 필요한 정보통신기술 인프라와 매출정보, 재고정보관리, 정보보안, 정보보안 운송장출력시스템 등 각종 애플리케이션 프로그램을 사용해 경영효율화를 기할 수 있다.

㉡ 유통기업에게 모바일 오피스 시스템의 구축은 영업 활동 강화, 유연한 근무환경 제공, 사내 협업 증진을 통한 생산성 향상 등의 효과를 기대하게 한다. 또 실시간 정보를 기반으로 고객 상담 능력이 향상되는 효과도 예상된다.

㉢ 영국의 대형 유통회사 테스코의 경우 매장 내 위성항법시스템과 고객의 스마트폰 간의 연동을 통해 고객이 편리하게 쇼핑할 수 있도록 도와주는 것이 대표적이다.

㉣ 테스코에서는 스마트폰 애플리케이션을 활용해 매장 위치 찾기, 원하는 제품 쉽게 찾기, 고객의 쇼핑 리스트에 맞는 최적의 이동 경로 등을 제공하고 있다. 여기에 스마트폰 카메라로 제품 바코드를 스캔하면 진열대에서 즉시 결제 등의 서비스도 제공된다. 쇼핑의 편의성과 효율성을 획기적으로 향상시킨 혁신 서비스인 것이다.

2. 유통업체의 변화

(1) 기업의 소비자 정보 중심 전략

① 유통업체의 변화는 정보 · 통신기술의 진전에 따른 고도의 정보 시스템 구축 및 운영으로 소비자 정보에 대한 습득과 활용 가치가 최고의 상태가 되었다.

② 이러한 정보 · 통신기술의 발달은 정보 시스템을 이용한 다양한 소비자 맞춤형 제품과 서비스로 소비자 대응력이 증가되었다.

(2) 소비자 구매 패턴의 변화

① 인터넷과 컴퓨터 보급의 확산으로 다양한 상품 정보를 손쉽게 획득하게 되었고, 따라서 고객욕구가 다양화되고, 시간 개념이 중요한 요인으로 작용하게 되었다.

② 소비자들은 인터넷 검색, 즐겨찾기, 포털사이트 등과 같은 다양한 정보 창구를 활용한 상품 정보의 수집으로 상품 구매시에 더 많은 기업간의 경쟁을 유발시켜 값싸고 품질이 좋은 상품을 선택하여 구매할 수 있게 되었다.

③ 특화된 소비자층의 커뮤니티가 활성화됨으로써 상품에 대한 평가 정보가 공유되고 그에 따른 상품 기준의 선택이 개인에게서 매니아 층으로 점점 더 확산되고 있다.

④ 대부분의 소비자층은 개인의 욕구에 맞고 신속한 상품 구매를 더욱 원하고 있으므로 기업은 소비자 트렌드 변화를 더욱 깊이 있고 세심하게 파악하여 효율적인 대응이 필요하게 되었다.

(3) 2천년대 이후 유통업체의 특징

① 인터넷의 확산에 따른 전자상거래(EC)의 출현으로 무점포 판매방식의 유통, 대량 유통, 맞춤형 유통, 신속대응 등의 다양한 시스템을 양산하며 새로운 유통시장의 흐름을 주도하게 되었다.

② 온라인 유통업의 전개는 오프라인(off-line)과 온라인(on-line)이 혼합된 형태를 띠고 있다는 점이 특징이고, 모바일을 이용한 거래의 증가를 들 수 있다.

③ 인터넷 전자상거래는 독립된 경제 주체로서의 조직과 조직 간에 이루어지는 B2B(Business to Business), 기업 등 조직이 개인을 대상으로 하여 상품, 서비스 등을 공급하는 거래 유형은 B2C(Business to Consumer)로 기본적으로 구분한다.

④ 인터넷에서 거래하는 경제 주체에 따라 기업과 정부 간의 거래인 B2G(Business to Government)와 중계업자가 상호 관여하는 거래 등 다양하게 분류할 수 있다.

(4) 유통업체의 과제

① 소비구조의 변화에 민감한 유통업으로서의 전환이 필요하다.

② 환경변화를 신속히 인지하고 수용할 전문적인 인적자원의 양성이 필요하다.

③ 급속히 증가한 거래량과 정보량의 소화를 위한 정보시스템의 구축이 필요하다.

03 정보와 의사결정

1. 의사결정(Decision Making)

(1) 의사결정 의의

① 의사결정은 가장 바람직한 상태를 달성하기 위하여 하나 또는 그 이상의 대안 중에서 가장 유리하고 실행 가능한 최적대안을 선택하는 의식적 과정이라고 정의할 수 있다.

② 기업은 기업의 목표설정과 목표달성을 위해 선택 가능한 여러 대안 가운데서 하나를 합리적으로 선택하고 결정하는 개인, 조직, 단체, 기업의 제반활동 및 행동을 말한다.

③ 의사결정이란 의사소통을 통하여 각 경로 구성원들이 서로 접촉하게 되는데 접촉의 빈도 그리고 지속된 접촉이 의사소통의 양을 결정하고 의사소통의 양이 적정 수준에 달했을 때 결정하는 행동을 말한다.

(2) 의사결정 특징

① 의사결정을 한다는 것은 의식적으로 사려 깊은 행동이므로 반사적인 반응이나 무의식적인 행동은 반응행동이나 습관이라고 하지 의사결정이라고 하지 않는다.

② 의사결정은 여러 대안 중에서 하나를 의식적으로 선택하는 것이기에 어떤 문제에 대해서 해결가능한 대안이 하나만 존재한다면 의사결정은 전혀 필요하지 않게 된다. 하지만 현실 세계에서는 대부분이 불확실 상황아래에서 다수의 대안을 선택하는 것이다.

③ 의사결정 과정에서 의사결정을 하는 당사자는 현 상황과 좀 더 나은 상황을 인식하고 그 차이를 문제화하여 현 상황을 개선하려는 목적의식이 포함되어 있다.

④ 기업에서 일상적으로 발생할 수 있는 의사결정의 사례이다. 시급노동자들이 과업 수행에 대한 초과 근무수당을 받을 자격이 있는가? 고객의 신용 등급 조정이 필요한

가? 하는 것은 구조적의사결정 내용이고, 지금 우리 기업이 새로운 시장으로 진출해야 하는가? 하는 것은 비구조적, 왜 지난 6개월 동안 미니애폴리스에 있는 유통센터에서 주문조달 보고서가 감소를 보이는가? 하는 것은 반 구조적인 내용이다.

(3) 의사결정 종류

① 의사결정의 형태에 따라 규범적 의사결정과 기술적 의사결정으로 구분한다.
② 의사결정의 주체에 따라 개인적 의사결정과 조직적 의사결정으로 구분한다.
③ 의사결정의 조직계층에 따라 전략적 의사결정과 관리적 의사결정으로 구분한다.
④ 업무처리절차의 규정정도에 따라 정형적 의사결정과 비정형적 의사결정으로 구분한다.

2. 의사결정(Decision Making)모형

(1) 기술적 모형(descriptive model)

① 기술적 모형은 현실 상황에서 실제로 의사결정을 내리는 방식을 설명하는 모형으로 의사결정자는 관리적 인간(administrative man)이다.
② 제약된 합리성하에서 의사결정을 내리는 경우에 최적의 의사결정보다는 만족스러운(satisfying)의사결정을 추구한다.
③ 의사결정자는 대안과 그 결과에 대해 완전한 정보를 가질 수 없는 제한된 합리성(bounded rationality)을 전제한다.
④ 기술적 모형은 지식의 불안전성 · 예측의 곤란성 · 가능한 대체안의 제약을 전제하는데 주로 비정형화된 문제 해결에 적합하다.

(2) 규범적 모형(normative model)

① 의사결정자는 경제적 인간(economic man)으로 보아 효용의 극대화를 추구한다.
② 의사결정자는 대안과 그 결과에 대해 완전한 정보를 갖고 있다는 완전한 합리성을 전제로 하며, 주로 정형화된 문제 해결(programmed-type problems)에 적합하다.
③ 의사결정자는 의사결정 과정에 대해 서열을 매길 수 있으며, 규범적 모형은 기대치를 극대화하기 위해서 어떻게 의사결정을 해야 하는가의 문제를 다루는 모형이다.

3. 의사결정(Decision Making) 유형

(1) 의사결정의 수행

① 전략적 의사결정(Strategic decision making)

㉠ 전략적 의사결정은 말로는 쓰이고 있지만 실제적으로는 거의 밝혀지지 않고 있다. 의사결정의 문제는 기업간 경쟁의 격화나 국제적인 정치 · 경제의 유동화 현상에 따라, 전략적 의사결정의 문제로서 그 비중이 더해졌다.
㉡ 외부정보의 의존도가 매우 높고 운영적 의사결정에 이용되는 정보보다 정보의 정

확성이 상대적으로 낮으며 전술적 의사결정에 이용되는 정보보다 정보의 사용빈도가 상대적으로 낮다.

㉢ 최고의사결정권자(top management)에 의해 수행되는 전략적 결정 내용은 '기업의 장기적인 경영의 기본 목표와 기본 목표 달성을 위한 경영 방침을 설정', '기업 내 모든 자원의 배분을 기업 전체적인 관점에서 결정', '기업 목표 설정 및 변경, 확대 계획, 다변화 계획, 신제품 개발 계획, 잠재 제품시장 개발' 등을 결정한다.

② 관리적 의사결정(administrative decision making)

㉠ 관리적 · 전략적 의사결정을 구체화하기 위한 인적 · 물적 자원을 조달하여 최대의 수익성을 올릴 수 있도록 기업의 자원을 배분하기 위한 의사결정으로서 실무자에 대한 의사결정을 말한다.

㉡ 경영 내부의 조정(coordination)에 초점을 두며 최대의 과업 능력을 산출하도록 기업의 자원을 조직화하는 문제에 대한 의사결정으로, 조직 구조 · 자원의 조달 및 개발에 관한 의사결정을 포함한다.

㉢ 중간관리자(middle management)에 의한 관리자적 전술적 결정 내용은 '배분된 자원을 능률적으로 이용', '일상 경영활동을 원활하게 수행할 수 있도록 하는 의사결정', '조직의 구조 변경, 인재 채용, 재무 조직의 적응' 등이다.

③ 업무적 의사결정(operating decision making)

㉠ 일상적으로 행하는 업무에 관한 의사결정으로서, 의사결정자가 잘 알고 있는 상태에서 경험과 전례에 따른 의사결정의 정형화된 형태를 말한다.

㉡ 이러한 의사결정의 목적은 기업 자원의 전환 과정에서 능률 또는 수익성을 최대로 하고자 함에 있다.

(2) 의사결정 성격

① 정형적 의사결정(programmed decision making)

㉠ 의사결정의 절차 및 과정의 규칙화가 용이하고, 자주 되풀이 되며, 구조가 비교적 명확히 되어 있는 의사결정으로 프로그램화가 가능하다. 예컨대 백화점 식품매장의 1일 식품주문량 결정과 같은 것을 들 수 있다.

㉡ 의사결정 시 사전에 설정된 기준에 따라 일상적으로 반복해서 이루어지고 OR과 컴퓨터를 이용한 분석이 가능하고, 선형 계획법 등이 이에 속한다.

② 비정형적 의사결정(non-programmed decision making)

㉠ 의사결정자가 문제인식을 개인의 경험 · 판단 · 능력 · 직관에 의해 영향을 받는 문제 해결법으로 비 반복적이고 프로그램화가 불가능하다. 백화점 의류매장의 규모 확장이나 백화점 PB상품의 개발 및 신규백화점 출점과 같은 것 등을 들 수 있다.

㉡ 새롭고 독특한 결정으로서 사전에 설정된 행동 대안이 없는 비 구조화된 상황에서 이루어지고, 의사결정자의 창의성이 반영되어야 하는데, 이는 의사결정의 경험이 없고, 전례가 또한 없으며, 참고할만한 모델 역시 부족하기 때문이다. 정형적 결정이 비정형적 결정에 우선하는 그레샴 법칙이 적용될 가능성이 높다.

【정형적 의사결정과 비정형적 의사결정의 비교】

비 교	정형적 의사결정	비정형적 의사결정
문제의 성격	일상적 · 보편적	비일상적 · 특수적
문제해결안의 구체화 방식	해결안이 조직정책이나 절차에 의해 사전에 상세하게 명시됨	해결안은 문제가 정의된 후에 창의적으로 결정됨
의사결정 계층	주로 하위층	주로 고위층
의사결정 수준	관리적 · 업무적 의사결정	전략적 의사결정
적용 조직 형태	시장과 기술이 안정되고, 일상적이며, 구조화된 문제해결이 많은 조직	구조화가 안 되어 있고, 결정사항이 비일상적이고, 복잡한 조직
전통적 기법	관습 · 업무절차 등	판단 · 직관 · 창조성, 경험법칙 등
현대적 기법	OR, EDPS	휴리스틱 기법

(3) 의사결정 선택

① 확실한 상황하의 의사결정(DMUC ; Decision Making Under Certainty)

㉠ 문제의 분석에 필요한 모든 자료가 확실하게 주어져 있을 경우의 의사결정이다.

㉡ 의사결정에 따라 나타나는 유일하고 확정적인 결과를 미리 알고 있는 상황이다.

㉢ 완전한 지식, 안전성 및 명료성을 가정하는 확정적 모형에서는 그 해(解)도 확정적이다.

㉣ 의사결정 기법으로는 선형 · 비선형 계획법, 수송 및 할당법, 고전적 최적화 기법, 목표 계획법, 정수 계획법 등이 있다.

② 불확실한 상황하의 의사결정(DMUU ; Decision Making Under Uncertainty)

㉠ 발생 가능한 상황의 발생 빈도(확률)를 알 수 없는 때의 적용할 수 있는 의사결정 방법이다.

㉡ 대안에 따른 출현 가능한 결과의 전부 또는 일부를 알 수는 있지만 객관적인 확률을 알 수 없는 상황에서의 의사결정이다.

㉢ 불확실한 상황하에서의 의사결정 기법으로는 후르비츠 준거, 라플라스 준거, 맥시민 준거, 맥시맥스 준거, 유감 준거 등이 있다.

③ 위험한 상황하의 의사결정(DMUR ; Decision Making Under Risk-taking)

㉠ 일정한 상황의 대안에 따른 출현 가능한 결과의 확률을 알고 있는 상황에서의 의사결정 방법이다.

㉡ 부분적인 정보가 주어지거나, 두 가지 상황이 있으며 이러한 상황의 발생 빈도에 관한 확률이 상당한 신뢰성을 지니고 있을 때의 의사결정이다.

㉢ 의사결정 기법으로는 사전 · 사후 확률 이용, 의사결정 수, 대기행렬 이론, 시뮬레이션, 마코브 연쇄 모형, PERT/CPM 등이 있다.

④ 상충하의 의사결정(DUMC ; Decision Making Under Conflict)

㉠ 두 사람 또는 그 이상의 의사결정자가 경쟁적인 이해관계 상태에 있을 때의 의사결정이다.

㉡ 상충하의 의사결정 기법으로는 게임 이론이 있다.

4. 의사결정(Decision Making) 오류

(1) 최근성 오류(Recency bias)

① 과거보다 최근에 주어진 정보에 더 큰 비중을 두고 의사결정을 내리는 경우를 말한다.

② 경영자는 과거로부터 축적되어온 정보보다 최근의 정보에 현혹되는 오류를 범할 수도 있다는 것이다.

③ 최근성 오류는 모든 것을 최근시점의 상황에 중점을 두고 판단하기 때문이며 그 정보에 지나치게 집착하는 경우 더욱 크게 확대된 문제를 발생하게 된다.

(2) 정당화 추구 오류(Search for supportive evidence bias)

① 경영자는 선택된 대안을 실행하면서 '무언가 잘못되어 가고 있다'라는 느낌을 받을 수가 있는데 잘못된 대안을 선택하고 실행을 되돌리지 못하는 경우를 말한다.

② 그러나 자존심이 강한 경영자는 지위를 유지하려는 소아적인 태도로서 최적의 대안이라는 명분을 유지하면서 일을 밀어붙이는 식으로 계속 업무를 추진한다.

③ 이러한 경우 즉시 과오와 문제점을 파악하고 인정하며 또다른 효과적인 대안을 선택하여 빠른 문제의 접근이 최적의 상황이 된다.

④ 이러한 상황에 처한 경영자는 문제 해결의 실마리가 보이지 않으면 초조하고 과민반응을 보이게 되며, 무리한 의사결정이 되풀이되는 과정을 겪게 된다.

(3) 문제에 대한 과소평가 오류(Underestimating uncertainty bias)

① 친숙하거나 유리한 사건의 확률은 과대평가하고, 부정적인 사건발생의 확률에 대해서는 과소평가하는 경향의 오류를 말한다.

② 경영자의 지나친 낙관주의, 경영자의 자신과 기업 역량에 대한 자신감이 과도한 경우, 새로운 정보를 받아들이지 않으려는 보수성이 강한 경영자 같은 오류의 복합 요인이다.

(4) 동일시 오류(Illusory correlations bias)

① 과거의 성공에 취해 현재 상황보다는 과거 상황의 연장선상에서 의사결정을 하는 경향으로 인식할 때 생길 수 있는 오류를 말한다.

② 모든 문제는 실제로 각기 다른 문제인데도 동일한 상황을 적용하여 평가하기 때문에 발생하는 오류를 말한다.

(5) 단기적 성과 지향 오류(Preoccupation with the short term bias)

① 경영자는 단기적으로 손해가 발생하더라도 장기적인 이익이 되는 방향으로 의사결정을 선택해야만 정당하다.

② 올바른 선택을 하고도 부정적인 결과에 민감한 나머지 섣부른 판단을 하는 경우가 많다. 단기적 성과 지향 오류는 단기 손실보다도 장기 이익의 형태로 의사결정을 내리지 못하는 경우를 지칭한다.

(6) 실패의 외부 귀인 오류(Attribution of success and failure bias)

① 사람들은 '성공은 내 탓, 실패는 남의 탓' 으로 돌리는데 경영자들도 성공은 자신의 탓으로, 실패는 외부적인 환경 요인으로 돌리는 경우가 일반적이다.

② 경영자가 문제 해결에 실패한 경우에 운이나 외부 환경 탓으로 돌린다면 의사결정의 실패가 되풀이되는 악순환이 되풀이될 가능성이 높아지는 경우를 말한다.

(7) 언어나 문맥의 표현 차이 오류(Poor framing bias)

① 문맥상의 해석의 다양성이 의사결정의 문제를 만들 수 있다.

② 쉽게 결론적이지 못한 애매한 표현이 지나치게 많은 경우 발생할 수 있는 오류이다.

04 유통 정보 시스템의 개요

1. 유통 정보 시스템

(1) 정보의 정의

① 개인이나 조직이 의사결정을 하는 데 사용되도록 의미 있고 유용한 형태로 처리된 자료들로서 미래의 불확실성을 감축시키는 모든 것을 의미한다.

② 자료들을 체계적으로 수집, 분리, 보관, 전달, 보고하기 위한 시스템을 전제로 하는 것이므로 정보는 종류가 너무 다양하여 일률적으로 규정하기 어렵고, 취급하는 관점에 따라 상이하게 규정하고 있다.

③ 정보는 개인이나 조직이 의사결정을 하는데 사용할 수 있도록 의미가 부여되어 쓸모가 있도록 처리된 자료를 말한다.

(2) 시스템의 정의

① 시스템은 하나 또는 그 이상의 공동목표를 달성하기 위해 투입물을 산출물로 전환시키는 체계적인 처리과정이다.

② 전체적으로 통일된 하나의 개체를 형성하면서 상호작용을 하는 구성요소들의 집합체로서 시스템의 내부는 정해진 목표를 달성하기 위한 처리기능을 수행하는 구성요소들을 포함한다.

(3) 정보 시스템의 정의

① 정보시스템은 특정 응용분야의 활동과 관련된 자료를 수집 · 분석 · 처리하여 의사결정을 하는 데 필요로 하는 정보를 제공해 줄 수 있는 인간과 컴퓨터시스템의 구성요소들로 이루어진 시스템이다.

② 정보시스템은 데이터와 데이터를 처리하는 절차를 입력받아 주어진 절차에 따라 데이터를 처리하며, 처리결과를 출력하는 과정을 가진 시스템을 말한다.
③ 정보시스템은 인적 요소, 절차, 여러 가지 유·무형 자원을 결합하여 조직에서 필요로 하는 정보제공이나 업무처리를 수행하도록 정보기술을 응용해 놓은 실체이다.
④ 정보시스템은 정보를 수집하고 활용 목적에 맞게 변환시켜서 정보를 필요로 하는 부서나 적절한 사용자에게 적시에 공급하는 역할을 수행하는 인간과 기계의 통합적 시스템을 말한다.

(4) 정보 시스템의 특징

① 하드웨어, 소프트웨어, 데이터베이스, 네트워크, 운영요원 및 절차 등으로 구성된다.
② 조직에 필요한 정보제공이나 업무처리를 수행하도록 정보기술을 응용한 실체이다.
③ 의사결정을 위해 필요한 자에게 유용하고도 적절한 산출결과를 제공해야 한다.
④ 인간과 컴퓨터 간의 시스템으로 목표는 조직 전체의 목표에 부합해야 하는 시스템이다.
⑤ 유통정보시스템의 기획단계 활동으로는 유통정보시스템 구축 전담팀 구성하고, 유통정보시스템 요구사항 분석하며, 최고경영자의 지원 확보와 유통정보시스템 구축 목표 설정한다.

(5) 유통정보시스템의 내용

① 정형성과 개방성,포괄성과 응용성을 가지고 적절한 정보와 조직적인 흐름을 통해 의사결정을 지원해야 한다.
② 전사적 협력을 기반으로 유통산업의 업무특성을 고려하여 개방적 시스템의 구축이 필요하다.
③ 유통정보시스템의 구축은 일반적으로 기획과 기술적 구현 그리고 실무도입의 과정을 거치며 상시적이면서도 급변하는 환경에 신속히 대응할 수 있는 정보시스템이다.
④ 단기적이고 즉흥적인 문제해결을 위한 시스템이 아니라 상시적이면서 급변하는 환경에 신속히 대응해야한다.

(6) 유통정보시스템 도입의 긍정적 영향

① 주문으로부터 배달까지의 시간을 단축시킬 수 있어 고객 서비스 수준을 향상, 고객과 공급업체간의 더욱 정확한 정보교환을 위해 팀 위주로 판매형태가 전환되기도 한다.
② 주문, 선적, 수취의 정확성을 높일 수 있으며,인건비의 절감, 주문으로부터 배달까지의 시간을 대폭 축소시킬 수 있어 재고관리의 효율을 높일 수 있는 것 등이 이점이다.
③ 정보기술이 유통정보를 지원함으로써 끼친 영향으로 컴퓨터를 통한 경로구성원들간의 판매, 구매가 확산됨에 따라 유통경로의 형태에 큰 변화를 보이고 있다.
④ 많은 기업들이 정보기술을 이용해 거래고객들의 사무실까지 확장함에 따라 전자시장이 형성되었으며, 전자시장의 도입으로 협상과 거래의 최종타결에 드는 비용의 감

소와 최적 공급어자의 탐색이 가능해짐에 따라, 구매업자들은 구매 상품의 자체생산 보다는 외부 공급업자들로부터의 조달을 더 선호 하게 되었다.

⑤ 정보기술 도입은 특히 재고관리에 의한 경쟁우위 확보에 기여하였고, 재고관리는 제조업자만의 문제가 아니고 경로전체 차원에서 관리되어야 할 기능이므로 경로 구성원들 간에 정보기술을 통한 효율적 커뮤니케이션이 매우 중요하며, 공급자와 구매자 간의 협상 및 파워-의존관계에 큰 영향을 미쳤다.

2. 유통 정보 시스템구축

(1) 효율적 유통정보시스템 구축시 고려사항

① 유통정보시스템의 개발은 유통경로 구성원간의 효과적인 의사소통시스템을 구축하는 것으로, 첫 번째로 유통시스템의 주요 의사결정에 대한 영역 확인해야 한다.

② 유통정보시스템은 경영정보시스템과 마케팅정보시스템이 상호관련성을 갖고 조직되어야 하며 상시적이면서도 급변하는 환경에 신속히 대응할 수 있는 정보시스템이다.

③ 포괄성과 응용성, 정형성과 개방성을 갖추어 적절한 정보의 조직적인 흐름을 통해 유통경영의 의사결정지원에 적절한 정보시스템이다.

(2) 유통 정보 시스템 활용목적유형

① 거래자료처리시스템

② 지식 업무시스템

③ 정보보고시스템

④ 의사결정지원시스템

⑤ 중역정보시스템

(3) 유통정보시스템의 개발(설계과정)단계

① 주요 경로 기능의 결정 및 기능수행자의 결정

② 각 경로 기능수행에 필요한 마케팅정보 결정

③ 정보 수집자와 사용자 및 전달방법의 결정

④ 잡음 요소의 규명 및 이의 제거방안 결정

(4) 유통정보시스템 설계를 위한 5단계

① 경로시스템에 있어서 핵심 의사결정 영역의 확인

② 의사결정이 이루어지는 각 수준(제도, 도매, 소매)의 확인

③ 의사결정을 내리기 위해 필요한 정보(매장, 재고, 인력)를 확인

④ 유통정보를 제공하는 방법과 시스템 운영환경의 설계 및 확인

⑤ 유통정보를 보완할 수 있는 각종 정보화 프로그램(POS, SCM, ECR 등) 확인

(5) 정보기술의 유통 경로 기능에 미치는 영향

① DB는 데이터 관리의 중복을 최소화하고, 데이터 무결성 및 접근 권한 등 보안성을 고려함으로써 많은 사용자가 동시에 접근하더라도 데이터의 안전성과 신뢰성이 보장되도록 설계되어야한다.

② 유통정보시스템은 기업의 유통활동을 지원하기 위한 업무기능을 전자적으로 저장 · 관리할 수 있도록 지원하는 시스템이다.

③ 유통정보시스템의 데이터베이스는 유통업무와 관련된 여러 응용시스템들이 데이터를 공유할 수 있도록 최소한의 중복으로 통합하여 컴퓨터에 저장한 운영 데이터의 집합이다.

④ 기업의 유통업무 활동지원과 관련된 원자재, 부자재, 공급자, 조달가격 등을 내부데이터로, 협력업체, 경영정보, 서비스 제공정보, 연구결과, 시장분석, 소비자분석, 정치.경제환경 분석, 사회문화 정보 등은 외부데이터로 대별하여 볼 수 있다.

(6) 의사결정지원용 정보시스템

① 유통과정상의 문제를 쉽게 해결할 수 있는 다양한 의사결정모형을 제공해야 한다.

② 유통경영관리자들의 행동특성을 반영한 의사결정 방법과 과정이 구현되어야 한다.

③ 유통계획, 관리, 거래처리 등에 필요한 데이터를 처리하여 유통관련 의사결정에 필요한 정보를 제공하는 정보 시스템이다.

④ 사용자 인터페이스 기능의 설계 시 정보시스템과 유통경영관리자간의 상호작용이 용이하도록 하는 방안이 고려되어야 한다.

(7) 정보기술의 유통 경로 기능에 미치는 영향

① 신속하고 저렴한 수송방법을 가능하게 한다.

② 최적의 제품구색을 갖추는 데 도움을 제공한다.

③ 유통기업의 투자 폭을 적정 수준에서 유지시킨다.

④ 도소매상의 구매계획에 도움을 주어 재고량을 감소시킨다.

3. 유통 정보 시스템의 분류

(1) 관리 수준에 따른 분류

① 전략 계획 시스템(Strategic planning system)

㉠ 최고 경영층이 수행하는 전략 계획 및 통제 업무를 지원하는 정보 시스템으로 전략정보시스템(SIS ; strategic information system)이라고도 불리운다.

㉡ 최고 경영층은 현재 조직의 능력을 평가하여 기업의 장기적인 목표를 설정하고 그에 따른 전략 계획 및 지원 계획을 통제하게 된다.

② 관리통제 시스템(Managerial control system)

㉠ 중간 경영층이 수행하는 경영통제 및 관리통제를 지원하는 정보 시스템이다.

㉡ 중간 경영층은 전략 계획에 세워진 목적을 달성하기 위해 세부적인 실행 계획을 수집하고 실행할 때 통제하는 역할을 한다.

③ 운영통제 시스템(Operational control system)

㉠ 정해진 규칙과 절차에 따라 하위 경영층이 수행하는 세부적인 조직의 기본 업무 또는 환경들이 효율적으로 수행되도록 도와주는 정보 시스템이다.

㉡ 하위 경영층은 미리 정형화된 업무 표준에 맞게 과업이 실행될 수 있도록 통제한다.

④ 거래처리 시스템(Transaction processing system)

㉠ 일상적이고 반복적인 업무의 자동화를 통해 운영 효율성을 추구한다.

㉡ 일상적인 운영활동을 지원하는 시스템으로, 거래관련 자료의 처리를 담당한다.

(2) 경영 지원 기능에 따른 분류

① 전략정보 시스템(strategic information system)

㉠ 전략정보 시스템은 기업의 전략적인 결정에 영향을 미칠 수 있는 정보를 제공하는 것을 목적으로 한다.

㉡ 전략적 활용을 지원하는 것을 말하며, 최종 사용자 전산시스템은 최종 사용자의 의사결정을 지원하는 시스템이다.

② 경영정보 시스템(management information system)

㉠ 경영보고 시스템은 효율적인 의사결정에 필요한 경영자의 질문에 대한 답변 및 보고서 형태의 정보를 제공하는 정보 제공 및 지원시스템을 말한다.

㉡ 의사결정 지원 시스템은 데이터베이스의 데이터 분석 결과를 제공하여 경영자의 의사결정을 지원하는 시스템을 말한다.

㉢ 중역지원 시스템은 전략적 결정을 필요로 하는 경영층에 주요 정보를 제공하는 것을 말한다.

㉣ 전문가 시스템은 전문가의 의견을 바탕으로 의사결정자에게 전문적 지식과 충고를 제공하는 것을 말한다.

③ 운영정보 시스템(operational information system)

㉠ 기업의 운영 지원을 위해 사용되는 시스템이녀, 사무자동화 시스템은 업무 효율성의 증대를 위한 업무의 자동화를 추구한다.

㉡ 업무 흐름 관리시스템은 기업에서 일어나는 기본적인 정보처리 예를 들면 주문, 청구, 매출, 매입, 급여 등을 말한다.

4. 정보 시스템의 분류

(1) 기능별 정보 시스템의 분류

① 생산 정보 시스템(Production information System)

㉠ 제조업체에서 수주에서 생산 및 출하하기까지 일련의 프로세스에서 관련되는 모든 정보를 시스템화한 것을 말한다.

㉡ 생산 정보 시스템은 이를 운영 · 관리함으로써 보다 효과적으로 생산활동을 수행할 수 있도록 지원하는 정보 시스템을 말한다.

② 재무정보 시스템(Financial information system)

㉠ 자금의 조달 및 효율적인 관리를 지원하는 정보 시스템이다.

㉡ 재무 자원의 운용 및 평가에 관한 정보를 제공함으로써 의사결정을 지원하기 위한 정보 시스템이다.

③ 인사정보 시스템(Personnel information system)

㉠ 기업의 인적 자원의 관리활동을 지원하기 위한 시스템을 말한다.

㉡ 인적 자원의 모집 · 고용 · 평가 · 복지 등과 같은 내용과 관련된 시스템이다.

④ 회계정보 시스템(Accounting information system)

㉠ 자금의 이용 및 흐름에 관한 정보를 관리 · 제공하는 정보 시스템이다.

㉡ A/R 시스템, A/P 시스템, 급여 시스템 등으로 구성되는 기업의 회계정보를 관리하는 정보 시스템이다.

(2) 마케팅 정보 시스템의 분류

① 마케팅 인텔리전스 시스템(MIS ; marketing intelligence system)

㉠ 맥레오드의 마케팅 정보 시스템 모형에서 입력 하위 시스템 중 하나로서 경쟁사에 대한 정보를 수집하기 위하여 외부자료를 많이 활용하는 정보 시스템이다.

㉡ 기업을 둘러싼 마케팅 환경에서 발생하는 일상적인 정보를 수집하기 위해 기업이 사용하는 절차와 정보원의 집합으로서 재판매업자, 관리자, 판매원 관련기관보고서, 경쟁기업의 고용인 등이 MIS에 해당한다.

② 마케팅조사 시스템(MRS ; marketing research system)

㉠ 모든 기업에 동일하게 적용되는 시스템으로 기업에 직면한 마케팅 문제의 해결을 위해서 직접적인 관련 자료에 대한 시스템이다.

㉡ 대부분의 관련 자료는 소비자로부터 수집하여 문제해결에 사용하는 시스템이다.

③ 마케팅 내부정보 시스템(MIIS ; marketing internal intelligence system)

㉠ 기업내부에 존재하는 정보를 통합적으로 관리하고자 하는 시스템이다.

㉡ 기업내부에 존재하는 정보에는 상품별 · 지역별 · 기간별 매출, 재고수준, 외상거래, 회계정보와 같은 것들이 있다.

④ 마케팅 고객 정보 시스템(MCIS ; marketing customer information system)

㉠ 기업의 제품을 구매하는 고객 정보를 체계적으로 모아 놓은 시스템이다.

㉡ 고객의 인구통계학적 특성, 라이프 스타일, 추구하는 혜택, 구매일자, 구매빈도, 구매가격과 같은 구매정보들을 포함하는 정보 시스템이다.

05 유통정보시스템을 위한 데이터베이스 구축

1. 유통정보시스템의 구성 요소

(1) 유통정보시스템의 개념

① 유통정보시스템은 유통과정과 연관된 다양한 정보의 수집에 의해 의사결정권자가 목표달성을 효율적으로 수행하는 데 도움을 줄 수 있도록 하는 시스템이다.

② 유통정보시스템 구축의 기술적 구현 단계는 데이터베이스 구축하고, 연계 네트워크 결정하며 시범서비스시스템의 개발의 단계를 거친다.

③ 유통경영에 의사결정을 지원하는 정보인 상품정보, 경쟁사정보, 시장정보, 고객정보, 서비스 정보 등의 다양한 정보를 조직적으로 제공하는 시스템이다.

④ 오늘날 정보화 기술의 발전은 단순한 부가가치 향상 수준을 넘어서서 소매 활동을 긴밀하게 통합 · 조정함으로써 고객 · 점포 · 유통센터 · 본점 · 공급업자를 서로 연결시켜 주는 것을 말한다.

⑤ 유통 정보 시스템은 유통 과정에 관련된 다양한 정보 수집에 의해 의사결정권자가 목표달성을 효율적으로 수행하는 데 도움을 줄 수 있도록 하는 시스템이다.

⑥ 유통 정보 시스템은 유통 경영에 관한 의사결정을 지원하는 정보, 즉 상품정보, 경쟁사정보, 시장정보, 고객정보, 서비스 정보 등의 다양한 정보를 조직적으로 제공하는 시스템이다.

(2) 유통정보시스템의 특징

① 기존의 전산 시스템은 재고관리 · 급여 관리 · 구매 관리 등 구체적인 단순한 사무자동화에 있었다.

② 정보 통신망의 발전으로 LAN, VAN, EDI 등 통신망을 통해 POS, EOS CALS, EC 등이 이용되면서 소비자와 기업간의 유통 정보가 유통의 흐름을 중계하는 핵심적인 역할을 하게 되었다.

③ 유통정보시스템 개발의 타당성 분석을 살펴보면 경제적 타당성 분석, 기술적 타당성 분석법적 타당성 분석으로 구분이 된다.

④ 유통정보시스템에 의한 공급자와 수요자간의 연계는 공급자로 하여금 수요자의 요구사항을 더욱 정확하게 파악할 수 있게 해준다.

⑤ 주문, 선적, 수취의 정확성을 꾀할 수 있어 주문으로부터 배달까지의 시간을 대폭 축소시킬 수 있어 재고관리의 효율을 높일 수 있다.

⑥ 유통정보시스템 구축을 위한 기술적 구현 단계로서 데이터베이스 구축,연계 네트워크 결정, 시범서비스시스템의 개발이 있다.

⑦ 유통정보시스템이 유통활동을 효율적으로 지원하기 위해 포함하고 있어야 하는 업무는 시장조사, 제품기획, 가격결정, 판매예측, 판촉계획 등의 업무와 주문처리, 송장처리, 물류처리 등의 업무 및 판매성과, 물류성과, 소비자 분석, 수익성 분석 등의 업무가 있다.

(3) 유통정보시스템의 내부 데이터베이스(Data Base)

① 기업 조직에 의해 일상적으로 수행되는 기업 활동을 통해 생성되는 데이터를 말한다.
② 매출 실적, 선적 실적, 재고 동향 등 기업 내에서 정기적 수집 · 축적되는 데이터이다.
③ 고객관련서비스, 상품 · 생산관련, 조달물류관련, 판매 · 영업관련, 판매 · 물류관련 데이터들이 기업 내부 데이터이다.

(4) 유통정보시스템의 외부 데이터베이스(Data Base)

① 기업 외부에서 획득되는 것으로 정부의 정책과 관련된 거시경제 자료, 유효 자료, 산업계 동향 등을 말한다.
② 국제경제 나 정세 등 주로 기업내에서 통제할 수 없는 외부 환경에 관한 데이터들로 구성 된다.
③ 정치관련, 경제관련, 사회 문화관련, 기술관련, 고객관련, 경쟁자 관련 데이터 등을 기업의 외부 데이터들이라 한다.

2. 유통정보시스템의 환경

(1) 유통정보시스템의 구성을 위한 내부 환경

① 의사결정의 제약 요건으로 작용하는 기업의 목적을 파악해야 한다.
② 기업의 목적과 의사결정에 영향을 미치는 기업 내의 여러 가지 요소를 고려한다.
③ 정보 시스템을 활용하는 경영 관리자와 경영 활동에서 직면하는 의사결정의 유형을 알아야 한다.

(2) 유통정보시스템의 구성을 위한 외부 환경

① 소비자 심리
② 가처분 소득
③ 사회적, 문화적, 법적요소 등 각종규제

(3) 유통정보시스템의 구성을 위한 사용자 환경

① 유통정보시스템을 활용하는 사용자가 다루게 될 장비와 업무 과정을 고려한다.
② 사용 기종의 기기, 정보의 게시 환경, 시스템 활용에 요구되는 기본 지식, 의사결정자에게 보고되는 보고의 형식을 파악한다.

(4) 유통정보시스템이 유통 구조에 미치는 역할

① 전자거래의 활성화로 비용 절감과 소요 인원이 감소되는 결과를 가져왔다.
② 유통 정보 획득으로 유통 경로 파워가 제조업체에서 소매상으로 이동하고 있다.
③ 유통 정보기술의 도입으로 업무 효율을 향상시키고 경쟁력을 강화할 수 있게 되었다.
④ 유통 정보 기술의 도입으로 유통산업에 대한 새로운 시장 진입 장벽이 자연스럽게 형성되었다.
⑤ 유통정보로 도매상기능이 소매상으로 이전됨으로써 소매업의 대형화, 소매업의 다점포화를 촉진하고 도매상의 약화를 초래하게 되었다.

(5) 유통정보시스템기술의 도입혜택

① 서류작업에 의한 종업원의 수고를 덜어 줄 수 있다.
② 제조와 운송사이의 사이클의 속도를 증가시킬 수 있다.
③ 공급자와 고객들 사이의 직접적인 의사소통은 중간상을 제거할 수 있다.

3. 데이터베이스 구축

(1) 데이터베이스의 의의

① 유통정보시스템의 구축과정에서 사용자를 위한 사용지침서(매뉴얼)의 개발은 적용단계에서 이루어진다.
② DB는 정보의 Data상 중복을 최소화하고, 조직의 목적달성, 무결성, 보안성 등을 고려하며 동시에 많은 사용자가 동일 데이터에 접근하더라도 이를 보장할 수 있는 디지털 정보 활용에 가장 중요한 인프라이다.
③ 기업의 정리된 데이터들을 조합 · 가공함으로써 정보를 생산할 수 있도록 조직화된 자료들의 집합을 말한다.
④ 기업의 업무 수행과 관련 있는 모든 자료들을 기업의 목적 수행에 다양하게 이용하기 위하여 발생되는 데이터들을 통합적으로 보관 · 저장하는 시스템이다.
⑤ 데이터베이스는 물리적인 디바이스에 자료를 저장하고 그 저장된 자료를 질의하고 인증된 사용자가 이를 공유하여 정상적인 활용이 가능하도록 하는 기능을 말한다.

(2) 데이터베이스의 유형

① 통합 데이터(integrated data): 동일 데이터의 중복을 최소화한다.
② 운영 데이터(operational data): 조직 목적 달성에 필수적인 데이터 집합을 말한다.
③ 저장 데이터(stored data): 컴퓨터가 접근할 수 있는 저장매체에 저장된 데이터의 집합을 말한다.
④ 공유 데이터(shared data): 기업에서 여러 사용자가 공유할 수 있는 데이터 집합을 말한다.

(3) 데이터베이스의 구성 요소

① 데이터베이스 시스템: 여러 응용 프로그램을 공유하기 위해 최소의 중복으로 통합, 저장된 운영 데이터의 집합을 말한다.

② 데이터베이스 관리 시스템(DBMS): 응용 프로그램이 종속이나 중복없이 데이터베이스를 공유할 수 있게 관리해 주는 소프트웨어 시스템이다.

③ 사용자: 최종 사용자는 응용 프로그래머, 데이터베이스 관리자 등을 포함한 개념이다.

④ 데이터베이스 언어: 사용자와 데이터베이스의 관리 시스템의 인터페이스를 제공하는 도구를 지칭한다.

⑤ 데이터베이스 기계: 데이터베이스의 관리 기능을 효율적으로 수행하는 것을 지원할 목적으로 설계된 하드웨어와 소프트웨어를 말한다.

⑥ 스키마(Schema): 데이터 개체와 속성들, 개체의 집합들 간에 발생되는 관계에 대한 정의와 이들이 유지해야 할 제약 조건을 말한다.

(4) 데이터베이스의 언어(DBL ; Data Base Language)

① 데이터 정의어(Data Definition Language): 데이터베이스의 정의 또는 수정을 목적으로 사용하는 언어로서 데이터베이스 스키마를 컴퓨터가 이해할 수 있게끔 기술하는데 주로 사용하고 있다.

② 데이터 조작어(Data Manipulation Language): 사용자가 데이터를 처리할 수 있게 하는 도구로 사용되는 언어로서 사용자와 DBMS 간의 인터페이스를 제공하는 기능을 수행한다.

③ 데이터 제어어(Data Control Language): 데이터 제어를 정의, 기술하는 언어로서 주로 데이터 관리 목적으로 데이터베이스 관리자(DBA)가 사용한다.

(5) 데이터베이스의 특성

① 실시간 접근성

㉠ 데이터베이스는 실시간 처리를 위해 활용되는 성질을 가지고 있다는 특징이 있다.

㉡ DB의 실시간 처리란 생성된 데이터를 즉시 컴퓨터에 보내어 그 처리 결과를 보고 다음의 의사결정에 바로 반영할 수 있게 처리하는 처리 방식을 의미한다.

② 지속적인 변화

㉠ 데이터베이스는 항상 변화하는 현실 세계를 반영하므로 지속적으로 변화를 해야한다.

㉡ 새로운 데이터의 삽입이나, 기존 데이터의 삭제 또는 갱신으로 항상 변화 해야 한다.

③ 공동 이용

㉠ 데이터베이스는 서로 다른 목적을 가진 응용들을 위한 것이라 할 수 있다.

㉡ 여러 사용자는 동시에 자기가 원하는 데이터에 접근, 이용할 수 있어야 한다.

④ 데이터 값

㉠ 데이터베이스 환경하에서는 사용자가 요구하는 데이터의 내용을 가지고 참조를 해야한다.

㉡ 데이터의 참조는 데이터가 가지고 있는 값에 따라 달라질 수 있다.

(6) 데이터베이스 관리 시스템(DBMS)

① DBMS가 제공하는 다양한 개발도구를 활용함으로 응용프로그램의 개발기간을 단축하고, 데이터의 불일치나 모순성을 해결함으로써 데이터간의 일관성을 유지할 수 있다.

② 응용 프로그램이 종속이나 중복 없이 데이터베이스를 공유할 수 있게 관리해 주는 소프트웨어 시스템으로 중앙통제기능을 통해 사용자들 간에 정보공유 및 전달이 용이하다.

③ 한 번 저장한 데이터로 여러가지 형태로의 변환이 가능한 데이터 공유가 가능하고, 서로 다른 데이터들이 연관되어 있고 분산되어 관리되기 때문에 데이터베이스 구조가 상당히 복잡하다.

④ 데이터관리에 있어 데이터베이스 접근방식은 데이터를 조작하는 매우 효율적이고 효과적인 방법이다. 데이터베이스 접근방식을 사용하여 얻을 수 있는 이점은 데이터 중복성의 감소, 데이터 무결성의 향상, 데이터 수정과 갱신의 용이성, 데이터 보호 및 공유가 있다.

5. 유통정보시스템 구축 위한 데이터

(1) 내부 데이터베이스(Internal Data Base)

① 내부 데이터베이스의 의의

㉠ 유통 정보를 위한 기업의 내부 데이터베이스는 기업이 주관하는 업무에 관련된 데이터이다.

㉡ 생산 · 조달 · 판매 · 운영 · 물류업무 및 고객 서비스 업무 등과 관련된 데이터베이스를 말한다.

② 내부 데이터베이스의 유형

㉠ 조달물류 관련 데이터 : 원자재, 부자재, 입찰, 공급자, 조달가격, 보관비용 등

㉡ 생산관련 데이터 : 생산 계획, 생산비용, 생산 공정, 원부자재 및 완성품 재고 등

㉢ 판매물류 관련 데이터 : 재고, 출하, 창고관리, 운송, 하역 등에 관련된 데이터

㉣ 판매영업 관련 데이터 : 수요 예측, 판매수당, 주문서, 견적서, 외상매출 등의 데이터

㉤ 고객서비스 관련 데이터 : 고객 불만처리대장, 고객 성향, 고객 서비스 기록 등의 데이터

(2) 외부 데이터베이스(External Data Base)

① 외부 데이터베이스의 의의

㉠ 유통 기업을 중심으로 비즈니스와 관련된 여러 연구기관 및 기업환경과 관련된 데이터로서 협력업체, 경영정보, 서비스 제공정보, 연구결과, 시장분석, 소비자분석, 정치 · 경제환경 분석, 사회문화 정보 등으로 광범위하다.

㉡ 기업의 목표와 연관될 수 있는 정보를 DB화한 것으로써, 주로 SCM, EDI 등과 같은 정보 활용기법들이 사용되고 있다.

② 외부 데이터의 유형

㉠ 기술 정보 : 생산기술, 공정기술, IT기술, 솔루션, 처리기술, 표준기술 등

㉡ 경제 환경 정보 : 각종 경제지표, 경기 동향, 환율, 증시, 부동산, 무역수지 등

㉢ 고객 정보 : 상권 분석, 인구 분석 통계, 소비자 심리 조사, 구매 패턴 조사, 수요 조사 등

㉣ 경쟁사 정보 : 신상품 정보, 시장 점유율, 마케팅 정보, 고객관리 정보 등

㉤ 사회 문화 정보 : 이혼, 종교, 세대 차이, 문화 관련 정보 등

㉥ 정치 환경 정보 : 법률 정보, 규제 정보, 기관 정보, 표준 정보, 선거 정보 등

06 의사결정 지원 시스템

1. 의사결정 지원 시스템(DSS : Decision Support System)

(1) 의사결정 지원 시스템의 의의

① 컴퓨터를 이용해서 경영자의 비구조적 또는 반구조적인 의사결정을 지원하기 위헤 의사결정모형과 자료에 보다 쉽게 접근할 수 있게 해주는 대화식 시스템이다.

② 의사결정을 하는 데 있어서 의사결정을 지원하기 위한 시스템이므로 시스템에서 제시하는 대안이 문제 해결의 답이 아니라 보조적인 지식일 수도 있고 답안을 제시하더라도 문제의 해답이라는 것을 말하는 것이 아니다.

③ 의사결정자가 데이터나 데이터 모델을 이용하여 문제를 해결하거나 의사결정을 하는 것을 도와주는 정보 시스템으로 전통적인 데이터 처리와 경영과학의 계량적 분석기법을 통하여 의사결정자가 보다 손쉽고 정확하게 그리고 신속하고 다양하게 문제를 해결할 수 있는 정보 시스템 환경을 제공한다.

④ 의사결정지원용 정보시스템을 구축할 때는 유통과정상의 문제를 쉽게 해결할 수 있는 다양한 의사결정모형을 제공해야 하고, 유통경영관리자 들의 행동특성을 반영한 의사결정 방법과 과정이 구현되어야 한다. 사용자 인터페이스 기능의 설계 시 정보시스템과 유통경영관리자간의 상호작용이 용이하도록 하는 방안이 고려되어야 한다.

(2) 의사결정 지원 시스템의 필요성

① 경영자에게 공급되는 데이터 양의 증대에 따라서 컴퓨터를 활용한 정보 처리의 필요성이 증대되었고, 업무 전산화와 EDI의 도입으로 신속한 의사결정의 필요성을 절감하게 되었다.

② 사용자 중심의 환경발달, 컴퓨터 성능의 향상, 제4세대 언어를 활용한 소프트웨어 등의 발달과 함께 정보 통신기기의 지속적인 가격 인하로 시스템 구축에 소요되는 비용과 시간의 증대화가 발생했다.

(3) 의사결정의 경영 관련정보 효용

① **정보의 형태 효용** : 의사결정자가 요구하는 형식으로 정보가 제공될 때 높아진다.

② **정보의 시간 효용** : 의사결정자가 필요로 하는 시점에 정보가 제공될 때 높아진다.

③ **정보의 장소 효용** : 의사결정자가 접근 가능한 방식으로 정보가 제공될 때 높아진다.

④ **정보의 소유 효용** : 정보가 타인에게 흘러가는 것을 통제 가능할 때 높아진다.

⑤ **정보의 통제 효용** : 의사결정자가 필요로 하는 만큼의 제공이 되어야 높아지는 것으로 이는 차단의 원칙과 유사한 것으로 나타난다.

(4) 의사결정시 정보기술의 필요성

① 많은 의사결정이 시간 제약하에서 이루어지기 때문에 필요한 정보를 신속하게 수작업으로 처리하는 것은 쉽지 않을 뿐만 아니라 비효과적 및 비효율적이다.

② 인터넷과 전자상거래의 활성화, 기술혁신 등에 의하여 의사결정 시 고려해야 할 선택대안의 수가 증가함으로써 더 많은 정보검색과 비교가 필요하다.

③ 원격정보에 신속하게 접근하고 전문가의 조언을 받는 등의 일을 신속하고 저렴하게 실행할 필요가 있다.

(5) 의사결정 지원 시스템 구축시 고려사항

① 유통과정상의 문제를 쉽게 해결할 수 있는 다양한 의사결정모형을 제공해야 한다.

② 유통경영 관리자들의 행동특성을 반영한 의사결정 방법과 과정이 구현되어야 한다.

③ 사용자 인터페이스 기능의 설계 시 정보 시스템과 유통경영관리자 간의 상호작용이 용이하도록 하는 방안이 고려되어야 한다.

2. 의사결정 지원 시스템의 특성과 분석 기법

(1) 의사결정 지원 시스템의 특성

① 다양한 데이터의 원천

㉠ 경영자의 의사결정을 위해서는 조직 내부의 데이터 뿐만 아니라 조직 외부의 데이터도 필요하다.

㉡ 조직자체 내의 정보시스템으로 제공되는 데이터도 필요하며, 다양한 원천으로부터 데이터를 획득하여 의사결정에 필요한 정보 처리를 할 수 있도록 해야 한다.

② 대화식 정보 처리와 그래픽 디스플레이

㉠ 의사결정자와 상호 인터페이스를 통해 정확하고 합리적인 의사결정이 되도록 돕기 위해서 필요하다.

㉡ 의사결정자와 시스템간에 대화식 정보처리가 가능하도록 해야 쉽게 이해할 수 있도록 정보 처리 결과를 그래픽을 이용해서 보여주어야 한다.

③ 의사결정 환경의 변화를 반영할 수 있는 유연성

㉠ 새로운 데이터가 필요하거나 분석모델의 구성요소들을 바꾸거나 완전히 새로운 분석 모델을 개발하여야 할 경우에는 이를 즉각적으로 시스템에 반영하여 의사결정이 이루어지도록 하여야 한다.

㉡ 유통경영 의사결정을 위한 외부데이터, 모바일 RFID 기술표준 동향, WiBro의 보급동향, PDA나 POS의 보급동향을 살펴보아야 한다.

(2) 보고 및 조회시스템

① 인쇄형태의 보고서 작성과 배포과정의 시간과 비용을 절감하게 하며 기업내부의 사안에 대해 조사 조회할 수 있는 기능을 제공한다.

② 다양한 형태의 내용을 간략하게 정리하는 특색이 있기에 비용절감을 가져오고, 특이사항 보고는 과거의 실적 자료에 기초하여 기업 활동의 성과를 계량화하여 사전에 설정된 적정치와 비교한다.

(3) 의사결정 지원 시스템의 분석 기법

① What-if 분석법

㉠ 최종 사용자는 변수나 변수들 사이의 관계를 변화시켜가며 그에 따른 다른 변수들의 값의 변화를 관찰한다.

㉡ 간단한 손익분석 모델에서는 생산관리자는 변동비나 고정비를 변경시키면서 그 결과를 관찰한다.

㉢ 변수들이 변화되었을 때 그 결과가 어떻게 되는가에 대한 가정(what if) 분석법이다.

② 민감도 분석법

㉠ 민감도 분석은 오로지 한 개의 변수만이 계속적으로 변경되고, 그러한 결과로 발생하는 다른 변수들의 변화가 관찰된다는 what-if 분석의 특별한 경우이다.

㉡ 판매예측결과가 유통환경의 변화에 따라 변동되는 정도를 알기 위해 수행하는 분석방법이다.

㉢ 의사결정과정 선택단계에서는 탐색접근 방법에 따라 탐색된 대안들을 평가해야 한다. 이럴 때 쓰이는 분석기법으로는 기준이 변화되었을 때 대안에 어떠한 영향을 미치는지 알아보는 민감도(sensitivity) 분석법이다.

③ 목표 추구 분석법

㉠ 한 변수의 변화가 어떻게 다른 변수들에 영향을 미치는가를 관찰하는 대신에 일정한 목표치를 설정하고 그 목표치를 달성할 수 있는 관련 변수의 값을 찾는 분석 방법을 말한다.

㉡ 일정한 제품을 생산하고 판매 시 이익을 매출액의 30%로 설정하면 경영자는 이러한 목표치에 도달할 때까지 계속적으로 매출액과 매출원가의 구조를 분석하고, 원가 등에 영향을 주는 변수들을 변화시키면서 매출액의 30%의 이익 규모를 충족시켜 줄 수 있는 원가구조를 찾아낼 수 있다.

㉢ 목표를 충족시키기 위한 의사결정 요소들의 중요성을 결정하는데 도움을 주는 목적추구(goal seeking)분석법 등이 있다.

④ 최적화 분석법

㉠ 목표 추구 분석법이 구체적인 목표치를 설정하는데 비해, 최적화 분석법의 목적은 일정한 제약식이 주어졌을 때 하나 이상의 목표변수의 최적값을 구하는 것이다.

㉡ 주어진 생산설비하에서 이익을 최대화할 수 있는 생산제품의 양을 구하거나 주어진 제품을 생산하는 데 있어서 비용을 최소화할 수 있는 원료의 배합을 구하는 문제 등에 최적화 분석을 적용 가능하고, 이러한 분석에는 주로 선형계획법과 경영과학기법이 이용된다.

(4) 물류의사결정지원시스템 (LDSS : Logistics Decision Support System)필요성

① 물류의사결정지원시스템이 필요한 배경에는 정보량이 증대하여 양질의 정보를 선택하고 판단하는 일이 어렵게 되었기 때문이다.

② 정보가 복잡하게 뒤섞이고 산재해 있기 때문에 이를 체계화하고 공유할 필요성이 있기 때문이고, 조직의 확대로 의사결정의 즉시성이 요구되기 때문이다.

③ 검색화면은 국가물류종합정보센터의 국가물류시설지도 예시로, 지도서비스와 물류시설정보를 융합하여 서비스를 제공한다. 이렇게 한 개 이상의 서로 다른 데이터 소스 또는 서비스를 융합하여 새로운 서비스를 만드는 것을매시업(Mash up) 이라 한다.

Chapter 1 명품 적중 예상문제

01 다음 중 정보를 표현하는 것이 아닌 것은?

① 다양한 자료를 가공하여 얻을 수 있는 것이다.
② 관측이나 측정을 통해 수집된 자료를 해석하고 정리한 것이다.
③ 의사결정을 하여 수집된 각종 자료를 처리하여 획득하는 것이다.
④ 어떤 현상이 일어난 사건이나 사상을 사실 그대로 기록한 것이다.
⑤ 의사결정을 하는 데 사용될 수 있도록 의미가 부여된 유용한 것이다.

광의의 정보는 우리가 일상생활에서 수집 가능한 모든 자료(Data)들 중에서 목적 달성을 위한 의사결정의 수단으로 사용되는 지식을 말한다. 협의의 정보는 관측이나 측정을 통해 수집된 자료(Data)를 문제해결의 수단으로 해석 · 정리한 지식을 말한다. 정보는 어떤 행동을 취하기 위한 의사결정을 하기 위해 수집한 각종자료를 처리하는 데이터 상호 관계를 말하고, 어떤 행동을 취하기 위한 의사결정을 하여 수집된 각종 자료를 처리하여 획득하는 것이라 볼 수 있다. 어떤 현상이 일어난 사건이나 사상을 사실 그대로 기록한 것을 자료(Data)라고 한다.

02 다음은 유통정보가 갖추어야 할 조건(특성)을 설명하고 있다. 가장 올바르지 않은 것은?

① 정보의 통합성 : 개별정보는 관련정보들과 통합될 때 상승효과를 가져온다.
② 정보의 적시성 : 정보는 필요로 하는 시점에 제공될 때 그 가치를 발휘하게 된다.
③ 정보의 완전성 : 문제해결에 필요한 정보가 완비된 정도를 의미하며 중요한 정보가 충분한 것이 완전한 정보이다.
④ 정보의 정확성 : 정보시스템은 그 수행기능에 따라 수집, 처리, 활용의 세가지 단계로 나누어 볼 수 있는데, 정보의 정확성을 해치는 가장 큰 요인은 수집단계에서 발생하는 오류이다.
⑤ 정보의 관련성 : 기업이 필요에 의해 습득한 정보가 정확한 정보이어야 기업경영 및 점포운영을 성공적으로 할 수 있다. 부정확한 정보는 활용가치가 현저히 떨어져 정보획득에 의한 목표도 달라 효과적으로 이루어질 수 없다.

정보의 관련성(Relevancy)에서 정보는 의사결정자에게 매우 중요하므로 의사결정자와 관련성이 있는 정보를 제공해야 한다.

해답 01 ④ 02 ⑤

03 경영자가 의사결정을 하기 위해서는 우선적으로 자료(data), 정보(information) 및 지식(knowledge)의 내용을 구별할 필요가 있다. 다음 중에서 특히 "정보"에 대한 설명 내용과 가장거리가 먼 것은?

① 정보는 미래의 불확실성을 감소시킨다.
② 관측이나 측정을 통해 수집된 자료를 해석하고 정리한 것이다.
③ 다양한 종류의 정보가 축적되어 특정 목적에 부합하도록 일반화된다.
④ 인간이 판단하고 의사결정을 내리고 행동할 때 그 방향을 정하도록 도와준다.
⑤ 개인이나 조직이 의사결정을 하는데 사용되도록 의미 있고 유용한 형태로 처리된 것이다.

지식(Knowledge)이란 이와 같은 동종의 정보가 집적되어 일반화된 형태로 정리된 것으로, '어떤 특정 목적의 달성에 유용한 추상화되고 일반화된 정보'라고 할 수 있다. 문제에서 ③는 지식의 내용이고 나머지는 정보의 내용이다.

04 다음 중 정보의 개념과 정보화 사회에 대한 설명으로 가장 적합하지 않은 것은?

① 정보(information)는 미래의 불확실성을 감소시키고, 개인이나 조직이 의사결정을 하는데 사용되도록 의미 있고 유용한 형태로 처리된 것이며, 인간이 판단하고 의사결정을 내리고 행동할 때 그 방향을 정하도록 도와준다.
② 정보적시성(Timeliness)은 필요로 하는 시점에 제공될 때 정보로서 가치를 발휘하게 되고, 시기를 놓친 정보는 가치가 없고, 정보의 관련성(Relevancy)은 의사결정자와 관련성이 있는 정보를 제공해야 한다는 것이다.
③ 협의의 정보는 관측이나 측정을 통해 수집된 자료(Data)를 문제해결의 수단으로 해석 · 정리한 지식을 말하며,광의의 정보는 우리가 일상생활에서 수집 가능한 모든 자료(Data)들 중에서 목적 달성을 위한 의사결정의 수단으로 사용되는 지식을 말한다.
④ 정보시스템구축에 있어서 경영자들에게 "필요한 정보를 제공하는 것" 못지않게 "필요 없는 정보를 제공하지 않는 것"이 중요한 것은 인간의 정보처리능력을 초과하는 경우에는 정보과부하가 일어나게 되어 반응률이 오히려 증가하기 때문이다.
⑤ 정보의 접근성(Accessibility)은 정보의 저장방법에 의해 영향을 받으며, 정보는 공간적으로 쉽게 접근 가능할수록 가치가 증대되고, 인터넷상의 정보는 VAN에 존재하는 정보보다 접근성이 높다.

경영자들에게 "필요한 정보를 제공하는 것" 못지않게 "필요 없는 정보를 제공하지 않는 것"이 중요한 것은 인간의 정보처리능력을 초과하는 경우에는 정보과부하가 일어나게 되어 반응률이 오히려 감소하기 때문이다.

03 ③ **04** ④

05 칼스텐 솔하임은 '정보의 가치가 기업의 핸디캡을 줄일 수 있는 능력' 이라고 한다. 기업이 정보를 이용하여 의사결정을 수행하는데 있어 핸디캡을 줄이기 위해 정보시스템에 의존하는 경향과 가장 거리가 먼 것은?

① 의사결정을 신속하게 내려야 한다.
② 대용량의 정보를 분석할 필요가 있다.
③ 정보시스템은 기업의 정보를 안전하게 보호하기 위한 보안장치를 제공한다.
④ 분석정보보다 거래처리 정보에 의존한 의사결정 문제가 자주 발생하게 된다.
⑤ 좋은 의사결정을 내리려면 모델링이나 예측 같은 정교한 분석기법을 이용해야 한다.

오답풀이 정보의 가치는 의사결정에 얼마나 가치 있게 활용을 하느냐에 달려있다. 대부분의 의사결정은 분석가들의 분석정보에 치중을 한다.

06 유통경로관리에서 바람직한 유통정보가 갖추어야 할 조건 및 특성으로 거리가 먼 것은?

① 적시성 : 정보는 적시에 제공되어야 시간적 효용가치를 발휘할 수 있으므로 계층적 유통경로 구조에서 단계적으로 제공되는 것이 동시에 제공되는 것 보다는 바람직하다.
② 정확성 : 제품판매나 일반소비자에 대한 정보수집기능은 주로 소비자들에 의해 수행되어 이들의 정보수집능력은 정보의 정확성에 가장 큰 영향을 가지게 되므로 경로구성원들의 노력이 요구된다.
③ 정량성 : 정보수집의 자동화는 엄청난 양의 다양한 정보를 수집하게 되며, 과다한 정보의 양은 정보의 효율적 이용을 저해(과부하)하기 때문에 적절한 양의 정보공급이 필요하다.
④ 통합성 : 정보통합에는 수직적통합과 수평적 통합이 있는데, 정보통합 전략은 기업에게 유통비용감소 및 극대화된 서비스 향상 등의 시너지 효과를 창출할 있다.
⑤ 신뢰성 : 실제거리에서 발생한 자료를 바탕으로 분석한 정보에 대해 신뢰할 수 있어야 올바른 의사결정에 도움이 된다.

오답풀이 적시성(Timeliness)이란 정보는 필요로 하는 시점에 제공될 때 그 가치를 발휘하게 되며, 시기를 놓친 정보는 가치가 없다는 것이다. 갈증이 날 때 찾는 음료수는 정보이지만 수박을 많이 먹고 배부른 상태에서의 음료수는 자료일 뿐이다.

해답 **05** ④ **06** ①

07 다음 중 빈번하게 발생하는 의사결정의 오류에 관한 설명으로 가장 옳지 않은 것은?

① 정당화 추구오류–자신이 알고 있는 사항의 정확성에 대해 과신하는 경향
② 최근성 오류–과거 정보보다 최근에 주어진 정보에 더 큰 비중을 두고 의사결정을 내리는 경향
③ 동일시오류–과거의 성공에 취해 현재 상황보다는 과거 상황의 연장선상에서 의사결정을 하는 경향
④ 실패의 외부 귀인 오류–경영자들도 성공은 자신의 탓으로, 실패는 외부적인 환경요인으로 돌리는 경향
⑤ 문제 과소평가오류–친숙하거나 유리한 사건의 확률은 과대평가하고, 부정적인 사건발생의 확률에 대해서는 과소평가하는 경향

오답풀이 정당화 추구 오류(Search for supportive evidence bias)는 잘못된 대안을 선택하고 실행을 되돌리지 못하는 경우를 정당화 추구 오류라 한다.

08 아래 글상자의 내용은 A사의 유통정보시스템 구축시 요구되는 사항들이다. 관련된 정보 기술들과 내용이 옳지 않은 것은?

> ⊙ 본사에서 전국 365개 매장에서 판매되는 제품의 재고를 담당직원의 모바일 기기를 통해 실시간 파악
> ⊙ 제품 수송차량 위치 파악과 창고 출 · 입 정보 자동 등록
> ⊙ 매장내 재고 수량 파악

① BYOD(Bring Your Own Device) – 서비스 이용자가 자신이 소지하고 있는 스마트 디바이스를 활용하여 업무 또는 정보 획득에 활용하는 기술
② 센싱(sensing) – 각종 센서를 통해 데이터 수집
③ RFID(Radio Frequency IDentification) – 유선망을 이용해 보다 효율적으로 데이터를 전송
④ LBS(Location Based Service) – 무선통신망 및 GPS(Global Positioning Systems) 등을 통해 얻은 위치정보를 바탕으로 인터넷 사용자에게 사용자가 변경되는 위치에 따른 특정정보를 제공하는 무선 콘텐츠서비스 지원 기술
⑤ 사물인터넷(IoT, Internet of Things) – 정보교류를 사람과 사물, 사물과 사물로 확장시킨 개념으로 센서 · 지능을 사물(객체)에 탑재하고 인터넷 등과 상호연결하여 각종 정보를 수집 · 처리 · 운영하는 기술

07 ① **08** ③

유선망을 이용해 보다 효율적으로 데이터를 전송은 EDI의 내용이다.

09 정보의 접근성에 대한 설명으로 적합하지 못한 것은?

① 정보의 정확성과 관계가 있다.
② 정보의 저장방법에 의해 영향을 받는다.
③ 접근이 어렵다고 반드시 고급정보는 아니다.
④ 정보는 공간적으로 쉽게 접근 가능할수록 가치가 증대된다.
⑤ 인터넷상의 정보는 VAN에 존재하는 정보보다 접근성이 높다.

정보는 공간적으로 쉽게 접근 가능할수록 가치가 증대되고 인터넷상의 정보는 VAN에 존재하는 정보보다 접근성이 높다. 정보의 접근성은 정보의 저장방법에 의해 영향을 받는다. 정보는 정확한 자료에 근거하여 실수나 오류가 개입되지 않아야 한다는 정보의 정확성과는 관계가 없다.

10 다음은 유통정보혁명(distribution information revolution)시대에서 아래 내용의 괄호에 들어갈 가장 적합한 내용을 고르시오.

> 회사원 L씨는 얼마 전 스마트폰을 화장실에 빠뜨렸다. 억지로 스마트폰을 꺼내기는 했는데, 서비스 센터에 가져가보니 데이터가 모두 유실됐다는 설명을 들었다. 휴대전화에 저장된 지인들과 사업 파트너들의 연락처가 모두 날아간 것이다. 더군다나 최근 L씨가 재미를 붙인 모바일 쇼핑 기록도 사라져 눈앞이 캄캄해졌다.
> L씨와 같은 소비자를 위한 대안으로 바로 (   )가 부상하고 있다. 기기가 아닌 웹 공간에 콘텐츠를 저장하는 (   )를 이용하면 L씨는 휴대전화 데이터가 유실돼도 다시 복구할 수 있다. 소비자들이 모바일 기기를 통해 쇼핑은 물론 쇼핑에 필요한 각종 정보를 제공받을 수 있고, 결제까지 한 번에 끝낼 수 있어 유통가에 하나의 혁명으로 받아들여진다. 이런 서비스를 통해 유통사업자들도 유통 · 물류기업 주문정보와 상품정보, 출고, 배송에 필요한 정보통신기술 인프라와 매출정보, 재고정보관리, 정보보안, 정보보안 운송장출력시스템 등 각종 애플리케이션 프로그램을 사용해 경영효율화를 꾀할 수 있다.

① Cloud Service ② CRM Service
③ After Service ④ Before Service
⑤ Ming Service

클라우드 서비스(Cloud Service)의 내용으로 신문기사의 내용을 문제화 해 보았다.

해답 09 ① 10 ①

11 다음은 정보시스템을 활용하여 물류활동에 대한 의사결정을 지원하는 물류의사결정지원시스템(LDSS : Logistics Decision Support System)에 대한 설명이다. 이 중 물류의사결정지원시스템이 필요한 배경이라 보기 어려운 것은?

① 조직의 확대로 의사결정의 즉시성이 요구되기 때문이다.
② 사내정보는 질과 양면에서 편재하는 경향이 약하기 때문이다.
③ 물류는 고객서비스와 기업의 비용측면을 항상 고려해야 하기 때문이다.
④ 정보량이 증대하여 양질의 정보를 선택하고 판단하는 일이 어렵게 되었기 때문이다.
⑤ 정보가 복잡하게 뒤섞이고 산재해 있기 때문에 이를 체계화하고 공유할 필요성이 있기 때문이다.

의사결정 지원시스템(DSS ; Decision Support System)은 컴퓨터를 이용해서 경영자의 비구조적 또는 반구조적인 의사결정을 지원하기 위해 의사결정모형과 자료에 보다 쉽게 접근할 수 있게 해주는 대화식 시스템이다. 여기에 물류(Logistics)의사결정을 한다는 것은 정보량이 증대하거나 정보가 복잡하여 의사결정의 즉시성이 요구되기 때문에 의사결정지원시스템을 이용하는 것이다. 사내정보는 질과 양적인 측면에서 관리자의 성향에 따라 편재하는 경향이 강하다.

12 유통경영을 위한 의사결정지원시스템 중 보고 및 조회시스템에 관한 설명이 아닌 것은?

① 기업내부의 사안에 대해 조사 · 조회할 수 있는 기능을 제공한다.
② 조회시스템은 인쇄형태의 보고서 작성과 배포과정의 시간과 비용을 절감하게 한다.
③ 지도표시시스템은 지식기반형 시스템으로 전문가의 지식을 입력정보로 의사결정을 행한다.
④ 의사결정이 이루어지는 동안에 발생 가능한 환경의 변화를 반영할 수 있도록 유연하게 설계되어야 한다.
⑤ 특이사항 보고는 과거의 실적 자료에 기초하여 기업 활동의 성과를 계량화하여 사전에 설정된 적정치와 비교한다.

의사결정이란 가장 바람직한 상태를 달성하기 위하여 하나 또는 그 이상의 대안 중에서 가장 유리하고 실행가능한 최적대안을 선택하는 의식적 과정이라고 정의할 수 있다. 조직내에서 그룹(또는 팀)단위의 문제해결,그룹간 갈등해결과 조정이 발생할 때, 이를 위해서는 전체 조직상의 배경(전체조직의 목표, 하위목표에 대한 공통인식 등)과 조직단위, 조직의 자원 등에 대하여 공통인식을 하는 것이 필요하다. 이를 위해서 조직모형(Organizational Model) 설정을 지원할 수 있는 지능적인, 지식기반형 시스템이 필요하다. 이것은 의사결정지원과는 다른 것이다.

11 ② 12 ③

13 정보(information)와 유사한 개념으로 설명되어지는 것 중에서 자료나 지식이 있는데 이중 차원이 가장 낮은 개념에 속하는 것으로 가장 옳은 설명은?

① 어떤 현상이 일어난 사건이나 사상을 사실 그대로 기록한 것으로 숫자, 기호, 문자, 음성, 그림, 비디오 등으로 표현되며, 이는 '아직 특정의 목적에 대하여 평가되지 않은 상태의 단순한 여러 사실'이다.
② 교육, 학습, 숙련 등을 통해 사람이 재활용할 수 있는 정보와 기술 등을 포괄하는 많은 의미를 내포하는 광범위한 용어로, 동종의 정보가 집적되어 일반화된 형태로 정리된 것으로, '어떤 특정목적의 달성에 유용한 추상화되고 일반화된 정보'라고 할 수 있다.
③ 개인이나 조직이 의사결정을 하는데 사용되도록 의미 있고 유용한 형태로 처리된 것으로 넓은 뜻으로는 어떤 사물(事物)에 관하여 명료한 의식을 지니는 것, 알려진 사물의 뜻이 되기도 하고, 사물에 관한 개개의 단편적인 사실적 · 경험적 인식의 뜻이다.
④ 정보가 축적되어 체계화되고, 한층 더 농축된 상태로 원리적, 통일적으로 조직되어 객관적 타당성을 요구할 수 있는 판단의 체계로서 다양한 종류의 정보가 축적되어 특정 목적에 부합하도록 일반화된다.
⑤ 모든 이치를 빨리 깨우치고 사물을 정확하게 처리하는 정신적 능력이다. 지식에 의해서 얻을 수 있는 것이라는 의미에서 발전하여, 지금은 주로 사리를 분별하며 적절히 처리하는 능력을 가리킨다.

해설을 하면 아래와 같고 ①이 가장 낮은 단계에 속한다.
① 일어난 사건이나 사상을 사실 그대로 기록한 것으로 숫자, 기호, 문자, 음성, 그림, 비디오 등으로 표현하는 것은 자료(Data)의 내용이다.
② 동종의 정보가 집적되어 일반화된 형태로 정리된 것으로, '어떤 특정목적의 달성에 유용한 추상화되고 일반화된 정보'는 지식(Knowledge)의 내용이다.
③ 의사결정을 하는데 사용되고, 유용한 형태로 처리된 것으로 넓은 뜻으로는 어떤 사물(事物)에 관하여 명료한 의식을 지니는 것은 지식(Knowledge)의 내용이다.
④ 다양한 종류의 정보가 축적되어 특정 목적에 부합하도록 일반화된 것은 지식(Knowledge)의 내용이다.
⑤ 모든 이치를 빨리 깨우치고 사물을 정확하게 처리하는 정신적 능력은지혜(Wisdom)의 내용이다.

14 다음 중 유통 정보를 위한 기업의 외부 데이터베이스의 유형에 해당하는 것은?

① 정치 환경 데이터
② 판매 물류 관련 데이터
③ 조달 물류 관련 데이터
④ 고객 서비스 관련 데이터
⑤ 상품 생산 관련 데이터

해답 **13** ① **14** ①

유통 정보를 위한 데이터베이스에는 내부 데이터베이스와 외부 데이터베이스가 있다.
1. 내부 데이터베이스 유형 : 판매 물류 관련 데이터, 판매 영업 관련 데이터, 조달 물류 관련 데이터, 고객 서비스 관련 데이터, 상품 생산 관련 데이터 등이 있다.
2. 외부 데이터베이스 유형 : 고객 정보, 기술 정보, 경쟁사 정보, 경제 환경 정보, 정치 환경 정보, 사회 문화 정보 등이 있다.

15 정보화 사회에서 끊임없이 증가하는 다량의 데이터로부터 유용한 정보 및 지식을 추출하기 위해서는 아래와 같은 기술의 발달이 필연적이다. 이에 해당되지 않은 것은?

① 대용량 데이터 수집
② 데이터 시각화 기술
③ 적합한 데이터를 수집
④ 강력한 멀티프로세서 컴퓨터
⑤ 데이터 마이닝 및 알고리즘

하나의 시각화는 그 데이터 셋에 표현하는 유일한 특성들만을 표현해야만 한다. 일반적인 시각화 도구들을이용해서 표현하는 것은 제대로 된 시각화가 어렵다. 그 데이터만을 위한 고유의 시각화를 만들어 내야만 한다. 다량의 데이터로부터 유용한 정보 및 지식을 추출하기 위해서는 데이터 시각화 기술과는 관련이 없다.

16 효율적인 유통정보시스템을 구축하기 위해서는 유통경로상에서 정보를 주고받는 커뮤니케이션과정이 단계적으로 이루어져야 한다. 따라서 정보가 갖추어야 할 특성을 감안하여 유통정보시스템은 보기에 제시된 단계들을 밟아 체계적으로 구축될 수 있다. 다음 중 유통정보시스템의 개발단계가 순서대로 가장 바르게 연결된 것은?

> 가. 각 경로 기능수행에 필요한 마케팅정보 결정
> 나. 주요 경로 기능의 결정 및 기능수행자의 결정
> 다. 정보 수집자와 사용자 및 전달방법의 결정
> 라. 잡음 요소의 규명 및 이의 제거방안 결정

① 가－나－다－라
② 나－가－라－다
③ 나－가－다－라
④ 다－가－나－라
⑤ 다－나－가－라

유통정보시스템의 개발단계가 순서대로 가장 바르게 연결된 것은 ③의 내용이다.

15 ②　16 ③

17 다음 중 정보화 사회의 특성에 대한 설명으로 가장 거리가 먼 것은?

① 기업간 협력관계의 중요성 증대
② 시장보호를 위한 정부개입의 강화
③ 분권화된 조직 및 참여적 민주주의 강화
④ 지식 집약적이고 다품종 소량생산 체제로 변화
⑤ 정보의 전달에 있어서 시간과 위치의 한계를 극복

정보화 사회는 정보가 유력한 자원이 되고 컴퓨터 기술과 전자기술 및 정보 · 통신기술 등의 발달과 함께 정보가 생활의 핵심이 되고, 사회구성원은 이러한 정보를 이용하여 생활에 적용하는 사회이다. 정보화 시회에서는 시장보호를 위한 정부개입이 약화되어야 한다.

18 유통정보시스템은 유통과정과 연관된 다양한 정보의 수집에 의해 의사결정권자가 목표달성을 효율적으로 수행하는 데 도움을 줄 수 있도록 하는 시스템이다. 다음 중 유통정보시스템 구축을 위한 데이터 및 내부데이터(internal data)와 외부데이터(external data)에 대한 설명으로 가장 잘못된 것은?

① DB는 정보의 Data상 중복을 최소화하고, 조직의 목적달성, 무결성, 보안성 등을 고려하며 동시에 많은 사용자가 동일 데이터에 접근하더라도 이를 보장할 수 있는 디지털 정보 활용에 가장 중요한 인프라이다.
② 기업의 업무 수행과 관련 있는 모든 자료들을 기업의 목적 수행에 다양하게 이용하기 위하여 발생되는 데이터들을 통합적으로 보관 · 저장하는 시스템으로 기업의 정리된 데이터들을 조합 · 가공함으로써 정보를 생산할 수 있도록 조직화된 자료들의 집합을 말한다.
③ 데이터베이스의 유형에는 동일 데이터의 중복을 최소화하는 통합 데이터(integrated data),조직 목적 달성에 필수적인 데이터 집합인 운영 데이터(operational data),컴퓨터가 접근할 수 있는 저장 매체에 저장된 데이터의 집합인 저장 데이터(stored data)가 있다.
④ 내부 데이터베이스 유형으로는 조달 물류 관련 데이터에는 원자재, 부자재, 입찰, 공급자, 조달가격, 보관비용 등이 있으며, 외부 데이터베이스의 유형인 고객 서비스 관련 데이터에는 고객 불만처리대장, 고객 성향, 고객 서비스 기록의 데이터 등이 있다.
⑤ 외부 데이터베이스에는 유통 기업을 중심으로 비즈니스와 관련된 여러 연구기관 및 기업환경과 관련된 데이터로서 협력업체, 경영정보, 서비스 제공정보, 연구결과, 시장분석, 소비자분석, 정치 · 경제 환경 분석, 사회문화 정보 등으로 광범위하다.

고객서비스 관련 데이터에는 고객 불만처리대장, 고객 성향, 고객 서비스 기록 등의 데이터는 내부 데이터베이스의 유형 임.

19 유통정보시스템 구축을 위한 내부데이터와 그 내용이 바르지 않은 것은?

① 고객서비스 관련 데이터 : 서비스기록, 고객불만 사례
② 상품, 생산 관련 데이터 : 생산계획, 품질관리 기록
③ 조달물류 관련 데이터 : 재고, 출하, 창고관리 기록
④ 판매, 영업 관련 데이터 : 판매예측, 외상매출 기록
⑤ 상품 생산 관련 데이터 : 생산비용, 생산 공정 기록

내부 데이터베이스의 유형
1. 조달 물류 관련 데이터 : 원자재, 부자재, 입찰, 외상, 매입 등의 데이터
2. 상품 생산 관련 데이터 : 생산 계획, 생산비용, 생산 공정, 품질관리, 상품 디자인 등의 데이터
3. 판매 물류 관련 데이터 : 재고, 출하, 창고관리, 운송, 하역 등에 관련된 데이터
4. 판매 영업 관련 데이터 : 수요 예측, 판매수당, 주문서, 견적서, 외상매출 등의 데이터
5. 고객 서비스 관련 데이터 : 고객 불만처리대장, 고객 성향, 고객 서비스 기록 등의 데이터

20 유통경영에서 발생할 수 있는 다양한 선택상황에서 발생할 수 있는 의사결정을 위한 의사결정 지원 시스템(DSS ; Decision Support System)에 대한 설명으로 옳지 않은 것은?

① 의사결정 지원시스템은 컴퓨터를 이용해서 경영자의 구조적 또는 정형적인 의사결정을 지원하기 위해 의사결정모형과 자료에 보다 쉽게 접근할 수 있게 해주는 대화식 시스템이다.
② 의사결정시 정보기술의 필요성은 많은 의사결정이 시간제약 아래에서 이루어지기 때문에 필요한 정보를 신속하게 수작업으로 처리하는 것은 쉽지 않을 뿐만 아니라 비효과적 및 비효율적이다.
③ 의사결정 지원 시스템에서 제시하는 대안이 문제 해결의 답이 아니라 보조적인 지식일 수도 있고 답안을 제시하더라도 문제의 해답이라는 것을 말하는 것이 아니다.
④ 전통적인 데이터 처리와 경영과학의 계량적 분석 기법을 통하여 의사결정자가 보다 손쉽고 정확하게 그리고 신속하고 다양하게 문제를 해결할 수 있는 정보시스템 환경을 제공한다.
⑤ 의사결정지원시스템 중 보고 및 조회시스템은 특이사항 보고는 과거의 실적 자료에 기초하여 기업 활동의 성과를 계량화하여 사전에 설정된 적정치와 비교한다.

의사결정 지원 시스템은 컴퓨터를 이용해서 경영자의 비구조적 또는 반구조적인 의사결정을 지원하기 위해 의사결정모형과 자료에 보다 쉽게 접근할 수 있게 해주는 대화식 시스템이다.

19 ③ 20 ①

유통 정보

21 의사결정이란 가장 바람직한 상태를 달성하기 위하여 하나 또는 그 이상의 대안 중에서 가장 유리하고 실행가능한 최적대안을 선택하는 의식적과정이라고 정의할 수 있다. 다음 중 의사결정(Decision Making)에 대한 설명으로 가장 옳지 않은 것은?

① 의사결정이란 의사소통을 통하여 각 경로 구성원들이 서로 접촉하게 되는데 접촉의 빈도 그리고 지속된 접촉이 의사소통의 양을 결정하고 의사소통의 양이 적정 수준에 달했을 때 결정하는 행동을 말한다.
② 의사결정을 한다는 것은 의식적으로 사려 깊은 행동이라고 볼 수 있다. 따라서 반사적인 반응이나 무의식적인 행동도 인간이 함으로 반응행동이나 습관이라고 하지 않고 의사결정이라고 한다.
③ 의사결정은 여러 대안 중에서 어떤 문제에 대해서 해결 가능한 대안이 하나만 존재한다면 의사결정은 전혀 필요하지 않게 된다. 하지만 현실 세계에서는 대부분이 불확실 상황아래에서 다수의 대안을 선택하는 것이다.
④ 정형적 의사결정은 의사결정의 절차 및 과정의 규칙화가 용이하고, 자주 되풀이 되며, 구조가 비교적 명확히 되어 있는 의사결정으로 프로그램화가 가능하다. 예컨대 백화점 식품매장의 1일 식품주문량 결정과 같은 것을 들 수 있다.
⑤ 비정형적 의사결정은 의사결정자가 문제인식을 개인의 경험 · 판단 · 능력 · 직관에 의해 영향을 받는 문제 해결법으로 비 반복적이고 프로그램화가 불가능하다. 예컨대 백화점 의류매장의 규모 확장이나 백화점 PB상품의 개발 및 신규백화점 출점과 같은 것 등을 들 수 있다.

오답풀이 의사결정을 한다는 것은 의식적으로 사려 깊은 행동, 반사적인 반응이나 무의식적인 행동은 반응행동이나 습관이고, 의사결정이라고 하지 않는다.

22 의사결정에 필요한 정보의 제공시 '필요한 정보를 제공하는 것 못지않게 불필요한 정보를 제공하지 않는 것도 중요하다'는 것은 정보의 특성 중에서 어떤 특성을 뜻하는 것인가?

① 정보 과부하　② 정보 적시성　③ 정보 형태성
④ 정보 객관화　⑤ 정보 관련성

오답풀이 정보과부하(information overload)는 인간이 입력신호를 받아들여 그에 따른 반응(또는 출력)을 나타낼 수 있는 능력에는 한계가 있다는 것으로 만일 입력이 이러한 인간의 정보처리능력을 초과하는 경우에는 소위정보과부하(information overload)가 일어나게 되어 반응률(또는 성과)이 오히려 감소하는 경향을 보인다는 것이다. 이는 정보시스템구축에 있어서 경영자들에게 "필요한 정보를 제공하는 것" 못지않게 "필요 없는 정보를 제공하지 않는 것"이 중요하다는 의미이다.

해답 21 ②　22 ①

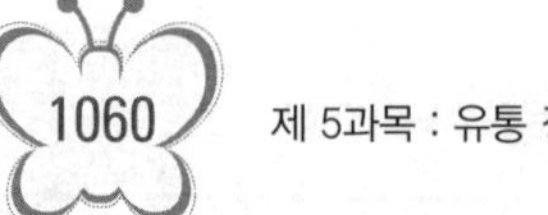

23 토마스 테이븐포트는 자신의 저서 정보생태학에서 '정보도 그 특성에따라 데이터, 정보, 지식으로 계층을 나누어 볼 수 있다' 고 주장하였다. 다음 중 가장 성격이 다른 정보 계층에 속하는 정보는 무엇인가?

① 판매 행사에 참여한 고객의 이름
② 판매 행사에서 담당 직원명과 부서명
③ 판매 행사에서 제공한 제품명과 단가
④ 판매 행사에서 가장 잘 팔린 제품명과 단가
⑤ 판매 행사에서 고객들이 주문한 제품 및 주문 수량

①,②,③,⑤는 단순한 사실을 말하는 데이터라면 ④는 정보를 말하는 것이다.

24 기업의 의사결정은 정형적 의사결정과 비정형적 의사결정 등으로 구분할 수 있는데, 다음 중 정형적 의사결정에 해당하는 것으로 가장 알맞은 것은?

① 신규백화점 출점
② 명품업체 입점결정
③ 백화점 PB상품의 개발
④ 백화점 의류매장의 규모 확장
⑤ 백화점 식품매장의 1일 식품주문량 결정

업무처리 절차의 규정정도에 따라 정형적 의사결정과 비정형적 의사결정으로 구분한다. 백화점 식품매장의 1일 식품주문량 결정은 일상적인 업무처리로 정형적 의사결정에 해당한다고 볼 수 있다.

25 유통정보를 위한 기업 내부 데이터는 일상적인 기업 활동을 통해 생성되는 데이터를 말한다. 다음 중 기업 내부 데이터의 유형으로 가장 거리가 먼 것은?

① 조달물류 관련 데이터 : 공급자, 조달가격, 보관비용 등
② 생산 관련 데이터 : 생산비용, 원부자재 및 완성품 재고 등
③ 경쟁자 관련 데이터 : 시장점유율, 비용구조, 신상품정보 등
④ 판매 물류 관련 데이터 : 재고, 출하, 창고관리, 운송, 하역 등에 관련된 데이터 등
⑤ 고객서비스 관련 데이터 : 고객서비스 기록, 서비스 수요, 고객 불만족 처리대장 등

경쟁자 관련 데이터는 기업 외부 데이터의 유형에 해당한다.

23 ④ 24 ⑤ 25 ③

26 유통정보시스템 도입에 의한 경로활동의 통합은 경로성과에 긍정적인 영향을 미치고 있다. 다음 중 유통정보시스템 도입의 긍정적 영향으로 가장 거리가 먼 것은?

① 경로전반에 걸쳐있는 불확실성에서 주문, 선적, 수취의 정확성을 꾀할 수 있다.
② 주문으로부터 배달까지의 시간을 대폭 축소시킬 수 있어 재고관리의 효율을 높일 수 있다.
③ 기업간에 직접 전자연계를 통해 거래함으로써 과거에 비해 내부결재를 위한 서류작성이 증가하고 있다.
④ 유통 과정에 관련된 다양한 정보 수집에 의해 의사결정권자가 목표달성을 효율적으로 수행하는데 도움을 줄 수 있다.
⑤ 유통정보시스템에 의한 공급자와 수요자간의 연계는 공급자로 하여금 수요자의 요구사항을 더욱 정확하게 파악할 수 있게 해준다.

우답 풀이 유통정보시스템 도입으로 기업간에 EDI 등 직접 전자연계를 통해 거래함으로써 과거에 비해 내부결재를 위한 서류작성이 감소하고 있다.

27 다음 박스 안의 유통정보시스템 설계를 위한 5단계의 순서가 가장 올바른 것은?

> 가 의사결정이 이루어지는 각 수준(제도, 도매, 소매)의 확인
> 나 유통정보를 제공하는 방법과 시스템 운영환경의 확인 및 설계
> 다 의사결정을 내리기 위해 필요한 정보(매장, 재고, 인력)를 확인
> 라 경로시스템에 있어서 핵심 의사결정 영역의 확인
> 마 유통정보를 보완할 수 있는 각종 정보화 프로그램(POS, SCM, ECR 등) 확인

① 라→다→나→가→마
② 라→가→다→나→마
③ 라→가→나→다→마
④ 라→다→가→나→마
⑤ 라→다→가→ 나→마

우답 풀이 유통 정보 시스템은 유통과정과 연관된 다양한 정보의 수집에 의해 의사결정권자가 목표달성을 효율적으로수행하는데 도움을 줄 수 있도록 하는 시스템이다. 유통정보시스템 설계를 위한 5단계의 순서가 가장 올바른 것은 ②의 순서이다.

해답 **26** ③ **27** ②

28 유통정보시스템 구축 시 첫 번째 단계에서 고려해야할 사항으로 가장 옳은 것은?

① 의사결정에 필요한 정보파악
② 유통시스템의 주요 의사결정에 대한 영역 확인
③ 각각의 의사결정을 수행할 각 수준의 담당자 결정
④ 누가 누구에게 어떤 방식으로 정보를 제공할 지를 결정
⑤ 불확실성을 흡수할 수 있는 방안과 현재의 정보를 보충할 수 있는 방안 마련

유통정보시스템의 개발은 유통경로 구성원간의 효과적인 의사소통시스템을 구축하는 것으로 첫 번째로 유통시스템의 주요 의사결정에 대한 영역 확인해야 한다.

29 다음은 유통정보시스템에 관하여 설명한 내용들이다. 유통정보시스템에 대하여 가장 잘 설명하고 있지 못한 내용은?

① 정보의 포괄성, 응용성, 정형성, 개방성, 시대성, 환경성, 보전성 등의 성향을 가지고 있으며, 유통의사결정을 지원하는 정보시스템이다.
② 유통정보시스템은 유통과정에 연관된 다양한 정보수집에 의한 의사결정권자의 목표달성을 효율적으로 수행하는 데 도움을 줄 수 있는 시스템이다.
③ 유통정보시스템은 유통경영에 관한 개인의 의사결정을 지원하는 정보, 원가정보, 경쟁사정보, 통계정보 등의 다양한 정보를 체계적으로 제공하는 시스템이다.
④ 생산업, 도매업, 소매업 사이의 상품정보와 함께 물품의 보관, 수송, 하역 등의 물류활동에서 발생되는 다양한 정보를 수요에 맞게 응용할 수 있도록 구성된 개방형 시스템이다.
⑤ 유통계획, 관리, 거래처리 등에 필요한 데이터를 처리하여 유통관련 의사결정에 필요한 정보를 제공하는 정보시스템이다.

유통정보시스템은 유통경영에 관한 의사결정을 지원하는 정보, 즉 상품정보, 경쟁사정보, 시장정보, 고객정보, 서비스정보 등의 다양한 정보를 조직적으로 제공하는 시스템이다.

28 ② 29 ③

유통 정보

30 다음은 정보시스템에 대한 설명이다. 이 중 가장 올바르지 않은 내용은?

① 정보 시스템은 의사결정을 지원해주는 포괄적인 개념을 가진 시스템이다.
② 하드웨어, 소프트웨어, 데이터베이스, 네트워크, 운영요원 및 절차 등으로 구성된다.
③ 조직에 필요한 정보제공이나 업무처리를 수행하도록 정보기술을 응용해 놓은 실체이다.
④ 의사결정을 위해 필요로 하는 자에게 유용하고도 시의 적절한 산출결과를 제공해야 한다.
⑤ 조직 내에 유용한 정보를 제공함으로써 일상적인 업무관리 및 분석만을 지원하는 하위시스템이다.

오답풀이 정보 시스템은 의사결정을 지원하는 정보인 상품정보, 경쟁사정보, 시장정보, 고객정보, 서비스 정보 등의 다양한 정보를 조직적으로 제공하는 시스템이다.

31 다음 중 효율적인 유통정보시스템을 구축할 경우 고려해야 할 특성에 대한 설명으로 가장 옳지 않은 것은?

① 신중한 기획과 전사적 협력을 기반으로 유통산업의 업무 특성을 고려한 사용자 환경에 맞춘 개방적 시스템의 구축이 필요하다.
② 유통정보시스템의 개발은 유통경로 구성원간의 효과적인 의사소통시스템을 구축하는 것이다.
③ 유통정보시스템은 경영정보시스템과 마케팅정보시스템이 상호관련성을 갖고 조직되어야 한다.
④ 다점포 영업을 지향하는 유통경영의 형태에 비추어 정보에 대한 접근의 용이함과 보안성을 동시에 가능케 하는 지역 분권식 데이터 관리와 포괄적 정보보안을 실현하여야한다.
⑤ 사용자 인터페이스 기능의 설계 시 정보시스템과 유통경영관리자간의 상호작용이 용이하도록 하는 방안이 고려되어야 한다.

정보보안을 실현하기 위해서는 정보에 대한 접근의 용이해서는 안된다.

해답 30 ⑤ 31 ④

32 다음 중 유통정보시스템에서 사용되는 트랜젝션(Transaction) 중심의 데이터 특성으로 부적절한 것은?

① 실시간 데이터이다.
② 요약의 수준이 낮다.
③ 낮은 수준의 정규화를 요구한다.
④ 주로 관계형 데이터베이스 모형을 요구한다.
⑤ 트랜잭션은 시스템에서 사용되는 쪼갤 수 없다는 업무처리의 단위이다.

트랜잭션(Transaction)은 ATM, 데이터베이스 등의 시스템에서 사용되는 쪼갤 수 없다는 업무처리의 단위이다. 영어의 Transaction은 거래를 뜻한다. 예를 들어 돈을 주었는데 물건을 받지 못한다면, 그 거래는 이루어지지 못하고 원상태로 복구되어야 한다. 이와 같이 쪼갤 수 없는 하나의 처리 행위를 원자적 행위라고한다. 여기서 쪼갤 수 없다는 말의 의미는 실제로 쪼갤 수 없다기보다는 만일 쪼개질 경우 시스템에 심각한 오류를 초래할 수 있다는 것이다. 이러한 개념의 기능을 ATM 또는 데이터베이스 등의 시스템에서 제공하는 것이 바로 트랜잭션이다. 따라서 높은 수준의 정규화를 요구할 것

33 다음 중 물류정보화의 핵심기술과 그에 대한 설명으로 가장 적절하지 못한 것은?

① 종합정보통신망(ISDN): 음성의 전화, 데이터통신, 화상통신 등의 다양한 통신 서비스를 통합한 하나의 통신망으로 전송속도가 2Mbps~155Mbps로 이미지 영상, 사운드 대용량의 데이터도 고속 전송이 가능하다.
② LAN(Local Network): 비교적 근거리, 즉 좁은 지역에 설치되어 있는 컴퓨터, 프린터, 기타 네트워크 장비들을 연결하여 구성한 네트워크이다.
③ 우성추적시스템(GPS): 현재의 위도, 경도, 속도, 이동 방향을 결정해 주는 장치로 위성신호를 분석하는 특별한 마이크로프로세스를 가지고 있다.
④ 위치기반서비스(LBS): 사용자의 현재 위치를 파악하는 서비스로 화물추적서비스, 차량위치추적서비스 등이 있다.
⑤ e-Logistics : 정보통신기술을 기반으로 한 물류서비스 제공업체가 화물추적이나 온라인 물류업무지원 서비스를 수행할 수 있도록 지원하는 활동이다.

B-ISDN(Broadband Integrated Services Digital Networks) : 광대역 종합정보통신망은 이미지, 영상, 사운드 등의 대용량의 데이터를 고속으로 전송하기 위해 기존의 ISDN의 기반위에 만들어진 광대역의 디지털 통신망, 전송속도 2Mbps~155Mbps(bit per second)이다.

 32 ③ 33 ①

34 데이터베이스 관리시스템(DBMS) 사용시 얻을 수 있는 장점으로 가장 거리가 것은?

① 중앙통제기능을 통해 사용자들 간에 정보공유 및 전달이 용이하다.

② 데이터의 불일치나 모순성을 해결함으로써 데이터간의 일관성을 유지할 수 있다.

③ 한 번 저장한 데이터로 여러 가지 형태로의 변환이 가능한 데이터공유가 가능하다.

④ DBMS가 제공하는 다양한 개발도구를 활용함으로써 응용 프로그램의 개발기간을 단축할 수 있다.

⑤ 서로 다른 데이터들이 연관되어 있고 분산되어 관리되기 때문에 데이터베이스 구조가 상당히 간단하다.

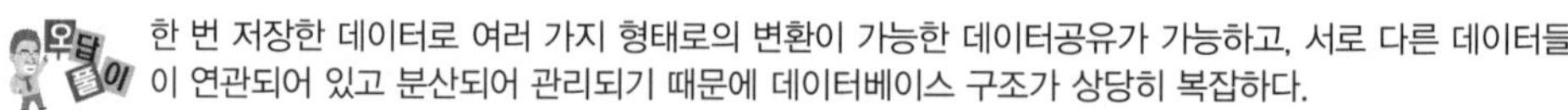

오답풀이 한 번 저장한 데이터로 여러 가지 형태로의 변환이 가능한 데이터공유가 가능하고, 서로 다른 데이터들이 연관되어 있고 분산되어 관리되기 때문에 데이터베이스 구조가 상당히 복잡하다.

35 정보(information)는 미래의 불확실성을 감소시키고, 개인이나 조직이 의사결정을 하는데 사용되도록 의미 있고 유용한 형태로 처리된 것이다. 이런 정보에 대한 설명으로 옳지 않은 설명은?

① 정보과부하(information overload)는 인간이 입력신호를 받아들여 그에 따른 반응을 나타낼 수 있는 능력에 한계가 있으므로 정보시스템구축에 있어서 경영자들에게 "필요한 정보를 제공하는 것" 못지않게 "필요 없는 정보를 제공하지 않는 것"이 중요하다.

② 정보과부하(information overload)가 일어나게 되어 반응률이 감소하는 경향을 보이면, 인간은 이와 같은 정보과부하를 막기 위해 불요불급한 정보를 미리 제외하는 여과과정(filtering)을 통해 입력정보의 양을 자신이 다룰 수 있는 범위 내로 조절하게 된다.

③ 정보(information)는 '아직 특정의 목적에 대하여 평가되지 않은 상태의 단순한 여러 사실'들을 가공하여 자신에게 우월한 의사결정에 이용을 하는 것이어야 정보로서의 가치가 있다고 할 수 있다.

④ 정보(information)가 '어떤 특정목적의 달성에 유용한 추상화되고 일반화된 정보'라고 하는 것은 동종의 정보가 집적되어 일반화된 형태로 정리된 것이므로 이제는 정보라기보다는 하나의 지식(Knowledge)이라는 정의에 포함된다.

⑤ 정보(information)수집의 자동화는 엄청난 양의 다양한 정보를 수집하게 되고, 과다한 정보의 양은 정보의 효율적 이용을 저해(과부하)하기 때문에 적절한 양의 정보공급이 필요하다는 기준은 정보의 관련성(relevancy)의 특성이다.

오답풀이 정보(information)수집의 자동화는 엄청난 양의 다양한 정보를 수집하게 되고, 과다한 정보의 양은 정보의 효율적 이용을 저해(과부하)하기 때문에 적절한 양의 정보공급이 필요하다는 기준은 정보의 단순성(Simplicity)의 특성이다.

해답 34 ⑤ 35 ⑤

36 의사결정지원시스템에 대한 설명 중 가장 옳지 않은 것은?

① 의사결정지원시스템은 경영자의 판단력을 근본적으로 대체하지는 못한다.
② 경영자가 최적의 선택을 할 수 있는 의사결정과정을 지원하는 시스템이다.
③ 의사결정지원시스템은 인적자원과 지식기반, 소프트웨어와 하드웨어로 구성된다.
④ 의사결정지원시스템은 유연성과 주관적 판단을 통해 문제에 대한 통찰력을 가진다.
⑤ 의사결정지원시스템의 분석적인 모델로 예측모델, 시뮬레이션모델, 최적화모델 등이 있다.

의사결정 지원 시스템(DSS ; Decision Support System)은 컴퓨터를 이용해서 경영자의 비구조적 또는 반구조적인 의사결정을 지원하기 위해 의사결정모형과 자료에 보다 쉽게 접근할 수 있게 해주는 대화식 시스템이다. 의사결정 지원 시스템은 원어 그 자체로 의사결정을 하는 데 있어서 의사결정을 지원하기 위한 시스템이므로 시스템에서 제시하는 대안이 문제 해결의 답이 아니라 보조적인 지식일 수도 있고 답안을 제시하더라도 문제의 해답이라는 것을 말하는 것이 아니다.

37 아래 글상자 (㉠), (㉡), (㉢)에 들어갈 용어로 가장 옳은 것은?

> 의사결정과정 선택단계에서는 탐색접근 방법에 따라 탐색된 대안들을 평가해야 한다. 이럴 때 쓰이는 분석기법으로는 기준이 변화되었을 때 대안에 어떠한 영향을 미치는지 알아보는 (㉠), 변수들이 변화되었을 때 그 결과가 어떻게 되는가에 대한 (㉡), 목표를 충족시키기 위한 의사결정 요소들의 중요성을 결정하는데 도움을 주는 (㉢) 등이 있다.

① ㉠ 목적추구(goal seeking) 분석, ㉡ 민감도(sensitivity) 분석, ㉢ 가정(what if) 분석
② ㉠ 가정(what if) 분석, ㉡ 목적추구(goal seeking) 분석, ㉢ 민감도(sensitivity) 분석
③ ㉠ 민감도(sensitivity) 분석, ㉡ 가정(what if) 분석, ㉢ 목적추구(goal seeking) 분석
④ ㉠ 민감도(sensitivity) 분석, ㉡ 목적추구(goal seeking) 분석, ㉢ 가정(what if) 분석
⑤ ㉠ 목적추구(goal seeking) 분석, ㉡ 가정(what if) 분석, ㉢ 민감도(sensitivity) 분석

우답풀이 의사결정과정 선택단계에서는 탐색접근 방법에 따라 탐색된 대안들을 평가해야하는 분석기법이 있는데 문제의 정답은 ③의 내용이다.

36 ④ **37** ③

유통정보

38 다음 중 의사결정(Decision Making)의 오류에 대한 설명으로 가장 옳은 것은?

① 과거 정보보다 최근에 주어진 정보에 더 큰 비중을 두고 의사결정을 내리는 경우로서 경영자는 과거로부터 축적되어온 정보보다 최근의 정보에 현혹되는 오류를 범할 수도 있는 것을 정당화 추구 오류(Search for supportive evidence bias)라 한다.

② 경영자는 선택된 대안을 실행하면서 '무언가 잘못되어 가고 있다'라는 느낌을 받을 수가 있다. 잘못된 대안을 선택하고 실행을 되돌리지 못하는 경우를 정당화 추구 오류를 문제에 대한 과소평가 오류(Underestimating uncertainty bias)라 한다.

③ 경영자의 지나친 낙관주의, 경영자의 자신과 기업 역량에 대한 자신감이 과도한 경우, 새로운 정보를 받아들이지 않으려는 보수성이 강한 경영자 같은 오류의 복합 요인이 원인인 것을 동일시 오류(Illusory correlations bias)라 한다.

④ 경영자는 단기적으로 손해가 발생하더라도 장기적인 이익이 되는 방향으로 의사결정을 선택해야만 정당하고, 올바른 선택을 하고도 부정적인 결과에 민감한 나머지 섣부른 판단을 하는 경우가 많은 오류를 언어나 문맥의 표현 차이 오류(Poor framing bias)라 한다.

⑤ 사람들은 '성공은 내 탓, 실패는 남의 탓' 으로 돌리는데 경영자들도 성공은 자신의 탓으로, 실패는 외부적인 환경 요인으로 돌리는 경우가 일반적이다. 이와 같은 내용을 실패의 외부 귀인 오류(Attribution of success and failure bias)이라 한다.

해설은 아래와 같다.

① 경영자는 과거로부터 축적되어온 정보보다 최근의 정보에 현혹되는 오류는 최근성 오류(Recency bias)이다.

② 경영자가 선택된 대안을 실행하는 과정에서의 잘못된 대안을 선택하고 실행을 되돌리지 못하는 오류를 정당화 추구오류(Search for supportive evidence bias)라고 한다.

③ 경영자의 지나친 낙관주의, 경영자의 자신과 기업 역량에 대한 자신감이 과도한 경우 발생하는 오류는 문제에 대한 과소평가 오류(Underestimating uncertainty bias)이다.

④ 경영자는 단기적으로 손해가 발생하더라도 장기적인 이익이 되는 방향으로 의사결정을 선택해야만 정당하다는 오류는 단기적 성과 지향 오류(Preoccupation with the short term bias)이다.

⑤ 경영자가 문제 해결에 실패한 경우에 운이나 외부 환경 탓으로 돌린다면 의사결정의 실패가 되풀이되는 악순환이 되풀이될 가능성이 높아지는 경우가 실패의 외부 귀인 오류(Attribution of success and failure bias)이다.

해답 38 ⑤

39 유통정보시스템의 하위시스템에서 데이터를 분석하는데 사용되는 특별한 역량과 도구에 대한 설명 중 가장 적절치 못한 것은?

① 데이터마이닝에서 얻을 수 있는 정보 유형에는 연관, 순차, 분류, 군집, 예측 정보 등이 있다.

② 데이터마트(Data Mart)는 데이터웨어하우스의 부분집합으로 제품관리자가 항시 확인해야 하는 데이터를 요약하거나 매우 집중화시켜 제품관리자집단을 위한 개별적인 데이터를 제공한다.

③ 데이터웨어하우스(Data Warehouse)는 기업 전반의 의사결정자에게 관심이 될 만 한 제품 제조 및 판매에 대한 현재 및 과거 데이터를 저장하고 추출하여 사용할 수 있도록 지원하는 데이터베이스이다.

④ OLTP(On Line Transaction Processing)는 사용자에게 제품, 가격, 비용, 기간 등 상이한 정보에 대해 각 차원을 제공함을써 일정기간 특정지역에서 특정모델 제품의 판매량, 작년 동월대비 판매량, 예상치와 비교 등의 파악에 신속하게 답을 제공해준다.

⑤ 엄청난 양의 유통정보를 통합, 분석, 접근할 수 있는 도구를 통칭하여 비즈니스 인텔리전스(BI)라 한다. 유통정보DB 쿼리 및 리포팅을 위한 소프트웨어, 제품군별 판매예측과 같은 요약, 다차원분석, 패턴 등을 파악하는 데이터 마이닝(Data Mining) 등이 있다.

온라인거래처리(OLTP: On-Line Transaction Processing)는 단말기의 요청에 따라 호스트가 데이터베이스 검색 등 작업을 수행하고 그 결과를 단말기로 보내는 처리 형태로 네트워크상의 여러 이용자가 실시간으로 데이터베이스의 데이터를 갱신하거나 조회하는 등의 단위 작업을 처리하는 방식이다. 이 방식은 기존 온라인 방식과 달리 다수의 이용자가 거의 동시에 이용할 수 있도록 송수신 자료를 트랜잭션(데이터 파일의 내용에 영향을 미치는 거래 · 입출고 · 저장 등의 단위 행위) 단위로 압축, 비어 있는 공간을 다른 사용자들이 함께 쓸 수 있도록 한 점이 특징이다.

유통 정보

해답 39 ④

Chapter 2 지식경영

01 지식경영

1. 지식경영 (Knowledge Management)

(1) 지식경영의 개념

① 지식경영(knowledge management)이란 기업의 지식관련 경영활동의 효과성을 극대화하고, 지식자산으로부터 최대의 부가가치를 창출하기 위해 지식을 창출, 갱신, 적용하는 일련의 체계적이고 명시적이며 의도적인 활동이다.

② 기업의 지적 자산을 생성, 채집, 구조화, 접근 및 사용을 하기 위한 관리방법론으로, 데이터베이스, 문서, 업무규정 및 절차뿐만 아니라 직원들 머리 속에 담아 있는 전문지식이나 경험들까지 포함하는 것이다.

③ 조직차원에서 보유하고 있는 지식은 물론 개개인의 지식을 체계적으로 발굴하여 기업 내부에 축적 및 공유하고, 이러한 지식을 기업의 경쟁력 제고를 위해 활용하는 경영활동을 의미하며, 지식경영은 급진적이고 새로운 개념이 아니다.

④ 지식경영이라는 단어가 적극적으로 사용 된지는 1990년대 중반부터로 그리 오래되지 않았고, 다른 정보시스템 투자와 마찬가지로 지식경영 프로젝트의 투자수익률을 극대화하기 위해 협력적 가치와 구조, 행동 패턴들을 개발해야 한다.

⑤ 지식경영은 지식을 획득하고 획득된 지식을 활용하여 새로운 부가가치를 창출하는 모든 경영활동으로 보유된 지식의 활용이나 새로운 지식의 창출을 통해 수익을 올리거나 미래에 수익을 올릴 수 있는 역량을 구축하는 모든 활동들을 말한다.

⑥ 지식경영이 필요한 직접적인 이유는 지식경영이 필요한 이유는 지적자산이 물리적자산이나 금융자산 못지않게 중요해졌고, 종업원의 집단적 경험이나 지혜를 신속히 조직전체에 확산시킬 필요가 있기 때문이며, 정보의 컴퓨터 데이터베이스화가 필요하기 때문이다. 지식경영시스템은 잉여자산을 줄이고, 조직을 보다 효율적으로 만들 수 있다.

⑦ 지식경영이란 기업을 포함해서 조직이 보유하고 있는 지식자산을 획득, 도입, 창출, 전이하는 전 과정을 데이터베이스화하여 활용 가능한 형태로 만들며, 이를 토대로 기업 및 조직의 부가가치를 창출하고 경쟁력을 확보하는 경영절차 즉, 지식근로자가 지식을 생산해 내고 이를 토대로 지식소비자가 지식을 활용하여 부가가치를 창출하는 경영프로세스를 '지식경영'이라고 한다. 지식경영에서 있어서 지식창출의 각 과정별 단계는 '사회화→표출화→연결화→내면화' 단계를 거친다.

(2) 지식경영의 추구목적

① 지식경영의 목적은 기업이 지식을 습득하고 공유하며, 활용하는 과정속에서 수익과 전략적인 경쟁우위를 확보하는데 있다. 이러한 지식경영의 전 과정을 하나의 프로세스 또는 시스템으로 보고 체계적인 접근을 할 수 있다. 21세기 지식경영에서 지식개념 발전단계의 순서는 「데이터 → 정보 → 지식 → 지혜」 순서가 가장 옳다.

② 지식은 기본적으로 인간의 두뇌에 존재하기에 눈으로 확인하기가 어려우며, 지식이 무형자산이라 불리는 이유이다. 불과 20년 전만 해도 기업의 핵심 자산은 돈과 설비와 같은 유형자산 이었지만 더 이상 유형자산만으로는 증가하는 불확실성과 급격하게 변화하는 시장 환경에 대처하기 어렵다.

③ 지식사회라는 새로운 패러다임의 출현은 기업으로 하여금 새로운 경영방식을 요구하고, 기업의 본질은 지식을 창조하고 모으고 공유하고 활용하는 것이며, 기업의 관점에서 지식경영(Knowledge Management)은 부가요소가 아닌 생존요소로 간주되고 있다.

④ 대부분의 기업이 지식의 중요성을 인식하고 있지만 지식경영에 성공하는 기업들은 극소수에 불과하다. 보이지 않는 지식은 관리하기가 어렵기 때문이며, 지식은 아무리 사용해도 줄어들지 않으며, 다른 지식과 연결되어 진화를 거듭하는 속성을 갖고 있다.

(3) 노나카의 지식경영

① 지식의 유형은 지식의 형태, 보유 주체, 존재 형태, 데이터 타입에 따라 구분할 수 있는데 지식의 형태별 구분에는 일본의 노나카 이쿠지로(Nonaka Ikujiro)의 암묵지(tacit)와 형식지(explicit)가 있다.

② 암묵지(Tacit Knowledge)란 그 내용을 언어나 부호로 표현하기 곤란하고 구성원의 행동과 머리 속에 체화되어 있는 지식을 의미하며. 스킬, 노하우, 행동 판단의 기준, 조직 문화 등 내면적으로 깊숙이 가지고 있고 개개인만이 가지고 있는 지식을 말하는데, 이 지식은 유형화해서 다른 사람에게 전달할 수 없는 특징이 있다.

③ 형식지(Explicit Knowledge)로 는 그 내용을 언어나 부호로 표현 가능한 유형화된 지식으로, 규정집, 매뉴얼, 데이터베이스, 보고서, 파일 등의 형태로 기술되어 있는 지식을 말한다.

④ 암묵지는 정보시스템 등을 통한 공유와 학습이 곤란하고 지식 보유자와의 직접 접촉과 경험 학습을 통해 공유와 전파가 가능하고, 형식지는 데이터베이스 등 정보시스템을 통해 효율적으로 공유가 가능하다.

(4) SECI

① 지식은 언어화 형태화 하기 곤란한 주관적인'암묵지(Implicit Knowledge)'와 언어 또는 형태로 결정된 객관적인 '형식지(Explicit Knowledge)' 양자의 상호작용으로 창조되는데, 지식이 만들어져 확대 재생산되는 메커니즘을 SECI 모델로 밝혀내고 있다.

② 노나카는 지식의 대표적 두 가지 유형인 암묵지와 형식지가 공동화, 표출화, 연결화, 내면화라는 네 가지 과정을 반복적으로 거치면서 개인의 지식이 조직차원의 지식으로 선순환된다고 말한다. 지식은 암묵지와 형식지의 역동적인 상호작용을 통해 창조되고 확대 재생산된다고 주장한다.

③ 공동화/사회화(Socialization)는 암묵지간의 변환유형을 의미하며, 지식이전의 당사자가 장기적으로 함께 접촉하면서 지식을 전수하는 경우에 해당되므로 지식을 함께 창조하기보다는 한쪽에서 다른 쪽으로 지식을 이전하는 측면이 강하다. 도제제도, OJT (On the Job Training), 학습조직 등을 통해 공동화가 이루어 진다.

④ 표출화/외부화(Externalization)는 획득한 암묵지를 문서, 도형 등의 형식지로 변환되는 것으로 프로젝트 보고서, 제안제도, 연구보고서 등이 이에 해당한다.

⑤ 연결화/종합화(Combination)는 회사 내외의 형식지를 수집, 결합하여 새로운 지식을 창조하는 과정으로 복합 통신망, 기업 데이터베이스, MBA 교육 등이 그 예이다.

⑥ 내면화(Internalization)는 형식지를 행동과 실천에 옮김으로써 개인의 암묵지로 변환하는 과정으로 서비스 지침서, 성공과 실패 공유 DB 등의 학습을 통해 개인의 지식을 쌓아 가는 과정이다.

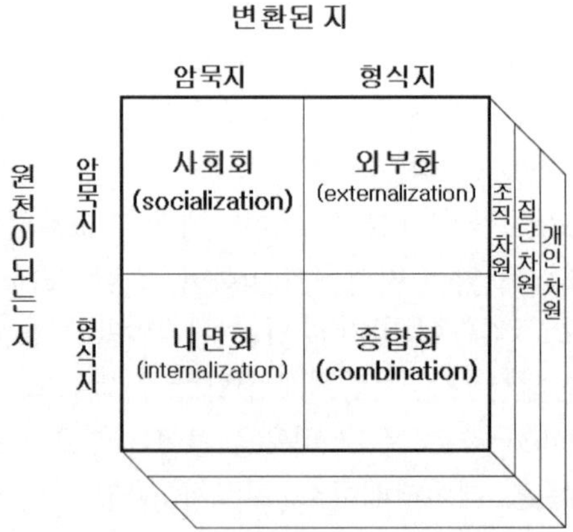

⑦ 지식변환의 4가지창에서 암묵지에서 암묵지로는 사회화(socialization : 신체로 지를 얻음), 암묵지에서 형식지로 는 외부화(externalization : 생각이나 노하우를 말이나 형태로 표현), 형식지에서 형식지로는 종합화(combination : 말이나 형태를 조합), 형식지에서 암묵지로는 내면화(internalization : 말이나 형태를 체득)의 창을 보이고 있다.

⑧ 형식지는 손쉽게 서류화할 수 있는 사실이며, 무엇을 아는 것(know-what)이다. 암묵지는 인간의 두뇌 속에 있으며 상호행위를 통해 표출되어 지며, 가치, 판단 및 직관에 의해서 창출되는 주관적 지식이다.

2. 지식경영 (Knowledge Management)의 필요성

(1) 무형자신의 인식제고

① 최근 인터넷의 등장은 가상공간에서의 네트워킹은 자신에게 필요한 정보를 시간과 공간을 초월하여 실시간으로 획득하게 하며, 새로운 지식창출의 공간을 만들어 내고있다.

② 커뮤니티나 개인블로그 등에는 손수 제작한 UCC뿐만이 아니라 개인의 적극적인 참여를 통해 지식을 생성 · 저장 · 공유 · 활용하는 열린 인터넷 시대를 맞이하고 있다.

(2) 창조적 지식의 중요성

① 창조적 지식은 기업이 지속적으로 성장 · 발전하고 차별적인 경쟁우위를 확보하는 원천고, 지식은 기업의 핵심역량이 되며 생존과 변화에 대한 적응 · 경쟁 능력을 결정한다.

② 조직의 경쟁력은 오랜 기간 다양한 현장 체험을 통해 획득한 전문지식이나 노하우를 가진 지식근로자로부터 나온다.

(3) 학습조직에 대한 반동

① 다른 경쟁사보다 빠르게 학습을 할 수 있는 능력이야말로 21세기 성정과 발전의 가장 중요한 원천이지만, 학습조직이 그 구체적인 방법론을 제시하지 못하고, 학습조직에 대한 이해부족과 가시적인 결과만을 기대했던 점이 오히려 부정적인 원인이 되었다.

② 부정적인 원인은 학습조직에 대한 정확한 평가를 위한 기준과 도구가 부족하고, 세부사항에 대한 철저한 조사나 경쟁조직과의 정확한 비교작업 없이 너무나 성급하게 성과를 기대하는 점에서 문제점이 다가오는 것이다.

(4) 재무성과에 치우친 결과

① 기업경쟁력이 브랜드 가치나 지적자산으로부터 유래한다는 인식이 확산되면서 기업이 보유 하고 있는 무형자산인 지적재산을 객관적이고, 과학적인 구명을 하고자 하는 노력이 많은 관심을 끌고 있다.

② 지식경영을 실천하고 있는 기업들은 엄청난 생산성 증가를 보이고 있으며, 생산성 증가는 지식경영을 통한 비용절감이나 수익증가로 인한 것이다. 지식경영은 경영의 기본적인 원칙을 강조하고 지식을 전략적으로 활용하게 함으로써 경쟁력을 확보하려는 조직으로 하여금 경영의 본질을 뒤돌아보게 한다.

3. 지식경영 (Knowledge Management)프로세스

(1) 지적 재산의 중요성

① 지적재산의 중요성을 설파한 브루킹(Annie Brooking)은 지식관리 프로세스의 연장선에서 지식경영을 설명하고 있다. 즉 지식경영이란 지적재산관리 프로세스에 포함되는 모든 활동들로 구성되지만, 지식경영에 적용되는 프로세스는 지적재산이나 시장자산에 적용되는 프로세스보다 훨씬 더 복잡하다고 한다.

② 지적재산관리 프로세스는 지적재산의 식별, 지적재산 정책의 개발, 지적재산의 감사, 지적재산 지식베이스에의 기록 및 보관, 지적재산의 보호, 지적재산의 성장 및 갱신, 그리고 지적재산의 전파를 포함한다.

(2) 인적 자산의 본질

① 인적자산의 본질을 규명하고 이를 조직의 자산과 결합시킴으로써 궁극적으로 경쟁우위를 창출하는 것이 지식경영이며, 이때에도 직접적으로 프로세스라는 단어를 사용한 것은 아니지만 인적자산과 조직자산의 결합이라는 프로세스를 시사하는 것이다.

② 지식경영은 개인의 정신에 묻혀진 인적자산이 본질적으로 무엇인가를 인식하려는 시도일 뿐만 아니라, 이를 기업이 의존하는 의사결정 주체인 넓은 부류의 개인들에 의해 접근되고 사용될 수 있는 조직자산에 결부시키려는 시도로 정의된다.

(3) 조직적용의 위험성

① 지식경영은 특히나 판매 조직에서 많이 활용되어야 하는 데도 불구하고, 이는 쉽지가 않은 이유는 판매조직이 가지는 특성 때문에 기인한다. 내부 판매조직 간에 내부 경쟁을 통해서 판매실적을 높이고자 하는 이유이다.

② 의류업체는 동일한 의류를 파는 데도, '저기는 잘되는 데, 왜 너희들만 못 하냐' 라는 식의 경영방법이 이러한 지식경영을 정착시키는 데에 무리가 따르게 된다. 영업사원에게 영업 노하우는 자기의 밥줄과 같기 때문이다. 그래서 어떠한 인센티브에도 이를 제시하기에는 많은 부담감이 따르기 마련이다.

4. 지식경영 (Knowledge Management)의 성과

(1) 지식의 공유

① 지식경영은 이러한 개인이 조직 업무 수행을 통해서 얻은 지식을 타 구성원들과 공유하게 함으로써, 조직 전체적 차원에서는 적은 비용으로 큰 효과를 얻을 수가 있다는 점에서 현재도 활발하게 진행되고 있다.

② 교육 훈련을 몇 명에게만 보내고, 교육 종료후 교육받은 이들은 조직으로 돌아와서 다른 조직 구성원들에게 교육을 시키는 업체가 있다. 원래 교육을 받으러 가면, 대부분은 쉬러 혹은 잠을 자는 경우가 많았었지만 이런 식의 프로세스로 바뀌면서 초기의 불만목소리가, 좋은 인센티브를 보게 되면서, 교육효과가 점점 증대되었다.

③ 교육 훈련에 참여 동기가 높아지게 되었으며, 조직은 조직대로 교육훈련 비용이 줄어들어서 좋고, 개인 구성원은 인센티브와 지식 축적이라는 장점을 가지고 있기 때문에 지식 경영의 한 좋은 예로 활용되고 있다. 따라서 지식경영은 지식의 창출과 아울러 이의 전파, 공유를 목적으로 한다.

(2) 지식의 지적자본

① 지식경영이란 결국 지식과 같은 지적 자본을 가치로 전환하는 과정이라 볼 수 있다. 즉, 지식을 획득, 창출하고 전파, 공유하여 기업의 경쟁 우위를 확보하게 하는 것이 지식경영의 근본이다.

② 지식이나 경험이 개인에게만 귀속되어 있고 공유되지 않으면 기업은 잘해야 현상 유지이다. 대기업의 경우에는 여러 가지 관료제적 병폐로 인해 오히려 퇴보하는 경우도 많기 때문에 지적 자본을 끊임없이 확충하고 갱신하는 지식경영이 필요하다.

(3) 지식의 효과극대화

① 체계적, 조직적으로 수행하여 효과를 극대화하 해야 하는데 기업내 특정개인이나 어느 부서에서는 아주 효과적으로 업무가 수행되는데 반해, 다른 개인이나 부서에서는 제대로 활용되지 못하는 경우가 많이 있다.

② 지식전파가 잘 이루어지지 못하는 이유는 먼저 부문 이기주의를 권장하는 조직 운영을 들 수 있는데 부문, 기능별, 자기성과 극대화를 위주로 하는 조직운영과 이로 인한 차이 때문에 지식 공유가 잘 안 되는 것이다.

5. 지식 경영 (Knowledge Management)의 구성요소

(1) 구성요소의 개념

① 지식경영의 핵심적인 구성요소는 지식경영 인프라와 지식경영 프로세스이다. 지식경영 인프라는 경영 인프라와 기술인 인프라로 구성되어 있으며, 경영 인프라에는 전략, 사람, 조직문화, 조직구조/프로세스 등이 포함되고, 기술 인프라에는 지식생성 기술, 지식저장기술, 지식검색기술, 지식공유기술 등으로 이루어져 있다.

② 기술 인프라는 기존에 존재하거나 발전과정상에 있는 것들로서 비교적 도입하는데 쉽고, 많은 시스템 제공업체들로부터 구입 할 수도 있다. 중요한 것은 기술적 요소보다 구성원들이 자신의 지식을 흔쾌히 내놓고 그 지식을 잘 활용할 수 있도록 하는 협력 문화와 조직적 인프라가 선행 되어야한다는 점이다.

③ 기술은 많은 시스템제공업자들이 경쟁적으로 개발하고 있으며, 현재 이용가능 한 것으로도 충분하기 때문이다. 따라서 지식경영의 방향을 설정하고, 사람으로부터 어떻게 지식을 얻어내며, 어떻게 지식을 활용하도록 촉진 할 것인지가 중요하다.

④ 진정한 의미의 지식경영이란 내부에 있는 기존 지식이나 외부로부터 획득한 지식을 구성원들이 사용할 수 있도록 구조화하고, 이를 바탕으로 구성원들이 지식을 공유함으로써 새로운 지식을 창출하여 경영 프로세스에 활용하도록 하고, 이렇게 창출된 새로운 지식을 다시 구성원들이 활용 가능하도록 구조화시킴으로써 끊임없이 경영 혁신을 일으키는 프로세스라 할 수 있다.

(2) 경영 인프라

① 전략(Strategy)

㉠ 기업전략이란 그 기업이 어떤 제품으로 시장에서 경쟁우위를 가지고 어떻게 승부를 할 것인가를 결정하는 것이며, 기업의 경쟁력 강화를 통한 가치창출을 지향하는 지식경영은 경영전략의 연동 하에 추진되어야 한다.

㉡ 고객정보를 개량화 하여 고객에 관한 총체적 지식을 개선하는 고객 피드백시스템을 설계 하면 고객의 충성도는 크게 증가하고, 판매와 마케팅 비용은 대폭 감소되며, 이익은 크게 증가될 것이다. 차별화 전략과 연계한 지식경영시스템을 도입하면 기업은 경쟁력이 크게 증가된다.

② 사람(Humans)

㉠ 지식을 효과적으로 관리하기위한 중요한 테마는 지식의 가장 주요한 원천인 사람을 지식의 중요한 자산으로 인식을 하는 것이다. 구성원의 전사적인 참여를 통한 원활한 지식 축적 및 활용을 위해서는 구성원들의 지식을 갖고자하는 마음이 중요하다.

㉡ 지식을 많이 만들어낸 사람, 다른 사람에게 지식을 많이 전달해 준사람, 조직의 가치 창출에 크게 기여한 사람에게는 상응하는 보상을 해주어야 하는 것이 당연하다.

㉢ 지식근로자(knowledge worker)란 조직에서 필요한 지식과 정보를 창출하는 연구자, 설계자, 건축가, 과학자, 기술자 등을 포함한다. 높은 교육 수준과 업무를 처리함에 있어 독립적인 판단 능력이 중요하다.

③ 조직문화(Culture)

㉠ 성공적인 지식경영기업은 대부분 긍정적인 지식문화를 가지고 있으며 프로젝트와 조직문화가 잘 조화를 이루고 있다. 긍정적인 지식문화란 지적호기심, 지식에 관한 토론 향유, 상부상조의 기쁨과 같은 문화를 말하며, 조직구성원들의 개인특성, 가치관, 규범이 잘 반영된 주직문화를 기반으로 한다.

㉡ 조직에 불신풍조, 회사에 대한 원망, 태만한 작업분위기, 조직변화에 대한 저항 등의 부정적인 문화가 만연하다면 이는 반드시 개선되어야 한다. 특히 지식프로젝트에서 조직문화를 선도적으로 이끌어주는 리더들의 추진의지는 매우 중요한 성공요소가 된다.

④ 조직구조/프로세스(Process)

㉠ 지식경영의 궁극적인 목적은 새로운 지식을 생성하여 고객의 욕구를 충족시킬 새로운 제품과 서비스를 공급하는 것이다. 새로운 지식창출은 조직 내외부의 지식 창고로부터 지식을 습득하고 지속적으로 학습함으로 이루어진다.

㉡ 조직구조를 고려할 때 지식관리 조직을 신설하는 것도 하나의 방법이며, 지식의 효율적인 관리를 위해 지식관리 업무를 책임지는 최고지식경영자(CKO: Chief Knowledge Officer)제도를 도입하고 있다.

(3) 기술 인프라

① 지식생성기술

㉠ 기업의 성공적인 기술인프라 구축을 위한 지식생성기술로는 데이터웨어하우스(Data Warehouse), 데이터마이닝(Data Mining), 전자문서관리시스템(EDMS), 하이퍼 링크관리 시스템이 있다.

㉡ 전통적인 정보시스템으로서 임원진들을 위한 의사결정지원시스템(DSS)이나, 중역정보시스템(EIS), 그리고 중간 및 하위관리자들을 위한 경영지원시스템(MSS) 등이 지식의 효율적 이용과 창출에 이용되기도 한다.

② 지식저장기술

㉠ 지식저장기술로는 기존의 정보시스템을 지원하는 DB와는 구분되며, 데이터베이스를 관리하는 데이터베이스관리시스템(DBMS)이 활용된다.

㉡ 데이터베이스관리시스템은 DB를 관리하는데 필요한 데이터의 추가, 변경, 삭제, 검색 등의 기능을 집대성한 소프트웨어 패키지로 데이터의 정의, 처리, 출력을 용이하게 하는 일종의 고급프로그래밍 언어를 제공한다.

③ 지식검색기술

㉠ 지식검색기술로는 GUI(Graphic User Interface), 하이퍼링크시스템, 지능 검색 에이전트(Agent) 등이 있다. 에이전트란 사용자를 대신하여 어떤 업무를 대행할 권한이 부여된 사람을 뜻하므로, 검색 에이전트는 사용자를 대신해서 검색을 대행해주는 소프트웨어이다.

㉡ 지능형에이전트는 DB에 축적된 수많은 지식 중에서 어떤 지식을 필요로 하는지 사용자의 욕구를 반영하여 원하는 지식을 검색해주는 역할을 한다. 오늘 날 지식의 홍수 속에서 적합한 지식을 찾는 것이 중요하므로 지능형 에이전트소프트웨어는 매우 유용한 검색도구이다.

④ 지식공유기술

㉠ 지식공유기술로는 구성원들이 이용하기 편리한 GUI 환경을 지원하는 인트라넷, 메타서버(Meta Server), 네트워크화된 가상환경(NVE)가 있다.

㉡ 그룹웨어와 전자우편, 토론 데이터베이스(Discussion Database:DDB) 및 데이터 컨퍼런싱(Data Conferencing) 등도 지식공유기술에 속한다.

(4) 투자 워크스테이션

① 투자워크스테이션(investment workstation)은 금융 중개인, 금융거래자, 포트폴리오관리자들 등 금융 산업에서 시간과 지식을 활용을 극대화 하기위해 사용하는 전문화된 것을 말한다.

② 워크스테이션은 오류가 적은 정보를 원스톱(one-stop)으로 빨리 제공함으로써 주식 선택에서 고객 기록 갱신까지의 전체 투자과정을 효율적으로 처리할 수 있게 한다.

지식관리 시스템

1. 지식관리 (Knowledge Management)시스템

(1) 등장배경

① 피터 드러커(Peter Drucker)는 21세기를 지금까지의 산업화 시대와는 성격이 완전히 다른 경영환경의 급격한 변화, 끊임없는 신기술의 등장, 심화되는 경쟁 환경 등으로 특징되는 초 경쟁환경(Hyper competetion)으로 정의하고, 이러한 환경에서 생존하기 위한 필수 요소로서 '지식'의 중요성을 강조하였다.

② 정보의 다양성과 방대함이 존재하는 오늘날의 사회를 "지식사회"라고 표현하고 정보와 지식의 중요성에 대하여 강조하였고, 새로운 경제에 있어서 지식은 전통적인 생산요소로서의 노동, 자본, 토지와 같은 단순한 자원이라기보다는 오직 하나의 "의미 있는 자원" 혹은 "유일한 자원"이라고 강조하였다.

③ 오늘날의 국가와 기업의 경쟁력과 생산력은 토지와 공장, 설비 등 하드웨어자산보다 지적능력과 서비스 능력 등 소프트웨어에 달려있고, 대부분의 제품과 서비스의 가치는 지식을 바탕으로 하는 보이지 않는 지식자원인 노하우, 제품설계, 마케팅 기법, 고객에 대한 이해, 개인의 창조성, 조직의 혁신정도 등의 개발에 의해 좌우되기 때문이다.

(2) 국내의 지식관리시스템

① 국내 지식관리시스템(KMS)은 IMF 경제위기에 많은 인력이 회사를 떠난 이후, 조직의 인력 이동이 매우 심하게 나타나 인적자원이 떠나게 되면 그가 갖고 있던 지식자원도 함께 떠나가고 기업의 지석사원이 소실된나는 관점에서 지식경영의 중요싱이 대두되었다.

② 문제의식에 따라 정보기술을 활용하여 지식의 조직적 관리와 공유를 지원할 수 있도록 하기 위해 지식관리시스템이 출발하였다. 조직내외의 정형 정보만이 아닌 인적자원이 소유하고 있는 지적자산을 기업 내에 축적, 활용할 수 있도록 하자는 것이다.

(3) 지식관리시스템의 정의

① 지식관리시스템(Knowledge Management System)은 "개인과 조직이 지식을 기반으로 해서 지식의 생성, 활용, 축적에 이르는 일련의 활동을 원활하게 할 수 있도록 정보기술을 통해 지원하는 것"으로 정의할 수 있다.

② 조직 내 지적 자산의 가치를 극대화하기 위하여 통합적인 지식경영 프로세스를 지원하는 정보기술 시스템으로 사내외에 산재해 있는 다양한 지식의 원천으로부터 지식관리의 대상이 되는 지식을 정의하고 획득하며 필요시에는 새로운 지식을 창출할 있도록 지원한다.

③ 지식의 원천으로는 개인이 보유하고 있는 경험, 노하우 등의 암묵지를 디지털화 한 자료, 개인의 정보기기에 보유되어 있는 자료, 조직의 정보시스템 등에서 산출되는 데이터 및 자료, 외부의 인터넷 및 웹 자료 등이 있다.

④ 지식 중에서 조직이 지식으로 관리 및 활용할 자료를 추출하여 지식분류체계, 지식지도에 따라 분류하고 별도의 지식 저장소(Knowledge repository)에 저장하며, 저장된 지식은 포털시스템 또는 사용자 인터페이스를 통하여 사용자에게 제공 된다.

⑤ 지식경영의 사회 문화적인 측면을 무시하고 정보기술을 강조하는데 대한 충고에도 불구하고 많은 지식 경영도입은 여전히 정보기술에 의존 하고 있다. 정보기술은 지식경영의 모든 이슈에 적용되지는 않지만 다양한 방식으로 지식경영을 지원할 수 있다.

⑥ 조직내의 인적자원들이 축적하고 있는 개별적인 지식을 체계화하여 공유함으로써 기업 경쟁력 향상을 위한 지식을 관리하기 위해 활용되는 정보시스템을 의미한다.

⑦ 지식의 창조 · 저장 · 공유 · 활용의 지식프로세스를 지원하고 개선하기 위해 개발된 정보기술 기반시스템으로 조직구성원의 지식자산에 대한 자세, 조직의 지식 평가 및 보상 체계, 지식공유 문화 등 조직차원의 인프라와 통신네트워크, 하드웨어, 각종 소프트웨어 및 도구 등 정보기술 차원의 인프라를 기본 전제로 하고 있다.

⑧ 최근에 지식관리시스템은 인터넷이 보편화됨에 따라 인트라넷과 메일서비스를 포함, 사내 전자결재 등의 업무 프로세스를 포괄적으로 처리할 수 있도록 웹기반의 포털사이트 시스템으로 발전해 나가고 있다.

(4) 지식관리시스템의 역할

① 정보기술 특히, 인터넷의 발달은 지식의 공유와 관리가 가능하도록 도와주고 있다. 웹 기반을 통하여 공간적으로 떨어져 있더라도 시스템을 통하여 지식을 공유, 관리할 수 있을 뿐 아니라 메일 등을 통해 필요한 자료의 전송이 가능하도록 지원되었다.

② 지식관리시스템은 이러한 정보기술을 활용하여 개인적인 차원의 지식공유와 관리가 아닌 조직적인 차원에서의 지식 관리를 수행할 수 있도록 전체 조직원 입장에서 지식을 체계화(지식지도)하고 관리할 수 있도록 지원하게 되었다.

③ 지식은 현재의 문제 해결뿐만이 아니라 미래문제의 발견과 해결 및 구현을 위한 기회를 확인하고, 의사결정자가 문제를 발견하는 것에 기반역할을 한다. 지식관리시스템은 지식베이스, 지식스키마, 지식 맵의 3가지 요소로 구성되어 있다.

④ 지식베이스가 원시데이터를 저장하는 데이터베이스에 비유된다면 지식스키마는 원시데이터에 대한 메타데이터를 담고 있는 데이터사전 또는 데이터 사전 또는 데이터베이스 스키마에 비유될 수 있다.

⑤ 지식스키마 내에는 개별 지식의 유형, 중요도, 동의어, 주요 인덱스, 보안단계, 생성-조회-갱신-관리부서 정보등과 전사적인 지식분류체계 등의 내용이 들어 있다. 지식관리시스템을 구축할 때에도 먼저 지식스키마가 잘 구축되어야만 향후 저장된 지식을 활용하거나 유지-보수하는 작업이 효율적으로 수행될 수 있다.

⑥ 정보 하부구조를 보완하는 적절한 지식 하부구조의 개발이 탐구되어야 하고, 정보를 포함한 지식 수집과 조직구성원에게 전달하는 방법으로 인터넷과 연결뿐만이 아니라 인트라넷과 엑스트라넷을 포함하는 전사적인 네트워크 아키텍처가 논의되어야 한다.
⑦ 정보와 지식 공유를 통해 얻는 종합적인 지혜는 조직의 수익성에 상당한 변화를 가져올 수 있기 때문에 지식은 급변하는 환경의 변화 속에서 실시간 활용되어야 한다.

2. 지식관리 (Knowledge Management)시스템의 아키텍처

(1) 하부구조 서비스

① KMS아키텍처 모형의 첫 번째 계층은 하부구조 서비스로 이루어져 있다. 하부구조 서비스는 지식경영구현을 위해 필요한 기본적인 기술 플랫폼과 특징을 포함하는데 정보기술이 제공하는 두 가지의 하부구조 서비스는 저장과 의사소통이다.
② 지식저장 장소라고 알려진 기술로 구현되는 저장은 콘텐츠와 구조에 의해 정해지는데 저장되는 실제 지식을 의미하며, 구조는 각 지식단위가 구체화되는 방식, 지식이 표현되는 양식, 인덱스 체계, 각 지식단위가 다른 것과 연결되는 방식을 의미한다. 지식 저장장소의 중요한 두 가지형태는 데이터웨어하우스와 지식서버이다.
③ 정보기술이 제공하는 두 번째 중요한 하부구조는 의사소통이다. 정보기술은 적어도 세가지로 구별되는 사용자간의 의사소통, 사용자간의 협업, 워크플로관리의 의사소통 서비스를 제공한다.

(2) 지식서비스

① 지식 창조의 활용과 탐구
㉠ 활용은 효율성과 효과성을 개선하기 위해 기존의 지식을 새로운 지식으로 정제하는 것을 의미하며, 아이디어 생성능력을 보유하고, 사고와 암시를 자극하는데 사용자가 자료의 산더미에서 패턴을 탐지하고 실체사이의 관계를 발견한다.
㉡ 탐구는 발견과 실험을 통해 지식을 창출하는 것으로 모의실험능력을 보유하고, 정량적 및 정성적 정보가 모형화 되도록 허용하며, 그래픽표현, 동영상, 흐름도표를 통해 시나리오를 파악하고 복잡한 아이디어를 효과적으로 전달한다.
② 지식 공유
㉠ 지식공유는 조직의 한부분에서 다른 부분으로 지식의 흐름을 의미하며, 이러한 프로세스가 제대로 관리되지 않으면 조직에서 지식의 귀중한 원천이 지역적 혹은 단편적으로 적체되고 내부 전문지식이 제대로 활용되지 못한다. 그래서 지식경영의 중요한 목표의 하나가 조직구성원 사이에 지식의 흐름을 촉진하는 것이다.

㉡ 지식공유를 위해 조직 경계 안에서 교차하는 지식흐름의 패턴을 발견하고, 단면 지도를 통해 사회네트워크를 분석하며, 신진전문가, 의견리더, 지식흐름의 장애물과 고장을 파악하기 위해 네트워크의 중심과 최단거리와 같은 다양한 지표를 계산하는 사회 네트워크 분석도구와 지식공유를 위한 플랫폼을 제공하며, 주요특징인 공유공간, 일정처리, 작업관리 서비스인 협업도구를 사용한다.

③ 지식 재활용

㉠ 지식경영에서 지식재활용은 정보관리에서의 정보검색과 유사하고, 지식재활용 프로세스는 네 가지 단계로 설명할 수 있는 것은 지식수집, 지식포장, 지식분배, 지식활용으로 지식재활용을 위해서 개발된 두 가지 기술은 콘텐츠관리와 개념 맵핑(Mapping)이다.

㉡ 콘텐츠관리는 문자, 이미지, 비디오형식에서 상이한 유형의 콘텐츠를 생성하고 유지하기 위한 구조를 수립하고, 미래에 검색이 용이하도록 콘텐츠를 분류하고 색인을 작업한다. 개념 맵핑은 주어진 주제 혹은 상황 안에서 여러 관련된 개념들을 연결하고, 상호 학제적 관점에서 교차 참조를 용이하게 한다.

3. 전사적 지식 관리 (Knowledge Management)시스템

(1) 구조적 지식 시스템

① 구조적 지식시스템(structured knowledge systems)은 기업 어딘가에 존재하는 구조적 텍스트 문서, 보고서나 발표 자료 형태이다.

② 구조적 지식을 라이브러리 형태로 구성하여 이를 기업 어디에나 접근할 수 있도록 조직화 하고, 이러한 형태의 시스템들을 구축하는 것이다.

(2) 반구조적 지식 시스템

① 반구조적 지식시스템(semi structured knowledge)은 관리자들의 이메일, 음성메일, 채팅 내용, 비디오, 디지털 사진, 부로셔나 게시판 등으로 구성되어있다.

② 구조적이지 못한 문서 형태로 기업 내부 어딘가에 존재하는 정보들이 요구되는 반구조적 지식을 관리하는 시스템으로 산업체에서는 디지털자산관리시스템이라고 한다.

(3) 지식 네트워크 시스템

① 지식네트워크 시스템은 잘 정의된 지식영역에서 기업전문가의 온라인 디렉터리를 제공하고, 직원들이 원하는 분야의 기업 내 전문가를 찾기 쉽도록 커뮤니케이션 기술을 활용한다.

② 필요한 지식이 기업내 전문가들의 머릿속에있는 암묵지일때 발생하는 문제를 해결하고, 전문가가 개발한 해결책을 최우량 사례(best practice)나 FAQ로 지식베이스에 저장함으로써 다른 사람들이 활용할 수 있도록 지원한다.

4. 지식작업시스템

(1) 컴퓨터 지원 설계

① 컴퓨터 지원 설계(Computer-aided design: CAD)는 공학자, 건축가 그리고 설계 활동에서 전문적인 설계를 지원하는 컴퓨터기반 도구의 다양한 영역에서 사용하며 캐드(CAD)라고도 한다.

② 캐드는 제품을 개발하고 최적화하여 설계하는 데 사용되며 최종 소비자나 다른 제품에 사용되는 중개 상품에서 사용되어 재산이 될 수 있다. 부품 제조에 사용되는 도구나 기계의 설계에도 널리 사용되며, 제도나 소규모 거주지 형태 (집)에서 거대한 상업적 혹은 산업적 구조물 (병원과 공장)에 이르는 모든 형태의 건축 설계에도 사용된다.

(2) 가상현실

① 컴퓨터 등을 사용한 인공적인 기술로 만들어낸 실제와 유사하지만 실제가 아닌 어떤 특정한 환경이나 상황 혹은 그 기술 자체를 의미한다. 이때, 만들어진 가상의(상상의) 환경이나 상황 등은 사용자의 오감을 자극하며 실제와 유사한 공간적, 시간적 체험을 하게 함으로써 현실과 상상의 경계를 자유롭게 드나들게 한다.

② 사용자는 가상현실에 단순히 몰입할 뿐만 아니라 실재하는 디바이스를 이용해 조작이나 명령을 가하는 등 가상현실 속에 구현된 것들과 상호작용이 가능하다. 가상현실은 사용자와 상호작용이 가능하고 사용자의 경험을 창출한다는 점에서 일방적으로 구현된 시뮬레이션과는 구분된다. 쉽게 떠올릴 수 있는 가상현실 시스템의 예로는 비행훈련시뮬레이션과 3D로 표현되었으며 사용자의 의지가 반영될 수 있는 세컨드라이프와 같은 게임이 있다.

③ 가상현실을 설명하는 데 필요한 요소는 3차원의 공간성, 실시간의 상호 작용성, 몰입 등이다. 3차원의 공간성이란 사용자가 실재하는 물리적 공간에서 느낄 수 있는 상호작용과 최대한 유사한 경험을 할 수 있는 가상공간을 만들어 내기 위해 현실 공간에서의 물리적 활동 및 명령을 컴퓨터에 입력하고 그것을 다시 3차원의 유사 공간으로 출력하기 위해 필요한 요소를 의미한다.

④ 3차원 공간을 구현하기 위해 필요한 요소는 그것을 실시간으로 출력하기 위한 컴퓨터와 키보드, 조이스틱, 마우스, 음성 탐지기, 데이터 글러브 등의 입력기기이다. 이때, 인터페이스는 일반적으로 시각과 청각을 이용하지만, 촉각, 힘의 감각, 전정 감각 등 다양한 인터페이스(멀티모덜 인터페이스)를 이용하기도 한다.

5. 앨리 골드렛(Eliyahu Goldratt)

(1) 제약조건 (TOC: Theory Of Constraint)이론

① 골드벳에 의해 개발된 제약조건이론은 생산, 물류, 재무분야 등 경영전반에 걸쳐 시스템 개선에 활용되는 이론이다. 시스템의 목적 달성을 저해하는 제약조건을 찾아내어 그것을 극복하기 위한 시스템 개선기법이다.

② 생산성이나 품질에도 악영향을 주기 때문이며, 또 재공을 줄이면 고객 대응에 있어 유연성을 증대시킬 수 있기 때문이다. 이에 비해 고정비 삭감은 미국의 경우 인원 감축을 통해 쉽게 할 수 있다.

③ 제약조건이론은 생산, 물류시스템을 관리하여 정보와 물질의 흐름을 모니터링하고 관리할 수 있는 기법의 DBR(Drum-Buffer-Rope)를 제시하였고, 사고프로세스를 통해 목표와 제약을 명확하게 보이기 위해 문제의 핵심에 다가가 해결할 수 있도록 유도하는 방법을 제시해준다.

④ 제약조건이론에서 고객의 주문에 즉시 응답하고, 납기일을 엄수할수 있도록 지원하는 실행도구로 APS(Advanced Planning and Scheduling)를 제시하고 있으며, 이론의 성과평가시스템은 Throughput 이라는 개념을 바탕으로 하여 현금흐름을 투명하게 제시해 줄 수 있도록 고안되었다.

(2) 사고프로세스(Thinking Process)

① **현상분석체계도(CRT:Current Reality Tree)**: 문제해결방법에서 '무엇을 바꿔야 최선의 결과를 얻을 수 있는가'를 명확하게 드러내기 위한 수단. 우선 현재의 문제점을 열거하고, 이들의 인과관계를 파악하는 것으로, 그 안에서 '바꾸어야 할' 근본적인 문제를 도출해낸다. 획기적인 아이디어(주입)으로부터 인과관계를 통해 바람직한 결과를 도출한다.

② **구름(대립해소도)(EC:evaporating cloud))**: 드러난 문제증상들로 부터 인과관계를 통해 원인이 되는 핵심딜레마를 찾아내고 이로부터 유발되는 문제들을 확인한다. 사고프로세스를 단계적으로 생행할 경우, 현상분석체계도에서 근본적인 문제를 도출한 후, 이 구름을 이용해서 어떻게 해소해야 하는지를 생각한다.

③ **미래모습체계도(FRT:Future Reality Tree)**: 구름을 이용해 발견한 문제해결책을 실행에 옮기면 어떻게 될지를 검증하기 위한 수단. 근본적인 문제를 해결한 상태에서 현상분석체계도가 어떻게 변화할 것인지를 보여 주고, 공동의 목적을 추구하는 쌍방 간의 갈등, 상충, 대립 등의 상황을 묘사하며, 이런 상황을 해소하는 획기적인 아이디어인 주입을 찾아낸다.

④ **전제조건체계도(PRT:Pre Requisite Tree)**: 주입의 실행을 통해 목적 달성을 방해하는 장애들을 찾아내고 그 장애들을 극복하는 최종목표들을 도출한다. 현상분석체계도나 미래모습체계도와는 달리, 인과관계뿐 아니라 아이디어를 실행하는 시간적은 순서 등이 중요하다.

⑤ **실행체계도(TrT:Transition Tree)**: 사고프로세스의 마지막 단계로서, 실행계획에 해당하며, 중간목표를 달성하는데 필요한 행동을 도출해 실행계획을 수립한다. 전제조건체계도와 마찬가지로 시간적인 순서가 중요하다.

Chapter 2 명품 적중 예상문제

01 지적재산의 중요성을 설파한 브루킹(Annie Brooking)은 지식관리 프로세스의 연장선에서 지식 경영을 설명하고 있다. 즉 지식경영이란 지적재산관리 프로세스에 포함되는 모든 활동들로 구성되지만, 지식경영에 적용되는 프로세스는 지적재산이나 시장자산에 적용되는 프로세스보다 훨씬 더 복잡하다고 한다. 다음 중 지식경영 구성요소에 대한 설명으로 가장 적절하지 않은 것은?

① 지식경영 인프라는 경영 인프라와 기술 인프라로 구성되어 있으며, 기술 인프라에는 전략 , 사람, 조직문화 , 조직구조/프로세스 등이 포함되고, 경영 인프라에는 지식생성 기술, 지식저장 기술, 지식검색기술, 지식공유기술 등으로 이루어져 있다.
② 기업전략이란 그 기업이 어떤 제품으로 시장에서 경쟁우위를 가지고 어떻게 승부를 할 것인가를 결정하는 것이다. 기업의 경쟁력 강화를 통한 가치창출을 지향하는 지식경영은 경영전략의 연동 하에 추진되어야 한다.
③ 지식근로자(knowledge worker)란 조직에서 필요한 지식과 정보를 창출하는 연구자, 설계자, 건축가, 과학자, 기술자 등을 포함하며, 높은 교육 수준과 업무를 처리함에 있어 독립적인 판단 능력이 중요하다.
④ 조직에 불신풍조, 회사에 대한 원망, 태만한 작업분위기, 조직변화에 대한 저항 등의 부정적인 문화가 만연하다면 이는 반드시 개선되어야 한다. 특히 지식프로젝트에서 조직문화를 선도적으로 이끌어주는 리더들의 추진의지는 매우 중요한 성공요소가 된다.
⑤ 지식경영의 궁극적인 목적은 새로운 지식을 생성하여 고객의 욕구를 충족시킬 새로운 제품과 서비스를 공급하는 것이다. 새로운 지식창출은 조직 내외부의 지식창고로부터 지식을 습득하고 지속적으로 학습함으로 이루어진다.

오답풀이 경영 인프라에는 전략, 사람, 조직문화, 조직구조/프로세스 등이 포함되고, 기술 인프라에는 지식생성 기술, 지식저장 기술, 지식검색기술, 지식공유기술 등으로 이루어져 있다.

해답 01 ①

02 지식경영(knowledge management)은 지식을 창출, 저장, 전이, 적용하려고 조직에서 개발한 일련의 비즈니스 프로세스로서 환경에서 학습하고 지식을 비즈니스 프로세스에 통합하는 조직의 능력을 향상 시키는데 초점을 맞추고 있다. 다음 지식경영에 대한 설명으로 가장 적절하지 않은 것은?

① 지식경영은 지식을 획득하고 획득된 지식을 활용하여 새로운 부가가치를 창출하는 모든 경영활동으로 보유된 지식의 활용이나 새로운 지식의 창출을 통해 수익을 올리거나 미래에 수익을 올릴 수 있는 역량을 구축하는 모든 활동들을 말한다.
② 지식사회라는 새로운 패러다임의 출현은 오늘날 기업의 본질이 지식을 창조하고 모으고 공유하고 활용하는 것으로써 기업의 관점에서 지식경영(Knowledge Management)은 부가 요소가 아닌 생존 요소로 간주되고 있다.
③ 창조적 지식은 기업이 지속적으로 성장 · 발전하고 차별적인 경쟁우위를 확보하는 원천이 되고 있으며, 지식은 기업의 핵심역량이 되며 생존과 변화에 대한 적응 · 경쟁 능력을 결정한다.
④ 다른 경쟁사보다 빠르게 학습을 할 수 있는 능력이야말로 21세기 성정과 발전의 가장 중요한 원천이지만, 학습조직이 그 구체적인 방법론을 제시하지 못하고, 학습조직에 대한 이해부족과 가시적인 결과만을 기대했던 점이 오히려 부정적인 원인이 되었다.
⑤ 노나카 이쿠지로 SECI 모델은 사회화(Socialization), 외부화(Externalization), 종합화(Combination), 내면화(Internalization)로 구성되어 있으며, 지식은 암묵지와 형식지에 관련 없이 창조되고 확대 재생산된다고 주장한다.

노나카 이쿠지로는 지식은 암묵지와 형식지의 역동적인 상호작용을 통해 창조되고 확대 재생산된다고 주장 하였다.

03 지식경영의 세계적인 대가인 노나카 이쿠지로는 지식경영의 새로운 패러다임을 제시했는데, 그것을 SECI 모델로 밝혀내고 있다. 다음 중 SECI 모델의 구성요소가 아닌 것은?

① Socialization
② Externalization
③ Combination
④ Internalization
⑤ Concentration

SECI 모델은 사회화(Socialization), 외부화(Externalization), 종합화(Combination), 내면화(Internalization)로 구성되어 있다.

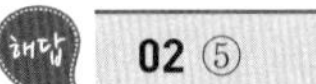

02 ⑤ 03 ⑤

04 노나카(Nonaka)의 지식경영(Knowledge Management)에서 지식변환의 4가지창에 대한 설명으로 잘못된 것은?

① 암묵지에서 암묵지로는 사회화(socialization: 신체로 지를 얻는다)
② 형식지에서 형식지로는 종합화(combination: 말이나 형태를 조합한다)
③ 암묵지에서 암묵지로는 외부화(externalization: 신체로 지를 얻는다)
④ 형식지에서 암묵지로는 내면화(internalization: 말이나 형태를 체득한다)
⑤ 암묵지에서 형식지로 는 외부화(externalization: 생각이나 노하우를 말이나 형태로 표현한다)

암묵지에서 암묵지로는 사회화(socialization:신체로 지를 얻는다).

05 다음 중 지식경영(knowledge management)에 대한 설명으로 가장 옳지 않은 것은?

① 지식경영(knowledge management)이란 기업의 지식 관련 경영활동의 효과성을 극대화하고, 지식자산으로부터 최대의 부가가치를 창출하기 위해 지식을 창출, 갱신, 적용하는 일련의 체계적이고 명시적이며 의도적인 활동이다.
② 지식경영(knowledge management)은 지식을 창출, 저장, 전이, 적용하려고 조직에서 개발한 일련의 비즈니스 프로세스로서 환경에서 학습하고 지식을 비즈니스 프로세스에 통합하는 조직의 능력을 향상 시키는데 초점을 맞추고 있다.
③ 지식경영(knowledge management)은 조직적 차원에서 보유하고 있는 지식은 물론 개개인의 지식을 체계적으로 발굴하여 기업 내부에 축적 및 공유하고, 이러한 지식을 기업의 경쟁력 제고를 위해 활용하는 경영활동을 의미한다. 지식경영은 급진적이고 새로운 개념이다.
④ 지식경영(knowledge management)은 이라는 단어가 적극적으로 사용 된지는 1990년대 중반부터로 그리 오래되지 않았고, 다른 정보시스템 투자와 마찬가지로 지식경영 프로젝트의 투자수익률을 극대화하기 위해 협력적 가치와 구조, 행동 패턴들을 개발해야 한다.
⑤ 지식경영(knowledge management)은 지식을 획득하고 획득된 지식을 활용하여 새로운 부가가치를 창출하는 모든 경영활동으로 보유된 지식의 활용이나 새로운 지식의 창출을 통해 수익을 올리거나 미래에 수익을 올릴 수 있는 역량을 구축하는 모든 활동들을 말한다.

지식경영은 급진적이고 새로운 개념이 아니다.

해답 **04** ③ **05** ③

06 최근 스마트폰이 인기를 끌면서, 유통업체들은 이를 활용하여 다양한 사업을 벌이고 있다. 아래는 스마트폰의 어떤 기능을 주로 활용하여 사업을 벌이고 있는지 설명하고 있는가?

> 미국의 마케팅 회사인 주가라(Zugara)는 최근 이 기술을 이용, 온라인 쇼핑몰을 만들었다. 옷을 사고 싶은 소비자가 집에서 쇼핑몰에 접속한 뒤 웹카메라를 켜고 마음에 드는 제품을 선택하면 가상으로 다양한 색상과 디자인을 적용해 가며 옷을 입어볼 수 있다.

① 위젯(Widget)
② 가상현실
③ 증강현실
④ 앱스토어
⑤ 애플리케이션

증강현실(augmented reality)은 사용자가 눈으로 보는 현실세계에 가상 물체를 겹쳐 보여주는 기술이다.현실세계에 실시간으로 부가정보를 갖는 가상세계를 합쳐 하나의 영상으로 보여주므로 혼합현실(MixedReality, MR)이라고도 한다. 현실환경과 가상환경을 융합하는 복합형 가상현실 시스템(hybrid VR system)으로 1990년대 후반부터 미국 · 일본을 중심으로 연구 · 개발이 진행되고 있다.

07 다음 중 지식경영 (Knowledge Management)의 구성요소로 가장 옳지 않은 것은?

① 기업전략(Strategy)이란 그 기업이 어떤 제품으로 시장에서 경쟁우위를 가지고 어떻게 승부를 할 것인가를 결정하는 것이다.
② 사람(Humans)은 지식을 효과적으로 관리하기위한 중요한 테마는 지식의 가장 주요한 원천인 사람을 지식의 중요한 자산으로 인식을 하는 것이다.
③ 지식근로자(knowledge worker)란 조직에서 필요한 지식과 정보를 창출하는 연구자, 설계자, 건축가, 과학자, 기술자, 스포츠선수, 항공조종사 등을 포함한다.
④ 조직문화(Culture)에서 성공적인 지식경영기업은 대부분 긍정적인 지식문화를 가지고 있으며 프로젝트와 조직문화가 잘 조화를 이루고 있다.
⑤ 지식경영의 궁극적인 목적은 새로운 지식을 생성하여 고객의 욕구를 충족시킬 새로운 제품과 서비스를 공급하는 것이다.

지식근로자(knowledge worker)란 조직에서 필요한 지식과 정보를 창출하는 연구자, 설계자, 건축가, 과학자, 기술자, 등을 포함하지만 스포츠선수, 항공조종사는 제외한다.

06 ③ 07 ③

08 다음 중 지식관리시스템(Knowledge Management System: KMS)에 대한 설명으로 가장 적합하지 않은 것은?

① 지식은 현재의 문제 해결뿐만이 아니라 미래문제의 발견과 해결 및 구현을 위한 기회를 확인하고, 의사결정자가 문제를 발견하는 것에 기반역할을 한다.
② 지식관리시스템은 지식베이스, 지식데이터, 지식카테고리, 지식스키마, 지식 맵의 5가지 요소로 구성되어 있다.
③ 지식스키마 내에는 개별 지식의 유형, 중요도, 동의어, 주요 인덱스, 보안단계, 생성-조회-갱신-관리부서 정보등과 전사적인 지식분류체계 등의 내용이 들어 있다.
④ 지식관리시스템을 구축할 때에도 먼저 지식스키마가 잘 구축되어야만 향후 저장된 지식을 활용하거나 유지-보수하는 작업이 효율적으로 수행될 수 있다.
⑤ 적절한 소프트웨어의 활용은 조직 전체뿐만이 아니라 조직의 기능별 부분에 관한 지식을 개발한다는 관점에서 논의되어야한다.

지식관리시스템은 지식베이스, 지식스키마, 지식 맵의 3가지 요소로 구성되어 있다.

09 지식관리 (Knowledge Management)시스템의 아키텍처에 대한 설명으로 적합하지 않은 것은?

① 지식저장 장소라고 알려진 기술로 구현되는 저장은 콘텐츠와 구조에 의해 정해지는데 저장되는 실제 지식을 의미한다.
② 지식경영에서 지식재활용은 정보관리에서의 정보검색과 유사하다. 지식재활용 프로세스는 네 가지 단계로 설명할 수 있다
③ 정보기술은 적어도 세가지로 구별되는 사용자간의 의사소통, 사용자간의 협업, 워크플로관리의 의사소통 서비스를 제공한다.
④ 하부구조 서비스는 지식경영구현을 위해 필요한 기본적인 기술 플랫폼과 특징을 포함하는데 정보기술이 제공하는 두 가지의 하부구조 서비스는 저장과 의사소통이다.
⑤ 지식수집, 지식포장, 지식분배, 지식활용으로 지식재활용을 위해서 개발된 두 가지 기술은 콘텐츠관리와 개념스키마(schema)이다.

우답풀이: 지식수집, 지식포장, 지식분배, 지식활용으로 지식재활용을 위해서 개발된 두 가지 기술은 콘텐츠관리와 개념 맵핑(Mapping)이다.

해답 **08** ② **09** ⑤

10 다음 중 지식작업시스템에 대한 설명항목으로 가장 어울리지 않은 것은?

① 가상현실(假想現實)은 컴퓨터 등을 사용한 인공적인 기술로 만들어낸 실제와 유사하지만 실제가 아닌 어떤 특정한 환경이나 상황 혹은 그 기술 자체를 의미한다.
② 가상현실을 설명하는 데 필요한 요소는 3차원의 공간성을 제외하고, 실시간의 상호작용성, 몰입 등으로 구성이 되어있다.
③ 3차원 공간을 구현하기 위해 필요한 요소는 그것을 실시간으로 출력하기 위한 컴퓨터와 키보드, 조이스틱, 마우스, 음성 탐지기, 데이터 글러브 등의 입력기기이다.
④ 투자 워크스테이션(investment workstation)은 금융 중개인, 금융거래자, 포트폴리오관리자들 등 금융 산업에서 시간과 지식 활용을 극대화 하기위해 사용하는 전문화된 것을 말한다.
⑤ 워크스테이션은 오류가 적은 정보를 원스톱(one-stop)으로 빨리 제공함으로써 주식 선택에서 고객 기록 갱신까지의 전체 투자과정을 효율적으로 처리할 수 있게 한다.

가상현실을 설명하는 데 필요한 요소는 3차원의 공간성, 실시간의 상호 작용성, 몰입 등이다.

11 지식경영 (Knowledge Management)의 구성요소 중 기술 인프라의 내용으로 가장 부적합한 것은?

① 지식생성기술로는 데이터웨어하우스(Data Warehouse), 데이터 마트(Data Mart), 전자문서관리시스템(EDMS), 경영자 관리 시스템이 있다.
② 지식공유기술로는 구성원들이 이용하기 편리한 GUI 환경을 지원하는 인트라넷, 메타서버(Meta Server), 네트워크화된 가상환경(NVE)가 있다.
③ 지식저장기술로는 기존의 정보시스템을 지원하는 DB와는 구분되며, 데이터베이스를 관리하는 데이터베이스관리시스템(DBMS)이 활용된다.
④ 지식검색기술로는 GUI(Graphic User Interface), 하이퍼링크시스템, 지능검색 에이전트(Agent) 등이 있다.
⑤ 에이전트란 사용자를 대신하여 어떤 업무를 대행할 권한이 부여된 사람을 뜻하므로, 검색 에이전트는 사용자를 대신해서 검색을 대행해주는 소프트웨어이다.

지식생성기술로는 데이터웨어하우스(Data Warehouse), 데이터마이닝(Data Mining), 전자문서관리시스템(EDMS), 하이퍼 링크관리 시스템이 있다.

유통 정보

Chapter 3 유통 · 물류정보 시스템

01 바코드(Bar Code)

1. 바코드(Bar Code) 시스템

(1) 바코드(Bar Code) 기원

① 바코드는 미국의 식료품 소매 산업 분야의 발전과 함께 생겨난 산물로서 1916년대 미국에서 처음으로 실시함으로써 일반인에게 소개되었으며 그때부터 슈퍼마켓은 각각의 정찰화된 품목과 기계화된 계산대의 방식을 도입하게 되었다.

② 고객이 목록을 보고 원하는 물건에 해당되는 천공카드를 선택, 계산대의 카드 판독기에입력하면 저장 창고에서 고객 앞으로 물건이 배달되고 계산까지 끝나는 자동화 시스템이었지만 당시 노동 현황으로서는 너무 획기적인 발명이라 외면당했다.

③ 1972년 1월 미국에서는 공통식료품코드위원회(Universal Grocery Product Code Council, UGPCC)가 설립되어 미국과 캐나다 지역에 12자리의 상품 바코드(Universal Product Code, 이하 UPC코드)를 보급하기 시작하였다.

④ UPC코드가 미국과 캐나다에서 성공적으로 정착되자 1977년 유럽지역에서도 UPC 코드를 모델로 하여 12개국이 주축이 된 유럽상품코드기구(European Article Number Association, 이하 EAN)를 설립, 13자리의 EAN코드를 보급하기 시작하였다.

⑤ 이후 UPC 코드의 초기 관리 기관이었던 UGPCC는 미국지역관리기관인 ECCC(Electronic Code Council of Canada)로 분리되었으며 EAN 기구도 아시아 및 남미, 아프리카 국가의 가입에 따라 EAN International로 개칭하였다.

(2) 바코드(Bar Code) 개념

① 바코드(Bar Code)는 다양한 폭을 가진 Bar(검은 막대)와 Space(흰 막대)의 배열 패턴으로 정보를 표현하는 부호 또는 부호체계라 한다.

② 바코드는 가느다란 줄과 굵은 줄 2가지 폭을 가지는 백과 흑의 평행줄로 이루어지는 막대, 여백, 전달 부호줄 및 광학식 문자 인식을 위한 자형(0)으로 구성되어 매체상에 인쇄된 표시를 말한다.

③ 바코드는 문자나 숫자를 나타내는 검은 바와 흰 공간의 연속으로 바와 스페이스를 특정하게 배열해 이진수 0과 1의 비트로 바뀌게 되고 이들을 조합해 정보로 이용하게 되는데 이들은 심벌지라고 하는 바코드 언어에 의해 정의된 규칙에 의해 만들어진다.

④ 바코드는 두께가 서로 다른 검은 막대와 흰 막대의 조합을 통해 숫자 또는 특수기호를 광학적으로 쉽게 판독하기 위해 부호화한 것으로 이것을 이용하여 정보의 표현과 정보의 수집, 해독이 가능하게 된다.

⑤ 바코드는 컴퓨터 내부 조직의 기본인 0과 1의 비트로 이루어진 하나의 언어로 바의 두께와 스페이스의 폭의 비율에 따라 여러 종류의 코드 체계가 있으며, 이 인쇄된 코드는 바코드 인식 장치에 빛의 반사를 이용해서 데이터를 재생시키며 재생된 데이터를 수집 · 전송하는 것이다.

(3) 바코드(Bar Code) 정의

① 바코드(Bar Code)는 인쇄된 숫자 등의 Data를 컴퓨터에 자동으로 입력시키는 방법의 하나로 창안되었다.

② 바코드(Bar Code)는 데이터를 로직 처리하기 쉬운 2진 코드로 부호화하여 문자나 숫자를 나타내는 검은 막대와 흰 공간의 연속을 바와 스페이스를 특정하게 배열해 이진수 0(영)과 1(일)의 비트로 바꾸고 이들의 조합으로 나타나게 된다.

③ 바코드(Bar Code)는 하나의 정보 통신의 약속으로 두께가 서로 다른 검은 막대와 흰 막대(Space)의 조합을 통해 숫자 또는 특수기호를 광학적으로 쉽게 판독하기 위해 부호화한 체계이다.

④ 바코드는 기술적 측면에서 치환 에러율이 낮은 기술에 속하며, 바코드 인쇄 장비의 유연성이 높고, 라벨의 비용이 저렴하다는 장점이 있다. 바코드를 읽기 위해서는 바코드 라벨과 스캐너간의 적정한 거리의 확보가 필요하다.

⑤ Bar는 흑색 선으로서 빛을 주사시켰을 때 반사율이 적게 나타나며 흰 여백(Space)은 백색이므로 반사율이 높게 나타나게 되므로 이 빛의 반사율을 감지하여 부호화된 정보를 판독할 수 있는 것이다.

⑥ 바코드(Bar Code)는 스캐너(Scanner) 또는 리더(Reader)라고 불리는 장치를 이용하여 상품의 제조업체, 품명 또는 가격을 정확하고, 간단하고 쉽게 읽어들일 수 있도록 고안된 것으로 바코드 사용의 가장 중요한 효과들 중의 하나는 다른 장치와 비교하는 경우 정보를 가장 정확하게 입력시킬 수 있다는데 있다.

(4) 바코드의 효과

① 데이터 입력의 간편화

㉠ 기존에는 사람이 키를 직접 조작하는 등의 수작업으로 인한 번거로움이 있었다.

㉡ 바코드 스캐너가 직접 정보를 입력하므로 데이터 입력이 간소해졌다.

② 데이터 입력의 에러율 최소화

㉠ 작업자가 키 조작으로 입력시 작업 숙련도에 따라 작업의 완성도는 차이가 발생한다.

㉡ 바코드는 각각의 문자가 자체적으로 검사할 수 있도록 고안되어 있다.

㉢ 정확한 입력으로 인한 에러를 거의 발생시키지 않는다.

③ 자료 유지 안정

㉠ 바코드의 일정한높이 중 95%가 훼손되더라도 데이터의 입력에는 지장을 주지 않는다.

㉡ 바코드는 현재 이용되고 있는 모든 프린트 기법이 사용 가능하다.

④ 비용의 감소

㉠ 도입 비용이 저렴하고 응용범위가 다양하다.

㉡ 인건비와 관리비 등의 유지비 절감이 가능하다.

(5) 바코드의 장점

① 신속성/신뢰성

㉠ 바코드를 읽어 들이는 것은 수작업에 의한 컴퓨터의 입력 방법(key-in)보다 훨씬 빠르다는 것이다.

㉡ 바코드는 기술적 측면에서 치환 에러율이 낮은 기술에 속하며, 바코드 인쇄 장비의 유연성이 높고, 라벨의 비용이 저렴하다는 장점이 있다.

② 경제성

㉠ 도입 비용이 저렴하고 응용 범위를 다양하게 활용할 수 있다.

㉡ 바코드에 의한 정보 입력 방식은 기타 입력 시스템 방식보다 경제적이며 효율적이므로 작업의 생산성과 효율성을 높일 수 있다.

③ 실시간 데이터 처리

㉠ 바코드로 처리된 데이터 정보는 손쉽게 주 컴퓨터에서 실시간 처리(On-line real time)가 가능하다.

㉡ 필요한 시점에서 상황을 즉시 알아낼 수 있으므로 적정 재고유지와 효과적인 입하 · 출하관리, 판매관리가 가능해진다. 바코드를 읽기 위해서는 바코드 라벨과 스캐너간의 적정한 거리의 확보가 필요하다.

2. 바코드(Bar Code) 구조

(1) Quiet Zone

① 바코드(Bar Code)를 보면 시작 문자 앞과 끝 문자의 뒤에 여백이 있는데 이 여백 부분을 말한다.

② 바코드의 시작과 끝을 명확하게 구현하기 위한 필수적인 요소이며, 바코드 심벌 좌측 공간을 전방 여백, 우측 공간을 후방 여백이라 한다.

(2) Start/Stop Character

① 시작 문자(Start Character) : 심벌의 맨 앞부분에 있는 문자로서 데이터의 입력 방향과 바코드의 종류를 스캐너에 알려주는 기능을 수행한다.

② 멈춤 문자(Stop Character) : 바코드의 심벌이 끝났다는 것을 알려주어 바코드 스캐너(Scanner) 양쪽 어느 방향에서든지 데이터를 읽을 수 있도록 가능하게 해 준다.

(3) Check Digit

① 검사 문자(check digit)는 메시지가 정확하게 읽혔는지 검사하는 것이다.
② 검사 문자(check digit)는 정보의 정확성이 요구되는 분야에 이용되고 있다.

(5) Interpretation Line

① 바코드의 윗부분 또는 아랫부분의 공간을 말한다.
② 사람의 육안으로 식별 가능한 숫자, 문자, 기호 등의 정보가 있는 부분을 말한다.

(6) Bar/Space

① 바코드는 가장 넓은 바와 가장 좁은 바 그리고 스페이스로 구성되어 있다.
② 바코드의 가장 좁은 바와 스페이스를 'X'디멘션(dimension)이라고 부른다.
③ 'X'디멘션이 바코드 구조상 가장 최소 단위를 이루는 것으로 모듈이라 한다.
④ 바코드의 좁은 바/Space와 넓은 바/Space는 1:2 내지 1:3 정도의 비율이 필요한데, 표준적인 비율은 1:2.5이다.

(7) Symbology

① 각 나라마다 고유의 언어(한글, 영어, 불어...)가 있듯이 바코드에도 여러 언어가 있는 것을 말한다.
② 동일 Data라 할지라도 Symbology에 따라 Bar와 Space의 조합패턴이 다르게 표현되는데 이러한 독립된 바와 스페이스의 조합 패턴을 하나의 심벌이라 한다.
③ 데이터를 바코드로 표시하는 방법을 의미하고, 같은 데이터라도 심볼 체계에 따라 다르게 표현하며, 심볼의 구조는 코드의 종류에 따라 상이하다.

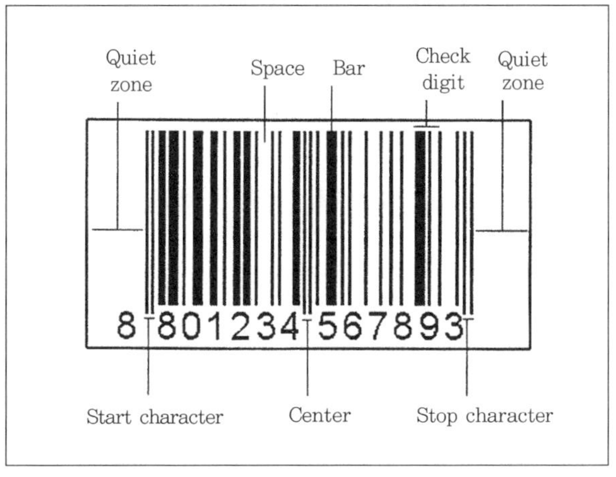

【바코드 구조도】

3. 데이터(Data) 표현 방식에 따른 분류

(1) 불연속형(Discrete Type)

① 각 문자들이 독립적으로 분리되어 있다.
② 문자들 사이에는 간격(Inter character gap)이 존재한다.
③ 각 문자가 바(Bar)로 시작해 바(Bar)로 끝나는 바코드 심벌(Symbol)로지를 말한다.

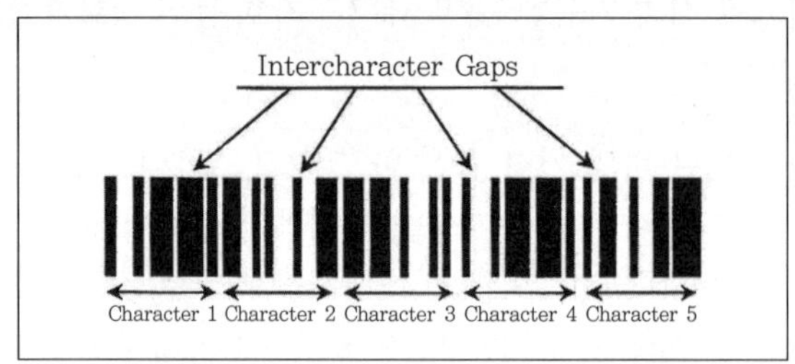

(2) 연속형(Continuous Type)

① 각 문자의 시작문자에 의해서 문자의 끝이 구별된다.
② 문자들 사이에는 간격(Inter character gap)이 존재하지 않는다.
③ 각 문자가 바(Bar)로 시작해 스페이스(Spcae)로 끝나는 바코드 심벌(Symbol)로지를 말한다.

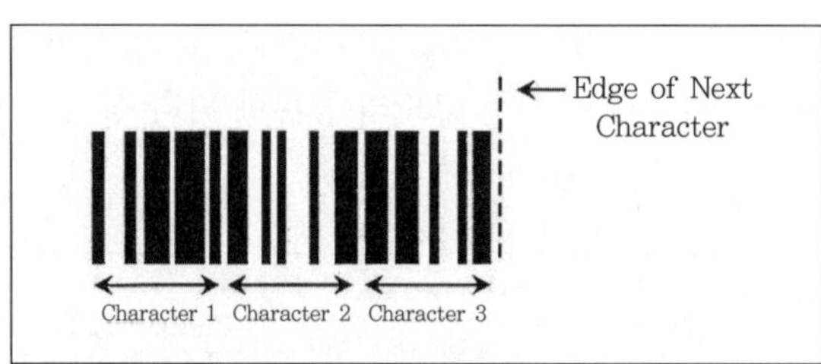

4. 데이터(Data) 배열에 따른 분류(1차 선형 바코드)

(1) EAN/UCC시스템

① EAN/UCC시스템의 기본원리와 설계는 사용자가 EAN/UCC 식별데이터를 자동적으로 처리할 수 있도록 체계화되어 있다.
② EAN/UCC시스템은 상품 등의 고유식별코드 기능뿐만 아니라 바코드 내에 날짜, 일련번호, 그리고 배치번호와 같은 부가적인 정보들을 표현할 수 있다.
③ EAN/UCC시스템은 유일한 코드를 사용하여 전 세계적으로 제품, 서비스, 자산 그리고 위치(로케이션)를 식별할 수 있는 방안을 제공한다.

④ EAN(European Article Number) 표준을 보급해온 EAN인터내셔널과 바코드의원 조격인 UPC(Universal Product Code) 표준을 보급해온 미국 UCC(Uniform Code Council, Inc.)가 하나로 통합됐다.

(2) UPC CODE(Universial Product Code)

① UPC CODE의 기원

㉠ 1973년 미국의 슈퍼마켓에서 사용되기 시작하여 2004년까지 북미지역(미국, 캐나다)에서 사용했던 코드로서 숫자만 표시할 수 있는 코드체계이다.

㉡ 현재는 GS1 코드가 국제 표준으로 선정되어 북미지역 수출할 때에도 사용할 수 있게 되어 UPC 코드는 더 이상 사용하지 않는다.

㉢ UPC 코드는 숫자(0~9)만을 표현할 수 있는 코드로 각각의 숫자는 두 개의 Bar와 두 개의 Space로 표현된다.

㉣ UPC 코드는 12자리 혹은 6자리로 구성된 표준형(UPC-A)과 단축형(UPC-E)의 두 종류가 있고, 제조업체코드는 UCC에서 각 제조업체에 부여하고 있다.

② UPC-A

㉠ 표준형으로 좌측 데이터와 우측 데이터는 각각 6자리와 12자리를 표현한다.

㉡ 좌측 데이터의 첫 번째 숫자는 상품 분류체계(Number System Code: NSC)이다.

㉢ 다음 5자리는 공급자(제조자 Number, 그 다음 5자리는 제품 Number가 된다.)

㉣ 마지막 숫자는 에러를 방지하기 위한 검증 문자(Check digit)이며, 이 숫자는 일정한 계산법에 의해 자동으로 인쇄가 된다.

③ UPC-E

㉠ EAN-8(단축형)처럼 별도의 독자적인 코드 체계를 가지고 있는 것이 아니다.

㉡ UPC-A(표준형)의 제조업체 코드형태에 따라 4가지 유형으로 분류할 수 있다.

㉢ UPC-A의 12자리 중 넘버시스템 캐릭터와 체크디지트를 그대로 UPC-E의 넘버시스템과 캐릭터와 체크디지트로 사용하여 8자리의 UPC-E를 제작하게 되었다.

(3) EAN/UCC시스템

① EAN CODE의 기원

㉠ 유럽에서는 1976년에 미국과 캐나다의 슈퍼마켓에서 UPC의 성공에 자극받아 유럽형 공통 상품코드 EAN을 채택하였다.

㉡ UPC 코드의 심벌이 한 자리의 상품 분류 체계와 5자리의 제조업체 번호로 좌측 6자리를 표현하는 데 반해, EAN 코드는 세 자리의 국가번호와 네 자리의 제조업체번호로 좌측 7자리를 표현한다.

㉢ EAN Association에서는 각 나라별 2~3자리의 국가코드를 부여하는데 미국과 캐나다는 UPC와 호환을 위해 00~09를, 일본에서는 49를, 한국에는 880을 부여했다.

㉣ EAN은 UPC와 유사한 구조를 가지고 있으며, 13자리 표준형(EAN-13)과 8자리 단축형(EAN-8)으로 구성되어 있다.

② EAN-13

㉠ UPC-A와 구조상으로는 동일하지만 좌측 데이터의 Parity 패턴에 의해 하나의 문자가 추가되는 점에서 차이가 있다.

㉡ 동일한 구조의 UPC와 EAN은 EAN 코드가 1자리가 더 많다.

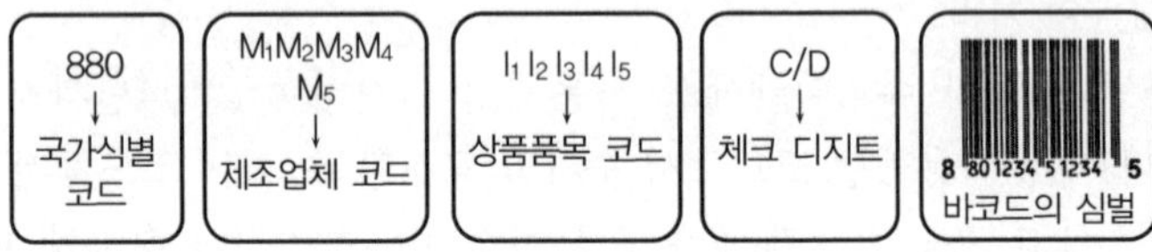

【표준형 A】

㉢ 국가 코드 : 국가를 식별하는 코드로 우리나라는 880을 사용하고 있다.

㉣ 제조업체 코드 : 제조원과 판매원에 부여하는 코드로 각 업체를 식별하는 코드이다.

㉤ 상품품목 코드 : 제조업체 코드를 부여 받은 업체에서 자사 제품을 식별한 뒤 부여하는 코드이다.

㉥ 체크 디지트 : 바(표준형 B)코드의 오류를 검증하는 코드이다. 앞의 12가지를 조합하여 나오는 코드이다.

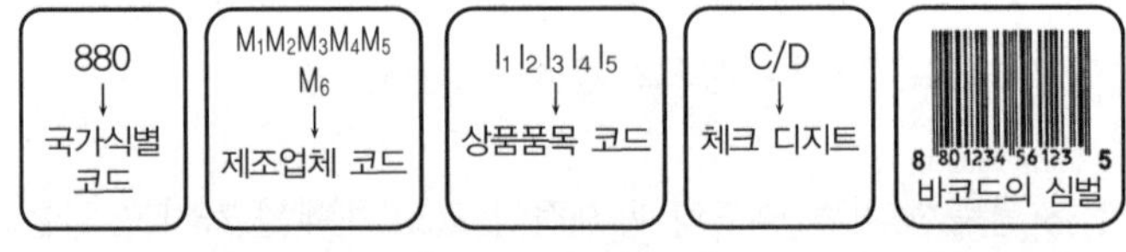

【표준형 B】

③ EAN-8

㉠ 국가 코드 : 국가를 식별하는 코드로 우리나라의 경우 '880'을 사용하고 있다.

㉡ 제조업체 코드 : 표준형을 취득한 업체에 한하여 부여하는 3자리 코드를 부여하고 있다.

㉢ 상품품목 코드 : 상품 식별을 위한 코드로 10개의 코드를 사용할 수 있다.

㉣ 체크 디지트 : 앞의 7자리를 계산하여 나오는 오류 검증 코드이다.

(4) UPC와 EAN 흐름

① UPC와 EAN International 간의 협조체제는 설립당시부터 유지되었으나 본격적인 정책적 협력체제가 구축된 것은 1990년대에 들어서였다. 이때는 정보기술의 발전과 경제환경의 변화로 새로운 자동인식 기술과 데이터 통신 기술이 등장하기 시작하였고 UPC 코드와 EAN 코드의 호환성 문제가 크게 부각되던 시기였다.

② 국제표준과 관련된 여러 가지 현안에 대해 두 기관이 공동 대응함으로써 새로운 식별 및 통신표준 제정의 주도권을 확보할 필요성에 공감하기에 이르렀다.

③ 양 기구는 1990년대 표준기술규격의 공동 발간, 표준공동개발, 외부기관에 대한 공동보조를 핵심으로 하는 전략적 제휴를 잇달아 실현한 뒤 1997년에는 2005년 1월 1일부터 미국 내에서도 EAN코드를 유통시킬 수 있게 한다는 합의에 이르게 되었다.

④ 2002년 11월 UCC와 ECCC가 EAN International 회원기관으로 가입하였으며 2003년 5월 총회에서 GS1이라는 새 명칭으로 탈바꿈함으로써 상품코드, 전자문서 및 다양한 공급체인 기반기술표준의 개발과 관리의 단일화가 이루어지게 되었다.

(5) UPC와 EAN의 차이점

① EAN코드는 UPC코드보다 상위 레벨의 코드로 EAN코드를 판독할 수 있는 판독기는 UPC코드로 판독할 수 있다.

② UPC코드는 6자리나 12자리, EAN코드는 8자리나 13자리로 구성되어 있다.

③ EAN코드는 UPC코드와 달리 좌측 여백, 좌측 가드패턴, 국가번호, 제조업체번호, 중앙 가드패턴, 제품번호, 검증문자로 구성된다.

④ UPC코드의 심벌이 한 자리의 상품분류 체계번호와 5자리의 제조업체번호로 좌측 6 자리를 표현하는데 반해, EAN코드는 3자리의 국가번호와 4자리의 제조업체번호로 좌측 7자리를 표현한다.

(6) UNSPSC 상품분류

① 유엔표준 제품 및 서비스 분류체계(UNSPSC ; United Nations Standard Products and Services Classification)로 모든 상품과 서비스를 분류하는 분류코드로 분류코드는 식별코드와는 구별해야 한다. 즉, 상세하게 상품을 정의하는 게 아니고 카테고리화 하는 것이다.

② 전세계적으로 가장 널리 알려지고 활용되고 있는 전 산업대상의 전자상거래용 상품분류체계로 UNDP(United Nations Development Programme)와 D&B(Dun & Bradstreet)가 공동으로 개발하였다.

③ 8자리 숫자 분류 코드와 영문 분류 코드로 구성되며, 전자상거래 시 상품정보를 검색하거나 상품의 비용 및 통계 분석을 하는 데 중요한 역할을 한다.

④ 우리나라에서는 GS1 korea 가 UNSPSC 한국어 버전 개발등 국내보급사업을 전담하고 있다. 국제적으로는 GS1 US가 UNSPSC의 글로벌 운영을 맡고 있다.

⑤ 로제타넷(RosettaNet)은 전자상거래 표준 프로세스를 제정 · 구현 · 보급하기 위해 전세계 전자부품, 정보기술, 반도체 제조에 종사하는 450개 이상의 기업들이 구성한 비영리 컨소시엄이며, 동시에 이 컨소시엄이 정의하는 전자상거래 표준 프레임워크를 지칭하는 명칭이기도 하다.

5. 데이터(Data) 배열에 따른 분류(2차원 바코드)

(1) 2차원 바코드의 개념

① 기존의 1차원 바코드는 특정저장매체에서 보관되어 있는 정보의 접근키로만 사용되었던 것과는 달리 2차원 바코드는 안에 물품의 번호, 가격, 수취자, 수량 등의 다양한 많은 데이터를 포함한다.

② 바코드가 훼손되어 데이터가 손상이 되더라도 오류를 검출하고 복원하는 능력이 탁월하여 특유의 인식패턴을 가지고 있어 바코드 리더로 어떤 방향에서 입력을 받더라도 판독이 용이하고 한국어를 비롯한 외국어, 그래픽정보까지 표현할 수 있다.

③ 4각형의 검은색 바와 흰 바의 조합을 통해 문자와 숫자를 표시하는 매트릭스형 2차원 바코드를 말한다. 4각형의 바를 랜덤 도트(Random dot)라 하는데 스캐너는 심벌 아래쪽과 좌측을 감싸는 L자모양의 두꺼운 바를 기준으로 하여 랜덤 도트가 표시한 데이터를 판독한다.

(2) Data Matrix 바코드

① Data Matrix 바코드는 미국의 International Data Matrix사가 개발하였으며 오류 검출 및 복원 알고리즘에 따라 유형이 구별된다.

② Data Matrix 바코드 모듈의 모양은 정사각형 또는 직사각형 모양을 갖는다. 따라서 최대한 모듈의 모양을 지키는 것과 모듈, 배경, 조명의 요소 중 바코드의 영역만을 얻는 것이 최적의 2진화가 될 것이다.

(3) QR 바코드

① QR code는 일본에서 개발된 것으로 물류관리나 공장자동화에 적합하도록 고안되었으며, 흑백 격자무늬 패턴으로 정보를 나타내는 매트릭스 형식의 이차원 바코드이다.

② QR코드는 주로 한국, 일본, 영국, 미국 등에서 많이 사용되며 명칭은 덴소 웨이브의 등록상표 Quick Response에서 유래하였다.

③ 종래에 많이 쓰이던 바코드의 용량 제한을 극복하고 그 형식과 내용을 확장한 2차원의 바코드로 종횡의 정보를 가져서 숫자 외에 문자의 데이터를 저장할 수 있다. 보통 디지털 카메라나 전용 스캐너로 읽어 들여 활용한다.

④ 일반 바코드는 단방향, 즉 1차원 적으로 숫자 또는 문자 정보가 저장 가능한 반면, QR코드는 종횡으로 2차원 형태를 가져서 더 많은 정보를 가질 수 있으며, 숫자 외에 알파벳과한자 등 문자 데이터를 저장할 수 있다. 농담의 판별이 가능한 색조라면 색상이 들어가도 상관없다.

(4) PDF-417 코드

① PDF-417 코드는 가장 널리 사용되는 이차원 바코드 체계로 가변적인 길이와 높이를 갖는 2차원 심볼로지이다.

② PDF-417은 디지털 카메라를 통하여 입력한 영상으로부터 시작심볼 또는 종료심볼을 검색함으로써 이차원 바코드 영역을 찾아낸 다음, 그 영역으로부터 코드워드를 추출하여 디코드하는 알고리즘을 설계하여 실시간으로 구현하였다.

(5) 다층형 바코드(Stacked Bar Code)

① 1차원 바코드와 같이 개별적으로 인식될 수 있는 몇 개의 문자가 모여 수평 방향으로 열(Row)을 구성한다.

② 열 안에는 1개 이상의 데이터 문자를 포함한다. 하나의 심벌 안에는 최소 2개 이상의 열을 포함한다.

③ 각 열(Row)은 독특한 심벌 시작(Start) 패턴과 종료(Stop)를 가지고 있으며, 바코드 판독기는 열의 순서와 관계없이 어떤 열이 읽혔는지 분간할 수 있다.

④ 심벌 안에는 몇 개의 열(Row)과 줄(Colum)이 있는지에 대한 정보와 심벌 종류 패턴이 있으므로 심벌 내의 모든 데이터가 정상적으로 판독되었는지 확인할 수 있다.

⑤ 다층형 바코드는 1차원 심벌로지의 연장선상에 있으므로 특수한 별도의 장비가 아닌 상용화된 범용 스캐너로 판독이 용이한 장점이 있고, 종류에는 PDF-417, CODE 16K, CODE 49, Codablock 등이 있다.

【Code 49】

【Code 16K】

【PDF-417】

(6) 매트릭스형 바코드(Matrix Bar Code)

① 정방형의 동일한 폭의 흑색 요소를 모자이크식으로 배열하여 데이터를 구성하기 때문에 심벌은 체크 무늬 형태를 띠고 있다.

② 이 심벌을 판독하는 스캐너는 각 정방형의 요소가 흑백을 구분해 내고 이 흑백요소를 데이터의 비트(Bit)로 삼아서 문자를 구성한다.

③ 이런 단순 구조로 인해 다층형 심벌로지나 선형 심벌로지보다 더 쉽게 인쇄나 판독이 가능하다.

④ 그 이유는 바코드에 있어서 서로 다른 폭의 엘리먼트를 배치하거나 판독하는 일이 가장 어려운 일의 하나이기 때문이다.

⑤ 매트릭스형 코드에서는 흑백 엘리먼트 존재 여부만 확인하면 되므로 데이터가 엘리먼트 변에 구속되지 않아서 다층형 또는 선형(1D) 심벌로지에 비해서 데이터의 오차 허용도(Tolerance)가 작아도 된다.

⑥ 이와 같은 매트릭스형 코드는 흑백 요소를 데이터 비스로 삼아 수평 및 수직 방향으로 배열하므로 2D Array 코드라고도 불린다.

⑦ 매트릭스코드에는 Maxi code, Code 1, Data Matrix, Veri code, Array Tag, Dot code, QR code, Soft Stripe 등이 있다. 특히 QR code는 일본에서 개발된 매트릭스형 2차원 바코드이다.

【Data Matrix(Data code)】 【Maxi code】 【QR code】

(7) 2차원 바코드심벌로지의 장점

① 좁은 영역에 많은 데이터를 고밀도로 표현하는 것이 가능하다.

② 한국어를 포함 모든 외국어, 지문, 그래픽 정보를 표현 가능하다.

③ 심벌이 오염 훼손되더라도 오류를 검출하여 복원하는 능력이 우수하다.

④ 오염 및 훼손시 오류 검출 및 복원이 가능하고, 공간 활용률이 매우 높다.

⑤ 1차원 바코드에 비해 하나의 심벌에 대용량의 데이터를 포함시킬 수 있다.

⑥ 흑백 엘리먼트가 변에 구속되어 있지 않아 심벌 인쇄 및 판독이 쉽고 심벌의 판독을 360도 다방향으로 할 수 있다.

02 국내 유통업체 코드 체계(GS1)

1. GS1 코드체계

(1) GS1(Global Standard No.1)

① GS1은 상품및 거래처의 식별과 거래정보의 교환을 위한 국제표준 식별코드, 바코드, 전자문서의 개발 · 보급 · 관리를 전담하고 있는 최고의 민간기구이다.

② GS1(국제표준 상품코드관리 기관)은 상품의 식별과 상품정보의 교류를 위한 국제표준 바코드 시스템의 개발 및 보급을 전담하는 세계 100개국이 넘는 국가가 가입한 최고의 민간기구이다.

③ 2002년 11월 UCC와 ECCC가 EAN International 회원기관으로 가입하였으며 2003년 5월 총회에서 GS1이라는 새 명칭으로 탈바꿈함으로써 상품코드, 전자문서 및 다양한 공급체인 기반기술표준의 개발과 관리의 단일화가 이루어지게 되었다.

(2) GS1 시스템의 기본 원칙

① 특정 상품에 부여된 식별코드는 전자문서에도 사용되어 해당 상품에 관한 정보가 협력업체들 간에 전자적으로 교환될 수 있다.

② 바코드는 통상 제조업체가 부착하는데 상품 포장 시 다른 정보들과 함께 미리 인쇄하거나 생산라인에서 별도로 라벨 형태로 상품에 부착한다.

③ GS1 시스템은 상품, 물류 단위, 자산 및 위치 등 다양한 분야에 적용된다. 식별코드는 상품이 입출고되는 각각의 시점에서 데이터를 자동적으로 획득할 수 있도록 바코드에 표기된다.

(3) 국내의 GS1코드

① 대한민국 국적회사에 의하여 제조되어 판매되는 상품의 고유번호체계도 이 시스템을 따르며, 상품을 다른 상품과 구별해주는 식별기호다. 기존에는 KAN(KOREA Article Number)으로 나타냈었다.

② 대한민국은 '국제표준 상품코드관리 기관'으로부터 국가번호 코드로 '880'을 부여받았고, 대한상공회의소 유통물류진흥원에서 국내 유통 정보화를 전담하고 있다.

③ GS1 Korea(대한상공회의소 유통물류진흥원)는 한국을 대표하여 1988년 GS1에 가입하여, 국제표준 바코드 시스템의 보급 및 유통정보화를 전담하고 있는 기관이다.

④ GS1코드는 백화점, 슈퍼마켓, 편의점 등 유통업체에서 최종 소비자에게 판매되는 상품코드로서 상품 제조단계에서 제조업체가 상품포장에 직접인쇄하게 된다.

⑤ GS1코드는 제품에 대한 어떠한 정보도 담고 있지 않으며 GS1코드를 구성하고 있는 개별 숫자들도 각각의 번호자체에 어떤 의미도 담고 있지 않다. 즉, GS1 코드는 제품 분류(Product Classification)의 수단이 아니라 제품식별의 수단으로 사용된다.

(4) GS1-13 : 표준형

① 국가식별코드(3자리)

㉠ 첫 3자리 숫자는 국가를 식별하는 코드로 대한민국은 항상 880으로 시작되며, 세계 어느 나라에 수출되더라도 우리나라 상품으로 식별된다. 그러나 국가식별코드가 원산지(생산지)를 나타내는 것은 아니다.

㉡ 1982이전에 GS1기관에 가입한 국가는 국가식별코드가 2자리이며, 이후에 가입한 국가는 국가식별코드가 3자리이다.

② 제조업체코드(6자리)

㉠ 6자리 제조업체코드는 대한상공회의소 유통물류진흥원에서 제품을 제조하거나 판매하는 업체에 부여한다.

㉡ 업체별로 고유코드가 부여되기 때문에 같은 코드가 중복되어 부여되지 않는다. 제조업체코드를 부여받은 업체는 소비자 구매 단위별로 상품코드를 설정하여야 하며 각 상품별로 상품 품목코드가 중복 부여되어서는 안 된다.

㉢ 상품 품목코드의 설정은 일련번호로 부여하여 사용할 것을 권장하고 있는데, 이 때 분류기준으로는 설정기준, 상품의 포장형태와 기준 상품의 맛, 향, 색상이 적합하다.

③ 상품품목코드(3자리)

㉠ 제조업체코드 다음의 3자리는 제조업체코드를 부여받은 업체가 자사에서 취급하는 상품에 임의적으로 부여하는 코드이다.

㉡ '000~999'까지 총 1,000품목의 상품에 코드를 부여할 수 있다.

④ 체크 디지트(1자리)

㉠ 스캐너에 의한 판독 오류를 방지하기 위해 만들어진 코드이다.

㉡ 바코드가 정확하게 구성되어 있는가를 보장해주는 컴퓨터 체크 디지트를 말한다.

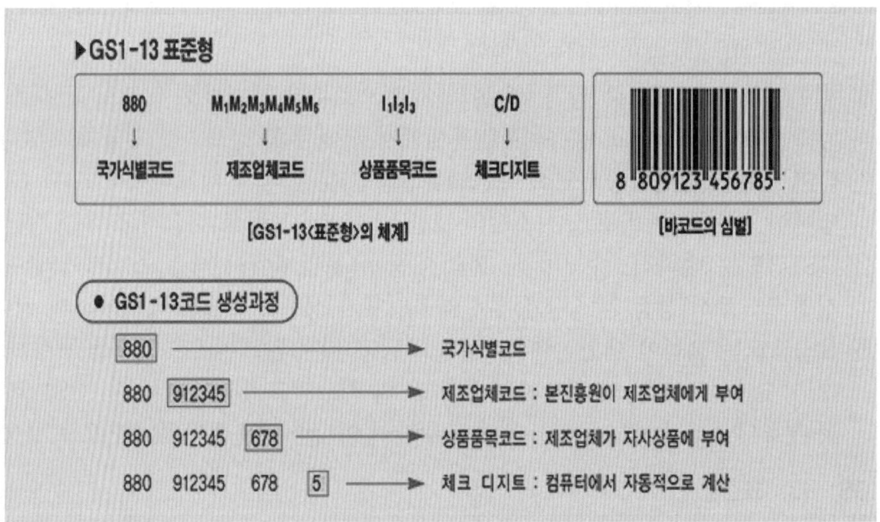

【GTIN 코드의 예】

(5) GS1-8 : 단축형

① 국가 번호는 모두 '880' 3자리로 구성된다.

② 단축형의 경우 제조업체 코드는 3자리로 구성된다.

③ 단축형의 경우는 상품 코드가 1자리이기 때문에 업체에서 '0~9'까지 10가지 단품에 부여할 수 있다.

④ 단축형, 표준형 모두 체크 디지트는 1자리이다.

⑤ GS1-8 은 GS1-13 심벌을 인쇄하기에 충분하지 않은 포장 면적을 갖는 작은 상품의 경우에 적용된다.

(6) GS1-39

① 1974년 미국의 Intermec사에 의해 개발된 최초의 Alphanumeric Code이다.

② UPC나 GS1(GS1-8, GS1-13, GS1-14)을 사용하고 있는 유통 분야를 제외한 전 분야에서 가장 널리 사용되고 있으며, 미 국방성 · 자동차업계 · 보건성 · 국제항공협회 등에 채택되었다.

③ 한 개의 Character는 Bar 5개와 그 사이에 4개의 Space로써 9개의 요소 중 항상 3개가 넓고 6개는 좁아 3 of 9이라고도 한다.

④ 표현 가능한 문자로는 0~9까지의 숫자, A~Z까지의 문자, 7개의 특수 문자가 있으며 자체 검증 기능이 있으며 높은 데이터 신뢰도를 갖는다.

⑤ 보통 Bar 5개가 한 문자에 해당되며, 시작과 끝 문자는 반드시 '*'이어야 하고 현재 공업용을 비롯하여 가장 널리 사용되고 있다.

(7) GS1-128

① GS1-128 바코드는 단품이나 박스의 식별이외에 상품의 이동, 추적, 보관, 생산관리 등에서 요구되는 다양한 속성정보를 응용식별자(AI: Application Identifier)와 GS1-128바코드를 사용하여 담을 수 있는 바코드이다.

② 물류단위(박스, 팔레트, 컨테이너 등)에 다양한 정보를 표시하고자 하였으며, 기업 간, 산업 간에 상호 호환이 가능한 표준정보를 담을 수 있는 코드이다.

③ 기업체의 필요에 따라서 생산일자, 유효기간, 구매처, 배송처, 상품의 중량, 거래처의 위치, 고객주문번호, 생산라인의 배치 · 로트번호 등 물류활동과 관련된 추가적인 정보를 응용 식별 자(AI)와 바코드심벌을 사용하여 다양한 물류기능을 수행할 수 있도록 하는 바코드이다.

④ GS1-128바코드의 길이는 식별코드 자릿수, 모듈(Xdimension), 부가되는 정보의 양에 따라 다르다. 이러한 이유로 최대 또는 최소 크기를 지정하지 아니한다.

⑤ GS1-128 바코드는 고정 또는 이동식 스캐너에 의해 양방향에서만 판독이 가능하도록 설계되었고, 표준 규격 기준으로 25%부터 100%까지 확대와 축소가 가능하며 물류센터에서의 소터기(Sorter)등의 장비를 이용하는 경우에는 최소 50% 이상의 배율로 인쇄해야 한다.

(8) GLN(Global Location Number)

① 글로벌로케이션 코드라고 하며, 전자문서 및 정보화 시스템에서 물리적, 기능적, 법적 실체를 식별할 때 사용되는 13자리 코드를 말한다.

② GS1 Korea에 가입한 회원의 경우에는 국가식별코드, 업체코드, 로케이션 식별코드, 체크디지트 등으로 구성된 13자리 코드체계를 이용한다.

③ 조직의 성격이나 물리적 위치에 관계없이 개별 조직을 찾을 수 있도록 도와주며, 관련 데이터베이스에서 조직의 자료를 얻기 위한 기능으로서 활용될 수 있다.

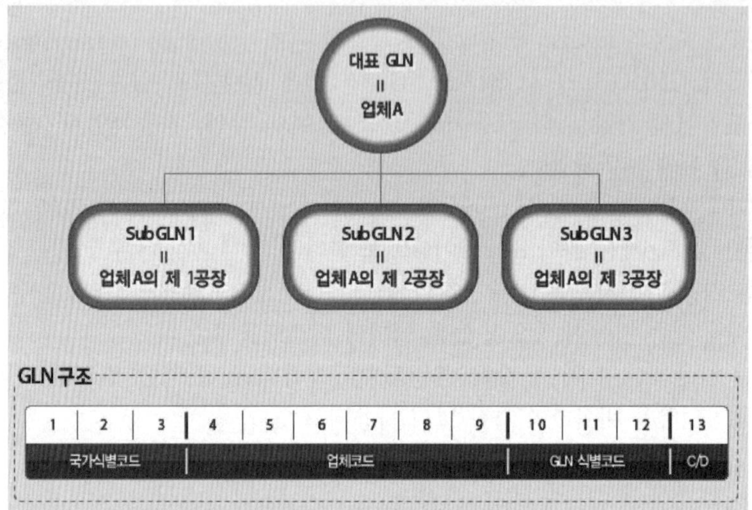

(9) EPC(Electronic Product Code)

① EPC의 개념

㉠ EPC(Electronic Product Code)코드는 GS1 표준바코드와 마찬가지로 상품을 식별하는 코드이다. EPC 코드는 크게 4개의 핵심 요소로써 구성되는데 EPC 헤더, EPC 매니저, 상품 분류번호, 일련 번호 등이다.

㉡ 차이점은 바코드가 품목단위의 식별에 한정된 반면, EPC 코드는 동일 품목의 개별 상품까지 원거리에서 식별할 수 있다는 것이다.

㉢ 이를 통해 위조품 방지, 유효기간 관리, 재고 관리 및 상품 추적 등 공급체인에서 다양한 효과를 누릴 수 있다.

② EPC 인포메이션 서버

㉠ EPC 코드를 식별코드로 이용한다.

㉡ 공급망 내에서 공유되는 모든 자료의 저장소를 갖는다.

㉢ 공급망에 연결된 거래자들 간의 데이터 교환에 필요한 인터페이스를 제공한다.

③ EPC 특징

㉠ 모든 물품의 개별적 식별이 가능하다.

㉡ RFID 기술과 연계해서 이용할 수 있다.

㉢ EPC Manager는 업체코드로 이용할 수 있다.

④ 헤더(Header)

㉠ 헤더는 EPC코드의 전체 길이, 식별코드 형식 및 필터 값을 정의한다. 헤더는 가변 길이 값을 가지는데, 현재 2비트와 8비트 값의 헤더가 정의되어 있다.

㉡ 2비트 헤더는 3개의 값을 가지며(01, 10, 11), 8비트 헤더는 63개의 값을 갖고, 헤더는 판독기로 하여금 태그의 길이를 쉽게 판단할 수 있도록 돕는다.

⑤ 업체코드(EPC Manager)

㉠ GS1 바코드의 업체코드에 해당하며 각국 GS1 회원기관이 할당한다.

㉡ 28비트의 용량으로 7개의 숫자(0~9) 및 문자(A~F)를 조합하여 약 2억 6천만 개 업체 코드를 할당할 수 있다.

⑥ 상품코드(Object Class)

㉠ 바코드의 상품 품목 코드에 해당하며 사용 업체가 할당한다.

㉡ 24비트의 용량으로 6개의 숫자와 문자를 조합하여 약 1천 6백만 개 상품에 코드를 부여할 수 있다

⑦ 일련번호(Serial Number)

㉠ 동일상품에 부여되는 고유한 식별번호로서 사용 업체가 할당한다.

㉡ 36비트로 8개의 숫자와 문자를 조합하여 680억 개의 상품에 코드를 부여할 수 있다.

【Global Trade Item Number(GTIN, 국제거래단품식별코드)】

헤 더	업체코드 (EPC Manager)	상품코드 (Object Class)	일련번호 (Serial Number)
H_1 H_2	M_1 M_2 M_3 M_4 M_5 M_6 M_7	O_1 O_2 O_3 O_4 O_5 O_6	S_1 S_2 S_3 S_4 S_5 S_6 S_7 S_8 S_9

(10) RSS(Reduced Space Symbol)

① 의료(의약품), 전자, 통신 등과 같은 포장면적이 아주 적은 상품 또는 소매점에서 판매되는 계량형 상품에 부가 데이터를 추가적으로 담기 위해 개발된 바코드심벌이다.

② EAN/UCC에 의해 개발된 RSS는 모두 네 가지이며 업무 성격에 따라 선택하여 사용할 수 있다.

③ EAN/UCC에 의해 개발된 RSS는 RSS-14, RSS-14 Stacked, RSS-14 Limited, RSS-14 Expanded 4종류가 있다. 네 가지 심벌 모두가 기존 EAN 코드와 마찬가지로 1차원 선형바코드로 구성되어 있다.

2. KorEANnet(코리안넷)

(1) KorEANnet의 정의

① 코리안넷(Koreannet)은 표준바코드(GS1-13, GS1-8, GS1-14)가 부착된 상품의 상세정보를 표준화 시켜 데이터베이스에 등록하고, 이를 제조, 물류, 유통업체가 인터넷 및 EDI를 통해 실시간으로 활용할 수 있도록 지원하는 전자카탈로그서비스이다.

② 코리안넷은 동일한 상품임에도 제조업체가 유통업체에 따라 이중으로 상품정보 입력 작업을 해야 했던 국내 유통관행상의 문제를 해결하는 핵심적인 역할을 담당하게 될것이다. 코리안넷을 통하여 제조업체와 유통업체 모두 정확하고 표준화된 상품정보의 검색 및 교환서비스를 제공받을 수 있다.

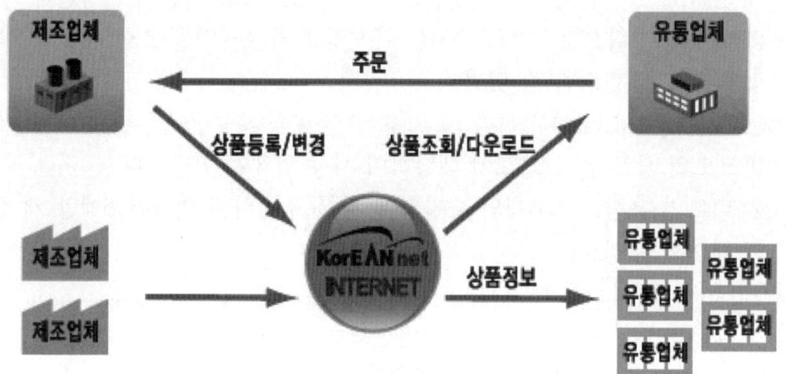

③ 제조업체는 코리안넷에 신규(변경)상품정보에 대한 내역을 1회 등록함으로서 유통업체별로 대응할 필요가 없으며, 유통업체 또한 수작업으로 직접 정보입력을 하는 번거로운 절차를 생략하고 수시로 신규(변경)상품에 대한 정보를 열람하거나 내부시스템에 등록하여 활용할 수 있다.

(2) KorEANnet의 주요기능

① **상품정보및 등록관리**: 글로벌 상품분류표준(UNSPSC) 및 상품속성표준(GDD) 기반의 상품정보를 관리하며, 상품의 정보를 등록, 변경, 조회, 관리가 가능하다.

② **유통업체 상품정보 전송**: 등록한 정확한 상품정보는 코리안넷과 연계된 제휴유통업체 쪽으로 신규상품의 정보가 전송된다.

③ **국내 유통상품 조회**: 제조업체와 유통업체에서 원하는 상품을 검색하고, 업체별, 상품군별 상품정보 검색이 가능하고, 상품이미지를 포함한다.

④ **지시상품 홍보**: 상공회의소 코칭비즈 홈페이즈 및 다양한 제휴사업을 통한 코리안넷 등록상품 홍보를 한다.

⑤ **데이터 동기화**: 상품정보 데이터동기화(Data synchronization)는 효율적 유통망관리(SCM)의 기본이자 핵심요소로서 정확한 상품정보를 제공하며 유통업체와 제조업체 간의 주요기능인 상품등록과 변경, 주문, 상품조회, 제품정보 등에 적합하다.

3. 바코드(Bar Code) 인쇄와 스캐너

(1) 바코드인쇄

① 표준형 바코드규격으로 상품식별코드(GTIN-13)을 나타낼 때에는 최소한 가로 3cm, 새로 2.1cm 이상을 유지해야한다.

② 바코드의 최소치는 표준규격의 80%를 기준으로 하지만 경우에 따라서는 그 이하로의 축소도 인쇄도 가능하나 계산대(POS)에서 판독 불가능한 경우를 대비해야 한다.

③ 최대규격은 표준규격의 200%까지, 최소치에서의 세로길이는 1.8cm까지 사용하도록 권장된다. 높이를 축소한 경우 스캐너가 레이저가 바코드와 수직인경우만 판독가능하다.

④ 바코드는 좌우로 일정한 여백을 확보해야 하는데 제작 완료된 바코드 원판(필름마스터)에는 항상 상하좌우 4곳에 코너마크가 여백을 표시하게 되어 있다.

⑤ 바코드는 사람이 쉽게 찾을 수 있는 곳에 인쇄를 해야 하며, 인쇄 포장지를 기획, 도안 할때 충분히 그 위치를 고려하여 선정해야 한다.

표준
(100%, 가로2.67cm x 세로2.1cm)

최소 축소치
(80%, 가로2.13cm x 세로1.7cm)

최대 확대치
(200%, 가로5.34cm x 세로4.3cm)

(2) 바코드인쇄 색상

① 바코드는 기본적 인쇄 색상으로 검은색 바에 흰색바탕으로 이루어져 있다. 이런 체계는 판독의 가능성이 높다는 점에 특징을 두고 있다. 바코드 스캐너는 어두운 바와 밝은바(공간)의 색상을 대조하여 바코드를 판독하기에 검은 색, 군청색, 진한 녹색, 진한 갈색 바에 백색, 노랑, 오렌지 바탕이 가능하다.

② 판독이 불가능한 색상조합을 보면 스캐너는 적색의 레이저광선을 사용하여 바코드를 판독하기 때문에 적색계통의 색상은 모두 백색으로 감지를 하여 판독이 불가능하다. 적색/백색, 갈색/녹색, 흑색/군청색, 백색/흑색, 노랑색/백색, 흑색/녹색 등은 판독이 불가능하다.

③ 바탕을 백색으로 사용하고 바의 색상으로 적색, 노랑색, 오렌지 등을 사용하면 기계에서 바탕은 물론 바의 색상까지 모두 백색으로 감지를 하기에 판독이 되지를 않는다. 흑색바탕에 백색을 바의 색상으로 사용한 경우에도 바탕색으로 사용될 색상(백색)과 바의 색으로 사용할 색상(흑색)이 되 바뀌어 기계에서 인식을 할 수가 없다.

바코드 이미지 파일 제작
(바코드 필름마스터 공급업체 등을 통해 제작 가능)

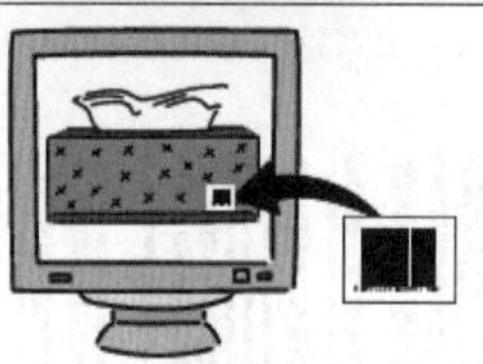

바코드 이미지를 상품디자인에 삽입

상품디자인 완료 후 필름 및 동판 제작

상품 포장 대량 인쇄

[바코드 인쇄방법]

(3) 바코드 인식구조 및 타입(type)별 스캐너

① 터치 타입 스캐너: 바코드에 스캐너를 가볍게 대는 것만으로 CCD 센서와 반전, 증폭 회로 등에 의해 파형이 된다.

② 팬 타입 스캐너: 손으로 스캐너를 바코드 표면 위로 스치는 것으로 파형이 된다.

③ 레이저 타입 스캐너: 반사경이나 프리즘에서 기계가 고속으로 주사한 후 파형이 된다.

4. 국내 물류코드 시스템(GTIN-14)

(1) 표준 물류 바코드 시스템

① 일반적으로 동일한 다수의 낱게 상품이 포함된 박스 단위상품에 적용하는 코드로서 국내뿐 아니라 전 세계 제조업체, 유통업체, 물류업체 모두에게 공통적으로 사용할 수 있다. 주의할 점은 표준물류바코드는 일반소매점의 계산대(POS)를 통과하지 않는(비 소매용) 포장단위에서만 사용한다.

② 표준 물류코드가 필요한 이유는 생산에서 소비자에 이르는 유통단계별 상품 이동정보의 신속, 정확한 추적과 입출고, 피킹(picking)과 소팅(sorting)의 신속화 및 효율화, 수주에서 납품까지의 시간단축, 재고조사, 재고관리의 합리화, 일일 판매상황 파악에 의한 생산계획 및 판매계획 조정을 위해 필요하다.

③ 국내 물류코드 시스템(GTIN-14)은 수송 상품의 관리 수준을 높이는 것이 필요하게 되었으며, 이를 위해서 고안된 표준 분류 체계가 바로 GS1-14(EAN-14)이다. GS1-14(EAN-14)는 운송을 하거나 준비를 하는 박스 단위의 물류 상품 코드이며, 박스 내부의 단품은GS1-13(EAN-13)상품 코드체계를 따른다.

(2) ITF(Interleaved Two of Five)

① 표준 물류바코드(ITF-14)는 표준물류코드(GTIN-14)를 나타낼 때 사용하는데 일반적으로 골판지 상자에 직접 인쇄를 하기에 인쇄요건이 까다롭지 않은 표준 물류바코드(ITF-14)가 사용된다.

② 표준 물류 바코드를 박스에 인쇄하기 위해 사용되는 것으로써 단품식별 상품코드로 EAN/UCC-14로 불린다.

③ 단품은 색상, 사이즈, 크기 단위로 세분화된 형태를 말하며 표준 바코드는 시스템이 식별할 수 있도록 ITF-14란 바코드 심벌이 사용된다.

④ 심벌 문자는 5개의 바(Bar)로 데이터를 표시하고, 그 사이의 스페이스는 분리용의 역할만 하는 아주 간단한 구조 Code이다.

⑤ 2개 숫자 단위로 바와 공백을 이용해서 표시하며, 바(Bar)의 폭은 넓은 것과 좁은 것 2가지가 있어 넓은 바는 비트 1, 좁은 바는 비트 0이 된다.

⑥ 5개의 바(Bar) 중 2개의 넓은 바를 가지고 있어서 이름이 2 of 5가 되었고, 1개 숫자 표시에 이용되는 바는 2개의 넓은 바와 3개의 좁은 바로 구성된다.

유통 정보

(3) GS1-14

① GS1-14의 개념

㉠ 업체 간 거래 단위인 물류단위(Logistics Unit), 주로 골판지박스에 사용되는 국제표준 물류바코드로서 생산공장, 물류센터, 유통센터 등의 입 · 출하 시점에 판독되는 표준바코드이다.

㉡ GS1-14는 국내뿐만 아니라 전세계 제조업체, 유통업체, 물류업체 모두가 공통적으로 사용할 수 있는 국제 표준 물류 바코드이기 때문에 수출입에 사용되고 있다.

㉢ GS1-14는 골판지 박스 등 외장 박스(집합포장 상품)에 상품 코드를 인쇄하기 위해 개발된 바코드로서 바코드 심볼 자체와 표시되는 상품 코드 번호를 함께 부를 경우에 사용한다.

㉣ GS1-14는 포장 박스를 개봉하지 않고도 직접 내용물의 개별 포장이 무엇인지를 자동적으로 판독하여 식별하기 위해 개발된 시스템이다. 이때 상품코드는 표준물류 바코드(GS1-14)라 부르며, 바코드는 ITF 바코드 심벌이라 부른다.

물류식별코드	국가코드	업체코드	상품코드	체크디지트
1	880	123456	009	9
8개들이	대한민국	대한제과	꿀 시리얼	–

② GS1–14의 체계

㉠ 물류 식별코드 1자리, 국별 식별코드 3자리, 제조업체 코드 6자리, 상품 품목 코드 3자리, 체크 디지트 1자리 등으로 구성되어 있다.

㉡ 심벌의 명칭은 'ITF–14'로 불리며, ITF(Interleaved Two of Five) 바코드 심벌은 '짝수 자리' GS1–14 숫자를 표시하는 특징이 있다.

㉢ 외장 박스용 바코드는 14자리(EAN–14라 함)가 채택되고 있으며, GS1–14는 국제 표준이기 때문에 수출입하는 데 있어 수월하게 사용이 가능하다.

◐ GS1 물류식별코드

물류 식별코드	의미하는 내용
0	· GTIN에 따른 식별코드 구분 · 박스 내 소비자 구매단위가 혼합되어 있는 경우
1~8	· 박스내에 동일한 단품만이 들어 있는 경우, 물류식별코드는 박스에 포함된 단품의 개수의 차이를 구분한다.
9	· 추가형(Add–on)코드가 있는 경우: 계량형 상품

③ GS1–14의 활용상 장점

㉠ 로케이션관리의 자동화

㉡ 생산에서 배송까지의 제품 이동의 신속화 · 정확화

㉢ 물류센터 내 실시간에 재고파악을 통한 재고관리의 효율화

㉣ 물류센터 내 검품, 거래처별 · 제품별 소팅, 로케이션관리의 자동화

㉤ 판매 상황 파악에 따른 생산, 판매 계획 조정 가능하고, 물류 단위 중심의 EDI 거래 촉진

㉥ 생산에서 배송까지의 제품이동의 신속 · 정확화 및 수주에서 납품까지의 리드 타임단축 등

④ 물류 정보 시스템의 효과

㉠ 물류 바코드를 활용한 물류 정보 시스템의 표준화

㉡ 조달, 생산, 판매까지의 물류 업무의 합리화가 가능

㉢ 물류 정보시스템의 표준화를 통해 일괄적인 사무처리의 효율화

㉣ 물류 정보시스템에 의한 물류 적시 생산 시스템(JIT)의 도입이 가능

㉤ 물류 정보시스템에 대한 중복 투자를 방지하고, 기업과 국제간의 정보 연결로 사업 영역 확대가 용이

㉥ 표준화를 통해 거래 단위의 표준화, 전표의 공통화, 표준 코드의 활용 등으로 거래 물동량의 물류 데이터 교환이 가능

⑤ GS1-14 시스템의 활용

㉠ 표준 물류 정보 시스템의 도입을 위해서는 취급하는 모든 물류 운용 수송 상품에 반드시 표준 물류 바코드를 장착해야 한다.

㉡ 물류의 분류, 구분, 확대 등 시스템에 의한 통제가 필요한 경우에는 컴퓨터가 해당시스템으로 필요한 정보를 보내야 한다.

㉢ 보관, 운송, 분류, 구성 등의 정보가 발생한 시점에서 켄베이어 등에 부착된 고정식스캐너나 핸드스캐너로 표준 물류 바코드를 실시간 자동으로 판독이 가능하다.

㉣ 판독 스캐너로 인증된 표준 물류 바코드는 시스템 제어용 컴퓨터 및 보조 기억장치로 전송이 가능하다.

㉤ 물건 수출입 시 표준 물류 바코드 시스템을 활용한 바코드는 변경 및 재 부착 등의 수정작업을 할 필요가 없다.

(4) 수송용기 일련번호(SSCC ; Serial Shipping Container Code)

① SSCC의 개념

㉠ 최초 배송인과 최종 수령인 사이에 거래되는 물류단위 중에서 주로 팔레트와 컨테이너 같은 대형 물류단위를 식별하기 위해 개발한 18자리 식별코드이다.

㉡ 소매상품에 GS1-13을 부여하는 것처럼 각각의 팔레트 또는 컨테이너에 고유한 식별코드를 부여하여 이것을 해체하지 않고 수 · 배송, 입출고를 가능하게 할 목적으로 고안되었다.

㉢ GS1 코드의 경우에는 코드관리기관으로부터 부여받은 국가코드와 업체코드는 그대로 사용하고 포장 용기의 일련번호를 부여한다. 그리고 확장자와 체크디지트를 덧붙여 18자리를 만든다. 응용식별자 00은 괄호로 묶어 표시한다.

확장자	GS1 업체코드 → ← 상품품목코드	체크 디지트
N_1	N_2 N_3 N_4 N_5 N_6 N_7 N_8 N_9 N_{10} N_{11} N_{12} N_{13} N_{14} N_{15} N_{16} N_{17}	N_{18}

【SSCC 코드의 구성】

② SSCC의 기능

㉠ 배송단위에 대한 식별

㉡ 운송업체의 효율적인 배송

㉢ 자동화에 의한 효율적 입고와 배송

㉣ 개별적인 배송단위에 대한 추적, 조회

㉤ 재고관리 시스템을 위한 정확한 입고 정보

5. 국제 표준 도서 번호(ISBN)

(1) ISBN의 의의와 구조

① 국제표준 도서번호(ISBN ; International Standard Book Number)는 현재 전세계 90여개국에서 서점 정보와 출판물의 판매 정보, 재고 현황을 신속, 정확하게 파악하기 위하여 활용되고 있는 10자리의 숫자로 구성된 번호 체계를 의미한다.

② ISBN(International Standard Book Number)제도는 출판물 및 문헌정보 유통을 효율화하기 위하여 각종 도서 하나하나에 국제적으로 표준화된 방법으로 고유번호를 부여하여 책의 일정한 위치에 표시하는 제도이다.

③ 대한민국은 1990년 8월 24일 베를린에 본부를 두고 있는 International ISBN Agency로부터 국별 번호 '89'를 취득하게 되었다. 국가번호 앞에는 13자리로 맞추기 위하여 접두어(prefix) 3자리 숫자를 열거하는데 977(정기간행물), 978(단행본)을 의미한다.

④ ISBN 제도에 가입하려면 서류를 준비하여 「국립중앙도서관 한국문헌번호센터」에 직접 신청하면 된다. 국내 ISBN Agency인 국립중앙도서관 내 「한국문헌번호센터」에서 ISBN 매뉴얼을 확정함으로써 국내 출판업계 및 서점에서도 같은 ISBN 시스템을 활용한 본격적인 정보관리 시스템을 구축할 수 있는 발판을 마련하는 계기가 되었다.

※ 국제표준도서번호(ISBN) : 10자리, 부가기호 : 5자리

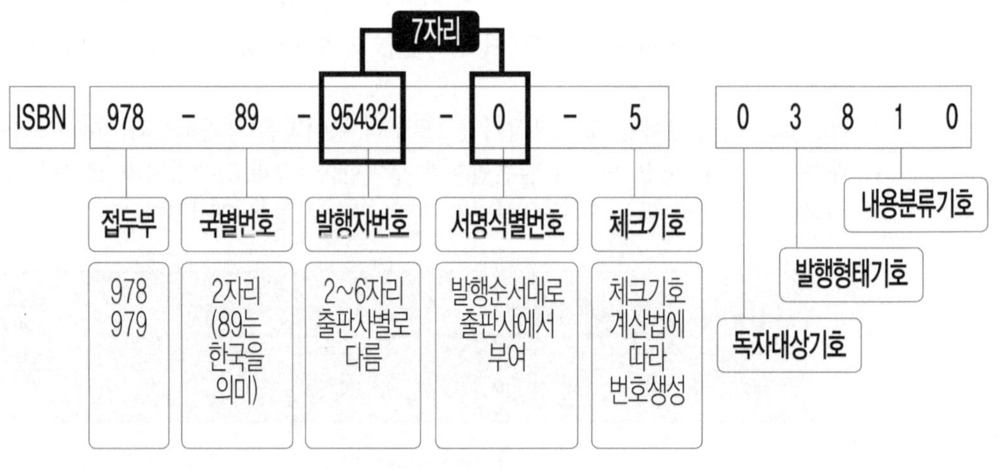

【ISBN의 구조】

(2) ISBN 부여 대상자료

① 지도(판매용)

② 마이크로 형태자료

③ 카세트에 녹음된 도서

④ 마이크로 컴퓨터 소프트웨어

⑤ 점자자료(도서 및 오디오테이프)
⑥ 복합매체 출판물(Mixed Media Publication)
⑦ 팸플릿(앞 뒤 표지를 제외한 5~48페이지 자료)
⑧ 도서(정부간행물, 교과서, 학습참고서, 만화 등을 포함)
⑨ 전자출판물(기계가독형 테이프(출력 가능한 자료에 한함), CD-ROM 등)
⑩ 교육용으로 제작된 필름, 비디오테이프, 오디오테이프, 투명도, 슬라이드를 포함한 기타 유사 매체 자료

(3) ISBN 부여 제외되는 자료

① 선전용 팸플릿, 인쇄악보, 표제지나 본문이 없는 화첩 및 아트홀더, 게임
② 일기장, 연하장이나 인사장, 달력, 광고물과 같은 수명이 짧은 자료
③ 표제지와 본문없이 인쇄된 화첩, 미술작품, 지도(비판매용), 악보 등 낱장자료,
④ 계속자료(연속간행물, 신문, 잡지 등), 개인문서(전자이력서나 개인신상자료), 교육용 이외의 목적으로 사용하기 위한 소프트웨어, 전자게시판, 전자우편과 전자서신

(4) ISBN 표시방법

① 도서유통정보화의 기반이 되는 ISBN, 즉 국제표준 도서번호를 표기할때는 OCR문자로 된 ISBN과 GS1의 바코드를 함께 쓴다.
② ISBN코드는 OCR(Optical Chracter Recognition) B문자를 표시하고, GS1과 부가기호는 바코드 형식으로 표시한다.
③ 1980년 국제상품코드관리협회(International Article Association EAN)와 국제 ISBN 관리기구가 ISBN코드와 EAN 바코드의 겸용방침을 협정하였다.

6. RFID(Radio Frequency Identification)

(1) RFID의 개념

① RFID는 자동인식(AIDC) 기술의 한 종류로서 micro-chip을 내장한 Tag에 저장된 데이터를 무선 주파수를 이용하여 비접촉 방식으로 Reading하는 기술을 말한다.
② 주파수 대역이 높을수록 인식속도가 빠르고, 환경에 민감하게 반응하며, 주파수 대역에 따라서 응용분야의 적합성이 다를 수 있다.
③ RFID(radio Frequency IDentification)는 자동인식(Automatic Identification) 기술의 하나로써 데이터 입력장치로 개발된 무선(RF ; Radio Frequency)으로 통하는 인식 기술이다.
④ 전자 TAG(반도체칩)를 사물에 부착하여, 사물이 주위 상황을 인지하고 기존 IT 시스템과 실시간으로 정보를 교환하고 처리할 수 있는 기술을 말한다.
⑤ Tag 안에 물체의 ID를 담아 놓고, Reader와 Antenna를 이용해 Tag를 부착한 동물, 사물, 사람 등을 판독, 관리, 추적할 수 있는 기술이다.

⑥ RFID 기술은 궁극적으로 여러 개의 정보를 동시에 판독하거나 수정, 갱신할 수 있는 장점을 가지고 있으며 물류, 보안 분야 등 현재 여러 분야에서 각광받고 있다.

⑦ RFID 기술은 최근창조된 기술이 아니라 2차 세계대전 당시 영국 공군이 적 전투기를 식별하는 데 사용되었으며 현재는 민간에 RFID 기술이 도입되어 진화 발전되었다.

⑧ 무선주파수를 이용해 상품과 사물에 내장된 정보를 근거리에서 읽어내는 기술로서 물류, 유통, 조달, 군사, 식품, 안전 등 다양한 산업 영역에서 경제적 파급효과를 창출할 수 있는 핵심기술로 각광받고 있다.

⑨ 1973년에 마리오 카둘로가 특허를 취득한 장비는 진정한 최초의 RFID라고 할 수 있다. 메모리를 갖추고 전파로 통신하는 RFID의 특징이 있었기 때문이다. 카둘로의 특허는 전파, 음파, 빛까지 통신에 사용하는 아이디어를 포함하고 있었다.

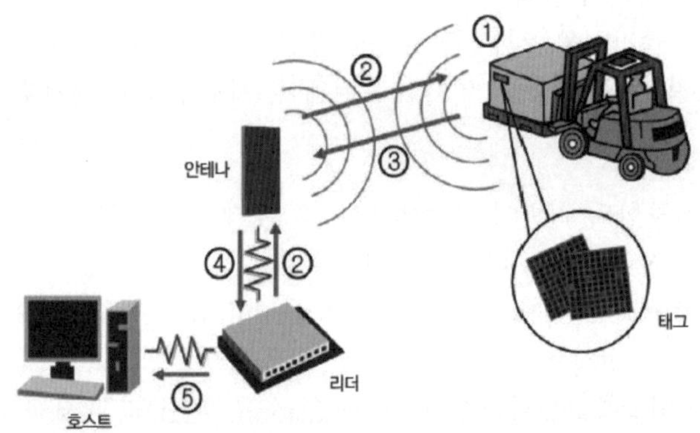

(2) RFID의 특징

① 판독기에서 나오는 무선신호를 통해 상품에 부착된 태그를 식별하여 데이터를 호스트로 전송하는 시스템이다.

② 직접 접촉을 하지 않아도 자료를 인식할 수 있으며 인식 방향에 관계없이 ID 및 정보 인식이 가능하다.

③ RFID활용에 있어서 요구되는 시스템 표준은 H/W 및 S/W에 대한 기술표준, Tag의 데이터 Syntax에 관한 활용표준, 사용 가능한 주파수 범위에 대한 규정 등으로 구성 된다.

④ 정보를 읽거나 쓰기위한 반도체칩을 내장하고 정보의 전송을 위해 안테나를 사용하는 무선주파수 시스템이다.

⑤ 국내에서는 모바일 RFID 포럼을 중심으로 온라인상의 콘텐츠나 서비스의 위치를 찾는데 필요한 정보 제공을 위한 모바일 RFID 표준을 추진하고 있다.

⑥ 미들웨어, 객체정보서버, 객체이력서버, RFID 검색서비스 등이 RFID 서비스 네트워크를 구성하고 있다.

(3) RFID의 장점

① Tag에 붙은 데이터를 받아들이는 데 인식되는 시간이 짧고 Tag는 재사용이 가능하다. Tag는 원하는 시스템이나 환경에 맞게 설계 및 제작이 가능하고 유지 보수가 간편하며, 유지비가 들지 않는다.

② RFID시스템은 Tag의 데이터 변경 및 추가가 자유롭고, 일시에 다량의 Tag 판독이 가능하며, 냉온, 습기, 먼지, 열 등의 열악한 판독환경에서도 판독률이 높은 장점이 있다.

③ 위조된 의약품을 추적할 수 있으며 또한 테러리즘과 싸울 수 있을 뿐만 아니라 RFID 기술 확산을 통해 비용을 절감하고 더욱 효율적인 비즈니스를 실현할 수 있다.

④ 직접 접촉하지 않아도 데이터를 인식할 수 있을 뿐만 아니라 한 번에 인식 가능한 데이터 처리량이 바코드에 비해 상대적으로 많다.

⑤ RFID는 단순히 객체를 자동으로 인식하는 인식수단으로서의 기술임에도 불구하고 유비쿼터스사회의 가장 선도적인 기술로 기대되고 있다.

⑥ RFID 태그(tag)는 읽기전용 태그(tag)와 한번만 입력이 가능하고 변경이 불가능한 태그(tag) 그리고 수회에 걸쳐 데이트 입력과 변경이 가능한 태그(tag)로 구분된다.

(4) RFID의 단점

① Tag 인식률이 불완전하며, Tag가격이나 인프라스트럭처 구축비용이 고가이다.

② 이동 과정을 실시간으로 추적할 수 있는 Traceability 확보의 장점이 제공되는 반면 경쟁사 제품의 재고파악과 같은 스파이 목적으로도 악용될 수 있는 단점이 있다.

③ RFID 기술을 활용한 전자 봉인(Electronic Sealing)을 이용하여 화물의 도난 및 손실 예방할 수 있는 반면 이 물품을 휴대하고 있는 사람들을 추적할 수 있게 됨으로써 개인뿐만 아니라 기업과 정부에 중대한 위협이 될 수도 있다.

(5) RFID의 물류관리

① 야적장 관리, 우편물 관리, 제품 입 · 출하 관리, 물류 접수 시 배송 정보를 저장한 Tag를 부착하면 리더기가 장착되어 있는 구역 내에 출입할 때 물품 명세서의 리스트들에는 물건들의 도착과 선적에 관한 사항들이 직접 반영된다.

② 또한 손상될 확률도 매우 적기 때문이다. 컨베이어 시스템에 리더가 장착되어 있다면 각종 품목들이 리더 근처를 지나가는 동안 자동적으로 물품 명세서에 대한 변동 상황도 즉시 수정 출력될 수 있다.

(6) RFID의 공정관리

① 공정 관리는 제조 공정 관리, 재고 관리, 제품 이력 관리 등으로 구분할 수가 있다. 제품에 대한 이력제(traceability)란 생산물추적관리를 의미하는 것이다.

② 공정별 수행 현황에 대한 정보를 쓰고, 불량에 대한 기록을 통하여 공정 라인상에서 자동으로 불량 공정(수정, 폐기)으로 전달하고 공정관리 자료를 실시간에 얻을 수 있다.

③ 최종 Maker, 작업자, 일자 Order No., Lot No. 등을 저장하여 A/S시에도 활용할 수 있다.

(7) RFID 도입 효과

① 전자동 인식 및 확인으로 집계하며 분류, 추적, 발송 등이 가능하여 오류를 줄이고 시간적 낭비를 막아줌으로써 능률과 생산성을 개선한다.
② 고객 정보의 다양성을 제공하고, 변화 상황에 맞는 대응이 신속하며, 양질의 상품 제공과 가격 경쟁력의 확보를 통한 고객 만족을 극대화시킨다.
③ 자유로운 태그 데이터 변경, 일시에 대량의 데이터 판독 가능, 열악한 환경하에서도 판독 가능하고, 운영비, 인건비, 재고품 조사, 유지 보수비 등의 비용들이 절감되어 수익성이 향상된다.

(8) RFID의 유통산업활용효과

① **재고절감** : 상품 재고수준의 실시간 파악으로 판매량에 따른 최소 재고수준 유지
② **상품손실절감** : 상품 수량 및 위치를 실시간 파악함으로써 도난 등 상품 손실 예방
③ **입출고 리드타임 절감 및 검수정확도 향상** : 입출고 상품 대량 판독과 무검수, 무검품의 실현에 따른 리드타임의 획기적 절감

(9) PML 서버

① RFID(Radio Frequency IDentification) 시스템 체계에서 제품의 구체적 정보를 저장하고 있는 서버이다.
② PML (Physical Markup Language) 서버는 Savant가 모아온 정보들, 즉 제품명을 비롯해 현재 상태, 위치 등을 PML 형태로 저장 · 보관되고 데이터를 제공하는 기능을 수행하는 시스템이다.
③ 특히 사물의 정적인 정보와 RFID 기술을 통해 인식된 이력정보를 저장, 관리하는 기능을 제공 · 가능하게 된다. 대표적인 PML 서버로 EPC IS(EPC Information Service)와 PML 서버가 있다.

(10) RFID의 구성요소

① **태그(Tag)**: 상품에 부착되며 데이터가 입력되는 IC칩과 안테나로 구성되며, 리더와 교신하여 데이터를 무선으로 리더에 전송하고, 배터리 내장 유무에 따라 능동형과 수동형으로 구분된다.
② **안테나(Antena)**: 무선주파수를 발사하며, 태그로부터 전송된 데이터를 수신하여 리더로 전달하고, 다양한 형태와 크기로 제작 가능하며 태그의 크기를 결정하는 중요한 요소다.
③ **리더(Reader)**: 주파수 발신을 제어하고, 태그로부터 수신된 데이터를 해독한다. 용도에 따라 고정형, 이동형, 휴대용으로 구분하며, 안테나 및 RF회로, 변 · 복조기, 실시간 신호처리 모듈, 프로토콜 프로세서 등으로 구성되어있다.
④ **호스트(Host)**: 한 개 또는 다수의 태그로부터 읽어 들인 데이터를 처리하며, 분산되어 있는 다수의 리더 시스템을 관리한다. 리더로부터 발생하는 대량의 태그 데이터를 처리하기 위해 에이전트 기반의 분산 계층구조로 되어 있다.

(11) RFID의 보안대책

① 방해 전파(Active Jamming): 리더기가 제품을 읽지 못하도록 방해신호를 보내는 물건을 소비자가 들고 다니는 방식이다.

② 차단자 태그(Blocker tag): 모든 질문 메시지에 대해 '그렇다' 라고 대답하는 태그로서, 이 태그를 차단자 태그가 만드는 비밀 구역 안에서 안전하게 보호하는 방식이다.

③ 킬 태그(Kill tag): MIT의 AutoID 센터에서 제안한 방법으로 태그의 설계시 8비트의 비밀번호를 포함하고, 태그가 비밀번호와 'kill' 명령을 받을 경우 태그가 비활성화되는 방식이다.

④ 페러데이 우리(Faraday Cage): 무선 주파수가 침투하지 못하도록 하는 방법으로 금속성의 그물이나 박막을 입히는 방법이다. 실제로 RSA 연구소는 2005년 유로화 RFID 시스템 도입에 대비하여 돈봉투에 그물을 입힌 상품을 제시했었다.

(12) RFID 네트워크 시스템

① 사물의 내용물 구성, 크기, 규격, 가격 등 물리적인 정보와 위치 정보, 상태정보 등을 쉽게 파악하여 활용하는 국제 개방형 표준 시스템이다.

② 객체네임서비스는 전자제품코드데이터를 전자제품코드 도메인 네임으로 변경하는 역할을 담당하고, 전자제품코드는 인터넷상 에서 컴퓨터를 식별하는데 사용하는 컴퓨터 고유의 주소 값을 나타내는 IP와 유사하다.

③ 태그내의 정보는 컴퓨터를 식별하고자 하는 목적이 아닌 사물을 식별하기 위한 것이다. 사물에게 고유한 식별자를 제공하는 전자제품코드의 분류는 class 0에서 5까지 여섯 종류로 구분되는데 class 0-2 까지는 읽기/쓰기 전용 여부에 따라 구분하며, class 3에서는 센서기능이 추가되고 class 4는 태그가 통신을 지원한다. 마지막으로 class 5에서는 리더 기능을 포함하는 태그 사용을 지원한다.

(13) RFID와 Barcode

① 바코드는 정보의 저장크기에 제약이 있지만, RFID는 제약이 없다.

② 바코드는 인식이 가능하지만 원거리에서는 불가능하고, RFID는 무선 신호의 세기에 따라 근거리 원거리를 자유롭게 조절하여 인식할 수 있다.

③ 바코드는 코드를 개별적으로 하나씩 읽어 정보를 수동으로 인식시키고, 동시인식이 불가능 한데, RFID는 다수의 개체를 동시에 인식하여 읽거나, 입력을 자동화할 수 있다.

7. 마킹(marking)의 유형

(1) 소스 마킹(Source marking)

① 소스 마킹의 의의

㉠ 상표의 제조과정에서 제조업자가 면적에 상표의 포장이나 용기에 바코드를 인쇄하는 것이다.

㉡ 바코드 판독을 근간으로 하고 있는 POS시스템이 설치된 점포에서 판매되고 있는 소비재 상품이 주된 대상이나 산업재까지 그 영향이 확대되고 있다.

㉢ 기업에서 자사 제품에 소스 마킹을 하면 POS 매장에 납품이 용이해지고, 정보의 수집과 재고관리의 정확도 향상을 기할 수 있다.

㉣ 유통업체는 소스 마킹을 하면 매출등록 계산이 간편하고 신속하며, 마킹하는 비용이 절감되고, 재고관리를 정확하게 할 수 있다.

㉤ 제품의 생산 및 포장단계에서 마킹하고, 가공식품, 잡화 등 일반적으로 공장에서 제조되는 제품에 붙여지며, 제조업체에서 포장지에 직접 인쇄하기 때문에 인쇄에 따른 추가비용이 거의 없다. 또한 전 세계적으로 사용이 가능하다.

㉥ 소스마킹은 생산과 포장 단계에서 이루어지며, 전세계적으로 공통 사용이 가능하다. 국가식별코드, 제조업체코드, 상품품목코드, 체크디지트로 구성되어 있다. 포장지에 인쇄하기 때문에 인쇄에 따른 추가비용이 발생하지 않는다.

② 소스 마킹의 필요성

㉠ 해외의 바이어들이 요구

㉡ 국내 유통업체들이 요구

㉢ 마킹 작업을 생략하기 위함.

㉣ 마킹 비용을 절감하기 위함.

㉤ EDI 시스템에 활용하기 위함.

㉥ POS 데이터를 활용하기 위함.

㉦ 효율성 있는 물류 시스템에 활용하기 위함.

③ 소스 마킹의 과정

㉠ 누가 (Who): 상품제조업체에서 한다.

㉡ 언제 (When): 상품을 제조과정에 한다.

㉢ 어디에(Where): 상품의 포장이나 용기에 한다.

㉣ 무엇을(What): 해당상품 번호를 나타내는 바코드 심벌을 한다.

㉤ 어떻게(How): 포장이나 용기를 인쇄할 때 동시에 바코드를 인쇄한다.

㉥ 왜 (Why): 거래처요구와 판매신장, 재고관리 등 내부관리를 위해한다.

(2) 인스토어 마킹(In store marking)

① 인스토어 마킹의 의의

㉠ 인스토어 마킹은 소매점내에서 바코드 프린터 등의 마킹기기를 이용하여 라벨에 바코드를 인쇄하여 상품에 부착하는 것을 말한다.

㉡ 판매원이 자사가 출하하는 상품의 포장이나 용기에 세계 어디에서나 정확히 식별되는 바코드 심벌을 동시에 인쇄하는 방법은 소스 마킹이다.

㉢ 인스토어 마킹은 각각의 소매 점포에서 청과, 생선, 정육 등을 포장하면서 일정한 기준에 의해 라벨러(Labeller)를 이용하여 바코드 라벨을 출력, 이 라벨을 일일이 사람이 직접 상품에 붙이는 것을 말한다.

② 인스토어 마킹의 과정

㉠ 소스 마킹된 상품의 고유 식별 번호는 전 세계 어디서나 동일 상품을 동일 번호로 식별하지만 소스 마킹이 안 된 상품은 동일 품목이라도 소매업체에 따라 각각 번호가 달라질 수 있다.

㉡ 인스토어 마킹은 기존의 작업내용을 좀 더 적합하고 편하게 수행을 하는 과정에서 개발된 마킹이 되기에 고객들 입장보다는 매장의 편리함을 더 고려한 내용이라 할 수 있다.

03 POS 시스템

1. 판매시점 정보관리 시스템(Point Of Sales ; POS)

(1) POS시스템의 개념

① POS(Point of Sale)는 판매시점 정보관리 시스템으로써, 무슨 상품이, 언제, 어디에서, 얼마나 팔렸는지를 파악할 수 있도록 상품이 판매되는 시점에 판매 정보를 수집하여 관리하는 시스템을 지칭하는 말이다.

② POS시스템은 물품을 판매한 바로 그 시점에 판매정보가 중앙 컴퓨터로 전달되어 각종 사무 처리는 물론 경영분석까지도 이루어지는 시스템으로, 전자식 금전등록기, 정찰 판독 장치, 크레디트 카드 자동 판별 장치의 3가지 기기를 컴퓨터에 연동시켜 상품 데이터를 관리한다.

③ POS시스템은 종래의 직접 손으로 입력하는 key in 방식이 아닌 광학적 방법인 바코드를 이용하여 자동판독방식의 레지스터에 의해 단품별로 수집된 판매정보와 매입, 배송 등의 활동에서 발생하는 각종 정보를 컴퓨터로 처리하여 각 부분이 유용하게 활용할 수 있는 정보로 전달한다.

④ POS시스템은 상품별 판매 정보가 컴퓨터에 보관되는데 매입시점의 정보관리, 발주시점의 정보관리, 배송시점의 정보관리와 같은 수준이 있다. 판매시점의 정보만을 관리하는 시스템은 협의의 POS시스템 개념이라 할 수 있다.

(2) POS시스템의 운용

① POS시스템이 도입되어있는 점포에 진열상품에는 바코드심벌(bar-code symbol)이나 OCR(Optical Character recognition) 표찰이 개별상품마다 부착되어 있다.

② 최종소비자가 상품을 구입하여 정산시(精算時) 레지스터는 상품에 인쇄된 바코드 또는 OCR 문자에 의하여 그 상품 정보를 자동 판독장치를 사용하여 판매하게 된다.

③ POS 터미널에 의하여 판독된 정보는 점포 내에 설치되어 있는 스토어 컨트롤러에 전송되며, 이 스토어 컨트롤러로부터 즉시 상품 가격이나 상품명 등 관련정보가 POS 터미널에 반송되어 영수증이 작성된다.

④ 소비자 크레디트 카드로 상품을 구입하면 레지스터는 소비자 카드를 자동적으로 판독하여 소비자의 신용상태를 체크하게 된다.

(3) POS시스템의 운용효과

① POS시스템에서 체크아웃은 POS 터미널에서 상품에 표시된 심볼이나 문자를 스캐너로 판독시키면 고객에게는 영수증이 즉시 발행된다.

② 점포에는 여러가지 정보와 자료가 축적되며, 재고관리와 제품 생산관리, 판매관리 등에 실시간으로 빠르게 그리고 정확하게 정보를 이용하는 정보 의사소통 방법이다.

③ POS시스템을 도입함으로써 고객은 상품을 원하는 시기에 원하는 양 만큼 구매할 수 있도록 관리체계를 계획할 수 있으며, 기업은 팔릴 수 있는 양 만큼 공급할 수 있어 매출과 이익을 극대화할 수 있도록 긍정적으로 작용한다.

④ POS시스템은 POS 단말기와 단말기에 상품 정보를 오류없이 신속하게 입력하기 위한 식별 방법인 바코드 시스템으로 구성되어 있다. 소매상 사이에서는 판매시점만의 정보를 관리할 뿐이지 POS 그 자체가 종합 정보시스템을 의미하는 것은 아니다.

⑤ 구매 · 판매 · 배송 · 재고 활동에서 발생하는 각종 정보를 컴퓨터로 보내어 각 부문이 효과적으로 이용할 수 있는 정보를 가공하여 전달하는 등 소매업체에서 발생하는 모든 정보를 종합적으로 관리하는 시스템은 광의의 POS시스템이라 할 수 있다.

⑥ POS시스템은 POS 터미널과 스토어 컨트롤러, 호스트 컴퓨터 등으로 구성되어 있으며, 상품코드 자동판독장치인 바코드리더가 부착돼 있다. 외식업, 유통업, 서비스업 등 각종 분야에서 활용되며 실시간으로 매출을 등록하고, 등록된 매출 자료의 자동 정산 및 집계를 가능하게 해준다.

[일반형]

[확장형]

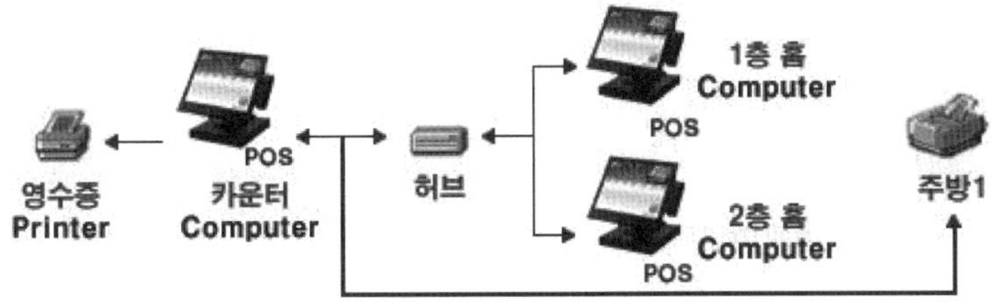

[Web형]

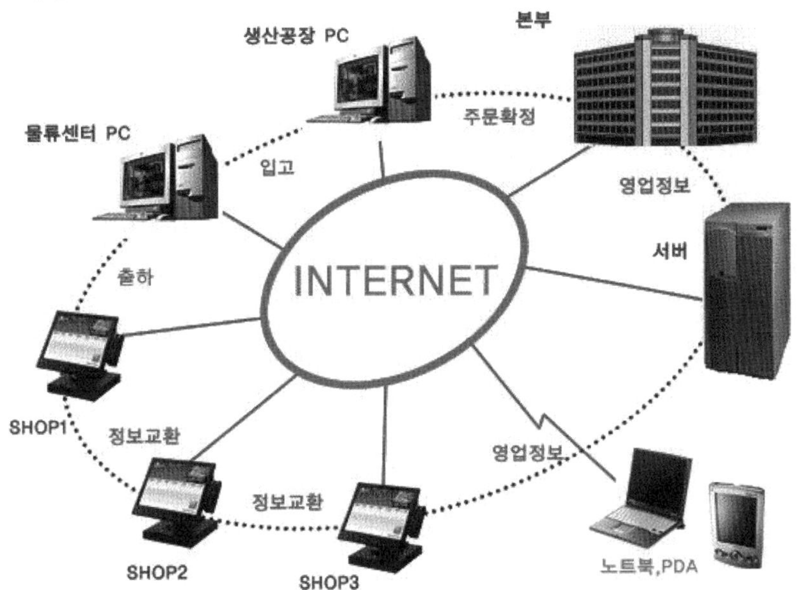

(4) POS시스템의 구성기기

① 스캐너(scanner)

㉠ 포스(POS)터미널에 접속되어 있는 스캐너는 바코드를 읽는 기능을 주로 수행한다.

㉡ 스캐너(scanner)는 상품 포장이나 라벨이 인쇄되어 있는 바코드를 읽어서 숫자로 풀이하는 기능을 수행한다.

② 포스 터미널(POS terminal)

㉠ 점포의 컴퓨터 단말기를 말한다.

㉡ 금전 등록, 영수증 발행, 신용카드의 자동 판독, 감시 테이프의 작성 등의 기능을 수행한다.

③ 스토어 컨트롤러(store controller)

㉠ 각종 경영 정보의 수집과 보고서를 발행하는 역할을 수행한다.

㉡ 점포 통제기라고도 하며, 매장 내에 설치된 여러 대의 포스 터미널을 통제하는 기능이 있다.

2. POS시스템의 기본기능

(1) POS시스템의 자동판독기능

① 상품의 포장용기에 표시되어 있는 심벌(symbol)표시를 스캐너가 광학적인 장치에 의해서 자동적으로 판독하는 방식을 말한다.

② POS시스템에서 체크아웃(check-out)은 POS 터미널에서 상품에 표시된 심벌이나 문자를 스캐너로 판독시키면 고객에게는 영수증이 즉시 발행되고, 점포에서는 여러 가지 정보와 자료가 축적되게 된다.

(2) POS시스템의 상품관리 기능

① 바코드는 동일 규격으로 대량생산되어 판매되는 가공식품 및 잡화 등에 사용하므로 상품 등에 인쇄되어 있어야 한다.

② 상품관리는 각 상점에 진열되어 있는 각 상품의 판매 및 재고 동향을 파악하는 체제로서 상품을 식별하기 위해 정보를 일정한 약속에 따라 코드화(Coding)한다.

③ 상품계획을 위한 제거상품, 신규상품, 취급확대 상품 등은 수익과 직관된 의사결정을 수행하는데 가장 중요한 Data로 활용되며 기업의 효율성을 극대화시킬 수 있다.

(3) POS시스템의 정보 입력기능

① POS정보는 일괄처리 방식(batch processing)으로 상품이 판독되어 레지스터를 통과함과 동시에 판매시점에서 입력되는 것을 말한다.

② 기존의 레지스터에서는 상품 정보가 일 · 주 · 월 단위에 의해 수작업의 사후처리 방식으로 작성되었으나 POS시스템에서는 상품 정보가 판매시점에서 즉시처리 방식(Real time processing)에 의해 작성됨과 동시에 정보가 입력된다.

(4) POS시스템의 정보 집중관리기능

① POS터미널로부터 수집된 정보, 단품별 데이터 · 고객 정보 · 가격 및 매출 정보 등은 점포 내 혹은 본부의 컴퓨터에 1차적으로 보내진다.

② 제조업체는 POS시스템으로부터 분석된 자료를 통해 생산계획수립을 효과적으로 할 수 있다. 다른 부문으로부터 보내진 정보와 함께 집중적으로 처리되고 분석되어 각종의 데이터로 가공되어 전략적 의사결정에 사용된다.

(5) POS시스템의 인력관리기능

① POS시스템은 판매가 이루어지는 시점에서 수집한 단품 수준의 판매 정보를 컴퓨터로써 가공 처리하여 상품관리나 판매관리에 활용하는 것이 일반적이다.

② 크레디트 카드나 종업원 카드 등 각종 카드의 자동 판독장치나 출퇴근 기록기(time recorder) 등을 이와 접속시킴으로써 고객관리나 종업원관리에 넓게 이용할 수 있다.

3. POS시스템의 역할

(1) 판매시점에서의 정보 입력

① POS정보는 일괄처리 방식으로 상품이 판독되어 레지스터를 통화함과 동시에 판매시점에서 입력하게 된다.

② 종래의 레지스터에서는 상품 정보가 일 · 주 · 월 단위에 의해 수작업의 사후처리 방식으로 작성되었으나 POS시스템에서는 상품 정보가 판매시점에서 즉시처리 방식에 의해 작성된다.

(2) 유통정보의 집중관리

① POS 터미널로부터 수집된 정보, 단품별 데이터 · 고객정보 · 가격 및 매출정보 등은 점포 내 혹은 본부의 컴퓨터에 보내져서 타 부문으로부터 보내어진 정보와 함께 집중적으로 처리되고 분석된 후 각종의 데이터로 가공되어 전략적 의사결정 정보로 활용된다.

② POS시스템은 판매가 이루어지는 시점에서 수집한 단품 수준의 판매 정보를 컴퓨터로 써 처리 가공하여 상품관리나 판매관리에 활용하는 것 이외에 크레디트 카드나 종업원 카드 등 각종 카드의 자동 판독장치나 출퇴근 기록기 등을 이와 접속시킴으로써 고객관리나 종업원관리에 효과적으로 이용하고 있다.

③ 전자주문시스템(EOS)의 단말기나 기타 기기에도 이와 접속할 수 있도록 개발되어 소매 정보 시스템의 구축을 가능하게 해 주고 신상품도입의 성과나 홍보 및 광고의 효과를 신속하게 파악할 수 있다.

④ 수요의 가격탄력성, 즉 가격변동에 따른 판매량의 변화와 소비자들의 가격에 대한 민감도를 신속하게 파악할 수 있게 해준다.

(3) 단품관리

① 상점에 진열되어 있는 각 상품의 판매 및 재고 동향을 파악하는 체제로서 상품을 식별화하기 위해 정보를 일정한 약속에 의해 코드화(coding)한다.

② 바코드는 동일 규격으로 대량 생산되어 판매되는 가공식품 및 잡화 등에 사용되며, OCR코드는 의류품과 같이 각 상품을 단순히 규정하여 코딩하기 어려운 상품 속성을 갖는 상품에 사용된다.

(4) 자동 판독

① 상품의 포장용기에 표시되어 있는 심볼(symbol)표시를 스캐너가 광학적인 장치에 의해서 자동적으로 판독하는 방식을 취한다.

② POS시스템에서 체크아웃은 POS터미널에서 상품에 표시된 심볼이나 문자를 스캐너로 판독시키면 고객에게는 영수증이 즉시 발행되고, 점포에는 여러 가지 정보와 자료가 축적된다.

(5) 관리 업무

① 소매업에 있어서 수집된 자료의 분석을 통해 상품구색 관리, 진열 관리 등에 이용할 수 있으며, 컴퓨터 이용의 전형적인 예는 POS시스템으로 인기상품의 결품으로 인한 손실을 방지할 수 있다.

② POS시스템의 목적은 비인기상품관리에 기초한 적절한 재고관리이다. 예를 들어 POS시스템을 적절히 이용하면 비인기상품을 줄일 수 있다.

③ POS 터미널과 연계하는 스토어 컨트롤러는 POS 데이터를 이용하여 각종 정보관리와 분석을 실시하는 PC로써 종업원 관리나 설비관리, 온도관리를 할 수 있다.

4. POS시스템 도입과 운용

(1) POS시스템도입의 과정

① POS시스템 운용업체는 첫째,금전등록기에서 출발하여 POS 단말기를 제조하게 된 회사들과 둘째,컴퓨터 제조업체로서 POS 단말기 시장에 뛰어든 회사들로 구분된다.

② 최근에 소매업의 경영이 계속 혁신적으로 발전하면서 급속한 업무 변화에 적응하기 위해서 POS시스템은 POS 워크스테이션으로 전환되고 있다.

③ POS단말기와 PC가 결합하여 매출 등록뿐 아니라 매장에서 이루어지는 발주 업무, 고객관리 업무 및 재고 관리 업무 같은 것을 현장에서 직접 처리가 가능하다.

④ PC기능이 부가된 POS 단말기는 주유소용, 슈퍼마켓용 및 레스토랑용 등이 있지만 입 · 출력 장치의 차이점을 제외하고서는 판매시점정보를 관리한다는 점에서는 똑같다.

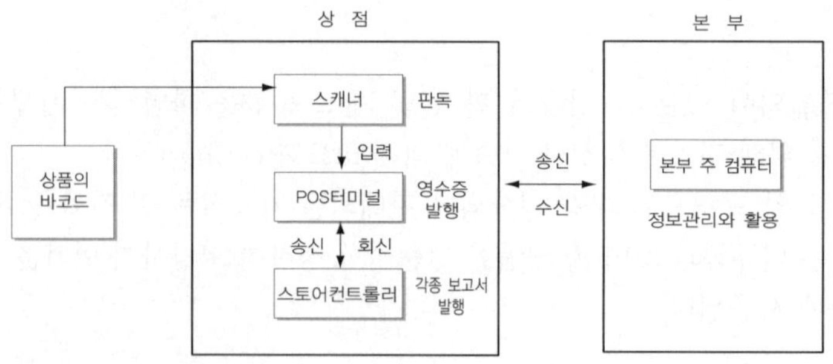

【POS시스템의 운용 과정】

(2) POS시스템의 운용 과정

① POS시스템이 도입되어 있는 점포의 상품에는 바코드 심볼이나 OCR 표찰이 개별 상품마다 부착되어 있다.

② 소비자가 상품을 구입하여 정산 시 레지스터는 상품에 인쇄된 바코드 또는 OCR 문자에 의하여 그 상품 정보를 자동 판독장치를 사용하여 판매한다.
③ POS 터미널에 의하여 판독된 정보는 점포 내에 설치되어 있는 스토어 컨트롤러에 전송되며, 이 스토어 컨트롤러로부터 즉시 상품 가격이나 상품명 등 관련 정보가 POS 터미널에 반송되어 영수증이 작성된다.
④ 소비자가 크레디트 카드로 상품을 구입하면 레지스터는 소비자 카드를 자동적으로 판독하여 소비자의 신용 상태를 체크한다.
⑤ 점포내에서 수집된 판매정보 등은 온라인 또는 자기매체 등에 의하여 본부의 호스트 컴퓨터에 보내어지면 본부, 배송 센터, 각 점포에서는 이 정보에 따라 재고관리, 배송관리, 구매관리, 발주관리 등을 수행하는 자료로 활용되며, 활용 목적에 따라 정보가 가공 분석되어 주간과 월간별로 보고서를 작성하여 경영 전략 수립을 위한 기초 자료로 사용하게 된다.

(3) POS시스템 도입에 따른 문제점

① POS시스템은 초기 투자비용이 과다로 투입되는 데다 컴퓨터를 전문적으로 취급할 수 있는 인력을 별도로 배치해야 하는 등 투자비용에 대한 부담이 크다.
② 도입이 비교적 양호한 편의점 및 체인점의 경우에도 각 본부에 가맹 형태로서 매번 계약금을 지불하는 것은 가능하지만 제한된 네트워크에만 의존할 수밖에 없다.
③ 점주는 매장 고객의 다양한 구매 취향을 데이터화하는 것은 가능하지만 즉시 매장 운영에 반영할 수 없다.

04 POS데이터의 분류 및 활용

1. POS 데이터의 유형

(1) 점포별 데이터(store data)

① 점포별로 수집된 판매 제품의 품목명, 수량, 가격, 판촉 등에 관한 자료로서 특정 점포에서 판매된 품목, 수량, 가격 그리고 판매시점의 판촉여부 등에 관한 자료를 통해 점포운영과 관련된 데이터를 획득할 수 있다.
② 전국에서 표본이 되는 점포를 선정하여 그 점포에서 판매된 품목이나 수량, 가격, 판매시점의 판촉여부 등을 월 1회 또는 2회 정도 수집하며, 이렇게 수집된 데이터는 지역별, 품목별로 구분되어 유통업체나 일용품제조업체에게 판매된다.

③ 수집된 점포데이터를 통해 어떤 지역에서 어떤 품목이 어느 정도 판매되는 지를 파악할 수 있으며 자사의 시장점유율, 타사의 가격정책 및 타사의 판촉활동 여부 등에 관한 정보를 통해 마케팅담당자의 의사결정에 도움을 줄 수 있다.

④ 점포별 자료 수집을 위해 전국의 표본 점포를 이용하여 시장 조사한 자료를 지역별, 품목별로 분류하여 유통업체나 생산자에게 공급해 주게 되면 이를 통해 타 점포에서 인기 있는 제품, 타점포의 가격 정책, 타점포의 판촉 전략 등에 대한 유용한 정보를 얻을 수 있게 된다.

(2) 고객별 데이터(panel data)

① 고객별 자료는 구매 가정별로 구매한 제품과 관련된 자료로서 패널데이터를 가장 많이 활용하는 곳은 체인점들이며 이들은 "ABC분석"이라고 불리는 기법을 가장 많이 사용한다.

② ABC분석의 목적은 기여도가 상대적으로 낮은 품목을 찾아내어 제품믹스에서 탈락시키고자하는 것이며, 이 패널데이터를 이용하여 재고관리도 하고 있음을 볼 수 있다.

③ 고객별 자료는 표본 가정을 추출하여 표본 가정의 고객이 소비자 ID카드를 가지고 구매를 하게 되면 그때마다 고객의 ID번호와 바코드의 제품 고유번호가 동시에 입력되게 된다. 결과적으로 어떤 고객이 어떤 제품을 구매하는지를 분석하게 되어 점포 경영 전략을 활용할 수 있게 해 준다.

④ 구매 내용 분석으로 한 번 구매로 어떤 형태의 상품이 구입되는가를 알 수 있다. 연관 상품 분석으로 어떤 상품을 구매할 때 다른 상품도 연관해서 구매하는가를 파악하고, 연관 상품이 같은 회사 제품인가를 알 수 있고, 패널(panel) 조사로서 POS시스템을 이용한 개인별 ID 카드에 의한 스캔 패널을 이용하거나 패널 회원(paneler)이 각각 가정에서 구입한 상품의 바코드를 팬 스캐너로 스캐닝하는 홈 스캔 패널 등이 있다.

(3) POS 데이터의 분석

① **매출 분석**: 부문별 분석, 단품별 분석, 시간대별 분석, 계산월별 분석 등
② **고객 정보 분석**: 고객 수 분석, 부문별 고객 단가 분석, 시간대별 고객 수 분석 등
③ **시계열 분석**: 전년 동기 대비 분석, 전월 대비 분석, 목표 대비 분석 등
④ **상관관계 분석**: 상품 요인 분석, 영업 요인 분석, 관리 요인 분석 등

(4) POS시스템에서 사용되는 코드

① **종업원 코드**: 종업원 관리에 이용
② **거래처 코드**: 수발주, 대금결제 등에 사용
③ **상품 품목 코드**: GS1(KAN)-13은 3,4,5,6자리, GS1(KAN)-8은 1자리로 이용

2. POS 데이터의 종류

(1) 단품 데이터

① 신제품 판매 상황 파악을 분석하여 상품 준비를 계획적으로 하는 것이다.

② 단품 매출 자료로서 인기 있는 상품과 인기 없는 상품을 파악하는 데 이용된다.

(2) 분석 데이터

① 바코드를 판독(Scanning)함으로써 얻은 정보를 가공 · 분석하는 것을 말한다. 이러한 분석을 통해 판매추세, 가격대별 판매 및 상품의 ABC 분석자료 등을 취득할 수 있다.

② 메이커에 있어서 POS시스템의 활용은 경쟁품의 대책, 가격 정책, 세일즈맨 운용, 프로모션 입안, 판매점 대책을 분석하기 위한 유용한 수단이라 할 수 있다.

③ 판매시점에 있어서 우량 브랜드 선정, 인기상품 파악 구매 · 재고적정량 파악, 판촉 입안 등의 경우에도 유용하게 활용할 수 있다.

④ 기본정보 분석만으로 파악하기 어려운 정보들인 곤돌라(gondola)별 판매 효율, 판촉종류별 판매 효율, 진열 면(face)별 판매 효율 등에 관한 정보를 분석할 수 있다.

⑤ 곤돌라(gondola)나 진열 면수의 배정, 경합점 휴일 및 영업 현황, 날씨, 온도, 습도, 고객의 가족 구성 등에 관한 정보를 상호 연관시켜 가공 · 분석하는 과정을 거친다.

(3) 실험 데이터

① 일정한 마케팅 요인을 조작하는 일에 의해 그 요인의 영향 정도를 파악할 수 있다.

② 예를 들어 진열 상태나 POS 유무와 매출의 변화 관계, 가격과 광고지의 유무와 이익률의 관계 등의 파악에 따라 효과적인 마케팅 활동을 수행하는 것이다.

(4) 스캔 데이터 서비스

① 스캔 데이터 서비스(Scan data Service)는 스캐너를 이용한 POS시스템을 도입하고 있는 소매상에서 POS시스템을 읽을 데이터를 사들인다.

② 데이터를 체크한 후에 이를 처리 · 분석하여 관련 정보를 작성하며, 도매상 혹은 체인 본부가 소매상에게 판매함으로써 효율적인 마케팅 전략을 수립할 수 있도록 하는 판매 데이터 가공 서비스의 일종이다.

③ 스캔 데이터 서비스는 중소기업 및 지방 업체들이 저렴한 비용으로 판매 정보를 용이하게 수집할 수 있어 소매상에서부터, 도매상과 제조업체에 이르기까지 업체 전체의 POS 데이터 활용을 촉진시킬 수 있다.

④ 스캔 데이터 정보이용 기회가 적은 중소기업 및 지방 기업도 저렴한 비용으로 판매 정보를 쉽게 수집할 수 있어 정보 활용이 보편화될 수 있고, 유통업계 전체의 POS 데이터 활용을 촉진하고 지역 간 정보 격차를 줄일 수 있다.

⑤ POS 데이터를 표준 양식에 의거 수집 · 가공함으로써 POS시스템의 표준화를 촉진시켜 유통정보 시스템의 운용 효율성을 높일 수 있으며, 참여 소매상에서는 타점과 비교 · 분석표를 통해 자사 점포 운영에 비교 활용할 수 있다.

3. POS 데이터의 매장관리

(1) 머천다이징 관리

① 머천다이징은 상품 구색을 적절히 갖추는 일로 유통 마케팅의 기본이며 소매상은 상권 내의 소비자의 구성 성향과 구매 습관을 평가한 후 그들이 쉽고 편리하게 구매할 수 있도록 최적의 상품 구색을 갖추는 것이 최선의 방법이다.

② POS시스템을 이용하여 고회전(高回轉) 상품과 사장(死藏) 상품을 조기에 발견하여 이들 상품이 어떤 품목으로 구성되어 있는가를 신속 · 정확하게 파악하여 조치하는 데 활용하여야 한다.

③ POS 데이터가 자사 점포의 판매 동향은 상세하게 파악할 수 있지만 그것만으로 상품 구색관리가 완전하다고 할 수 없으므로 그 지역의 상권 내에 위치한 다른 점포와 비교하여 상가 내 고객 욕구에 맞추어 머천다이징 전략을 구사해야 한다.

(2) 구매 및 재고관리

① POS시스템을 이용한 소매업의 발주 업무는 가장 기본적이고 중요한 업무라 할 수 있다. 잘 팔리는 상품의 발주를 게을리 하면 곧 품절(品切)이 발생하여 기회손실을 야기하게 되고, 반대로 발주량이 많으면 재고 보관과 회전율에 불리하게 작용한다.

② POS시스템을 이용하여 합리적이고 효율적인 구매 · 재고관리를 하기 위하여 최선의 방안은 전자주문시스템(EOS)의 이용이다. EOS는 컴퓨터나 통신회선을 이용하여 수주 · 발주 · 정보를 기업 내 또는 기업간 온라인으로 교환하는 시스템을 말한다.

③ 상표의 최적공급을 위해서는 EOS와 POS시스템을 연동시켜 매일매일 판매량에 큰 변화가 없는 상품이나 특매 등의 요인으로 판매량이 크게 변동하는 상품과 일일 배송품 · 생식품 등에 대한 적절한 구매 정책을 구사함으로써 상품의 최적 공급체제 정비, 상품 재고 적정화, 품절 방지, 발주 신속화 등에 적극적으로 활용해야만 한다.

(3) 판촉 및 진열관리

① 유통업에 있어서 판매촉진의 효과적인 측정이 가능하다면 매우 효율적으로 점포운영이 가능하다. POS 데이터는 종전의 정보와 비교해 볼 때 상세한 정보로서 예측 가능성이 있으므로 매장 내 판매촉진 제안은 다른 점포와 차별화 전략의 중요 자료라 할 수 있다.

② 유통업에서는 검증된 판매촉진 효과를 적극 활용할 필요가 있고, 이를 점포운영에 활용하기 위해서 시계열(時系列)의 POS 데이터와 그때의 판촉 상황을 대비시켜 '예측→실험→분석'과정을 반복하면서 예측 정밀도를 향상시켜 실용화에 접근해 나가도록 해야 한다.

③ POS 데이터를 통하여 어떤 고객이 구매를 할 때 무엇과 무엇을 동시에 구매하는 비율이 높은가에 대한 연관 구매 상황도 알 수 있으므로 연관 진열 · 세트 판매 · 동시 판매 등을 통해 동시 구매 촉진과 상품의 보완 관계, 진열 장소 및 거리 관계 등을 철저하게 분석하여 고객 1인당 구매액을 증진시키도록 해야 한다.

(4) 내점(來店)고객관리

① 고속 성장시대에는 매스컴이나 매스 미디어를 통해 점포와 상품 효용 등을 광범위한 대상에게 무차별 전달함에 따라 기업은 고객에 대한 데이터를 중요시할 필요가 없었으나 오늘날의 고객들은 광범위한 상품 · 서비스를 요구하고 있다.

② POS 데이터를 본격적으로 활용하기 위해서는 연령 · 직업 · 소득 · 라이프 스타일 등 소비자의 속성 정보로부터 1회당 구매 내용, 다품목 간의 동시구매 확률을 분석해야 하며 또한 시간대별 · 요일대별 · 일기별 부대정보가 구매활동을 분석하는 데 효율적으로 활용되어야 한다.

③ 고객관리는 신규고객층 발굴에 노력하는 전략 수단이라기보다는 기존고객층을 대상으로 새로운 서비스를 개발하고 제공하여 관계 증진에 힘쓰는 마케팅 전략 수단이다.

④ 고객관리의 전략적 가치를 비용과 효과 측면에서 비교 · 분석하면 광고는 저가격 · 저효과 수단으로, 인적 판매의 경우에는 고가격 · 고효율 수단인데 비해 고객관리는 저가격 고효율의 전략 수단이라고 할 수 있다.

4. POS 데이터의 효과

(1) POS 데이터의 활용

① 유통시장의 개방에 따라 치열한 경쟁 환경에서 유통업은 저성장 문제와 수익 구조의 악화로 어려움을 겪고 있다. 이를 극복하기 위해서는 무엇보다도 데이터를 분석하고 분석한 데이터에 근거한 합리적 경영을 수행해야 한다.

② POS 데이터를 분석하여 경영에 활용함으로써 얻게 되는 효과는 판매 부진 상품의 구매 중단을 통한 불량재고 삭감, 판매 사이클 기간의 단축, 효율적인 상품 진열, 보충 발주의 간소화 등으로 구분된다.

③ 단품별 판매 동향의 파악은 인기 상품, 비인기 상품, 신제품의 판매 동향 파악을 하는 것이고, 가공 분석은 판매 가격과 판매량과의 상관관계 분석, 시간대별 판매 분석을 말한다. 기타 데이터와의 교차 분석은 진열 상태, 날씨, POS와의 관계 유무, 경쟁품의 영향 유무 분석을 해야만 한다.

(2) POS도입의 소매업체 효과

① 소매업에 있어서 컴퓨터 이용의 전형적인 예는 POS시스템이며, 이 시스템의 목적은 비인기상품관리에 기초한 적절한 재고관리로 POS시스템을 적절히 이용하면 비인기상품을 줄일 수 있고, 인기상품의 결품으로 인한 손실을 방지할 수 있다.

② 소매업체에 대한 직접적인 효과로서 체크아웃(check out)의 속도가 3배 이상 빨라지고, 부문화에 따른 인건비 삭감, 오퍼레이션의 교육비 삭감, 오류 등록의 방지, 특매 가격에서 통상 가격으로 환원이 용이, 점검 · 정산처리의 생략 등이 있다.

③ 소매업체에 대한 간접적인 효과인 품절의 사전방지로 매출액 향상, 사장품의 발견과 제거, 상품구색의 적정화에 따른 매출증대, 매출순이익률의 증가, 로스의 삭감, 고객 고정화에 따른 매출증대, 직접우편에 의한 판촉비 절감, 신상품 도입에 따른 평가와 광고효과의 측정, 점포 내 촉진 활동(In-Store promotion) 효과를 측정할 수 있다.

(3) POS도입의 소매업체 적용

① POS터미널과 연계하는 스토어컨트롤러는 POS데이터를 이용하여 각종 정보관리와 분석을 실시하는 PC로써 종업원 관리나 설비관리, 온도관리 등을 할 수 있다.

② 각종 정보를 컴퓨터로 보내어 각 부문이 효과적으로 이용할 수 있는 정보를 가공하여 전달하는 등 소매업체에서 발생하는 모든 정보를 종합적으로 관리하는 시스템이다.

③ POS데이터를 통해 가공되는 정보가 제공하는 이익(merit)은 생산성 향상을 위한 단순이익(hard merit)과 상품력강화를 통한 활용이익(soft merit)으로 구분할 수 있다.

(4) 하드메리트(Hard merit)효과

① 하드메리트(hard merit)는 POS시스템 기기를 도입함에 따라 기기자체의 기능 수행만으로도 모든 기업이 향유할 수 있는 단순효과(이익), 직접효과를 들 수 있다.

② 하드메리트(hard merit)는 서비스 향상 면에서 고객의 대기 시간을 단축시킬 수 있고, 상품의 체크아웃 과정에서 신뢰도를 제고시키며 점포에 대한 신용도를 높일 수 있다.

【POS시스템 활용단계】

구 분	POS 데이터의 활용	비 고
제 5단계	· 경영정보시스템으로 활용	· 제5단계에 가까울수록 활용이익(Soft Merit)이 높다→POS 활용을 통해 얻을 수 있는 효과 · 제5단계에 가까울수록 활용이익(Soft Merit)이 높다→POS 활용을 통해 얻을 수 있는 효과
제 4단계	· 고객정보와 결합하여 활용 –고객정보활용, Area Marketing 가능	
제 3단계	· 상품징보와 관련된 다른 시스템과 결합하여 활용 –재고관리, 자동발주 등에 활용	· 제1단계에 가까울수록 단순이익(Hard Merit)만을 향유하는 상태임→POS 설치를 통해 기기자체에서 얻을 수 있는 효과
제 2단계	· POS 데이터 외에 비교적 쉽게 얻을 수 있는 데이터와 결합하여 활용 –판촉효과분석, 진열관리 등	
제 1단계	· POS로부터 수집 가능한 데이터를 활용 –판매부진품 철수, 판매우수상품 확대 –세일가격 설정 –계산원관리 등	

(5) 소프트메리트(Soft merit)효과

① 소프트메리트(soft merit)는 기기를 도입하는 것 자체로만으로는 기대할 수 없고 시스템을 도입한 기업의 활용능력에 따라 효과나 성과의 크기가 달라진다.

② POS시스템에서 출력한 자료 활용과정에서 얻게 되는 간접효과 또는 활용효과로서 POS 데이터를 활용하여 상품력(merchandising)을 강화시키는 이익이다.

③ 활용효과(soft merit)의 전제조건으로는 '정보활용 수준의 명확화', '타 정보와의 결합 활용', '데이터의 정밀도 유지' 등을 들 수 있다.

④ soft merit에는 로스관리(1차 상품 로스관리, 매가관리), 단품관리(사양상품 배제, 특매관리), 상품구색과 매대관리(상품개발, 그룹핑, 매대별 배분)등이 속한다.

(6) POS시스템의 도입 효과

① 거래처에 미치는 효과로서 반품의 감소, 인기 메뉴 관리, 매입 수량 및 납품 가격 통제, 품절과 과잉 재고 등의 조정으로 물가 안정 도모, 소비자에 대한 서비스 수준의 향상, 컴퓨터 산업 및 정보산업 발전을 가져올 수 있다.

② 소비자에게 미치는 효과로서 매장의 쾌적화로 신뢰성의 향상과 신속하고 정확한 정산, 상품 구입시간의 절약과메뉴가 명기된 영수증으로 신뢰성 높일 수 있다.

③ 제조업체의 이점으로는 신제품, 판촉 상품의 판매 경향 파악과 데이터 수집이 용이하고, 주력 상품 및 판매 부진 상품의 파악과경쟁 상품과의 판매 경향 비교 · 분석, 전략적 프로모션 수립, 생산, 원료 수급 계획 수립이 용이하다.

④ 판매 정보 분석에서는 판매 가격과 판매량과의 상관관계를 분석하고, 고객과 판매량의 상관관계 및시간대별 판매 동향 분석이 용이하다.

⑤ 운영 업무의 효율화를 보면 내부직무의 만족도 향상과 처리 생산성의 증가, 자료를 부서별 공유로 생산과 판매부문의 연계가능하며, 조직의 간소화를 통한 인적 · 물적 · 시간적 낭비 감소하고, 점포 사무작업의 간소화와 정산업무 및 매출보고서 등의 서류 작성의 불필요하다.

5. POS 도입의 장 · 단점

(1) POS시스템 도입에 따른 장점

① 매장업무처리시간이 단축되어 고객대기시간이 줄며 계산대의 수를 줄일 수 있다.

② 단품관리에 의해 잘 팔리는 상품과 잘 팔리지 않은 상품을 즉각 찾아낼 수 있다.

③ POS터미널의 도입에 의해 판매원 교육 및 훈련시간이 짧아지고 입력오류를 방지할 수 있다.

(2) POS시스템 도입에 따른 단점

① POS시스템은 초기 투자비용이 과다로 투입되는 데다 컴퓨터를 전문적으로 취급할 수 있는 인력을 별도로 배치해야 하는 등 투자비용에 대한 부담이 크다.

② POS시스템 도입이 비교적 양호한 편의점 및 체인점의 경우에도 각 본부에 가맹 형태로서 매번 계약금을 지불하는 것은 가능하지만 제한된 네트워크에만 의존할 수밖에 없다.

③ 점주는 매장 고객의 다양한 구매 취향을 데이터화하는 것은 가능하지만 즉시 매장 운영에 반영할 수 없다.

05 EDI구축 및 효과

1. EDI(Electronic Data Interchange)

(1) EDI의 의의

① EDI(Electronic Data Interchange)란 기업과 행정관청 사이에서 교환되는 행정서식을 일정한 형태를가진 전자메시지로 변환 처리하여 상호간에 합의한 통신표준에 따라 컴퓨터와 컴퓨터 간에 교환되는 전자문서 교환 시스템을 의미한다.

② EDI는 선적요청서(S/R), 주문서(P/D), 상업송장(C/I) 등 기업간 교환되는 서식이나 수출입허가서(E/L 및 I/L), 수출입 신고서(E/D 및 I/D), 수출입허장(E/P 및 I/P) 등에 사용되며, 다량 자료의 반복적 교환이나 가입된 거래상대자에게의 공식서류 전달을 위해 이용된다.

③ EDI는 국내 유통거래, 원격 교육, 원격 행정업무, 원격 의료 서비스, 홈 쇼핑 및 홈 뱅킹 등 다방면에 걸쳐 이용할 수 있는 전자통신 방식을 의미하며 통신망은 주로 VAN 통신망을 이용한다.

④ EDI는 컴퓨터로 주문서, 주문응답서, 송장, 발송통지서, 인수통지서 등의 상거래 서식을 업체 간에 표준화된 양식에 맞추어 교환하는 정보 전달 방식으로 조직간에 자료를 전자적 형태로 교환하여, 기계가 직접 읽고 처리할 수 있는 정형화된 문서를 표준화된 형태로 전자적인 통신 매체를 통해 교환하는 방식이다.

⑤ EDI의 도입으로 생산성이 증대되고 이익이 증대되며 거래비용의 감소와 각종 유통정보의 신속한 입수와 더불어 거래절차의 비용 절감 및 업무 처리시간의 단축을 통해 매출량을 크게 성장시킬 수 있다.

⑥ 전자문서교환(EDI; Electronic Data Interchange)은 물류정보시스템에서 가장 핵심적인 요소이다. 발신인은 수신인에게 데이터를 통해 표준전자문서를 전송하게 되고, 수신인은 전자문서를 접수하여 발신인의 의사를 이해하고 그에 상응하는 조치를 즉각 취하게 되므로, 종이 서류에 의하지 않고도 거래 상대방과 비즈니스를 매우 신속·정확하게 처리함은 물론, 경제적으로도 매우 큰 효과를 볼 수 있다. 거래 당사자 간의 정보전달 시간을 줄여주며, 조직 간의 정보공유 수준을 높여주었고, 현재 무역, 물류, 전자상거래 등 여러 분야에서 활용되고 있다.

(2) EDI 표준

① EDI의 데이터 표준이란 자료항목의 syntax와 semantic에 대한 규칙을 말한다.

② EDI 표준이란 사용자 간의 전자문서의 내용, 구조, 통신방법 등에 관한 표준규칙이다.

③ EDI란 통신회선을 통해 표준적인 규약을 이용하여 컴퓨터 간에 데이터를 상호교환하는 방식을 말한다.

(3) EDI의 필요성

① 서류작업을 축소하고 실시간 자료의 전송으로 일관성이 증가하고 정확히 데이터를 전송할 수 있으며, 서류 정리작업에 필요한 관리자의 수와 인건비 등을 절감할 수 있다.
② 조직내부나 조직간에 일어나는 활동을 관리하기 용이하고 불필요한 활동을 제거함으로써 업무의 효율성을 구축할 수 있다.
③ 적절한 시기에 빠른 정보를 제공받음으로써 고객에게 서비스 제공시간을 단축할 수 있고, 판매자와 고객 사이의 반품이라든가 주문시간을 줄일 수 있다는 장점이 있다.
④ 각각의 구성원들이 지속적으로 정보를 교환함으로써 장기적이고 전략적인 동반자의 관계 구축을 실현하여 품질 향상, 부가가치의 증가라는 측면에서 중요하다.

2. EDI도입의 효과

(1) 도입 효과 내용

① **직접적인 효과:** EDI 도입으로 거래시간의 단축과 업무처리에 따른 오류의 감소 및 정보처리 비용과 거래비용을 절감할 수 있다.
② **간접적인 효과:** EDI 도입은 인력 절감과 재고의 감소, 정보의 검증 및 보호 기능으로 효율성이 증대되며, 인력 및 자금관리에 효율성을 증대시킬 수 있다.
③ **전략적인 효과:** EDI 도입으로 거래 상대방과의 관계가 개선되고, 다른 경쟁 업체에 비해경쟁우위에 설 수 있으며, 전략적 정보 시스템 구축이 가능하다.

(2) 생산성 향상

① EDI 도입의 전략적 이점으로는 거래상대방과의 업무절차 개선, 경영혁신 등이 있다.
② EDI 도입으로 수신자료의 재입력을 최소화함으로써 자료입력 오류를 줄일 수 있다.
③ EDI 도입으로 모든 거래관련 자료가 컴퓨터와 컴퓨터 사이에서 전자 메시지로 신속 · 정확하게 전달될 수 있게 되었다.

(3) 이윤의 향상

① EDI 도입은 서류 없는 거래(document less trade)가 가능하게 되어 사무처리 비용, 인건비 및 재고관리 등에 소요되는 운영비를 절감시킬 수 있다.
② EDI 도입으로 인해 신속 정확한 주문과 배달 처리로 적정 재고관리가 가능하고, 고객서비스 증대와 고객의 요구에 효율적으로 대응하여 경쟁력 우위를 확보할 수 있다.
③ 거래 상대방과 정보의 공유로 협력관계 증진, 분산된 정보의 신속 · 정확한 전달 및 처리, 보관, 신속한 의사결정, 다른 정보망과의 연결로 다각적인 정보망의 구축에서 오는 간접적인 효과를 유발할 수가 있다.

(4) 업무처리비용의 절감

① EDI의 도입은 유통 거래가 활발하게 이루어지고 신속 · 정확한 유통 정보의 상호 교환이 가능함에 따라 유통 정책 수립 및 관리의 고도화와 함께 합리적인 구매 · 생산 · 판매 · 보관 · 운송 등을 통하여 거래 절차 비용과 시간이 상당히 줄어들었다.

② EDI의 도입으로 기업 내 사무자동화의 효과를 향상시킴과 동시에 정보화시대에 부응하는 유통 거래 환경의 구축을 통해 고객에 대한 서비스의 질적 수준을 높이고 경쟁력을 유지 · 강화하는 계기가 되었다.

(5) EDI 도입의 부대 효과

① 자동화 거래 시스템이 구축되면 화물 도착에 앞서 유통 정보 및 전자서류가 미리 입수되어 대외거래 시는 통관 절차를 사전에 마침으로써 화물을 즉시 반출할 수 있어 항만 운영을 원활히 할 수 있게 되었다.

② 트럭 상자, 선적 및 화물 정보가 신속하고 용이하게 파악되므로 내륙 운송의 정시성(定時性)과 효율성이 제고되어 불필요한 교통 유발을 최소화할 수 있다.

③ 지역에 관계없이 거래 업무의 처리가 가능하게 됨에 따라 업체의 지방 분산과 지역의 균형적인 발전에 기여할 수 있고, 각종 유통 정보의 신속한 입수와 더불어 거래절차의 비용 절감 및 업무 처리시간의 단축 등을 통하여 매출량을 크게 신장시킬 수 있을 것으로 보인다.

(6) EANCOM

① 각국 코드관리기관의 전자문서 표준화 작업을 국제적 차원으로 끌어올리기 위해 국제표준코드 관리기관(GS1 International)은 이를 전담할 실무작업반을 구성하였다.

② GS1총회에서 EDIFACT를 근거로 한 EANCOM이라는 국제 EDI표준을 개발할 것을 의결하였다.

③ EANCOM은 EDIFACT표준의 개발을 진적으로 지원하고 있으며, EDIFACT 전자문서 표준의 서브셋(subset)으로 EANCOM을 사용할 수 있고, 최초의 EANCOM EDI 표준 메뉴얼은 1990년 7월에 발간된 바 있다.

④ 계속해서 발간하여 지금 현재 주문서(Purchase Order), 송장(Invoice), 발송통지서(Despatch Advice) 등 총 42종에 이르고 있다.

(7) EDI와 e-Mail

① EDI와 기존의 전자우편(electronic mail)은 자료 축적과 전송이라는 점에서는 유사하지만 EDI는 표준화(정형화)된 자료 교환인 데 반해 전자우편은 비표준화(비정형화)된 자료의 교환이다.

② 전자우편이 비정형화(非定型化)된 자료를 다른 용도로 활용하기 위해서는 다시 입력을 해야 하나 EDI는 다시 입력할 필요없이 즉시 업무에 활용이 가능하다.

③ EDI는 구조화된 표준양식을 사용하며, 공식적인 거래서류를 교환하고, 다량자료의 반복적 인 교환하는 시스템으로 가입된 거래상대만 사용이 가능하다.

④ 수신자가 정보의 재입력 불필요하며, 표준메시지의 변환처리 및 독립적인 DB구축이 가능하다는 장점이 있는 반면, 정보교환이 불가능 하다는 단점이 있다.
⑤ e-mail은 단순한 구조의 일반 구문으로서 일반적으로편지, 안내문 등 비정형적이자 비표준화된 문서를 이용하며, 자유로운 형식의 문서교환이 용이하다는 장점이 있는 반면, 정보의 즉시 DB화가 불가능하다는 단점이 있다.

3. VAN(Value Added Network)

(1) VAN(Value Added Network)의 의의

① 부가가치 통신망(VAN)이란 공중 전기통신 사업자로부터 회선을 임차하거나 또는 통신 사업자가 통신회선을 직접 보유한 회선에 컴퓨터를 이용한 네트워크를 구성하여 정보를 축적, 처리, 가공, 변환하여 부가가치를 부여한 음성, 화상 등의 정보를 정보 이용자들에게 제공하기 위한 사업을 말한다.
② VAN은 데이터 통신 처리업체를 매개로 하여 자금을 교환하고, 통신회선에 정보처리 기능을 결합하여 온라인으로 네트워크화한 시스템이다. 유통VAN을 통해 경쟁업체 판매정보까지 파악할 수 있다
③ VAN은 Many-to-many Systems, Third-party networks라 불리 우며, 단순한 전송 기능상의 정보의 축적이나 가공, 변환처리 등의 부가가치를 부여한 음성 또는 데이터 정보를 제공해 주는 광범위하고 복합적인 서비스의 집합이라고 할 수 있다.
④ VAN은 통신회선에 정보처리 기능을 결합하여 온라인으로 네트워크화한 시스템이고, 데이터통신 처리업체를 이용하여 정보 전송기능, 정보 축적기능, 정보 가공기능, 정보 변환기능 등을 집합한 시스템이다.

【EDI 와 VAN의 비교】

비 교	EDI	VAN
개 념	서로 다른 기업간에 상거래를 위한 데이터(Data)를 합의한 규격에 의해 컴퓨터로 교환하는 것	회선을 직접 보유하거나 임차 또는 이용하여, 다양한 부가가치를 부여한 음성 또는 데이터(data) 정보를 제공하는 광범위하고 복잡한 서비스의 집합
기 능	합의된 규격에 의해 전자데이터 교환	전송기능, 교환기능, 통신처리기능, 정보처리기능
물류에 적용	물류기관 간의 컴퓨터에 의한 주문, 배송, 보고 등	각 물류경로의 강화, 정보전달의 효율화와 고속화, 화물추적 등 대고객 서비스 향상
상호 관계	· VAN이 활용될 수 있는 무한시장 · VAN이 이용하는 내용은 기업의 목적	· EDI를 담는 용기(容器) · EDI를 수행하는 가장 효율적인 수단

(2) VAN의 유형 · 기능 · 서비스

① VAN의 유형으로는 체인점의 연결 데이터 교환시스템, 도매업이나 제조업이 각각 고정고객선과 연결한 네트워크 시스템(직접 연결형)과 지역유통 네트워크 및 업계 유통 네트워크(공동 이용형), 기업간 수평공동형 VAN(업계형)이 있다.

② VAN의 기능 중 기본통신기능은 기본 전송로인 통신위성, 광 파이버, 통합 디지털망인 회선 교환, 버켓 교환, 고속 디지털 전용선등 이 있다.

③ VAN의 통신처리기능은 통신과정에서 컴퓨터 처리를 통해 정보를 정확히 전달하는 기능, 정보의 식별, 미디어 변환, 스피드 변환, 포맷 교환하는 기능 등이 있다.

④ VAN의 정보처리기능은 정보의 전달 과정에서 정보를 가공 및 연산하여 새로운 정보 기능을 추가 내지 변경하는 기능과 통신망을 이용할 수 있는 컴퓨터 시스템 등이다.

⑤ VAN의 서비스로는 전화, 팩스, 텔렉스, 정지 화면, 컴퓨터 통신, 화면 광관 시스템, 전자우편, 음성우편, 텔리 컨퍼런스, 데이터 축적, 교환, 상호 접속, 해외통신망과의 접속서비스 등이 있다.

4. CALS(Commerce At Light Speed)

(1) CALS의 개념

① CALS란 광속 상거래, 초고속 경영통합 정보 시스템으로 1982년 미국 국방성의 병참 지원체제로 개발된 것으로 최근에는 민간에까지 급속도로 확산되어 산업 정보화의 마지막 무기이자 제조 · 유통 · 물류산업의 인터넷이라고 평가받고 있다.

② CALS는 기업의 설계, 생산 과정과 이를 보급, 조달하는 물류 지원 과정을 연결시키고 이들 과정에서 사용되는 다양한 정보를 디지털화하여 종이없이 컴퓨터에 저장, 활용함으로써 업무를 과학화, 자동화하는 개념이다.

③ CALS란 정보 유통의 혁명을 통해 제조업체의 생산 · 유통 · 거래 등 모든 과정을 컴퓨터 망으로 연결하여 자동화 · 정보화 환경을 구축하고자 하는 첨단 컴퓨터 시스템으로서 설계 · 개발 · 구매 · 생산 · 유통 · 물류에 이르기까지 표준화된 모든 정보를 기업간 · 국가 간에 공유하도록 하는 정보화 시스템의 방법론이다.

(2) CALS의 등장

① CALS 등장 이전의 시스템의 문제점은 과다한 서류, 과다한 서류 처리비용, 데이터의 부정확과 중복, 업무 처리의 비효율과 소요시간의 과다 등을 들 수 있었다.

② CALS의 등장 배경은 소비자 사용시간의 욕구와 영향력 증대와 국가 간 · 기업간 경쟁 심화, 가치 변화 등의 조직 환경의 변화를 가져왔다.

③ 고성능 · 소형 · 경량화 컴퓨터 등장, 인공 지능 · 소프트웨어형 생산자동화와 4세대 언어 · 통합 데이터베이스, 객체 지향 시스템, 하이퍼 텍스트 · 멀티미디어, 네트워크 기술(LAN/ VAN/WAN) 등의 정보 · 통신기술의 발전을 가져왔다.

(3) CALS의 변화 단계

① 제 1단계 : 컴퓨터에 의한 병참업무 지원(Computer Aided Logistics Support)

㉠ 미 국방부가 첨단병기의 매뉴얼 비대화로 이런 문제점을 해결하기 위해 컴퓨터에 의한 병참업무 지원이었다.

㉡ 병참이나 보수라고 하는 군대에 대한 후방 보급지원활동을 전산화된 군수 지원, 즉 종합 군수 지원을 효율적으로 수행하기 위한 것이다.

② 제 2단계 : 컴퓨터에 의한 조달 및 병참업무의 지원(Computer aided Acguisition-and Logistic Support)

㉠ 후방 보급만이 아니라 군 병참업무에서 조달기능이 첨가되었다.

㉡ 요약하면 무기체제 획득과 군 및 방위산업체 간의 정보 연계인 군수지원의 전산화를 위한 것이다.

③ 제 3단계 : 지속적 조달과 라이프 사이클 지원(Continuous Acguisition And Life cycle support)

㉠ 군수지원 대신에 제품 수명주기 지원으로 확대하여 민간 기업에서 도입하여 경영 전쟁의 첨단무기로서 지속적인 조달과 라이프사이클 지원용으, 기업경영에 이용되었다.

㉡ 전 수명 주기(all life cycle) 지원을 위한 지속적인 획득과 물류 지원 등 모든 분야의 통합 정보체계 구축을 위한 것이다.

④ 제 4단계 : 광속 상거래(Commerce At Light Speed)

㉠ 각국의 국가정보통신망 초고속화 계획과 인터넷 사용의 확산과 더불어 광속(光速)과 같은 전자상거래(EC ; Electronic Commerce)와 기업 통합 및 가상기업(enterprise in- tegration & Virtual enterprise)이 가능해졌다.

㉡ 주요 통신 내용은 EDI(Electronic Data Interchange), TDI(Technical Data interchange), MDI(Manufacturing Data-Interchange) 등이다.

(4) CALS의 목적

① CALS는 동시공학, 수명주기개념을 기초로 글로벌 전략을 추진함을 목적으로 제품의 기획과 설계에서부터 개발 · 생산 · 부품의 조달 · 유지보수 · 사후관리 · 폐기에 이르기까지 상품의 라이프싸이클 전 과정에서 발생되는 각종정보를 디지털화한 통합 업무시스템이다.

② 설계, 제조, 유통 과정, 보급, 조달 등 물류 지원 과정을 비즈니스 리엔지니어링을 통해 조정하고, 동시공학(同時工學, Concurrent engineering)적 업무처리 과정으로 연계하며 다양한 정보를 디지털화하여 통합 DB에 저장하고 활용하는 것을 목적으로 한다.

③ 디지털 형식으로 상호 정보 공유 및 교환이 이루어질 수 있도록 하기 위한 자동화 전략으로 업무의 과학적 · 효율적 수행이 가능하고 신속한 정보 공유 및 종합적 품질 관리 제고가 가능하게 되었다. 전자상거래가 부상하면서 CALS가 EC에 흡수되는 경향을 보이고 있다.

(5) CALS의 기대 효과

① 비용 절감 효과

㉠ 장비에 대한 정확한 정보제공을 통하여 제품의 설계, 생산, 판매 등에서 효율적 관리가 가능하다.

㉡ 중복되는 데이터를 제거하고 데이터의 효율적 관리로 데이터 개발 및 분배비용을 감소시킬 수 있다.

② 소요 시간의 단축

㉠ 통합DB를 이용하여 각종 제품, 장비의 성능, 제원의 신속한 검색이 가능하게 되었다.

㉡ 제품을 기획하고, 설계하여 생산하는 전 과정을 기업의 관련 부서들이 정보를 공유할 수 있기 때문에 생산에 투입되는 시간의 단축이 가능하게 되었다.

③ 정보 공유와 정보 전달

㉠ 제조업뿐만 아니라 정보 통신 관련 산업 및 전력회사 등과 같은 공공분야의 기술 정보를 통한 데이터베이스 체계로 구축하였다.

㉡ 컴퓨터 통신망을 통하여 원하는 정보를 신속하게 전달하고, 분산된 정보를 서로 공유할 수 있어 정보 교환에 필요한 시간과 비용을 감소시킬 수 있다.

④ 산업정보화에 의한 국제 경쟁력 강화

㉠ 상품의 개발 및 운용 지원의 자동화와 통합화를 통하여 기존의 비효율적 업무 요소를 제거하게 됨으로써 소요시간과 비용이 줄어들게 되었다.

㉡ 품질 향상으로 인하여 국내 제조업의 경쟁력 강화와 국제 경쟁력 강화에 상당히 공헌을 한다.

⑤ 사무용지 없는 업무 환경 구축

㉠ 기존사무는 종이에 의하여 유지 되었지만, CALS는 수주, 조달, 납품 등 기업간 거래 활동과 기업 내부의 설계, 생산 등 경영 활동을 연계한 정보화이다.

㉡ 종이 중심의 업무처리 방식에서 과감히 탈피하여 연계된 업무처리 체계를 전산화, 자동화함으로써 기술 정보의 효과적인 관리와 즉각적인 지원, 일관성 있는 정보 유지 그리고 보다 많은 정보의 관리 등과 같은 효과를 기대할 수 있게 되었다.

(6) EDI/CALS/EC의 비교

① EC는 경영적인 측면에서 보는 것이며, CALS는 기술적인 측면에서 보는 것이라고 말할 수 있다.

② EC와 CALS는 발전 과정과 접근 방법은 상반되지만 결국에는 모든 상거래의 전자적 관리라는 동일한 개념에서 이해되고 있다.

③ EC와 CALS는 제품의 설계, 조달, 생산, 판매 등 비즈니스와 관련된 각종 정보를 표준화, 디지털화, 통합화하여 컴퓨터로 업무를 처리한다는 비즈니스 데이터와 기술적인 데이터를 모두 포함하는 개념을 가진다.

④ EDI는 1980년대 중반, 미 국방성의 후방 지원 및 군수 물자 조달 업무에 도입되면서 CALS를 탄생시켰으며, EC는 EDI를 근간으로 다른 정보 기술을 통합적으로 활용하고자 하는 것이다.

⑤ 글로벌 경쟁시대에서 산업 정보화와 전자상거래의 구현을 통한 국제 경쟁력 향상을 위해서는 EC와 CALS의 기반 기술인 EDI의 활용 및 확산이 먼저 선행되어야 한다.

06 인터넷(Internet)

1. 인터넷(Internet) 일반론

(1) 인터넷의 개념

① 전세계의 호스트들의 연결망으로서 TCP/IP에 의하여 연결된 인터 네트워크(Inter-network)의 합성어로 전세계의 Computer를 하나로 연결한다는 의미이다.

② 인터넷시대의 유통품질이 낮아진 이유는 고객이 고의적으로 입력하는 부정확한 데이터,유통관련 자료의 중요성에 대한 인식부족 등이 있다.

③ 네트워크(Network)란 어떤 기업체의 수많은 컴퓨터가 서로 연결되어 자료 교환이나 메일 전송 등의 목적을 바탕으로 연결되어 있는 것을 말하며, 한 대의 프린터로도 여러 대의 컴퓨터가 공유하여 사용할 수 있는 것을 말한다.

④ 현재의 인터넷은 브라우저(World Wide Web Browser)가 만들어짐으로써 그래픽 환경의 인터페이스를 가지게 되어 많은 일반인들이 활용할 수 있게 된 것이다.

⑤ 서로 다른 기종의 컴퓨터가 자료를 상호교환할 수 있다는 점에서 인터넷은 개방형이며, 하나의 Host 컴퓨터에 집중되어 있는 PC통신망과 달리 전세계의 여러 컴퓨터가 상호 연결되어 있다는 점에서 분산형 통신망이다.

(2) 인터넷의 구조

① LAN(Local Area Network): 근거리 통신망으로 300m 이하의 통신회선으로 연결된 PC, 메인프레임, 워크스테이션들의 집합을 의미한다.

② MAN(Metropolitan Area Network): 대도시 통신망은 도시 내에 여러 개의 LAN으로 구성된다.

③ WAN(Wide Area Network): 광역통신망으로 지리적으로 흩어져 있는 통신망을 의미하는 것으로서 LAN 보다 넓은 지역을 커버하는 통신 구조를 의미한다.

④ PSTN(Public Swiched telephone Network): 공중전화망이라고 한다.

⑤ ISDN(Integrated Swiched Digital Network): 종합정보통신망은 현재의 공중전화망에 「end to end 디지털」접속 능력을 추가함으로써 발전된 통신망으로 전화, 팩스, 데이터 통신, 비디오텍스 등의 서비스를 통합하여 제공하며 광케이블을 사용한다.

유통 정보

⑥ B-ISDN(Broadband Integrated Services Digital Networks): 광대역 종합정보통신망은 광범위 서비스를 제공하는 디지털 공중통신망으로 음성, 저속 데이터 통신, 고속 데이터 통신, 정지화상 및 고해상도의 동화상에 이르기까지 다양한 서비스를 제공하는 고속 통신망을 말한다.

⑦ ADSL(Asymmetric Digital Service Line): 비대칭 디지털 가입자 회선은 하나의 전화선에 음성 정보와 데이터 통신을 함께 전송하는 통신망이다.

⑧ VDSL(Very high data rate Digital Subscriber Line): 초고속 디지털 가입자 회선-일반 가정의 전화선을 이용해 양 방향으로 빠른 속도의 전송이 가능하고 많은 양의 데이터를 초고속으로 전송할 수 있어 '광섬유의 가정화(FTTH ; Fiber to the Home)'를 위한 최종단계로 평가되는 기술이다.

⑨ VPN(Virtual Private Network): 가상사설망은 인터넷과 같은 공중망(Public network)을 사용하여 사설망(Private network)을 구축하게 해주는 기술 혹은 통신망을 통칭한다.

⑩ PAN(Personal Area Network): 개인 영역 통신망은 노트북 컴퓨터와 PDA 및 휴대용 프린터를 일종의 무선기술을 이용하여 서로 간에 플로그 연결 없이도 이 장치들을 서로 연결시킬 수 있게 되는 것이다. PAN은 일반적으로 인터넷이나 기타 다른 네트워크에도 회선없이 연결시킬 수 있다.

(3) 미들웨어(Middle Ware)

① 좁은 범위로는 한 기업에 설치된 다양한 하드웨어, 네트워크 프로토콜, 응용 프로그램, 근거리통신망 환경, PC 환경 및 운영체제의 차이를 메워주는 소프트웨어를 말한다. 즉, 복잡한 이기종(異機種) 환경에서 응용 프로그램과 운영환경 간에 원만한 통신을 이룰 수 있게 해주는 소프트웨어이다.

② 인터넷의 보급과 중앙에 집중된 메인프레임(mainframe) 컴퓨팅 파워를 업무의 특성에 따라 다중의 호스트(host)로 분리하고자 하는 다운사이징(downsizing) 기법, 기존에 구축된 독립적인 이기종의 시스템들을 하나의 네트워크로 연결하고자 하는 SI(system integration:시스템통합) 기법이 등장하면서 기존의 집중식 컴퓨팅(centralized computing)은 급격히 분산 컴퓨팅(distributed computing)으로 변하였다.

③ 분산 컴퓨팅은 초고속정보통신망 등 통신망의 구축이 확산됨에 따라 그 중요성이 부각되고 있지만, 이를 실현하기 위해서는 서로 다른 운영체제와 서버 프로그램과의 호환성뿐만 아니라 이종(異種)의 통신 프로토콜을 사용하는 네트워크 간의 접속, 네트워크 자원에 대한 접근, 그리고 시스템을 연결해 단일한 사용자 환경으로 만들어 주는 것이 필수적이다.

④ 분산 컴퓨팅 환경을 구현하는데 발생하는 여러 문제점들을 해결하기 위해 등장한 소프트웨어가 미들웨어(middleware)이다. TCP/IP, 데이터베이스 액세스 미들

웨어, DCOM(Distributed Component Object Model:분산컴포넌트객체기술), CORBA(Common Object Request Broker Architecture:코바) 등의 분산기술이 이에 해당한다.

(4) 인터넷 서비스

① **E-mail(전자우편)**: 컴퓨터 통신망을 이용하여 통신에 의한 인터넷 사용자들의 편지나 여러 정보를 주고 받는 전자우편 서비스이다.

② **Telnet(원격 접속 서비스)**: 자신이 사용 권한을 가지고 있다는 전제하에 다른 사람의 호스트 컴퓨터를 원격지에서 접속하여 그 컴퓨터 자원을 사용하는 서비스이다.

③ **FTP(File Transfer Protocol ; 파일 전송 서비스)**: 인터넷을 통하여 한 컴퓨터에서 다른 컴퓨터로 파일을 송수신할 수 있도록 지원하는 방법과 그 프로그램을 말한다.

④ **USENET(유즈넷)**: 전자게시판의 일종으로 특정한 주제나 관심사에 대해 의견을 게시하거나 관련 분야에 대한 그림, 동영상 등의 자료를 등록할 수 있는 전 세계적인 토론 시스템의 일종으로 사용자 네트워크이며 News Group을 말한다.

⑤ **Archie(파일 검색 서비스)**: 아키는 FTP 서버로부터 디렉토리 정보를 수집하여 데이터베이스를 만들고 수시로 갱신해 놓으면, 사용자가 얻고 싶은 파일 이름을 쉽게 검색하는 것을 가능하게 한다.

⑥ **IRC(Internet Relay Chat)**: 인터넷상에서 여러 사람과 실시간으로 대화와 토론을 하는 서비스이다. 인터넷 릴레이 채트라고 한다.

⑦ **Gopher(메뉴 방식의 인터넷 검색 서비스)**: 인터넷상에 산재한 각종 정보를 간편하게 검색 또는 취득하는 데 도움을 주는 서비스이다.

⑧ **WWW(World Wide Web ; GUI 환경의 정보 검색 서비스)**: 세계규모의 거미집 또는 거미집 모양의 방이라는 뜻으로 웹문자, 그림, 영상, 이미지, 사운드 등의 멀티미디어 환경 자료를 보여주는 서비스로서 웹 브라우저라는 프로그램이 필수적으로 있어야 한다.

⑨ **WAIS(Wide Area Information Server ; 키워드 검색 서비스)**: 인터넷 서비스의 하나로 핵심어를 사용해서 인터넷에 산재한 복수의 데이터베이스로부터 데이터를 검색하는 시스템이다.

⑩ **DNS(Domain Name System ; IP Address를 도메인화 시켜주는 서비스 및 시스템)**: IP Address를 도메인으로 변환시키거나 도메인을 IP Address로 변환시키는 시스템을 말한다.

⑪ **IP Address(인터넷 고유숫자 주소 체계)**: IP Adress는 시스템자체를 지칭하는 주소 체계로서 TCP/IP 기반의 IP(Internet Protocol) 주소체계를 따른다는 것을 말한다.

⑫ **Bps(bit per second ; 데이터 전송률)**: 1초당 전달되는 데이터의 비트 수를 말한다.

⑬ **Bandwidth(대역폭)**: 어느 한 전송매체의 단일회선을 통해 전송할 수 있는 최대 주파수와 최소주파수 간의 차이로서 대역폭이 클수록 단위시간당 전송 가능한 데이터의 양, 즉 전송용량이 커진다.

(5) 인터넷의 특징

① 개방성

㉠ 개방된 네트워크의 운영으로 자유로운 정보 교환과 풍부한 Data 및 이용자가 확대되었다.

㉡ 개방된 기술표준의 채택으로 사이버 공간상에서의 다양한 신기술의 실험과 완성 인터넷 서비스가 증가되었다.

㉢ 인터넷 개방성으로 인해 인터넷 사용자들의 급속한 증가와 새로운 시장으로서의 Cyber Market이 출현하였다.

② 경제성

㉠ 인터넷을 통한 각종 정보를 무료로 제공하고, 전자우편, 인터넷 폰, 인터넷 팩스 등의 인터넷 부가서비스를 이용한 통신 비용이 대폭 절감되었다.

㉡ 기업에서 상품판촉이나 정보제공의 매체로 인쇄물이나 우편물을 이용하는 대신 전자우편, 홈페이지를 활용함으로써 광고 · 홍보 · 판촉비용이 대폭 절감되었다.

③ 쌍방향성

㉠ 인터넷은 TV나 Video 같은 일방향 서비스와 달리 상호대화식 쌍방향 서비스로 이용자의 의사에 따른 정보를 검색 · 이용할 수 있다.

㉡ 쌍방향성으로 주문형 비디오(VOD ; Video On Demand)나 주문형 오디오(AOD ; Audio On Demand) 등의 이용자 위주의 주문형 서비스가 가능하다.

④ 직접성

㉠ 특정되지 않은 다수에게 정보의 방신(放信)과 수신(受信)이 가능하고, 허가받지 않은 개인도 알지 못하는 상대방에게 직접 정보를 발송할 수 있다.

㉡ 인터넷에서 영업을 하려는 기업들의 불특정 다수에 대한 쇼핑정보의 제공이 용이하고, 소비자들에 대한 직접적인 홍보가 가능하다.

⑤ 국제성

㉠ 전 세계의 네트워크를 실시간으로 연결하여 국가 간의 경제 및 지리적 제약이 해소되었다.

㉡ 전 세계의 무한대 고객을 상대로 영업하는 글로벌 마켓이 형성되었다.

(6) 인트라넷(Intranet)

① 인트라넷의 의의

㉠ 인트라넷은 기업이 자사의 정보보안을 목적으로 원활한 업무 환경을 구성하고자 만들어진 네트워크로 일정한 정보는 자신들끼리만 공유하고, 외부와 정보공유를 배타적인 성격으로 인터넷 기술을 이용해서 구축한 폐쇄망이다.

㉡ 인트라넷(Intranet)은 기업 내에 속해 있는 사설네트워크로서, 서로 연결되어 있는 여러 개의 근거리 통신망으로 구성될 수 있고, 광역통신망 내에서는 전용회선이 사용되기도 한다.

㉢ 인터넷의 기술을 응용한 기업 내 전용 컴퓨터 네트워크로서 기업의 각종 정보를 표준화하여 서버를 통해서 공유하며 인터넷의 표준 통신규약인 TCP/IP를 기반으로 이루어졌다.

㉣ 기존에는 기업체 간의 정보공유나 각 기업체의 전자메일, 전자결제 시스템과 같은 업무처리에 필요한 사항은 별도의 시스템을 이용하였다. 동일한 회사내의 관련 부서간의 납품 정보를 공유하기 위해 인터넷 기술을 이용해서 구축한 폐쇄망이다.

② 인트라넷의 장점

㉠ 인트라넷은 방화벽(Firewall)을 설치하여 보안에 역점을 두었으며 외부의 Data 전송이나 접속은 일정한 보안과정을 거친 후 활용할 수 있도록 했으며, 일반적으로 외부의 데이터는 통제한다.

㉡ 조직 내의 업무처리를 위한 그룹 웨어 구축을 하기 위해서는 비교적 저렴한 비용으로 가능하며, 일반적인 TCP/IP의 LAN 환경이면 된다.

㉢ 내부의 하드웨어나 운영체계에 관계없이 표준화된 소프트웨어 개발 환경을 제공하고 조직의 표준화와 서류의 표준화를 가능하게 한다.

㉣ 하이퍼 링크를 활용한 문서나 그림, 음성을 첨가한 멀티미디어 문서들의 제작이 가능하게 되었다.

㉤ 고객 지원을 위해 만들어진 웹 페이지를 통해 마케팅에 필요한 정보를 얻을 수 있으며 고객들로부터 얻은 외부 데이터와 조직 업무에 필요한 내부 데이터를 이용하여 마케팅이나 의사결정에 필요한 정보를 가공해낼 수 있다.

㉥ 인트라넷은 외부에서는 내부로 들어올 수 없지만, 내부에서는 외부 인터넷 망으로 나갈 수 있도록 구축된 인터넷 망이다.

(7) 엑스트라넷(Extranet)

① 엑스트라넷의 개념

㉠ 엑스트라넷(Extranet)은 비즈니스 정보나 운영을 제조업체, 공급업체, 협력업체, 고객 또는 다른 비즈니스 업체들과 안전하게 공유하기 위해 IP와 공중전화망을 사용하는 사설망이다.

㉡ 엑스트라넷의 형식은 인터넷과 인트라넷의 복합형태를 가지고 있으며, 하나의 기업이 활용하는 데이터가 아닌 계열사 또는 업무관련 기업 등과 연계된 네트워크 시스템을 말한다.

㉢ 엑스트라넷은 관련기업들 간의 보안문제를 걱정하지 않고 전용망처럼 활용할 수 있는 인터넷을 말한다. 기업 상호 간의 네트워크로서 인터넷과 같이 제한성이 없는 것이 아닌 일정한 관련기업들 간의 네트워크이다.

㉣ WWW(월드 와이드 웹)와 같이 인터넷 기술을 이용하여 기업체 내의 각 부문 간에 정보를 공유하기 위해 구축된 시스템이 인트라넷(intrenet)이다.

② 엑스트라넷의 특징

㉠ 엑스트라넷은 구조적으로는 인트라넷과 동일하지만 타 기업의 접속이 허용되기 때문에 반드시 적절한 보안(security)기술이 함께 해야 한다.

㉡ 납품업체나 협력업체 등 자기 회사와 관련있는 기업체들과 원활한 통일을 위해 인트라넷의 이용 범위를 그들과 관련된 기업체들 사이로 확대한 것으로 볼 수 있다.

(8) WiBro(Wireless Broadband Internet)

① WiBro의 개념

㉠ WiBro란 인터넷서비스가 무선랜(Wi-Fi)과같이 무선환경에서 제공되는 것으로 'Wireless(Wireless LAN, Wireless Fidelity)와 Broadband(High-speed Broadband Internet)의 합성어인 Wireless Broadband Internet의 줄임말이다.

㉡ WiBro는 그 이름이 뜻하는 대로 언제 어디서나 이동 중에도 다양한 단말기를 이용해서 높은 전송속도로 무선 인터넷 접속이 가능토록 하는 서비스이다.

② WiBro의 특징

㉠ 인터넷 접속 서비스는 크게 유선 초고속인터넷, 이동전화 무선인터넷, 무선랜 초고속인터넷으로 구분된다. 그런데 유선 초고속인터넷은 접속 장소의 고정성이, 이동전화 무선인터넷은 늦은 속도와 비싼 사용요금과 단말기의 한계가, 무선랜 초고속인터넷은 이용할 수 있는 공간의 제약이 각각 단점이었다.

㉡ 휴대인터넷 서비스는 WiBro(Wireless Broadband Internet)라고 부르며, 이동통신망의 높은 요금과 초고속 인터넷의 이동성을 보완하여 이동 중에도 끊김 없는 초고속 인터넷 서비스 제공을 목표로 하고 있다.

㉢ 언제 어디서나 높은 속도로 저렴하게 무선인터넷에 접속할 수 있는 서비스를 제공하며 시속 60km 이상의 이동성과, 약 3km 이내의 셀 반경을 가지고 있으며, 가입자당 전송속도는 1Mbps 이상이다.

2. 인터넷(Internet) 촉진믹스

(1) 인터넷 촉진전략

① 인터넷 촉진의 중요성

㉠ 현재, 인터넷 이용 증가속도를 보면 어떤 통신수단도 따라올 수 없을 정도로 아주 빠르게 그리고 어디가 끝인지도 모르게 진행되고 있다.

㉡ 인터넷 거래가 활성화되면 될수록 경쟁이 심화될 것이며, 인터넷을 통한 촉진활동도 더욱 중요하게 될 것은 자명하다.

㉢ 인터넷이라는 가상공간상의 의사소통은 단방향(one-way)이 아니라 쌍방향(two-way)이라는 측면에서 판촉활동을 하기에 아주 적합하다. 따라서 인터넷이 활성화되면서 촉진형태도 단방향에서 쌍방향으로 바뀌었다.

㉣ 규모면에서도 오프라인에서 이루어지는 캠페인에 비해 보다 광범위하고 체계적으로 이루어질 수 있게 되었다.

㉤ 인터넷을 이용한 촉진활동은 매우 효과적이며 결과도 빠르고 정확하게 알 수 있으므로 인터넷은 촉진활동의 지속적인 발전과 향상에 크게 기여하고 있다고 볼 수 있다.

② 인터넷 촉진방법

㉠ 인터넷상에서 볼 수 있는 판매촉진의 대부분은 상품을 좀 더 원활하게 판매하기 위한 단기적인 자극이다.

㉡ 대표적인 인터넷 판매촉진으로는 상호작용성을 이용한 캠페인이나 경품행사를 통한 고객유치 및 아이디어 창출을 들 수 있다.

(2) 인터넷 판촉활동

① 인터넷 쿠폰

㉠ 쿠폰이란 한 장씩 떼어서 쓸 수 있게 만든 회수권, 경품권, 상품구입권 등을 말한다. 정해진 기간 동안 상품을 구입할 경우, 구매가격에서 쿠폰에 표시된 금액만큼 할인해 준다.

㉡ 쿠폰은 오프라인상에서 사용되었으나, 인터넷의 발달로 인해 온라인상에서 보다 더 급속하게 파급되고 있다. 광고저널 서울이라는 사이트에서는 각종 음식점, 노래방, 미용실, 한식당 등의 할인쿠폰을 제공한다.

㉢ 인터넷상에서 할인쿠폰을 인쇄하여 오려가게 되면 오프라인에서와 마찬가지로 쿠폰에 명시되어 있는 내용 그대로 각종 서비스를 제공받을 수 있다. 또한 최근에 개발된 검색엔진은 쿠폰을 주제별로 나눠 제공하고 국내 쿠폰 사이트는 물론 해외 사이트까지 검색하여 정보를 제공하고 있다.

② 이메일

㉠ 네티즌들은 자신의 원하는 정보를 얻기 위해 특정 사이트에 가입한다. 일반적으로 회원가입할 때 자신의 관심분야에 대한 정보를 제공하게 된다.

㉡ 기업은 데이터베이스에 축적된 고객의 정보를 이용하여 자사가 취급하는 상품을 구입하고 서비스를 사용하도록 권유하는 이메일(e-mail)을 보낸다.

㉢ 이러한 이메일은 고객들에게 상품과 서비스를 권유하는 대표적인 판촉방법으로 쓰이고 있다.

㉣ 한 네티즌이 컴퓨터 소프트웨어를 얻기 위해 마이폴더(myfolder.net)에 회원으로 가입할 경우 회원으로 가입하는 과정에서 자신이 관심을 가지고 있는 상품에 대한 정보를 마이폴더에 제공한다.

㉤ 마이폴더는 제공된 정보를 분석하여 컴퓨터, 목걸이, 운동화, 신발, 손목시계 등 개별회원의 취향에 맞춰 선정한 다양한 상품정보를 회원들에게 이메일로 보내줌으로써 판매를 촉진시킨다.

③ 경품행사와 이벤트

㉠ 인터넷 판매촉진의 또 다른 유형은 인터넷상의 경품행사와 이벤트이다. 경품행사와 이벤트를 통하여 자사의 웹사이트를 자주 방문할 수 있도록 유도하고, 자사상품과 서비스를 널리 알린다.

㉡ 고객의 관심을 집중시킬 수 있는 효과적인 경품과 이벤트행사에 대한 독창적인 아이디어가 필요하다.

㉢ 경품이나 이벤트행사는 다른 웹사이트와 네트워크를 형성하여 서로 같이 실행하는 것이 효과적이다. 따라서 서로 도와줄 수 있는 기업들 간의 전략적 제휴는 판촉을 비롯한 인터넷 마케팅에 있어서 매우 중요하고 필수적인 요소이다.

(3) 인터넷광고

① 인터넷광고의 개념

㉠ 인터넷 광고는 오프라인의 경우와 마찬가지로 보는 사람의 마음에 상품이미지를 창출하는 것과 인터넷상에서는 오프라인과는 달리 보다 직접적인 반응을 얻고자 하는 것을 우선적인 목표로 삼고 있다.

㉡ 인터넷상에서의 광고는 단순히 기업이나 상품의 이미지 전달만을 목표로 하는 것이 아니라 고객으로부터 정보를 얻고, 더 나아가 구매로 이어질 수 있도록 유도하는 것을 목표로 한다.

② 쌍방향 커뮤니케이션

㉠ 고객과의 쌍방향 커뮤니케이션이 가능하다. 광고주는 사용자의 반응을 신속하게 인지할 수 있고, 잠재고객과 다양한 접촉을 할 수 있다. 특히, 조회건수나 이용시간 등을 체크하여 고객의 반응에 즉각적으로 대처할 수 있다.

㉡ 소비자는 게시판, 전자우편 등을 통해 자신의 의견을 제시할 수 있고, 회원등록이나 상품주문 등을 실시간으로 할 수 있으며, 광고주는 고객 개개인의 필요와 욕구를 쉽게 파악할 수 있다.

㉢ 인터넷 광고는 인터넷의 쌍방향성으로 인해 Pull형태와 Push형태의 광고가 모두 가능하다. 즉, 소비자가 원하는 상품과 기호를 인터넷을 통해 기업에 알리고(Pull형태) 관련기업은 관련된 상품에 대한 정보를 알려주는(Push형태) 쌍방향 커뮤니케이션이 가능하다.

③ 인터넷광고의 특징

㉠ 타깃광고가 가능하다. 인터넷 광고는 상품을 필요로 하는 사람에게만 직접적으로 할 수 있고, 특정 이슈에 대한 홍보메시지를 선별하여 보낼 수 있다.

㉡ 글로벌광고가 가능하다. 인터넷 광고는 네트워크상에 광고를 올려놓기만 해도 전 세계 소비자에게 접근할 수 있다.

㉢ 무제한적 정보제공이 가능하다. 인터넷 광고는 시간과 공간의 제한을 받지 않으므로 광고내용을 무제한적으로 할 수 있다.

㉣ 광고비용이 저렴하다. 인터넷광고는 TV나 신문광고에 비해 광고비가 비교할 수 없을 정도로 저렴하다.

㉤ 24시간 지속적 광고가 가능하다. 인터넷광고는 하루종일 광고를 할 수 있다.

㉥ 멀티미디어광고가 가능하다. 인터넷광고는 인터넷의 특성상 텍스트 이외에도 그래픽, 사운드, 동영상 등의 멀티미디어를 이용한 독창적인 광고가 가능하다.

㉦ 인터넷광고는 구매가 가능하다. 웹사이트에서는 상품제공뿐만 아니라 구매신청까지도 할 수 있어 광고가 구매로까지 연결될 수 있다.

㉧ 광고내용의 수정이 용이하다. 인터넷광고는 소비자의 반응에 따라 광고내용의 수정이 신속하게 이루어질 수 있다.

㉨ 인터넷광고는 광고전달 및 광고효과 측정이 용의하다. 광고를 열람한 다양한 정보가 기록 및 저장되므로 별도의 조사비용을 들이지 않아도 광고노출빈도 및 광고도달률 등을 용이하게 측정할 수 있다.

㉩ 인터넷광고의 효과측정은 웹사이트 방문자 수, 등록 사용자의 수, 반복 방문자의 수, 방문자가 웹사이트에 머무르는 시간 등으로 다양하게 측정된다.

(4) 인터넷광고의 종류

① 배너광고(banner advertising)

㉠ 인터넷광고 중에서 우리가 가장 많이 접하는 것은 배너(banner)광고이다. 배너광고란 소비자들을 대상으로 하는 웹사이트 화면에 나타나는 직사각형 모양의 작은 그래픽 상자로서 웹상에 걸어놓은 플래카드라 생각하면 이해가 쉽다.

㉡ 배너광고는 웹페이지의 맨 위나 맨 아래에 위치하여 정적인 메시지를 전달하는 것이 일반적이나 최근에는 새로운 기술의 발달로 동영상과 애니메이션을 포함하고 고객과의 직접적인 커뮤니케이션도 가능한 형태로 다양화하고 있다.

② 삽입광고(intertitials)

㉠ 인터넷의 웹사이트광고는 정보기술의 발달에 따라 다양한 형태로 발전하고 있다.

㉡ 웹서핑을 할 때 순간적으로 나타나는 삽입광고방식이 많이 사용되고 있다.

③ 스폰서십(sponsorship)

㉠ 다른 기관의 이벤트나 학술세미나 등의 웹 매체를 협찬하는 형식을 취하면서 광고메시지에 삽입하는 조건으로 하는 인터넷 광고이다.

㉡ 전통적인 의미의 스폰서와, 광고주와 광고 사이트를 연결하여 주는 중개자 역할로서의 스폰서가 있다.

④ 버튼(button)형 광고

㉠ 웹페이지 하단에 등장하는 주로 기업명 또는 브랜드만 실린 작고 네모난 광고이다. 웹사용자가 버튼에 클릭만 하면 해당 기업의 웹사이트로 들어갈 수 있다.

㉡ 한 예로 웹페이지에 있는 넷스케이프사 버튼을 클릭하면 사용자는 즉각 넷스케이프 웹사이트로 들어가 네비게이터 브라우저 소프트웨어를 다운로드 받을 수 있다.

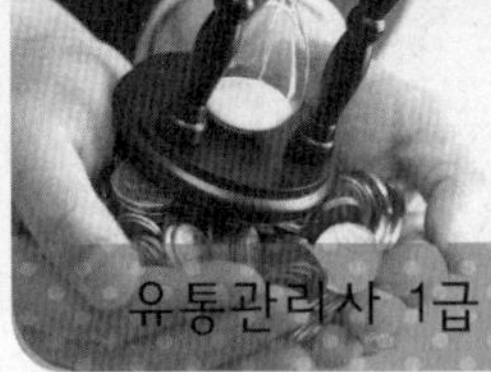

(5) 배너광고(banner advertising)의 종류

① 배너광고(banner advertising)의 개념

㉠ 정적광고는 광고메시지나 그림이 변화되지 않고 동일한 형태로 표현되는 광고물을 일컫는다.

㉡ 정적인 배너광고는 고객의 주의를 끌지 못하기에 최근에는 리치미디어형 광고, 애니메이션형 배너광고와 인터렉티비티형 배너광고가 나오고 있다.

② 배너광고(banner advertising)의 종류

㉠ 애니메이션형 배너광고는 광고카피나 그림과 같은 광고구성요소들이 변화되면서 보여 지는 광고물을 말한다.

㉡ 인터렉티비티형 배너광고(혹은 상호작용형 배너광고)는 웹사용자들이 배너광고를 클릭해서 광고주의 웹사이트로 이동할 필요없이 그 배너광고 안에서 소비자에게 제공되는 광고의 형태이다.

㉢ 리치미디어형배너광고는 단순한 텍스트, 그래픽, 애니메이션을 넘어서 사운드, 멀티미디어, 상호작용성을 지원하는 인터넷광고 방식을 일컫는다.

㉣ 버튼형광고도 일종의 배너광고라고 볼 수 있다. 배너광고보다는 사이즈가 작아 배너광고와는 달리 웹페이지 어느 곳에나 위치할 수 있다.

(6) 지능형 에이전트(intelligent agent : IA)

① IA의 정의

㉠ 지능형 에이전트는 상황에 따라 소프트웨어 에이전트, 소프트봇(softbots), 노우봇(knowbots), 위자드(wizard) 등 다양한 용어로도 지칭되는 기술이다.

㉡ '복잡하고 역동적인 환경 속에서 자율적으로 감지하고 행동하면서 설계된 목표나 임무를 수행하는 컴퓨터 프로그램(Maes, 1994)'으로 간단히 정의될 수 있다.

㉢ 사용자의 관점에서 보면 "사용자의 행동양식을 관찰하고 학습하여 정보공간에서 사용자를 대표하고 학습된 사용자의 행동양식을 기반으로 사용자가 해야 할 작업을 자동으로 수행해 주는 소프트웨어"라고 정의될 수 있다.

㉣ 사용자를 대신해서 스스로 불필요한 메일을 삭제하거나 고객과의 면담일정을 잡고, 가장 저렴한 항공요금을 찾아 인터넷 사이트를 검색하기도 한다.

② IA의 핵심 특성

㉠ 자율성 : 특정 목적에 대해 사람이나 다른 시스템의 간섭 없이 동작하며 자신의 내부 행동과 상태를 자율적으로 제어하는 능력

㉡ 협동성 : 상이한 기능을 수행하는 여러 에이전트들이 협업을 통해 보다 큰 업무를 수행하는 다중 에이전트 시스템의 구축을 가능하게 하는 특성

㉢ 정직성 : 정확한 정보를 주고 받으며 이를 그대로 사용자에게 전달하는 성질

㉣ 이동성 : 특정 목적을 달성하기 위하여 네트워크를 통해서 자유롭게 이동할 수 있는 능력

ⓜ 적응성(학습능력) : 주변환경이나 특정 목적 등의 변화를 인식하고 그에 적응하기 위한 학습능력

ⓑ 사회성(통신능력) : 다른 에이전트나 다양한 시스템 자원과 통신할 수 있는 능력

ⓢ 추론능력 : 규칙기반, 지식기반 등을 이용하여 특정영역문제를 해결할 수 있는 능력

③ IA의 역할

㉠ 정보검색과 수집대행 : 데이터베이스를 검색하거나 새로운 웹페이지를 찾아 정보를 검색하고 수집해서 사용자에게 보내는 인터넷 검색엔진은 오늘날 가장 널리 활용되는 지능형 에이전트의 한 유형이다.

㉡ 사용자 인터페이스 지원 : 이메일 필터링 에이전트 등과 같이 컴퓨터와 사용자 간의 인터페이스를 담당하는 개인비서 역할을 지원한다.

㉢ 의사결정 지원 : 에이전트를 활용하여 복잡하고 시간이 많이 소요되는 의사결정을 지원 또는 촉진할 수도 있고, 이를 바탕으로 권한이양도 가능해진다.

㉣ 반복적 직무활동 자동화 : 판매나 고객지원 등과 같은 분야에서 사무직원이 반복적으로 수행하는 작업을 자동화함으로써 생산성향상과 인건비를 절감할 수 있다.

㉤ 모바일 에이전트 : 사용자가 다른 일을 하는 동안 스스로 여러 인터넷 사이트를 이동하면서 사용자들이 필요한 데이터를 보내거나 받을 수 있다.

07 QR시스템

1. 신속 대응(QR ; Quick Response)

(1) QR system의 개념

① 신속대응시스템(QR시스템)은 소비자의 만족을 극대화하기 위해 제조업자와 공급업자 및 운송업자들이 긴밀한 협조관계를 유지하기 위해서도 필요한 시스템이다.

② 상품을 수령하는 데 따른 비용을 줄이고, 업체에서는 즉각적인 고객서비스를 할 수 있어 서비스의 질을 향상시킬 수 있고 업무의 효율성과 소비자의 만족을 극대화시키며, 유행의 속성을 지닌 패션상품에 적합하다.

③ 생산에서 판매에 이르기까지 시장정보를 즉각적으로 수집하여 대응하고, 회전율이 ECR에 비해 상대적으로 낮은 상품에 적합한 시스템이며, 구성요소로는 EDI, 인터넷 통신시스템, POS시스템, KAN 코드 등이 있다.

④ 생산, 유통관계의 거래 당사자가 협력하여 소비자에게 적절한 시기에 적절한 양을 적정한 가격으로 제공하는 것이 목표이며 소비자의 개성화나 가격지향시대에 적응하기 위해 기업의 거래선과 공동으로 실시하는 리엔지니어링의 개념이다.

⑤ 소비자 중심의 시장 환경에 신속히 대응하기 위한 시스템으로서 생산에서 유통에 이르기까지 표준화된 전자거래 체제를 구축하고, 기업간의 정보 공유를 통한 신속, 정확한 납품과 생산 및 유통기간의 단축, 재고의 감축, 반품 로스의 감소 등을 실현하기 위한 산업 정보화의 체계이다.

(2) QR시스템의 효율성

① 신기술 접목을 통한 상품의 기획 · 구매 · 생산 · 유통과정상의 재고수준 절감 및 소요기간을 단축시키고, 물류비를 줄일 수 있는 잠재력을 가지고 있다고 볼 수 있다.

② QR은 정보기술과 참여기술의 활동을 통해 상품에 대한 소비자들의 반응에 신속히 대처하며 비용을 절감한다는 목표를 두고 있다.

③ QR시스템에서는 즉각적인 시장수요에 대응하여 소량으로 주문하여 판매하는 것으로 재고비용을 절감할 수 있다.

④ QR은 상품을 공급함에 있어서 소비자들이 원하는 시간에 맞추어 공급하고, 불필요한 재고를 없애서 비용을 감소시킨다는 원칙이 출발점이다.

⑤ QR은 POS나EDI 등의 정보기술을 활용하여 발주에서 제품이 조달되는 기간을 단축시켜 소비자가 원하는 상품을 즉시 보충할 수 있게 pull시스템을 사용한다.

⑥ QR이 추구하는 목적은 제품개발의 짧은 사이클화를 이룩하고, 소비자의 욕구에 신속대응하는 정품을, 정량에, 적정가격으로, 적정장소로 유통시키는 데 있다.

⑦ QR은 원자재 조달과 생산 그리고 배송에서의 누적 리드타임을 단축시키고, 미국의 패션의류업계가 수입의류의 급속한 시장잠식에 대한 방어목적으로 개발하였다.

⑧ 유통업자와 제조업자간의 정보네트워크를 축으로 하기 때문에 납기를 단축할 수 있다. 공급업체와 점포가 협조관계를 유지하면서 점포에 진열준비가 끝난 제품들을 배달함으로써 상당한 물류비의 절감을 가져온다.

(3) QR시스템의 필요성

① QR시스템은 기본적으로 소비되는 제품에서도 필요하지만, 최신 유행의 의류업체에서도 필요하며, 유행성이 강한 상품은 새로운 색상과 스타일이 중요하므로 즉각적으로 대응할 수 있어야 하고, 계절적으로도 민감하므로 빠르게 적응할 수 있어야 한다.

② 상당수의 소매업체는 자신들이 물류업체에서 제품을 수령하거나 도매업체로부터 배송되어 온 제품에 대해 일일이 검색하는 과정을 거치는 등 물류비가 많이 들어간다.

③ 전 세계의 시장규모가 생산자의 대량생산에 의한 수요를 창출하는(Product Out) 방식에서 정확한 수요자의 필요에 대응하는 기획생산형(Make In)방식으로 변화하고 있다.

④ 산업의 경쟁력은 보다 신속하게 적절한 가격으로 소비자가 필요로 하는 제품을 공급할 수 있는 정보화산업으로 구조를 개선해야 한다.

⑤ 고객의 소비욕구에 적절히 대응하기 위해서 필요하다. 구체적으로 출고된 제품이 어느 정도 판매되고 있으며, 고객의 불만사항이 어느 곳에 있는지를 파악해서 즉각적으로 대응함으로써 기회손실과 부동재고의 문제를 해결할 수 있다.

2. QR시스템의 활용

(1) QR 시스템의 활용내용

① QR 시스템을 구축하기 위해서는 상품 공통의 표준화 사업 및 제정된 표준의 정부 차원의 인준이 요구된다.

② QR 시스템은 재원 조달이나 업무 추진에 대한 한계로 인해 기업이나 개인이 이를 추진하기는 무리가 있으므로 정부가 정책적으로 추진해야만 한다.

(2) QR시스템의 발전단계

① **제 1단계:** 공동상품코드를 제품에 표시하며, 경쟁력 있는 서비스를 우선 개발하고, EDI를 기반으로 하여 개발서비스를 확대해 나간다. 이후에 서비스 개발을 고려한 시스템을 구축하며, 서비스의 신뢰성을 높이기 위해 운영능력을 제고한다.

② **제 2단계:** 전자거래의 활성화로 기업의 EDI업무에 적용하며, 물류센터의 크로스 도킹(Cross Docking)화와 소매창고의 재고삭감이 실현된다. 유로화를 고려하여 시스템을 구축하고 QR 참여기업의 업무프로세스 개선을 지원한다.

③ **제 3단계:** POS판매 데이터를 공유함에 따라 예측가능성이 강화되며, 고부가가치 정보 제공을 통한 재원기반이 구축되고, EDI 서비스와 다중 미디어 정보서비스를 기반으로 CALS 확대 및 해외 DB서비스의 본격적인 제공과 성숙한 마케팅 부서를 통한 장기적인 전략을 수립한다.

④ **제 4단계:** 제3단계까지의 성과로 얻은 고도의 정보를 이용한 상품 디스플레이, 영업 등의 소매지원이 행해지고, QR을 이용하여 유행의 변화에 대응하고 소량생산 제품의 대응을 신속하게 할 수 있으며, POS · EDI · EOS · DB의 기술요소가 사용되고 있다.

(3) ECR시스템과 QR의 상대적인 비교

① ECR은 가격이 싼 상품에, QR은 가격이 비싼 상품에 적합하다.

② ECR은 회전율이 높은 상품에, QR은 회전율이 낮은 상품에 적합하다.

③ ECR은 자동발주 연속보충시스템이고, QR은 타이밍에 맞는 보충이 중요한 상품에 적합하다.

④ ECR은 크로스도킹(Cross Docking)상품납입방식이 적합하고, QR은 진열된 상태에서의 상품납입(FRM:Floor Ready Merchandise)방식이 적합하다.

⑤ 수요가 예측가능하고 마진이 낮으며 제품유형이 다양하지 않은 기능적 상품의 경우에는 ECR이 QR보다 적절하다.

⑥ 제품이 비교적 혁신적이고 다양하며 유행에 민감하여 수요가 가변적인 상품은 시장에 대한 신속한 대응이 요구되므로 ECR보다 QR이 더 적합하다.

⑦ ECR이 운송비용을 최소화하는 관점에서 운송수단을 선택하는데 비해, QR은 소비자욕구에 신속히 대응하기 위해 비용이 높은 항공편으로 배송하기도 한다.

(4) QR시스템의 운용분야

① 거래업체 상호 간에 정보공유체제를 구축하거나 POS정보의 시스템, 바코드, 스캐닝, 수 · 발주시스템 등을 포함한다.

② 유연생산시스템으로써 단위생산시스템, 컴퓨터 지원생산, 자동생산공정, 생산계획 등을 포함한다.

③ 고객을 제품기획단계에 포함시켜 그 제품 내에 고객의 기술요소가 포함되도록 하며, 재고 주문시 다품종 소량주문이 포함되고, 관리는 자동재고관리시스템을 운용한다.

(5) QR시스템의 효과

① 공급업체는 소매업체와 지속적인 정보교환을 함으로써 판매량과 생산계획 및 물류과정을 예측할 수 있어 위험부담을 줄일 수 있으며, 시장수요에 신속하게 대응하여 기업경쟁력을 향상시킨다.

② 주문되어진 상품이 점포에 배송되는 시간인 누적리드타임이 최소화되면서 재고의 감소 효과를가져오며, 리드타임이 짧을수록 수요의 예측이 쉽기 때문에 재고의 부담이 줄어들며, 공급사슬에서 재고를 쌓이게 하는 요소를 제거한다.

③ 고객에 대한 양질의 서비스를 제공할 수 있으며, 물류비용 등 기타의 비용을 절감함으로써 매출과 수익의 증가를 가져오며, 고객요구에 대한 반응시간을 길게 만드는 요인을 제거한다.

④ 공정의 단계가 다단계에서 소단계로 축소되기 때문에 공정시간이 줄어들고, 공정관련 인원도 줄어든다.

⑤ 계절적 제품이나 유행성 제품들은 한시적으로 판매를 해야 하기 때문에 QR시스템으로 인하여 판매를 할 수 있는 기회가 증가하였다.

⑥ 시장의 수요변화 등을 즉각적으로 체크함으로써 상품의 다양화, 제품의 하자를 알 수 있어 제품의 질이 향상된다.

⑦ QR(Quick Response)의 도입을 통해 얻을 수 있는 효과의 대표적인 내용으로는 상품의 품절 방지와 재고회전율의 증가, 고객정보의 효율적 활용에 의한 소비자 기호에 부응, 신속한 물류서비스를 실현할 수 있다.

08 발주정보의 기술

1. EOS(Electronic Ordering System)

(1) EOS의 의의

① EOS(Electronic Ordering System)는 발주자의 컴퓨터에 입력된 주문 자료가 수신자의 컴퓨터로 직접 전송되도록 구축된 주문시스템으로 전자주문시스템 또는 자동발주시스템이라고 한다.

② 편의점이나 슈퍼마켓 등 체인사업에서 상품을 판매하면 POS데이터를 통하여 자동적으로 중앙본부에 있는 컴퓨터에 입력되는 것을 파악할 수 있다.

③ 상품의 부작용을 컴퓨터가 거래처에 자동으로 주문하여 항상 신속하고 정확하게 해당 점포에 배달해 주는 시스템을 말한다.

(2) EOS의 효과

① 소매점의 EOS 구축목적은 '발주의 시스템화', '품절예방', '점포재고의 적정화' 등을 예로 들 수 있고, 재고관리는 물론 주문처리까지 자동화해서 자원계획과 구입 간소화를 추구할 수 있다.

② 판매에 필요한 물품을 조기에 발주하여 품절을 방지하고 납품일정까지 정리하는 시스템으로 공급망관리를 할 수 있다.

③ 소매업체가 얻을 수 있는 효과로는 수주작업의 합리화, 상품관리 정밀도의 향상, 사무처리 생산성의 향상 등이 있다.

2. CAO(Computer Assisted Ordering)

(1) CAO의 의의

① 유통 소매점포의 기반 시스템으로 한 자동발주 시스템으로서 실제 재고가 소매 점포에서 설정한 기준치 이하로 떨어지면 자동으로 보충 주문이 발생되는 것을 말한다.

② CAO는 POS를 통해 얻어지는 상품 흐름에 대한 정보와 계절적인 요인에 의해 소비자 수요에 영향을 미치는 외부 요인에 대한 정보를 컴퓨터를 이용하여 통합 · 분석해서 주문서를 작성하는 시스템을 말한다.

③ CAO를 도입하기 위한 기업에서의 가장 중요한 요소는 소비자 판매 데이터를 활용하는 것이다. POS 데이터와 EOS를 연계해서 활용이 가능하고, 소비자의 수요에 신속한 대응이 가능하며, 주문내용은 EDI를 통해 물류센터로 전송이 가능한 것은 유통업체와 제조업체가 규격화된 표준문서를 사용하기 때문이다.

④ 데이터와 상품보충과정을 연계하고, 소매업체는 보다 신속하게 소비자의 수요에 반응할 수 있을 뿐만 아니라 동시에 운영비를 절감하고 재고 수준을 낮출 수 있으며, POS 데이터를 근거로 수작업 없이 점포에서 주문하고, 주문은 EDI를 통해 물류센터로 전송되어 즉각적으로 재고 보충이 이루어진다.

(2) CAO 효과

① 고객에 대한 반응과 효율적 상품 보충 측면에서 잠재적 개선을 이룰 수 있으며 POS 데이터를 상품 보충 과정과 연계함으로써 소규모 비용으로 한정된 판매 공간에서 상품 판매 효과를 향상시킬 수 있다.

② CAO 시스템은 POS 데이터를 근거로 수작업 없이 점포에서 주문을 할 수 있으며, 이러한 주문은 EDI를 통해 물류 센터로 전송되고 즉각적인 재고 보충이 이루어지게 되며, 업무처리 과정을 통하여 물류의 동기화 및 수요관리의 통합화를 이룰 수 있다.

③ 자동 발주 시스템을 통해 소매업체는 보다 신속하게 소비자의 수요에 반응할 수 있다. 또한 동시에 운용비용의 절감이 가능하고, 재고 수준을 감소시킬 수 있다.

(3) CAO 활용

① 유통업체 매장에서 얻어지는 판매 데이터는 소비자가 구매하는 상품에 표시된 EAN/UCC GTIN 코드(Global Trade Item Number)를 유통업체 매장의 판매대의 POS를 통해 판독함으로써 수집된다.

② 유통업체 매장에서 얻어진 판매 데이터는 다른 재고 관련 정보와 연계 · 결합되어 유통업체에 주문 제안을 하는 데 활용이 가능하다.

③ 주문 제안서에 대해 해당 유통업체가 확인 또는 동의를 하면, EANCOM 주문서를 상품 제조업체나 공급업체로 다시 전송하고 이는 다시 제조업체의 주문처리 어플리케이션에 자동적으로 업데이트가 된다.

④ 유통입체와 제조업체간 컴퓨터 소프트웨어나 하드웨어간 호환성이 결여될 때는 EDI 문서를 표준화해야 하고, 제조업체는 유통업체의 구매 관리, 상품 정보를 참조하여 상품 보충계획을 파악하고 있어야 하며, 유통업체는 제품의 생산과 관련된 정보, 물류관리, 판매 및 재고관리 수준을 파악하고 있어야 한다.

3. 크로스 도킹(Cross Docking)

(1) 크로스 도킹의 의의

① 크로스 도킹은 배달된 상품을 수령하는 즉시 중간 저장 단계가 거의 없거나 전혀 없이 배송지점으로 배송하는 것을 말한다. 즉, 받은 상품을 창고에 저장하지 않고 곧바로 소매점포로 배송하는 물류시스템이다.

② 크로스 도킹은 창고나 물류 센터로 입고되는 상품을 보관하는 것이 아니라 즉시 배송할 준비를 하는 물류 시스템을 말한다.

③ 물류 센터에서의 크로스 도킹은 매우 짧은 특징이 있으므로 배달된 상품을 수령하는 즉시 중간 저장 단계가 거의 없거나 전혀 없이 배송지점으로 배송하는 것이므로, 배송의 동시화가 핵심적인 요인이 된다.

④ FRM(Floor Ready Merchandise)은 점포에 그대로 진열할 수 있도록 가격태그(tag)가 부착된 상품이 행거(hanger)와 함께 물류센터를 경유하지 않고 공장으로부터 소매점포로 직접 보내는 것이지만 크로스도킹보다는 QR에 적합하다.

(2) 크로스 도킹의 유형

① 기포장 크로스 도킹

㉠ 제조업체가 유통업체 점포의 주문에 따라서 미리 선택한 팔레트, 케이스 등 패키지를 수령하는 것을 말한다.

㉡ 제조업체는 추가 작업 없이 다른 제조업체에서 배달되어 점포로 배송할 차량에 적재된 유사한 패키지와 함께 배송 도크로 이동시키는 것이다.

② 중간처리 크로스 도킹

㉠ 팔레트, 케이스 등 패키지를 수령하여 물류 센터에서 소분하고 소분된 패키지에 다시 라벨을 붙여 새로운 패키지로 만들어 점포로 배송하는 것을 의미한다.

㉡ 이렇게 만들어진 새로운 패키지를 다른 제조업체에서 배송되어 온 배달차량에 적재된 유사한 패키지와 함께 배송 도크로 이동시켜야 한다.

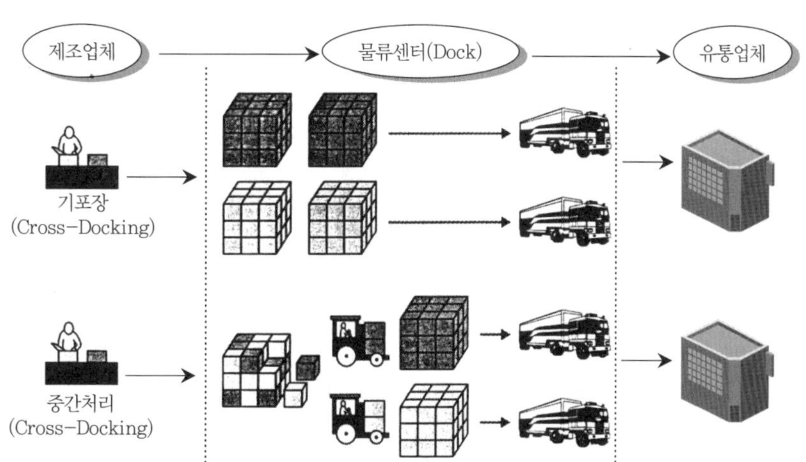

(3) 형태에 따른 도킹의 유형

① 팔레트 크로스 도킹

㉠ 한 종류상품을 적재된 팔레트별로 입고되고 소매 점포로 직접 배송되는 형태이다.

㉡ 가장 단순한 형태의 크로스 도킹을 말하며, 팔레트(pallet) 크로스 도킹 방법은 양이 아주 많은 상품에 적합하다.

② 케이스 크로스 도킹
㉠ 한 종류의 상품으로 적재된 팔레트 단위로 소매업체의 물류 센터에 입고된다.
㉡ 팔레트 단위로 입고된 상품은 각각의 소매 점포별로 주문 수량에 따라 피킹을 하고, 남은 팔레트 상품은 익일 납품을 위해 잠시 보관한다.
㉢ 케이스 크로스 도킹 방법은 보다 보편화된 크로스 도킹의 형태이다.

(4) 크로스 도킹의 효과

① 증대 효과
㉠ 상품의 흐름이 원활하게 증가한다.
㉡ 물류 센터에서의 평방미터당 회전율이 증가한다.
㉢ 상품 활동 데이터에 대한 엑세스를 개선 증진시킬 수 있다.
㉣ 상품의 진열 상태를 연장할 수 있다.
㉤ 각 소매점으로부터 통합 주문서를 수령할 수 있다.
㉥ 상품의 공급 용이성이 증대된다.

② 감소 효과
㉠ 보유하는 재고 수준을 감소시킬 수 있다.
㉡ 유통업체의 결품을 감소시키는 효과가 있다.
㉢ 상당한 물류비용 감소 효과가 있다.
㉣ 상품 유통의 경유지로만 사용되는 물류 센터의 물리적 공간이 감소된다.
㉤ 공급체인(Supply Chain) 전체의 저장 로케이션 수를 감소시키는 효과가 있다.

(5) 크로스 도킹의 장점

① 크로스 도킹의 목적은 유통업체나 도매 · 배송업체의 물류 센터에서 발생할 수 있는 비생산적인 재고를 최소화하거나 없게 하는 것을 목적으로 한다.
② 크로스 도킹의 이점은 상품이 창고 로케이션으로 입고되고 출고되는 데 소요되는 시간과 비용을 고려하지 않아도 된다는 것이다. 이는 재고 MIS 시스템에 연결 데이터를 입력함으로써 가능해진다.

4. CRP(Continuous Replenishment process)

(1) CRP의 의의

① 끊임없는 상품 보충(CRP)은 소비자의 수요에 근거해서 제조업체 또는 공급업체가 유통업체의 재고를 자동보충해주는 방식이다.
② 유통 공급망 내의 주문량에 근거한 상품의 판매 데이터를 근거로 하여 적절한 양을 항시 보충해 주는 시스템의 일종이다.
③ 제조업체 또는 공급업체가 유통업체의 POS 자료를 근거로 해서 상품보충을 하며, 유통업체는 재고보충을 위해 VMI(vendor managed inventory) 기법을 이용한다.

④ Pull 방식은 상품을 소비자의 수요에 근거하여 소매상이 요구할 때에만 공급자가 공급하는 끌어당기기 방식으로 CRP와 거의 일맥상통하다.

⑤ CRP는 경로구성원 간의 정보공유에 의해 공급자가 공급시점과 양을 결정하는 방식이며 상품 수요 예측을 기초로 하여 소매점에 공급하는 형태로서 거래선 간에 상품이 공급되는 모든 지점에 적용이 가능한 방식이다.

(2) CRP의 내용

① CRP의 구현은 재고 운송을 자주 하기 때문에 운송비용은 과다하게 소요된다. 하지만 적정한 재고를 보유하기 때문에 보유비용과 운영비 및 부패나 상실로 인한 비용을 감소시킬 수 있다.

② 가장 일반적인 형태로 운영되는 공급자 재고관리(VMI)는 물류업체에서 재고 데이터와 점포별 주문 데이터를 매일 공급업체에 전송하면 공급업체는 물류업체가 소매 점포의 상품 수요를 충족시킬 수 있는 주요 업무를 책임져야 한다.

(3) CRP의 효과

① 본능적인 예감에 의해 주문을 하기보다는 상품 보충을 위한 주문수량은 실질적인 소비자 수요와 판촉 행사로 인해 예상되는 수요 예측에 의해 주문수량이 결정된다.

② CRP에 대한 정보는 컴퓨터에 의해 처리되므로 유통 공급 과정에서 발생되는 수많은 데이터 입력시점에서의 수작업이 제거되어 이에 소요되는 비용이 감소된다.

③ CRP는 유통 공급 과정에서 상품의 흐름을 증진시킨다. 즉, 한 번에 많은 양의 상품을 배송하는 대신, 소매업체와 도매업체 창고의 재고 수준을 낮출 수 있도록 소량 단위의 배송을 자주 하게 된다.

④ CRP는 정보의 흐름이 정보 통신망을 통해 전자적으로 처리됨에 따라 상품의 보충주기가 단축되어 결과적으로 소비자 수요에 대한 반응도를 향상시킬 수 있다.

5. CPFR

(1) CPFR의 개념

① CPFR(Collaborative Planning Forecasting and Replenishment)은 협업설계 예측 및 보충이라고 하며, 소매업체와 공급업체를 연결해 생산계획과 수요예측, 재고보충 등 협업을 가능하게 해주는 시스템이다.

② 협업적 계획수립을 위해서는 공급사슬상의 파트너들이 주문정보에 대한 실시간 접근이 가능해야 하며, 구매자(유통업자) 입장에서 재고품절로 인한 판매기회를 상실하는 경우가 줄어든다.

③ CPFR은 소매업자 및 도매업자와 제조업자가 고객서비스를 향상하고 업자들 간에 유통총공급망(SCM)에서의 정보의 흐름을 가속화하여 재고를 감소시키는 경영전략이자 기술이다.

④ CPFR은 판매손실을 회복할 수 있는 서비스 증대와 카테고리 매니지먼트를 향상시키며 수요계획을 확장하여 상품보충을 실현한다.

⑤ CPFR은 매출증가, 조직의 합리화 및 정비 행정 및 운영상의 효율성 제고, 현금 흐름(Cash flow)개선, ROA(Return on assets) 향상을 가능하게 하는 효과가 있다.

(2) CPFR의 목적

① CPFR의 기본적인 목적은 카테고리 관리원칙(category management principle)에 근거한 거래파트너 간에 특정시장을 목표로 한 사업계획을 공동으로 수립하는 것이다.

② CPFR이 성공하기 위한 가장 중요한 목적은 거래 파트너들이 사업계획과 업무프로세스를 함께 공유한다는 합의점에 도달해야만 한다.

③ CPFR을 이용하면 사전에 목표가 정해지게 되기 때문에 출하계획 등이 자동적으로 전환되게 되므로 기존의 일상적인 발주업무에서 탈피할 수 있다.

④ CPFR 시스템은 판촉이 시행되어야 할 시점과 공급제약 요소 등 목표달성에 중요한 정보를 포착하여 전체 공급 체인으로부터 상당량의 재고를 제거하고, 불필요한 잡무를 사라지게 한다.

⑤ 수익 증대와 운영비용 감소, 재고주기 감소 등을 가능하게 해주며 또한 통합된 계획과 실행 시스템과 더불어 수송과 창고관리 능력을 향상시키는 물류정보시스템으로 유통과 제조업체가 정보교환 협업을 통하여 'One-number' 수요예측과 효율적 공급계획을 달성하기 위한 기업 간 Workflow이다

(3) CPFR의 특징

① 협업적 계획수립을 위해서는 모든 거래 파트너들이 주문정보에 대한 실시간 접근이 가능해야 하고, 모든 참여자들은 공통적인 하나의 스케줄에 따라서 운영활동을 수행한다.

② 모든 참여자들은 그들이 원할 때 적정한 원자재 및 완제품을 가질 수 있도록 계획수립 및 수요예측을 하고자 하는 기법이다.

③ CPFR 5단계 프로세스의 순서는 공동목표를 설정하고, 비즈니스를 계획/개발하고, 공동 예측을 하며, 재고보충전략을 수립하며, CPFR 성과를 위한 기술 파트너를 선정하는 과정을 거쳐야 한다.

6. VMI & CMI

(1) VMI

① VMI의 정의

㉠ 공급자 재고관리(Vendor Managed Inventory)란 공급자인 제조업자나 도매업자가 소매업재고관리를 소매업체를 대신해서 하는 것을 말한다.

㉡ 소매업체는 유통업체나 제조업체에 판매와 재고에 관한 정보를 제공해야 하고 치밀하게 자동 보충 발주를 해야만 한다.

㉢ 소매업체의 판매 · 재고데이터를 기초로 공급업자가 주문서를 작성해 유통업체에게 전송하며, 동시에 상품을 유통업체에 보충하는 프로세스를 말한다.

㉣ 제조업체가 이를 토대로 과거 데이터를 분석하고 수요를 예측하며 상품의 적정 납품량 을 결정하는 시스템이다.

㉤ 소매업체에 의한 발주단위 자체를 아예 없애고, 그 재고관리를 제조업체와 도매업체의 손에 맡기는 것을 말한다.

② VMI의 효과

㉠ 미래의 상품 수요량 예측을 위한 데이터로 활용되고 제조업체의 생산공장에서 생산량의 조절에 이용된다.

㉡ 제조업체에서 적정 생산과 납품을 하여 기존의 소매업체가 수행하던 것보다 경쟁력을 향상시킬 수 있고, 유통업체에서는 재고관리에 따른 비용절감 효과를 볼 수 있다.

③ VMI의 특징

㉠ 점포의 POS 데이터를 공급업자에게 직접 전송한다.

㉡ 공급업자는 VMI에 의해 소비자의 반응을 신속히 평가할 수 있다.

㉢ 점포에서는 발주 업무의 생략이 가능하고 VMI 도입 전에 비해 품절이 감소된다.

(2) CMI

① CMI의 정의

㉠ 공동 재고관리(Co-Managed Inventory)란 제조업체와 유통업체가 공동으로 상품 보충 시스템을 관리하는 것을 말한다. 제조업체와 유통업체 상호 간에 제품 정보를 서로 공유하고 있어야 한다.

㉡ 판촉활동, 지역여건, 경쟁상황 등을 고려하여 제조업체와 유통업체가 재고수준을 공동으로 관리한다. 고객이 필요로 하는 정보를 POS르 통해 파악되고, 공유되기 때문에 제조업체와 유통업체간에 부가가치 창출형 정보가 교환된다.

㉢ 제조업체는 판매 및 제고정보를 공유함으로써 수요예측을 수행하여 지나친 과잉 생산을 사전에 예방 할 수 있다.

② CMI의 특징

㉠ VMI는 제조업체(공급자)가 발주 확정 후 바로 유통업체로 상품 배송이 이루어진다.

㉡ CMI는 제조업체가 발주 확정을 하기 전에 발주 권고를 유통업체에게 보내어 상호합의 후 발주 확정이 이루어진다.

(3) VMI와 CMI의 차이점

① VMI는 제조업체가 제품의 발주를 확정하면 유통업체의 의사에 상관없이 바로 유통업체로 상품의 배송을 하게 된다.

② CMI는 제조업체가 제품을 발주하기 전에 주문 제안서를 작성하여 유통업체에 보내어 상호 협의하여 발주 수량과 기간이 정해진다.

09 물류정보의 기술

1. 교통통신과 위치파악정보

(1) TRS

① TRS의 정의

㉠ TRS(Trunked Radio System)란 주파수 공용통신이라고 하며 중계국에 할당된 여러 개의 채널을 공동으로 사용하는 무전기 시스템이다.

㉡ 이동 차량이나 선박 등 운송수단에 탑재하여 이동 간의 정보를 리얼 타임(real time)으로 송수신할 수 있는 통신 서비스이다.

㉢ 현재 꿈의 로지스틱의 실현이라고 부를 정도로 혁신적인 화물 추적 시스템으로서 주로 물류관리에 많이 이용된다.

② TRS의 종류

㉠ 음성 통화(Voice Dispatch)

㉡ 공중망 접속 통화(PSTN I/C)

㉢ TRS 데이터 통신(TRS data communication)

㉣ 차량 위치 추적(automatic vehicle location)

㉤ 첨단 차량군 관리(advanced fleet management)

㉥ 신용카드 조회

③ TRS의 효과

㉠ 차량의 운행정보 입수와 본부에서 차량으로 정보전달이 용이해지고 차량으로 접수한 정보의 실시간 처리가 가능해진다.

㉡ 정보의 실시간 처리를 바탕으로 화주의 수요에 신속히 대응할 수 있고, 화주의 화물 추적이 용이해진다.

(2) AVLS

① AVLS의 정의

㉠ 차량위치 추적시스템 (AVLS: Automatic Vehicle Location System)은 차량, 선박, 항공에 장착된 GPS 수신기와 그 밖의 위치센서의 정보를 통해 이동체의 현 위치를 실시간에 계산하여 운행자와 중앙관제소에 알려주는 기능을 한다.

㉡ AVLS는 이동체의 위치 및 이동상태를 파악하고, 차량의 최적배치, 실태파악 및 분석, 안내, 통제, 운영 등과 관련한 일련의 작업들을 자동화한 시스템이다.

② AVLS의 효과

㉠ 위성위치 확인시스템(GPS)과 무선통신망 및 차량용 단말기를 이용, 차량의 현재 위치와 진행 방향 등 운행 현황을 중앙관제센터를 통해 실시간으로 음성과 문자로 운전자에게 전달하는 시스템, 지능형 교통시스템의 물류 운영시스템(CVO)의 핵심 분야이다.

㉡ 축척별 전자지도 제공과 GPS위성의 위치정보를 보정하는 맵 매칭(Map Matching)기능을 지원함으로써 정확한 위치 측정이 가능하다. 대중교통시스템, 소방지령시스템, 물류차량 통제시스템, 버스도착시간 안내시스템 등에 활용된다.

(3) GPS

① GPS의 정의'

㉠ GPS(Global Positioning System)란 미국 국방부에서 개발한 새로운 위성항법 시스템으로 주 관제국은 미국에 있고, 인공위성을 활용하는 정보기술 분야이다.

㉡ 관성항법(慣性航法)과 더불어 어두운 밤에도 목적지에 유도하는 측위(測位)통신망으로서 그 유도기술의 핵심이 되는 것은 3개의 인공위성을 이용한 GPS이다.

㉢ 자동항법장치에도 응용되어 자동차나 선박의 운항에도 이용되는데 선박이나 차량 위치 추적을 통한 전천후 항해를 지원하고 물류관리에 이용되는 통신망이다.

㉣ GPS 시스템에 따라서 위치 파악의 정확도에 차이가 있어서 업무에 따라서 시스템의 정밀도 수준을 결정해야 한다.

㉤ GPS를 이용한 물류 특성은 차량의 현재 위치뿐 아니라 목적지의 안내를 받을 수 있고, 화주에게 화물추적서비스를 제공할 수 있다. 현재 미국이 제공하는 3대의 인공위성을 통해 좌표를 계산해서 위치추적에 이용한다.

② GPS의 효과

㉠ GPS를 도입하면 자연 재해로부터 사전 대비를 통해 재해를 회피할 수 있고 토지 조성공사에도 작업자가 건설용지를 돌면서 지반 침하와 침하량을 측정하여 리얼 타임으로 신속하게 대응할 수 있다.

㉡ 대도시의 교통 혼잡 시에 차량의 행선지 지도와 도로 사정을 파악할 수 있으며 공중에서 온천 탐사도 할 수 있다.

㉢ 무엇보다도 밤 · 낮으로 운행하는 수송차량 추적 시스템을 GPS를 통해 완벽하게 관리 및 통제를 향상시킬 수 있다.

(4) GIS(Geographic Information System)

① GIS는 지리적으로 참조 가능한 모든 형태의 정보를 효과적으로 수집, 저장, 갱신, 조정, 분석, 표현할 수 있도록 설계된 컴퓨터의 하드웨어와 소프트웨어 및 지리적 자료 그리고 인적자원의 통합체를 말하며, 지표면에 위치한 장소를 설명하는 자료를 모으고, 이를 이용할 수 있게 하는 컴퓨터 시스템이라고 할 수 있다.

② GIS는 다양한 지구표면정보의 참조를 위하여 공간적으로 위치를 표현하는 지형정보와 그 형태와 기능을 설명 · 보완하는 비도형 속성정보를 그래픽과 데이터베이스의 관리기능 등과 연계하여 정보를 저장, 추출, 관리, 분석하여 사용자를 지원하는 정보체계 관련기술이다.

③ 컴퓨터에서 처리되는 대부분의 데이터가 공간 데이터와 밀접한 관련을 가지고 있으므로 GIS는 교육, 군사, 일기예보, 판매분석, 인구예측 및 토지이용계획 등 매우 광범위한 분야에 사용된다. 또한 지형정보의 특성(속성)정보를 부가하여 지도의 공간적인 관계를 표현하는 종합적인 분석수단 이기도 하다.

④ GIS를 이용목적 관점에서보면, 시설물 관리를 목적으로 한 시설물관리(FM: Facility Management)시스템과 계획지원을 목적으로 하는 의사 결정지원시스템으로 나눌 수 있지만, 일반적으로 GIS에는 시설물 관리 시스템도 포함하는 경우가 많다.

⑤ 고객의 인구통계정보, 구매행동 등을 포함하는 지리적 데이터베이스에 소매점포의 입지선택을 지원할 수 있는 다양한 지리정보시스템(GIS)들이 상업화되어 있다. 판매시점에서 수집한 정보를 데이터웨어하우스에 저장하여 활용하고, 표적고객집단을 파악하는데 사용할 수 있으며, 상권의 경계선을 추정하는데 사용할 수 있다.

⑥ 대한민국은 1995년부터 국가지리정보체계(NGIS) 사업이 추진중이며, 2000년 '국가지리정보체계의 구축및 활용 등에 관한 법률'이 제정되었다.

(5) ITS(Intelligent Transport System)

① 지능형 교통시스템(ITS)는 도로와 차량 등 기존 교통의 구성요소에 첨단의 전자, 정보, 통신기술을 적용시켜 교통시설을 효율적으로 운영하고 통행자에 유용한 정보를 제공한다.

② 지능형 교통시스템은 도로, 차량, 신호 등 기존 교통체계에 정보, 통신, 전자, 제어 등의 기술을 접목시켜 다양하게 수집된 정보로 안전하고 신속하게 교통체계를 자동제어하는 시스템이다.

③ 도로와 차량 등 기존 교통의 구성요소에 첨단의 전자, 정보, 통신기술을 적용시켜 교통시설을 효율적으로 운영하고 통행자에 유용한 정보를 제공한다. ITS를 활용한 서비스로는 교통량에 따라 실시간으로 변화하는 신호제어 시스템, 과속차량 자동단속 시스템, 통행료 자동징수 시스템, 버스 도착 예정시간 안내 등을 들 수 있다.

④ ITS는 크게 첨단 교통관리 시스템(ATMS: Advanced Traffic Management System), 첨단 교통정보 시스템(ATIS: Advanced Traveler Information System), 첨단 대중교통 시스템(APTS: Advanced Public Transportation System) , 첨단 화물운송 시스템(CVO: Commercial Vehicle Operation), 첨단 차량 도로 시스템(AVHS: Advanced Vehicle and Highway System)으로 구성된다.

2. 내부활용 정보기술

(1) ECR(Efficience Consumer Response ; 효율적 고객 대응)

① ECR의 정의

㉠ 1990년대 초 미국에서 슈퍼마켓들의 매출신장률 저조의 해결방안으로 도입되어 소비자 만족에 중점을 두고 공급사슬 효율을 극대화하기 위한 새로운 모델이다.

㉡ 전자문서화 된 정보교환과 원활한 제품흐름이 시스템 도입의 성공 요건이며, 식품산업에 적용하기 위한 SCM의 변형이라 할 수 있는 식품/잡화 부문의 SCM이다.

㉡ 제품의 제조 단계에서 도매, 소매에 이르기까지 전과정을 일련의 흐름으로 보아 관련 기업들의 공동참여를 통해 총체적으로 경영 효율을 높이는 방법이다.

㉢ '공급업체-제조업체-유통업체'컴퓨터에 의한 자동발주(computer aided ordering)를 기본으로 하며 활용의 직접적인 이점이라면 매장의 상품구색 최적화를 들 수 있다.

㉢ 식품산업의 공급사슬관리를 위한 모형으로 성과향상을 위해서는 카테고리 관리, 활동기반원가처리 등이 필요하며, ECR의 효율적 머천다이징은 상품의 브랜드관리에서 카테고리 관리로 변화시킴으로서 실현한다.

② ECR의 원칙

㉠ 기존에는 Win/Lose가 거래의 일반적인 관계였었다. 하지만 Win/Win의 상호 이익을 공유할 수 있는 협력 관계로 전환함으로써 상호 간 모두가 이익을 얻을 수 있다는 사고로 전환되었다.

㉡ 마케팅, 물류, 생산에 관련된 의사결정을 할 수 있는 신속하고도 믿을 만한 정보교환 방법이 요구되었다. 이를 위해 EANCOM 표준 전자문서를 근간으로 EDI가 필수적으로 도래하게 되었다.

㉢ 생산에서 소비에 이르는 제품의 전체적인 흐름을 최적화하여 적절한 시기에 적절한 제품을 제공할 수 있어야 한다.

㉣ ECR 효과를 측정하고 그 이익을 규명하며, 이익의 공정한 분배를 위해 공동의 평가 시스템을 발전시켜야 한다.

㉤ 소비자에게 보다 나은 서비스를 제공하기 위해 파트너 간 지속적인 대화와 케뮤니케이션이 수행되어야 한다.

③ ECR의 효과

㉠ 판매 및 평당 마진의 증대, 상품 회전율이 증대된다.

㉡ 창고 및 점포 주문의 자동화, 재고의 감소, 분산, 창고에 의한 물류, 파손율의 감소 등이 있다.

㉢ 신제품 출시 시 실패율의 감소, 제품 평가의 신뢰성 증가 등의 효과가 있다.

㉣ 저가판매(EDLP) 소비자 요구조건의 실현이 가능해졌다.

유통 정보

④ ECR의 활용 분야

㉠ 제품 구색 : 판매시점상의 재고, 공간 생산성의 최적화

㉡ 제품 보충 : 생산에서 판매에 이르는 시간과 비용의 절감

㉢ 판매 촉진 : 소매업자와 소비자를 겨냥한 촉진 활동의 효율성 극대화

㉣ 신제품 : 신제품의 도입과 개발, 상용화 과정에서 나타나는 신제품 출시 효과의 극대화

(2) EHCR(Efficient Healthcare Consumer Response)

① EHCR의 정의

㉠ EHR이라고도 하며, 의약품 분야의 SCM이고, 의료품 공급 체인을 효율적으로 관리함으로써 공급체인 내의 다양한 비효율성을 제거하여 관리비용을 절감하는 데 목적이 있다.

㉡ 공급 체인 내에서 발생하는 모든 비효율적인 요소들을 제거하여 관리비용을 최소화하려는 기법이다.

② EHCR의 목적

㉠ 의료 관련 제품의 효율적 이동과 결제를 목표로 공급 체인에 참여하는 모든 개별업체들의 협력과 기술을 집중한다.

㉡ EHCR의 3대 전략인 효율적 제품 이동, 효율적 제품관리, 효율적 정보 공유 등을 참여업체들의 프로세스의 표준화와 환자 중심의 운영에서 조직 중심의 운영으로 관리 초점을 이동하는 데 그 근간을 두고 진행되어야 한다.

③ EHCR의 목표

㉠ 의료관련 제품공급체인의 신속화, 개방화, 중립화, 유연화, 모듈화를 추구한다.

㉡ 비용을 절감하고 대응력을 향상시켜 품질의 향상을 꾀한다.

④ EHCR의 효과

㉠ 문서 작업의 감소와 오류의 감소, 데이터의 정확성과 생산성의 향상, 재고 수준의 감소와 반품의 감소 등이 있다.

㉡ 회전 주기의 단축과 노동력의 감소, 효과적인 커뮤니케이션의 촉진과 고객 만족의 증대 등을 들 수 있다.

(3) APS(Advanced planning & Scheduling)

① APS의 정의

㉠ APS는 MRP의 문제점과 한계를 극복하기 위해서 컴퓨터 기술과 논리적인 알고리즘이 발전함에 따라 기업의 생산성과 재고 및 생산비용을 체계적으로 관리할 수 있도록 자동화된 의사결정 시스템이다.

㉡ 원자재 공급업체로부터 구매 및 조달 활동, 생산설비 내에서의 수요 예측, 생산 계획, 생산 스케줄링 등의 기능, 최종 제품의 고객으로의 수 · 배송에 이르는 모든 정보를 통합적으로 관리할 수 있는 자동화된 의사결정 시스템이다.

② APS의 특징

㉠ 제조업체는 고객의 신규주문이나 주문변경이 미치는 영향을 즉시 파악이 가능하다.

㉡ 복잡한 공장을 모델링하여 자동화하는 한편 빠른 속도와 정확성을 보장해야 한다.

㉢ 현재 상황과 정보를 고려하여 가능한 출하일을 계산 가능하고, 능력 계획 수립을 분 단위로 하는 고속 시스템이며, 실시간으로 작동한다.

㉣ APS를 통해 고객의 요구와 취향에 맞는 주문과 잠재적인 요구를 계획할 수 있다.

(4) 유비쿼터스(Ubiquitous)

① Ubiquitous의 정의

㉠ 유비쿼터스는 라틴어로 '언제 어디서나 있는'을 뜻하는 말로 사용자가 컴퓨터나 네트워크를 의식하지 않는 상태에서 장소에 구애받지 않고 자유롭게 네트워크게 접속할 수 있는 환경을 의미한다.

㉡ 유비쿼터스 네트워크를 구축하기 위해서는 정보 기술(IT)의 고도화가 전제되어야 한다. 컨버전스 기술의 일반화, 광대역화, IT 기기의 저가격화 등이 없이는 모든 기기에 통신 능력을 부여하는 것이 어렵기 때문이다.

② Ubiquitous의 특징

㉠ 유비쿼터스 시대가 열리게 되면 자동차, 가정, 실외 등의 다양한 공간에서의 IT 활용이 늘어나고 네트워크에 연결되는 컴퓨터 사용자의 수도 늘어나는 등 IT산업의 규모와 범위는 더욱 커지게 될 전망이다.

㉡ 유비쿼터스 네트워크를 위해서는 모든 전자기기에 컴퓨팅과 통신 기능이 부가되며, 이를 위해 각 전자기기가 고유한 주소를 가져야 하며 유선 혹은 무선을 통해 광대역 네트워크에 접속될 수 있어야 한다. 이같은 문제는 최근 관심을 끌고 있는 IPv6기술이나 홈네트워크 기술 등이 해결해 줄 것으로 기대된다.

㉢ 무선 인터넷의 보급 확대, 반도체칩의 용량성 강화, 전자기기의 소형화, 전자칩을 내장한 전자기기의 발전, 가격의 하락화 등의 요인으로 유비쿼터스 컴퓨팅 구현은 어렵지 않은 상황이다.

㉢ 유비쿼터스 컴퓨팅 사회의 실현을 위해서는 네트워크의 안정성이 우선적으로 확보되어야 하는 것으로 지적되고 있는데 인터넷 상용화 이후 크래킹, 바이러스 등 사이버 범죄가 확산되고 있다는 점이 걸림돌이다.

③ Ubiquitous 컴퓨팅

㉠ 소형의 칩들이 무선네트워크를 통해 연결되어 작동된다.

㉡ 마크 와이저가 처음 사용한 개념으로 사용하기 쉬운 컴퓨터 개발을 위해 제안된 아이디어이다.

㉣ 센서, 프로세서, 커뮤니케이션, 인터페이스, 보안 등을 핵심기술요소로 한다.

㉣ U-Commerce의 기반기술로서 컴퓨터의 내재성과 이동성을 강화함으로써 구현할 수 있다.

Chapter 3 명품 적중 예상문제

01 바코드(Bar Code)는 두께가 서로 다른 검은 막대와 흰 공란(Space)의 조합을 통해 숫자 또는 특수 기호를 광학적으로 쉽게 판독하기 위해 부호화한 체계이다. 다음 중 바코드에 대한 설명으로 가장 적합하지 않은 것은?

① 바코드(Bar Code)는 데이터를 로직 처리하기 쉬운 2진 코드로 부호화하여 문자나 숫자를 나타내는 검은 막대와 흰 공간의 연속을 바와 스페이스를 특정하게 배열해 이진수 0(영)과 1(일)의 비트로 바꾸고 이들의 조합으로 나타나게 된다.

② 바코드(Bar Code)의 구조에서 검사 문자(check digit)는 메시지가 정확하게 읽혔는지 검사하는 것으로 정보의 정확성이 요구되는 분야에 이용되고 있으며, Quiet Zone은 바코드의 시작 문자 앞과 끝 문자의 뒤에 여백이 있는데 이 여백 부분을 말한다.

③ Global Trade Item Number는 표준상품식별코드, 상품품목코드라 불리 우고 있으며 상품을 식별하기위해 사용되는 번호체계로 상품식별코드에는 아무런 의미도 담겨있지 않으며 상품에 대한 정보는 데이터베이스에서 검색이 된다.

④ 바코드(Bar Code)의 Bar는 흑색 선으로서 빛을 주사시켰을 때 반사율이 높게 나타나며 흰 여백(Space)은 백색이므로 반사율이 낮게 나타나게 되므로 이 빛의 반사율을 감지하여 부호화된 정보를 판독할 수 있는 것이다.

⑤ 코리안넷(Koreannet)은 표준바코드(GS1-13, GS1-8, GS1-14)가 부착된 상품의 상세정보를 표준화 시켜 데이터베이스에 등록하고, 이를 제조, 물류, 유통업체가 인터넷 및 EDI를 통해 실시간으로 활용할 수 있도록 지원하는 전자카탈로그서비스이다.

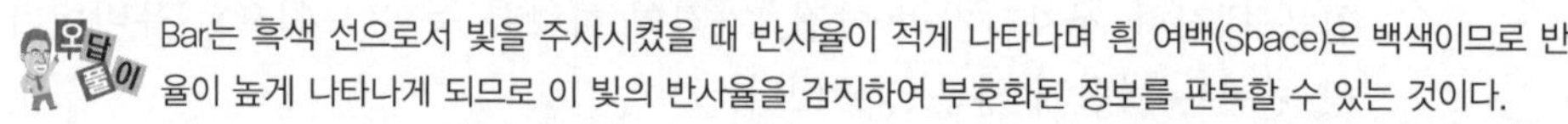
우답풀이 Bar는 흑색 선으로서 빛을 주사시켰을 때 반사율이 적게 나타나며 흰 여백(Space)은 백색이므로 반사율이 높게 나타나게 되므로 이 빛의 반사율을 감지하여 부호화된 정보를 판독할 수 있는 것이다.

02 다음 중 현재 제조업 및 유통업체에서 사용하는 바코드에 관한 국제표준을 제공하는 기관을 지칭하는 것은 무엇인가?

① ISO　② GS1　③ ITF
④ CSCMP　⑤ SMBA

GS1(Global Standard one)은 바코드에 관한 국제표준을 제공하는 기관을 지칭하고 대한민국의 공통 상품코드이며, 우리나라에서 제조되어 판매되는 상품의 고유번호이다.

03 바코드(Bar Code)는 다양한 폭을 가진 Bar(검은 막대)와 Space(흰 막대)의 배열 패턴으로 정보를 표현하는 부호 또는 부호체계라 한다. 바코드에 대한 설명으로 가장 잘못된 것은?

① 바코드(Bar Code)는 두께가 서로 다른 검은 막대와 흰 막대의 조합을 통해 숫자 또는 특수기호를 광학적으로 쉽게 판독하기 위해 부호화한 것으로 이것을 이용하여 정보의 표현과 정보의 수집, 해독이 가능하게 된다.

② 바코드(Bar Code)는 문자나 숫자를 나타내는 검은 바와 흰 공간의 연속으로 바와 스페이스를 특정하게 배열해 이진수 0과 1의 비트로 바뀌게 되고 이들을 조합해 정보로 이용하게 되는데 이들은 심벌지라고 하는 바코드 언어에 의해 정의된 규칙에 의해 만들어진다.

③ 바코드(Bar Code)가 사용되기 이전에는 OCR(Optical Character Recognition) 또는 MSR (Magnetic Stripe Reader)에 의한 패턴 인식법이나 자기 판독장치에 의해서 알파벳이나 숫자를 식별하는 방법을 사용했다.

④ 바코드(Bar Code) 인쇄 색상으로 검은색 바에 흰색바탕 체계는 판독의 가능성이 높다는 점에 특징을 두고 있다. 바코드 스캐너는 어두운바와 밝은바(공간)의 색상을 대조하여 바코드를 판독하기에 검은 색, 군청색, 진한녹색, 진한 갈색 바에 백색, 군청색, 녹색, 적색바탕이 가능하다.

⑤ 바코드(Bar Code)는 스캐너(Scanner) 또는 리더(Reader)라고 불리는 장치를 이용하여 상품의 제조업체, 품명 또는 가격을 정확하고, 간단하고 쉽게 읽어들일 수 있도록 고안된 것이다.

우답 풀이 바코드는 기본적 인쇄 색상으로 검은색 바에 흰색바탕은 판독의 가능성이 높기에, 바코드를 판독하기에 검은 바, 군청색, 진한녹색, 진한 갈색 바에 백색, 노랑, 오렌지 바탕이 가능.

04 다음 중 일본에서 개발된 매트릭스형 2차원 바코드는 어느 것인가?

① QR CODE ② MAXI CODE
③ Veri CODE ④ DATA MATRIX CODE
⑤ PDF-417 CODE

우답 풀이 일본에서 계발된 매트릭스 2차원 QR-CODE가 있고, 매트릭스 코드에는 Maxi code, Code 1, Data Matrix,Veri code, Array Tag, Dot code, QR code, Soft Stripe 등이 있다.

03 ④ **04** ①

05 다음 그림은 표준규격의 EAN 코드이다. 이에 대한 설명으로 가장 옳지 않는 것은?

① 제작 완료된 바코드 원판(필름마스터)에는 항상 상하좌우 4곳에 코너마크가 표시되어있다.

② 검은 바코드는 인쇄시 상품이나 포장이미지에 맞게 파란색, 붉은색, 노란색으로 변경가능하다(단, 흰색바탕은 변경불가능하다).

③ 바코드 판독기는 바코드의 좌우여백 부분을 통해 바코드의 시작과 종료를 알 수 있기 때문에 바코드 좌우에 반드시 밝은 여백이 있어야 한다.

④ 바코드의 최소치는 표준규격의 80%, 최대규격은 표준규격의 200%까지 그리고 최소 축소치에서의 세로 길이는 1.8cm까지 사용하도록 권장된다.

⑤ EAN Association에서는 각 나라별로 2~3자리의 국가 코드를 부여하는데 미국과 캐나다는 UPC와 호환을 위해 00~09를, 한국에는 880을 부여하고 있다.

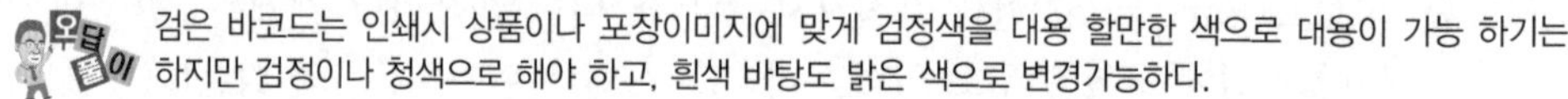

오답풀이 검은 바코드는 인쇄시 상품이나 포장이미지에 맞게 검정색을 대용 할만한 색으로 대용이 가능 하기는 하지만 검정이나 청색으로 해야 하고, 흰색 바탕도 밝은 색으로 변경가능하다.

06 다음 중 유통정보의 식별코드에 관한 설명으로 옳지 않은 것은?

① EAN-13은 식품, 문구, 자동차용품 및 일반 소매 산업에서 활용되고 있다.

② EAN-14는 멀티팩/수송용기의 고정길이 데이터를 식별하기 위해 사용되는 식별코드이다.

③ ITF(Interleaved Two of Five)는 유통업체 소매판매대에서 소비자에게 판매되는 개별상품에 활용된다.

④ SSCC(Serial Shipping Container Code)는 거래처간에 수송용기의 가변정보를 전달하기 위해 사용되는 식별코드이다.

⑤ EPC(Electronic Product Code)는 동일 품목의 개별상품까지 원거리에서 식별할 수 있는 코드이다.

오답풀이 ITF-14(ITF: Interleaved Two of Five)표준 물류바코드는 물류박스에 박스안의 정보를 나타낼 때 사용한다. 일반적으로 골판지 상자에 직접 인쇄를 하기에 인쇄요건이 까다롭지 않은 표준 물류바코드(ITF-14)가 사용된다.

해답 **05** ② **06** ③

07 GTIN-13코드(표준형 상품식별코드)는 13자리 숫자로 구성된 식별코드이다. 다음 중 GTIN-13코드에서 GSI본부가 한국에 부여한 국가 코드는 무엇인가?

① 850　　② 860　　③ 870　　④ 880　　⑤ 890

GS-1본부에서는 각 나라별로 2~3자리의 국가 코드를 부여하는데 미국과 캐나다는 UPC와 호환을 위해 00~09를, 일본에서는 49를, 한국에는 880을 부여하고 있다.

08 GS1(Global Standard No.1)은 상품 및 거래처의 식별과 거래정보의 교환을 위한 국제표준식별코드, 바코드, 전자문서의 개발 · 보급 · 관리를 전담하고 있는 최고의 민간기구이다. 우리나라도 이 기구에 가입을 하여 국내 유통정보를 담당하고 있는데 GS1에 대한 설명으로 가장 잘못된 것을 고르시오.

① GS1은 상품의 식별과 상품정보의 교류를 위한 국제표준 바코드 시스템의 개발 및 보급을 전담하는 세계 100개국이 넘는 국가가 가입한 최고의 민간기구이다.
② 대한민국은 항상 880으로 시작되며, 세계 어느 나라에 수출되더라도 우리나라 상품으로 식별된다. 그러나 국가식별코드가 원산지를 나타내는 것은 아니다.
③ GS1코드는 백화점, 슈퍼마켓, 편의점 등 유통업체에서 최종 소비자에게 판매되는 상품에 사용되는 코드로서 상품 제조 단계에서 제조업체가 상품 포장에 직접 인쇄하게 된다.
④ 제조업체코드는 대한상공회의소 유통물류진흥원에서 제품을 제조하거나 판매하는 업체에 부여하며, 업체별로 고유코드가 부여되기 때문에 같은 코드가 중복되어 부여되지 않는다.
⑤ GS1-8 단축형의 경우 인쇄하기에 충분하지 않은 포장 면적을 갖는 작은 상품의 경우에 적용되며, 체크 디지트는 1자리, 제조업체 코드는 6자리로 구성된다.

GS1-8 단축형의 경우 인쇄하기에 충분하지 않은 포장 면적을 갖는 작은 상품의 경우에 적용되며, 체크 디지트는 1자리, 제조업체 코드는 3자리로 구성된다.

07 ④　　08 ⑤

유통 정보

09 EAN코드가 978891234567인 경우 체크디지트(check digit)의 값은 얼마인가?

① 5 ② 6 ③ 7 ④ 8 ⑤ 9

978891234567의 순서에서
(1) 모든 짝수 번째 숫자x3을 곱하여 더 한다.
(7x3)+(8x3)+(1x3)+(3x3)+(5x3)+(7x3)=93
(2) 모든 홀수 번째 숫자를 단순 더 한다.
9+8+9+2+4+6=38,
(1)+(2)=93+38=131이 나오면, 10의 배수를 만들기 위해 9를 더한다.

10 코리안넷(Koreannet)의 데이터 동기화를 통해 구현될 수 있는 유통업체와 제조업체 간의 주요기능으로 가장 적합하지 않은 것은?

① 상품등록/변경 ② 주문 ③ 상품조회
④ 제품정보 ⑤ 판매활동

코리안 넷(Korean net)의 데이터 동기화를 통해 구현될 수 있는 유통업체와 제조업체 간의 주요기능으로 상품등록과 변경, 주문, 상품조회, 제품정보 등이 적합하다.

11 다음 중 바코드를 정확하게 읽었는가의 검사에 이용되는 것은?

① Check digit ② Quiet zone
③ Start character ④ Stop character
⑤ Interpretation Line

① Check digit(검사 문자):메시지가 정확히 읽혔는지 검사하는 것이다.
② Quiet zone:바코드의 시작과 끝에 있는 여백을 말한다. 심벌의 좌측 여백을 전방 여백, 우측은 후방여백이라 한다.
③ Start Character(시작 문자):심벌의 맨 앞부분에 기록된 문자로서 데이터의 입력 방향과 바코드의 종류를 스캐너에 알려주는 역할을 한다.
④ Stop Character(멈춤 문자):심벌이 끝났다는 것을 알려주어 바코드 스캐너가 양방향 어느 방향에서든지 데이터를 읽게 해준다.
⑤ Interpretation Line:바코드의 윗부분 또는 아랫부분을 말한다.

09 ⑤ 10 ⑤ 11 ①

12 다음 중 유통정보화기술(Distribution information technology)에 대한 설명으로 어울리지 않은 설명은?

① VAN은 데이터 통신 처리업체를 매개로 하여 자금을 교환하고, 통신회선에 정보처리 기능을 결합하여 온라인으로 네트워크화한 시스템으로 유통VAN을 통해 경쟁업체 판매정보까지 파악할 수 있다.

② EDI는 선적요청서(S/R), 주문서(P/D), 상업송장(C/I),수출입허가서(E/L 및 I/L), 수출입 신고서(E/D 및 I/D) 등 기업 간 교환되는 서식에 사용되며, 다량 자료의 반복적 교환이나 가입된 거래상대자에게의 공식서류 전달을 위해 이용된다.

③ VAN은 설계, 제조, 유통 과정, 보급, 조달 등 물류 지원 과정을 비즈니스 리엔지니어링을 통해 조정하고, 동시공학(Concurrent engineering)적 업무처리 과정으로 연계하며 다양한 정보를 디지털화하여 통합 DB에 저장하고 활용하는 것을 목적으로 한다.

④ EC와 CALS는 제품의 설계, 조달, 생산, 판매 등 비즈니스와 관련된 각종 정보를 표준화, 디지털화, 통합화하여 컴퓨터로 업무를 처리한다는 비즈니스 데이터와 기술적인 데이터를 모두 포함하는 개념을 가진다.

⑤ 광대역 종합정보통신망(B-ISDN)은 광범위 서비스를 제공하는 디지털 공중통신망으로 음성, 저속 데이터 통신, 고속 데이터 통신, 정지화상 및 고해상도의 동화상에 이르기까지 다양한 서비스를 제공하는 고속 통신망을 말한다.

CALS는 설계, 제조, 유통 과정, 보급, 조달 등 물류 지원 과정을 비즈니스 리엔지니어링을 통해 조정하고, 동시공학(Concurrent engineering)적 업무처리 과정으로 연계하며 다양한 정보를 디지털화하여 통합 DB에 저장하고 활용하는 것을 목적으로 한다.

유통 정보

13 다음 중 표준물류 바코드에 대한 설명으로 올바르지 않은 것은?

① 체크 디지트로 마지막 한자리를 할당하고 있다.

② 박스단위의 식별에 이용되는 표준 바코드 체계이다.

③ 전체 14자리 코드체계 중에서 첫 자리는 물류식별 코드가 표시된다.

④ 제조업체와 상품품목에 관한 정보를 표시하기 위해서 10자리가 할당되어 있다.

⑤ 생산에서 배송까지의 제품이동의 신속 · 정확화 및 수주에서 납품까지의 리드타임을 단축할 수 있다.

10자리가 할당되어 있는 것은 국제 표준 도서 번호(ISBN:International Standard Book Number)는 현재 전 세계 90여 개국에서 서점 정보와 출판물의 판매 정보, 재고 현황을 신속, 정확하게 파악하기 위하여 활용되고 있는 10자리의 숫자로 구성된 번호 체계를 의미한다.

12 ③ 13 ④

14 다음의 바코드에 대한 다음 설명 중 옳은 것은?

① 제조업체 코드는 제조업체가 자율적으로 임의로 선정한다.
② 우리나라는 UPC의 36번째 회원국으로 KAN시스템을 쓰고 있다.
③ 바코드 인쇄방식에는 source marking과 in-store marking이 있다.
④ 현재 바코드 시스템은 미국에서 사용되었던 UPC코드의 한 종류이다.
⑤ 국가식별코드는 국가를 식별하기 위한 숫자로 우리나라의 코드는 550이다.

바코드(Bar Code)는 가느다란 줄과 굵은 줄 2가지 폭을 가지는 백과 흑의 평행줄로 이루어지는 막대, 여백, 전달 부호줄 및 광학식 문자인식을 위한 자형(0)으로 구성되어 매체상에 인쇄된 표시를 말한다. 바코드 인쇄방식에는 source marking과 in-store marking이 있다.

15 다음 중 2차원 바코드의 특징이 아닌 것은?

① 데이터의 갱신이 가능
② 오염 및 훼손시 오류 검출 및 복원이 가능
③ 1차원 바코드에 비해 대용량의 데이터를 포함
④ 좁은 영역에 많은 데이터를 고밀도로 표현 가능
⑤ 한국어를 포함 모든 외국어, 지문, 그래픽 정보를 표현 가능

데이터(Data)배열에 따른 분류로 2차원 바코드가 있는데 1차원 바코드에 비해 대용량의 데이터를 포함하고,데이터의 갱신이나 삭제가 불가능하다.

16 다음 중 바코드 종류와 크기 결정에 관한 설명으로 가장 옳지 않은 것은?

① GS1-13 바코드는 슈퍼마켓이나 대형마트 등 일반 유통매장에서 사용한다.
② GS1-13 바코드는 표준 크기로부터 최대 200% 까지 확대하여 출력할 수 있다.
③ ITF-14는 표준사이즈를 기준으로 50%~200% 까지 축소, 확대하여 사용할 수 있다.
④ GS1-13 바코드를 축소할 때에는 전체배율을 무시하고 인위적으로 높이만 줄여 출력하면 된다.
⑤ 바코드에 추가정보(일련번호, 유통기한, 단위 등)을 나타내어야 할 경우에는 GS1-128 바코드를 사용한다.

GS1-13 바코드를 축소할 때에는 표준사이즈인 전체배율을 기준으로 80%~200% 까지 축소, 확대하여 사용할 수 있다.

17 도서유통정보화의 기반이 되는 ISBN, 즉 국제표준 도서번호를 표기할때는 OCR문자로 된 ISBN과 EAN의 바코드를 함께 쓴다. 이 때 10자리인 ISBN과 13자리인 EAN의 자릿수를 맞추기 위해 ISBN의 앞에 들어갈 식별번호(prefix)로 올바른 것은?

① 974 ② 975 ③ 976 ④ 978 ⑤ 979

대한민국은 1990년 8월 24일 베를린에 본부를 두고 있는 International ISBN Agency로부터 국별 번호 '89'를 취득하게 되었다. 국별 번호 앞에는 13자리로 맞추기 위하여 접두어(prefix) 3자리 숫자를 열거하는데 977(정기간행물), 978(단행본)을 의미한다.

18 소스 마킹(Source marking)에 대한 설명으로 가장 올바르지 않은 것은?

① 언 제: 상품이 출하될 때
② 어디에: 포장이나 용기에
③ 누 가: 제조공정의 업자나 매장의 판매원이
④ 무엇을: 해당상품 번호를 나타내는 바코드 심벌을
⑤ 어떻게: 포장이나 용기를 인쇄할 때 동시에 바코드를 인쇄

소스 마킹(Source marking)상표의 제조업체나 판매원이 자사가 생산 또는 출하하는 상표의 포장이나 용기에 바코드를 인쇄하는 것이다. 제조과정에서 소스마킹이 된다.

19 유통업체와 제조업체가 공동으로 제품생산 및 판매에 이르는 모든 프로세스과정에서 비효율성을 제거함으로써 비용절감, 더 나아가서는 소비자 만족의 극대화를 추구하는 시스템을 가장 잘 나타내고 있는 것은?

① QR ② ERP ③ ERP
④ CRM ⑤ e-Procurement

상품을 수령하는 데 따른 비용을 줄이고, 업체에서는 즉각적인 고객서비스를 할 수 있어 서비스의 질을 향상시킬 수 있고 업무의 효율성과 소비자의 만족을 극대화시키는 정보를 신속 대응(QR:Quick Response)이라고 한다.

17 ④ 18 ① 19 ①

20 다음 중 EPC(Electronic Product Code)코드에 대한 설명으로 옳지 않은 것은?

① EPC코드는 GS1 표준바코드와 마찬가지로 상품을 식별하는 코드이다.
② EPC코드는 동일 품목의 개별상품까지 원거리에서 식별할 수 있다는 것이다.
③ EPC 인포메이션 서버는 공급망에 연결된 거래자들 간의 데이터 교환에 필요한 인터페이스를 제공한다.
④ EPC코드는 위조품 방지, 유효기간 관리, 재고 관리 및 상품 추적 등 공급체인에서 다양한 효과를 누릴 수 있다.
⑤ EPC코드는 기존 바코드를 사용할 수 있도록 고안되어 있으며 국가코드, 업체코드, 상품코드, 체크디지트로 구성되어 있다.

EPC(Electronic Product Code)코드는 GS1 표준바코드와 마찬가지로 상품을 식별하는 코드이다. 헤더 업체코드(EPC Manager) 상품코드(Object Class) 일련번호(Serial Number)로 구성되어 있다.

21 다음 중 POS(Point of Sales) 시스템에 대한 설명으로 가장 적합하지 않은 것은?

① 상품의 바코드에 부여된 정보를 토대로 자료를 수집한다.
② 유통업체는 수집된 자료의 분석을 통해 상품구색관리, 진열관리 등에 이용할 수 있다.
③ 제조업체는 POS시스템으로부터 분석된 자료를 통해 생산계획수립을 효과적으로 할 수 있다.
④ POS시스템의 데이터를 가공하여 얻는 효과(soft merit)로는 업무처리 속도의 증가, 점포의 사무작업의 간소화 등이 있다.
⑤ POS시스템은 POS 단말기와 단말기에 상품 정보를 오류 없이 신속하게 입력하기 위한 식별 방법인 바코드 시스템으로 구성되어 있다.

소프트메리트(soft merit)는 POS시스템에서 출력한 자료 활용과정에서 얻게 되는 간접효과 또는 활용효과이다. 소프트메리트(soft merit)는 기기를 도입하는 것 자체로만으로는 기대할 수 없고 시스템을 도입한 기업의 활용능력에 따라 그 크기가 달라진다.

해답 **20** ⑤ **21** ④

22 다음 중 바코드와 RFID의 비교로 가장 옳지 않은 것은?

	구분	바코드	RFID
①	인식방법	광학식(read only)	무선(read/write)
②	정보량	수십 단어	수천 단어
③	인식거리	최대 수십센티미터	최대 수십미터
④	인식속도	개별 스캐닝	수십~수백개/초
⑤	관리레벨	개별상품	묶음상품

바코드는 관리수준이 상품그룹별로 관리를 하는데 비하여, RFID는 개별상품마다 관리가 가능하다.

23 유통정보시스템(Distribution information system)은 유통계획, 관리, 거래처리 등에 필요한 데이터를 처리하여 유통관련 의사결정에 필요한 정보를 제공하는 정보 시스템이다. 이에 대한 설명으로 가장 옳지 않은 것은?

① 유통정보시스템은 특정 응용분야의 활동과 관련된 자료를 수집 · 분석 · 처리하여 의사결정을 하는데 필요로 하는 정보를 제공해줄 수 있는 인간과 컴퓨터시스템의 구성요소들로 이루어진 시스템이다.

② 유통정보 시스템의 내부 데이터베이스의 유형에는 조달 물류 관련 데이터, 생산 관련 데이터, 판매 물류 관련 데이터, 판매 영업 관련 데이터, 고객 서비스 관련 데이터, 경쟁사 관련 데이터, 정치 환경 관련 데이터가 있다.

③ 유통정보 시스템의 내부 데이터베이스의 유형에는 생산기술, 공정기술, IT기술, 솔루션, 처리기술, 표준기술 등과 관련된 기술 정보와 상권 분석, 인구 분석 통계, 소비자 심리 조사, 구매 패턴 조사, 수요 조사 등과 관련된 고객 정보가 있다.

④ 유통정보시스템 설계 단계로는 경로시스템에 있어서 핵심 의사결정 영역, 의사결정이 이루어지는 각 수준, 의사결정을 내리기 위해 필요한 정보, 유통정보를 제공하는 방법과 시스템 운영환경의 설계 및 확인 등이 있다.

⑤ 유통정보시스템 설계시 DB는 정보의 Data상 중복을 최소화하고, 조직의 목적달성, 무결 성, 보안성 등을 고려하며 동시에 많은 사용자가 동일 데이터에 접근하더라도 이를 보장할 수 있는 디지털 정보 활용에 가장 중요한 인프라이다.

유통정보 시스템의 내부 데이터베이스의 유형에는 조달 물류 관련 데이터, 생산 관련 데이터, 판매 물류 관련 데이터, 판매 영업 관련 데이터, 고객 서비스 관련 데이터가 있고, 경쟁사 관련 데이터, 정치 환경 관련 데이터는 외부데이터이다.

22 ⑤　23 ②

유통 정보

24 다음 중 POS시스템 도입에 따른 장점과 가장 거리가 먼 것은?

① 생산, 유통, 소비에 이르기까지 물품의 이력을 실시간으로 추적할 수 있다.
② 단품관리에 의해 잘 팔리는 상품과 잘 팔리지 않은 상품을 즉각 찾아낼 수 있다.
③ 매장업무처리시간이 단축되어 고객대기시간이 줄며 계산대의 수를 줄일 수 있다.
④ POS터미널의 도입에 의해 판매원 교육 및 훈련시간이 짧아지고 입력오류를 방지할 수 있다.
⑤ 정보가 집중적으로 처리되고 분석되어 각종의 데이터로 가공되어 전략적 의사결정에 사용된다.

물품의 이력을 실시간으로 추적할 수 있는 것은 RFID가 가능하다.

25 유통경로시스템에 활용할 수 있는 바코드와 POS시스템에 대한 설명 중 가장 절절하지 못한 것은?

① 바코드는 상품이나 유통과 관련된 자료를 컴퓨터로 전송하는 데 있어 효과적인 테이더 전송기술이다. 이를 위해 대한상공회의소 유통물류진흥원에서는 GSI(100개국 이상의 국가가 가입되어 있는 국제기구)에 1988년 가입하여 국제표준바코드시스템을 관리하고 있다.
② 바코드를 부여하는 주체가 제조업체일 경우를 소스마킹, 소매업체에서 제품에 라벨을 붙일 경우는 인스토어마킹이라 한다.
③ POS시스템은 판매시점에 자료를 수집, 정리하여 경영활동에 이용하는 시스템이다. 금전등록기기능과 통신기능을 갖춘 컴퓨터 본체와 스캐너로 구성되며, 분석될 데이터가 저장되는 대용량의 PC를 스토어 컨트롤러라 부른다.
④ 슈퍼나 편의점 체인의 POS 데이터를 통합, 가공하여 마케팅 전략 수립에 유용한 정보를 제조업체에 제공하는 서비스를 통합 데이서비스(IDS: Integrated Data Service)라 한다.
⑤ 전자주문시스템(EOS: Electronic Oder System)과 연계하여 신속하고 적절한 구매를 할 수 있도록 지원하고 그 외에 재고의 적정화, 물류관리의 합리화, 판촉전략의 과학화 등 POS시스템 도입의 장점으로 유통업계에 빠르게 확산되고 있다.

슈퍼나 편의점 체인의 POS 데이터를 통합, 가공하여 마케팅 전략 수립에 유용한 정보를 제조업체에 제공하는 서비스를 data base나 data warehouse 라 하다.

해답 **24** ① **25** ④

26 다음 중 EDI에 대한 설명으로 옳지 않은 것은?

① EDI는 어느 기업과도 데이터를 교환할 수 있다.
② EDI는 주문 시간을 줄일 수 있다는 장점이 있다.
③ EDI는 서류 정리 작업에 필요한 관리자의 수와 인건비가 과다하게 소요된다.
④ EDI는 합의된 표준을 사용하여 컴퓨터 간의 통신을 통해 교환하는 것을 말한다.
⑤ EDI는 적절한 시기에 빠른 정보를 제공받음으로써 고객에게 서비스 제공시간을 단축할 수 있다.

전자문서교환(EDI)은 컴퓨터 간의 직접적인 자료의 교환을 통해서 기업조직 간, 기업간에 서류를 전자적으로 대체하는 시스템으로 어느 기업과도 데이터를 교환할 수 있다. EDI는 서류 작업을 축소하고 실시간 자료의 전송으로 일관성이 증가하고 정확히 데이터를 전송할 수 있으며, 서류 정리 작업에 필요한 관리자의 수와 인건비 등을 절감할 수 있다.

27 다음 중 2차원 바코드에 대한 설명으로 거리가 먼 것은?

① Maxicode는 UPS사에서 개발된 것으로 스택형 코드이다.
② PDF-417 코드는 가변적인 길이와 높이를 갖는 2차원 심볼로지이다.
③ 다층형 바코드(Stacked Bar Code)의 열안에는 1개 이상의 데이터 문자를 포함한다.
④ QR코드는 일본에서 개발된 것으로 물류관리나 공장자동화에 적합하도록 고안되었다.
⑤ Data Matrix 코드는 미국에서 개발된 것으로 오류 검출 및 복원 알고리즘에 따라 유형이 구별된다.

Maxi code, Code 1, Data Matrix, Veri code, Array Tag, Dot code, QR code, Soft Stripe 등의 코드는 매트릭스 코드이다. 매트릭스형 코드에서는 흑백 엘리먼트 존재 여부만 확인하면 되므로 데이터가 엘리먼트 변에 구속되지 않아서 다층형 또는 선형(1D) 심벌로지에 비해서 데이터의 오차 허용도(Tolerance)가 작아도 된다.

28 EDI(전자문서교환)의 사용에 따르는 기대효과로 적합하지 않은 것은?

① 주문 사이클 증가
② 사무인력의 생산성 향상
③ 무역업 분야에서 비용감소효과
④ 거래 상대방과 정보공유로 협력관계 촉진
⑤ 서류 없는 업무환경으로 오류감소 및 비용 절감

전자문서교환(EDI) 시스템이란 거래업체 간에 상호 합의된 전자문서표준을 이용하여 인간의 조정을 최소화한 컴퓨터 간의 구조화된 데이터의 전송을 의미하므로 주문 사이클은 오히려 감소가 될 것이다.

26 ③ 27 ① 28 ①

유통 정보

29 물류 정보 시스템(LIS ; Logistics Information System)이란 물류 관리의 주요 단계별 요인인 포장, 하역, 보관 및 운송 각 기능 사이를 유기적으로 연결시켜 전체적인 물류관리를 효율적으로 수행하는 정보 시스템을 말한다. 이런 물류정보시스템에 대한 설명으로 가장 잘못된 것은?

① 물류 정보 시스템은 생산과 소비 사이에서 물(物)의 인격적 · 편의적 간격을 경제적이고 효율적으로 극복하기 위한 가장 효과적인 방법을 선택하기 위해서는 다양한 정보를 전달하고 처리하는 일이 필요하게 되었다.

② 물류 정보 시스템은 생산에서 소비에 이르는 각 단계에 필요 불가결한 물류 활동을 구성하고 있는 운송, 보관, 하역, 포장 등의 전체 물류 기능을 유기적으로 결합하여 전체적인 물류 관리를 효율적으로 수행할 수 있도록 해주는 정보 시스템을 의미한다.

③ 물류 정보 시스템은 핵심인 일관 운송체제는 화물의 집화, 배송, 수송, 보관 및 하역 등 각 하위 시스템을 포함하는 복합적 개념으로, 효율적 운영을 위해서는 이를 전체적으로 관리할 수 있는 물류 정보 시스템 확립의 필요성이 대두하게 되었다.

④ 물류정보전달이 신속하고, 정확해짐에 따라 기업 간 물류활동에 대해 나타나고 있는 요구사항에 대한 내용으로는 '수 · 발주 단위의 소량화', '결품률 저하', '수주에서 납품까지 시간의 단축화'를 예로 들 수 있다.

⑤ 물류는 단순한 물리적 행동이 아니고 수주(受注)에서 납품(納品)에 이르기까지 정보의 흐름을 인식하여야 한다. 따라서 정보의 흐름을 효율적으로 운영하기 위해서는 시스템화가 중요한 과제로 등장하게 된다.

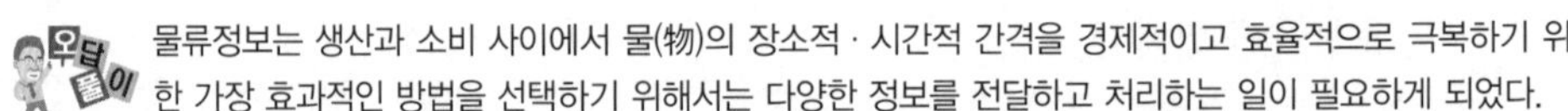
우답풀이 물류정보는 생산과 소비 사이에서 물(物)의 장소적 · 시간적 간격을 경제적이고 효율적으로 극복하기 위한 가장 효과적인 방법을 선택하기 위해서는 다양한 정보를 전달하고 처리하는 일이 필요하게 되었다.

30 다음 중 EDI(Electronic Data Interchange)에 대한 설명 중 가장 적절하지 않은 것은?

① 전 세계적 보급을 목적으로 EDI 관련 표준화 기관으로는 EPC Global이 있다.

② 수신자는 수신자료의 재입력을 최소화함으로써 자료입력 오류를 줄일 수 있다.

③ 거래업체 간에 상호 합의에 의해 표준화된 문서를 전자적으로 교환하는 시스템이다.

④ EDI 도입으로 인한 전략적 이점으로는 거래상대방과의 업무절차 개선, 경영혁신 등이 있다.

⑤ EDI는 국내 유통거래, 원격 교육, 원격 행정업무, 원격 의료 서비스, 홈 쇼핑 및 홈뱅킹 등 다방면에 걸쳐 이용할 수 있다.

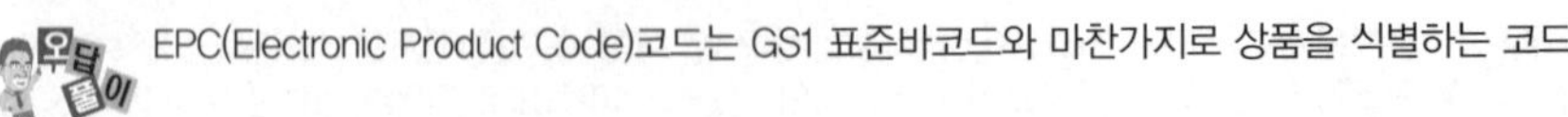
우답풀이 EPC(Electronic Product Code)코드는 GS1 표준바코드와 마찬가지로 상품을 식별하는 코드이다.

해답 29 ① 30 ①

31 다음 중 EDI 방식과 E-mail 방식에 의한 정보교환의 특성에 대한 설명으로 부적절한 것은?

① EDI는 수신자가 정보를 재입력할 필요성이 없다는 장점이 있다.
② E-mail은 자유로운 형식으로 정보를 전달할 수 있다는 장점이 있다.
③ E-mail은 구조화된 표준양식을 이용하거나 단순한 일반 편지를 이용한다.
④ EDI는 다량 자료의 반복적 교환이나 가입된 거래상대자에게의 공식서류 전달을 위해 이용된다.
⑤ EDI란 통신회선을 통해 표준적인 규약을 이용하여 컴퓨터 간에 데이터를 상호 교환하는 방식을 말한다.

우답풀이 E-mail은 컴퓨터 통신망을 이용하여 컴퓨터 사용자 간에 편지나 여러 정보를 주고받는 새로운 개인 통신방법으로 비 구조화된 비표준양식을 이용하거나 단순한 일반 편지를 이용한다.

32 전략적 실행을 최적화하는 경영관리기법으로 하버드 비즈니스 스쿨의 Kaplan 교수와 경영 컨설턴트인 Norton이 공동으로 개발하여 1992년에 최초로 제시한 균형성과 표(BSC ; Balanced Score Card)에 대한 설명으로 옳은 것은?

① 비즈니스 프로세스의 관점에서 해당 기업의 공급업체로부터 고객에 이르기까지 계획(plan), 공급(source), 생산(make), 인도(deliver), 회수(return)가 이루어지는 공급망을 통합적으로 분석한다는 데 그 기초를 두고 있다.
② 주요 성과지표로는 재무, 고객, 내부프로세스, 성장과 학습 등이 있으며 기존의 재무성과 중심의 측정도구의 한계를 극복하기 위해 개발되었으며, 4분야에 대해 측정 지표를 선정해 평가한 뒤 각 지표별로 가중치를 적용해 산출한다.
③ 전체적인 공급망 성과측정을 위해 공급망의 신뢰성(reliability), 유연성(flexibility) 대응성(responsiveness), 비용(cost), 자산(asset) 등 크게 5가지 분야의 성과측정 분야를 제시하고 있다.
④ 조직 내외부의 관점에서 성과를 측정할 수 있으며, 공습사슬관리의 성과측정을 위해 개발된 모형이고, 계획, 조달, 제조, 인도, 반환 등의 5가지 기본 프로세스를 가지고 있다.
⑤ 공급망의 통합적 분석을 통해 공급망 상의 상품, 서비스, 정보의 흐름을 개선하며 망내의 연결부분에서 발생하는 과잉재고와 낭비요인을 절감시킬 수 있는 방법을 도출할 수 있게 한다.

우답풀이 BSC의 주요 성과지표로는 재무, 고객, 내부프로세스, 성장과 학습 등이 있으며 기존의 재무성과 중심의 측정도구의 한계를 극복하기 위해 개발되었으며, 4분야에 대해 측정 지표를 선정해 평가한 뒤 각 지표별로 가중치를 적용해 산출한다.

해답 31 ③ 32 ②

33 다음은 일정한 공급자와 공급을 받는 자의 협력에 관한 시스템이다. 무엇에 관한 설명인가?

> 생산, 유통관계의 거래 당사자가 협력하여 소비자에게 적절한 시기에 적절한 양을 적정한 가격으로 제공하는 것이 목표이며 소비자의 개성화나 가격지향시대에 적응하기 위해 기업의 거래선과 공동으로 실시하는 리엔지니어링의 개념이다.

① QR ② CRM ③ POS ④ EDI ⑤ CPFR

QR(Quick Response)은 신속 대응이나 반응을 말한다. 소비자 중심의 시장 환경에 신속히 대응하기 위한시스템으로서 생산에서 유통에 이르기까지 표준화된 전자거래체계를 말한다. QR시스템은 재원조달이나 업무추진에 대한 한계로 인해 개인이 이를 추진하기에는 무리가 있다.

34 신속대응(QR:Quick Response)시스템은 소비자의 만족을 극대화하기 위해 제조업자와 공급업자 및 운송업자들이 긴밀한 협조관계를 유지하는 것이다. 다음 중 QR시스템에 대한 설명으로 가장 적절하지 않은 것은?

① QR시스템은 상품을 수령하는 데 따른 비용을 줄이고, 업체에서는 즉각적인 고객서비스를 할 수 있어 서비스의 질을 향상시킬 수 있고 업무의 효율성과 소비자의 만족을 극대화시킨다.
② QR시스템은 생산에서 판매에 이르기까지 시장정보를 즉각적으로 수집하여 대응하며 회전율이 높은 상품에 적합한 시스템이며, 구성요소로는 EDI, 인터넷 등 통신시스템, POS시스템, KAN 코드 등이 있다.
③ QR이 추구하는 목적은 제품개발의 짧은 사이클화를 이룩하여 소비자의 욕구에 신속대응하고, 원자재 조달과 생산 그리고 배송에서의 누적 리드타임을 단축시키기 위하여 미국의 패션의류업계가 수입의류의 급속한 시장잠식에 대한 방어목적으로 개발하였다.
④ QR시스템은 기본적으로 소비되는 제품에서도 필요하지만, 최신 유행의 의류업체에서도 필요하다. 유행성이 강한 상품은 새로운 색상과 스타일이 중요하므로 즉각적으로 대응할 수 있어야 하고, 계절적으로도 민감하므로 빠르게 적응할 수 있어야 한다.
⑤ QR시스템의 도입을 통해 얻을 수 있는 효과의 대표적인 내용으로는 상품의 품절 증가와 재고회전율의 감소, 고객정보의 효율적 활용에 의한 소비자 기호에 부응, 완만한 물류서비스를 실현할 수 있다.

QR시스템의 도입을 통해 얻을 수 있는 효과는 상품의 품절 방지와 재고회전율의 증가, 고객정보의 효율적 활용에 의한 소비자 기호에 부응, 신속한 물류서비스의 실현이다.

해답 33 ① 34 ⑤

35 POS(Point of Sale)는 판매시점 정보관리 시스템으로써, 무슨 상품이 언제, 어디에서, 얼마나 팔렸는지를 파악할 수 있도록 상품이 판매되는 시점에 판매 정보를 수집하여 관리하는 시스템을 지칭하는 말이다. 다음 중 POS에 대한 설명으로 가장 적합하지 않은 것은?

① POS시스템은 물품을 판매한 바로 그 시점에 판매정보가 중앙 컴퓨터로 전달되어 각종 사무 처리는 물론 경영분석까지도 이루어지는 시스템으로, 전자식 금전등록기, 정찰 판독 장치, 크레디트 카드 자동 판별 장치의 3가지기기를 컴퓨터에 연동시켜 상품 데이터를 관리한다.

② POS시스템은 종래의 직접 손으로 입력하는 key in 방식이 아닌 광학적 방법인 바코드를 이용하여 자동판독방식의 레지스터에 의해 단품별로 수집된 판매정보와 매입, 배송 등의 활동에서 발생하는 각종 정보를 컴퓨터로 처리하여 각 부분이 유용하게 활용할 수 있는 정보로 전달한다.

③ POS시스템은 POS 터미널과 스토어 컨트롤러, 호스트 컴퓨터 등으로 구성되어 있으며, 상품코드 자동판독장치인 바코드리더가 부착돼 있다. 외식업, 유통업, 서비스업 등 각종 분야에서 활용되며 실시간으로 매출을 등록하고, 등록된 매출 자료의 자동정산 및 집계를 가능하게 해준다.

④ 최근에 소매업의 경영이 계속 혁신적으로 발전하면서 급속한 업무 변화에 적응하기 위해서 POS시스템은 POS 워크스테이션으로 전환되고 있다. 즉, POS 단말기와 PC가 결합하여 매출 등록뿐 아니라 매장에서 이루어지는 발주 업무, 고객관리 업무 및 재고 관리 업무 같은 것을 현장에서 직접 처리하고 있다는 점이다.

⑤ POS 데이터를 통해 가공되는 정보가 제공하는 이익(merit)은 단순이익(hard merit)과 활용이익(soft merit)으로 구분하고, soft merit는 POS시스템 기기를 도입함에 따라 기기 자체의 기능 수행만으로도 모든 기업이 향유할 수 있는 이익이고, hard merit는 시스템을 도입한 기업의 활용능력에 따라 그 크기가 달라진다.

POS시스템 기기를 도입함에 따라 기기 자체의 기능 수행만으로도 모든 기업이 향유할 수 있는 이익이고, soft merit는 시스템을 도입한 기업의 활용능력에 따라 그 크기가 다르다.

35 ⑤

36 다음은 QR시스템에 대한 설명이다. 이에 대한 설명으로 옳지 않은 것은?

① QR시스템으로 인하여 판매를 할 수 있는 기회가 증가하였다.
② QR시스템은 불필요한 재고를 발생시키는 한계점을 노출하고 있다.
③ QR시스템은 상품을 수령하는 데 따른 비용을 줄이는 효과가 있다.
④ 제조업자와 공급업자 간의 긴밀한 협조 관계를 유지하기 위해서도 필요한 시스템이다.
⑤ QR시스템은 생산에서 판매에 이르기까지 시장 정보를 즉각적으로 수집하여 대응하는시스템이다.

QR시스템(Quick Response System)은 상품을 공급함에 있어서 소비자들이 원하는 시간에 맞추어 공급하며, 불필요한 재고를 없애서 비용을 감소시킨다는 원칙에서 출발한다. 이것은 마치 JIT 시스템의 재고공급시스템과 유사하다.

37 QR(Quick Response) 시스템과 ECR(Efficient Consumer Response)시스템에 관한 설명으로 가장 거리가 먼 것은?

① QR 시스템은 고객이 원하는 시간과 장소에 필요한 제품을 공급하기 위한 물류정보 시스템으로, 미국의 패션의류업계가 수입의류상품의 급속한 시장잠식에 대한 방어 목적으로 개발하였다.
② QR시스템이 원자재 조달→생산→배송이라는 공급망 전체에 걸쳐 채택된다면, 처리 시간의 단축을 통해 누적리드타임이 단축되고 재고의 감소로 이어지며 그 결과 고객에 대한 반응시간 감축 등의 효과를 얻을 수 있다.
③ ECR 시스템의 성공적인 도입을 위해서는 상호간 유익이 되는 강력한 동맹관계가 형성되어야 하며, 성과측정기준이 같지 않더라도 보상시스템은 같은 기준으로 적용되어야 한다는 전제조건이 충족되어야 한다.
④ ECR 시스템은 소비자에게 더 나은 가치를 제공하기 위햇 유통기관과 제조기업이 서로 밀접하게 제휴하는 전략이다.
⑤ ECR 시스템이 갖는 혜택으로 제품의 선택과 구매편의 증가, 품절품목 감소, 신선도 증가 등을 꼽을 수 있다.

ECR 시스템의 성공적인 도입을 위해서는 상호간 유익이 되는 강력한 동맹관계가 형성되어야 하며, 성과측정기준이 같지 않으면 보상시스템 역시 다른 기준으로 적용되어야 한다는 전제조건이 충족되어야 한다.

 **36** ② **37** ③

38 다음의 글상자에서 QR(quick response)에 대한 옳은 설명만으로 나열된 것을 고르시오.

> 가. 서로 떨어져있는 기업과 부서간의 물류정보가 실시간으로 전달된다.
> 나. 시장수요에 신속하게 대응하여 기업경쟁력을 향상시킨다.
> 다. 공급사슬에서 재고를 쌓이게 하는 요소를 제거한다.
> 라. 품질을 증가시킬 수 있는 정보를 조기에 획득할 수 있다.
> 마. QR을 사용함으로써 누적 리드타임이 감소하게 된다.
> 바. 고객요구에 대한 반응시간을 길게 만드는 요인을 제거한다.

① 가, 다, 라, 마
② 나, 다, 라, 마
③ 가, 다, 라, 바
④ 나, 다, 마, 바
⑤ 나, 다, 라, 바

우답풀이 QR시스템은 소비자의 만족을 극대화하기 위해 제조업자와 공급업자 및 운송업자들이 긴밀한 협조관계를 유지하여 시장수요에 신속하게 대응하여 기업경쟁력을 향상하고, 공급사슬에서 재고를 쌓이게 하는 요소를 제거하기 위해서도 필요한 시스템이다.

39 전자상거래를 구현하는 네트워크 기술들에 관한 설명 중 가장 옳지 않은 것은?

① LAN(Local Area Network)은 근거리 통신망으로 300m 이하의 통신회선으로 연결된 PC, 메인프레임, 워크스테이션들의 집합을 의미한다.
② WAN(Wide Area Network)은 광역통신망으로 지리적으로 흩어져 있는 통신망을 의미하는 것으로서 LAN 보다 넓은 지역을 커버하는 통신 구조를 의미한다.
③ MAN(Metropolitan Area Network)은 WAN에 의해 커버되는 지역보다는 지리적으로 넓은 장소 내의 컴퓨터 자원들과 사용자들을 서로 연결하는 네트워크이다.
④ 인트라넷(Intranet)은 기업 내에 속해 있는 사설 네트워크로서, 서로 연결되어 있는 여러 개의 근거리 통신망으로 구성될 수 있고, 광역통신망 내에서는 전용회선이 사용되기도 한다.
⑤ 엑스트라넷(Extranet)은 일부 비즈니스 정보나 운영을 제조업체, 공급업체, 협력업체, 고객 또는 다른 비즈니스 업체들과 안전하게 공유하기 위해 IP와 공중전화망을 사용하는 사설망이다.

우답풀이 MAN(Metropolitan Area Network):대도시 통신망은 도시 내에 여러 개의 LAN으로 구성된다.

해답 **38** ④ **39** ③

40 기업들은 효율적인 공급사슬을 구축하기 위해서 서로간의 전략적 제휴를 추진하고 있다. 다음 중 전략적 제휴의 형태에 대한 설명 중 가장 옳지 않은 것은?

① QR(Quick Response)은 소매업자와 제조업자의 정보공유를 통해 효과적으로 원재료를 충원하고, 제품을 제조하며, 유통함으로써 효율적인 생산과 공급체인 재고량을 최소화시키려는 전략이다.

② CRP(Continuous Replenishment Program)는 지속적인 상품보충 시스템을 의미하는 것으로 유통업체 입장에서 소비자의 수요에 따라 상품의 결품이 발생하기 전에 자동적으로 상품을 공급받는 Pull방식의 상품 보충 프로그램이다.

③ VMI(vendor Managed Inventory)는 제조업체와 유통업체상호간 정보를 공유하고 공동으로 제품 재고관리를 한다.

④ ECR(Efficient Consumer Response)은 유통업체와 제조업체가 고객에게 보다 저렴한 가격으로 상품을 제공하고 고객 만족도를 높이기 위하여 공급체인을 Pull방식으로 변화시키며 POS시스템 도입을 통하여 제품을 자동 보충하는 전략이다.

⑤ CPFR(Continuous Planning & Forecasting Replenishment)은 제조업체와 유통업체 사이에 판매 및 재고데이터 공유를 통하여 수요예측과 주문관리에 이용하고 효과적인 상품 출원과 재고관리를 지원하는 공급망관리를 위한 모델이다.

CMI(Co-Managed Inventory) 공동 재고관리는 제조업체와 유통업체가 공동으로 상품 보충 시스템을 관리하는 것을 말한다. 제조업체와 유통업체 상호 간에 제품 정보를 서로 공유하고 있어야 한다.

41 다음 중 QR(Quick Response)시스템에 대한 설명으로 가장 옳은 내용은?

① 고객에 대한 서비스 서비스의 질이 낮아진다.

② 고객이 원하는 시간과 장소에 필요한 제품을 공급하기 위함이다.

③ 바이어의 사전 구매 결정에 따른 재고 비용 부담을 발생시키기도 한다.

④ 원자재 조달과 생산 그리고 배송에서의 누적 리드 타임을 증가시킨다.

⑤ 유럽의 패션 의류 업계가 수입 의류 상품의 급속한 시장 잠식에 대한 방어 목적으로 개발하였다.

QR시스템은 생산에서 판매에 이르기까지 시장 정보를 즉각적으로 수집하여 대응하는 시스템이다. QR시스템은 상품을 수령하는데 따른 비용을 줄이고, 업체에서는 즉각적인 고객 서비스를 할 수 있어 서비스의 질을 향상시킬 수 있으며, 업무의 효율성과 소비자의 만족을 극대화시킨다.

해답 **40** ③ **41** ②

42 통합물류시스템의 하나로 각광을 받는 ECR과 QR을 비교한 아래의 내용 중에서 옳지 않은 것은?

① ECR은 식품잡화, QR은 의류상품에 적합하다.
② ECR은 가격이 싼 상품에, QR은 가격이 비싼 상품에 적합하다.
③ ECR은 회전율이 낮은 상품에, QR은 회전율이 높은 상품에 적합하다.
④ ECR은 자동발주 연속보충 시스템이고, QR은 타이밍에 맞는 보충이 중요한 상품에 적합하다.
⑤ ECR은 크로스도킹(Cross Docking) 상품납입방식이 적합하고, QR은 Floor Ready Merchandise 상품 납입방식이 적합하다.

ECR은 회전율이 높은 상품에, QR은 회전율이 낮은 상품에 적합하다.

43 다음 중 물류정보시스템에 관한 다음 설명 중 적절하지 않은 것은?

① GIS(geographic information system)는 무선통신을 이용하여 이동체의 위치 및 상태를 실시간으로 파악 또는 관리하는 시스템이다.
② TRS(trunked radio system)는 중계국에 할당된 다수의 주파수채널을 사용자들이 공유하며 사용하는 무선통신 서비스이다.
③ LBS(location based service)는 GPS칩을 내장한 휴대폰이나 PDA단말기 이동체의 위치를 무선통신으로 위치확인서버에 제공하면 모든 이동체의 현황을 실시간으로 검색하는데 사용될 수 있다.
④ ITS(intelligent transport system)는 도로와 차량 등 기존 교통의 구성요소에 첨단의 전자, 정보, 통신기술을 적용시켜 교통시설을 효율적으로 운영하고 통행자에 유용한 정보를 제공한다.
⑤ AVLS(Automatic Vehicle Location System)는 이동체의 위치 및 이동상태를 파악하고, 차량의 최적배치, 실태파악 및 분석, 안내, 통제, 운영 등과 관련한 일련의 작업들을 자동화한 시스템이다.

무선통신을 이용하여 이동체의 위치 및 상태를 실시간으로 파악 또는 관리하는 시스템은 GPS(Global Positioning System)이다.

유통 정보

42 ③　43 ①

44 다음 중 GPS(Global Positioning System)에 대한 설명으로 옳지 않은 것은?

① 자동항법장치에도 응용되어 자동차나 선박의 운항에도 이용된다.
② 무선 정보제공 시스템으로서 인공위성을 활용하는 정보기술 분야이다.
③ 국내에서는 무궁화 위성을 통해서 한반도 내의 모든 GPS 서비스가 가능하다.
④ GPS 시스템에 따라서 위치 파악의 정확도에 차이가 있어서 업무에 따라서 시스템의 정밀도 수준을 결정해야 한다.
⑤ 토지 조성공사에도 작업자가 건설용지를 돌면서 지반 침하와 침하량을 측정하여 리얼타임으로 신속하게 대응할 수 있다.

GPS(Global Positioning System)란 미국 국방부에서 개발한 새로운 위성항법 시스템으로 주 관제국은 미국에 있다. 무궁화 위성(Koreasat Mugunghwa)은 KT가 소유하고 운용하는 인공위성으로 고정 위성 업무(FSS)와 방송 위성 업무(BSS), 즉 통신 · 방송 복합 업무용의 국내 위성이다.

45 SCM(Supply Chain Management)은 공급자로부터 최종 소비자에게 상품이 도달되는 모든 과정으로서 공급사슬관리라고 하며, 제품, 정보, 재정의 흐름을 통합하고 관리하는 것을 말한다. SCM에 대한 설명으로 가장 잘못된 것은?

① SCM은 제조, 물류, 유통업체 등 유통 공급망에 참여하는 전 기업들이 협력을 바탕으로 양질의 상품 및 서비스를 소비자에게 전달하고 소비자는 거기에서 극대의 만족과 효용을 얻는 것을 목적으로 한다.
② SCOR은 SCM의 성과 측정도구로서 비재무적 성과까지 고려하고 성과를 만들어 낸 동인(動因)을 찾아내 관리하는 것이 특징이며 이런 점에서 재무적 성과에 치우친 EVA(경제적 부가가치), ROI(투자수익률) 등의 한계를 극복할 수 있다.
③ IOIS(Inter Organizational Information System)은 공급체인 기업 간 정보공유를 위한 시스템으로공급체인 구성원 간 실시간 정보공유가 가능하며, 통합공급체인의 환경에서의 정보의 중요성에 의해 도입되었다.
④ 린(Lean)공급사슬에서 린(Lean)의 사전적 의미는 '얇은','마른','(비용을)절감한'이란 뜻을 가지고 있다. 정확하게 자재구매에서부터 생산, 재고관리, 유통에 이르기까지 모든 과정에 손실을 최소화하여 최적화한다는 개념이다.
⑤ 민첩(Agile)공급사슬은 간편한 구성관리로 즉시 사용한 구조로 되어있으며 산업별 장점들을 시스템에 반영하고 있다. 경쟁사대비 우위의 기술을 보유하고 있으며, 이는 지속적인 경쟁력 확보의 수단이다.

BSC는 SCM의 성과 측정도구로서 비재무적 성과까지 고려하고 성과를 만들어낸 동인(動因)을 찾아내 관리하는 것이 특징이며 이런 점에서 재무적 성과에 치우친 EVA(경제적 부가가치), ROI(투자수익률) 등의 한계를 극복할 수 있다.

44 ③ 45 ②

46 발주는 기업에 있어 상당히 중요한 위치를 차지하고 있다. 발주가 늦어지면 재고가 소멸되어 판매에 악영향을 미치고, 그 만큼 고객의 신뢰가 추락을 할 수 있는 것이다. 다음은 발주와 관련된 다양한 시스템의 설명으로 가장 옳지 않은 내용은?

① EOS는 발주자의 컴퓨터에 입력된 주문 자료가 수신자의 컴퓨터로 직접 전송되도록 구축된 주문시스템으로 전자주문시스템 또는 자동발주시스템이고, 소매점의 EOS 구축목적은 '발주의 시스템화', '품절예방', '점포재고의 적정화' 등을 예로 들 수 있다.

② CAO는 POS를 통해 얻어지는 상품흐름에 대한 정보와 계절적인 요인에 의해 소비자 수요에 영향을 미치는 외부요인에 대한 정보를 컴퓨터를 이용하여 통합 · 분석해서 주문서를 작성하는 시스템을 말한다.

③ Cross Docking은 배달된 상품을 중간저장소인 물류센터에 일정기간 저장을 한 후에 소비자들의 원함에 따라 즉시 배송지점으로 배송하는 것을 말한다. 즉, 받은 상품을 창고에 저장한 후 소비자의 주문에 따라서 소매점포로 배송하는 물류시스템이다.

④ CRP는 소비자의 수요에 근거해서 제조업체 또는 공급업체가 유통업체의 재고를 자동보충해주는 방식으로 제조업체 또는 공급업체가 유통업체의 POS 자료를 근거로 해서 상품보충을 하며, 유통업체는 재고보충을 위해 VMI기법을 이용한다.

⑤ CPFR은 소매업자 및 도매업자와 제조업자가 고객서비스를 향상하고 업자들 간에 유통총공급망(SCM)에서의 정보의 흐름을 가속화하여 재고를 감소시키는 경영전략이자 기술이다.

Cross Docking은 배달된 상품을 수령하는 즉시 중간 저장 단계가 거의 없거나 전혀 없이 배송지점으로 배송하는 것을 말한다. 즉, 받은 상품을 창고에 저장하지 않고 곧바로 소매점포로 배송하는 물류시스템이다.

47 기포장 크로스도킹은 창고나 물류센터로 입고되는 상품을 소매점포에 배송하는 물류시스템의 일종이다. 다음 중 어떤 물류기능을 제거함으로써 물류비용을 가장 절감할 수 있는지 고르시오.

① 운송 및 보관 ② 보관 및 하역 ③ 보관 및 피킹
④ 하역 및 피킹 ⑤ 운송 및 피킹

제조업체는 추가 작업 없이 다른 제조업체에서 배달되어 점포로 배송할 차량에 적재된 유사한 패키지와 함께 배송 도크로 이동시키는 것이다. 이는 보관 및 피킹기능을 제거함으로써 비용을 줄일 수 있다.

46 ③ 47 ③

유통 정보

48 다음 중 크로스 도킹에 관하여 올바르게 설명하고 있는 것은?

① 상품을 소비자수요에 기초하여 유통소매점에 공급하는 방법이다.
② 유통공급망에 종사하는 거래업체들 간에 서로 협력하는 업무관행이다.
③ 거래업체간 상호 합의된 전자문서표준을 이용하여 사람의 개입을 최소화한 컴퓨터 간의 구조화된 데이터를 전송
④ 정보시스템이 경영활동을 지원하는데 어떻게 활용되는가를 분석하기 위하여 porter가 제시한 모형이다.
⑤ 창고나 물류센터로 입고되는 상품을 보관과정을 거치지 않고 곧바로 소매 점포에 배송하는 물류시스템이다.

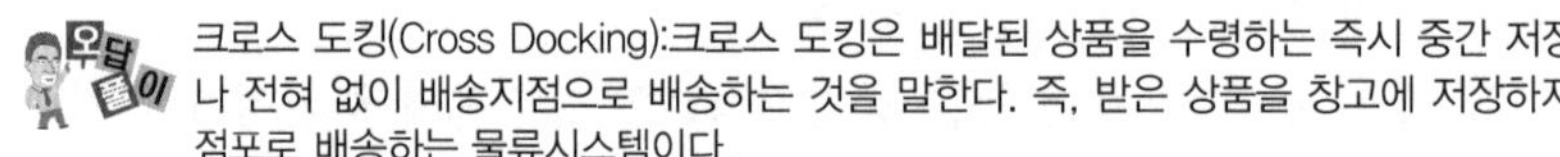

크로스 도킹(Cross Docking):크로스 도킹은 배달된 상품을 수령하는 즉시 중간 저장 단계가 거의 없거나 전혀 없이 배송지점으로 배송하는 것을 말한다. 즉, 받은 상품을 창고에 저장하지 않고 곧바로 소매 점포로 배송하는 물류시스템이다.

49 다음 중 신 물류정보시스템(New logistics information system)에 대한 설명으로 가장 옳지 않은 것은?

① QR시스템은 생산에서 판매에 이르기까지 시장정보를 즉각적으로 수집하여 대응하며 회전율이 높은 상품에 적합한 시스템이며, 구성요소로는 EDI, 인터넷 등 통신시스템, POS시스템, KAN 코드 등이 있다.
② CAO는 POS를 통해 얻어지는 상품 흐름에 대한 정보와 계절적인 요인에 의해 소비자 수요에 영향을 미치는 외부 요인에 대한 정보를 컴퓨터를 이용하여 통합 · 분석해서 주문서를 작성하는 시스템을 말한다.
③ CPFR 계획수립을 위해서는 공급사슬상의 파트너들이 주문정보에 대한 실시간 접근이 가능해야 하며, 구매자(유통업자) 입장에서 재고품절로 인한 판매기회를 상실하는 경우가 줄어든다.
④ ECR은 공급자인 제조업자나 도매업자가 소매업재고관리를 소매업체를 대신해서 하는 것을 말하며, 소매업체는 유통업체나 제조업체에 판매와 재고에 관한 정보를 제공해야 하고 치밀하게 자동 보충 발주를 해야만 한다.
⑤ APS는 MRP의 문제점과 한계를 극복하기 위해서 컴퓨터 기술과 논리적인 알고리즘이 발전함에 따라 기업의 생산성과 재고 및 생산비용을 체계적으로 관리할 수 있도록 자동화된 의사결정 시스템이다.

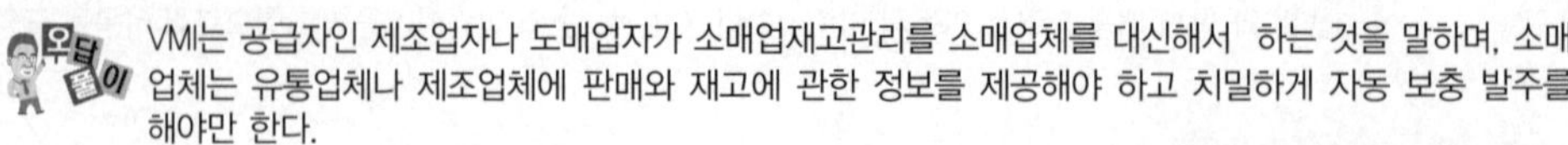

VMI는 공급자인 제조업자나 도매업자가 소매업재고관리를 소매업체를 대신해서 하는 것을 말하며, 소매업체는 유통업체나 제조업체에 판매와 재고에 관한 정보를 제공해야 하고 치밀하게 자동 보충 발주를 해야만 한다.

48 ⑤ **49** ④

50 소비자 만족이라는 목표하에 서로 밀접히 연관되어 있는 8가지 ECR도구들과 가장 거리가 먼 것은?

① 자동발주(CAO)
② 전자문서교환(EDI)
③ 사전출하통지(ASN)
④ 크로스도킹(Cross Docking)
⑤ 카테고리관리(Category Management)

사전 출하 통지 (ASN: Advanced Shipping Notice)는 제조업체와 도매업체가 상품을 실제로 창고에서 출하한 시점에서 그 상품에 관한 자세한 정보를 공유하는 것으로 소매업체의 물류센터는 사전에 공유된 ASN정보로 사전 Schedule수립 및 신뢰 검품을 통한 검수(매입)의 신속화를 가능하게 한다.

51 RFID(Radio Frequency Identification)에 대한 설명으로 옳지 않은 것은?

① 정보를 읽거나 쓰기위한 반도체칩을 내장하고 정보의 전송을 위해 안테나를 사용하는 무선주파수 시스템이다.
② 판독기에서 나오는 무선신호를 통해 상품에 부착된 태그를 식별하여 데이터를 호스트로 전송하는 시스템이다.
③ 물류, 유통, 조달, 군사, 식품, 안전 등 다양한 산업 영역에서 경제적 파급효과를 창출할 수 있는 핵심기술로 각광받고 있다.
④ 이 기술은 새롭게 창조된 기술이 아니라 2차 세계대전 당시 영국 공군이 적 전투기를 식별하는데 사용되어 현재는 민간에 RFID기술이 도입되어 진화 발전되었다.
⑤ IOS/IEC(International Organization for Standardization) 등 전문위원회를 중심으로 RFID global 표준화가 완성되었으며, 국내에서도 이미 국내표준이 정립된 상태다.

1973년에 마리오 카둘로가 특허를 취득한 장비는 진정한 최초의 RFID라고 할 수 있다. 메모리를 갖추고전파로 통신하는 RFID의 특징이 있었기 때문이다. 카둘로의 특허는 전파, 음파, 빛까지 통신에 사용하는아이디어를 포함하고 있었다. 같은 해 로스 알라모스 국립 박물관에서 스티븐 뎁 등이 제한된 출력의 RFID기술을 최초로 시연했다. 이 기술이 현재 대부분의 RFID 태그에 쓰이고 있다.

50 ③ 51 ⑤

52 현재 "갑"기업은 RFID(radio frequency identification) 기술을 이용한 수산물이력추적시스템을 도입하려고 하나 RFID 태그의 높은 가격 문제와 낮은 인식률 문제로 도입을 주저고있다. 이는 어떤 점에서 시스템의 개발타당성에 문제가 있는 것인지 가장 올바르게 짝지워진 것은?

① 가격문제-기술적 타당성, 인식률문제-운영적 타당성
② 가격문제-경제적 타당성, 인식률문제-개발일정 타당성
③ 가격문제-경제적 타당성, 인식률문제-기술적 타당성
④ 가격문제-기술적 타당성, 인식률문제-법적 타당성
⑤ 가격문제-경제적 타당성, 인식률문제-활용적 타당성

RFID(radio Frequency IDentification)는 자동 인식(Automatic Identification)기술의 하나로써 데이터 입력장치로 개발된 무선(RF:Radio Frequency)으로 통하는 인식 기술이다. 이러한 기술을 도입함으로서 전자동 인식 및 확인으로 집계하며 분류, 추적, 발송 등이 가능하여 오류를 줄이고 시간적 낭비를 막아줌으로써 능률과 생산성을 개선한다. 문제의 정답은 ③이 가장 적합하다.

53 다음 중 물류산업에 RFID를 도입할 경우 발생할 수 있는 장 · 단점에 대한 설명으로, 가장 올바르지 않은 것은?

① 이동 과정을 실시간으로 추적할 수 있는 Traceability 확보의 장점이 제공되는 반면 경쟁사 제품의 재고파악과 같은 스파이 목적으로도 악용될 수 있는 단점이 있다.
② 창고문을 통과하는 패키징 된 물품을 포장 해체 없이 그 내용물에 대한 파악이 가능하므로 입출고 및 환적 시간 단축에 기여하지만 포장 해체 없이 개수(수량)에 대한 파악이 현재의 기술로는 불가능한 일부 불편함이 존재한다.
③ RFID 기술을 활용한 전자 봉인(Electronic Sealing)을 이용하여 화물의 도난 및 손실 예방할 수 있는 반면 이 물품을 휴대하고 있는 사람들을 추적할 수 있게 됨으로써 개인뿐만 아니라 기업과 정부에 중대한 위협이 될 수도 있다.
④ 위조된 의약품을 추적할 수 있으며 또한 테러리즘과 싸울 수 있을 뿐만 아니라 RFID 기술 확산을 통해 비용을 절감하고 더욱 효율적인 비즈니스를 실현할 수 있다.
⑤ Tag의 가격이 고가이며, 태그의 인식률이 완전하지 못하며, 인프라스트럭처 구축 비용이 고가이다.

물류산업의 RFID는 창고문을 통과하는 패키징 된 물품을 포장 해체 없이 그 내용물에 대한 파악이 가능하고, 입 · 출고 및 환적 시간 단축에 기여하며, 포장 해체 없이 개수(수량)에 대한 파악이 가능하여 유리하다.

해답 **52** ③ **53** ②

54 다음 중 RFID(Radio Frequency IDentification)의 장점으로 가장 옳지 않은 것은?

① RFID를 인식하는 것은 이동 중에도 인식이 가능하나, 다수의 태그(tag)를 동시에 인식하는 것은 불가능하다.
② Tag는 원하는 시스템이나 환경에 맞게 설계 및 제작이 가능하고 유지 보수가 간편하며, 유지비가 들지 않는다.
③ 직접 접촉하지 않아도 데이터를 인식할 수 있을 뿐만 아니라 한 번에 인식 가능한 데이터 처리량이 바코드에 비해 상대적으로 많다.
④ RFID는 단순히 객체를 자동으로 인식하는 인식수단으로서의 기술임에도 불구하고 유비쿼터스 사회의 가장 선도적인 기술로 기대되고 있다.
⑤ RFID 태그(tag)는 읽기전용 태그(tag)와 한번만 입력이 가능하고 변경이 불가능한 태그(tag) 그리고 수회에 걸쳐 데이트 입력과 변경이 가능한 태그(tag)로 구분된다.

RFID는 이동 중에도 인식이 가능하며 다수의 태그(tag)를 동시에 인식하는 것이 가능하다.

55 다음은 CAO(Computer Assisted Ordering)에 대한 설명이다. 가장 올바른 것은?

① CAO는 실제 재고가 소매 점포에서 설정한 기준치 이하로 떨어지면 자동으로 보충 주문이 발생되는 것을 말한다.
② CAO를 도입하기 위한 기업에서의 가장 중요한 요소는 소비자 만족도 조사 자료를 활용하는 것이다.
③ CAO를 통해 소매업체는 보다 신속하게 소비자의 수요에 반응할 수 있으나 운용비용과 재고수준은 증가한다.
④ CAO는 배달된 상품을 수령하는 즉시 중간 저장단계가 거의 없거나 전혀 없이 배송지점으로 배송하는 것을 포함한다.
⑤ CAO를 도입하기 위한 기업에서의 가장 중요한 요소는 공급자 공급 데이터를 활용하는 것이다.

CAO(Computer Assisted Ordering)는 유통 소매 점포의 기반 시스템으로 한 자동 발주 시스템으로서 실제재고가 소매 점포에서 설정한 기준치 이하로 떨어지면 자동으로 보충 주문이 발생되는 것을 말한다.

54 ① **55** ①

유통 정보

56 RFID(Radio Frequency IDentification) 시스템 체계에서 제품의 구체적 정보를 저장하고 있는 서버는 무엇인가?

① ONS 서버　② PML 서버　③ DNS 서버
④ 사반트 서버　⑤ FTP 서버

PML(Physical Markup Language) 서버는 Savant가 모아온 정보들, 즉 제품명을 비롯해 현재 상태, 위치등을 PML 형태로 저장 · 보관되고 데이터를 제공하는 기능을 수행하는 시스템이다. 특히 사물의 정적인 정보와 RFID 기술을 통해 인식된 이력정보를 저장, 관리하는 기능을 제공 가능하게 된다. 대표적인 PML 서버로 EPC IS(EPC Information Service)와PML 서버가 있다.

57 다음 박스 안의 괄호 안에 들어갈 적절한 용어가 순서대로 연결된 것은?

> 공급망관리(SCM)는 적용되는 산업별로 그 표현을 달리하고 있다. 즉, 의류 부문에서는 ( ), 식품부문에서는 ( ), 의약품부문에서는 ( ), 신선식품부문에서는 ( )등으로 불리고 있다.

① QR–ECR–EHCR–EFR　② QR–ECR–EFR–EHCR
③ QR–EHCR–ECR–EFR　④ QR–EFR–EHCR–ECR
⑤ QR–EFR–ECR–EHCR

SCM의 산업별 표현 방법
1. 식품 부문(ECR:Efficient Consumer Response)
2. 의류 부문(QR:Quick Response)
3. 신선식품 부문(EFR:Efficient Food Service Response)
4. 의약품 부문(EHCR:Efficient Healthcare Consumer Response)

58 다음 중 RFID 기술에 대한 설명으로 부적합한 것은?

① 주파수 대역이 높을수록 인식속도가 빠르다.
② 주파수 대역이 낮을수록 태그의 크기가 작다.
③ 주파수 대역이 높을수록 환경에 민감하게 반응한다.
④ 주파수 대역에 따라서 응용분야의 적합성이 다를 수 있다.
⑤ 주파수 대역은 그 에너지의 대부분이 집중되어 있는 어떤 주파수 범위를 말한다.

56 ②　57 ①　58 ②

RFID는 자동인식(AIDC) 기술의 한 종류로서 micro-chip을 내장한 Tag에 저장된 데이터를 무선 주파수를 이용하여 비접촉 방식으로 Reading하는 기술을 말한다. 주파수 대역이 낮을수록 태그의 크기가 크다.

59 다음 중 QR(Quick Response)의 도입을 통해 얻을 수 있는 효과를 모두 골라 놓은 것은?

㉠ 상품의 품절 방지	㉡ 재고회전율 감소
㉢ 고객정보의 효율적 활용	㉣ 소비자 기호에 부응
㉤ 신속한 물류서비스 실현	㉥ 광고와 판매촉진 효과

① ㉠, ㉡, ㉢
② ㉠, ㉢, ㉣
③ ㉡, ㉢, ㉣, ㉥
④ ㉠, ㉢, ㉣, ㉤
⑤ ㉠, ㉡, ㉢, ㉣, ㉥

QR(Quick Response)의 도입을 통해 얻을 수 있는 효과의 대표적인 내용으로는 상품의 품절 방지와 재고회전율의 증가, 고객정보의 효율적 활용에 의한 소비자 기호에 부응, 신속한 물류서비스를 실현할 수 있다.

60 CAO(Computer Assistant Ordering)를 성공적으로 운영하기 위해서 필요한 요건으로 가장거리가 먼 것은?

① 유통업체와 제조업체가 규격화된 표준문서를 사용하여야 한다.
② 유통업체는 제품의 생산과 관련된 정보, 물류관리, 판매 및 재고관리 수준을 파악하고 있어야 한다.
③ 제조업체는 유통업체의 구매 관리, 상품 정보를 참조하여 상품 보충계획을 파악하고 있어야 한다.
④ 유통업체와 제조업체간 컴퓨터 소프트웨어나 하드웨어간 호환성이 결여될 때는 EDI 문서를 표준화해야 한다.
⑤ 유통업체와 제조업체간 데이터베이스가 다를 때도 EDI 와 같은 통합소프트웨어를 통한 데이터베이스의 변환은 요구되지 않는다.

CAO는 유통 소매 점포의 기반 시스템으로 한 자동 발주 시스템으로서 실제 재고가 소매 점포에서 설정한 기준치 이하로 떨어지면 자동으로 보충 주문이 발생되는 것으로 유통업체와 제조업체간 데이터베이스가 다르다면 EDI 와 같은 통합소프트웨어를 통한 데이터베이스의 변환은 요구되어진다.

59 ④ 60 ⑤

Chapter 4 유통 · 물류정보의 활용

01 데이터(DATA)활용

1. 데이터 웨어하우스(DW:Data Warehouse)

(1) DW의 의의

① 데이터웨어하우스(Data Warehouse)는 기업 전반의 의사결정자에게 관심이 될 만 한 제품 제조 및 판매에 대한 현재 및 과거 데이터를 저장하고 추출하여 사용할 수 있도록 지원하는 데이터베이스이다.

② DW는 의사결정지원에 효과적으로 사용될 수 있도록 다양한 운영시스템으로부터 추출, 변환, 통합되고 요약된 읽기전용 DB를 말한다. 다양한 형태의 데이터베이스 자원을 통합 및 가공하여 의사결정 지원을 목적으로 특별히 설계한 주제 중심의 정보 저장소라고 한다.

③ 기존의 데이터베이스가 업무 · 거래처리의 신속, 정확, 효율화를 목적으로 구축되어 지는데 반해 데이터 웨어하우스는 분석을 통한 기업의 전략 수립이나 의사결정을 효율적으로 지원하는 것이 주요한 목적이다.

④ ADW(Active Data Warehouse)는 데이터 창고로서 기업의 데이터를 유효하게 활용하여 경영 및 의사결정에 활용하기 위한 것이다. 여러 시스템에 산재된 데이터들이 웨어하우스로 취합되고 통합되므로 사용자는 자신들의 필요로 하는 데이터가 어디에 있는지 신경쓰지 않고 필요한 데이터를 쉽게 가져다 쓸 수 있다.

(2) DW의 등장 배경

① 기업의 정보 기반, 즉 의사결정 데이터베이스가 부재한 상황에서는 최고 경영진에 제공되는 정보들이 일반 정보와 별 차이가 없었다.

② EUC란 명목하에서 기업 전체적인 데이터 통합없이 한시적이고 1회성으로 분석활동이 이루어져 효율적으로 활용하지 못하고 있다.

(3) DW의 데이터 추출 및 가공

① 웨어하우스에 데이터를 로딩하는 단계는 데이터웨어하우스구축에 있어 가장 중요한 단계중의 하나이다.

② 운영시스템의 데이터는 단순히 추출되어 복제되는 것이 아니라 전사적모델에 기초하여 통합되며, 이 단계에서 정제 및 변형과정을 필요로 한다.

③ 중복된 데이터는 제거되고 잘못된 값은 수정되며 다양한 포맷의 데이터가 하나의 포맷으로 통일된다. 필요한 경우 데이터는 집계되고 연산과정을 거쳐 변형된다.

④ 추출 및 변형과정에서 소스와 타겟사이의 대응관계설정, 변환규칙, 추출주기 등과 같은 부가적인 데이터가 발생하는데 이러한 데이터를 메타데이터라 한다. 이러한 메타 데이터는 메타 데이터리파지토리를 통해 중앙집중식으로 관리된다.

⑤ 사용자의 의사결정을 지원하기 위해 기업이 축적한 많은 데이터를 사용자 관점에서 주제별로 통합하여 운영시스템과 사용자 사이의 별도의 장소에 저장해 놓은 데이터베이스로 이해할 수 있다.

⑥ 의사결정을 지원하기 위해 별도의 통합된 저장 공간을 구축함으로 운영시스템을 보호하고 사용자 질의에 신속한 응답을 제공하고, 데이터는 웨어하우스로 옮겨오기 전에 정제 및 검증과정을 거치게 되며, 사용자는 양질의 데이터를 사용할 수 있다.

⑦ 데이터웨어하우스의 목적은 데이터에 기반한 의사결정의 막연함이나 불완전한 데이터에 의존하는 대신 통합된 데이터를 바탕으로 사실에 근거하여 이루어질 수 있다.

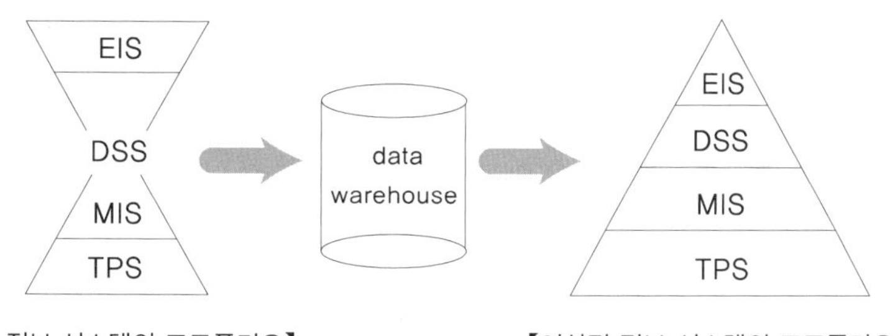

【기존 정보 시스템의 포토폴리오】 【이상적 정보 시스템의 포토폴리오】

(4) DW 특징

① 주제 지향성(Subject-Oriented)

㉠ 데이터는 세분화된 주제별로 정리되어 있고, 의사결정에 적당한 정보만 포함하고 있는데, 기업에서 주문 처리나 급여 데이터와 같은 기능별 분야에 따라 구성된다.

㉡ 조직성(organization)이라고도 하며, 고객, 거래처, 공급자, 상품 등과 같은 주제별로 구성되며, 자료가 일정한 주제별로 집합, 각 자료는 다른 하드웨어나 운영체제에서도 서로 제한을 받지 않고 작동되어야 한다.

② 통합성(Integrated)

㉠ 기존의 운영 시스템은 부서나 부문 혹은 기관별로 일관성 없이 다기능의 데이터를 중복 관리하였다.

㉡ 일관성(consistency)이라고도 하며, 데이터는 속성의 이름, 코드의 구조, 도량형 단위 등의 일관성을 유지하며 전사적 관점에서 하나로 통합된 개념이다.

③ 시계열성(Time Variant)

㉠ 데이터는 일정기간 정확성을 유지하여 과거의 데이터와 현재의 데이터가 동시에 유지된다는 것이다.

㉡ 일정 기간 동안 수집된 데이터를 갱신 없이 보관하는 일, 월, 분기, 년 등과 같은 기간 관련 정보를 함께 저장하기에 경향 예측, 비교가 가능하다.

④ 비휘발성(Non-Volatile)

㉠ 한 번 입력된 데이터는 변화하지 않는다는 데이터의 장기지속성을 말한다.

㉡ 데이터는 일단 적재(loading)가 완료되면 일괄처리 작업에 의한 갱신이외에는 DB에 삽입(insert),이나 삭제(delete)등의 변경이 수행되지 않는다.

⑤ 기타

㉠ 관계형(relational)은 일반적으로 데이터웨어하우스는 관계형 구조를 가지고 있다는 내용이다.

㉡ 클라이언트(client)와 서버(server)는 데이터웨어하우스는 최종사용자의 사용 편리성을 위해 클라이언트/서버를 주요구조로 한다.

(5) DW의 판매관리용 정보시스템구축 특성

① 지역, 고객 등 각 주제별로 관련 자료의 분석이 가능하다.

② 과거 매출액에 대한 자료가 풍부하게 있어서 시계열분석이 가능하다.

③ 데이터마이닝 기법들의 지원이 가능해서 다양한 분석 자료를 얻을 수 있다.

2. 데이터 웨어하우징(Data Warehousing)

(1) 데이터 웨어하우징의 의의

① 데이터 웨어하우징(data warehousing)이란 데이터의 수집 및 처리에서 도출되는 정보의 활용에 이르는 일련의 프로세스라고 정의할 수 있으며,데이터는 의사결정 지원을 위해 합리적인 정보만을 포함하는 세부 주제별로 조직화된다.

② 데이터 웨어하우징(data warehousing)이란 데이터웨어하우스를 구축하고 활용하는 일련의 과정으로, 전사적인 아키텍쳐상에서 의사결정을 지원하기 위한 환경을 구축하고 데이터가 한 번 입력되면 사라지지 않는다.

③ 데이터 웨어하우징(data warehousing)은 의사결정지원,중역정보지원시스템,그리고 최종사용자의 애플리케이션과 같은 분석적 프로세싱을 위해 언제나 준비된 형태의 운영데이터를 제공하는 데이터저장소를 확립하는 것이다.

④ 대부분의 데이터웨어하우징 관련 응용프로그램들이 실시간으로 운영되지는 않지만, 실시간 처리역량은 구비되어 있으며, 데이터웨어하우스는 최종사용자에게 데이터의 용이한 접근을 제공하는데 있어서 주로 클라이언트 · 서버 구조를 사용한다.

(2) 데이터 웨어하우징의 단계

① 1단계: 데이터의 추출 · 변환 · 정제 · 통합 단계

㉠ 업무에 따라 다양한 운영 시스템별로 산재해 있는 데이터나 외부 원천으로부터 데이터를 추출하게 된다.

㉡ 사용자의 요구에 맞게 변환하여 통합하며 상황에 따라서는 정제하는 과정이 필요하고, 데이터 웨어하우징 프로세스 중에서 가장 힘들고 많은 인원과 시간이 소요된다.

② 2단계: 정보 도출 단계

㉠ 보편적인 질의사항이나 보고서 작성 도구를 이용하여 필요한 정보를 조회하고 정리하는 과정을 말한다.

㉡ 보다 심도 있는 정보를 찾아내기 위해서는 OLAP 도구를 이용하는 것이 일반화되어 있고, 새로운 정보의 필요성에 대한 요구가 증대함에 따라 데이터 마이닝을 적용하는 사례가 점차적으로 증가하고 있다.

③ 3단계: 정보 활용 단계

㉠ 추출된 정보를 실제 현장에서 활용하는 단계이다.

㉡ 고객에게 성과를 바로 기대하지는 못하지만 앞으로의 대응방법을 찾을 수 있다.

④ 4단계: 데이터의 추가 · 갱신 · 삭제 단계

㉠ 운영 시스템상의 데이터를 변경하는 절차로 데이터 웨어하우스는 궁극적으로 기존의 운영 시스템의 데이터나 외부 데이터를 이용하여 만들어진다.

㉢ 원천 데이터의 품질은 데이터 웨어하우스의 데이터의 품질에 직접적으로 영향을 준다. 이 단계는 원천 데이터의 고품질을 유지하는 데 기여하는 바가 크다.

3. 데이터 마이닝(Data Mining)

(1) 데이터 마이닝의 의의

① Data Mining은 대량 데이타군 내에서 경향과 패턴을 발견해내는 기법, 데이터 항목들 간의 관계를 발견하기 위해 통계적인 기술을 사용하는 기법을 말한다. 데이터마이닝에서 얻을 수 있는 정보 유형에는 연관, 순차, 분류, 군집, 예측 정보 등이 있다.

② 데이터베이스로부터 과거에는 원하는 정보를 알지 못했지만 데이터 속에서 유도된 새로운 데이터 모델을 발견하여 실행 가능한 유용한 정보를 도출해 내고 의사결정에 이용하는 것을 말하며, 예측모델들의 구축도 이 데이터마이닝을 바탕으로 한다.

③ 일반적인 기법들이 미처 발견하지 못한 기업 데이터베이스 내에 숨겨져 있는 유용한 패턴을 발견한다. 일반적으로 데이터마이닝은 사용자의 개입 없이 혹은 최소한의 개입으로 데이터로부터 유용한 추세나 패턴을 자동적으로 추출할 수 있는 기법의 사용을 말한다.

④ 데이터 마이닝은 데이터 속에 숨어 있는 정보를 추출하여 인공신경망, 귀납규칙 등을 이용하여 분석하며, 유통 정보 분석에 많이 이용한다. 유통정보DB 쿼리 및 리포팅을 위한 소프트웨어,제품군별 판매예측과 같은 요약, 다차원분석, 패턴 등을 파악한다.

⑤ 대량의 실제 데이터로부터 잠재되어 드러나지 않은 유용한 정보를 찾아내는 것으로 대량의 데이터 사이에 서로 연관 있는 것을 찾아내 이러한 연관 관계를 바탕으로 미래를 예측하는 방법이다.

⑥ 데이터 마이닝은 기업에서 사용되는 시계열 자료를 체계적으로 저장한 대규모 데이터베이스로부터 정보를 추출하는 기법으로 데이터 분석을 토한 판매량 예측, 원인과 결과 분석, 특성에 따른 고객 분류 또는 집단화하는데 사용되는 방법이다.

(2) 데이터 마이닝의 기법

① 연관 규칙(Association Rule)

㉠ 시장바구니분석과 같이 동시에 발생하는 사건그룹 내에서 사건들 사이에 존재하는 친화성(affinity)이나 패턴을 발견하는 작업을 말한다. 상품 · 서비스 간의 관계를 살펴보고 이로부터 유용한 규칙을 찾아내고자 할 때 이용될 수 있는 기법이다.

㉡ 상품 · 서비스의 거래기록 데이터로부터 상품간의 연관성정도를 측정하여 연관성이 많은 상품들을 그룹화하는 클러스터링의 일종이며, 동시에 구매될 가능성이 큰 상품들을 찾아냄으로써 시장바구니분석에서 다루는 문제들에 적용될 수 있다.

② 연속 패턴(Sequential Pattern)탐사

㉠ 연관규칙탐사의 변형으로 사건들이 시간적인 관계를 가지는 것을 말하며, 동시에 구매될 가능성이 큰 상품군을 찾아내는 것이다.

㉡ 연관성측정에 시간이라는 개념이 포함되어 순차적인 구매가능성이 큰 상품군을 찾아내는 것으로, 컴퓨터를 산사람은 다음 달에 레이저프린터를 산다는 것이다.

③ 군집 분석(Clustering)

㉠ 이질적인 항목들을 몇 개의 보다 동질적인 그룹(군집)으로 구분하는 작업이다. 군집구분은 어떠한 그룹도 사전에 정의되어 있지 않다는 점에서 분류와 다르다.

㉡ 고객수입, 고객연령과 같은 속성이 비슷한 고객들을 묶어서 몇 개의 의미 있는 군집으로 나누는 것을 목적으로 한다. 전체가 너무 복잡할 때에는 몇 개의 군집을 우선 살펴봄으로써 전체에 대한 윤곽을 잡을 수 있다.

④ 의사결정 수(Decision Trees)

㉠ 응답 여부 등에 영향을 미치는 변수들과 변수들의 상호작용을 누구나 쉽게 이해가능하도록 설명하는 것을 말한다.

㉡ 분류 및 예측에 자주 쓰는 기법으로 DM의 응답여부 등에 영향을 미치는 변수들과 변수들의 상호작용을 누구나 쉽게 이해할 수 있도록 굳이 통계학적인 용어를 쓰지 않고도 설명이 가능하다는 것이 큰 장점이며 특징이다.

⑤ 신경망(Neural network)

㉠ 인간이 경험으로부터 학습해 가는 두뇌의 신경망활동을 모방한 것으로 반복적인 학습과정을 거쳐 패턴을 찾아내고 일반화하여 향후를 예측 가능한 것을 말한다.

㉡ 인간이 경험으로부터 반복적인 학습과정을 거쳐 패턴을 찾아내고 이를 일반화 뒤 고객의 신용평가, 불량거래의 색출, 우량고객의선정 등 다양한 분야에 적용된다. 다계층 인식인자의 신경망은 입력계층, 출력계층 그리고 은닉계층으로 구성된다.

⑥ 추정(Estimation)과 분류(Classification)

㉠ 추정은 주가나 매출액과 같은 연속된 결과를 예측하는 작업을 말한다. 추정은 회귀분석(Regression)으로 표현되기도 한다.

㉡ 분류는 어떤 항목이 속하는 그룹의 특성을 가장 잘 나타낼 수 있는 특징들을 발견하는 것이다.

(3) 데이터 마이닝의 프로세스

① 문제정의 단계: 해결할 비즈니스 문제를 정의하는 것에서부터 시작된다. 이 과정에서 애플리케이션영역에 대한 이해와 적절한 사전지식은 매우 중요하다.

② 선별 단계: 마이닝 작업에 필요한 목표데이터를 선택하는 작업이 필요하다. 만약 필요한 데이터가 축적되어 있지 않은 경우 별도의 데이터 수집작업이 필요할 수 있다.

③ 정제 단계: 마이닝에 사용될 데이터의 질을 향상시키는 정제작업을 또한 같이 해준다. 데이터웨어하우스가 구축된 경우 정제작업의 상당부분이 웨어하우스 구축과정에서 수행된다.

④ 변환 단계: 목표데이터는 분석에 적합한 형태로 변환된다.

⑤ 데이터마이닝 단계: 실제 데이터마이닝 알고리즘이 적용되는 단계이다.

⑥ 해석 및 평가 단계: 마이닝된 결과를 해석하고, 기업에 실제적인 가치가 있는지 평가하는 단계로 이 과정에서 인적요소의 역할은 매우 중요한데 사람만이 마이닝의 결과로 나타난 어떤 패턴이나 규칙이 타당하고 기업에 유용한 것인지를 판단할 수 있다.

⑦ 통합 단계: 발견된 지식은 비즈니스에 활용된다.

(4) 데이터 마이닝의 활용사례

① 제조 분야

㉠ 제품의 수요예측

㉡ 경쟁사의 입찰액 예측

㉢ 대리점 여신평가 모형개발

㉣ 최종 생산품의 품질에 영향을 미치는 요인 발견

② 유통 분야

㉠ 상품 교차 판매

㉡ 매장 진열 전략 수립

㉢ 상품 카탈로그 디자인

③ 소매 · 마케팅 분야

㉠ 제품과 서비스의 교차 판매

㉡ 고객 분류, 그룹별 특성 발견

㉢ 광고, 프로모션, 이벤트의 효과측정

(5) 데이터 마이닝과 데이터웨어하우스

① 데이터웨어하우스에는 여러 소스에서 추출·통합되어 일차 필터링된 깨끗한 데이터가 저장되므로 마이닝을 위한 데이터의 질과 일관성이 보장된다.

② 데이터웨어하우스가 구축된 후 마이닝을 수행한다면, 데이터와 관련된 많은 문제들이 상당부분 해결될 수 있다. 즉 데이터웨어하우스는 마이닝에 필요한 형태의 정제된 데이터를 가지고 있으며 마이닝을 위한 좋은 기반을 제공한다.

4. 데이터 마트(Data Mart)

(1) 데이터 마트의 의의

① Data Mart란 데이터의 한 부분으로서 특정 사용자가 관심을 갖는 데이터들을 담은 비교적 작은 규모의 데이터 웨어하우스(Data warehouse)를 말한다. 즉, 한두 개의 특별한 영역에 중점을 둔 데이터 웨어하우스이다.

② Data Mart는 데이터 웨어하우스를 축소한 소규모 버전을 통해 데이터 웨어하우스 구축의 높은 비용 대비 낮은 비용으로 창출할 수 있으며, 주로 전략적 사업단위나 부서를 위해 설계된 작은 웨어하우스이다.

③ Data Mart는 한 두개의 특별한 영역에 중점을 두어 만든 데이타 웨어하우스의 일부라고 할수 있으므로 일반적으로 데이타마트는 데이터웨어하우스로 부터 추출되어 특별한 사용자 입맛에 맞도록 역정규화되고 인덱싱된다.

④ 데이터웨어하우스의 부분집합으로 제품관리자가 항시 확인해야 하는 데이터를 요약하거나 매우 집중화시켜 제품관리자 집단을 위한 개별적인 데이터를 제공한다.

(2) 데이터 마트의 내용

① 소규모 형식이므로 설치비용이 저렴

② 데이터량과 사용자 규모에서 상대적으로 왜소

③ 고객관계관리(CRM)에 사용될 다양한 사용자의 요구에 부적합

④ 데이터량이 적기 때문에 세밀한 데이터분석을 시도하는 데는 한계

⑤ 데이터 추출도구, 데이터베이스 관리 시스템(DBMS) 분석도구의 기본구성요소

(3) 데이터 마트의 종류

① 관계형(ROLAP) 데이터 마트는 2차원 구조이고, 데이터의 입력과 출력이 용이하고 속도가 빠른 편이다.

② 다차원(MOLAP) 데이터 마트는 데이터의 주조가 매트릭스 형태로 구성되어 있으며, 동일한 Data를 다른 여러 View를 통해 분석한다.

5. OLAP(On Line Analytical Processing)

(1) OLAP의 개념

① OLAP(On Line Analytical Processing)은 CRM에 사용되는 대표적인 요소 기술로서, 데이터의 분석과 관리를 위해서 다차원 데이터를 모으고, 관리하고, 프로세싱하고, 표현하기 위한 응용 프로그램 및 기술이다.

② 최종 사용자가 데이터베이스에 쉽게 접근하여 필요로 하는 정보를 직접 작성하고 의사결정에 활용하는 일련의 과정으로서, 데이터 웨어하우스나 CRM시스템에서 데이터 접근 및 활용전략에 있어 매우 중요한 기술 요소이다.

③ 특별한 데이터베이스의 조작 없이 손쉽게 다차원 정보를 활용하여 의사결정에 활용할 수 있는 정보를 최종 사용자가 대화식으로 분석하는 방법이다.

(2) OLAP의 주요기능

① Drill Down

㉠ 드릴다운 (Drill Down)은 가장 요약된 레벨로부터 가장 상세한 레벨까지 차원의 계층에 따라 분석에 필요한 요약 수준을 바꿀 수 있는 기능을 말한다. 이 기능을 활용함으로써 분석가는 분석 계층의 깊이를 마음대로 바꿔가며 심도 있는 분석을 할 수 있다. 반대의 분석을 하는 것은 드릴 업 (Drill Up)이라한다.

㉡ 드릴의 통로는 차원의 계층이나 또 다른 차원과의 동적인 관계를 통해 정의된다. 예를 들어 지역을 포함한 분석을 수행한다면 최초에 전국에 대한 데이터를 시/도별 화면으로 분석하고 필요에 따라 각 시/도에 대한 구/군별 분석화면, 다시 읍/면/동별 분석화면으로 계층을 바꿔가며 분석 작업을 할 수 있다.

② Pivot(=Rotate)

㉠ 사용자에게 최종적으로 보여지는 결과화면을 리포트(Report)라고 할 때 리포트에 보여지는 축(차원:Dimension)을 서로 바꾸는 기능이다. 사용자는 보고서의 행, 열, 페이지 차원을 무작위로 바꾸어 볼 수 있으며 이러한 작업을 피보팅(Pivoting)이라 한다.

㉡ 이 기능을 활용함으로써 분석가는 고정된 포맷에 구애 받지 않고 분석의 패턴을 바꿀 수 있다.예를 들어 기간별로 기준으로 분석된 리포트(Report)를 새로운 프로그램 없이 지역별 기준으로 바꿔 볼 수 있다.

③ Slice & Dice

㉠ 다차원 배열에서 한 차원의 한 멤버나 그 이상의 멤버를 가지고 한 값을 선택했을 때 나타나는 그 부분 집합을 Slice라 한다. 보통은 3차원 배열에서 한 차원의 멤버를 선택하여 나타나는 2차원의 배열을 일컫는다.

㉡ 이때 Slice &Dice라고 하면 사용자가 Slice의 특정한 항목에 대해 Rotation이나 드릴다운/업 등을 이용하여 대화식으로 화면을 디스플레이 해가며 분석하는 프로세스를 말한다.

㉢ 분석가가 원하는 방향에 따라 분석 차원 또는 분석 관점을 바꿔가면서 분석할 수 있어 병형화된 보고서 뿐 아니라 비정형적인 질의에 의한 보고서도 작업 가능하므로 유연한 업무분석이 가능하게 한다.

④ Data Surfing

㉠ 마우스를 이용하여 새로운 장표나 조건을 열려있는 리포트(Report)위로 끌어서 놓으면(Drag &Drop) 그 새로운 장표나 조건에 의해 리포트가 다시 실행된다.

㉡ 실행 중에 간단히 레포트(Report)의 형태와 조건을 바꾸는 것을 말한다. 이 기능을 이용하게 되면 현재 리포트에 보여지고 있는 정보를 간단한 대화식 조작을 통해 어떠한 형태의 리포트로도 나타낼 수 있게 해준다.

(3) OLAP의 Agent

① OLAP시스템에서 에이젼트 (Agent)는 사용자를 대신하여 백그라운드에서 작업을 수행하는 독립적인 소프트웨어 객체라고 할 수 있다.

② Agent는 방대한 데이터를 대상으로 예외사항이나 문제점을 자동으로 탐지하고 사용자에게 경고한다. Agent는 사전에 정의된 특정 사건에 의해 자동적으로 구동될 수 있다.

③ Agent는 직접적인 사용자의 개입 없이 작업을 자동화하고, 사전에 정의된 어떤 조건을 탐지하여 사용자에게 경고하도록 설계되는 것이 일반적이며, Agent는 정보과잉 문제를 해결하기 위해 필수적이다.

(4) OLAP과 데이터 웨어하우징

① 초기 데이터웨어하우징의 초점이 의사결정을 지원할 수 있는 정보기반의 구축에 있었던 반면, OLAP은 정보의 효과적인 활용 측면에 보다 초점을 맞추었다.

② 초기 데이터웨어하우징이 전사적 의사결정 지원환경의 전 단계인 데이터 통합과 관리, 인프라 구축의 측면을 강조한 반면, OLAP은 데이터접근과 활용, 애플리케이션 구축측면을 강조하였다.

③ 초기 데이터웨어하우징은 '어떻게 데이터웨어하우스를 구축할 것인가'라는 측면에 초점을 맞추어 왔다. 그러나 점차 데이터웨어하우스를 구축하고 사용하게 되면서, 기업들은 자신들의 재량에 맡겨진 방대한 정보의 가치를 인식하게 되었다.

④ 데이터웨어하우징의 초점은 구축에서 활용으로, 즉 '어떻게 데이터웨어하우스를 활용할 것인가'라는 측면으로 옮겨지게 되었다. 데이터웨어하우징이 구축단계에서 활용단계로 급속하게 발전함에 따라 OLAP은 데이터웨어하우징 환경으로 급격히 통합되었다.

(5) OLAP과 CRM의 비교

① Analytical CRM은 데이터 웨어하우스, 데이터 마이닝, OLAP을 이용하여 고객의 다양한 분석을 접근하는 확장된 DW로 해석된다.

② Operational CRM이나 Collaborative CRM은 ERP가 가지고 있는 기능 중에서 고객 접촉과 관련된 기능을 강화하여 ERP 기능을 확장하거나 인터넷에 대응하는 신개념의 e-CRM이다.

고객충성도 프로그램

1. 고객 충성도 프로그램

(1) 고객 충성도의 개념

① 특정한 제품에 대한 고객들의 정열적인 관심도를 말한다. 이러한 고객 충성은 기업에게는 꼭 필요한 자산이다.

② 고객 충성이 높은 제품은 시장에서 상대적 가치가 높다고 할 수 있다. 다른 브랜드보다 선택하는 면이 넓고 크기 때문에 자신과 가치의 평가가 높아진다.

(2) 고객 충성도의 프로그램

① 충성도는 고객이 한 기업의 제품 및 서비스를 잠재적 구매 고객들에게 자발적으로 추천하거나 적극적인 구매 성향을 보이는 것으로 높은 재 구매의 정도와 구매한 상표에 대한 애착을 말한다.

② 충성도의 강 · 약 구분으로는 잠재적 충성 고객과 최우량 충성 고객 및 타성적 충성 고객과 비충성 고객으로 분류할 수 있으며 일반적으로 충성도의 지표를 나타내는 것으로 그 제품을 반복 구매하는 재 구매율이 적합하다.

③ 충성도의 지표는 기업이 지속적으로 고객에게 타사보다 우월한 가치를 제공함으로써 그 고객이 해당 기업의 브랜드에 호감이나 충성심을 갖게 되어 지속적인 구매 활동이 유지되는 것으로 고객의 구매 성향과 추천 의도 및 재 구매 의사로 표현된다.

④ 고객은 이탈되지 않도록 하고, 고객이 이탈한 경우 그들을 다시 충성고객으로 전환시키는 마케팅 활동을 위해 먼저 고객의 유형을 유지고객과 이탈고객으로 분류하고 그들의 특성을 규명하고, 유지고객은 충성고객으로 유도하고, 이탈고객은 다시 유지고객으로 전환시키기 위한 효과적인 고객보상 프로그램을 전략적으로 다루고자 하였다.

(3) 고객 충성도 적용 사례

① 최우량 충성도 고객: 기업의 매출 증대에 가장 커다란 영향을 미치며, 구매 빈도가 상당히 높은 몇몇의 고객을 지칭하는 것이다. 기업이 이들을 상대로 하는 개별적이고 현실적인 마케팅 전략이 고객 충성도 프로그램인 것이다.

② **우수 고객에 대한 인센티브**: 대부분의 기업들이 줄어드는 고객을 확보하기 위하여 손쉽게쓸 수 있는 방법이다. 하지만 단기적인 효과 밖에는 기대할 수 없으며, 장기적으로는 별다른효과를 기대하기가 어렵다.

③ **단골 프로그램**: 고객의 충성도를 높이는 대표적인 방법으로 마일리지 제도를 이용할 수가있는 이러한 제도는 마일리지가 축적될수록 보상이 커지기 때문에 고객의 충성도를 높이는효과적인 방법이다.

④ **동반자 관계**: 고객과 기업과의 협력관계를 통하여 고객은 받고 싶은 서비스를 회사에 전달하고, 회사는 고객의 구체적인 요구사항에 따라 서비스나 제품을 제공하는 관계를 말한다.

⑤ **고품질 전략**: 고객만족도의 가장 기본이 되고 효과가 가장 크다고 볼 수 있는 것이 고객만족도를 충족시키는 제품의 품질이다.

2. 고객 생애가치(Customer life tim value)

(1) 고객 생애가치의 개념

① 고객 생애가치는 한 시점에서의 단기적인 가치를 말하는 것이 아니고 고객과 기업 간에 존재하는 관계의 전체가 가지는 가치를 말한다.

② 고객 생애가치(LTV)는 한 고객이 평균적으로 기업에 기여하는 미래수익의 현재 가치를 말하며, 관계마케팅의 여러 가지 효익을 계량적으로 정리한 개념이다.

(2) 고객 생애가치의 특징

① 고객 생애가치는 고객들의 이탈률이 낮을수록 증가하고, 고객 생애 가치는 매출액을 말하는 것이 아니고, 이익을 말하는 것이다.

② 고객 생애가치를 산출함에 있어서 기업은 어떤 고객이 기업에게 이롭고 유리한 고객인가를 파악할 수 있으며, 그 고객과 앞으로 어떤 관계를 가지도록 하는 것이 합리적인가를 파악할 수 있다.

③ 고객의 입장에서 보면 고객자신이 느끼는 가치에서 고객이 지불하는 비용을 뺀 차이가 얼마인가가 선택의 척도가 된다. 고객이 느끼는 가치를 좌우하는 것이 단지 제품의 품질이나 수량만이 아니기 때문에 고객이 느끼는 가치를 높이기가 쉽지 않다.

④ 오늘날의 고객들은 각자 서로 다른 욕구를 가지고 있기 때문에 각 고객이 가지고 있는 욕구들을 파악하는 것 자체도 매우 어려운 것이 되고 있다. 하지만 기업은 목표를 달성하기 위해서 모든 가능한 수단을 동원해서 고객을 만족시키고 그로부터 고객 생애가치를 높여야 한다.

⑤ 우량 고객의 선정을 위한 양적 기준과 질적 기준을 명확히 선정해야 한다. 우량 고객의 효과적 관리를 위해서는 이들이 느끼는 가치에 따라 보상프로그램을 차별적으로 실시하는 것이 바람직하다.

⑥ 복수의 다양한 상품을 판매하는 기업의 경우에는 고객별 거래실적에 관한 데이터베이스(Data Base)를 구축하는 것이 중요하다.

3. e - CRM

(1) e – CRM의 개념

① 과거 오프라인 시장이 주요 무대였을 때에는, 다양한 정보를 수집하고 저장하는 것에 막대한 비용이 소요 되었지만, 온라인 시장에서는 상대적으로 저렴한 비용을 이용하여 다양한 정보를 수집하고 저장하는 것이 가능하다.

② 시대적 흐름에 따라 발생한 것이 e-CRM이며, e-CRM은 e-Busienss 경쟁력을 위해 현대 온라인 비즈니스에 있어서는 필수불가결한 요소가 되었으며, 웹분석은 e-CRM에서, 특히 웹사이트에서 발생하는 데이터들을 수집 및 저장하는 단계이다.

③ IT기술을 이용하여 가치있는 고객을 발굴하고 양성하여 고객의 생애가치를 최대화 할 수 있도록, 데이터의 분석을 수행하고, 자동화된 마케팅 프로세스를 구현하는 것을 인터넷고객관계관리(e-Customer Relationship Management:e-CRM)라고 한다.

④ 최근 유통업체들이 고객정보를 기반으로 하여 고객의 성향에 대한 분석을 토대로 효율적인 e-CRM에서는 고객 각각의 요구사항에 대해 전자기술에 기반을 둔 전자채널을 이용해 고객과 접촉을 갖고 고객의 요구사항을 처리하며 기업활동을 할 수 있도록 환경을 갖추는 것이라 할 수 있으며 e-비지니스는 기본적으로 네트워크 가치가 매우 중요하다.

⑤ e-비지니스에서 가치를 창출하는 중요한 네트워크로서는 고객, 공급자, 파트너 네트워크가 있는데 이들 중 고객 네트워크를 효과적으로 관리하기 위한 도구로서 e-CRM의 필요성이 증대되고 있다. 하지만 고객의 개인정보누출에 대해 거부감을 지니고 있어 신뢰성 높은 데이터 확보가 어려울 수 있으며, 확보된 데이터를 분석할 수 있는 스킬 축적이 미흡할 경우 의미 있는 정보 도출에 한계가 있을 수 있다는 현실적인 제약요인이 존재하고 있다.

(2) e – CRM의 특징

① 인터넷을 활용한 단일 통합 채널을 통해서 고객과 접촉하며, 지역적 및 시간적 한계를 극복할 수 있는 고객 관리방법으로서 음성, 동영상, FAQ 등 다양한 기술을 이용해서 고객 응대를 할 수 있다.

② 고객에 대한 관리를 위해서 온라인과 오프라인을 동시에 이용할 수도 있으며, 인터넷을 통해서 고객의 주문활동을 지원함으로서 고객구매정보의 이력화가 가능하다. 고객을 공동의 가치창조자로서 간주하고 관리할 필요성이 있다.

구분	CRM	e-CRM
Data 수집 채널	다양한 고객접점 영역에서 다양한 채널을 통해 데이터 수집 (영업사원, 콜센터, DM, 기간계 시스템 정보, 구매정보 등)	온라인 기반의 채널중심 (웹로그, 이메일반응 등)
분석 이슈	통계기법, 데이터 마이닝, OLAP(다차원분석) 등	개인화엔진을 위한 실시간 고객성향 분석, 행동패턴 분석, 마케팅효과분석 등
Data 활용	마케팅캠페인, 이탈고객관리, 영업기회관리, 콜센터자동화 등	타겟메일링, 1:1 마케팅, 웹사이트 컨텐츠 개인화 및 온라인 상품추천 등
비용	적용규모 및 컨설팅인건비로 인해 높음. 지속적인 유지비용 높음	IT를 기반으로 구성되므로 초기비용 높지만, 유지비용이 상대적으로 낮음

(3) e – CRM의 단계

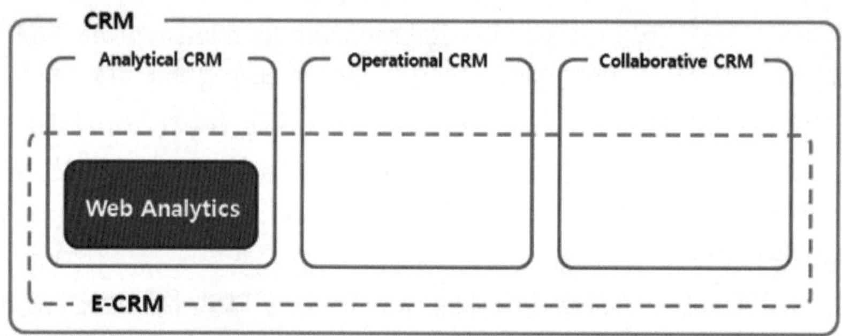

① 분석적 CRM(Analytical CRM)

㉠ 분석 CRM은 고객의 자료를 분석하는 시스템을 말하며, 흔히 data miming을 비롯한 Data Warehouse나 Data Mart에 해당하는 것으로서 많은 통계패키지들과 분석결과를 손쉽게 볼 수 있는 user interface들로 구성되어 있다.

㉡ 개별고객 및 고객그룹의 특성에 따라 효과적인 유통경로 등의 최적의 서비스를 제공하고 우수고객에 대한 서비스상품을 선정하여 제공하고 상품의 Cross-Selling, Up-Selling기회를 활용하며 고객접촉 후 평가 및 기록을 하는 작업프로세스를 의미한다.

② 운영적 CRM(Operational CRM)

㉠ 운영 CRM은 분석된 결과를 활용해서 각각의 고객들에게 제품과 서비스를 제공하는 것을 자동화하는 시스템을 말한다.

㉡ 분석 CRM의 결과가 서울지역에 거주하는 사람들이 겨울철에 세차권을 주는 것이 효과적이라고 한다면 운영 CRM은 서울지역 거주자들을 고객 DB에서 선발해서, e-mail 이나 SMS를 통해서 세차권을 자동으로 발송하는 시스템이다.

③ 협업적 CRM(Collaborative CRM)

㉠ CRM의 협업적 단계에서는 운영적 단계와 분석적 단계에서 나온 다양한 자료들을 합하여 모형을 총합한다.

㉡ 운영적 단계와 분석적 단계에서 나온 모형과 개인정보를 가지고 고객의 세분화에 따른 차별적 마케팅전략을 수립 및 수행하는 과정을 의미한다.

(4) Front/Back-end Application

① Front-end Applications : 고객접점에서 이루어지는 다양한 서비스 활동부분을 지원하고, E-mail, 채팅, 팩스, 영업사원의 접촉, A/S방문, 고객전화 등으로 고객과 접촉하는 채널을 지원하는 애플리케이션이다.

② Back-end Applications : 고객을 정의하고 관리기준을 설정함으로써 데이터마이닝을 통해 고객에게 제공하는 제품과 서비스의 품질향상을 지원하며 보통 요구되는 자원들에 가깝게 있거나, 또는 요구되는 자원들과 교신할 수 있는 능력을 가지는 등을 통해 프론트 엔드 서비스를 간접적으로 지원한다. 백엔드 응용프로그램은 프론트엔드와 직접 상호 작용할 수 있지만, 중간에 또다른 프로그램이 개입되어 프론트엔드와 백엔드의 활동을 조정한다.

03 e-SCM(온라인 공급체인망 관리)

1. e-SCM

(1) e-SCM의 개념

① e-SCM이란 디지털 기술을 활용하여 공급자, 유통 채널, 소매업자 등 고객과 관련된 물자나 정보, 자금 등의 흐름을 신속하고 효율적으로 관리하는 것을 의미한다.

② e-SCM을 한마디로 말하면 전자상거래를 포함한 e-Busienss 환경아래에서의 디지털 기술을 활용하여 공급자 , 유통 채널 , 소매업체 , 그리고 고객 등과 관련된 물자, 정보 ,자금 등의 흐름을 신속하고 효율적으로 관리하는 것을 의미한다.

③ e-SCM은 공급자에서 고객까지의 공급 체인 상의 물자나 정보 등을 디지털 기술을 활용하여 총체적인 관점에서 통합하고 관리함으로써 e-비즈니스 수행과 관련된 공급자, 고객, 그리고 기업 내부의 다양한 니즈를 만족시키고 업무의 효율성을 극대화하려는 전략적 기법이라 할 수 있다.

④ e-SCM을 통해 기업들이 추진하는 목표는 디지털 환경으로 등장한 새로운 패러다임에 부합할 수 있도록 원재료, 제품, 정보 흐름을 리엔지니어링하는 것이고, 디지털 기술을 활용하여 판매, 원재료, 구매, 제조, 물류 등을 동기화(Synchronization)

하는 것이며, 이를 통해 고객에 대한 대응 능력을 높이고 새로운 서비스를 제공하여 고객 만족도를 높이는 것이다.

⑤ e-SCM은 자국 등을 총체적인 관점에서 통합 · 관리함으로써 e-business 수행과 관련된 공급자의 업무 효율성을 극대화하고, 고객 그리고 기업 내부의 다양한 욕구를 만족시키고 업무의 효율성을 극대화하려는 전략적 기법이다.e-SCM은 디지털 기술을 활용하여 공급자에서 고객까지의 Supply Chain상의 물자 정보를 제공하는 것을 목적으로 한다.

(2) e-SCM의 등장배경

① IT기술이 발달하고 인터넷의 보급이 확산됨에 따라 많은 기업들이 인터넷 및 디지털 기술들을 전략적으로 활용하여, 기업의 공급사슬관리의 효과, 효율성을 최적화함으로써 고객만족도 및 기업 성과를 높일 수 있게 되었는데 이러한 배경 하에서 등장한 것이 바로 e-SCM이다.

② 인터넷을 통한 전자상거래의 출현은 기업과 고객간의 쌍방향 의사소통이 보다 원할해지고 고객이 요구하는 제품과 서비스를 신속하게 진행함으로써 고객만족도와 연결되어 강력한 상품인지도와 고객충성도로 이어져 기업경쟁력 강화에 기여할 수 있게 되었다.

③ e-비즈니스는 단순히 SCM을 효율적으로 운영하는 데 그치지 않고 과거 SCM을 운영하던전통적인 질서와 법칙에 혁신을 가져옴으로써 새로운 유형의 SCM을 발전시키는 커다란 원동력 역할을 하고 있다. 이러한 배경에서 디지털 기술 특히, 인터넷을 활용하여 공급자, 유통채널, 소매업체, 고객 등과 관련된 물자, 정보, 자금의 흐름을 신속하고 효율적으로 관리하는 e-SCM이 등장했다.

2. e - SCM 관련기술

(1) e-Logistics

① e-Logistics의 개념

㉠ IT기술을 기반으로 물류서비스를 제공하는 업체가 다양한 부가가치 물류서비스를 온라인상에서 구현하도록 지원하는 것을 말한다.

㉡ 정보 통신 기술을 기반으로 하여 물류 서비스 제공업체가 다양한 부가가치 물류 서비스를 온라인상에서 구현하여 공급체인관리 개념하에 화주 기업의 물류 프로세스를 효율적으로 지원하는 활동이다.

㉢ IT 기반인 특히 인터넷을 기반으로 하는 관련 주체들 간에 물류 프로세스 수행을 효율적으로 지원하는 서비스이다.

② e-Logistics의 기능

㉠ 수요 충족기능인 운송 · 보관 · 하역 · 포장 등의 물류관리 본래의 기능을 한다.

㉡ 수요 창조기능은 물류 서비스를 고도화하고 물류를 통한 유통 채널의 강화 및 유통 채널의 물류를 효율적으로 지원하는 일을 말한다.

㉢ 수요 창조기능에 속하는 e-Logistics의 주요 기능으로 부가가치 물류 서비스를 들 수 있고, 부가가치 물류 서비스의 유형으로는 화물 추적 서비스, 화주의 물류 업무 지원 서비스, 온라인 물류 업무 지원 서비스 등이 포함된다.

③ e-Logistics 서비스

㉠ 화주의 물류 업무 지원 서비스는 화주 또는 e-Markeplace를 통한 운송업체의 운송 정보를 연계 서비스인 운임 조회, 운송 의뢰, 화물 추적, 운임 청구 및 정산, 실적관리 등을 말한다.

㉡ 동적 운송 경로관리는 실시간 운송을 지시할 수 있으며, 화주의 운송 경로 변경 의뢰를 처리할 수 있다.

㉢ 화물 추적 서비스는 화물의 위치 정보 서비스를 받을 수 있으며, 또한 예상 도착 시간과 운송지역 정보를 제공할 수 있다.

④ e-Logistics의 효과

㉠ 조달 구매주기 감소와 자동화를 통해 주문주기 단축 효과가 있다.

㉡ 프로세스의 효율화와 구성원을 통제하는 효과가 있다.

㉢ 수요 예측을 통한 재고 절감 효과가 있다.

㉣ 중개 및 아웃소싱의 기회 확대 효과가 있다.

㉤ 원활한 의사 소통으로 빠른 제품출시 효과가 있다.

㉥ 판매시장과 거래 대상을 다변화하는 효과가 있다.

㉦ 내부 프로세스의 유기적인 연대 가능 효과가 크다.

㉧ 물류업무의 전문화와 3PL의 등장 및 물류정보의 통합화인 가상 SCM의 구현 효과가 있다.

⑤ e-Logistics의 발전과 한계

㉠ 소비자들이 원하는 화물 추적, 차량위치 추적, 화물상태 정보 등을 실시간으로 Mobile Device를 활용하여 제공하며 휴대폰, PDA, 무선 스캐너 등의 통신망의 의존도가 절대적이다.

㉡ 화물 중개 사이트에서 제공하는 화주나 운송사에 대한 정보가 불충분한 경향이 있으며, 화주와 포워드에게 기존거래 관행에 대한 고정 관념이 남아있고, 중개 사이트가 제공하는 서비스에 대한 인지도가 낮다.

(2) e-Auction

① e-Auction의 개념

㉠ e-Auction은 전자경매를 의미하며 인터넷상에서 경매절차를 진행하는 것이다.

㉡ 경매자가 인터넷을 통해 입찰가를 제출하게 되면 입찰자 중에서 가장 비싼 입찰가를 제출한 입찰자에게 거래의 우선 순위를 배정하는 영국식 경매가 가장 보편적인 방법이다.

㉢ 인터넷상에서 경매가 시작되면 가격이 내려가고 원하는 가격에서 의사결정을 하며 해당 가격에 판매하는 네덜란드식 경매 방식도 종종 실행되는 경우가 있다.

② e-Auction의 발전

㉠ 경매는 매매 방식이 쇼핑의 흥미를 제공하고, 공급자에게는 광고 효과를 주며, 소비자가 중심이 되는 거래라는 것이 다른 전자상거래와 차별화되는 것이다.

㉡ 구매의 편리성과 접근성, 가격 결정에 있어서 소비자가 참여할 수 있다는 능동성, 시 · 공간의 비제약성, 소액, 저가 상품에 대한 경매가 다양하게 이루어지고 있으며 이러한 점들이 소비자들의 관심을 끌어 모으는 계기가 된다.

③ e-Auction의 효과

㉠ 준비시간을 단축시키고, 관리비용을 절감시키며 업무처리가 상당히 감소된다.

㉡ 초기진입 성공자가 시장을 주도하면서 산업의 수익성을 도모할 수 있다.

㉢ 전자경매를 통해 판매자가 얻을 수 있는 이점은 '수익 증대', '대량 재고상품의 처리 가능', '최적 가격결정 가능' 등을 예로 들 수 있다.

(3) e-Procurement

① e-Procurement의 개념

㉠ 인터넷을 통해 기업의 구매 및 조달 문제를 처리함으로써 업무의 효율성과 상당한 비용의 절감을 가져온 방법으로 전자구매 또는 전자조달이라고 한다.

㉡ 물품 선택, 구매 요건, 승인, 주문, 운반, 결제, 수령까지 구매 프로세스 전체를 인터넷을 통하여 자동화하는 것이다.

㉢ 기업의 구매비용을 절감시켜 기업 경쟁력을 강화하고자 하는 전자구매 시스템을 말하며, 구매 · 조달의 투명성을 확보하는 부수적인 효과를 거둘 수 있다.

㉣ 대부분의 구매업무를 실시간으로 처리할 수 있도록 해 구매기간을 단축시키고, 구매처리의 lead time역시 단축시킬 수 있다.

㉤ 구매, 재고비용의 절감으로 경영의 효율화를 달성할 수 있으며, 불필요한 업무 프로세스를 과감하게 없애, 필요한 업무를 최적화 시킨다.

② e-Procurement의 특징

㉠ 거래비용의 절감, 구매자의 생산성 향상, 상품의 표준화와 구매 통합을 통한 가격하락, 공급자 정보와 가격 정보의 흐름과 관리가 증진된다.

㉡ 구매절차의 간소화, 구매와 배송 과정에서의 행정절차와 오류감소, 더 좋은 가격과 품질의 상품과 서비스를 공급할 수 있는 새로운 공급자의 발굴 가능성이 있다.

㉢ e-procurement는 구매과정에서 발생할 수 있는 프로세스의 효율화에 중점을 두고 있으며, e-marketplace는 구매와 판매가 효율적으로 이루어져 거래가 발생하도록 하는 데 중점을 두고 있다는 것을 알아야 한다

㉣ 전자조달이 효율적으로 운영되면, 담당자는 보다 전략적 구매 업무에 치중할 수 있다.전자적 매체를 통하거나, 역경매를 통해 구매 단가를 낮출 수 있다. 공급자와의 협업적 구매 관계의 구축이 용이해진다.

(4) e-Catalog

① e-catalog의 개념

㉠ 전자카탈로그는 상품 및 서비스의 거래조건, 가격, 거래처 등의 표준화된 단일장소를 제공함으로써 다양한전자상거래를 지원하는 도구를 제공한다고 볼 수 있다.

㉡ 구매자가 인터넷을 통하여 정보를 쉽고 빠르게 찾을 수 있도록 전자적으로 제품에 관련된 정보 등을 구성하여 저장하며, 고객의 선호도나 요구에 맞춘 맞춤식 전자카탈로그가 제공되기도 한다.

㉢ 전자카탈로그는 전자상거래를 위하여 상품 및 서비스에 대한 정보를 인터넷을 통하여 기업이 불특정 다수에게 제공하는 수단으로 사용되고 있다.

㉣ 전자상거래에 적용되는 기법으로 상품 사진이나 각종 사양 등을 그대로 전자적으로 기록해 데이터베이스화하여 제공한다.

㉤ 전자카탈로그를 통해 고객에게 상품에 대한 자세한 정보를 제공하며, 고객의 구매를 유도하며, 소매활동을 하는 무점포소매업의 한 형태이다.

㉥ 전자카탈로그는 종이카탈로그에 비하여 상품 정보의 신속한 변경이 가능하고 강력한 검색기능을 가지며, 배달비용이 없고 배포지역이 넓다는 장점을 지니고 있다.

㉦ 전자카탈로그는 움직이는 사진과 같은 동적인 정보 표현이 가능하고, 구매와 판매 프로세스의 연결이 가능하다는 장점이 있다.

② e-catalog의 목적

㉠ 전자카탈로그는 공급자와 구매자 사이에 상품이나 서비스에 대한 신속한 정보를 제공하는 것을 목적으로 한다.

㉡ 전자카탈로그는 공급자 입장에서 상품과 서비스에 대한 광고와 촉진의 목적을 성실히 수행한다. 전자카탈로그는 구매자 입장에서는 구매 의사결정을 위한 상품과 서비스에 대한 정보검색을 가능하게 한다.

④ e-catalog의 장점

㉠ 제품에 대한 정보의 변화가 있으면 신속히 대응할 수 있다.

㉡ 움직이는 사진도 표시할 수 있어 생생한 느낌을 줄 수 있다.

㉢ 넓은 지역에 상품 정보를 배포하는 데 비용적인 면에서 저렴하다.

㉣ 상품을 검색하는 데 있어서 많은 정보를 신속하게 검색하게 할 수 있다.

㉤ 자사와 자사 제품을 타사와 타사 제품과 비교하여 쇼핑을 가능하게 해준다.

⑤ e-catalog의 단점

㉠ 전자카탈로그를 개발하는 데에는 현실적으로 기술과 비용측면에서 보편화된 것이 적어 상대적으로 어려움이 많다.

㉡ 전자카탈로그 소비자들이 컴퓨터와 인터넷에 쉽게 접근이 가능해야 하고, 이것을 다룰 수 있는 기술적인 능력도 겸비하고 있어야 한다.

㉣ 종이카탈로그를 배포하는 데에는 전자카탈로그에 비해 시간이 많이 소요된다.
㉤ 한번 인쇄를 한 후에는 변경이 불가능하므로 정보의 변경이 전자카탈로그에 비해 어렵다.

⑥ 종이카탈로그의 장점
㉠ 종이에 손쉽게 작성할 수 있으므로 작성이 수월하다.
㉡ 종이카탈로그는 이동하는 데 전자카탈로그보다 손쉽다.
㉢ 카탈로그 이용에 컴퓨터 시스템의 도움이 없어도 가능하다.

⑦ 종이카탈로그의 단점
㉠ 정보를 제공하는 데에 지면상 한정적으로 제공할 수밖에 없다.
㉡ 전화나 팩스 등의 다른 방법으로만 주문이 가능하여 제한적이다.
㉢ 종이카탈로그는 재료가 종이이기 때문에 날씨나 계절적으로도 영향이 있다.

(5) e-Marketplace

① e-Marketplace는 인터넷상에서 다수의 공급자와 수요자가 필요한 제품이나 서비스를 최적의 조건으로, 다양한 구매방식에 의해 비즈니스 거래를 하도록 유발하는 가상시장을 통칭한다.

② 제품 표준화 정도가 낮은 업종의 제조업체가 사업수행을위하여 여러 협력업체들과 긴밀한 관계를 유지해야 하며, 가격보다는 서비스 품질을 강조해야 하는 경우에 가장 효과적인 e-Marketplace 모델은 커뮤니티형이다.

③ 기존의 완제품을 사고파는 소비자 위주의 B2C에서 최종적인 소비자에게 공급되기 전 단계에서의 거래를 대상으로 한다. 더 나은 자재 계획과 구매로 재고를 줄임으로써 공급체인에서 비롯되는 원가를 절감할 수 있는 특징을 가지고 있다.

④ 종류에는 제품이나 서비스의 공급자(금융기관, 공공기관) 또는 사람단체(각종 협회나 단체)들이 가입자들에게 서비스를 제공하는 상업적 e-Marketplace가 있다.

⑤ 제품 표준화 정도가 높지만, 기업 간 협력수준을 요구하는 정도가 낮은 제품을 대상으로 대량생산과 판매가 가능한 경우에 가장 효과적인 e-marketplace 모델은 중개거래형이다.

⑥ 특정 산업체나 시장, 특정분야의 특화된 서비스를 중심으로 한 e-Marketplace로 특히 자동차부품, 화학, 전자부품 등 구매자와 공급자의 상호작용을 하는 e-Marketplace는 수직적 e-Marketplace이다.

⑦ 제품 표준화 정도가 높지만, 기업 간 협력수준을 요구하는 정도가 낮은 제품을 대상으로 대량생산과 판매가 가능한 경우에 가장 효과적인 e-marketplace 모델은 중개거래형이다.

Chapter 4 명품 적중 예상문제

01 다음 중 데이터 웨어하우징(data warehousing)의 이점에 대한 설명이 아닌 것은?

① 일관성 있는 정보를 제공받을 수 있다.
② 기술 환경 변화에 신속한 대응이 가능하다.
③ 미개척된 새로운 시장을 발견할 수 있는 기회가 있다.
④ 다차원적으로 신속하게 분석하여 의사결정에 도움을 준다.
⑤ 의사결정에 필요한 정보가 늘어나므로 전산실의 업무가 증대된다.

데이터 웨어하우징(data warehousing)의 데이터는 표준화된 다양한 정보가 지속적으로 입력되지만, 시간순서에 따른 정보들을 체계적으로 구성하였기 때문에 의사결정 정보에 관한 전산실의 업무가 최소화된다.

02 아래 글상자 (   )안에 들어갈 기술로 가장 옳은 것은?

> QR 물류시스템은 ( )을(를) 통해 소매결산데이터를 자동으로 변환하여 제품생산과정에 반영할 수 있도록 정보를 제공해 줌으로써, 정보왜곡효과를 줄여준다. 이러한 사실만으로도 구매업체와 공급업체의 통합물류정보시스템의 구축에 대한 투자는 충분히 의미가 있다.

① NFC(Near Field Communication)
② EDI(Electronic Data Interchange)
③ Wireless Network
④ OLTP(Online Transaction Processing)
⑤ OLAP(Online Analytical Processing)

① NFC(Near Field Communication) : NFC란 근거리 무선 통신(Near Field Communication)의 약자로, 13.56MHz의 대역을 가지며, 아주 가까운 거리(약 10cm 이내)의 비접촉식 무선 통신을 하기 위한 기술이다.
② EDI(Electronic Data Interchange) : 통신회선을 통해 표준적인규약을 이용하여 컴퓨터간에 데이터를 상호교환하 는 방식을 말한다.
③ Wireless Network : 무선 네트워크는 네트워크 노드 간 무선 데이터 연결을 사용하는 컴퓨터 네트워크이다. 즉, 신호를 전하는 케이블 대신에 무선(전파)을 이용하는 통신 네트워크를 통틀어 이르는 말이다.
④ OLTP(Online Transaction Processing) : 트랜잭션 지향 애플리케이션을 손쉽게 관리할 수 있도록 도와주는 정보 시스템의 한 계열로서, 일반적으로 데이터 기입 및 트랜잭션 처리를 위해 존재한다.
⑤ OLAP(Online Analytical Processing) : 온라인 분석처리(OLAP : OnLine Analytical Processing)는 다차원으로 이루어진 데 이터로부터 통계적인 요약정보를 제공할 수 있는 기술이며, 데이터의 분석과 관리를 위해서 다차원 데이터를 모으고, 관리하고, 프로세싱하고, 표현하기 위한 응용 프로그 램 및 기술이다.

01 ⑤ **02** ②

유통 정보

03 다음 중 데이터웨어하우징(data warehousing)의 특징과 관계없는 것은?

① 주제지향성(Subject oriented) ② 통합성(Integrated)
③ 시계열성(Time variant) ④ 비휘발성(Non-volatile)
⑤ 전자창고(Electronic warehouse)

우답풀이 경영의사결정을 지원하기 위한 주제 지향적이고, 통합적이며 비휘발성인 시간의 변화를 반영하는 집합체를 전자창고(Electronic warehouse)라 한다.

04 다음 중 Data Warehouse, Data Warehousing, Data Mining, Data Mart에 대한 일반적인 설명으로 가장 잘못된 내용은?

① Data Warehouse는 사용자의 의사결정을 지원하기 위해 기업이 축적한 많은 데이터를 사용자 관점에서 주제별로 통합하여 운영시스템과 사용자 사이의 별도의 장소에 저장해 놓은 데이터베이스로 이해할 수 있다.
② Data Warehousing은 데이터웨어하우스에 있는 데이터들로부터 적합한 의사결정을 위한 데이터를 구축하고 활용하는 일련의 과정으로, 전사적인 아키텍쳐상에서 의사결정을 지원하기 위한 환경을 구축하자는 사상이다.
③ Data Mining은 데이터 속에 숨어 있는 정보를 추출하여 연관 규칙(Association Rule), 신경망(Neural network) 등을 이용하여 분석하며, 유통 정보 분석에 많이 이용된다. 대량의 실제 데이터로부터 잠재되어 드러나지 않은 유용한 정보를 찾아내는 것이다.
④ Data Mart는 데이터웨어하우스를 축소한 소규모 버전을 통해 데이터 웨어하우스 구축의 높은 비용 대비 낮은 비용으로 창출할 수 있으며, 주로 전략적 사업단위나 부서를 위해 설계된 작은 규모의 데이터웨어하우스이다.
⑤ Data Warehouse내의 데이터는 일단 적재(loading)가 완료되면 일괄처리 작업에 의한 갱신이외에는 DB에 삽입(insert),이나 삭제(delete)등의 변경이 수행되지 않는다는 데이터의 장기지속성을 말하는 것은 주제 지향성(Subject-Oriented)을 말하는 것이다.

우답풀이 데이터는 일단 적재(loading)가 완료되면 일괄처리 작업에 의한 갱신이외에는 DB에 삽입(insert), 이나 삭제(delete)등의 변경이 수행되지 않는다는 데이터의 장기지속성을 말하는 것은 비 휘발성(Non-Volatile)이다.

해답 **03** ⑤ **04** ⑤

05 고객관계관리 시스템에 응용되는 데이터웨어하우스의 특징으로 가장 옳지 않은 것은?

① 데이터의 휘발성
② 데이터의 통합성
③ 데이터의 시계열성
④ 데이터의 주제지향성
⑤ 데이터의 대규모 저장소

기존의 데이터베이스에서는 추가나 삭제, 변경 등과 같은 갱신 작업이 레코드 단위로 지속적으로 발생하였다. 이러면 데이터의 정확성이 감소하므로 갱신이나 삭제가 불가능한 비휘발성(Non-Volatile)이 있어야 한다.

06 다음 중 OLAP(Online Analytical Processing)의 분석기능에 대한 설명으로 가장 옳지 않은 것은?

① 리포팅 기능은 리포트 작성을 지원하는 기능이다.
② 드릴 업 기능은 요약 자료의 상세 정보를 확인하게 하는 기능이다.
③ 필터링 기능은 원하는 자료만을 걸러서 추출하기 위해서 이용되는 기능이다.
④ 피보팅 기능은 분석 차원을 분석자의 필요에 따라 변경해서 볼 수 있는 기능이다.
⑤ 분해(slice and dice)기능은 다양한 관점에서 자료를 분석 가능하게 하는 기능이다.

OLAP(On Line Analytical Processing)은 데이터의 분석과 관리를 위해서 다차원의 데이터를 모으고, 관리하고, 프로세싱하고, 표현하기 위한 응용 프로그램 및 기술을 말한다. 용자는 보고서의 행, 열, 페이지 차원을 무작위로 바꾸어 볼 수 있으며 이러한 작업을 피보팅(Pivoting)이라 한다. 보고서 상에 나타나는 데이터를 특정기준(계층구조, 애트리뷰트, 항목이름, 데이터에 기초)에 부합하는 항목으로 한정하는 것을 필터링이라 한다. 드릴다운은 요약된 형태의 데이터 수준에서 보다 구체적인 내용의 상세데이터로 단계적으로 접근하는 분석기법을 말하며, 이것은 좀더 자세한 데이터를 보여 달라는 것으로 꼭 계층구조를 따라서 이루어지는 것은 아니다. 드릴업은 드릴다운과 반대방향으로 사용자가 정보를 분석하는 것을 말한다.

07 전자조달에 대한 설명으로 가장 옳지 않은 것은?

① 역경매를 통해 구매 단가를 낮출 수 있다.
② 전자적 매체를 통해 구매 단가를 낮출 수 있다.
③ 공급자와의 협업적 구매관계의 구축이 용이해진다.
④ 조달업무 분야의 예산이 분산처리되어 혼란이 야기되는 경향이 있다.
⑤ 전자조달이 효율적으로 운영되면, 담당자는 보다 전략적 구매업무에 치중할 수 있다.

e-procurement(전자구매, 전자조달)은 인터넷을 통해 기업의 구매 및 조달 문제를 처리함으로써 업무의 효율성과 상당한 비용의 절감을 가져온 방법으로 물품 선택, 구매 요건, 승인, 주문, 운반, 결제, 수령까지 구매 프로세스 전체를 인터넷을 통하여 자동화하는 것이다.

05 ① **06** ② **07** ④

08 다음 중 데이터 웨어하우스의 특성에 대한 설명으로 옳지 않은 것은?

① 데이터 웨어하우스 내의 데이터는 일정한 주제별로 구성된다.
② 데이터 웨어하우스 내의 데이터는 고도로 통합되어야만 한다.
③ 데이터 웨어하우스 내의 데이터는 전사적으로 통합되어야만 한다.
④ 데이터 웨어하우스는 시계열 데이터베이스의 기능을 가지고 있다.
⑤ 데이터 웨어하우스에 데이터가 로딩된 후 사용자들의 갱신이나 삭제가 자유롭다.

데이터 웨어하우스의 데이터는 오퍼레이션에서 수시 발생되는 갱신이나 삭제가 쉽게 적용되지 않는다. 따라서 사용자들의 갱신이나 삭제를 할 수 있는 것이 아니다.

09 다음 중 데이터웨어하우징(data warehousing)의 향후 기대 효과로 옳지 않은 것은?

① 다수의 변형된 데이터 제공
② 데이터 자산의 효율적 이용
③ 사용자에게 직접 데이터 제공
④ 기존의 낡은 정보 시스템의 리엔지니어링
⑤ 정확하고 적절하고 정확한 단일의 정보를 제공

데이터 웨어하우징(data warehousing)은 사용자의 관심에 따라 고객, 영업, 상품 등의 업무영역별로 분류되어 구축됨으로써 업무의 내용과 목적에 따라 적절하고 정확한 단일의 정보를 제공하고 있다. 하나의 일관된 데이터를 제공하고 있다.

10 다음 중 전자구매의 문제점을 설명한 것으로 가장 옳지 않은 것은?

① 전자구매 시 결제방법의 신뢰도 문제가 발생할 수 있다.
② 전자구매는 구입하는 자에게 편리함을 가져다 줄 수 있다.
③ 전자구매 시 판매원의 대면판매가 아니므로 제품의 설명에 한계성을 지니고 있다.
④ 전자구매 시 기존의 점포에서 제공하는 서비스는 역으로 무점포 거래에서는 단점이 될 수도 있다.
⑤ 전자주문 이후에 개별적인 배송이 아닌 일괄배송을 하기 때문에 배송의 지연 문제가 발생한다.

오답 풀이 전자구매 시 주문 이후에 배송은 일괄배송이 아닌 개별적으로 배송을 하고 있다. 따라서 배송 지연, 상품의 하자가 있을 경우 반품의 번거로움 등 문제점이 많이 노출되고 있다.

해답 **08** ⑤ **09** ① **10** ②

11 다음 중 종이카탈로그의 단점에 대한 내용으로 가장 옳지 않은 내용은?

① 카탈로그의 이용에 컴퓨터 시스템의 도움이 필요 없다.
③ 정보를 제공하는 데에 지면상 한정적으로 제공할 수밖에 없다.
② 한 번 인쇄를 한 후에는 변경이 불가능하므로 정보의 변경이 어렵다.
④ 종이카탈로그를 배포하는 데에는 전자카탈로그에 비해 시간이 많이 소요된다.
⑤ 한번 인쇄를 한 후에는 변경이 불가능하므로 정보의 변경이 전자카탈로그에 비해 어렵다.

카탈로그의 이용에 컴퓨터 시스템의 도움이 필요 없다는 것은 단점이라고 보다는 장점이라고 해야 한다.

12 다음 중 전자카탈로그에 대한 설명으로 옳지 않은 것은?

① 전자카탈로그는 전자상거래를 위하여 제공하는 수단이다.
② 전자카탈로그는 종이카탈로그에 비하여 배달 범위가 작다.
③ 전자카탈로그는 소매활동을 하는 무점포 소매업의 한 형태이다.
④ 전자카탈로그는 움직이는 사진과 같이 동적인 정보 표현이 가능하다.
⑤ 자사와 자사 제품을 타사와 타사 제품과 비교하여 쇼핑을 가능하게 해준다.

전자카탈로그(e–catalog)는 종이카탈로그에 비하여 상품 정보의 신속한 변경이 가능하고 강력한 검색 기능을 가지며, 배달비용이 없고 배포지역이 넓다는 특징을 지니고 있다.

13 다음 중 전자카탈로그의 장점으로 볼 수 없는 내용은?

① 배달비용이 없는 넓은 지역에 상품 정보의 배포가 가능하다.
② 움직이는 사진도 표시할 수 있어 생생한 느낌을 줄 수 있다.
③ 넓은 지역에 상품 정보를 배포하는 데 비용 측면에서 제한이 없다.
④ 자사와 자사 제품을 타사와 타사 제품과 비교하여 쇼핑이 가능하다.
⑤ 인터넷 작동법을 몰라도 전자카탈로그의 사용에는 전혀 문제가 없다.

전자카탈로그 사용자들이 컴퓨터와 인터넷에 손쉽게 접근이 가능해야 하고, 이것을 다룰 수 있는 기술적 능력도 충분히 있어야 한다.

11 ① **12** ② **13** ⑤

14 고객관계관리 정보시스템의 자료 저장소에 대한 설명으로 옳지 않은 것은?

① 다차원 모델링을 통해서 자료저장의 구조화를 추구한다.
② 스타스키마 구조는 각 차원별로 하나의 자료테이블을 갖는 구조이다.
③ 여러 차원들이 하나의 사실(fact)을 중심으로 연결되는 구조로 모델링이 된다.
④ 스노우 플레이크 스키마 구조를 이용하면 자료의 정규화를 하지 않을 수 있다.
⑤ 데이터웨어하우스라는 자료저장소가 가장 기본적 고객관계 관리용 자료저장소이다.

우탁풀이 스노우 플레이크 스키마의 dimension table은 정규화(Normalization)가 잘 되어 있기 때문에 중복이 최소화 된다. 즉 정규화가 이미 이루어져 있어야 한다.

15 충성도(loyalty)는 고객이 한 기업의 제품 및 서비스를 잠재적 구매 고객들에게 자발적으로 추천하거나 적극적인 구매 성향을 보이는 것으로 높은 재 구매의 정도와 구매한 상표에 대한 애착을 말한다. 따라서 기업은 고객충성도(customer loyalty)프로그램을 개발해야 하는데,아래 고객충성도 프로그램에 대한 설명으로 가장 옳지 않은 것은?

① 충성도의 지표는 기업이 지속적으로 고객에게 타사보다 우월한 가치를 제공함으로써 그 고객이 해당 기업의 브랜드에 호감이나 충성심을 갖게 되어 지속적인 구매 활동이 유지되는 것으로 고객의 구매 성향과 추천 의도 및 재 구매 의사로 표현된다.
② 우량 고객의 선정을 위한 양적 기준과 질적 기준을 명확히 선정해야 한다. 우량 고객의 효과적 관리를 위해서는 이들이 느끼는 가치에 따라 보상프로그램을 차별 없이 실시하는 것이 바람직하다.
③ 고객은 이탈되지 않도록 하고, 고객이 이탈한 경우 그들을 다시 충성고객으로 전환시키는 마케팅 활동을 위해 먼저 고객의 유형을 유지고객과 이탈고객으로 뷰류하고 그들의 특성을 규명하는 작업이 선행되어야 한다.
④ 최우량 충성도 고객은 기업의 매출 증대에 커다란 영향을 미치며, 구매 빈도가 상당히 높은 몇몇의 고객을 지칭하는 것이다. 기업이 이들을 상대로 하는 개별적이고 현실적인 마케팅 전략이 고객 충성도 프로그램인 것이다.
⑤ 고객의 입장에서 보면 고객자신이 느끼는 가치에서 고객이 지불하는 비용을 뺀 차이가 얼마인가가 선택의 척도가 된다. 고객이 느끼는 가치를 좌우하는 것이 단지 제품의 품질이나 수량만이 아니기 때문에 고객이 느끼는 가치를 높이기가 쉽지 않다.

우탁풀이 우량 고객의 효과적 관리를 위해서는 이들이 느끼는 가치에 따라 보상프로그램을 차별적으로 실시하는 것이 바람직하다.

해답 14 ④ 15 ②

16 다음 중 e-CRM(Customer Relationship Management)에 대한 설명으로 가장 옳지 않은 것은?

① 인터넷을 활용한 단일 통합 채널을 통해서 고객과 접촉한다.
② 지역적 및 시간적 한계를 극복할 수 있는 고객 관리방법이다.
③ 고객의 주문활동을 지원함으로서 고객구매정보의 이력화가 가능하다
④ 음성, 동영상, FAQ 등 다양한 기술을 이용해서 고객 응대를 할 수 있다.
⑤ 초기의 셋업비용은 적게 소요되나 유지 및 관리에는 비용이 비교적 높은 편이다.

e-CRM은 초기의 셋업비용은 높게 소요되나 유지 및 관리에는 비용이 비교적 낮은 편이다.

17 최근 많은 기업들이 e-SCM을 도입하여 활용하고 있다. e-SCM 도입의 결과로서 나타나는 현상과 가장 거리가 먼 것은?

① 유통채널 갈등의 해소
② 중간상을 배제한 거래
③ 수직적 가치사슬의 해체
④ 최소한의 핵심자산에 집중
⑤ 유통경로의 다변화로서 소비자의 효용증가

e-SCM은 고객 그리고 기업 내부의 다양한 욕구를 만족시키고 업무의 효율성을 극대화하려는 전략적 기법이라고 할 수 있다. e-SCM을 도입한다고 하여 유통경로상의 갈등을 해소한다고 어렵다.

18 오프라인 카탈로그에 비해 전자 카탈로그의 장점에 관한 설명으로 다음 중 가장 거리가 먼 것은?

① 오프라인 카탈로그에 비해 고객화(customizing)가 용이하다.
② 오프라인 카탈로그에 비해 초기 개발비용이 상대적으로 매우 저렴하다.
③ 오프라인 카탈로그에 비해 상품 탐색이 편리하며 시간을 줄일 수 있다.
④ 오프라인 카탈로그에 비해 상품정보에 대한 내용변경이 용이하고 신속하다.
⑤ 오프라인 카탈로그에 비해 동영상으로 표시할 수 있으며 상품별로 개별화된 카탈로그를 제작할 수도 있다.

e-catalog(전자 카탈로그)는 상표 또는 기업에 대한 광고가 전자적 파일의 형태로 제작되어 인터넷, 홈페이지, 홍보용 CD, 동영상, 플래시 애니메이션 등의 형태로 만들어진 카탈로그이며, 오프라인(종이) 카탈로그에 비해 초기 개발비용이 상대적으로 매우 높다.

16 ⑤ **17** ① **18** ②

19 e – CRM, e–SCM, e–Logistics, e–procurement 등 앞에 'e'가 붙는 이유는 거래의 공간이 오프라인이 아니라 온라인이라는 특징을 암묵적으로 설명해 주는 것이라 할 수 있다. 다음 설명 중에서 가장 잘못된 항목을 고르시오.

① e–Procurement은 인터넷을 활용한 단일 통합 채널을 통해서 고객과 접촉하며, 지역적 및 시간적 한계를 극복할 수 있는 고객 관리방법으로서 음성, 동영상, FAQ 등 다양한 기술을 이용해서 고객 응대를 할 수 있다.

② e–SCM을 한마디로 말하면 전자상거래를 포함한 e–Busienss 환경아래에서의 디지털 기술을 활용하여 공급자 , 유통 채널 , 소매업체 , 그리고 고객 등과 관련된 물자, 정보 ,자금 등의 흐름을 신속하고 효율적으로 관리하는 것을 의미한다.

③ e–Logistics는 정보통신 기술을 기반으로 하여 물류 서비스 제공업체가 다양한 부가가치 물류 서비스를 온라인상에서 구현하여 공급체인관리 개념 아래에서 화주기업의 물류 프로세스를 효율적으로 지원하는 활동이다.

④ e–Auction은 구매의 편리성과 접근성, 가격 결정에 있어서 소비자가 참여할 수 있다는 능동성, 시 · 공간의 비제약성, 소액, 저가 상품에 대한 경매가 다양하게 이루어지고 있으며 이러한 점들이 소비자들의 관심을 끌어 모으는 계기가 된다.

⑤ e–CRM은 과거 오프라인 시장이 주요 무대였을 때에는, 다양한 정보를 수집하고 저장하는 것에 막대한 비용이 소요 되었지만, 온라인 시장에서는 상대적으로 저렴한 비용을 이용하여 다양한 정보를 수집하고 저장하는 것이 가능하다.

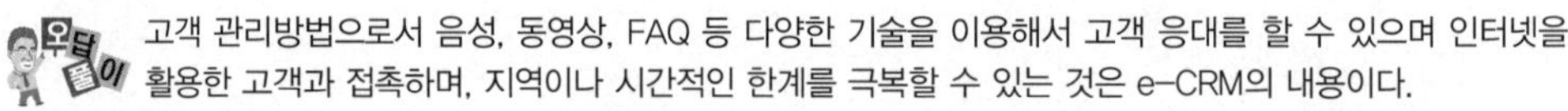

오답풀이: 고객 관리방법으로서 음성, 동영상, FAQ 등 다양한 기술을 이용해서 고객 응대를 할 수 있으며 인터넷을 활용한 고객과 접촉하며, 지역이나 시간적인 한계를 극복할 수 있는 것은 e–CRM의 내용이다.

20 다음 중 전자구매(e–Procurement)시스템의 특징으로 가장 거리가 먼 것은?

① 구매과정의 간소화 및 비용 절감

② 구매절차의 투명성과 공정성 확보

③ 신속한 제품구매를 통한 구매비용 감소

④ 입찰 공고와 협상을 통해 재화나 용역을 구매

⑤ Push방식에 의한 효율적인 제품보충으로 공급오류 방지

오답풀이: 효율적인 제품보충으로 공급오류 방지하는 것은 Push방식이 아니라 Pull방식이다.

해답 19 ① 20 ⑤

Chapter 5 전자상거래

01 전자상거래와 E-Business

1. 전자상거래(EC)

(1) 전자상거래의 개념

① 전자상거래(EC:Electronic Commerce)는 인터넷이 보편화되기 이전에도 기업간 문서를 전자적 방식으로 교환하거나, PC통신의 홈쇼핑 · 홈뱅킹 등 다양한 형태로 존재해 왔으나, 인터넷이 대중화되면서 인터넷상에서의 거래와 관련지어 생각하게 되었다.

② 전자상거래에서 거래되는 상품에는 전자부품과 같은 실물뿐 아니라, 원거리 교육이나 의학적 진단과 같은 서비스도 포함된다. 또한 뉴스 · 오디오 · 소프트웨어와 같은 디지털 상품도 포함되며, 이들의 비중이 점차 높아지고 있다.

③ 협의의 전자상거래란 인터넷상에 홈페이지로 개설된 상점을 통해 실시간으로 상품을 거래하는 것을 의미하고, 광의의 전자상거래는 소비자와의 거래 뿐만 아니라 거래와 관련된 공급자, 금융기관, 정부기관, 운송기관 등과 같이 거래에 관련되는 모든 기관과의 관련행위를 포함한다.

④ 온라인에서 전자상거래 시장이란 생산자(producers) · 중개인(intermediaries) · 소비자(consumers)가 디지털 통신망을 이용하여 상호 거래하는 시장으로 실물시장(physical market)과 대비되는 가상시장(virtual market)을 의미한다.

⑤ 전자상거래는 거래대상지역이 광범위하고, 유통채널이 직접유통경로이며, 고객의 수요파악이 더욱 용이하고, 허브사이트(hub site)는 각각 독자적 영역을 구축한 전문사이트들이 모여 하나의 사이트를 만들고 그 사이트 내에서 다양한 내용을 제공하는 것을 말한다.

⑥ 전자시장의 출현으로 거래 및 관계 환경에 대한 정보의 풍부성이 증대 되었으며, 판매자 탐색노력이 많이 감소했다. 구매자와 판매자간의 정보 불균형 현상이 많이 완화되었고, 디지털 제품에 대한 배송 시간이 절감되었으며, 제품정보의 제공이 오프라인 시장에서보다 효율화가 이루어 졌다.

(2) 전자상거래의 특징

① 전자상거래는 기존의 조세 및 관세의 변화로 정부수입에 영향을 주고 통화 및 지불 제도에 대해 새로운 제도를 도입해야 하며, 거래인증 · 거래보안 · 대금결재 · 소비자보호 · 지적소유권보호 등에 관하여 새로운 정책을 수립해야 한다.

② 기업은 내부적으로 고객서비스를 향상시키고, 비용을 절감하며, 외부적으로는 시장이 전 세계로 확대되어 나갈 것이다. 전자상거래로 이루어지는 경제활동을 디지털경제(digital economy)라 하며, 미래는 실물경제와 디지털경제가 경제활동의 양대 축을 이룰 것으로 전망된다.

③ 전자상거래는 정보통신기술과 정보시스템 개발기술의 발전으로 나타나는 새로운 사회제도이며 새로운 문화라 할 수 있다. 이는 인간의 경제생활은 물론 의식구조와 사회구조에 획기적인 변화를 초래하는 계기가 될 것이다.

④ 전자상거래를 성공적으로 수행하기 위한 인프라 구축에는 다양한 상품의 개발과 개별 상품들에 대한 다양한 정보를 제공할 수 있어야 하고, 인터넷상에서 제공되는 상품의 품질 보증장치가 마련되어야 하며, 신속하고 효과적인 물류공급체계가 확보되어야 한다.

⑤ 경쟁의 범위가 확대됨에 따라서 제품의 가격이 중요한 구매요인으로 작용하는 시장공간으로 비교적 표준화된 전자제품, 디지털 제품,컴퓨터 등의 판매에 적합한 시장공간이다.

⑥ 포털사이트는 인터넷 사용자가 필요로 하는 대부분의 서비스를 원스톱으로 제공하는 것을 말하며, 포털사이트를 구성하는 4가지 핵심요소는 컨텐츠(contents), 커뮤니티(community), 커머스(commerce), 커넥션(connection) 등이다.

(3) 전자상거래 조직

① Pure online virtual organization: 물건 혹은 서비스를 오직 온라인 상에서만 하는 새로운 경제 조직이다.

② Brick-and-mortar organization: 물리적인 판매자에 의해서 물리적 제품을 팔고, 그들의 비즈니스의 모든 실행을 오프라인 상에서 하는 예전의 조직형태이다.

③ Click-and-mortar organization: 조직은 EC활동을 수행하고 현실세계에서 근본적으로 오프라인으로 작업한다. 즉 오프라인 작업과 온라인 작업을 병행한다. 기업이미지에 좋고 수익이 높아 조직들이 이쪽으로 이동해 가려는 추세이다.

④ Click-and-Brick Organization: 조직은 온라인 소매 업체와 오프라인 소매점 둘 다 관리를 하는 조직으로 "click-and-click" organization에서 발전된 것으로 본다.

(4) 전자상거래의 기대효과

① 가격비교를 통한 폭 넓은 선택을 가능하게 해준다.
② 일반적으로 상품에 대한 보다 구체적인 정보를 제공한다.
③ 지리적으로 거리를 초월한 새로운 시장진입이 용이하다.
④ 개방된 시장에서 공급업체간 경쟁이 확대되어 구매자의 비용이 절감된다.
⑤ 비즈니스 과정이 상호 연동되어 시간지연이 제거되고, 상거래가 신속히 이루어진다.
⑥ 고객들이 무엇을 구매 했으며, 어떤 상품을 둘러 보았는지 손쉽게 파악할 수 있다.

(5) 전자상거래의 거래특징

① 불특정 다수의 상대방과의 거래
② 네트워크상의 비대면(對面) 거래
③ 고객과 기업의 쌍방향 커뮤니케이션
④ 무서류거래, 대량거래, 전자적 형태의 문서
⑤ 국경 없는 거래, 정보의 활성화와 고객 맞춤형 서비스 가능
⑥ 표준화된 양식과 이미 정해진 거래 조건에 무조건 따르는 부합 거래
⑦ 무점포 사업의 가능 및 낮은 진입장벽, 상품 가격의 소비자 구매비용 절감

2. 전자상거래(EC)과정

(1) 전자상거래의 등장 배경

① 개인용 컴퓨터의 급속한 대중화

㉠ 최근에는 전국적으로 각 가정에 최소한 1대 이상의 컴퓨터를 보유하고 있다.

㉡ 컴퓨터의 보급은 기술 발전으로 인한 가격의 하락과 대규모 생산에 의한 규모 경제의 실현으로 인한 제조원가가 하락한 데서 원인을 찾아볼 수 있다.

② 통신망의 급속한 발달과 인프라 구축

㉠ 현재 우리나라는 인터넷 보급률이 전 세계적으로도 최고의 수준에 달할 정도로 높다. 이것은 컴퓨터 이용자가 그만큼 대중화가 됐다는 걸 말한다.

㉡ 신속하고 효과적인 물류공급체계가 확보와 인터넷상 제공되는 상품의 품질보증 및 다양한 상품의 개발과 개별상품들에 대한 다양한정보를 제공할 수 있어야 한다.

③ 인터넷 기술과 부가 서비스의 증가

㉠ 기술의 표준화, 개방화로 인하여 부가가치 통신망(VAN) 기반에서 탈피함으로써 개방적이고 통일성 있는 인터넷의 발전과, 멀티미디어 처리능력 향상으로 보다 쉽고 즐거운 상거래 기반이 마련되었다.

㉡ 인터넷의 대중화는 전자상거래를 급속히 발전시켰으며 인터넷 이용자의 증가는 전자상거래의 발전과 일치한다고 해도 된다.

(2) 전자상거래의 운용

① 전자상거래도입기업의 경제적 이유는 경쟁의 심화나 국가 간의 자유무역협정(FTA) 증가 소비자의 영향력 증대를 들 수가 있다.

② 전자상거래의 수직적 허브는 단일 산업을 중심으로 한 전자상거래 형태로서 업계의 다양한 콘텐츠를 제공하며, 철강 산업의 e-steel이 대표적 사례이다.

③ 온라인시장 선발진입의 이점을 보면 초기 진입으로 인해 소비자에게 브랜드에 대한 인지도를 높일 기회가 많고, 최초 사업자라는 명성이 소비자에게 신뢰를 줄 수 있으며, 후발업자보다 많은 경험을 축적할 수 있는 기회가 있다.

(3) 전자상거래에 대한 장점

① 고객에 대한 편의성

㉠ 표적 집단에 대한 접근 용이한데 고객은 정보가 어디에 있는지 위치만 알면 얼마 든지 많은 정보를 값싸게 얻을 수 있다.

㉡ 수작업이나 재입력에 따른 오류 발생 가능성을 감소시킬 수 있으며, 쌍방향 의사 소통 가능하고, 시간을 절약하여 생산성을 향상시킬 수 있다.

② 시간상의 무제약

㉠ 교통이 막히거나 눈이나 비가 오는 계절적인 것에 상관없이 하루 24시간 1년 365 일 고객들이 이용하는 것이 가능하다.

㉡ 시간과 공간적인 제약 요소가 없어짐에 따라서 굳이 전국 곳곳에 지점 등 판매망을 세울 필요성을 느끼지 못하였다.

③ 지역적인 무제약

㉠ 전세계 어느 곳, 어느 때든 컴퓨터만 있으면 가능하기 때문에 지역에 제한이 없다.

㉡ 다변화로 구매가 늘어나고 자연적으로 매출이 상승되어 이익의 증가가 예상된다.

④ 운영비의 감소

㉠ 웹(web)상의 광고는 일반적인 대중매체보다 이용하는 데 있어 비용적인 측면에서 상당히 저렴하다.

㉡ 고정설비 임차에 따른 사무실 임대료, 설비 유지에 따른 감가상각비, 기타의 고정비를 상당히 감소시키는 효과가 있을 것이다.

⑤ 대량구매 효과

㉠ 소비자가 원하는 상품은 스스로 찾아다니면서 구매하는 원칙이 일반적이었다. 이러한 과정은 시간과 비용 면에서 상당히 비효율적이 된다.

㉡ 소비자는 인터넷상에서 여러 상품의 가격과 품질 및 배달 서비스, 구매결제 과정 등을 한눈으로 비교 선택할 수 있으므로 더 많은 제품을 구매할 가능성이 있다.

(4) 전자상거래에 대한 단점

① 신뢰성의 결여

㉠ 소비자가 일정 기간 내에 반품을 요구해도 반품할 장소나 위치가 확실치 않다.

㉡ 대금의 결제나 개인의 신상정보 입력에 보안상의 문제들이 해결되지 않고 있다.

② 기술력의 한계

㉠ 인터넷 보급률 등은 전 세계적으로 상당히 높은 수준에 있으나 거기에 알맞은 기술력이나 기타 부가 서비스 수준은 아직도 상당히 부족하다.

㉡ 국내의 기술력이 해외 유명업체들에 비해 떨어지므로 해외 기술과 자본력 등의 도입으로 인한 기술 및 기업 문화가 종속화가 될 확률이 증가한다.

(5) 비즈니스 및 시스템기능

① **디지털 카탈로그**: 텍스트와 그래프를 이용하여 사이트에 상품을 전시한다.
② **광고서버**: 이메일이나 배너광고를 통하여 들어오는 고객들의 행동을 추적한다.
③ **쇼핑카트 지불시스템**: 주문시스템과 신용카드결제, 그리고 다른 지불방법을 제공한다.
④ **제품 데이터베이스**: 제품 설명과 재고번호, 재고량과 같은 제품정보를 제공한다.

3. 전자상거래(EC)의 대상

(1) 인터넷소매업의 특징

① 오프라인의 채널과 더불어 이를 지원하여 추가적인 매출을 인터넷으로부터 올리고자 하는 채널 지원형은 피자와 같은 패스트푸드점에서 활용되고 있다.
② 책, CD등 특정 제품 카테고리에 경쟁 사이트에 비하여 인터넷 소비자의 마음속에 그리고 그들의 선택에서 월등하게 지배적인 위치를 확보하는 비즈니스 모델은 카테고리킬러형이다.
③ 사고자 하는 사람들끼리의 입찰에 의해서 가격결정이 이루어지는 비즈니스 모델인 경매형은 시간과 장소의 제약이 별로 없고 경매대상 품목들이 낙찰 전에 특정 장소로 이동할 필요가 없다는 것이 특징이다.
④ 특정산업이나 카테고리에 특화하여 이용자의 공통관심사 뿐 아니라 개인화된 맞춤정보를 제공함으로써 정보나 상품 및 서비스를 제공하는 수직적 포탈형은 전문적인 지식을 제공하며 동시에 판매를 한다는 것이 특징이다.

(2) 인터넷구매자

① 인터넷을 이용한 인터넷구매자들은 오프라인 구매자에 비해 구매 시에 지각된 위험을 많이 느낀다.
② 오프라인 구매에 비해 편리한 구매여건을 누리고 있으므로 상대적으로 가격탄력성은 낮은 경향이 있고, 오프라인 구매자와 마찬가지로 다양한 제품들을 비교, 구매하기를 원한하며, 오프라인구매와 마찬가지로 단골로 드나드는 쇼핑몰에서 주로 구매하는 경향이 있다.

(3) 디지털 상품(Digital Goods)

① 디지털(Digital)의 개념
㉠ 디지트(digit)는 사람의 손가락이나 동물의 발가락이라는 의미에서 유래한 말이다.
㉡ 아날로그와 대응하며, 임의의 시간에서의 값이 최소값의 정수배로 되어 있고 그 이외의 중간 값을 취하지 않는 양을 가리킨다.
㉢ 구체적인 예로 디지털시계의 표시를 들 수 있는데, 시계가 바늘로써 연속적으로 시간을 표시하는 것이 아니라 시 · 분 · 초 등으로 구획하여 문자로 표시한다.

㉣ 디지털이란 일반적으로 데이터를 한 자리씩 끊어서 다루는 방식이라 할 수 있으며, 애매모호한 점이 없고, 정밀도를 높일 수 있다는 특징이 있다.

② 디지털 상품(Digital Goods)

㉠ 디지털 상품은 실제로 만져볼 수 없으며, 컴퓨터를 통해서 볼 수 있다. 디지털제품의 생산 및 유통과정에 적용될 수 있는 법칙은 수확체증의 법칙이다.

㉡ 디지털 상품의 대표적인 것은 인터넷을 통해 구입하는 MP3 파일, 게임, 인터넷을 통한주식정보 등이다.

㉢ 원거리 교육이나 의학적 진단과 같은 서비스도 포함되며 또한 뉴스 · 오디오 · 소프트웨어와 같은 디지털 상품도 포함되고, 이들의 비중이 점차 높아지고 있다.

㉣ 디지털 상품은 생산 초기비용이 들지만 한번 생산된 상품을 추가 생산 시에는 거의 비용이 들지 않아 재생산이 쉽다.

㉤ 디지털 상품은 배송에 신경을 쓸 필요가 없으며, 다양하게 변형시켜 판매가 가능하고, 디지털 상품은 불법복제가 가능하다.

㉥ 디지털 컨버전스(digital convergence)란 휴대폰에 MP3 플레이어 기능, 촬영기능 등이 통합되는 현상을 말한다.

③ 수확체증의 법칙(Increasing Returns of Scale)

㉠ 제품 생산 시 투입량을 점차 늘리면 투입 단위 당 산출량은 증가한다는 이론으로, 일부 전자상거래나 지식서비스 산업의 경우 생산량이 증가하더라도 추가비용이 거의 들지 않는 전형적인 특성이 발생한다.

㉡ 투입된 생산요소가 늘어나면 늘어날수록 산출량이 기하급수적으로 증가하는 현상을 말하며, 전통산업경제에 적용되던 '수확체감의 법칙(Diminishing returns of scale)'과 상반된 현상이다.

㉢ 지식기반경제에서 주력산업이라 할 수 있는 정보산업, 소프트웨어산업, 문화산업, 서비스산업에서는 생산량이 증가하더라도 추가비용이 거의 들지 않는 전형적인 수확체증 특성이 보인다.

(4) 물리적 상품(Physical Goods)

① 물리적 상품의 개념

㉠ 물리적 상품은 일반적으로 대부분 시각적으로 보고 만질수 있는 상품이다.

㉡ 컴퓨터, 의복, 가구,자동차, 먹거리 등 대부분이 물리적인 특색을 지니고 있다.

② 물리적 상품의 거래

㉠ 식료품, 의류, 서적 등과 보석, 귀중품 등 상점에서 거래되는 모든 상품을 취급한다.

㉡ 물리적상품은 간혹 소비자가 직접 상점에 가지 않고 인터넷을 통해 구매하는 것으로 자신이 기대하던 상품과 다른 상품이 배달될 수도 있다.

㉢ 물리적 상품을 판매하는 곳은 물적시설을 겸비하고 있기에 유점포의 특색을 가지고 있으며, 임대료나 운영에 따른 비용이 들어간다는 것이 일반적이다.

㉣ 물리적 상품은 소비자가 상점에서 직접 상품을 가져가지 않고 배달되므로 배달될 때까지 시간이 소요되고 배달사고가 나는 경우도 간혹 있을 수 있다.

(5) MRO(Maintenance, Repair and Operations materials)

① MRO의 개념

㉠ MRO는 생산에 직접 소요되는 물품은 아니지만 설비와 시설물 유지 보수에 필요한 물품에서부터 사무용품, 청소용품 등 각종 소모성 자재에 이르기까지 원자재를 제외한 기업생산과 관련된 모든 자재를 포괄한다.

㉡ 복사지, 프린터 토너, 필기구 등 사무용품등 기업의 유지, 보수, 운영 활동에 투입되는 자재는 물론이고, 전선케이블 등 전기전자제품과 윤활유, 가스 등 연료류, 볼트 베어링 등 기계부품 등이 포함된다.

㉢ 물류업체들이 MRO(Maintenance Repair and Operating, 기업소모성자재)시장 공략에 많은 역량을 집중하고 있다. MRO란 기업에서 생산과 관련된 원자재를 제외한 모든 소모성자재로 '기업소모성자재' 또는 '기업 운용자재'를 뜻한다. 최근에는 그 개념이 확대돼 기업에서 사용되는 '간접자재' 또는 기업 '구매대행'으로 까지 확대돼 운영되고 있다. MRO hub 은 수평적 유통상 모형을 하고 있다.

② MRO의 특징

㉠ 전자상거래가 효율적인 MRO 구매를 위한 강력한 도구로 떠오르면서 다수의 기업들이MRO 전자상거래를 적극적으로 도입하고 있다. 점점 더 격화되고 있는 글로벌 경쟁은기업들로 하여금 지속적으로 생산성 향상과 원가절감을 강화하는 새로운 기회들을 찾도록 강요하고 있다.

㉡ 지금까지의 원가절감 활동들은 주로 생산부문에서 발생하는 원가를 줄이는 데 초점이 맞추어져 왔다. 그러나 생산방식의 자동화와 과학적이고 합리적인 생산관리 기법의 발달에 따라 생산부문에서의 원가절감은 한계에 이르고 있다.

㉢ 이에 따라 많은 기업들이 공급사슬 관리, 그 중에서도 구매프로세스를 개선하기 위해 많은 관심을 기울이고 있다. 특히 MRO구매의 경우 그 동안 비효율적인 구매 프로세스로 인해 많은 비용을 발생시키고 있었지만, 기업들의 관심부족으로 비용관리의 사각지대로 남아 있었다.

㉣ 그런데 최근 정보기술의 발달과 인터넷의 확산을 기반으로 하는 전자상거래가 효율적인MRO 구매를 위한 강력한 도구로 떠오르면서, 다수의 기업들이 이를 적극적으로 도입하고 있다. 이처럼 MRO 전자상거래 시장이 급성장할 것으로 전망되면서, 많은 기업들이 MRO 전자상거래 사업에 뛰어들고 있다.

③ MRO의 성공요소

㉠ MRO Marketplace에서 비계획적인 구매행태를 보이는 기업들에 대해 신속하게 대응할수 있는 관리체계가 구축되어 있어야 한다.

㉡ MRO사업자들은 공급업체들이 구매자에게 신뢰성 있는 제품정보를 제공하고 양질의 제품을 납기내에 납품할 수 있도록 철저한 공급업체의 관리가 필요하다.

㉢ 사무용품에서부터 공장용품에 이르기까지 다양한 자재가 거래되므로 표준적인 전자카탈로그와 상품 DB를 구축하여 토탈서비스를 제공할 수 있어야 한다.

(6) 구매의사결정과정

① 물건을 구입한 고객들에게 이메일을 이용해서 구매 후 다양한 서비스 기능을 구현 또는 제공할 수 있다.

② 온라인 광고의 배경은 소비자가 욕구에 대한 인식이 선행되고 욕구 충족에 관련된 정보 검색이 이루어진다는 점이다.

③ 제품 브로커링(brokering)이란 욕구 충족이 가능한 구매물품 대안들 중에서 물품을 선택하는 것을 의미한다.

④ 인터넷사용의급증은 브랜드 충성도의 본질을 크게 변화시키지 않으며, 오히려 경우에 따라서는 웹사이트광고를 통해 형성된 브랜드의 이미지 및 충성도를 강화시킨다.

(7) 버저닝(versioning)

① 버저닝의 개념

㉠ versioning은 동일한 한 제품을 기반으로 다양한 형태의 제품을 출시한다는 의미로서 이들 다양한 제품군은 각기 다른 타깃을 겨냥하여 제작된다.

㉡ 그 제품에 높은 가치를 부여하는 사람에게는 높은 가격에 판매를 하고 낮은 가치를 부여하는 사람에게는 저가로 판다는 개념이다.

② 버저닝의 과정

㉠ 전통적인 정보재 판매에 있어서도 널리 쓰이고 있던 판매 전략이다.

㉡ 책을 예로 든다면 처음에 출시할 때는 하드커버로 된 조금 더 비싼 가격에 판매되고 출시 후 시간이 지나고 나서 일반 페이퍼 커버로 교체하면서 가격을 내린다.

㉢ 그 책에 대해 높은 가치를 부여하는 사람들은 하드커버로 좀 더 빨리 비싼 가격을 주고 사볼 것이고 그렇지 않은 사람은 더 기다렸다가 싼 가격에 책을 사볼 것이다.

③ 버저닝의 적용

㉠ 정보재(Information goods)라고 일컬은 것은 디지털의 형태로 배포 가능한 상품을 의미한다. 텍스트, 이미지, 사운드, 비디오, 소프트웨어 같은 것이다.

㉡ 정보재는 개발을 위해 높은 고정 비용이 필요하지만 개발된 후에는 추가 생산에 소요되는 비용이 매우 낮다는 점이 특징이다. 고정 비용이 높다는 것은 첫 카피를 개발하는 데까지 드는 비용이 매우 크다는 의미다.

㉢ 디지털 상품 가격 설정에 있어서 가장 문제가 되는 부분은 첫 제품을 만들어내기까지 소요되는 연구개발비를 보상할 수 있을 만큼 광범위한 고객을 모을 수 있는 가격을 찾아내는 것이다. 이것을 해결해 주는 한 가지 방법이 정보재를 versioning하는 것이다.

④ 정보상품 판매 가격차별화 버저닝
㉠ 시간의 차이에 의한 버저닝
㉡ 처리속도 차이에 의한 버저닝
㉢ 성능 차이에 의한 버저닝

⑤ Versioning 정리
㉠ 제공 시점(Delay): 같은 증권정보일지라도 20분 늦게 제공되는 것은 무료로 배포되고 실시간으로 제공되는 것은 비용부담을 시키는 것이다.
㉡ 유저 인터페이스(User Interface): 전문가용 버젼은 강력한 기능의 유저 인터페이스를, 일반 버젼은 단순한 인터페이스를 담고 있게 하는 것이다.
㉢ 편의성(Convenience): 저가 버젼은 사용하기 까다롭게, 고가 버젼은 쉽게 사용할 수 있게 하는 것이다.
㉣ 해상도(Image Resolution): 저해상도 이미지는 저가에, 고해상도 이미지는 고가에 가격을 설정하는 것이다.

4. 전자상거래(EC)의 절차

(1) 전자상거래 절차

① 상품의 광고(Goods Advertising) 단계
㉠ 공급자는 광고와 카탈로그 등을 통해 자사의 제품과 서비스를 고객에게 알린다.
㉡ 고객은 필요한 제품에 대해 정보를 수집하고 원하는 제품의 구매 여부를 결정한다.

② 정보 교류(Information Sharing) 단계
㉠ 공급자와 구매자 간의 정보 교류를 의미하는 것이다.
㉡ 소비자는 우선 컴퓨터로 인터넷의 가상 상점에 들어가 매장을 돌아다니며 상품 데이터베이스 형식으로 그곳에 진열되어 있는 상품 가운데 원하는 것을 고른다.

③ 주문(Ordering) 단계
㉠ 소비자가 전자적인 방법으로 제품 또는 서비스를 주문하는 것을 말한다.
㉡ 필요한 상품을 고른 소비자가 거래신청을 통해 가상상점 운영자에게 주문을 한다.

④ 대금 결제(Payment) 단계
㉠ 제품 또는 서비스에 대한 대가를 전적으로 지불하는 것을 말한다.
㉡ 소비자의 결제 수단에는 신용카드, 전자수표(electronic-check), 전자화폐(digital cash), 소액 지불을 위한 micro cash 등이 있다.

⑤ 실행(Fulfillment) 단계
㉠ 실제 상품을 고객에게 제공하는 것이다.
㉡ 상품 외 뉴스, 신문기사, 분석 보고서, 주식 시세 등 정보를 수집, 분석, 전달한다.
㉢ 이 외에도 소프트웨어를 포함하여 네트워크를 통하여 제공 가능한 상품이 있다.

⑥ 사후 서비스 및 지원(Service & Support) 단계
㉠ 제조회사와 구매자의 관계는 제품 거래로 종결을 의미하는 것이 아니다.
㉡ 제조회사와 구매자의 관계는 제품 구매를 통해서 시작되었음을 의미한다.
㉢ 제조회사가 차후에 상품개발을 위해 고객의 기호를 면밀히 파악하는 것을 말한다.

(2) 전자상거래의 구현 단계

① 현행 업무의 전자화 단계
㉠ 종이 문서의 전자화에 초점이 맞춰져 있는 단계로 기술을 얼마나 잘 수용하는가가 관건이다.
㉡ 이때 종이 문서의 처리에 따르는 오버헤드의 감소, 정확성 증가, 거래 처리건 수 및 거래처 수 등이 측정의 대상이 된다.
② 업무 절차의 변경 단계
㉠ 조직이 업무 처리를 전자적으로 하는 양이 증가한 단계로 기술을 흡수하여 일부 업무처리 프로세스의 변경을 가져오는 단계이다.
㉡ 이 단계에서 전자상거래 구현의 평가는 재고 감소, 사이클 타임의 감소, 노동력의 감소, 미수금 기간 단축 등과 같은 운영의 효율성에 초점이 맞추어진다.
③ 업무 절차의 혁신 단계
㉠ 비즈니스 모델의 변경 단계로서 업무 절차의 혁신(BPR)이 필요하다.
㉡ 이 단계에서는 신속 대응(QR), 효율적 고객 대응(ECR), 적기공급체계(JIT) 등의 전략을 추구하게 된다.
㉢ 이 단계에서의 업무 평가척도는 생산성 품질, 자금 회전 등을 중심으로 이루어진다.
④ 외부와의 업무 통합 단계
㉠ 전자상거래는 새로운 마케팅, 판매, 유통, 고객 서비스 채널의 창출을 위한 수단으로 사용된다.
㉡ 인터넷상에 홈페이지를 개설하여 새로운 고객을 늘리고 수익을 중대시키는 것이 해당된다.

(3) 전자상거래의 효과

① 업무상 효과
㉠ 업무의 정확성 증가
㉡ 제품 및 서비스 증가
㉢ 거래 소요시간 감소
㉣ 다양한 가치 창출
㉤ 종이에 의한 거래 축소
㉥ 작업 및 재고 감소에 의한 운용 효과의 향상
㉦ 품질 향상 및 물류체계의 개선 등 기업 모델의 변화

② 소비자에 대한 효과
  ㉠ 상품의 비교 · 선택 가능
  ㉡ 구매 형태의 편의성 향상
  ㉢ 구매 활동을 위한 시간과 비용의 감소
③기업에 대한 효과
  ㉠ 인적, 물적 자원의 효율적 이용으로 생산성 향상
  ㉡ 효율적인 판촉 활동과 마케팅 전략의 수립 가능
  ㉢ 고객의 소비동향 파악이 용이하여 고객 서비스 개선이 가능
  ㉣ 중간 물류 및 유통 단계의 단축에 따른 업무효율 향상 및 비용 절감
④ 공급자와 소비자 관계의 영향
  ㉠ 소비자의 거래 주도권 향상
  ㉡ 상품 정보의 소비자 수집 편리성
  ㉢ 정보의 재화적 가치화
  ㉣ 공급자의 정보 우위 능력 소멸
  ㉤ 인터넷 거래를 통한 소비자와 판매자의 연결
  ㉥ 소비자의 상품 비교 영역이 확대됨.
  ㉦ 기업간 경쟁으로 인한 상품 정보의 특성화는 고객 수요의 핵심적 요소로 대두 됨
  ㉧ 소비자 공동 커뮤니티의 형성에 따른 기업 고객 형성의 변화
  ㉨ 고객 맞춤형 서비스 체계의 개발은 기업 수익 향상의 핵심 요소가 됨
⑤ 정부에 대한 효과
  ㉠ 새로운 유망업종의 부상과 새로운 비즈니스 기회 창출
  ㉡ 국가 간 상거래 및 무역 질서를 개편하고 조달의 개방화와 국제화 가능
⑥ 전자상거래 확산에 따른 유통구조의 변혁
  ㉠ 소비자는 보다 다양한 정보를 가지고 훨씬 편리하게 제품을 구매
  ㉡ 전체 유통구조의 속도와 효율성이 제고되고, 디지털시대의 새로운 패러다임을 구축
  ㉢ 유통산업의 각 부문에서 발생하는 정보를 수작업이 아닌 컴퓨터와 통신기술을 활용해서 효율적으로 수집, 가공, 전달, 보관, 분석, 활용

5. 전통적 상거래와 전자상거래의 비교

(1) 짧은 유통 경로

① 전통적인 상거래는 '생산자→도매상→소매상→소비자'의 유통 경로 과정을 거쳐 최종 소비자에게 전달되는 경로를 거쳤다.
② 가상 사이버 공간을 기축으로 하는 전자상거래는「생산자→소비자」의 직접거래가 가능함으로써 유통채널이 단순해지고 직접거래가 이루어진다.
③ 유통과정의 단순화는 비용이 절감되어 소비자에게 보다 저렴한 가격으로 제품을 공급할 수 있다는 장점이 있다.

(2) 시간 · 공간의 무제약

① 전통적인 상거래는 한정된 영업장소 내에서, 영업시간에만 거래를 수행 하였다.

② EC는 실시간으로 언제나 지역적인 제한없이 전 세계를 대상으로 거래할 수 있다.

(3) 고객정보 수집의 편리성

① 기존에는 고객정보를 수집하려면 기존의 자료나 대면 접촉을 통한 수집을 해야 하기 때문에 상당한 불편을 가져왔다.

② 인터넷상으로 수시로 필요한 내용을 고객에 질문할 수 있고, 고객의 답으로 하나의 정보수집이 가능해졌다.

(4) 유통채널의 갈등

① 인터넷 온라인 경제는 고객과의 쌍방향 커뮤니케이션이 가능하여 고객들에게 자세하고 다양한 상품정보를 제공하고 그들과 관계를 유지할 수 있게 해주는 장점이 있다.

② 시장주도권이 제조업체나 소매업체와 같은 유통구성원에게 있는 것이 아니라 소비자 혹은 소비자에게 정보를 제공하는 정보중개자에게 있다.

③ 모바일 쇼핑은 더욱 각광받는 소매업태로 교통난, 맞벌이 등으로 쇼핑시간의 여유가 없는 소비자들에게 시간을 절약해주는 시간효용을 제공해줌으로써 증가하고 있다.

④ 온라인 경제 하에 제조업체들의 동일한 제품에 동일한 고객을 대상으로 두 개 이상의 유통채널을 동시에 활용하기 때문에 유통채널에서의 갈등이 발생하기도 한다.

【전자상거래와 전통적 상거래의 비교】

구 분	전통적인 상거래	전자상거래
유통채널	기업↔도매상↔소매상↔소비자	기업↔소비자
거래 대상 지역	일부지역, 지역 상권	전세계(Global marketing)
거래 시간	제약된 영업시간(인간 관리자 중심)	24시간
판매 거점 및 방법	가게 필요(판매 공간)	인터넷(Cyber space)
고객 수요 파악	· 영업사원이 획득 · 정보의 재입력 필요	· 온라인을 통한 실시간 획득 · 다양한 디지털 데이터 획득
마케팅 활동	· 기업 중심의 마케팅 · 고객 참여의 제한	· 쌍방향 커뮤니케이션을 통한 1:1
고객 대응	· 고객 Needs 파악이 어려움. · 대응의 시간적 소요	· 고객 Needs를 실시간 파악하여 즉시 대응
소요 비용	건물 임대, 인테리어 비용, 인력 등의 고비용 소요	저비용과 사이버마켓 활용

02 전자상거래 사업(e-Business)

1. 구조화된 전자상거래

(1) 구조화된 EC의 개념

① 구조화된 전자상거래란 좁은 의미의 전자상거래를 지칭하는 말로서, 표준화된 거래 형식과 데이터 교환 방식에 따라 조직적이고 체계적으로 이루어지는 거래를 의미하며, 구조화된 전자거래로는 EDI, EC, CALS 등이 있고, E-mail은 해당 사항이 아니다.

② 구조화된 전자상거래에의 종류에는 B2B, B2C, B2G, G2C 등이 있다. B는 원래 비즈니스(Business)를 의미하지만 전자상거래에서는 기업이라는 뜻이고 C는 일반 소비자(Consumer), 고객(Customer)을 말하며 G는 정부(Government), 2는 to를 뜻한다.

(2) e-Business시대의 유통산업 특성

① e-Business 시대는 IT산업의 발달로 인해 마케팅전략에 있어서 소비자 대상이 불특정 소비자에서 특화된 소비자로 전환되고 있다.

② e-Business에서는 전통적 상거래 방식과 비교해볼 때 인터넷을 통하여 생산자와 소비자가 직접 만나게 되므로 상품전달 기능과 정보전달 기능은 대폭 축소된다.

③ e-Business는 전자상거래와 인터넷 비즈니스를 포괄하는 개념으로 여기에서 인터넷 비스니스는 인터넷혁명으로 인해 급속도로 발전된 네트워크 기술을 비즈니스에 활용해 업무의 효율성과 효과성을 높인다는 특징이 있다.

④ 유통업의 기본 개념이 상품유통위주에서 정보유통위주로 전환되고 있고, 시장지배 체제가 제조업체 위주에서 유통업체 위주로 전환되고 있으며, 경영관리의 핵심이 개별 기업관리 중심에서 통합 공급체인 관리 중심으로 전환되고 있다.

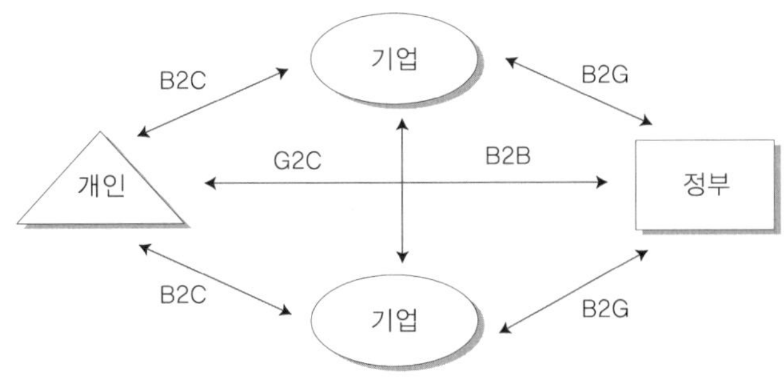

(3) e-Business시대의 고객서비스

① 구매절차를 자동화하게 하여 주문비용감소뿐만 아니라 업무처리속도를 증가시킨다. 예로써 과거의 구매 자료를 활용하여 현재의 구매속도를 증가시킨다.

② 전통적 소매점에 비해 제품에 대한 선택의 폭을 넓혀 줄 수 있는 장점을 가지고 있다. 기존의 소매점에서 e-비즈니스와 동일한 선택을 가능하게 하려면 대규모의 재고를 유지할 수 있는 대규모의 장소를 필요로 한다.

③ 공급사슬을 통하여 고객의 요구에 대한 정보가 전달되기 때문에 보다 정확한 예측과 속도를 더욱 빠르게 할 수 있다. 즉 향상된 예측과 보다 정확한 고객요구의 관점은 수요와 공급을 더욱 잘 조절할 수 있게 해 주어 제품에 대한 가용성을 향상시킨다.

④ 사용하는 회사는 물리적 경로를 사용하는 회사보다 더욱 신속하게 신제품을 출시할 수 있다. 사례로 Dell사는 전통적인 경로를 이용하는 경쟁사보다 빨리 신제품을 출시하고 있다.

⑤ e-Business시대에서 인터넷은 각 고객으로 하여금 개인화된 구매경험을 가지게 하는 기회를 제공한다. 즉, 인터넷을 통하여 고객이 보다 손쉽게 고객요구에 부응하는 제품을 선정하도록 도와줄 수 있다.하지만, 인터넷상거래에 의한 반품절차는 소매점에서 구매한 제품에 비해 상대적으로 어렵다.

⑥ e-비지니스를 통한 공급사슬 거래 시 e-비지니스가 효율성에 기여함으로써 비용을 절감할 수 있는 이유는 공급사슬 구성원 간의 조정이 개선되고 공급과 수요의 일치가 잘되어 재고수준이 감소하고 재고비용이 감소한다. 시설을 중앙 집중화하여 시설수를 줄일 수 있으므로 시설유지비용이 감소하며, 중간상을 배제하고 고객에게 직접 판매가 가능하여 비용이 절감되고, 공급사슬 구성원 간에 수요정보 등을 공유하여 공급사슬 전체적으로 채찍효과를 줄이고 비용을 절감할 수 있다.

(4) e-Business발전단계

① 고객과의 단방향성 커뮤니케이션

② e-마켓플레이스 활성화

③ 제품 및 서비스 강화

④ 공급망 및 고객관계 강화

(5) e-Business와 전자상거래의 개념 비교

① e-비지니스의 경우 기업의 전반적인 경영활동을 포함하는 반면에, 전자상거래는 기업에서 고객과 상품 및 서비스의 매매 활동에 중심을 두고 있다.

② e-비지니스는 기업의 경영전략에 초점을 맞추고, 가치사슬 전반에 걸쳐 정보기술의 전략적 활용을 통한 부가가치 창출에 포커스를 두고 있는 반면에, 전자상거래는 상품의 신속한 물류기능을 강조하고, 이를 위한 상거래 시스템 구축 및 운영에 포커스를 두고 있다.

③ 전자상거래는 전 세계를 대상으로 24시간 국제적인 영업이 가능하지만, e-비지니스는 제한된 지역에서 제한된 영업을 하고, 물리적인 매장이 필요하다.

④ 비즈니스 모델 관점에서 e-비지니스는 B2B, B2C, B2C, B2C 사업모델이 주를 이루고 있다. 시장 관점에서 e-비지니스는 공급사슬 전체에 포커스를 두고 있지만, 전자상거래는 상품의 판매 및 물류에 포커스를 두고 있다.

2. 구조화된 전자상거래 주체

(1) 기업 대 기업(B2B:Business-To-Business)

① B2B 개념

㉠ B2B는 현재 거래주체에 의한 비즈니스 모델 중 거래 규모가 가장 큰 전자상거래 분야이다. 거래주체인 기업과 기업이 전자상거래를 하는 것으로 기업이 기업을 대상으로 각종 물품을 판매하는 방식이다.

㉡ B2B 거래는 구매자와 판매자간에 직접 이루어 질 수도 있고, 온라인 중개상을 통해 이루어 질 수도 있다. 전략적 제휴관계를 통해 판매자의 협조를 확보함으로서 경쟁우위를 달성할 있으며, 직접적 생산자원뿐만 아니라 간접적 생산자원도 온라인상에서 구매함으로서 많은 거래비용을 줄일 수 있다.

② B2B의 활성화 대책

㉠ 전자상거래 관련법의 재정비가 시급하다.

㉡ 전자결제가 가지는 투명성을 최대한 활용하여야 한다.

㉢ 정부 조달의 전자상거래 조기 추진 및 확대가 필요하다.

㉣ 기업간 전자상거래에 대한 대폭적인 조세 감면이 필요하다.

㉤ 독과점 사업자에 대한 규제 강화 및 경쟁체제를 도입해야 한다.

㉥ 중소기업의 전자상거래를 지원하기 위한 다양한 프로그램의 개발이 필요하다.

③ B2B 전자상거래 성공요인 중 기술차원

㉠ 웹사이트가 사용자에게 유용한 기능을 제공하며, 사용자의 온라인 쇼핑경험의 질을 높이도록 설계되어야 한다.

㉡ 보안위협으로부터 거래 데이터를 보호하기 위한 암호화 및 인증기술이 적용된 지불시스템을 구축해야 한다.

㉢ 데이터 보안 및 프라이버시 보호를 통해 안심하고 거래할 수 있는 시스템을 구축하여야 한다. 시스템의 페이지 로딩속도가 빠르며, 언제나 접속 가능하고 중간에 끊임없이 없어야 한다.

④ B2B 거래의 도입효과

㉠ 판매비용 절감

㉡ 고객서비스 개선

㉢ 새로운 판매기회 포착

(2) 기업과 개인 간의 거래(B2C:Business To Customer)

① B2C의 개념

㉠ 기업은 소비자가 상품을 검색할 수 있는 전자 상품 카탈로그를 인터넷상의 쇼핑 사이트에 구축하고 있다.

㉡ 소비자는 쇼핑 사이트에 접속하여 상품에 대한 정보를 얻어 구매상품을 결정하고 판매자에게 자신의 선택 품목 · 수량, 배달 장소, 대금 지불 방법 등에 관한 정보를 전달하게 된다.

㉢ 구매 대금 지불 방법은 신용카드를 사용하는 경우 반드시 지불 · 결제 대행기관인 신용카드 회사나 금융기관의 신용 확인 및 승인 절차를 받아야 한다.

㉣ 지불 단계가 완료되면 상품의 배달을 위해 판매자는 택배회사에 위탁 배송을 하거나 자사의 배달 수단을 통하여 상품을 소비자에게 전달해야 한다.

㉤ 전자상거래 업체에 적용되는 물류관리는 B2C의 경우, B2B에 비해 불특정 다수의 고객을 대상으로 배송이 이루어진다.

② B2C의 향상

㉠ 환불 절차의 간소화

㉡ 성실 납세자에 대한 세제 감면

㉢ 카탈로그상의 정보와 실제 상품 간 격차를 최소화

㉣ 신속하고 안전한 상품 인도 서비스의 제공

㉤ 최저 가격제, 리콜제 등의 도입

③ B2C의 다양성

㉠ B2C에서는 판매하는 상품의 성격에 따라 제품을 거래하는 사업과 서비스를 제공하는 사업으로 구분할 수 있고, 제품을 거래하는 사업은 다시 물리적 제품의 취급과 디지털 제품의 취급으로 나누어진다.

㉡ 물리적 제품의 판매는 전자적으로 주문되어 물리적으로 배달되는데, 일반적인 인터넷 쇼핑몰이 이러한 곳에 해당되며 증권, 은행, 여행, 전문 컨설팅과 같은 서비스는 전자식 주문과 전자적인 배달이 가능하다.

㉢ 디지털 제품의 판매는 전자적인 주문, 전자적인 배달 형태가 혼재하는데 소프트웨어, 음반과 같이 디지털 매체를 통해서 판매되고 있는 제품이 네트워크를 통해서 전달되는 경우가 종종 있다.

㉣ 신문 · 잡지, 책과 같은 전통적인 제품이 정보 기술의 발달에 따라 디지털화되어 네트워크를 통해 판매되는 경우가 있다.

(3) 기업과 정부 간 전자상거래(B2G:Business to Government)

① B2G의 개념

㉠ 인터넷에서 이루어지는 기업과 정부 간의 상거래를 말한다. B2G에서 G는 단순히 정부를 뜻하기도 하지만 넓게 보면 지방정부, 공기업, 정부투자기관, 교육기관, 국제기구 등의 의미를 지니고 있다.

㉡ 인터넷을 통한 전자상거래가 활발해지면서 기업과 소비자(B2C), 기업과 기업(B2B) 간의 거래를 넘어 기업과 정부 간에도 인터넷을 통해 물건을 사고 팔거나 정보를 주고 받는 전자상거래 방식이 등장했는데, 이러한 거래 방식을 말한다.

② B2G의 특징

㉠ 기업과 정부 기관이 웹사이트를 이용해, 오프라인에서 하던 것에 비해 보다 효과적으로 정보를 교환하고, 비즈니스 활동을 영위하자는 개념이다.

㉡ B2G는 정부 기관에서 주로 사용할 수 있도록 특별히 설계된 온라인 애플리케이션과 데이터베이스의 임대 서비스를 포함하기도 한다.

㉢ B2G 서비스를 제공하는 웹사이트에서는, 시, 도, 및 중앙 정부 등 여러기관에서 이용되는 각종 신청서 및 세무 양식의 비치, 작성이 완료된 양식의 전송, 공과금 납부, 기업정보갱신, 질의응답요청 등 각종 업무를 한 곳에서 일괄 제공할 수 있다.

㉣ B2G는 전자조달서비스를 포함하기도 하는데, 기업들은 정부 기관의 구매 요건 등을 파악하는 한편, 정부기관은 관련 기업들에게 제안서 제출 등을 요구할 수 있다.

㉤ B2G는 기업과 정부 기관간 온라인 회의의 주재, 계획의 검토, 그리고 작업 진도 관리를 위한 사이트를 공유함으로써, 추진 중인 사업에 대해 업무를 조정할 수 있는 가상 작업공간을 지원하기도 한다.

(4) 개인과 개인 간의 전자상거래(C2C:Customer to Customer)

① C2C의 개념

㉠ C2C는 소비자 간의 일대일 거래가 이루어지는 것을 말하며, 온라인커뮤니티, 옥션, 와와컴, 셀피아 등 경매형태를 말하며 때로는 P2P라고도 한다.

㉡ 소비자와 소비자 간의 전자 상거래 즉, 인터넷상에서 소비자끼리 물건을 팔고 사는 것을 뜻하며, 전자경매 사이트가 대표적이다. 소비자는 소비의 주체인 동시에 공급의 주체라고 할 수 있다.

② C2C의 특징

㉠ 개인과 개인 간의 전자상거래가 활성화되어 있는 분야는 인터넷 경매 분야, 생활정보지, 개인 홈페이지 등이 있고, 실수요자 간에 편리하고 싸게 구입할 수 있다.

㉡ 개인과 개인이 상호 협의된 상거래 매체를 활용하여 전자상거래 행위를 하며 결제의 안전성을 위해서 은행 또는 인증된 기업 · 기관에서 상품의 배송이 확인된 후 결제 처리를 하는 상거래 형태로서 전자경매, 전자역경매 등이 C2C에 속한다.

③ C2C의 장 · 단점

㉠ 비용을 절감할 수 있는데 판매자는 그들의 상품을 점포의 높은 임대료와 비교했을 때 인터넷에서 싸게 올릴 수 있다. 개인적인 상품을 서로 간에 저렴한 비용구조 아래에서 사고판다는 점은 장점에 속한다.

㉡ 서로간의 신뢰가 가장 큰 문제점이라 할 수가 있는데 개인의 거래를 대상으로 하기에 명확한 표준 기준이 애매모호한 측면이 있어 주관적인 판단에 입각하고, 자신의 입장에서 기준을 전하는 것은 거래 후에 문제점으로 나타날 수가 있다.

④ P2P(peer-to-peer)

㉠ P2P는 인터넷에 연결되어 있는 여러 가지 형태의 리소스(저장 공간, CPU 파워, 콘텐츠, 그리고 연결된 컴퓨터를 쓰고 있는 사람 그 자체)를 이용하는 일종의 응용 프로그램이다.

㉡ P2P이용자들은 노래 제목이나 아티스트 이름을 키워드로 서버를 검색하다가 현재 네트워크에 연결된 다른 컴퓨터의 하드드라이브에서 그 노래를 찾았다면, 사용자는 개인 소장 파일을 다운로드할 수 있다. 동시에 그 이용자의 컴퓨터는 다른 사용자의 검색에 반응하며 자신의 컴퓨터에 있는 파일을 제공한다.

(5) B2B2C(Business to Business to Consumer)

① B2B2C의 개념

㉠ 기업과 기업과의 거래, 기업과 소비자와의 거래를 결합시킨 형태의 전자상거래이다. 기업들을 모집하여 소비자와 만나게 해주고, 소비자에게 각종 서비스를 제공해주고 비용을 받는 형태로 되어 있다.

㉡ B2B(기업과 기업간 거래)와 B2C(기업과 소비자 간 거래)를 결합한 전자상거래로, 기업들을 모집하여 기업 제품들을 소비자에게 판매하는 형태를 말한다. 즉 B2B2C는 Business to Business to Consumer를 간략히 표현한 것이다.

㉢ 다른 기업에게 기술관련 소프트웨어 노하우를 제공하고 그 대가로 라이센스나 개발수수료 · 유지보수비 · 서비스 비용을 받는다.

② B2B2C의 특징

㉠ B2B2C는 2000년을 기점으로 B2B와 B2C 전자상거래가 수익성이 떨어지면서 대안으로 떠올랐다.

㉡ B2B2C는 마케팅 비용에 대비해 수익률이 낮은 B2C에 비해 수익률이 높으며, 자금투자 회수기간이 긴 B2B에 비하여 훨씬 빠른 기간 내에 이익을 올릴 수 있다는 장점을 지닌다.

㉢ 고객기업의 브랜드파워나 데이터베이스 등의 인프라를 이용할 수 있으며, 고객을 위한 맞춤형 데이터베이스를 가공할 수 있는 장점도 지닌다.

㉣ 미국이나 일본 등지에서 활발하게 이루어지고 있으며, 우리나라에서는 귀금속 전문 인터넷 포털사이트인 골드비바닷컴이 2000년 6월 처음으로 실시하였다.

㉤ B2B2E(Business to Business to Employee)는 기업간 거래와 기업과 종업원 간 거래를 결합한 것으로 종업원들이 필요한 제품들을 생산하는 기업들을 모아서 수수료를 받고 입점시킨 뒤 종원업들을 대상으로 필요한 제품이나 서비스를 제공하는 형태이다.

(6) 개인과 정부 간의 전자상거래(C2G:Customer to Government)

① 개인과 정부와의 전자상거래는 상당히 미미하다. 세금이나 각종 부가세 등을 인터넷으로 처리하는 것이 있다.

② 정부는 생활보호지원금(Welfare payment)이나 자진 신고 세금환불(Self-Assessed Tax Returns) 등을 전자적으로 수행하는 형태를 말한다.

(7) B2Bi(Business to Business Integration)

① 기업간 정보시스템을 통합 및 연동시키는 개념이다.

② 기업과 기업, 기업과 e-Marketplace, e-Marketplace와 e-Marketplace 등 기업 간 전자상거래에서 발생하는 비즈니스 프로세스를 효과적으로 지원하기 위해 전산 시스템과 문서 포맷, 애플리케이션을 서로 통합, 연계하는 것이다.

(8) 기타의 전자상거래

① C2B: 소비자가 주체가 돼서 기업과 상거래를 한다는 것. 구매자가 가격, 거래조건 등을 제시한 후 이 조건에 가장 근접한 판매자를 선택하는 거래형태인 역경매가 대표적

② C&C2B: 여러 소비자가 기업을 상대하는 것. 즉 공동 구매

③ G2B: 정부 전자조달. 물품이나 용역의 입찰, 공문서 교환 등

④ B2E: 기업, 종업원 간 거래

⑤ G2C: 정부와 소비자 간 전자상거래. 정부에서 물품을 소비자에게 조달하는 경우

(9) e-비지니스와 전자상거래의 개념 비교

① e-비지니스의 경우 기업의 전반적인 경영활동을 포함하는 반면에, 전자상거래는 기업에서 고객과 상품 및 서비스의 매매 활동에 중심을 두고 있다.

② e-비지니스는 기업의 경영전략에 초점을 맞추고, 가치사슬 전반에 걸쳐 정보기술의 전략적 활용을 통한 부가가치 창출에 포커스를 두고 있는 반면에, 전자상거래는 상품의 신속한 물류기능을 강조하고, 이를 위한 상거래 시스템 구축 및 운영에 포커스를 두고 있다.

③ 전자상거래는 전 세계를 대상으로 24시간 국제적인 영업이 가능하지만, e-비지니스는 제한된 지역에서 제한된 영업을 하고, 물리적인 매장이 필요하다.

④ 비즈니스 모델 관점에서 e-비지니스는 B2B, B2C, B2C, B2C 사업모델이 주를 이루고 있다.

⑤ 시장 관점에서 e-비지니스는 공급사슬 전체에 포커스를 두고 있지만, 전자상거래는 상품의 판매 및 물류에 포커스를 두고 있다.

3. 전자상거래 관련기술

(1) SCM(Supply Chain Management: 공급망관리)

① 원자재를 공급받아 이로부터 완제품을 만들고 최종 소비자에게 판매하기까지의 일련의 제품 관련 사업 프로세스를 전체의 한 흐름(체인)으로 관리하는 시스템이다.

② 원자재 공급자에서 최종 소비자까지 연결하는 생산의 전체 흐름을 최적으로 운영하고 조율하여 기업의 경쟁력 강화를 달성하는 것을 목적으로 하고 있다.

③ 전자상거래는 공급사슬상의 문제점들에 대한 해결책을 제공하기 위한 훌륭한 접근방식으로 떠오르고 있다.

④ 전자상거래가 공급사슬관리에 기여하는 요인 중 적절한 것은 '소프트웨어 같은 제품들을 디지털화', '물리적으로 이동하는 모든 종이 문서를 전자문서로 대체', '기업과 고객들 사이의 정보흐름의 비용을 절감'으로 구분할 수 있다.

⑤ 기업은 SCM을 추진함으로써 얻게 되는 성과를 다양한 방법으로 측정한다. 균형성과 표(BSC ; Balanced Score Card)는 조직의 비전과 경영목표를 각 사업 부문과 개인의 성과측정지표로 전환해 전략적 실행을 최적화하는 경영관리기법이다. 하버드 비즈니스 스쿨의 로버트 카플란 교수와 경영 컨설턴트인 데이비드 노턴이 공동으로 개발하여 1992년에 최초로 제시했다.기존의 재무성과 중심의 성과측정의 한계를 극복하기 위한 대안으로, 고객측면, 내부 비즈니스 프로세스 측면, 혁신 및 학습 측면, 재무성과 측면으로 구성되어 있다.

⑥ SCM은 공급자로부터 최종 소비자에게 상품이 도달되는 모든 과정을 의미하는데 공급사슬관리라고 하며 제품, 정보, 재정의 흐름을 통합하고 관리한다. SCM 도입의 전제조건으로는 협업의 중요성 및 정보 공유에 대한 공감대 형성과 참여업체들 간의 표준 문서 도입, 참여업체 간의 신뢰형성 등이 있다.제조, 물류, 유통업체 등 유통 공급망에 참여하는 전 기업들이 협력을 바탕으로 양질의 상품 및 서비스를 소비자에게 전달하고 소비자는 거기에서 극대의 만족과 효용을 얻는 것이 목적이다.

⑦ 공급체인관리 시스템(SCM)의 목표는 각각의 제품에 대한 생산에서 배송, 또는 구매시점까지의 정보를 수집하고, 포함된 모든 부분을 위한 완전한 가시성을 제공하는 것이며, 전체 공급체인 관점에서 정보를 분석, 계획, 조정이 이루어지는 것이고, 공급체인 참여자 간에 협력을 통해 불확실성을 관리하는 것이다.

⑧ 공급사슬 내에서 채찍효과가 발생할 겨우 공급사슬 성과에 대한 영향에는 성과측정요소와 채찍효과의 영향으로 구분을 하면 성과측정요소인 제조원가, 재고비용, 운송비용, 노동비용, 제품의 유효성 정도는 채찍효과의 영향이 증가하고, 공급사슬 참가자의 협력은 감소한다. 채찍효과(Bullwhip Effect)를 감소시키거나 영향력을 제거하기 위한 방안으로 공급체인상의 수요정보를 중앙집중화함으로써 불확실성을 제거하며, 공급체인상의 모든 관련 업체들이 수요정보를 공유하고, 주문-생산-배송 리드타임(Lead time)을 단축시킨다.

(2) CRM(Customer Relationship Management: 고객관계관리)

① 기업이 고객과의 관계를 관리함으로써 고객의 로열티(충성도)를 높여 마케팅의 효율을 높이려는 방법론 또는 소프트웨어(솔루션)를 말한다.

② 기업의 마케팅 부서에서 고객을 분류 식별해 내고 고객들마다 선별적인 관계의 형성을 통해 명확한 목표를 가지고 그들을 겨냥한 마케팅 캠페인을 추진할 수 있게 함으로써 고객 만족과 이익의 극대화를 추구하는 시스템이며, DB 마케팅과 밀접한 관련을 맺고있다.

(3) e-CRM(e-Customer Relationship Management: 인터넷고객관계관리)

① 인터넷을 활용한 단일 통합 채널을 통해서 고객과 접촉한다. 지역적 및 시간적 한계를 극복할 수 있는 고객 관리방법으로 음성, 동영상, FAQ 등 다양한 기술을 이용해서 고객 응대를 할 수 있다.

③ 고객에 대한 관리를 위해서 온라인과 오프라인을 동시에 이용할 수도 있으며, 인터넷을 통해서 고객의 주문활동을 지원함으로서 고객구매정보의 이력화가 가능하다. 고객을 공동의 가치창조자로서 간주하고 관리할 필요성이 있다.

(4) ERP(Enterprise Resource Planning: 전사적 자원 관리)

① ERP란 개념은 전사적(全社的)자원관리로서 기업의 원활한 자재, 구매 활동을 위한 MRP(Manu facturing Resource Planning: 생산자원계획)에서 시작된 개념이다.

② 기업활동을 위해 투입되어 사용되고 있는 기업 내의 모든 인적, 물적 자원의 관리를 효율적으로 조직, 관리하여 궁극적으로 기업의 경쟁력을 강화시켜주는 역할을 하게 되는 통합 정보시스템이다.

③ 다양한 비즈니스 분야에서 생산, 구매, 재고, 주문, 공급자와의 거래, 고객 서비스 제공 등 주요 프로세스 관리를 돕는 여러 모듈로 구성된 통합 솔루션으로서 표준 업무 절차에 맞추어 기업 업무를 최적화 및 통합 관리하는 기업 통합 정보 시스템이다.

④ ERP 시스템은 기업의 모든 프로세스를 통합적으로 관리해 주는 통합자원관리시스템으로 선진일류기업에 기반한 정보시스템이다. 레퍼런스 모델에 기반한 시스템으로 기존의 정보시스템보다 빠른 시간 내에 선진 기업의 업무프로세스 구속이 가능하며, 개방형 구조를 채택하고 있기 때문에 시스템의 확장 및 연계가 가능하다.

⑤ ERP의 성공적인 구현을 위한 기본적인 원칙에는 가능한 한 업무 결과를 이용하는 사람이 해당 업무를 수행하며, 정보발생(생성)부서에서 정보처리도 함께 수행한다. 정보를 발생지역에서 한 번만 처리하여 중복된 자료입력 및 작성을 피하고, 지역적으로 분산되어 있는 자원이라도 중앙에 모여 있는 것처럼 취급한다.

⑥ 효율적인 ERP시스템을 구축은 기업 내의 기능을 통합화함으로써 업무처리를 단위 기능이 아닌 프로세스적인 관점에서 일괄적으로 처리가 되도록 설계되어야 한다.

⑦ 시스템 사용자가 시스템 내에 저장된 데이터를 쉽게 조회하고 분석 가능하도록 설계되어야 하고, ERP업체들은 시스템 기능의 업그레이드(up-grade)가 용이하도록 자사의 제품을 지속적으로 개발해야 하며, 새로 개발된 시스템은 기존의 시스템을 용이하게 지원 가능해야 된다.

4. 전자상거래 경로구조

(1) On-Line 전자상거래

① 발생 가능한 모든 거래의 체결은 물론 이행도 전부 사이버 공간상에서 이루어지는 것을 말한다. 온라인업체에서 물건을 구매하거나 은행이나 우체국상의 금융기관의 예금 자동이체를 예로 들 수 있다.

② 온라인업체는 인간의 정신적, 문화적인 영역과 관련이 많고 인터넷을 통한 소프트웨어 판매와 네트워크 게임, 증권거래 등을 포함하며, 온라인 업체의 배송 네트워크 설계는 배송시설을 분산시켜서 고객과의 거리를 단축시키면 배송 서비스에 대한 만족도를 제고시킬 수 있다.

③ 대면 접촉이 없기 때문에 오프라인에서 보다 신뢰 수준이 낮을 가능성이 높고, 보안 메커니즘들이 개발되어 신뢰 수준을 높이는 역할을 하고 있다. 판매자는 최근 발생한 정보나 회사의 수정 정보를 항시 업데이트(갱신)함으로써 신뢰를 제고시켜야 한다.

④ 온라인 마케팅 조사의 경우 장점은 난해한 설문도 가능하고, 오프라인보다 비용이 저렴하고, 비용대비 많은 샘플 확보가용이 하며, 온라인 판매 기능을 전담할 독립조직을 설립함으로서 얻을 수 있는 장점으로는 광고, 가격결정 등이 자유로우며, 내부 경로갈등을 예방할 수 있다.

(2) Off-Line 전자상거래

① 발생 가능한 모든 거래의 유인, 성립 단계가 전자통신의 사이버 공간상에서 이루어지는 것을 말한다.

② 성립된 거래의 이행은 현실 세계에서의 방식과 동일하게 행해지는 경우를 말하는데 즉, 물건이 배달되어 오는 경우의 형태를 의미한다.

5. 전자상거래의 성공요인

(1) 성공을 위한 6C전략

① Contents 전략

㉠ Contents는 고객이 기업의 웹사이트를 접속하도록 만드는 계기를 만들어 주는 것으로서 웹사이트에 담겨진 내용이나 정보를 말한다.

㉡ 이러한 컨텐츠를 구성하기 위해서는 디자인+기술+정보가 잘 융합되어야 성공할 수 있다.

② Community 전략

㉠ 커뮤니티는 고객과 기업간의 공유 의식을 만들어 주는 역할을 한다.

㉡ 고객의 피드백이나 고객 서비스를 통한 관계 구축을 위해 EC 기업들이 많이 활용한다. 이러한 커뮤니티가 강하면 강할수록 고객은 지속적인 방문을 통하여 기업의 수익 향상에 기여하고 충성 고객이 되어 다른 고객들을 유인하는 역할을 한다.

③ Commerce 전략

㉠ 기업의 가장 큰 목적은 수익을 창출하기 위한 것이기 때문에 수익을 확보하기 위한 전략을 Commerce 전략이라 한다.

㉡ 기업의 수익에는 크게 광고 수입, 상품 판매, 중개 수수료, 거래 수수료, 회원 가입비(유료), 제휴를 통하여 매출을 올리는 역할을 한다.

④ Connection 전략

㉠ EC 시장의 성장을 위하여 독자적인 사업 전략이 아닌 상호 협력할 수 있는 기업들과의 공동 이익을 목적으로 하는 전략적 제휴를 말한다.

㉡ 기업은 비용 절감, 리스크 절감, 자원 분배 등의 효과를 얻을 수 있다.

⑤ Customizing 전략

㉠ 컨텐츠와 서비스의 격차가 없어지면서 고객 관계 관리 및 충성 고객 확보를 위하여 고객 개개인에게 맞는 컨텐츠나 서비스를 제공하는 전략을 말한다.

㉡ 이러한 전략을 통하여 기업은 고객 개개인의 니즈(Needs)를 파악하여 개인 맞춤형 서비스를 제공하여 충성 고객으로의 전환이 가능하다.

⑥ Communication 전략

㉠ 커뮤니케이션은 고객과 끊임없이 상호 작용할 수 있도록 고객 개개인의 커뮤니케이션 증대와 회사와 고객과의 커뮤니케이션 증대를 위한 전략을 말한다.

㉡ 기업은 고객 커뮤니케이션을 위한 e-Mail, 메신저, 블로그, 카페, 뉴스레터 발송 등의 기능을 제공해 지속적인 고객의 커뮤니케이션을 지원해야 한다.

(2) 전자상거래의 성공요인

① 기업 비전과 명확한 목표 설정

② 경쟁 환경의 정확한 분석 DB 구축

③ EC의 사업 계획과 개발 실행

④ 평가 및 피드백 시스템 구축

⑤ 기업의 통합 비즈니스 전략 시스템 구축

⑥ 의사 결정 시스템과 실무자 시스템의 EC 통합화

⑦ 기업 환경 변화에 따른 유동적 관리 시스템 개발

⑧ 관리 · 감독 시스템의 효과적 활용

⑨ 상품 정보의 가치성 향상과 품질 보증

⑩ 물류 시스템의 효율성 향상

⑪ 제도와 법률의 효과적 시장 대응

⑫ 표준 제도의 개선 및 국제 표준의 도입

03 전자상거래 시스템

1. 모바일 시스템

(1) Mobile Marketing

① 모바일 마케팅의 개념

㉠ 인터넷 휴대폰으로 대표되는 휴대형 네트워크도구를 인터넷 마케팅에 활용한다는 것이 바로 모바일 마케팅의 개념이다.

㉡ M-biz란 모바일비즈니스(Mobile Business)의 줄임말로 무선 인터넷, 이동전화 등을 이용한 경제활동 전반을 일컫는다.

㉢ 모바일 마케팅은 위치기반 상거래(location based commerce)에 대해 적합하며, 특정 위치에 있는 개인들을 대상으로 상거래를 추구하는 모바일 커머스의 일종이다.

㉢ 위치기반 상거래 기술을 이용하면 위급상황에 대한 알림 서비스사업이 가능하며, 지리적 내용정보와 위치적 내용정보가 결합되어 특정 서비스를 제공한다.

② 모바일 마케팅의 특징

㉠ 편재성(ubiquity)

㉡ 위치성(localization)

㉢ 접근성(reach ability)

③ 모바일 마케팅의 과정

㉠ 휴대폰을 통해 고객에게 기업의 브랜드나 서비스를 홍보하는 것

㉡ 한정된 예산으로 홍보를 하기에 가장 적합한 마케팅 기법

㉢ 온라인보다 훨씬 정확한 목표 타깃 설정이 가능하고 원하는 시간에 고객에게 정보를 제공할 수 있다.

(2) Mobile Commerce

① M-커머스(M-Commerce)는 스마트폰, 개인정보단말기, 기타 이동 전화등을 이용한 은행업무, 지불업무, 티켓업무와 같은 서비스를 하는 비즈니스 모델. 무선 데이터 장비를 이용하여 정보, 서비스, 상품 등을 교환하는 것이다.

② 이동통신이 갖는 이동성(mobility)과 휴대성(portability)이라는 특성을 지니고 있으며, 사용되는 인터페이스의 속성상 개인전용 단말기라는 성격을 갖으며, 이용자의 위치를 상거래에 활용하는 위치기반 서비스가 가능하다.

③ 안전한 지불 업무는 M-커머스의 핵심 중의 하나로 즉시성, 편의성, 개인성, 위치 인지성 등의 특징이 있다. 휴대전화나 휴대용정보단말기(PDA) 등 들고 다닐 수 있는 단말기를 통해 각종 정보와 서비스 이용은 물론 물품까지 구입할 수 있는 전자상거래 방식이다.

④ 정보서비스 기능을 내장한 휴대전화로 물품/서비스의 구입, 금융거래를 하는 것이 이에 해당 된다. M커머스는 언제 어디서나 쇼핑이 가능하다는 점에서 차세대 전자상거래로 주목을 받고 있다.

⑤ 각사의 Web대응 휴대전화의 보급과 더불에, M커머스의 규모는 확대될 것으로 예상된다. 이에 따라 최근 CJ홈쇼핑, 현대홈쇼핑, 옥션, 우리홈쇼핑, GS홈쇼핑 등 홈쇼핑 및 인터넷 쇼핑몰업체들이 앞을 다퉈 M커머스 서비스를 시작하였다.

(3) Mobile 지불결제시스템

① 소비자가 온라인, 오프라인 상에서 구매한 대금을 휴대폰 사용요금에 포함시켜 결제하는 방법이다.

② 소프트웨어 방식은 구매자가 구매의사결정 이후, 개인 휴대폰의 전화번호를 입력하여 전송하는 방법을 말한다.

③ 휴대폰은 기본적으로 카드 판독기나 PC 등과 같은 장치에 대한 의존성이 낮기 때문에 지불 수단으로써 유리한 장점을 가지고 있다.

2. 전자상거래 대상시스템

(1) 사용자 시스템

① 개인용 컴퓨터

㉠ 개인용 컴퓨터는 인터넷을 활용한 전자상거래의 가장 핵심적인 요소이며 개인의 업무 처리 및 쇼핑몰에 의한 구매, 기업의 고객서비스를 직접적으로 활용하고 다양한 정보를 얻을 수 있는 가장 효과적인 시스템이다.

㉡ 현재 PC는 다양한 용도로 활용 영역을 확대하고 있으며 멀티미디어, 동영상, 쇼핑, 정보 검색, 저장 공간, 커뮤니케이션 도구로서 소비자의 욕구 충족의 기초적인 생활 서비스를 제공하고 있다.

② 인터넷 접속 서비스

㉠ ISP사업자가 제공하는 LAN을 이용하여 유·무선 환경에서 신속하고 편리하게 전자상거래 활동을 할 수 있다.

㉡ 인터넷의 고유한 정보 서비스와 개인의 의사 표현을 위한 홈페이지, TV시청, 동호회 활동, 취미, 다양한 부가가치 서비스를 제공하고 있다.

(2) 웹 시스템

① 웹서버(web server)

㉠ 클라이언트/서버 형태의 웹서비스를 제공하는 시스템으로서 사이트를 활용한 하이퍼링크, 하이퍼미디어 서비스를 제공하고 있다.

㉡ 웹사이트는 웹서버를 통한 클라이언트(소비자)에게 정보 데이터베이스를 활용한 고객 맞춤형 서비스를 제공하고 있으며 웹서버는 일정한 규약(Protocol)을 가지고 서비스를 제공한다.

㉢ 웹서버로는 유닉스서버, 리눅스서버, MS사의 윈도우서버(IIS) 등의 다양한 운영체제를 활용한 인터넷 서비스를 제공하고 있다.

② 메일서버(Mail server)

㉠ 전자 우편 서비스로서 SMTP, POP3, MIME 등의 프로토콜을 이용하여 소비자의 커뮤니케이션 영역을 지원한다.

㉡ 다음, 네이버, 줌, 구글 등과 같은 대형 포털 사이트들에 의한 고객 서비스로 제공되고 있다.

③ DNS서버(Domain Name System/Server)

㉠ DNS서버는 웹 환경에서 사이트 주소를 찾기 위한 하나의 서비스로서 도메인이라는 인터넷 주소 체계를 상호 교환해 주는 서버 시스템이다.

㉡ 인터넷은 IP Address라는 인터넷 고유의 숫자로 된 호스팅 주소가 있으나 소비자에게 편의성을 제공하지 못하고 있다.

㉢ DNS서버를 활용하여 쉽고 빠른 주소 체계인 도메인으로 상호 변환시켜 줌으로써 소비자의 인터넷 서비스 활용에 도움을 주고 있다.

④ FTP서버

㉠ FTP서버는 웹상에서 파일을 주고 받는 서비스 시스템이다.

㉡ 홈페이지 제작과 소비자의 파일 검색 및 다운로드 서비스를 제공한다.

⑤ 데이터베이스서버

㉠ 소비자의 요구 시 접근 권한에 따른 데이터를 선별하여 제공한다.

㉡ 전자상거래에서 필수적인 요소로 사용되는 서버로서 상품 정보, 상품 이미지, 상품 파일 등을 저장하고 있다.

(3) 보안 시스템(Firewall–방화벽 시스템)

① 웹을 이용한 전자상거래의 문제점은 결제 보안과 고객 정보에 대한 해킹, 시스템의 노출 등으로 다양한 보안상의 문제점을 가지고 있으며 이러한 문제점의 해결을 위한 안전 장치로서 사용되는 시스템이다.

② 기업별로 다양한 보안 시스템을 개발하여 활용하고 있으나 안전성은 높지 않은 편이며 보안의 기밀성, 인증, 무결성, 무인방지와 같은 핵심 역량들이 EC의 가장 중요한 해결 과제가 되고 있다.

③ EC의 결제시스템에서 신용카드, 자동이체, 온라인 뱅킹, 휴대폰 결제 등의 쉽고 빠른 온라인 결제 방식을 제공하고 있으므로 더욱 보안의 안전성이 요구된다.

④ 서킷 게이트웨이 방화벽시스템은 단순하면서도 확실한 보안 기능을 제공한다. 전자상거래 프로세스에서 정보가 전달되는 도중에 수정되거나 훼손되지 않았는지의 여부를 확인하는 보안원칙을 무결성이라 한다.

⑤ 전자상거래과정에서 인증기관이 수행하는 역할로는 공개키 인증과 신원을 확인하는 절차 및 당사자 간의 분쟁해결은 가능 하지만 지불보증과 같은 내용하지 않는다.

3. 전자상거래의 암호화 시스템

(1) 대칭형 또는 비밀키 암호(Symmetric or Secret key cryptography)화 방식

① 암호화(encryption)와 복호화(decryption)에 동일한 키를 사용하는 암호방식의 총칭으로 공통키 암호방식 또는 관용암호방식이라고도 한다. 기본적으로는 64비트의 키에 의해 64비트의 평문을 전자(轉字)와 환자(換字)를 조합하여 암호화하는 방식이다.

② 암호화 속도가 빠르고, 안전성을 위해 키(key)를 자주 바꿔야하고, 네트워크 사용자가 증가함에 따라 관리해야 하는 키의 개수가 증가하며, 상대적으로 키 분배가 어렵다.

③ 대칭키(Symmetric-key) 암호방식으로 DES(Data Encryption Standard)는 블록 암호의 일종으로, 미국 NBS (National Bureau of Standards, 현재 NIST)에서 국가 표준으로 정한 암호이다.

④ 비밀키 암호시스템은 송·수신자가 동일한 키에 의하여 암호화 및 복호화 과정을 수행한다. DES는 대칭키 암호이며, 56비트의 키를 사용한다. 암호화 알고리즘이 간단하고 편리하지만 키 관리가 어렵다.

⑤ 비밀키 암호화 기법은 동일한 키로 암호화와 복호화를 수행하는 방법으로 보안 유지와 키 관리에 어려움이 있으나 알고리즘이 간단해 암호화 속도가 빠르고 용량이 작아 경제적이다. 이러한 키 관리의 어려움을 해결하기 위하여 제시된 개념이 공개키 암호시스템이다.

⑥ Encryption(암호화: 데이터 전송 시 타인의 불법적인 방법에 의해 데이터가 손실되거나 변경되는 것을 방지하기 위해 데이터를 변환하여 전송하는 방법)과 Decryption(해독: 정보가 암호화되어 있을 때 실제로 그 데이터의 내용을 적절한 키를 써서 암호문을 등가의 평문으로 변환시키는 것)에 같은 키를 사용한다.

(2) 비대칭형 또는 공개키 암호(Public key cryptography)화 방식

① 공개키암호 방식에는 RSA, ElGamal, Merkle-Hellman의 Knapsack이 있다 미국 매사추세츠 공과 대학(MIT)의 리베스트(R. Rivest), 샤미르(A. Shamir), 아델먼(L. Adelman) 등 3인의 성(姓)의 머리글자로서 이들 3인이 공동 개발한 RSA법이라는 암호화 알고리듬과 그것을 사용하는 RSA(Rivest Shamir Adleman) 공개 키 암호 방식으로 잘 알려져 있다.

② 암호화와 복호화에 많은 시간이 소요되며, 상대적으로 키 변화의 빈도가 적다. 네트워크 사용자가 증가하더라도 상대적으로 관리해야 하는 키의 개수는 적지만, 안전한 키 분배가 용이하며, 암호화키와 복호화키가 일치하지 않고, 비대칭키 암호화 기술이라고도 한다.

③ 비대칭키(Asymmetric-key)암호방식으로 비밀키는 메시지의 복호화에 이용되는 키이고, 메시지의 암호화는 수신자의 공개키를 이용하며, 암호화 및 복호화에 사용되는 키가 서로 다르다.

④ 공개키 암호화 방식은 2개의 키를 사용해서 암호화를 한다. 키관리 측면에서 각개인이 2개의 키만을 가지면 되므로 이용자가 n명이라면 2n개의 키만 있으면 되기에 대칭키시스템보다 관리가 쉽다. 송수신자가 비밀키를 공유할 필요가 없다.

⑤ 대칭키시스템보다 키의 길이가 길고, 알고리즘 수행속도가 매우 느리고, 실제로 암호화에는 대칭키가 사용되며 비대칭키는 대칭키를 전달할 때 사용된다. 암호화 속도는 느리지만 키 관리가 쉽고, 대표적으로 RSA가 있다.

⑥ 공개키 암호화 기법은 공개되는 공개키(public key)와 본인만 사용하는 비밀키(private key)로 구성되는 것으로 공개키와 비밀키를 별도로 관리하기 때문에 키관리가 용이하며 암호화와 사용자 인증이 동시에 이뤄진다는 특징이 있다. 이는 전자문서의 디지털서명, 부인봉쇄에 사용된다. 그러나 알고리즘이 복잡해 속도가 느리다는 단점을 가지고 있다.

(3) 전자서명(electronic signature) 시스템

① 전자서명의 의의

㉠ 펜 대신에 컴퓨터를 매개로 하여 전자적 형태의 자료로 서명자의 신원을 확인하고 자료메시지의 내용에 대한 그 사람의 승인을 나타낼 목적으로 사용된다. 이와 비슷한 용어로 디지털서명이 있다.

㉡ 디지털서명이란 공개키 암호방식(비대칭적 암호체계)을 이용한 전자서명의 한 종류로서 인터넷 쇼핑이나 사이버 금융거래 등에서 생길 수 있는 정보유출을 줄일 수 있는 효과적인 도구로서 전자상거래, 인터넷뱅킹 등으로 사용되고 있다.

② 전자서명의 특징

㉠ 전자서명은 송신자가 작성한 전자문서 자체를 암호화하는 것이 아니므로 제3자가 문서내용을 열람하는 데에는 아무런 장애가 없다.

㉡ 전자서명에 작성자로 기재된 자가 그 전자문서를 작성하였다는 사실과 작성내용이 송·수신과정에서 위조·변조되지 않았다는 사실을 증명하고, 작성자가 그 전자문서 작성사실을 나중에 부인할 수 없게 하는 역할을 한다.

㉢ 인터넷쇼핑이나 사이버 금융거래 등에서 생길 수 있는 정보유출 등의 위험을 줄일수 있는 효과적인 도구로서, 전자서명을 활용하면 개인정보 도용이나 변조를 원천적으로 차단할 수 있다.

ⓔ 전자서명의 대표적인 용도는 인터넷뱅킹 등의 금융거래, 인터넷 민원서비스, 인터넷쇼핑 등이 있으며, 앞으로 국제 간 전자상거래, 전자투표 등으로 확대될 수 있다.

ⓜ 인터넷뱅킹이나 온라인 주식거래에 필요한 공인인증서는 국가가 지정한 공인인증기관에서 발행하고 공개키를 관리하는 대표적인 전자서명이다.

③ 전자서명의 단계

㉠ 사용자는 전자서명 키 생성 프로그램을 이용하여 전자서명 생성키와 전자서명 검증키 쌍을 생성한다.

㉡ 전자서명 키는 자신이 가입한 인증기관에서 사용하는 공개 키 알고리즘 중의 하나에 따르거나 특정한 알고리즘에 따라서 사용자가 직접 생성하게 되고, 사용자가 보낼 전자문서의 메시지 요약(Message Digest)을 생성한다.

【전자서명과 디지털 서명의 비교】

구 분		전자서명	디지털 서명
개 념		전자펜을 이용한 수기서명, 모사방식의 전자서명	비대칭형 암호기술을 이용한 전자서명
진정성	서명자 인증	불만족	만 족
	위조 불가	불만족	만 족
	변경 불가	불만족	만 족
	부인 불가	불만족	만 족
전체적인 안전성		안정성에 대한 객관적 증명이 어려움.	안정성에 대한 정량화, 접근방식 증명이 가능

④ 전자서명의 검증과정

㉠ 송신자의 신원확인을 한다. 전자 서명된 메시지(메시지와 그의 전자서명의 값)를 수신자가 받으면, 수신자의 컴퓨터에서 송신자의 전자서명 검증키를 이용하여 송신자의 메시지 요약을 복원한다.

㉡ 만일 메시지 요약이 복원되지 않으면 송신자의 전자서명 검증키가 올바른 것이 아니므로 송신자의 신원확인에 실패한 것이 되고, 전자서명의 복호화(확인)가 가능하면 송신자가 일치함을 확인하게 되는 것이다.

㉢ 메시지의 무결성을 확인한다. 수신된 메시지의 메시지요약을 만들어서 이미 복원한 메시지 요약과 비교하여 양자가 일치하면 전송중에 메시지가 바뀌지 않았음을 확인하게 된다.

⑤ 전자서명의 메시지 다이제스트(massage digest)

㉠ 송신자가 자기 비밀키로 메시지 다이제스트를 암호화하면 전자서명이 된다.

㉡ 다른 메시지에서 동일한 메시지 다이제스트는 산출될 수 없도록 되어 있다.

㉢ 메시지 다이제스트는 MD4, SHA 등의 알고리즘을 통해 생성된다.

⑥ 전자 서명과 인증

㉠ 전자서명은 인터넷을 통해 정보를 교환할 때 신분을 확인하는 인증 심볼로서, 소비자와 기업간의 분쟁이 발생할 때 해결 수단으로 법적인 효력을 가진다.

㉡ 일반적으로 e-Mail을 보낼 때 하단의 서명 아이콘, ID 활용, 게시자의 실명, 주민등록번호 인증 등의 다양한 형식의 전자 서명 인증이 존재한다. 전자인증서는 사용자의 신원을 확인시켜주는 것이다.

⑦ 서명자의 의무와 책임

㉠ 서명자는 신뢰성 있는 시스템(trustworthy system)을 이용하여 생성된 비밀키를 사용하여 디지털 서명을 할 의무가 있다. 신뢰성은 안전의 문제의 일부인 바, 이는 특히 접근통제 등의 시스템 안전조치의 채택을 요구한다. 그러한 안전조치는 그 상황하에서 합리적일 것을 요구하나 완벽할 것을 요구하지 않는다.

㉡ 서명자는 인증서의 내용 또는 인증서의 생성과 관련하여 인증기관에 한 표시가 최선을 다하여 알았거나 믿은 한 정확하다는 것을 알 의무가 있다. 제3자가 허위의 정보를 신뢰하고 그 결과 손해를 입은 경우, 서명자는 신뢰한 당사자와 인증기관에 책임을 져야 한다.

㉢ 서명자는 비밀 키의 지배를 유지하고, 비밀 키가 도난 또는 훼손되지 않도록 하며, 또한 비밀히 간수할 의무가 있다. 서명자가 키의 지배를 상실한 경우에는 무 권한 사용으로 인한 청구서에 대하여 책임을 져야 한다.

㉣ 서명자는 수락하지 않아 무효인 인증서를 제3자가 신뢰할 것으로 예상되는 경우에는 그 인증서에 등재된 공개 키에 대응하는 비밀 키에 의하여 디지털 서명을 생성하여서는 안 된다. 이로 인하여 인증기관이 제3자에게 책임을 질 경우 서명자는 인증기관에 대하여 책임을 져야 한다.

㉤ 서명자는 수신인이 자기의 디지털 서명을 신뢰할 것으로 예상하는 경우에는 전자메시지의 수신인이 그의 서명에 관한 인증서를 이용할 수 있게 하여야 할 것이다.

⑧ 전자지불 시스템

㉠ 인터넷에서 돈을 주고받기 위해 전자지불시스템은 다양한 형태를 가지고 있다. 전자지불시스템에서 전자자금이체는 사용자가 전자적으로 청구서를 보고 은행이나 신용카드계좌에서 제품 및 서비스의 구매가 발생한 이후에 지불을 지원하는 방식으로 사용된다.

㉡ 동등계층 지불 시스템은 신용카드 지불을 받을 수 없는 개인이나 벤더에게 웹을 이용하여 자금을 이체하는 방식이고, 디지털 현금은 전자화폐 또는 e-캐시라고도 불우며 소액이나 이보다 좀 더 많은 구매에서 사용될 수 있는 디지털 통화이다.

㉢ 적립가치지불시스템은 소비자가 디지털계좌에 적립된 가치를 기반으로 상인에게 즉시 지불할 수 있도록 하는 방식이다.

㉣ 전자상거래의 발전은 인터넷과 다양한 멀티미디어 환경의 변화로 인한 고객 편의성 위주로 변화하고 있다. 가상공간에서의 결제 형태는 오프라인상의 화폐 단위를 활용한 전자 화폐를 만들었다.

㉤ 결제 수단의 다양성과 고객의 편리성이 전자상거래를 더욱 편리한 거래 방법으로 만들어 가고 있으며 손실 방지, 편리한 휴대, 관리 비용 감소, 절차의 간소화, 보안의 안전성 등의 이유로 더욱 많은 전자 화폐들이 만들어지고 있다.

㉥ 휴대폰 결제, e-머니 결제, 자금 이체, 전자 지갑, 버스카드, 전철카드, 극장카드 등의 형태로 다양한 전자 지불 시스템들이 개발되어 있다.

(4) 해쉬함수(Hash Function)

① 해쉬함수의 개념

㉠ 어떤 대상의 이름이 매우 길다고 할 때, 각 대상을 구별하여 부를 수 있도록 짧은 길이의 별명을 붙여주는 것과 같다.

㉡ 각 대상을 구별하기 위해 대상의 수가 상당히 크더라도 서로 중복되지 않아야 한다.

② 암호적 해쉬함수(Cryptographic Hash Function)

㉠ 조건은 계산된 해쉬 값을 가지고 원래 해쉬 함수의 입력 값을 알아낼 수 없다(One-wayness).

㉡ 계산된 해쉬 값은 같은 해쉬 값을 갖는 입력을 찾아낼 수 없다(Weak-colllision freeness).

㉢ 같은 해쉬 값을 갖는 입력 쌍을 찾아낼 수 없다(Strong-colllision freeness).

③ 해쉬함수의 특징

㉠ 해쉬함수의 조건으로는 바른 계산과 임의 길이의 입력에 대한 고정의 크기의 해쉬 값 출력 등이 있다.

㉡ 해쉬 함수의 용도를 살펴보면 다음과 같다. 우선 정보의 기밀성(Confidentiality)을 무시하고 즉, 정보는 공개하고 그 정보를 누가 변경하지 않았다고 하는 무결성(Integrity)을 보장하고자 할 때 사용된다.

㉢ 정보를 그 정보의 해쉬 값과 함께 전송하면 수신자는 정보를 해쉬하여 전송되어진 해쉬 값과 비교한다.

4. 디지털 법칙

(1) 무어의 법칙(Moore"s Law)

① 마이크로 프로세스 전문업체인 인텔을 창립한 고든 무어라는 사람이 주장한 내용이다.

② "마이크로 프로세스 칩 저장할 수 있는 트랜지스터 개수가 18개월마다 2배로 증가하나 비용은 동일하다.

(2) 황의 법칙(Hwang's Law)

① 반도체 메모리 용량이 1년마다 2배씩 증가한다는 이론이다.

② 삼성전자의 황창규 전 사장이 발표한 '메모리 신성장론'이며 그의 성을 따서 '황의 법칙'이라고 한다.

(3) 맷칼프의 법칙(Metcalfe's Law)

① 맷칼프는 네트워크 장비 전문제조 업체인 3Com의 창업자 출신이기 때문에 네트워크가 갖는 효용에 대해서 관심을 가졌다.

② 일정 숫자 이상의 사람이 해당 네트워크를 이용하면 그 네트워크의 효용은 기하급수적으로 상승한다는 법칙으로 네트워크 법칙이다.

(4) 서프의 법칙(Cerf's Law)

① 빈센트 서프는 데이터베이스의 전문가로서 DB가 인터넷에 연동되어 있는 경우 각종자료들을 인터넷을 통하여 여러 가지 정보를 조회하거나 입력을 할 수가 있다고 하였다.

② 서프의 법칙은 오늘날 인터넷을 활용하고 있는 일반사용자들에게 그대로 적용을 할 수가 있다.

(5) 단절의 법칙(Law of Disruption)

① 무어의 법칙과 맷칼프의 법칙의 결합, 그리고 서프의 법칙 등이 결합되어 기존의 사회와는 다른 모습의 사회가 대두될 때 이러한 현상을 흔히 단절의 법칙으로 설명할 수가 있다.

② 단절의 법칙을 간략히 말하면 사회적, 정치적, 경제적 변화는 점진적으로 변화하나 기술의 변화는 기하급수적으로 변한다는 것을 의미한다.

(6) 캐즘(Chasm)

① 지질학적인 용어로서 "지각변동 등의 이유로 지층 사이에 큰 틈이나 협곡이 생겨 서로 단절되어 있다."

② 고객은 「혁신 수용자-선각 수용자-전기 다수 수용자-후기 다수 수용자-지각 수용자」의 순서로 진행된다.

전자결제(ES)

1. 전자결제(Electronic Settlement)의 개요

(1) 전자결제 시스템의 개념

① 인터넷 등의 전자적인 장치를 통해 결제하는 것을 말한다. 지금까지의 결제 수단은 현금 통화나 예금 통화 중 하나였다. 현금 통화란 금융 기관의 계좌 예금을 말하며, 예금을 담보로 장부상의 계정(計定) 대체에 의해 결제를 하는 수단이다.

② 전자 현금은 전자 데이터 자체가 내재 가치를 가지고 있어서 예금 계좌상의 단순한 전자 데이터 또는 불입이나 자동이체 등에 의한 결제를 할 때의 지정 데이터나 신용 카드 정보와는 다르게 된다. 그러므로 전자 현금이 제3의 결제 수단으로 주목되는 것이다.

③ 인터넷 상거래를 통해서 상품을 구입하고 대금을 결제할 때 사용하고 쇼핑몰과 계약된 은행이나 카드사의 온라인 결제를 통해서 대금을 지불하는 시스템이다.

(2) 전자결제 시스템의 특징

① 네트워크에 의한 안전한 상거래를 지원하기 위한 전자결제시스템은 결제수단에 따라 신용카드결제시스템, 전자화폐결제시스템, 전자수표결제시스템, 전자자금이체시스템 등으로 구분하고, 전자상거래의 주된 대금결제방식으로 그 통용성이 인정되고있다.

② 전자결제시스템의 요건으로 안전하게 대금지불을 할 수 있도록 다양하고도 보다 안전한 결제시스템이 제공되어야 하며, 거래당사자가 서로 정당한 상대인지를 확인할 수 있는 기반이 조성되어야 하며, 전자화폐의 불법변조 및 위조방지, 사용자 프라이버시와 익명성 보장, 소액 결제지원 및 경제적인 처리비용을 들 수 있다.

③ 전자화폐는 일반적으로 유통성, 양도가능성, 범용성, 익명성 등 현금의 기능을 갖추고 있을 뿐만 아니라 원격송금성, 수송상의 비용절감, 금액의 분할 및 통합의 유연성, 전자성 등의 특징을 가지고 있으며 현금의 단점 또한 보완하는 기능을 가지고 있다.

(3) 전자결제 시스템의 전제 조건

① 전자결제의 수단은 암호화를 하여 위조되거나 조작되어 사용되지 않도록 해야 하는 것이 원칙이다.

② 소비자가 물품을 구매할 때에는 사생활이 보호되어야 하고, 또한 돈세탁 방지 기능, 거래 내역에 대한 세금징수 등의 기능 모두 다 전제되어야 한다.

③ 전자결제 시스템에 사용되기 위해서는 현금거래보다 신속하고 사용하기 편리해야 한다.

(4) 전자결제 시스템의 발전 과정

① 주문은 인터넷을 통해 이루어지고 대금의 결제는 은행에서 무통장 입금을 하는 단계

② 보안이 유지되지 않은 상태에서 인터넷을 통해 신용카드 번호나 금융 정보를 송수신하여 결제하는 단계

③ 암호 방식을 이용하여 신용카드 및 전자수표에 의한 지불 단계

④ 신뢰성 있는 제3자 브로커에 의한 지불 단계

⑤ 전자화폐에 의한 지불 단계

(5) 전자결제 시스템의 편리성

① 전자결제 시스템은 네트워크상에서 지불하거나 신용카드를 이용해서 손쉽게 결제가 가능하기 때문에 거래가 신속하고 편리하게 이루어진다.

② 판매자 입장에서는 사업을 늘리거나 확장할 때 따로 시간과 비용이 들지 않고, 구매자 입장에서는 연 365일 24시간 거래가 이루어져 시간적 · 공간적인 제약을 받지 아니한다.

③ 기존의 결제 방식은 고객의 정보나 프라이버시가 노출되었으나 전자결제는 국제적인 보안 표준인 SET를 적용하여 높은 안전성이 보장된다.

(6) 전자결제 시스템의 한계성

① 판매자 입장에서 시스템의 유지 및 관리, 지불 처리비용 등 결제에 따른 판매비용이 증가되어 제품의 가격상승 요인이 된다.

② 사용자는 인터넷에 대해 어느 정도 지식이 필요하고, 여러 절차 때문에 불편함을 느낄 수 있다.

③ 인터넷 상거래에서는 보편적인 대금결제 방식이 신용카드를 이용하는 것인데 신용카드 미소지자는 이용하기 어렵다.

2. 전자화폐 시스템

(1) 전자화폐(electronic cash)의 개념

① 칩이 내장된 카드나 공중정보통신망과 연결된 PC 등의 전자기기에 전자기호 형태로 화폐적 가치를 저장하였다가 상품 등의 구매에 사용할 수 있는 전자 지급 수단이다. 휴대가 편하고, 누가 어떤 상점에서 무엇을 샀는지를 제3자가 알 수 없어야 하며, 위조가 어려워야 한다.

② 전자화폐는 일반적으로 유통성, 양도가능성, 범용성, 익명성 등 현금의 기능을 갖추고 있으며 현실의 화폐형식을 그대로 모방하여 실제 사용법과 특성을 같게 만든 것으로 선불카드, 직불카드 · 디지털 현금을 응용하는 시스템이다.

③ 전자화폐는 화폐적 가치가 어떻게 저장되었는가에 따라서 IC 카드형과 네트워크형으로 나뉜다. IC 카드형 전자 화폐는 카드에 내장된 IC칩 중에 전자 화폐에 해당되는 전자정보가 저장되어 있다. IC 카드를 가지고 있는 사람은 누구나 가맹점에서 전자화폐로 쇼핑을 할 수 있다.

④ 네트워크형 전자화폐는 컴퓨터 통신상에서 각종 결재 행위에 사용되는 전자화폐를 말한다. 원거리에 있는 사람에게 이전시키는 것은 간편하지만 IC 카드형 전자화폐와 같이 휴대하고 다니는 것은 불가능하다.

⑤ 전자화폐는 신용카드를 사용할 때처럼 사전에 승인을 받을 필요가 없고 잔돈을 소지할 필요가 없으며 금액을 필요한 만큼 CD/ATM기 등을 통하여 재충전하여 사용할 수 있으므로 편리하고 신속한 거래가 가능하다.

(2) 전자화폐(electronic cash)의 구성원

① **상점:** 사용자로부터 전자화폐를 구매대금으로 받는 상품의 공급자이다.

② **사용자:** 전자화폐를 은행으로부터 발급받아 그것을 각 상점에서 사용하는 주체이다.

③ **은행:** 사용자에게 전자화폐를 발급해주는 발행기관이며 상점에게 전자화폐를 결제해 준다.

(3) 전자화폐(electronic cash)의 특성

① 소액거래에 사용된다.

② 전자현금 거래를 취소할 수 없는 확정성의 특징을 지닌다.

③ 판매자가 고객의 신분을 알 수 없는 익명성의 특징을 지닌다.

④ 은행에서 일정한 금액을 미리 인출하여 전자지갑 형태로 휴대가 가능하다.

【전자화폐 도입의 장 · 단점】

장 점	단 점
· 소비자 측면에서 편리성 증대 및 원격지 판매자와의 거래 용이 · 판매자 측면에서 대금결제의 신속성 및 확실성 확보 · 금융기관의 CD/ATM 설치에 비해 설비투자 비용 감소 · 전자화폐 발행기관의 운용 수익 증가 효과 · 관련 기기 및 소프트웨어 시장의 신규 시장 형성	· 시중 통화량의 증가 측면보다는 국제 간 자금 이동 파악의 곤란으로 인한 외환관리 및 국내 통화관리상 애로 발생 · 전자화폐의 장점인 익명성으로 인해 탈세와 돈세탁 등 각종 범죄의 악용 가능성 · 개인의 프라이버시 및 사생활 침해 가능성 존재

(4) 전자화폐(electronic cash)시스템의 종류

① 전자화폐에 가치를 어디에 저장하는지의 저장하는 방식에 따라 온라인(on-line) 방식과 오프라인 방식(off-line)이 있다.

② IC카드형과 네트워크형이 있으며 카드형은 다시 마그네틱 테이프의 자기띠형과 IC카드형으로 나눌 수 있고 사용방법에 따라 접촉식과 비접촉식이 있다.

③ 네트워크형은 별도의 카드를 소지하지 않고서도 은행의 주 컴퓨터의 전산망 내지는 인터넷을 통하여 거래 은행 등에 개개인의 화폐가치가 해당하는 정보를 저장하여 두고 있다가 필요할 때마다 네트워크를 통하여 대금결제를 할 수 있다.

【온라인 및 오프라인 방식의 전자화폐 시스템】

구 분	온라인 방식	오프라인 방식
방 식	전자화폐의 지불 단계와 결제 단계가 동시에 진행	수신된 전자화폐를 일괄처리하여 은행에 결제를 요구
장 점	지불 단계와 결제 단계가 거의 동시에 이루어지므로 지불단계 전에 이중 사용 사전방지기능	통신량 분산과 더불어 네트워크 인프라가 구축되지 않아도 사용 가능
단 점	통신량 집중화 현상과 통신량 증가에 따른 오버헤드 증가	이중 사용이 이루어지고 난 후에야 은행에 신분검증이 가능
적용분야	고액거래로 높은 안전성을 요구하면서 운용비에 대한 부담이 크게 작용하지 않는 현금거래에 적합	많은 양의 소액거래가 이루어지는 곳으로 이중 사용으로 인한 부정가능 금액이 소규모인 거래에 적합
발달국가	미국(통신망의 발달)	유럽(스마트 카드의 발달)

(5) 전자화폐(electronic cash)의 종류

① 발행자에 따라 중앙집권형과 자생형이 있다.

② 화폐 또는 화폐청구권에 따라 토큰형과 플로팅형으로 구분한다.

③ 전자화폐는 가치저장수단에 따라 IC 카드형과 네트워크형으로 분류한다.

(6) 전자화폐와 전자지불시스템의 요건

① **기밀성**: 거래내용이 제3자에게 노출되지 않도록 하는 기능

② **상호인증**: 거래상대방의 신분을 확인할 수 있도록 하는 기능

③ **부인방지**: 이미 성립된 거래에 대한 부당한 번복을 방지하는 기능

【전자화폐의 이용 특성에 따른 분류】

분 류	구 분	유형구분	실현사례
휴대 여부	IC 카드형	VISA Cash, Mondex Card, Proton, 마이칼카드, MULTOS	자바카드, 전화 및 버스카드(국내)
	네트워크형		Cyber Coin, E-Cash, Icash(국내)
계좌 여부	계좌형	Vias Cash, Cyber Coin, E-Cash	
	비계좌형		
사용 범위	범용형	Mondex Card, 마이칼 카드, MULTOS, 자바카드	전화 및 버스카드(국내)
	단일목적형		
양도 여부	개방형	Mondex Card	DigiCash사 E-Cash, Cyber Coin, ICash(국내)
	폐쇄형		

3. 전자화폐의 가치저장여부와 계좌 · 양도에 따른 분류

(1) IC카드형 전자 화폐

① 대부분시스템에서 전자화폐는 전자지갑이라고 부르는 IC카드에 저장하여 사용한다.

② 전자지갑을 이용한 IC카드형은 카드에 보관하므로 들고 다니는 것이 가능하며, 전용 단말기를 이용하여 상품대금을 지불한다.

③ 실생활에서 소비자가 휴대하고 다니면서 현금처럼 주차장이나 슈퍼마켓, 버스나 전철, 공중전화를 이용할 때 사용할 수 있는 것을 말한다.

④ IC카드형 전자화폐는 화폐 가치의 이전 가능성에 따라 개방형과 폐쇄형으로 나뉘며 개방형은 카드 상호 간 가치 이전이 가능한 반면 폐쇄형은 불가능하다.

⑤ 대표적인 종류에는 비자 캐시, 몬덱스, 아방트, 프로톤, 덴몬트 등이 있고, 몬덱스가 개방형에 속하고 대부분의 경우는 보안을 이유로 폐쇄형의 방식을 택하고 있다.

(2) 네트워크형 전자화폐

① 네트워크형 전자화폐는 주로 컴퓨터 속에 담겨져 있는데 네트워크상의 상점에서 지불을 할 때 사용되는 것을 말한다.

② 네트워크형 전자화폐는 인터넷과 같은 통신망을 통하여 거래 은행의 예금을 인출하여 공중 통신망의 은행 계좌 또는 공중망과 연결된 컴퓨터에 화폐가치를 저장하였다가 전자상거래의 대금을 지급하는 것이다.

③ 인터넷형 전자화폐는 컴퓨터를 통해서만 화폐가치를 저장하고 있는데 인터넷을 통해서 자금 이체가 가능하다.

④ 쌍방향으로 송 · 수신할 수 있다는 장점이 있으며, 대표적인 종류에는 디지캐시와 선소프트가 있으며 이는 인터넷상의 전자상거래에서만 활용이 가능하다.

【네트워크형과 IC카드형 분류】

유 형	종 류		기 능
네트워크형 (온라인)	현금형	E-cash (DigiCash)	네트워크상에 가상의 코인(Coin)을 생성하여 이를 결제에 이용
	전자수표형	Net Bill	네트워크상의 소비자와 판매자의 계좌를 설정하여 POS처럼 이체
IC카드형 (오프라인)	개방형	Mondex	IC 카드상에 가치 이전 및 잔고 보충 가능한 선불형 지갑카드. 제3자에게 가치 이전 가능
	폐쇄형	Proton, 아방트, 덴몬트, 비자캐시	선불형이지만 제3자에게 가치 이전 불가능

(3) 계좌형 · 비계좌형 전자화폐

① **계좌형 전자화폐:** 거래기록이 은행 등의 주컴퓨터 전산망에 의해 유지 · 관리되거나 기록추적이 가능한 전자화폐로서Visa International사의 Visa Cash, Cyber Cash 사의 Cyber Coin 등이 있다.

② **비계좌형 전자화폐:** 가치기록이 카드 자체나 기록매체 자체에만 의존, 기록되고 단말기에는 기록은 나타나지만 은행 등의 주 컴퓨터의 전산망에는 거래량만이 전송되는 전자화폐로서 DigiCash사의 E-Cash 등이 있다.

(4) 양도 여부에 따른 분류

① **양도형:** 개방형(Open-Loop)전자화폐라 하며, 전자화폐 소지자간에 화폐가치가 자유롭게 이전할 수 있는 화폐를 말한다. 개방형 전자화폐에는 Mondex Card가 있다.

② **양도 불가형:** 폐쇄형(Closed-Loop) 전자화폐라하며, 양 소지자 간에 화폐가치가 이전되는 것은 허용되지 않으며 다만 소지자에서 가맹점으로 가맹점에서 발행기관으로의 일방적인 가치이전만 가능하고, 네덜란드 DigiCash사의 E-Cash, 미국의 Cyber Coin 등 대부분의 전자화폐가 이에 해당한다.

4. 전자수표와 신용카드 시스템

(1) 전자수표(Electronic checks)

① 전자수표 시스템의 개념

㉠ 전자수표는 현실세계에서 사용하고 있는 종이로 된 수표를 그대로 인터넷상에 구현한 것이다.

㉡ 전자수표는 발행, 교환, 추심 등 수표거래의 전 과정에 걸쳐 인터넷이나 다른 공중통신망을 이용한 전자상거래상의 지급수단이다.

㉢ 전자수표는 현실세계에서 사용하고 있는 종이로 된 수표를 그대로 인터넷상에 구현한 것으로 전자수표는 신용결제나 현금과는 달리 개인의 편리를 도모하기 위하여 다른 형태의 매커니즘으로 결제하는 것이다.

㉣ 전자적인 처리, 서명과 배서를 위한 디지털 서명의 사용, 은행계정을 인증하기 위한 디지털 확인을 사용한다는 점에서 종이 수표와 다르다.

㉤ 전자수표는 종래 수표거래 시의 특성을 유지하며 종이수표에 표시되는 모든 정보를 포함한다.

② 전자수표의 장점

㉠ 전통적인 수표와 동일한 방법으로 사용되어 대고객 홍보가 용이하다.

㉡ 기업은 현재보다 효율적인 비용으로 네트워크를 통한 결제를 위하여 전자수표를 사용할 수 있으며 효율적이다.

㉢ 전자수표는 부동증권을 생성할 수 있으며 부동증권의 이용 가능성은 상거래에 있어 중요하다.

㉣ 전자수표는 소액결제에 적합하다. 즉, 전자수표가 도입한 암호화는 전자화폐의 공개키 암호보다 쉽게 처리된다.

③ 전자수표의 단점

㉠ 발행자와 인수자의 신원에 대한 인증을 반드시 해야 하는 문제, 그리고 여러 가지 보안 기법이 필요하다.

㉡ 전자수표도 종이수표처럼 부도의 위험성을 안고 있다.

(2) 신용카드(Credit card)

① 신용카드형 개념

㉠ 신용카드형 전자화폐는 구매자가 상품을 외상으로 구입하고 후에 구매 대금을 지급하는 것을 말한다. 즉, 상품구매는 구매자의 신용에 의해 이루어지고, 대금은 신용카드를 사용하는 방법과 마찬가지로 후에 이루어진다.

㉡ 이용방법은 구매자는 상품구입 시 전자화폐를 지급하고, 판매자는 전자화폐를 받지만, 판매자가 전자화폐에 대한 구매대금을 지급받는 곳은 전자화폐 발행기관이고, 구매자는 일정기간이 지난 후에 전자화폐 발행기관에 전자화폐 대금을 지급한다.

㉢ 현재 가장 널리 사용되고 있는 신용카드를 인터넷 상거래에 적용한 방식으로 신용카드 명세에 의한 결제는 전화나 인터넷을 통하여 암호화되지 않은 신용카드 결제이다.

② 신용카드의 결제 형태

㉠ 신용카드 명세에 의한 결제: 전화 또는 인터넷을 통하여 암호화되지 않은 신용카드 거래이다.

㉡ 암호화된 신용카드 명세에 의한 결제: 암호화는 신용카드 정보를 웹브라우저나 전자상거래 장비에 입력 시 초기화되고 암호화된 메시지로 네트워크를 통해 구매자에서 판매자로 안전하게 송부된다.

㉢ 제3자를 통한 결제: 퍼스트 버추얼(First virtual)이라고도 한다.

③ 신용카드형 시스템의 장점

㉠ 신용카드의 신분보증으로 인터넷상에서 쇼핑이 가능하다.

㉡ 신용카드는 이미 전 세계에서 광범위하게 사용되고 있다.

㉢ 신용카드를 이용할 경우 법적, 제도적인 문제가 거의 없다.

④ 신용카드형 시스템의 단점

㉠ 신용카드 사용시 최소한의 시스템 유지비용이 발생하므로 소액결제에 부적당하다.

㉡ 인터넷은 개방형 네트워크로서 특별한 보안 시스템이 구축되어 있지 않기 때문에 기존의 신용카드는 결제의 안전을 보장할 수 없다.

㉢ 청소년이나 무직자와 같은 신용이 열악한 사람은 신용카드를 발급받지 못한다.

⑤ 신용카드 거래 처리 절차

㉠ 1단계: 고객이 자기 카드 정보를 상인의 전자 결제 시스템에 입력하는 단계이다.

㉡ 2단계: 상인의 서버가 거래 내역을 신용카드 결제 시스템에 보내 신용 조회를 요청하는 단계이다.

㉢ 3단계: 신용카드 결제 시스템이 신용카드사에 거래 승인 요청하여 신용 조회를 의뢰하는 단계이다.

㉣ 4단계: 신용카드사는 신용 정보를 통해 거래 승인 여부를 다시 신용카드 결제 시스템에 보내는 단계이다.

㉤ 5단계: 신용카드 결제 시스템은 상인의 서버에 거래 승인 또는 불가를 통지하는 단계이다.

5. 보안(Security)

(1) 전자결제의 보안

① 오늘날 많은 사람들과 기업들이 인터넷이라는 가상공간 속에서 전자상거래가 이루어지는 속성상 여러 요인들에 의해 소비자 피해 및 분쟁들이 발생할 수 있다.

② 이러한 문제들 중 아래의 프라이버시보호와 전자문서의 위조 및 변조 등 정보의 보안문제를 해결하기 위한 방안으로 기밀성, 무결성, 부인봉쇄 등이 있다.

(2) Kerberos 인증

① 커베로스(Kerberos)는 개방된 컴퓨터 네트워크 내에서 서비스 요구를 인증하기 위한 보안 시스템이다.

② 인터넷 환경을 위한 주요 인증기법의 하나로, 1980년대말경 개발된 인증 서비스로서 제3의 인증서버를 이용해자동으로 클라이언트와 서버 간에 서로의 신원을 확인하는 기법을 말한다.

③ 사용자가 사이트를 이용할 때 ID와 비밀번호를 한번 입력하게 되는데 실제로는 새로운 페이지를 열 때마다 인증을 필요로 하므로 처음 입력한 것을 저장해 두었다가 사용하는 방식을 쓰고 있다.

④ 인터넷상에 비밀번호가 유출될 가능성이 있으므로 커베로스는 사용자가 인증 과정으로부터 암호화된 티켓을 요청할 수 있게 해주는데, 이 티켓은 서버에 특정 서비스를 요구하는 데 사용될 수 있다. 최근 출시된 마이크로소프트의 윈도우도 커베로스를 인증 방식으로 채택하고 있다.

(3) SET(Secure Electronic Transation)

① SET의 개념

㉠ 인터넷을 비롯한 모든 종류의 네트워크에서 안전하게 금융 결제를 할 수 있도록 해주는 공개적인 보안체제로서, 인터넷 전자상거래에 대한 금융결제를 안전하게 할 수 있도록 하는 보안상의 규격이다.

㉡ 물품이나 금융 결제상의 거래마다 새로운 형태의 암호값을 설정해 이용자 이외에는 확인할 수 없도록 하는 보안 시스템이다. 비자와 마스터 카드가 공동으로 제안한 인터넷 결제 방식으로, 국제적으로 기술력을 인정받은 보안체제로 평가된다.

㉢ SET를 이용한 결제 수단은 비단 인터넷에만 국한되지 않는다. 일단 업계표준으로 정착되면 현재 또 다른 전자상거래를 위한 결제 수단으로 개발이 한창 진행중인 스마트 카드나 직불카드, IC카드에도 이용될 수 있다.

㉣ 마스터카드사의 SEPP와 비자사의 STT가 결합된 것으로 판매자는 고객의 결제정보를 보지 못하고 공개키, 대창키, 전자서명 등을 이용한다.

② SET의 특징

㉠ 정보의 비밀 보장: 금융거래의 활성화를 위해서는 은행이나 판매자는 고객에게 결제 정보가 지정된 수신자만이 접속할 수 있음을 보장하여야 한다.

㉡ 정보의 무결성 유지: SET를 활용하여 송신자와 수신자 사이에 전송 중 메시지 내용의 변경 가능성을 사전에 방지할 수 있다.

㉢ 소비자 계정을 확인: 인증된 판매자는 소비자가 정확한 계정번호를 합법적으로 사용하는지를 확인할 수 있다.

㉣ 판매자의 인증: 판매자 인증은 디지털 서명과 판매자 확인을 통하여 보장되는데 SET 명세 양식을 활용하여 고객이 판매자에게 은행카드 결제를 행하는 금융기관을 신뢰할수 있는지 확인할 수 있다.

ⓜ 상호운용이 가능: 상호운용은 표준 프로토콜과 메시지 양식을 사용하여 보장한다.

(4) SSL(secure socket layer)

① SSL의 개념

㉠ SSL(secure sockets layer)은 인터넷 프로토콜(Internet protocol)이 보안면에서 기밀성을 유지하지 못한다는 문제를 극복하기 위해 개발되었다.

㉡ 현재 전세계에서 사용되는 인터넷 상거래 시 요구되는 개인 정보와 크레디트카드 정보의 보안 유지에 가장 많이 사용되고 있으며, 최종 사용자와 가맹점 간의 지불 정보 보안에 관한 프로토콜이다.

② SSL의 특징

㉠ 세션 계층에서 작동한다.

㉡ Netscape사에서 개발한 것이다.

㉢ 카드정보의 안전한 전달을 해준다.

【SSL과 SET의 비교】

내 용	SSL	SET
비용	저비용	고비용
사용 편리성	간편함	다소 어려움
안전성	다소 낮음	높음
조작 가능성	상점 단독 가능	다자간의 협력필요
특징	세션 계층에서 작동	정보의 비밀보장

(5) 인터넷 보안사고의 유형

① Trojan Horse: 칩임행위의 시도를 위해 일정기간동안 스스로 상태를 위장하여 코드형태로 시스템의 특정프로그램 내부에 존재하는 일종의 바이러스로, PC사용자의 컴퓨터에 침입을 하여정보를 유출한다.

② Worm: 자가복제를 하는 독립된 프로그램으로 바이러스와 형태 및 작동이 유사하나 프로그램 및 PC의 작동을 방해하지는 않는다. 즉, 파괴행동은 하지 않는다.

③ Spoofing: 어떤 프로그램이 정상적인 상태로 유지되는 것처럼 믿도록 속임수를 쓰는 방식이다.

④ Virus/Logic bombs: 컴퓨터 내부 프로그램에 자신을 복사했다가 그 프로그램이 수행될 때 행동을 취하거나 환경조건이 맞을때 가동되고, 최악에는 프로그램 및 PC의 작동을 방해한다.

⑤ Sniffing: 가장 많이 사용되는 해킹(hacking) 수법으로, 이더넷(Ethernet)상에서 전달되는 모든 패킷(packet)을 분석하여 사용자의 계정과 암호를 알아내는 것으로 이를 방지하기 위해서는 데이터 패킷을 암호화하여 전송한다.

⑥ Trap door/back door: 몰래잡입하기로 프로그램이나 시스템에 접근하기 위해 여러가지 방법과 수단조치를 취해 놓는다.

6. 거래 안전장치

(1) 에스크로(ESCROW)

① 에스크로의 개념

㉠ 에스크로는(Escrow) 결제대금예치제도'로 통용되고 있으며, 전자상거래의 안전성을 높이기 위한 제도를 위해 거래 대금을 제3자에게 맡긴 뒤 물품 배송을 확인하고 판매자에게 지불하는 제도이다.

㉡ 전자상거래상 에스크로제도는 소비자가 선불로 물건을 사면 결제금이 바로 판매자에게 전달되는 것이 아니라 우선 은행 등 제3자에게 예치되고 소비자가 물건을 전달받은 후 구매가 완료되어야 판매자에게 돈이 지급되도록 하는 시스템이다.

㉢ 판매자도 후불제를 했을 경우 구매자에게 채권추심을 하는 등의 각종 위험과 비용을 절감해 안심하고 거래를 진행할 수 있는 장점이 있다. 따라서 구매자와 판매자 양측을 전자상거래상의 피해사고로부터 보호할 수 있다.

㉣ 에스크로서비스는 인터넷 쇼핑몰을 이용한 구매자가 상품을 받아본 뒤 일정조건이 충족될 때까지 에스크로 사업자가 거래대금을 보관하고 있다가 판매자에게 거래대금을 정산해 주는 방식이다.

㉤ 전자상거래에서의 에스크로서비스는 쇼핑몰(전자)보증보험과 같은 소비자피해보상보험과는 근본적인 차이가 있는데 에스크로서비스는 구매자뿐 아니라 판매자가 입을 수 있는 피해도 예방하여 거래의 양 당사자를 모두 보호하는 성격이 강하다.

㉥ 에스크로서비스는 '에스크로장치'와 '매매보호서비스'라는 명칭이 가장 많이 사용되고 있으며, 기타 거래보호서비스, 거래안전서비스, 매매보호장치, 매매보호시스템, 매매계약이행보장장치, 안전거래시스템, 안전거래서비스, 지불유보시스템(pay hold system), 에스크로서비스 등 다양한 용어로 호칭되고 있다.

② 에스크로서비스 제도

㉠ 구매자와 판매자간 거래조건 합의→에스크로 사업자에 대한 구매자의 대금결제→판매자의 상품배송→구매자의 상품수령 확인→에스크로 사업자는 상품대금을 송부한다.

㉡ 대부분의 온라인 에스크로서비스는 인터넷을 통해 회원으로 가입 또는 등록절차를 거친 경우에만 이용할 수 있는 시스템으로 운영된다.

㉢ 익명의 상태에서 거래자간의 신용만으로 거래가 이루어지는 전자상거래에서 매매행위의 신뢰성을 높여준다.

㉣ 에스크로 사업자가 구매자와 판매자간의 거래에 개입함으로써 거래절차가 복잡해지고, 판매자에게는 에스크로 수수료가 부담이 될 수 있다.

㉤ 구매자는 구매대금을 최종적으로 지불하기전에 물품을 먼저 검사할 수 있는 기회를 가질 수 있다.

(2) 에스크로서비스의 특징

① 회원가입/등록

㉠ 판매자와 구매자가 인터넷 경매, 온라인 쇼핑몰 등을 통한 상품매매 시 에스크로서비스를 이용하여 서로가 안전한 거래를 하고자 할 경우 양 당사자는 우선 에스크로서비스를 이용할 것인지를 합의하는 절차가 필요하다.

㉡ 이를 위해 판매자와 구매자 모두, 혹은 판매자 또는 구매자가 이용하고자 하는 에스크로서비스의 회원으로 등록해야 한다.

② 거래정보입력

㉠ 전자상거래 사이트에서 거래계약을 체결한 구매자와 판매자 중 적어도 한 당사자가 에스크로서비스의 회원으로 가입한 후 거래정보를 등록해야 한다.

㉡ 등록정보는 일반적으로 상품명(모델명), 가격, 수량, 결제방법, 배송방법, 상품의 이상 유무 판단기간, 거래자 연락처(e-mail 등), 반송비부담 여부 등이다.

③ 거래합의/변경요청

㉠ 거래당사자 간 에스크로서비스의 이용을 원하는 당사자의 거래제안조건을 확인하고 경우에 따라 변경을 요청하는 단계이다.

㉡ 상대방으로부터 제안된 거래조건을 합의하게 되면 에스크로서비스가 개시된다.

㉢ 만일 상대방에서 제안한 거래조건을 변경하고자 할 경우 자신의 거래제안 사항을 상대방에게 다시 거래를 제안할 수 있다.

㉣ 합의가 이루어지지 않으면 에스크로서비스 이용이 자동으로 취소된다.

④ 결제요청 및 결제

㉠ 구매자가 구매하고자 하는 상품정보를 입력하고, 판매자가 이를 확인하여 거래합의가 이루어진다.

㉡ 에스크로 사업자는 상품대금을 판매자가 아닌 에스크로 사업자의 계좌에 입금하도록 요청하고 입금 여부를 확인한다.

⑤ 입금확인 후 상품요청

㉠ 에스크로 사업자는 구매자로부터 상품대금이 입금된 것이 확인을 한다.

㉡ 판매자에게 구매자가 지정한 장소로 상품을 배송해 주도록 판매자에게 통보한다.

⑥ 상품 배송

㉠ 판매자는 에스크로 사업자의 배송통지를 받고 정해진 기간 이내에 배송한다.

㉡ 에스크로 사업자에게 상품ID, 배송회사, 배송날짜, 도착날짜, 수량, 송장번호 등의 배송정보를 통지한다.

⑦ 수령확인 후 구매승인 또는 반품신청

㉠ 판매자로부터 상품배송 통보를 받은 에스크로 사업자는 구매자에게 상품수령 여부 확인 및 구매승인 여부를 요청한다.

㉡ 구매자는 판매자가 배송한 상품수령 후 이상 유무를 판단하여 에스크로 사업자에게 구매승인을 하거나 반송을 신청한다.

㉢ 구매자의 구매승인 시 에스크로 사업자는 구매자가 입금한 상품대금 중 에스크로 수수료(escrow fee)를 제한 나머지 금액을 판매자에게 송금하고 에스크로서비스는 종료된다. 만일 구매자가 상품을 받고도 구매승인을 하지 않게 되는 경우, 에스크로서비스 사업자는 일정기간 경과 후 구매자가 구매승인을 한 것으로 간주(negative confirmation)하여 판매자에게 상품대금을 지급한다.

㉣ 구매자가 상품상의 하자나 기타 사유로 구매를 거부하고 반송을 신청하는 경우 에스크로 사업자는 판매자에게 구매자의 반송사실을 확인한 다음, 보관해 두었던 상품대금을 구매자에게 전액 환불한다. 이 경우 거래가 성립되지 않았으므로 에스크로 수수료는 지불되지 않는다.

(3) 에스크로(escrow) 사업자

① 에스크로 사업자는 은행 등 금융기관과 자본금 10억 이상, 부채비율 200% 이하 등의 요건을 갖추고 소비자 피해보상에 가입한 상법상 회사 또는 민법상 법인이다. 소비자 피해보상 보험계약이란 소비자가 통신판매업자에게 대금을 결제하였으나 상품을 배송받지 못하는 피해 등을 입은 경우, 그 피해를 보상해주는 것을 내용으로 하는 보험을 말한다. 보험사와 보험계약, 은행과의 채무지급보증계약, 공제조합과의 공제계약이 여기에 속한다.

② 에스크로 또는 소비자 피해보상 보험계약이 제외되는 경우는 신용카드로 구매하는 거래나 배송이 필요하지 않는 재화 등을 구매하는 거래(예:인터넷게임, 인터넷 학원수강 등)와 5만 원 미만(1회 결제하는 금액기준)의 소액거래, 분할되어 공급되는 재화 등을 구매하는 거래는 제외된다. 현행 전자상거래법에 따르면 총 결제금액이 5만 원 이상인 경우 의무적으로 에스크로 시스템을 이용하도록 돼 있다.

③ 상당수 인터넷 쇼핑몰들이 에스크로 시스템을 구축하지 않고 있는 게 현실이다. 결제기준 5만원 이상 전자상거래에 에스크로를 사용하도록 규정해놨지만 통신판매업자들에게 이를 강제할 수 있는 법적 수단이 미흡하기 때문이다. 공정위가 소비자연맹에 의뢰해 모니터링한 결과 현재 운영중인 의류 품목 쇼핑몰의 20%가 에스크로를 사용하지 않고 있다

Chapter 5 명품 적중 예상문제

01 다음은 전자상거래와 관련된 설명내용들이다. 거리가 가장 먼 것은?

① 전자상거래는 거래대상지역이 광범위하고, 유통채널이 필요 없으며, 고객의 수요 파악이 더욱 용이하다.
② 허브사이트(hub site)는 각각 독자적 영역을 구축한 전문사이트들이 모여 하나의 사이트를 만들고 그 사이트 내에서 다양한 내용을 제공하는 것을 말한다.
③ 포털사이트를 구성하는 4가지핵심요소는 콘텐츠(contents), 커뮤니티(community), 커머스(commerce), 커넥션(connection) 등이다.
④ 포털사이트는 인터넷 사용자가 필요로 하는 대부분의 서비스를 원스톱으로 제공하는 것을 말한다.
⑤ e-마켓플레이스는 공급자 측면에서는 시장 정보를 확보하고 온라인 협력을 위하여 공급업자와 구매자 간의 관계를 향상시킬 수 있다.

유통경로는 생산자부터 소비자까지의 전 과정을 볼 때 일반적으로 수집과정, 중계과정, 분산과정의 단계로구분하고 저자상거래는 분산과정에 속한다. 전자상거래는 거래대상지역이 광범위하지만 유통경로는 반드시 필요하다.

유통 정보

02 다음 중 전자상거래의 기대효과로 가장 거리가 먼 것은?

① 지리적으로 거리를 초월한 새로운 시장진입이 용이하다.
② 구매자의 의사와 상관없는 일방적인 마케팅활동이 용이하다.
③ 시간적으로 고객들의 선택의 폭을 넓혀주어 서비스를 증대시킬 수 있다.
④ 개방된 시장에서 공급업체간 경쟁이 확대되어 구매자의 비용이 절감된다.
⑤ 비즈니스 과정이 상호 연동되어 시간지연이 제거되고, 상거래가 신속히 이루어진다.

구매자의 의사와 상관없는 일방적인 마케팅활동이 용이한 마케팅전개과정은 없다고 보면 된다.

01 ① **02** ②

03 전자상거래(EC:Electronic Commerce)시장이란 생산자(producers) · 중개인(intermediaries) · 소비자(consumers)가 디지털 통신망을 이용하여 상호 거래하는 시장으로 실물시장(physical market)과 대비되는 가상시장(virtual market)을 의미한다. 이러한 전자상거래 시장에 대한 설명으로 가장 부적합한 설명은?

① 구조화된 전자상거래란 좁은 의미의 전자상거래를 지칭하는 말로서, 표준화된 거래 형식과 데이터 교환 방식에 따라 조직적이고 체계적으로 이루어지는 거래를 의미하며, 구조화된 전자거래로는 EDI, EC, CALS, E-mail 등이 있다.

② B2B는 현재 거래주체에 의한 비즈니스 모델 중 거래 규모가 가장 큰 전자상거래 분야로서 거래주체인 기업과 기업이 각종 물품을 판매하는 방식이다. B2B 거래는 구매자와 판매자간에 직접 이루어 질 수도 있고, 온라인 중개상을 통해 이루어 질 수도 있다.

③ B2C에서는 판매하는 상품의 성격에 따라 제품을 거래하는 사업과 서비스를 제공하는 사업으로 구분할 수 있고, 제품을 거래하는 사업은 다시 물리적 제품의 취급과 디지털 제품의 취급으로 나누어진다.

④ B2B2E는 기업간 거래와 기업과 종업원 간 거래를 결합한 것으로 종업원들이 필요한 제품들을 생산하는 기업들을 모아서 수수료를 받고 입점시킨 뒤 종원업들을 대상으로 필요한 제품이나 서비스를 제공하는 형태이다.

⑤ B2Bi는 기업과 기업, 기업과 e-Marketplace, e-Marketplace와 e-Marketplace 등 기업간 전자상거래에서 발생하는 비즈니스 프로세스를 효과적으로 지원하기 위해 전산시스템과 문서 포맷, 애플리케이션을 서로 통합, 연계하는 것이다.

E-mail 은 비 구조화된 전자상거래의 내용이라고 본다.

04 다음 중 현재 거래주체에 의한 비즈니스 모델 중 거래 규모가 가장 큰 전자상거래 분야는?

① B2B ② B2G ③ C2C ④ B2C ⑤ G2C

기업 대 기업(B2B:Business-To-Business)간의 전자상거래는 EDI를 기초로 하여 발전되어 왔으며 엑스트라넷이 활성화되면서 더욱 증가되는 상황이다. 기업간 전자상거래도 인터넷을 수용하기 시작함에 따라 새로운 전자상거래 유형이 대두되기 시작하고 있는데 현재 거래주체에 의한 비즈니스 모델 중 거래 규모가 가장 큰 전자상거래 분야이다.

해답 03 ① 04 ①

05 (가) 와 (나)에 들어갈 가장 적절한 단어가 순서대로 나열된 것은?

> (가) 모델은 인터넷 상에서 기업과 소비자간에 전자적으로 사업을 영위하는 방식으로 크게 4가지 유형으로 분류된다. 이들 중 인터넷 상에서 소비자에게 상품이나 서비스를 판매하는 모든 사업을 포괄하는 모델을 (나)(이)라 한다. 대표적인 예로는 e-shop, e-store, e-tailer로 이루어져 있는 전자몰(e-mall) 등이 있다.

① e-비즈니스, B2B
② 전자상거래, B2C
③ 전자상거래, C2B
④ e-비즈니스, C2B
⑤ e-비즈니스, B2C

e-Business는 전자상거래와 인터넷 비즈니스를 포괄하는 개념으로 여기에서 인터넷 비스니스는 인터넷 혁명으로 인해 급속도로 발전된 네트워크 기술을 비즈니스에 활용해 업무의 효율성과 효과성을 높인다는 특징이 있다. 4가지 유형으로는 B2B, B2C, B2G, G2C의 내용을 전자몰에서 수행을 하고 있다.

06 전자상거래에서는 전통적인 제조업 마케팅정책의 의사결정요소인 4P를 근거로 한 소위 "4A"를 개발하여 마케팅 믹스를 위한 의사결정요소로 활용한다. 전자상거래가 성공적이기 위해서는 4P정책뿐만 아니라 4A정책 또한 중요하다. 다음 중 4A의 요소에 속하지 않는 것은?

① 방법(any way)
② 제품(any product)
③ 시간(any time)
④ 고객(any customer)
⑤ 장소(any where)

전자상거래가 성공적이기 위해서는 4P정책뿐만 아니라 4A정책 또한 중요하다. 이러한 4A정책에는 프로모션 전략, 유통 전략, 가격 전략, 제품 전략, 방법 전략, 장소 전략, 시간 전략에 해당하는 방법(any way),제품(any product), 시간(any time), 장소(any where)가 있다.

05 ① 06 ④

유통 정보

07 다음 중 전자상거래의 파급효과에 대한 설명으로 가장 옳지 않은 것은?

① 유동채널의 단축
② 거래비용의 증가
③ 개인정보 노출과 악용
④ 진입장벽의 완화
⑤ 판매 및 운영비용의 감소

전자상거래의 파급효과로서 거래비용의 감소를 들 수 있다.

08 다음 중 온라인 시장과 관련된 설명으로 옳지 않은 것은?

① 디지털 제품을 판매하기에 적합한 시장공간이다.
② 충동적 구매가 많이 발생되는 상품에 보다 적합한 시장공간이다.
③ 전자상거래로 이루어지는 경제활동을 디지털경제(digital economy)라 한다.
④ 전자시장은 비교적 표준화된 전자제품, 컴퓨터 등의 판매에 적합한 시장공간이다.
⑤ 경쟁의 범위가 확대됨에 따라서 제품의 가격이 중요한 구매요인으로 작용하는 시장공간이다.

전자상거래(EC:Electronic Commerce)란 인터넷상에 홈페이지로 개설된 상점을 통해 실시간으로 상품을 거래하는 것을 의미하며 충동적 구매보다는 체계적인 계획을 가지고 구매를 하는 상품에 보다 적합한 시장공간이다.

09 e-비즈니스 모델이 성공하기 위하여 기업들이 고려해야할 주요사항들 중에서 가장 거리가 먼것은?

① 빠르게 기회를 선점하여야 한다.
② 차별화된 컨텐츠를 제공하여야 한다.
③ 지속적인 수익을 창출하도록 해야 한다.
④ 자금, 기술 등의 하드웨어적 자산을 기업의 핵심 역량으로 강화해야 한다.
⑤ 완벽한 비즈니스모델 구축보다는 빠른 가상공간 진입이 우선시 되어야 한다.

e-Business 시대는 IT산업의 발달로 인해 마케팅전략에 있어서 소비자 대상이 불특정 소비자에서 특화된 소비자로 전환되고 있다. 빠르게 기회를 선점하여야 하기위해서는 차별화된 컨텐츠를 제공하여야 하며 완벽한 비즈니스모델 구축보다는 빠른 가상공간 진입이 우선시 되어야 한다.

해답 07 ② 08 ② 09 ④

10 e-비즈니스 시대의 전자상거래에 대한 설명으로 가장 옳지 않은 것은?

① 네트워크를 통한 가상적인 판매활동으로 판매거점이 불필요하다.
② 시공간의 벽이 사라지게 되어 언제 어디에서든지 정보를 수집하고 상품거래를 할 수 있다.
③ 세계시장으로 구매범위가 확대됨에 따라 소비자의 제품 선택의 폭이 확대되어 소비를 진작시킨다.
④ 기존상거래에 비해 단축된 유통채널을 통해 소비자들에게 보다 저렴한 가격으로 상품을 공급할 있다.
⑤ 기업의 직접적인 시장조사를 통하여 얻은 고객의 수요정보를 바탕으로 기업의 일방적인 마케팅 활동을 추진 할 수 있다.

e-비즈니스 시대의 전자상거래는 기업의 직접적인 시장조사를 통하여 얻은 고객의 수요정보를 바탕으로 기업의 일방적인 마케팅 활동을 하는 것보다는 고객과의 쌍방향 마케팅을 전개해 나가는 것이 추세이다.

11 e-비즈니스가 고객서비스에 미친 영향에 관한 설명내용이다. 이 중 가장 올바르지 않은 내용은?

① 인터넷상거래에 의한 반품절차는 소매점에서 구매한 제품에비해 상대적으로 어렵다.
② e-비즈니스는 구매절차를 자동화하게 하여 주문비용감소뿐만 아니라 업무처리속도를 증가시킨다. 예로써 과거의 구매 자료를 활용하여 현재의 구매속도를 증가시킨다.
③ 인터넷은 각 고객으로 하여금 개인화된 구매경험을 가지게 하는 기회를 제공한다. 즉, 인터넷을 통하여 고객이 보다 손쉽게 고객요구에 부응하는 제품을 선정하도록 도와줄 수 있다.
④ 소비자는 쇼핑사이트에 접속하여 상품에 대한 정보를 얻어 구매상품을 결정하고 판매자에게 자신의 선택 품목 · 수량, 배달 장소, 대금 지불 방법 등에 관한 정보를 전달하게 된다.
⑤ e-비즈니스는 전통적 소매에 비해 적은 양의 재고운영을 가능하게 하며, 수요가 많고 다양성이 낮은 제품은 재고통합의 효과가 높으나, 수요가 적고 다양성이 높은 제품에서는 재고통합의 효과가 낮다.

e-비즈니스는 전통적 소매에 비해 적은 양의 재고운영을 가능하게 한다. 수요가 많고 다양성이 낮은 제품은 재고통합의 효과가 낮고, 수요가 적고 다양성이 높은 제품에서는 재고통합의 효과가 높다.

10 ⑤ 11 ⑤

12 다음은 고객서비스에 대한 e-비즈니스의 영향에 관하여 서술한 내용 중 가장 옳지 않은 것은?

① 고객에 대한 대응시간측면에서 보면 다운로드 할 수 없는 유형(실제)제품을 판매할 때에도 고객욕구를 충족시키는데 온라인 구매가 시간적인 이득을 줄 수 있다. 따라서 짧은 대응시간을 요구하는 고객에게도 알맞다.

② e-비즈니스는 전통적 소매점에 비해 제품에 대한 선택의 폭을 넓혀 줄 수 있는 장점을 가지고 있다. 기존의 소매점에서 e-비즈니스와 동일한 선택을 가능하게 하려면 대규모의 재고를 유지할 수 있는 대규모의 장소를 필요로 한다.

③ e-비즈니스는 공급사슬을 통하여 고객의 요구에 대한 정보가 전달되기 때문에 보다 정확한 예측과 속도를 더욱 빠르게 할 수 있다. 즉 향상된 예측과 보다 정확한 고객요구의 관점은 수요와 공급을 더욱 잘 조절할 수 있게 해 준다. 즉 제품에 대한 가용성을 향상시킨다.

④ e-비즈니스를 사용하는 회사는 물리적 경로를 사용하는 회사보다 더욱 신속하게 신제품을 출시 할 수 있다. 사례로 Dell사는 전통적인 경로를 이용하는 경쟁사보다 빨리 신제품을 출시하고 있다.

⑤ e-비즈니스는 구매절차를 자동화하게 하여 주문비용감소뿐만 아니라 업무처리 속도를 증가시킨다. 예로써 과거의 구매 자료를 활용하여 현재의 구매속도를 증가시킨다.

우답풀이 e-비즈니스의 고객에 대한 대응시간측면에서 보면 다운로드 할 수 없는 유형(실제)제품을 판매할 때에 시간적으로 고객욕구를 충족시키려면 온라인 구매보다 오프라인 구매가 시간적인 이득을 줄 수 있다.

13 e-비즈니스가 고객서비스 수준을 높이는데 기여하는 이유와 가장 거리가 먼 것은?

① 웹사이트의 활용으로 신제품의 시장진입을 촉진시킬 수 있다.

② 컴퓨터 네트워크 접속을 통해 24시간 어느 장소에서나 접근이 가능하다.

③ 중간 유통채널이 없이 고객에게 직접 판매가 가능하여 비용절감으로 가격경쟁력을 높일 수 있다.

④ 대규모의 시설이나 재고를 많이 보유함으로서 고객에게 다양한 제품을 선택할 수 있는 기회를 제공할 수 있다.

⑤ 고객의 개인 정보나 과거의 구매패턴 등을 파악하여 고객의 취향에 맞는 제품을 추천하는 등 맞춤 서비스를 제공할 수 있다.

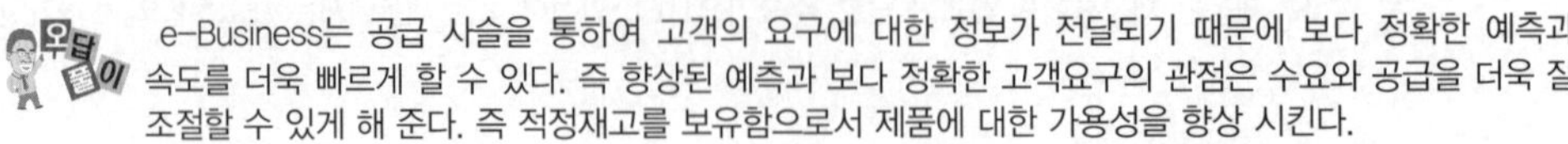

우답풀이 e-Business는 공급 사슬을 통하여 고객의 요구에 대한 정보가 전달되기 때문에 보다 정확한 예측과 속도를 더욱 빠르게 할 수 있다. 즉 향상된 예측과 보다 정확한 고객요구의 관점은 수요와 공급을 더욱 잘 조절할 수 있게 해 준다. 즉 적정재고를 보유함으로서 제품에 대한 가용성을 향상 시킨다.

해답 12 ① 13 ④

14 디지털제품의 생산 및 유통과정에 적용될 수 있는 법칙으로 가장 맞는 것은?

① 수확체감의 법칙 ② 공급체감의 법칙
③ 수확체증의 법칙 ④ 공급체증의 법칙
⑤ 효용체감의 법칙

디지털법칙은 일정한 생산요소의 증가는 산출이 급증을 하는 체증의 법칙이 적용된다.

15 디지털 경제하에서 소비활동의 변화로 가장 거리가 먼 것은?

① 소비자의 제품선택의 폭이 확대된다.
② 일대일 마케팅에서 매스마케팅으로 전환된다.
③ 시간과 공간의 제약이 없어져 전 세계가 하나의 시장이 된다.
④ 전자상거래의 활선화로 거래비용이 획기적으로 줄어드는 마찰없는 경제가 도래한다.
⑤ 가상점포의 확대로 판매 및 주문 처리비용이 감소하여 시장진입장벽이 낮아지면서, 신규기업의 참여에 의한 경쟁심화로 가격하락을 촉진시키게 된다.

매스마케팅에서 일대일마케팅으로 전환된다.

16 다음 중 디지털시대의 경영환경으로 가장 옳지 않은 것은?

① 경영환경의 변화가 점차 가속화되고 있다.
② 정보기술이 경영의 핵심 기술로 자리매김을 하고 있다.
③ 네트워크화의 진전으로 이종 산업 간의 협력관계구축이 용이하다.
④ 고객중심의 경영환경에서 기업중심의 경영환경으로 변화되고 있다.
⑤ 시장의 글로벌화로 전 세계가 하나의 시장으로 통합되는 경향이 있다.

디지털시대의 경영환경은 정보기술이 경영의 핵심 기술로 자리매김을 하고 있으며, 시장의 글로벌화로 전 세계가 하나의 시장으로 통합되는 경향이 있다. 경영환경의 변화가 점차 가속화되고 있고, 기업중심의 경영환경에서 고객중심의 경영환경으로 변화되고 있다.

14 ③ **15** ② **16** ④

17 다음 중 디지털 경제재의 특징으로 가장 거리가 먼 것은?

① 사용한 적이 있는 경험재이다.
② 네트워크 재화의 성격도 갖는다.
③ 해당 재화의 가치를 높일 수 있다.
④ 재화의 특성상 쉽게 재현이 가능하다.
⑤ 재화를 재생산하는데 소요되는 가변비용이 계속적으로 증가한다.

디지털경제란 디지털 기술의 혁신적 발전과 더불어 새롭게 창출되는 디지털 상품 및 서비스가 전체 경제에서 차지하는 비중이 커지는 경제 체제라 할 수 있다. IT산업의 발달로 정보처리 비용이 줄어들고 정보전달에 한계가 없어짐으로써 경제활동의 기본방식도 변화되고 있다. 디지털 경제 시대에서는 정보와 지식이 가장 강력하고 유일한 가치이자 부의 원천이 되고 있다. 이러한 경제기반에서는 기존의 경제 체제에서는 꼭 필요했던 사무실이나 공장 · 창고가 없이도 사이버공간에서 전 세계를 무대로 기업 활동이 가능하다. 그런 활동에서 거래되는 상품이나 서비스를 디지털경제재라 한다. 특히 디지털경제재는 한번 생산에 대한 재비용이 적게 소요된다.

18 디지털 시장과 전통적 시장의 특성을 비교한 내용이다. (가)~(라)에 차례대로 들어갈 가장 적절한 용어로 짝지어진 것은?

기준	디지털 시장	전통적 시장
정보 불균형	(가)	(나)
조사 비용	낮음	높음
거래 비용	낮음 (때로는 거의 없음)	높음(시간, 이동)
전환 비용	더 높음/더 낮음 (특성에 따라)	높음
네트워크 효과	강함	더 약함
중개소멸	(다)	(라)

① 높음, 높음, 더욱 가능함/가망 있음.
② 낮음, 높음, 덜 가능함/가망 없음, 덜 가능함/가망 없음
③ 낮음, 높음, 덜 가능함/가망 없음, 더욱 가능함/가망 있음
④ 낮음, 높음, 더욱 가능함/가망 있음, 덜 가능함/가망 없음
⑤ 낮음, 낮음, 더욱 가능함/가망 있음. 덜 가능함/가망 없음

디지털 시장과 전통적 시장의 특성을 비교한 내용으로는 ④의 내용이 가장 적합하다.

해답 **17** ⑤ **18** ④

19 다음 중 UNSPSC에 관한 설명이 아닌 것은?

① UNDP(United Nations Development Programme)와 D&B(Dun & Bradstreet)가 공동으로 개발하였다.
② 전 세계적으로 가장 널리 알려지고 활용되고 있는 전 산업대상의 전자상거래용 상품 분류체계이다.
③ UNSPSC는 The United Nations Standard Products &Services Code의 약자이다.
④ 세그먼트-패밀리-클래스-커모디티 등 4단계로 구성된 12자리 코드이다.
⑤ 8자리 숫자 분류 코드와 영문 분류 코드로 구성되어 있다.

유엔 표준 제품 및 서비스 분류 체계(UNSPSC, United Nations Standard Products and Services Classification)로 전자 상거래 분야에서 가장 많이 쓰이는 상품 분류 방식이다. 유엔 개발 계획(UNDP)이 개발했으며, 8자리 숫자 분류 코드와 영문 분류 코드로 구성된다. 전자 상거래 시 상품 정보를 검색하거나상품의 비용 및 통계 분석을 하는 데 중요한 역할을 한다. 우리나라에서는 2001년 전자 상거래 표준화 통합포럼(ECIF)이 국내 전자 상거래 민간 표준 분류 체계로 이를 확정해 관련 업계에서 활용하도록 권고한 바 있고, 한국유통정보센터가 이를 전담하고 있다.

20 국내 MRO(Maintenance, Repair & Operating Supplies) 전자상거래 시장에서 성공하기 위한 요건에 대한 설명으로 가장 거리가 먼 것은?

① 사무용품에서부터 공장용품에 이르기까지 다양한 MRO자재가 거래되므로 표준적인 전자카탈로그와 상품 DB를 구축하여 토탈서비스를 제공할 수 있어야 한다.
② MRO사업자들은 공급업체들이 구매자에게 신뢰성 있는 제품정보를 제공하고 양질의제품을 납기내에 납품할 수 있도록 철저한 공급업체의 관리가 필요하다.
③ MRO Marketplace에서 비계획적인 구매행태를 보이는 기업들에 대해 신속하게 대응할 수 있는 관리체계가 구축되어 있어야 한다.
④ 참여 기업들의 시스템 다양성은 MRO 구매의 효율성을 저해할 수 있으므로, 공급기업들과 구매기업들의 시스템이 MRO Marketplace에 적합하도록 시스템 개선을 유도해야 한다.
⑤ 인터넷의 확산을 기반으로 하는 전자상거래가 효율적인 MRO 구매를 위한 강력한 도구로 떠오르면서, 다수의 기업들이 이를 적극적으로 도입하고 있다.

MRO는 생산에 직접 소요되는 물품은 아니지만 설비와 시설물 유지 보수에 필요한 물품에서부터 사무용품, 청소용품 등 각종 소모성 자재에 이르기까지 원자재를 제외한 기업 생산과 관련된 모든 자재를 포괄한다. 참여 기업들의 시스템 다양성은 MRO 구매의 효율성을 높일 수 있다.

유통 정보

19 ④ 20 ④

21 다음 중 전자상거래의 암호화 시스템에는 대칭형 암호화방식의 비밀키 암호화기법과 비대칭형 암호화방식의 공개키 암호화기법이 있다. 대칭형 또는 비밀키 암호(Symmetric or Secret key cryptography)방식의 내용으로 가장 옳지 않은 설명은?

① 대칭키(Symmetric-key) 암호방식으로 DES(Data Encryption Standard)는 블록 암호의 일종으로, 미국 NBS(National Bureau of Standards, 현재 NIST)에서 국가 표준으로 정한 암호이다.
② MIT의 리베스트(R. Rivest), 샤미르(A. Shamir), 아델먼(L. Adelman) 등 3인의 성(姓)의 머리글자로서 이들 3인이 공동 개발한 RSA법이라는 암호화 알고리듬과 그것을 사용하는 RSA(Rivest Shamir Adleman) 대칭키 암호 방식으로 잘 알려져 있다.
③ 대칭키(Symmetric-key) 암호방식으로 DES(Data Encryption Standard)는 블록 암호의 일종으로, 미국 NBS(National Bureau of Standards, 현재 NIST)에서 국가 표준으로 정한 암호이다.
④ 비밀키 암호화 기법은 동일한 키로 암호화와 복호화를 수행하는 방법으로 보안 유지와 키 관리에 어려움이 있으나 알고리즘이 간단해 암호화 속도가 빠르고 용량이 작아 경제적이다.
⑤ 대칭키(Symmetric-key) 암호방식은 암호화 속도가 빠르고, 안전성을 위해 키(key)를 자주 바꿔야 한다. 네트워크 사용자가 증가함에 따라 관리해야 하는 키의 개수가 증가하며, 상대적으로 키 분배가 어렵다.

MIT의 리베스트(R. Rivest), 샤미르(A. Shamir), 아델먼(L. Adelman) 등 3인의 성(姓)의 머리글자로서 이들 3인이 공동 개발한 RSA법이라는 암호화 알고리듬과 그것을 사용하는 RSA(Rivest Shamir Adleman) 비대칭형 또는 공개키 암호 방식이다.

22 다음 중 디지털 서명에 관한 고려사항으로 가장 거리가 먼 것은?

① 공개키로 비밀키를 복원할 수 있어야 한다.
② 디지털 서명은 쉽고 바로 인식되어야만 한다.
③ 디지털 서명을 통하여 송신자가 누구인지 확인이 되어야 한다.
④ 디지털 서명에 대한 위조는 불가능하도록 구조화 되어야 한다.
⑤ 송신자 외에 문서의 내용 및 서명의 변경, 삭제는 불가능 하다.

디지털서명이란 공개키 암호방식(비대칭적 암호체계)을 이용한 전자서명의 한 종류이다.

해답 **21** ② **22** ①

23 다음 중 전자화폐와 전자지불시스템의 기능으로 적합하지 않은 것은?

① 기밀성: 거래내용이 제3자에게 노출되지 않도록 하는 기능
② 상호인증: 거래상대방의 신분을 확인할 수 있도록 하는 기능
③ 범용성: 누구든지 시용에 제한이 없이 사용이 가능하다는 기능
④ 무결성: 송신자와 수신자가 합법적인 사용자임을 증명하는 기능
⑤ 부인방지: 이미 성립된 거래에 대한 부당한 번복을 방지하는 기능

전자화폐는 일반적으로 유통성, 양도가능성, 범용성, 익명성 등 현금의 기능을 갖추고 있으며 현실의 화폐형식을 그대로 모방하여 실제 사용법과 특성을 같게 만든 것으로 선불카드, 직불카드 · 디지털 현금을 응용하는 시스템이다. 무결성의 네트워크 관리 대책은 현재의 인가 수준을 모든 사람에게 유지시키고, 시스템관리 절차, 관리 항목, 유지 보수 사항을 문서화하며, 정전과 서버 장애, 바이러스 공격과 같은 불시의 재난에 대한 대비책을 세우는 것을 말한다.

24 다음은 인터넷에서 보안을 유지하기 위해 사용하는 암호화 방식 중 비대칭키 암호방식에 대한 설명이다. 옳지 않은 것은?

① 비밀키는 메시지의 복호화에 이용되는 키이다.
② 암호화 및 복호화에 사용되는 키가 서로 다르다.
③ 메시지의 암호화는 수신자의 공개키를 이용한다.
④ DES, RSA 등은 주요 비대칭키 암호화 알고리즘이다.
⑤ 키 관리 측면에서 각 개인이 2개의키만을 가지면 된다.

DES(Data Encryption Standard)는 대칭키 암호이며, 56비트의 키를 사용한다.

25 다음 중 공개키 암호화 기술에 대한 설명으로 가장 옳지 않은 것은?

① 암호화 및 복호화 속도가 빠르다.
② 비대칭키 암호화 기술이라고도 한다.
③ 암호화키와 복호화키가 일치하지 않는다.
④ 송수신자가 비밀키를 공유할 필요가 없다.
⑤ RSA(Rivest Shamir Adleman) 공개 키 암호 방식으로 잘 알려져 있다.

암호화 속도는 느리지만 키 관리가 쉽고, 대표적으로 RSA가 있다.

23 ④ 24 ④ 25 ①

유통 정보

28 전자상거래의 안전성을 높이기 위해 인터넷 쇼핑몰에서 거래의 양 당사자인 구매자와 판매자 모두를 보호하기 위해 거래대금을 제3자가 보관 후 정산해 주는 제도를 무엇이라 하는가?

① 몬덱스(Mondex)
② CALS
③ e-Check
④ Net Bill
⑤ 에스크로(Escrow)

에스크로(escrow)는 전자상거래의 안전성을 높이기 위한 제도를 위해 거래 대금을 제3자에게 맡긴 뒤 물품배송을 확인하고 판매자에게 지불하는 제도이다.

27 전자상거래(Electronic Commerce)에서 거래되는 상품에는 전자부품과 같은 실물뿐 아니라, 원거리 교육이나 의학적 진단과 같은 서비스도 포함된다. 다음 중 전자상거래 프로세스에 대한 설명으로 가장 옳지 않은 것은?

① 전자상거래 시장이란 생산자(producers) · 중개인(intermediaries) · 소비자(consumers)가 디지털 통신망을 이용하여 상호 거래하는 시장으로 실물시장(physical market)과 대비되는 가상시장(virtual market)을 의미한다.
② 전자상거래를 성공적으로 수행하기 위한 인프라 구축에는 다양한 상품의 개발과 개별 상품들에 대한 다양한 정보를 제공할 수 있어야 하고, 인터넷상에서 제공되는 상품의 품질 보증장치가 마련되어야 하며, 신속하고 효과적인 물류공급체계가 확보되어야 한다.
③ 전자상거래시장 선발진입의 이점을 보면 초기 진입으로 인해 소비자에게 브랜드에 대한 인지도를 높일 기회가 많고, 최초 사업자라는 명성이 소비자에게 신뢰를 줄 수 있으며, 후발업자보다 많은 경험을 축적할 수 있는 기회가 있다.
④ 구조화된 전자상거래란 좁은 의미의 전자상거래를 지칭하는 말로서, 표준화된 거래 형식과 데이터 교환 방식에 따라 조직적이고 체계적으로 이루어지는 거래를 의미하며, 구조화된 전자거래로는 EDI, EC, CALS 등이 있고, E-mail은 해당 사항이 아니다.
⑤ B2C는 현재 거래주체에 의한 비즈니스 모델 중 거래 규모가 가장 큰 전자상거래 분야이다. 거래주체인 기업과 기업이 전자상거래를 하는 것으로 기업이 기업을 대상으로 각종 물품을 판매하는 방식이다.

오답풀이: B2B는 현재 거래주체에 의한 비즈니스 모델 중 거래 규모가 가장 큰 전자상거래 분야이다. 거래주체인 기업과 기업이 전자상거래를 하는 것으로 기업이 기업을 대상으로 각종 물품을 판매하는 방식이다.

해답 26 ⑤ 27 ⑤

26 다음 중 온라인 거래에서 사용되는 암호화에 대한 설명으로 부적절한 것은?

① DES는 대칭키 암호이며, 56비트의 키를 사용한다.
② 전자인증서는 사용자의 신원을 확인시켜주는 것이다.
③ 공개키 암호화 방식은 2개의 키를 사용해서 암호화를 한다.
④ 전자서명은 수신자가 자신의 비밀키로 만든 암호화된 메시지이다.
⑤ 암호화를 위해 대칭키 방식과 공개키 방식 중 하나 이상을 사용한다.

전자상거래의 보안은 암호화 기술의 발전에 따라 좌우된다. 암호 알고리즘(대칭키 · 공개키), 암호 프로토콜,암호키 등의 보안 기술들의 효과적인 적용은 전자상거래를 더욱 활성화시키며 고객에게 신뢰성을 제공하는기업의 이미지 제고에 중요한 영역이 되고 있다. 전자 서명은 e-Mail을 보낼 때 하단의 서명 아이콘, ID활용, 게시자의 실명, 주민등록번호 인증 등의 다양한 형식의 전자 서명 인증으로 일정기준에 의해 만들어진다.

29 전자결제(Electronic Settlement)서비스와 거래안전장치(Escrow)서비스의 내용에 대한 설명으로 가장 옳지 않은 것은?

① 전자결제시스템은 결제수단에 따라 신용카드결제시스템, 전자화폐결제시스템, 전자수표결제시스템, 전자자금이체시스템 등으로 구분할 수 있으며 이것들은 현재 전자상거래의 주된 대금결제방식으로 그 통용성이 인정되고 있다.
② 전자화폐는 일반적으로 유통성, 양도가능성, 범용성, 익명성 등 현금의 기능을 갖추고 있을 뿐만 아니라 원격 송금성, 수송상의 비용절감, 금액의 분할 및 통합의 유연성, 전자성 등의 특징을 가지고 있으며 현금의 단점 또한 보완하는 기능을 가지고 있다.
③ SSL(secure sockets layer)은 Internet protocol이 보안면에서 기밀성을 유지하지 못한다는 문제를 극복하기 위해 개발되어 현재 전 세계에서 사용되는 인터넷 상거래 시 요구되는 개인 정보와 크레디트카드 정보의 보안 유지에 가장 많이 사용되고 있다.
④ IC카드형 전자화폐는 화폐 가치이전가능성에 따라 개방형과 폐쇄형으로 나누고, 개방형은 카드상호간 가치이전이 가능하고, 폐쇄형은 불가능 하다. 비자캐시, 몬덱스, 아방트, 프로톤, 덴몬트중 몬덱스는 폐쇄형이고, 나머지는 개방형의 방식을 택하고 있다.
⑤ 전자상거래에서의 에스크로서비스는 쇼핑몰(전자)보증보험과 같은 소비자피해보상보험과는 근본적인 차이가 있다. 즉, 에스크로서비스는 구매자뿐 아니라 판매자가 입을 수 있는 피해도 예방하여 거래의 양 당사자를 모두 보호하는 성격이 강하다.

비자개시, 몬덱스, 이방트, 프로톤, 덴몬트 중 몬덱스는 개방형이고, 나머지는 폐쇄형의 방식을 채택하고 있다.

28 ④ 29 ④

유통 정보

30 전자상거래에서 시행하고 있는 에스크로(Escrow) 제도에 대한 다음 설명 중에서 옳지 않은 것은?

① 익명의 상태에서 거래자간의 신용만으로 거래가 이루어지는 전자상거래에서 매매 행위의 신뢰성을 높여준다.

② 에스크로 사업자가 구매자와 판매자간의 거래에 개입함으로써 거래절차가 복잡해지고, 판매자에게는 에스크로 수수료가 부담이 될 수 있다.

③ 구매자는 구매대금을 최종적으로 지불하기 전에 물품을 먼저 검사할 수 있는 기회를 가질 수 있다.

④ 원칙적으로 3만원이상 모든 현금결재거래에 대해서는 에스크로 서비스 적용이 의무화 되어 있다.

⑤ 대부분의 온라인 에스크로서비스는 다음과 같은 인터넷을 통해 회원으로 가입 또는 등록절차를 거친 경우에만 이용할 수 있는 시스템으로 운영된다.

에스크로(escrow)는 전자상거래의 안전성을 높이기 위한 제도를 위해 거래 대금을 제3자에게 맡긴 뒤 물품배송을 확인하고 판매자에게 지불하는 제도이다. 상품이 구매자에게 도착해 구매 확정 확인을 받으면 비로소 중개 서비스 회사가 판매자에게 대금을 지불하게 된다. 에스크로 서비스는 전자 상거래가 활성화되면서소비자의 피해를 최소화하기 위해 도입된 제도로 대부분 오픈 마켓을 운영하는 업체들은 이 제도를 도입,운영하고 있다. 원칙적으로 5만원이상 모든 현금결재거래에 대해서는 에스크로 서비스 적용이 의무화 되어 있다.

31 전자시장(Electronic market)에 대한 다음 설명으로 가장 잘못된 것을 고르시오.

① 구매자와 판매자를 매칭(matching)하는 역할을 수행한다.

② 온라인상에서 구매자와 판매자가 거래하는 가상의 시장이다.

③ 전자시장에서는 판매자로의 제품정보 쏠림 현상이 심화되는 경향이 있다.

④ 전자결제 및 물류 인프라의 제공이 전자시장에서의 거래를 촉진할 수 있다.

⑤ 전자상거래 관련 규정 등과 같은 제도적 인프라가 제공 되여야 시장이 활성화될 수 있다.

온라인 시장은 판매자와 구매자가 다수인 시장을 말하는 것으로 구매자도 판매자 못지않은 정보를 가지고 있다.

해답 **30** ④ **31** ③

32 전자결제시스템의 유형 중에서 통신을 통한 가치저장형 전자화폐에 가장 적합한 것은?

① 계좌이체형　② 네트워크형　③ 신용카드형
④ 전자수표형　⑤ 전자엑세스형

네트워크형 전자 화폐는 컴퓨터 통신상에서 각종 결재 행위에 사용되는 전자 화폐를 말한다. 원거리에 있는 사람에게 이전시키는 것은 간편하지만 IC 카드형 전자 화폐와 같이 휴대하고 다니는 것은 불가능하다.

33 전자결제시스템에 관한 설명으로, 가장 올바르지 않은 것은?

① 인터넷 상거래를 통해서 상품을 구입하고 대금을 결제할 때 사용하고 쇼핑몰과 계약된 은행이나 카드사의 온라인 결제를 통해서 대금을 지불하는 시스템이다.

② 전자화폐는 일반적으로 유통성, 양도가능성, 범용성, 익명성 등 현금의 기능을 갖추고 있을 뿐만 아니라 원격송금성, 수송상의 비용절감, 금액의 분할 및 통합의 유연성, 전자성 등의 특징을 가지고 있으며 현금의 단점 또한 보완하는 기능을 가지고 있다.

③ 신용카드결제시스템은 신용카드 정보의 전송유형에 따라 네트워크형과 카드형으로 구분할 수 있으며 대표적인 이용수단으로는 네트워크형의 경우 VISA Cash, 카드형으로는 Cyber Cash, E-Cash, First Virtual 시스템을 들 수 있다.

④ 네트워크에 의한 안전한 상거래를 지원하기 위한 전자결제시스템은 결제수단에 따라 신용카드결제시스템, 전자화폐결제시스템, 전자수표결제시스템, 전자자금이체시스템 등으로 구분할 수 있으며 이것들은 현재 전자상거래의 주된 대금결제방식으로 그 통용성이 인정되고 있다.

⑤ 전자결제시스템의 요건으로 안전하게 대금지불을 할 수 있도록 다양하고도 보다 안전한 결제시스템이 제공되어야 하며, 거래당사자가 서로 정당한 상대인지를 확인할 수있는 기반이 조성되어야 하며, 전자화폐의 불법변조 및 위조방지, 사용자 프라이버시와 익명성 보장, 소액 결제지원 및 경제적인 처리비용을 들 수 있다.

신용카드결제시스템은 신용카드 정보의 전송유형(가치의 저장방법)에 따라 네트워크형과 IC카드형으로 구분할 수 있으며 대표적인 이용수단으로는 IC카드형의 경우 VISA Cash, 네트워크형으로는 Cyber Cash, E-Cash, First Virtual 시스템을 들 수 있다.

32 ②　33 ③

34 아래 글상자에서 설명하는 웹 요소기술 용어로 가장 옳은 것은?

> 일반적으로 수용되는 공유된 개념으로서 기계가 이해할 수 있도록 정형화(formal)되어 그 개념과 제약이 명확히 정의된 것을 의미하며, 용어간의 관계를 정의하고 있는 일종의 사전과 같은 역할을 한다. 또한, 특정 주제에 대한 지식용어의 집합으로서 용어 그 자체뿐만 아니라 용어간의 의미적 관계와 추론규칙을 포함하고 있다.

① SPARQL
② NS(namespace)
③ 온톨로지(ontology)
④ URI(Uniform Resource Identifiers)
⑤ RDF(Resource Description Framework)

① SPARQL : SPARQL ("sparkle", 스파클, SPARQL Protocol and RDF Query Language의 재귀 약자로 RDF 질의어, 즉 데이터베이스를 위한 시맨틱 질의어로서 자원 기술 프레임워크(RDF) 형식으로 저장된 데이터를 검색, 조작할 수 있다.
② NS(namespace) : namespace 는 하나의 system에서 수행되지만, 각각 별개의 독립된 공간인것 처럼 격리된 환경을 제공하는 lightweight 가상화 기술이다. 최근 Container 기반의 가상화 기술인 Docker나 LXC가 각광을 받고 있는데 모두 namespace를 기반으로 만들어 졌다.
④ URI(Uniform Resource Identifiers) : 통합 자원 식별자(Uniform Resource Identifier, URI)는 인터넷에 있는 자원을 나타내는 유일한 주소이다. URI의 존재는 인터넷에서 요구되는 기본조건으로서 인터넷 프로토콜에 항상 붙어 다닌다. URI의 하위개념으로 URL, URN 이 있다
⑤ RDF(Resource Description Framework) : 자원 기술 프레임워크(Resource Description Framework, RDF)는 웹상의 자원의 정보를 표현하기 위한 규격이다. 상이한 메타데이터 간의 어의, 구문 및 구조에 대한 공통적인 규칙을 지원한다. 웹상에 존재하는 기계 해독형(machine-understandable)정보를 교환하기 위하여 월드 와이드 웹 컨소시엄에서 제안한 것으로, 메타데이터간의 효율적인 교환 및 상호호환을 목적으로 한다.

35 핀테크(FinTech) 서비스에 대한 설명으로 옳지 않은 것은?

① 핀테크 기술은 온라인뿐만 아니라 오프라인 매장에서도 이용할 수 있는 첨단 금융기술이다.
② 대표적인 핀테크 서비스 사례로 카카오 페이(kakao pay) 서비스가 있다.
③ 핀테크는 클라우드 펀딩, 이체, 지불, 인증 등의 기능을 제공한다.
④ 오늘날 기업들은 핀테크 서비스 제공을 위해 다양한 기업들이 참여하는 비즈니스 에코시스템(business eco-systems)을 구축하고 있다.
⑤ 핀테크 서비스는 보안이 취약하지만, 이용 편리성덕분에 이용자 계층이 지속적으로 증가하고 있다.

핀테크 서비스는 보안이 강력하며, 이용 편리성덕분에 이용자 계층이 지속적으로 증가하고 있다.

34 ③ 35 ⑤